木村茂光
湯浅治久 編

生活と文化の歴史学 10

旅と移動

——人流と物流の諸相

竹林舎

本シリーズは、主に日本の古代から中世にかけての時代を対象として、「生活と文化」という言葉で括られうるいくつかのテーマを設定し、それぞれのテーマが内包する諸問題に関する最新の歴史学の研究成果を論集としてまとめたものである。

「生活と文化の歴史」というテーマは、往々にして政治史・社会経済史などのような既存の歴史学の分野に対置されて理解されがちである。しかしこのシリーズにおいては、「生活と文化」を政治や社会経済といった問題とも直接に切り結ぶ人間の営みととらえ、それ自体が歴史の変化の要素であることを直視した論考を集めることを意図した。

人間の様々な「生活と文化」の具体相としては、信仰・呪術・年中行事・神事・仏事・富裕・貧困・戦争・ライフサイクル・災害・疾病・移動・漂泊などといった事柄をとりあげ、それらの歴史的変遷の検討を通して、従来にはない切り口から歴史像の再構成を目指すものである。そのような方法によって、このシリーズの企画が、全体史として過去を複元する成果の一つとなれば幸いである。

監修　上杉和彦
編集協力　小峯和明
小嶋菜温子

目次

Ⅱ 信仰と移動

序　旅と移動――交通と物流研究の前進のために

木村　茂光
湯浅　治久

はじめに

近年、道・街道に焦点をあてた魅力ある書物が刊行されるようになった。簡単な紹介は後述するが、これらの特徴は、ある特定の道や街道の個別研究を超えて、日本列島全体の人とモノの移動やそれと幕府や大名など政治権力との関わりを取り上げていること、さらに道・街道の復元的な研究手法を駆使して、通交の条件や障害などについても検討していることである。

また、北方の巨大都市平泉や国際貿易都市博多の発掘成果などによって、院政時代以来、列島を縦断するモノと人の移動、広い意味での物流の大きなうねりが展開していたことも明瞭になった。とくに、最近、常滑窯の壺の発見によって、奥州平泉政権とエゾ地・北海道との関係が指摘されていることは、平泉政権の性格だけでなく、列島上の経済構造、文化交流を考える上で重要であると考える。

さらに、列島内に留まらず、東アジアという国際的な世界を舞台にした壮大な交易や人の移動の実態が詳細に明らかにされるとともに、琉球や対馬、五島列島、さらに南九州など、日本の中央権力からみれば「辺境」に位置する地域が果たした役割の重要性が明確になった。

一方、列島内でも、最近の武士に関する研究において武士の存立基盤としての平安京がクローズアップされるなど、本領と平安京との間を移動＝往来する武士の活動が重要視されるようになってきている。

このような事例を挙げれば枚挙に暇がないが、日本中世史の一国史的理解を乗り越え、かつ列島内の支配・経済・文化の具体的な構造と関係性を解明するためには、今後、この分野の研究の重要性が一層増してくることは間違いないであろう。

一　戸田芳実の先駆的研究

以上のような、この分野の研究の重要性を考えた時、研究史的に一度振り返っておいた方がよいと考えるのは戸田芳実の研究である。戸田は、中世都市平安京の研究の重要性を早い時期から提唱した研究者の一人である。ほぼ同時期、横浜市の上行寺遺跡や静岡県磐田市の一の谷墳墓遺跡の発掘と保存運動を契機に、石井進や網野善彦らによって中世都市の構造的特質に関する研究も進められたが、荘園公領制という中世社会の全体的な枠組みとの関係から都市平安京の重要性と研究上の具体的な課題について提起し、その解明に取り組んだのは戸田であった。

戸田がこの問題に関して最初に問題提起したのは一九七三年のことである。日本史研究会大会で「王朝都市論の問題点」と題して報告したのが最初である。

戸田は「王朝の都市に集住した権門領主階級が、全国に配置された諸荘園を、個別的かつ集団的に支配する体制として「荘園体制」を実体的にとらえなおす」必要がある、という問題意識のもと五点の課題を提起した。この論文での文章は長いので、それらをまとめ直した「王朝都市と荘園体制」から引用すると次のようである。

一　貴族の都市集住および諸官衙の配置形態の考察。
二　都市領主固有の機構と人的、物的支配手段の究明。
三　都市と農村との交通形態の多面的分析。
四　都市住人の居住形態など実態の研究。
五　都市内の諸闘争と民衆運動の解明。

改めていうまでもなく、本書に関わるのは第三番目の課題「都市と農村との交通形態の多面的分析」である。戸田の意図を明瞭にするため、「王朝都市論の問題点」から該当箇所を引用しよう。

第三は上（第二の課題）と関連するが、都市と農村の交通形態の多面的な分析で、そこでは官物・年貢・公事の貢納ルートの問題とともに、地方住民の主体的な都鄙間交通の展開の内容と意義が問われなければならない。

「王朝都市論の研究課題」といいながらも、その中心的な課題として都鄙間の交通形態や貢納ルートの究明が挙げられている点は、戸田の王朝都市論の真髄といえるであろう。荘園公領制という中世社会の根幹を形成している支配構造が成り立つためには、その支配を可能にした列島を縦断する交通の存在が不可欠であり、それだからこそ交通形態、都鄙間交通の具体的研究が重要であるというのである。

この第三の課題を取り上げたのが続けて発表された「王朝都市と荘園体制」と「東西交通」である。前者では「国内名士」という概念をキーワードに、平安京と地方とを繋ぐ人々の諸相とその具体的な活動形態、およびその結節点である倉庫群の存在形態について検討している。

後者は、同じく「王朝貴族が、京都に集住しもっぱら都市的世界に生活しながら、全国の公領・荘園を遠隔支配するためには、都を中心にした人的物的交通運輸体系が備わっていなければならない」という問題意識のもと、「北陸・瀬戸内・東国の三つの幹線ルートにおける中央向けの輸送のあり方」の解明を課題とし、「交通・輸送の「場」とそこでの生態の観察を重視し、できるだけ即物的な知見がえられるように努力」している。

以上のように、戸田の研究には、本書の課題である「旅と移動」に取り組む際の「課題のとらえ方」がみごとに提起されているといえよう。研究対象の多様化、細分化が進むなかで、ともすると問題意識よりも実証に重きをおこうとする風潮が広がりつつある昨今、戸田の提起に再度立ち返ってみる必要があるように思うのだがいかがであろうか。

しかし、上記の簡単な紹介からも明らかなように、戸田の場合はまだ人的、物的な移動の側面に留まっており、それらを可能にする道・街道や宿や町場などの「交通の装置」については十分検討されてはいない。もちろん、戸田はその後の「古道研究」において、「交通路と交通形態」の研究の重要性を説き、その解明にも取り組んでいるが、ここには「王朝都市論」にみられたような問題意識は薄いといわざるを得ない。

二 「都市的な場」と「道・街道」研究の進展

1 「都市的な場」の研究

戸田の問題提起を直接受け継いだものではないが、「はじめに」でも述べたように、「旅と移動」に関する新しい研究も登場している。その内容は多岐にわたるが、ここでは「都市的な場」に関する研究と「道・街道」の研究について簡単に紹介しておこう。

まず「都市的な場」の研究についてである。「都市的な場」は網野善彦が提唱し始めた概念のようであるが、その前提としては、石井進や義江彰夫・斉藤利男らの国府・地方都市研究があり、やがて在地領主から自立した地域における物流拠点の検証へと向かう研究動向があった。それは、大まかには平安京や鎌倉などの巨大都市の周縁に存在する地方の都市空間を意味する。

五味文彦によれば、i）中、ii）津・泊・湊・浦、iii）宿、iv）町などに分類されるが、そこには水路・陸路両方における物流や人流の拠点、またはその複合的な展開がみとめられ、そして、それらは基本的には荘園公領制下における経済を支える役割を果たしていた。ここからもわかるとおり、「都市的な場」は、戸田のいう都鄙間の交通を実現する「交通・輸送の「場」」のことであることはまちがいないが、その厳密な規定が確立しているとはいいがたく、近年は積極的に使用する研究者も多くはない。

しかし、中世をつうじて多様な姿をみせる地域社会の物流・人流の結節点を、包括的に論じうる概念はまだ存在しておらず、その意味でも、今後より一層の議論の活性化が必要とされる研究対象である。

また列島の各地では、中世考古学の成果が続々と蓄積されており、具体的なモノや遺構からの解明も活発化している。考古学と文献史学による学際的な研究は、今後とも必要不可欠である。列島各地でのその展開の検証は、中世社会の多様な発展のあり方を探る上で、きわめて重要なものであろう。

2　「道・街道」の新しい研究

「道・街道」に関する古典的な研究としては、新城常三の『戦国時代の交通』や『鎌倉時代の交通』をあげることができるが、それらの制度史的研究の成果を踏まえつつも、近年、新しい研究が進んだ。その代表が榎原雅治『中世の東海道をゆく』と齋藤慎一『中世を道から読む』であろう。

榎原の著書は、飛鳥井雅有の紀行文「春の深山路」をベースに中世の東海道の様相を復元したものである。川の乱流や地震による地形の変化などにも留意し、中世東海道の変遷を詳細に跡づけている。

齋藤の著書は、関東を中心に、軍隊の移動に関する史料を豊富に収集して、幹線道路の季節による環境や条件を丁寧に解明している。とくに、降雪や雪解けなどによる河川の渡河の「不自由さ」など、路・街道の利用状態を克明に復元している。

両著とも、道・街道の便利さ、有用性という側面だけではなく、気候や災害さらには地殻変動によって道・街道の利用形態が大きく変化することを明らかにすることを通じて、道・街道の実態的研究の重要性を指摘しており、今後の研究の方向性を示唆していると評価できる。

次に指摘しておきたいのは道・街道の復元的研究である。「歴史の道」調査事業は以前から文化庁の指導のもと県など地方自治体が主体となって進められてきたが、最近、茨城県教育委員会編『茨城県歴史の道調査事業報告書』（古代編・中世編）が刊行された。なかでも「中世編」は市・郡を単位に「鎌倉道」などの遺称や関連遺跡を丁寧に調査し、いままで注目されてきた「鎌倉街道」だけでなく、それ以外のさまざまな道・街道を調査・復元しており、単なる道・街道の研究に留まらず、その地域の政治・生活を復元するうえで大きな役割を果たすものと期待される。さらに、この調査・研究の方法を援用するならば『報告書』以外の道・街道の復元も可能となり、この仕事は関連史料の少ない地域における歴史社会の復元を可能にすることはまちがいない。

三　中世後期の研究動向——室町期荘園制から大名領国へ

近年、南北朝～室町期の荘園制の再編を積極的に評価する「室町期荘園制」論が提起され、中世前期から連続して荘園制を支える物流・人流のありかたについても注目が集まっている。重要な研究をあげるならば、一つは井原今朝男が荘園制を支える政治的な流通構造のあり方を検証しつつ、中世後期へと展開する交通ルートや旅の諸相の変遷について明らかにしており、二つには鎌倉中期における代銭納の全国的発展を受け、信用経済を含めた流通経済の飛躍的な発展を検証する桜井英治の研究が特筆されよう。

井原と桜井の研究は、荘園年貢や代銭納、信用経済の評価など、その枠組みにおいてはかなり異なるが、京都を中心とした全国的流通が室町期荘園制を支え、さらにそこから漸次地域的な流通の構造が発展してゆく様相を捉える点においては視角を共有しており、重要な論点を提供している。ここから明らかなように、室町期における遠隔地の荘園公領から京都へ向かうおびただしい物流・人流、そして京都から逆に放射されるそれの流れは、明らかに新たな局面を迎えていたのである。

それは、「都市的な場」である水・陸の拠点も同様であり、東国内部の交通の活性化から、品川湊と伊勢をむすぶ海上交通の頻繁な往来の存在が綿貫友子により指摘され、さらに陸上交通の都鄙間にわたる活発化が指摘されていることに明らかなように、湊や宿といった交通のインフラも、より一層充実してゆくのがこの時代である。このことを背景に、より多くの人々が旅や移動を試みることになるなかで、たとえば宿泊のための「旅籠銭」が一定のレートを形成してゆくことが小島道裕により指摘されている。湊や宿は多くの有徳人により維持され、より経済的な循環を促す構造を備えるようになる。その延長に近世的な物流や人流（旅の諸相）が位置づけられるのは確実であろう。

しかし一方、守護から大名の領国が各地に成立してゆくなかで、地域経済がより一層充実を迎える戦国時代になると、また新たな局面がみられるようになる。代銭納を支える地域経済圏が広汎に成立するなかで、それを体現する商人の活動や商業的なインフラ、さらには街道すらも自ら改変することを可能とする地域権力が出現する。永原慶二や市村高男・小島道裕らの先駆的な研究を嚆矢として、多くの研究者の研究によってその輪郭がようやく明らかになってきている。

東国の後北条氏や東海の今川氏、畿内近国の浅井氏・朝倉氏などがその典型といえようが、各地の地域史料がより一層発見・紹介されるなかで、その様相もさらに明らかになるに違いない。ただ、こうしたいわばブロック的な権力と地域経済圏の展開が、一方で展開する畿内近国へとふたたび収斂してゆく全国的な流通・交通のありかたといかなる関係をもって推移してゆくのか、についてはいまだ十分明らかではない。また交通にしても、非常時の戦乱と旅の習俗や、また平時における伝馬制度など領国を基盤とする交通インフラと領国を貫通してゆく公道（公界の公道）との関わりなどもしかり、である。

自己完結的な大名領国と、それをも相対化しつつ展開する流通・交通の諸相の追求は、これからの大きな課題といえるであろう。

四　本書の構成と内容

さて、本巻の書名は「旅と移動」であるが、中世史においてこれらのテーマに沿った個々の事例を紹介し分析することはできるかもしれないが、前述のように、それだけで「中世の旅と移動」の特徴や特質を導き出すことは難しいように思われる。そこで、本巻ではやや視点を膨らませて、「交通と物流」に焦点をあてて編集することにした。

まず、「Ⅰ 交通・流通の構造」では、列島各地域の交通と流通の基本構造を確認するため、畿内・瀬戸内、和泉・紀北、西国・九州、東国の北条領国そして北陸越前という地域を設定し、それぞれの地域における交通・流通の特色を論じてもらった。また、それら地域間の交通と流通を媒介する問丸に関する専論も準備した。各地域の具体像が解明されることを通じて、列島上の交通・流通の共通性と差異性を浮かび上がらせることができたのではないかと思っている。

「Ⅱ 信仰と移動」では、霊場（高野山）参詣や移動する山伏の実態を把握すると同時に、戦国時代の大名の移動と寺社との関係、さらに江戸時代の寺社参詣や名所の成立に関しても論じてもらい、それぞれの実態の解明を目指すとともに、全体として中世から近世への旅と移動との連続性・非連続性が明らかになることを企図した。

「Ⅲ 海を渡る」は中世の旅と移動のハイライトである海外渡航と交流を取り上げた。人だけでなくモノの出入りの具体像についても明らかにしたいと考え、円仁の事例と倭寇の事例を準備した。そして、その海外との交流の中心的な場である「交易都市博多」の実相の解明も目指した。

「Ⅳ 荘園支配と移動」では、「Ⅰ」の交通と流通という視点ではなく、都市と農村との関係性に重点をおいて、中世的な支配と都鄙間関係の特質の解明を意図している。国司の下向と帰京の具体相、荘園制成立期と室町期の都鄙間関係、戦国期日根野荘の動向について論じ、さらに文献史学の成果だけでなく考古学の成果も取り入れて、東北と鎌倉を舞台に中世的な支配の展開による物資＝モノの具体的な移動の実態の解明に取り組んだ。

残念ながらⅡでは熊野参詣を、Ⅲでは日明貿易に関する論考を準備することはできなかったが、列島内各地域における交通と物流、信仰にともなう移動の特徴、対外交易・交流の実相、さらには支配体制と交通との諸関係を、総体として明らかにできたのではないかと考える。本巻所収の各論考が契機となって、日本の中世社会を成り立たせている交通と物流、交易と移動に関する研究が進展することを期待したい。

【主な参考文献】


網野善彦『網野善彦著作集13　中世都市論』（岩波書店、二〇〇七年）など。

荒野泰典他編『日本の対外関係』全七巻（吉川弘文館、二〇一〇年〜二〇一二年）。

石井進『石井進著作集9　中世都市を語る』（岩波書店、二〇〇五年）など。

市村高男『戦国期東国の都市と権力』（思文閣出版、一九九四年）。

井原今朝男『中世日本の信用経済と徳政令』（吉川弘文館、二〇一五年）。

榎原雅治『中世の東海道をゆく』（中央公論新社、二〇〇八年）。

落合義明『中世東国の「都市的な場」と武士』（山川出版社、二〇〇五年）。

木村茂光『初期鎌倉政権の政治史』（同成社、二〇一一年）。

同　『頼朝と街道』（吉川弘文館、二〇一六年）。

小島道裕『戦国・織豊期の都市と地域』（青史出版、二〇〇五年）。

小島道裕・山本光正「資料紹介『永禄六年北国下遣足帳』」（『国立歴史民俗博物館報告』第三九号、一九九二年）。

児玉幸多編『日本交通史』（吉川弘文館、一九九二年）。

五味文彦「都市的な場をめぐって」（中世都市研究会編『都市的な場』『中世都市研究』一七号、二〇一二年）。

齋藤慎一『中世を道から読む』（講談社現代新書、二〇一〇年）。

桜井英治『日本中世の経済構造』（岩波書店、一九九六年）。

桜井英治他編『新体系日本史12　流通経済史』（山川出版社、二〇〇二年）。

新城常三『戦国時代の交通』（畝傍書房、一九四三年）。

同　『鎌倉時代の交通』（吉川弘文館、一九六七年）。

戸田芳実「王朝都市論の問題点」「王朝都市と荘園体制」（『初期中世社会史の研究』東京大学出版会、一九九一年）。

同　「東西交通」「わたしの古道遍歴」（『中世の神仏と古道』吉川弘文館、一九九五年）。

永原慶二『戦国期の政治経済構造』（岩波書店、一九九七年）。

野口実『東国武士と京都』（同成社、二〇一五年）。

湯浅治久『中世東国の地域社会史』（岩田書院、二〇〇五年）。

同　「中世的「宿」の研究視角」（佐藤和彦編『中世の内乱と社会』東京堂出版、二〇〇七年）。

綿貫友子『中世東国の太平洋海運』（東京大学出版会、一九九八年）。

Ⅰ　交通・流通の構造

畿内・瀬戸内海の交通と流通

大村　拓生

はじめに

本稿に与えられた課題は「畿内・瀬戸内海の交通と流通」であるが、限られた紙数のなかでその全体像を描くことは、執筆者の能力では到底手に負えるものではない。そのため瀬戸内海交通と畿内の接点にあたる大阪湾の動向、とりわけ兵庫の都市としての展開と機能を軸に一三世紀から一五世紀にいたる状況を見通すことで、「交通・流通の構造」という論点へ何らかの視角が提供できればと考える。

一　摂津国三箇津の成立

1　兵庫嶋関所の成立

瀬戸内海を航行する船が大阪湾に入る最初の寄港地は、古代には大輪田泊と呼称されていた。一二世紀後半には平清盛がそれを眼下に臨む福原に拠点を構え、防波堤機能を有する経嶋という人口島を築造したこともよく知られている。[注1]しかし平氏滅亡後の建久七年（一一九六）に、東大寺大仏再建に携わった重源が、大輪田および河尻一洲（後の尼崎）修築のため、山陽・南海・西海三道の運上米、和泉・摂津・播磨・備前・備中・紀伊・伊勢・淡路・讃岐・阿波の計十ヶ国の津々浦々および河尻・淀津で破損した船の点定などによって、修築することを申請して認められた文書[注2]を最後に、文献上はしばらく姿を消してしまう。

　そしてそれから九〇年経った弘安八年（一二八五）八月一一日に、西大寺叡尊が一乗寺からの帰路に「兵庫」に立ち寄り、一三日に安養寺で九七二人に菩薩戒を授けるとともに、一七〇〇余人の「淫女」に毎月持斎を命じ、一四日に石塔供養を行ったことが知られる（『感身学正記』）。さらにその二ヶ月後には亀山上皇が叡尊が別当を務める四天王寺を拠点に大阪湾を遊覧し、一〇月二一日に「生田」を出発して「福原」から「兵庫嶋」に出て、「和多御崎」・「経嶋」を歴覧して、数百艘の船が「入海」に係留されているのを確認するとともに、扁船の「遊君」らに迎えられている（『実躬卿記』）。これらについては、翌弘安九年一二月二三日付「官宣旨」で讃岐善通寺修造ため兵庫嶋に寄港する船から艘別銭三十文を徴収する下準備として叡尊が組織したものだったことが藤田明良氏[注3]によって指摘されている。また現地には清盛塚と称される「弘安九年二月日」の年紀を有する十三重石塔があり、やや年紀がズレるものの叡尊供養の石塔と考えられている。

　ここから当地には瀬戸内海水運を利用する商船が多数寄港しており、遊女（ただし兵庫嶋以外を拠点とする者も集められたと考えられている）なども抱える港町に発展していたことがわかる。これは当該期の瀬戸内海水運の発達を象徴する事例として著名だが、大輪田という呼称が見られなくなり、兵庫嶋という表記が登場する点については余り注意が払われていない。この点は旧稿でも論じたが[注4]、充分に周知されているとは言い難いため要点を再論しておく。前述の『実躬卿記』では「兵庫嶋」と「経嶋」は明確に区別され、後者には清盛が往来する船への風雨を防ぐために築造したという経緯が特記されている。すなわち「兵庫嶋」が経嶋・和多御崎の上位地名であることが明白で、鎌倉期の史料では「兵庫嶋」という表記がもっとも一般的である。「兵庫」は平家没官領として鎌倉幕府から平頼盛に管理が委ねられた「兵庫三ヶ荘」に由来するものと考えられ（『吾妻鏡』寿永三年四月八日条）、幕府の関与が推測されるが詳細は不明である。室町期の史料から当地は荘園としては福原荘・輪田荘・兵庫三ヶ荘と関係していることが知られ、荘園とは区別されたいわば特別行政区、しかも湊町としての性格を強調したものとして「兵庫嶋」という呼称が成立したものと考えられる。

ただし善通寺修造のための艘別銭徴収は、わずか一年半足らずで淀川中流の河内国禁野渚院内に移され断絶する。さらに正応二年（一二八九）には室泊・尼崎・渡部三ヶ所関の何れかで十年間にわたって石別一升米を徴収し、魚住嶋を修築するとの律僧性海の申請が伏見天皇宣旨によって認められている。[注5] この宣旨で魚住嶋が檉生泊（古代の室泊の別称）と兵庫嶋の間の停泊地として重要であることが強調されるとともに、室泊・尼崎・渡部から重複することなく何れか一所で升米を徴収するとされ、兵庫嶋はその対象に含まれていない。後述するように兵庫嶋升米についてはまとまった文書が残されており、当該期に別系統の升米が徴収されていたためここで除外されたとは考えにくい。瀬戸内海を航行する船舶が室を経由して、尼崎もしくは渡部で河川交通と接続するという当時の物流を前提として、升米徴収の場所が設定されたと考えるべきだろう。

2　摂津国三箇津と悪党ネットワーク

それに対して、兵庫嶋を対象とした賦課が再び確認されるのは、徳治二年（一三〇七）のことで、法観寺釈運上人の申請で、「摂津国三个所」として「一州・兵庫・渡辺」からの商船津料徴収が申請された文書である。[注6] これを初見として名称にブレはあるものの、一州（尼崎・神崎）・兵庫嶋（兵庫）・渡辺（渡部）を「三ヶ津」「三箇津」

などと一括した表現が一般的となり、これらが瀬戸内海水運と結ぶ摂津の港湾という共通の性格をもつものとして認識されていたことがわかる。また升米については、正安三年（一三〇一）に神崎・渡辺両関所が興福寺大乗院門跡に寄進され（『吉続記』一二月四日条）、延慶元年（一三〇八）には、「兵庫経嶋升米」が「嶋修固」を条件に東大寺八幡宮に永代寄進されている。[注7] これらの措置によりそれ以前の何れか一ヶ所のみではなく、複数箇所での関料徴収が行われるようになったのである。ただし河川交通と接続する神崎・渡辺双方を利用する商船は考えられず、瀬戸内海から兵庫嶋に寄港した後に神崎・渡辺の何れかに入港する可能性のみが想定されることになる。

正和四年（一三一五）には、石清水八幡宮大山崎神人による内殿荏胡麻が関所で押しとられたとの訴えを受けて、「東大寺新八幡宮料所并兵庫嶋置石雑掌長祐」・「同寺料所三箇津（兵庫・一洲・渡辺）関所半分雑掌道智」・「住吉造営料所三个津（兵庫・一洲・渡辺）関所半分」計三名の雑掌・「福泊嶋修固料神崎・渡辺両関雑掌宣快」それぞれから請文が提出されている。[注8] ここから三ヶ津それぞれに対して、兵庫嶋置石・後述する興福寺が関与した播磨国福泊嶋修固を名目とした升米と、関所（目銭）が設定されており、しかも関所については得分が半分に分割されていたことがわかる。また権門寺社は雑掌を派遣して経営しており、東大寺では三ヶ津が同一人物に委ねられ、住吉社はそれぞれ別人に委ねられていたことがわかる。

こうした賦課は商船にとっては新規の負担となり、逆に権門寺社にとっては大きな利権となるため、多数の紛争が惹起することになった。東大寺領兵庫嶋経営が実際に開始されたのは延慶三年後半と考えられるが、翌応長元年（一三一一）には、早くも阿波国小勢津商人の徳琳法師と兵庫嶋鋳物師辻子の掃部允が関所で神人を打擲して船などを押し取った事件、[注9]「地船」と称したり、波風を見て「不レ寄レ嶋」通り過ぎたり、住吉社領江井崎船と称したりして徴収を忌避するなどの事態が生じていた。[注10] とりわけ後者で江井崎船と称することで忌避できたのは、住吉社の権威を借りたという側面もあろうが、「地船」＝兵庫嶋所属も口実となることから、前述した兵庫嶋の近隣である魚住泊のすぐ東という立地そのものが理由になったと考えられ、瀬戸内海を航行してきた商船のみが賦課の対象という認識があったものと思われる。ただし住吉社は継続的に東大寺への違乱を続けており、神主津守国冬自らが社司・河内国住人臼井八郎蔵人らとともに東大寺分の目銭を押領するとともに、摂津・河内・大和・山城の悪党を東大寺大仏殿に立て籠もらせるといった事件も引き起こしている。注11

相次ぐ違乱事件のうち、もっとも著名なのが正和四年（一三一五）一一月に起こった六波羅使節と悪党による「合戦」で、そこに加わった人々の構成は「流通の構造」を考える上で重要である。事件の背景には兵庫嶋関所を「空地」と称して興福寺に寄進した良慶なる人物の動きがあり、東大寺が作成した九二名にも及ぶ悪党交名の筆頭にも「治部卿律師良慶」の名前を記されている。注12さらに交名のなかには延暦寺所属とされる僧の名前も見え、権門寺社間の対立を背景としたもので、単なる自発的なネットワークとは評価できない。とはいえ「兵庫住」とされた三一名など彼らの居住地と思われる地名の分布は大変興味深く、都賀河・輪田荘といった兵庫嶋近隣にはじまり、打出・西宮・尼崎・賀嶋、さらには淀川中流域の「かむり」（冠）、淀周辺の淀・下津・水垂・一口が確認できる。ここに兵庫以西および京都在住とされる者が一切登場していない点が特徴的である。当該期に東大寺領大部荘・東寺領矢野荘など多数の「悪党」事件が発生しているが、それらも含めて播磨側とのつながりについては全く確認できないのである。また京都在住と明記されている者がいない点も重要で、兵庫嶋から淀周辺までが流通構造の上で、一つのまとまりを形成していたことを示唆するものといえ、この点は室町期の状況と合わせて後述する。

3　興福寺領福泊関と東大寺領兵庫嶋関の競合

前節で見たように東大寺はさまざまな紛争を抱えたあげく、文保二年（一三一八）二月に持明院統後伏見上皇から大覚寺統後宇多法皇に治世が移ったことで、関所での升米徴収権を否定されてしまう。東大寺が再びそれを回復したことが確認できるのは嘉暦二年（一三二七）になってからだが、それを示しているのは播磨国福泊の良基・明円が兵庫嶋に乱入して関務を妨害したことを東大寺衆徒が訴えて幕府が停止を命じた文書である。[注13]

福泊は乾元元年（一三〇二）に北条得宗家被官の安東蓮聖が数百貫文の費用を投じて築港したもので、「兵庫ノ嶋ニモ劣ラズ」富裕の商人が集まって繁栄したという。[注14] 前述したように正和四年段階でその修固料が神崎・渡辺で徴収されていたが、元応二年（一三二〇）には福泊で関務を行うよう後宇多法皇院宣を受けた関東御教書で勧進上人律明に命じられている。[注15] ところが「逃船」・「漏船」として兵庫嶋で未進分を徴収して西国往反の船が入港を避けるようになったため、兵庫嶋の東西地頭・預所から土民・遊君までもが訴訟に及んだが、福泊側に荷担する摂津国守護代小串貞秀はそれを取り上げなかったという。[注16]

状況は複雑で詳細は別稿に譲ることにするが、[注17] 概ね以下のような経過を辿ったと考えられる。そもそも福泊関務に関しては、元亨年中（一三二一〜二四）から関務雑掌の明円とそれを取り戻そうとした律明による対立が続いていた。明円は六波羅探題北方（摂津国守護）の常葉範貞・摂津守護代小串貞秀の後ろ盾を得て、兵庫嶋でも実力行使を行うなど積極的に福泊関務を行っていた。それに反発した兵庫嶋住人は武家に訴訟を試みたが貞秀に阻まれたため、東大寺の権威を仰いだことで東大寺の関務が実質的に機能するようになったのである。東大寺の訴訟に対して常葉範貞は、福泊関所での升米徴収は認めつつ、兵庫嶋乱入や海上や渡辺・神崎での徴収は禁じ、事態を収束させようとした。ただしその後も福泊側による兵庫嶋に乱入する事態があり、東大寺側が処分を求めたが幕府も及び腰で対立が解消されることはなく、実質的には東大寺の兵庫嶋関務と興福寺の福泊関務が併存する状況だったと思われる。

この経過は鎌倉期には瀬戸内海から畿内に入る商船について、どこで・誰が、升米以下を徴収するのかという共通理解が成立していなかったことを示すものである。これはもともと関銭徴収が寺社造営の費用を捻出するためという場当たり的な目的から成立したという権力的要因が大きいとは考えられるものの、流通構造そのものが充分に固まっていなかったことの表れとみることもできるのではないか。

二　室町幕府と兵庫

1　兵庫嶋から兵庫へ

建武新政期には関所は全面的に停止されていたが、それを打倒した足利尊氏が光厳院政を擁立したことで復活されることになる。暦応元年（一三三八）一〇月には「興福寺修造料所渡辺・神嶋（崎）両関升米」と「摂津国兵庫嶋商船目銭」について、「如レ元」興福寺に沙汰付するよう命じる将軍家執事施行状案が春日大社文書として伝来している。[注18]このうち前者については鎌倉後期段階で興福寺に与えられていたものだが、後者については東大寺が確保していたもので、興福寺が権益を有していた形跡は全く見られない。それに対して東大寺側を早くから升米徴収権復活の要求をしており、暦応四年には確実に「兵庫関用途」を得ていることが確認できる。[注19]最終的には興福寺側の権益となったのが商船目銭と札狩、東大寺側が升米と置石である。暦応段階では両者の分担が明確化されていなかったようで紛争があったことが知られるが、それ以後は完全に併存するようになる。すなわち貞治元年（一三六二）には、東大寺側が兵庫嶋での升米の「漏船」として、西宮に着岸した船から徴収したことが広田社の不入権の侵害として紛争になっており（『師守記』一二月一九日条）、嘉慶元年（一三八七）には神崎関で興福寺が「兵庫嶋札狩」を徴収することは幕府に認められる一方で、「南海路」・「近国船」については否定されているが、[注20]それらは何れも興福寺・東大寺間での対立ではない。

こうした併存状況になった背景として興味深いのが、熊野水軍である泰地・塩崎一族に対して出された、周防国竈門関から摂津国尼崎まで「西国運送船幷廻船」を警固し、櫓別銭百文を兵粮料足として兵庫嶋で徴収することを認めた、暦応三年（一三四〇）三月一四日付の将軍家御教書である。[注21] 熊野水軍の活動範囲とは全くかけ離れた瀬戸内海について実効性が伴っていたかは別にして、[注22] 幕府が瀬戸内海流通の上で兵庫嶋に対して与えている地位には非常に興味深いものがある。さらに福泊関務が全く見えなくなることと合わせると、鎌倉後期に断続的な紛争の原因となっていたどこで関銭を徴収するかという問題が兵庫嶋に一元化されることで、誰が徴収するのかという問題も調整が図られることになり、その結果が興福寺・東大寺の関所の併存と考えられるのである。

さらに暦応元年に「摂津国諸庄園領主」宛で、大嘗会米として段別三〇文の代銭を湊川宿で納入するよう命じた文書も興味深い。[注23] 建武三年（一三三六）五月、九州から攻め上った足利方を待ち受ける新田方は、義貞が「和田ノ御崎」に本陣を構え、先陣が「和田ノ御崎ノ小松原」・脇屋義助が「経嶋」・大館氏明が「灯炉堂ノ南ノ浜」に控え、それと離れて楠木正成が「湊川ノ西ノ宿」に陣を構え、山陽道の敵と対峙した。足利方の「経嶋」上陸作戦は新田方に撃退されたが、四国勢が「紺部ノ浜」から上陸しようとしたため、「兵庫嶋三箇所」の官軍がそれに対応を迫られたことで、空白となった「和田ノ御崎」から九州・中国の兵船が上陸して、楠木軍が包囲され足利方の勝利になったされる（『太平記』一六）。ここから港湾施設のある兵庫嶋と、山陽道の湊川宿は離れた位置にあったことが明白で、新田方が兵庫嶋を離れて東側の紺部に集中したことで、上陸を許し楠木勢が孤立することになったのである。京都に輸送されるはずの大嘗会米代銭が何故に摂津国の西端にあたる湊川宿に集められたのかは定かではないが、集散地機能を期待されていたことには注目しておきたい。

この湊川宿は応安四年（一三七一）に陸路で九州に向かった今川了俊が宿泊したことも知られるが（「道行きぶり」）、その後は史料に見えなくなる。さらに兵庫嶋という呼称も大山崎神人の津料免除特権を承認する文書では、明徳三年（一三九二）のものが「兵庫嶋」に対して、応永一三年（一四〇六）では「兵庫両関」となるなど、[注24]一五世紀に入るとほぼ見えなくなり管見の限りでは応永二二年が終見である（『九条家文書』一八二八・一八二九）。すなわち一四世紀まで分離していた湊川宿と兵庫嶋の機能が合体したことで兵庫という地名が成立したのである。近世都市兵庫は本来直進していた西国街道を引き込んだ兵庫宿に関わる岡方と、港湾施設のある兵庫津に関わる浜方で構成されているが、その構造の原型は一五世紀初頭に成立したものなのである。

2　室町幕府直轄都市としての兵庫

こうした変化の背景として重要なのが、兵庫が足利義満によって外交使節を応接する場として位置づけられたことである。[注25]義満は京都を追われ播磨に匿われて帰京時に兵庫琵琶塚に宿泊したという逸話が伝えられ、その後も幾度か遊覧を重ねているが、応永八年（一四〇一）九月に朝鮮使節着岸時に兵庫を訪れている。応永九年八月に明使がはじめて来日した際にも兵庫に下向して迎えており、その後も明使の着岸・出立時に兵庫で応接するのが恒例となっていた。応永一一年には「三ヶ国之人夫田地ニ宛て、何成権門制家之御領にても候へ、不レ被レ免、奉行を悉相副て、兵庫の嶋之内を被レ堀候」[注26]とあるように、摂津・播磨など三ヶ国の所領に対して人夫役を課し、大々的な整備が図られたことが知られる。外交使節の警固・供応は瀬戸内沿岸諸国では守護が分掌していたが、兵庫では義満自身が下向して幕府が直接担うものであり、それにあわせて水陸の交通インフラなど都市の整備が行われたものと考えられるのである。なお明との関係を断絶した義持期にも明使は兵庫まで到来しており、兵庫の位置づけは義満期に特異なものではなく、関係を復活させた義教も兵庫を訪れている。

このように一五世紀の兵庫は瀬戸内海水運と畿内との結節点として、守護の遵行を経ることのない事実上の幕府直轄都市として位置づけられることになった。関所の勘過についても同様で、小早川生口因幡入道が獲得した生口船の関務を免除する幕府御教書を利用して「瀬渡田等商船数多馳通」という事態になったため、御教書を召し返したので今後は関得分により「御願造営幷嶋修固」を全うするようにとの、応永三〇年（一四二三）三月一七日付の幕府御教書が「両関奉行中」に直接発給され（『大日本古文書東大寺文書之二〇』一三〇八）、同年八月四日付で孫太郎・光円・道有三名が連署して生口船の船頭が着岸した際に未進分を取り立てるという文書が二通現存している（『同』一四一〇・一四一一）。東大寺文書として伝来した三通は何れも案文で、八月四日付二通のうち、前者には「兵庫問丸請文案」という端裏書と裏花押があり、後者で「奉行飯尾新左衛門在判裏封」と説明されていることから、正文は幕府と兵庫問丸が担う関所沙汰人との間で交わされ、幕府奉行人が裏封を加えた案文のみが両関を所持する東大寺・興福寺に与えられたことがわかる。

また幕府御教書で「東大・興福両寺領摂津国兵庫津両関」とされるのに対して、請文では「兵庫北南両関」と言い換えられており、永享年間以後は東大寺関を兵庫北関、興福寺関を兵庫南関と表記することが一般的になる。問丸＝関所沙汰人に特に注記がないことから両関はすでに一体のものとして運営され、得分のみが配分されていたことがわかる。そのため足利尊氏建立で足利将軍家の菩提寺となった等持寺および、足利義満が建立し五山寺院統制にあたった相国寺の運営費用がそれぞれ「国料」として、足利義満が明徳の乱の犠牲者鎮魂のため建立された北野経王堂に宛てられた「月俸料足」として、それぞれ関料から引かれていることが知られる。

何れも足利義教期である永享八年（一四三六）を初見とするもので、その背景として考えられるのが、義満後継の義持によって停止されていた遣明船が永享四年に再開されたという事実である。義教は義満にならい兵庫でその出立を見送ると（『看聞日記』八月一七日条）、翌永享五年には、幕府主導で兵庫嶋の大々的な整備が実施されているのである。東大寺雑掌に宛てた奉行人連署奉書によると、代官による「嶋修固無沙汰」が非難され、「於二御願一者、厳密可レ被レ執二行之一、至二修固一者、被レ仰二付正実・定光一訖」とあり、「御願」＝東大寺が執行する仏事の重要性は認めつつも、「嶋修固」は正実・定光に命じたとあり、関所を「両人代」に引き渡すよう求めている。[注27]ここで登場する正実・定光は京都の土倉として公方御倉をつとめる山徒で、[注28]その経営能力を買われたものと思われ、南関を管掌する興福寺に対しても同様の措置が執られたと考えられる。法隆寺領播磨国鵤荘では、[注29]五月三〇日に「兵庫嶋砂堀人夫」として三六〇人の提供が命じられ、免除工作により一七〇人で決着し、七月一七日に代官実報寺入道が一一九人を率いて出向いた。ただし現地で逃亡した者があったため、一四人を兵庫で雇い入れ、閏七月七日に鵤荘に戻り、未進分五一人は銭で弁済している。摂津国でも動員の徴証があり、[注30]義満期の応永一一年の事例を前例とした大々的な修築事業だったのである。

このように永享五年に実施された兵庫の港湾整備が、関所運営を一時的に東大寺・興福寺から幕府土倉に接収するとともに、本所領荘園にも人夫役が賦課されるというように、幕府が主体となった事業だったことがわかる。永享八年を初見として北野一切経・相国寺・等持寺に関する負担が見えるのも、幕府が東大寺・興福寺に代官職を返付する際に新たに付け加えたものとみるのがもっとも蓋然性が高いと考えられる。すでに現地での関所運営は兵庫の問丸が主体となり、それを総体として幕府が保障する体制になっていたため、東大寺・興福寺も負担を是認せざるを得なかったものと思われる。

ところで永享四年に兵庫を発った遣明船は永享六年五月に明使とともに帰国するが、その際にも義教は兵庫で出迎え、「唐船入嶋内儀」を間近で見学して驚嘆したことを側近僧である三宝院満済に述べている（『満済准后日記』五月二八日条）。この義教の兵庫下向および明使の応接について、管領細川持之から満済に対して二月二一日段階で「兵庫事、可レ被レ仰二一衆中一（土蔵方）由尤可レ宜歟、但兵庫御下向等事、可レ申二沙汰一条、一衆中事、定可レ為レ無二故実一歟、然者為二御料所分一、雖レ為二何仁一、於二用脚等一者、被レ仰二付一衆中一、以二兵庫年貢一可レ被二返付一歟」との諮問があり、正実らを含む土倉一衆に担わせるのがよいのか、もしくは室町殿の兵庫下向について一衆に「故実」がないため幕府御料所の担当とし、費用のみ一衆に分担させ、あとで「兵庫年貢」によって返付するのがよいのか、二案が示された（『同』）。二五日に義教の許に参上した満済は、義教近習の赤松満政に命じるよう提案し、その理由として「其子細ハ唐船粮米幷公方様渡御煩以下事ハ、為二洛中土蔵約一、可レ致二其沙汰一之儀無二子細一云々、但諸土蔵者共同不レ置二代官一、於二兵庫一者、只今沙汰之儀、定後々無レ足怖畏可二相残一歟、然者尤不便ニ思食也、如何云々」と述べている。

やや意味が取りにくいところもあるが、満済は京都の土倉が義教の兵庫下向に関する負担をすることは理由（「子細」）がないとしている。それは土倉が兵庫に代官を置いておらず、費用がまかなえなくなるという恐れが残り不便だというのである。醍醐寺僧である満済が山徒である土倉の利害を代弁する謂われはなく、万一働きかけがあったとしても、代官を置いていないという理由が全くの虚構であるとも思えない。少なくとも京都の土倉が兵庫と強いつながりを有していなかったことは間違いなかろう。

このように室町幕府のもとで、鎌倉期に港としての兵庫嶋と陸路の湊川宿が別個に存在したものから、瀬戸内海水運の畿内への接点として兵庫として、外交使節の応接が行われる事実上の直轄都市として位置づけられたことが明らかになった。鎌倉末期に激しく対立していた興福寺・東大寺の関務は権益としては兵庫南北関として認められる一方で、運営は問丸が担い、新たに幕府関係寺院への負担が課せられるなど、上下からの制約を受けながら存立することになったのである。

三　室町期の流通構造

1　西国荘園の代官請と兵庫

前章で述べたように南関・北関という呼称は永享年間に一般的になるものだが、突出して早いのが明徳二年（一三九一）東大寺領周防国仁井令からの年貢六〇石（代銭七八貫文）送進に関わる文書である。[注31] その理由は不明だが、内容は大変興味深いものである。そこでは南関一貫二三〇文・北関七八〇文・「クラシキ」七八〇文・「コアケ船チン」三六〇文、「トイレウ、米ノねツケ引物」二七〇文が支出されており、以上が兵庫での支出項目と考えられるものである。著名な「兵庫北関入船納帳」から年貢は免除とされることもあるが、この文書によると南関では代銭額の一・六％弱・北関では一％が関料として支出されており、東大寺領荘園にもかかわらず北関でも負担が計上されている。南関の算出方法が不明で、升米と置石からなるため計算方法が複雑とされる北関[注32]のほうが単純換算されている点も明確にできないが、南北両関双方の負担がわかる点で重要である。また「クラシキ」は倉庫代、「コアケ船チン」は小舟を利用した荷揚げにかかった費用を指すものと考えられ、兵庫まで運ばれてきた米六〇石が陸揚げされたことがわかる。さらに「トイレウ、米ノねツケ引物」とは問料すなわち、問丸によって現米が代銭化された際の手数料と見ることができ、兵庫の問丸によって年貢米から商品に転換されたことになる。しかも北関の関料・倉庫代は重量ではなく代銭額が基準になっていることが明らかなので、この事例に限られるものではなく、代銭が基準とされていたことはある程度一般化できるものと考えられる。なお関銭が賦課されているのは兵庫からは年貢として輸送されるのではなく、商品に転化したためかも知れない。

それはさておき、続いて「兵庫ノヤト」で百五十文・「西宮ノヤト」で二五文、「せカワニテ用」で一〇文、

「ヤマサキ」で二五文と、西国街道を西宮・瀬川・山崎と辿ったことがわかり、兵庫が西宮・山崎の六倍にあたることから支出基準は滞在六日だったと考えられる。その後は「船チン」で五文、「天神ノ森ニテヒルヤスミ」で一〇文とあり、巨椋池から木津まで船を利用して東大寺に帰ったことになる。この間の酒代・使者への報償費など兵庫からの経費は全て代銭七八貫文から差し引かれており、その残りが東大寺で配分されて結解が作成されている。すなわち仁位令から輸送されてきた年貢米は現地側の経費責任で兵庫まで輸送され、荘園領主である東大寺がそこで受け取り代銭化され、兵庫および東大寺までの帰路に関する必要経費はそこから差し引かれるという、分掌関係になっていたのである。

この仁位令を含む東大寺領周防国国衙領では、現地に派遣された目代が兵庫までの輸送責任を負い、兵庫以後は東大寺の責任となることは、すでに本多博之氏[注33]によって明らかにされている。仁井令についても永享一二年（一四四〇）一一月二八日付で代官江口十郎成縄が正米五〇石・正銭五〇貫文・塩五石・干鯛五〇枚・釜一の年貢を兵庫津で引き渡すことを誓約した請文が現存しているが（『東大寺文書之十六』八三二）、これらが現物のままで東大寺までもたらされたかはわからない。

さらに同じく周防国の東寺領美和荘兼行名に関する応永二五年分（一四一八）の年貢引き渡しについての一連の経過も興味深い。[注34]現地請負代官である沓屋周重は一二月一三日付東寺公文所宛の書状で、年貢四〇貫文を「富田乙増丸」に積み込み、兵庫に到着したならすぐに人を派遣して受け取るように、船頭に折紙を渡したのでそれをもって受領証とするようにと指示している。また同日付「おとまさりの船頭殿たうちん」宛の沓屋による平仮名書状では、年貢銭四〇貫文を乙増に積み込んだので、この文書を東寺に渡して銭を引き渡し、文書は回収して後のために保持しておき、東寺へ料足を渡して公文所の受領証を得て下るようにと命じた。富田は東大寺領となった国衙領富田保のことで、富田川河口の湊町を包摂している。乙増丸は応永一一年に東大寺領東仁位令の年貢米を輸送していたことが知られ、[注35]富田を母港に瀬戸内海舟運に住持していた商船とみられる。美和荘からは一〇キロメートルほど距離があるが、沓屋との関係・航行のタイミングなどにより銭の輸送が委ねられたものだろう。なお船頭宛の文書が平仮名で記されているのは、読解能力というより、身分的な区別とみるべきだろう。

さて東寺には翌年二月一四日に文書が届けられ、そのうち仮名書状については東寺側で案文が作成されその端裏に「自二兵庫一使者、又三郎」と記された。この間に二月が経過しているが、富田を出港した期日が不明なためその理由はわからない。美和荘を管掌する東寺最勝光院方では兵庫で受け取った先例がないとして周防守護大内屋形に申し出て京都で受け取ることと決定したが、沓屋の代官がいないため守護代内藤に伝えたところ、「此屋形様・同家人所領年貢、於二兵庫一悉請二取之一」という返事だった。すなわち大内氏領国では、守護請もしくは守護被官が代官請となっている所領では、兵庫で引き渡すのが慣例だというもので、東大寺とあわせてこれが一般的になっていたことがわかる。

そこで最勝光院方は二月一五日に乗南・性順・福石・左衛門次郎・八郎太郎と雇い入れた人夫一人の計六名を受け取りのために兵庫に派遣し、船で尼崎に出て西宮に宿泊、翌一六日に兵庫に到着した。ところが乙増丸の船頭が尼崎まで航行してしまったため、福石を送って呼び戻させ一八日に兵庫で銭を受け取ることになった。沓屋から船頭宛の文書には受け取り場所は記されておらず手違いがあったようだが、滞在が長引いて増えた経費は東寺側の負担になっている。なお一八日には「しまのすゝめ」として六文が支出されている。これは「嶋の勧め」と解釈でき兵庫嶋の港湾施設に入る際に一人一文ずつ徴収され、関銭とともにメンテナンス費用に充てられていたものと考えられる。一八日に「せにのたわら」（銭の俵）を一五文で購入した一行は、兵庫を発ち西宮に宿泊し、そこからは四一〇文で馬を調達して西国街道を通って一九日は山崎で宿泊、二〇日にようやく東寺に戻ることになった。この間の諸経費三貫二文に加え、乗南・八郎太郎は最勝光院公人ではなかったためそれぞれ三〇〇文・二〇〇文が与えられ、年貢銭四〇貫文からそれらを差し引いた残りが最勝光院の得分となった。

先の東大寺領と同じく、ここでも兵庫までの輸送経費は船頭が負担して沓屋に請求されたと考えられるのに対して、兵庫での受け取りに関わる経費は東寺側の負担とされていたことがわかる。以上の事例は兵庫で活動する問丸・瀬戸内海舟運を担う船頭などが関与するとはいえ、荘園年貢が兵庫で代官側から領主側に引き渡されるという点では単純な構造だが、次に取り上げるのはより複雑な取引の事例で、すでに材木流通に関わって論じたものだが[注36]、改めて検討しておきたい。

応永三五年（一四二八）に再建された東福寺法堂材木は、周防国得地保の年貢米をあてて尼崎の材木商人から購入していた。それに関わる文書として現存しているのが、応永二一年八月一七日付で東福寺寺官が連署して、「法堂材木河上運賃海崎道善方用途」二〇〇貫文について、上得地上村年貢から二三〇貫文分を来秋和市で支払うという切符（『九条家文書』一八二六）と、翌年五月九日付で道善の代官を名乗る「あまかさき大物　又二郎さこ」が、「すわうのくにふつ川丸」に積み込まれた米一七〇石を「ひやうこのしま」に受け取ったという大半が平仮名書の文書である（『同』一八二八）。当該期の尼崎材木商人は四国材を扱っていることから、商品は四国から尼崎を経由して東福寺に前年に引き渡されたものである。そして「ふつ川丸」（福川丸[注37]）の船頭によって周防から兵庫嶋に輸送された年貢米のうちから、材木代銭に一五％の利子を加えた米を尼崎商人道善の代官又二郎が受け取って、その受領証とあわせて切符を東福寺側に返却したため、東福寺関係文書の一部を伝える九条家文書のなかに伝来したと考えられるものである。

先の船頭と同じくここでも代官の受領書は平仮名主体の文書が用いられている。仁井令の事例とあわせると恐らく米は尼崎に運ばれたのではなく、兵庫問丸を通じて売却され代銭化され、銭で道善のもとへ届けられたと考えられる。著名な「兵庫北関入船納帳」に多数の問丸が登場するが、兵庫そのものが瀬戸内海水運を通じて運ばれる米を含む諸物資の最初の商品市場になっていたことを確認しておきたい。

2　為替の流通と経済圏

この東福寺が発給した切符のような、信用取引に関わる文書が当該期に利用されていたことについては、桜井英治氏が一〇貫文の約束手形として割符が流通していたことに注目してから、急速に研究が進展し文書の性格をめぐって諸説が乱立しているのが現状である。[注38] 残念ながらこの問題について定見を有するに至っていないが、具体的な検討素材とされている備中国新見荘に関わる東寺関係文書は、[注39] 当該機の流通構造を考える上で大変興味深い事例である。

寛正二年（一四六一）現地に下向した東寺門指の了蔵は「ゐ中の時宜ハせひあるましく候、何とたつね候へ共、京さいふなく候て、ひやうこさいふおとり進上申候」（三四六）と、「ゐ中」ではどう探しても京割符は流通しておらず、兵庫割符を進上すると、京に書き送っている。その後も東寺側は京都で換金を望むのに対して、割符の発給者は「山崎ひろせ大もんじ屋」（九〇六）＝山崎広瀬、「あまさきの大物の四郎兵衛」（一一四五）＝尼崎の大物、「きたのしやうひん中やのひこ」（一一七八）＝堺北荘備中屋、「つの国のわたなへのあき人」（九〇五）・「中嶋のあき人」（一一一〇）＝摂津渡辺（中嶋）など大阪湾岸の尼崎・渡辺（中嶋）・堺などばかりで、山城・摂津国境の山崎広瀬の割符の換銭も尼崎で行わなければならなかった（九〇六）。また応仁二年（一四六八）正月に、割符が堺に到着したため、受け取って京都で換銭するための経費として六〇〇文の支出を余儀なくされている（八二九）。

最後の事例については、応仁の乱勃発の影響を全く無視することはできないのだが、備中国との商取引をになっていたのが大阪湾岸都市の商人であったことが、京割符が流通していない根本的な要因であろう。室町期の高野山領備後国太田荘の年貢米・大豆についても、現地の積み出し港である尾道の船だけではなく、文安元年

（一四四四）からは兵庫の船が見えるようになるなど[注40]、畿内側からの進出も確認され、そのような実体経済という前提があってこそ割符も流通していたとみるべきである[注41]。

ところで室町・戦国期の流通構造について、佐々木銀弥氏[注42]は畿内都市商業を頂点としていくつかの商業が重層的に構成される関係を保っていたとし、求心的経済構造論を提起した。脇田晴子氏[注43]も京都を同心円の中心とする畿内の商品流通と遠隔地流通の二つの流通の交錯による商品経済を想定し、前者を首都市場圏と評価し都市商業座の問屋的成長が中継地における購入独占や、流通路の独占を生み出したと評価した。それに対して中世考古学の発展を採り入れた鈴木敦子氏[注44]は、遠隔地流通の広範な存在の背後には、必ずしも求心化しない地域的流通の活発な展開を主張し、地域経済圏こそ重要だと評価した。

その後も陶磁器・土器の出土という物証を突きつけた中世考古学の発展は、京都・奈良の限られた文献史料を軸に組み立てられた歴史像を大きく揺さぶり、当該期の流通構造における地域ブロック経済圏の重要性を明らかにしつつある。そうした動向を踏まえた文献史学の矢田俊文氏[注45]は、首都京都が中世を通じて求心的経済構造の中心点であり続けた物資流通システムそのものの構造を解明するためには、「首都市場圏」の再検討が不可欠だとした。そのなかで日本海交通における小浜・東国交通の中心である安濃津および、本稿の主題でもある瀬戸内海交通の拠点である兵庫といった諸都市と京都との関係の検討が必要であるとするとともに、物資流通の中継地を集散地遺跡と概念づけることを提唱した。

それに対して同じく脇田首都市場圏論の批判的継承を試みる早島大祐氏[注46]は、脇田説の分析が堺・天王寺商人の活躍によって論じられている点を批判するとともに、応仁の乱終結後の守護在京制の解体により京都経済は低迷したとし、室町・戦国の断絶面を強調した。その一方で室町期の京都経済の発展を高く評価し、在京守護の領国を首都圏とし、それと重なる一二ヶ国での活動徴証が確認できる山崎神人の重要性を強調するとともに、室町幕府財政が金融業を営む山徒の土倉役など商業課税に偏っていくことを都市依存型財政と評価した。この早島説が提唱された二〇〇二年度日本史研究会中世史部会でコメンテーターとなった井原今朝男・桜井英治両氏[注47]も概ねそれを首肯しつつ、井原氏は室町期段階で京都商人の活動はすでに空洞化しつつあり次代の周辺都市の発展につながったとし、桜井氏は戦国期京都が金融都市として継続していた可能性を指摘した。

このように研究史を振り返っても京都を頂点とする求心的流通構造を想定する見解はいまだに根強く、室町期については早島説によってより再編強化されているように思える。しかし果たしてこのような見方は、現実を精確に捉えたものといえるのだろうか、もう少し早島説に即して考えてみたい。室町期の京都の発展について早島氏は守護在京や直轄軍の整備による人口急増を上げ、瀬田勝哉氏[注48]による米市場の研究にそれを依拠している。確かに瀬田氏は所司代権力の手も借りつつ四府駕輿丁座による米穀流通業界の編成が進められていったとするが、都市京都では慢性的米不足といった状態が続いていたとし、流通構造を円滑に行っていくシステムは整っていなかったというのが結論である。近年の河内将芳氏も[注49]、卸売市場としての三条米場が応仁・文明の乱前後に立てられた新しい市で、それ以前に幕府は米場のような統制システムを有していなかったことを強調している。これは本稿で論じた瀬戸内海流通で運送される米の最初の市場は兵庫であるとの結論とも対応するもので、京都へは単なる商品として流通していたため、価格の乱高下を幕府が統制する有効な手段を持ち得なかったと考えるべきである。

さらに京都の米商人と、瀬戸内海流通で輸送される兵庫など湾岸諸都市の商人とのあいだにも強い系列関係があったという徴証はなく、材木流通についてはそれとは異なった様相を確認できる。[注50]すなわち京内の材木商業は祇園社に属する堀川神人が独占していたが、それはあくまでも小規模な規格材のみに過ぎず、大型材については堀川神人を経由することなく、尼崎・堺の材木商人と直接取引していたのが実態である。すなわち神人の商圏独占はあくまでも京内のみで通用したもので、堀川神人が尼崎・堺の材木商人を系列下に置いていた徴証はみられず、両者の間で行われていたのは通常の商取引だったと想定されるべきである。幕府の重要な経済基盤になっていた土倉についても同様で、幕府が実施した兵庫嶋修固の実務に京都の山徒が任じられたことは興味深いが、あくまでも経理能力を買われたに過ぎなかったことは、義教の兵庫下向に関する実務が満済によって否定された経過からも明らかである。早島説が強調する山崎神人についても、現存しているのは関銭免除など交通特権と原料購入の優先権を示す文書が中心で、その具体的な経営実態については不明である。神人による広域的な経済活動は、瀬戸内海の石清水神人・北陸の日吉神人が活躍した中世前期こそむしろ隆盛だったと考えられる。

この点は前述した新見荘で流通していた為替からも確認でき、京都商人の発給したものではなく兵庫を初めとする大阪湾岸都市に関わるものだったのは、京都を頂点とした求心的流通構造という見方とは相容れないのではないか。また同じく史料が豊富な東寺領播磨国矢野荘の代官について、早島説が強調する京都の商人による代官請負にも、問丸と考えられる鳥羽住人を多数含んだ概念である。すでに瀬田勝哉氏が論じるように、応仁の乱前の京都は、率分関が山城国を超えて設置されることがあり、「輪郭といい、構造といい、甚だしくつかみにくい」一方で、都市課税の対象となる洛中洛外に鳥羽・淀・山崎などは含まれていない。

さらにその外縁部である大阪湾岸となればいうまでもなく、尼崎で永享六年（一四三四）賀茂御祖神社遷宮に関わる土倉役が賦課された徴証があり、[注51] 前述した兵庫嶋修固に関わる費用を京都の土倉に肩代わりさせて、「兵庫年貢」で弁償するという管領細川持之の提案も兵庫での臨時課税が念頭におかれた可能性がある。これらについて義教期に大阪湾岸諸都市をも幕府による商業課税対象とする試みとみることが可能かもしれないが、それが定着したという徴証はみられない。早島説のいう都市依存とは都市＝京都という前提によって初めて成り立つものだが、本稿で論じた範囲でも瀬戸内海流通と畿内を結ぶ大阪湾岸都市の重要性を無視するものである。両者を合わせて首都市場圏とみなしそこに求心的流通構造の存在を見いだす脇田説を否定するものではないが、それは京都を頂点とするものではなく、分節的に接合された構造と把握しなければならないと考えられる。

むすびにかえて

以上論じてきたように、畿内と瀬戸内の交通は一体のものとして連続しているのではなく、大阪湾岸都市で分節化され接続していたものだった。こうした構造は平安中期に受領層による交通が組織され、淀・鳥羽などの倉に官物以下が私富として蓄積されていた段階に遡るものと考えられる。[注52] 白河上皇は鳥羽殿の造営によりそれを組織し、院政期の相次ぐ御願寺の造営は交通路の整備・発展につながっていったものと思われる。[注53] そうして成長していった物流が注目されることで、淀川交通の起点に当たる淀の鎌倉中期を嚆矢として、鎌倉後期には瀬戸内海水運と畿内交通の接点として都市として発展しつつあった兵庫嶋・尼崎・渡辺に関所が設置されることになった。しかしこの段階では、交通業者の間に充分な合意が形成されておらず、権益を主張する権門寺社間の利害対立を公武権力が調整できなかったこともあり、しばしば「悪党」問題が発生した。ただし兵庫嶋から淀までの交通業者のネットワークがすでに成立しており、後代に向けて成熟していったものと思われる。

そして室町幕府は瀬戸内海水運と畿内の水陸交通の接点として兵庫嶋と湊川宿の機能を統合した兵庫を事実上の直轄都市として位置づけるとともに、遣明船の派遣を契機に大々的な整備を実施し、興福寺・東大寺の権益を承認して兵庫南北関として関銭徴収を認めた。武家が代官請となった西国荘園の年貢も兵庫までは代官の負担で輸送され、現物輸送の場合は兵庫で代銭化されることもあり、以後の輸送は荘園領主の責任とされた。兵庫の問丸は年貢米の値付けにも関与しており、西国から畿内に輸送された商品の最初の市場は兵庫に存在したのである。ただし材木市場は尼崎・堺が主体であり、商品および輸送形態に応じて大阪湾岸諸都市が分業・競合関係になったものと思われ、瀬戸内海各地で流通していた割符もこれら諸都市の商人が発給していたものだった。すなわち大阪湾岸の商人は本来的に京都の商人に組織されていたわけではなく、両者の取引関係は水平的なものだったと想定される。室町幕府も京都で活動する商人には土倉役に代表されるような課役を賦課できていたが、湾岸都市については一部の臨時課役以上のものは確認できない、一五世紀京都では多数の餓死者をともなう飢饉がしばしば発生したことが知られるが、その要因の一つにはこうした分節的な流通構造があったと思われる。こうした構造は室町期に京都を中心とした流通構造が空洞化したことで生まれたものではなく、もともと分節されていた接点に位置する湾岸諸都市の発展過程とみるべきで一六世紀にそのまま連続するものと位置づけられる。

なお瀬戸内海についても、[注51]備讃海峡・芸予海峡などいくつかの分節構造の集合体として捉えられており、それらをつなぐ塩飽・能島・蒲苅などを拠点とした海賊衆についても触れるべきであるが、もはや紙数が尽きた。事実のみ指摘して稿を閉じたい。

注

1 近年の代表的な著作として、高橋昌明『平清盛　福原の夢』講談社、二〇〇七年・『新修神戸市史歴史編Ⅱ古代・中世』二〇一〇年・坂江渉『日本古代国家の農民規範と地域社会』思文閣出版、二〇一六年を掲げておく。

2 建久七年六月三日「太政官符案」(『兵庫県史史料編中世五』東大寺文書四摂津国兵庫関一)。以下では兵庫関一、のように記す。

3 藤田明良「鎌倉後期の大阪湾岸――治天の君と関所――」(『ヒストリア』一六二、一九九八年)。

4 「大輪田・福原と兵庫津」(大手前大学史学研究所編『兵庫津の総合的研究』二〇〇八年)・前掲注1『神戸市史』第七章第三節「流通経済の進展と悪党」・第九章第一節1「兵庫津と荘園」。本稿はこれらの内容と重複するところもあるが、新たな視点から問題を位置づけたものである。

5 正応二年九月二九日「伏見天皇宣旨案」(兵庫関二)。

6　徳治二年正月七日「平業時施行状」(『兵庫県史史料編中世九』法観寺文書一)。北条業時はすでに死没しており、花押が異なるなど発給者には問題が残るが、利用可能なものだと見なしておく。
7　延慶元年一二月七日「伏見上皇院宣案」(兵庫関三)。
8　正和四年七月一七日「摂津国守護使伊丹親盛目録注進状」(『兵庫県史史料編中世八』離宮八幡宮文書八)。文書名は改めた。
9　応長元年閏六月日「兵庫嶋関所雑掌珍賢申状案」(兵庫関一七)。文書名は改めた。
10　応長元年八月日「前兵庫関雑掌如道申状」(『大日本古文書東大寺文書之二十』一三九四兵庫関一八)。『兵庫県史』よりも良質な刊本が存在する場合は併記する。
11　文保元年五月日「東大寺学侶幷満寺衆徒申状案」(堀越祐一「『八代国治氏所蔵史料』について」〈『國學院大學校史・学術資産研究』三、二〇一一年〉二、兵庫関四四)。
12　正和四年一一月日「兵庫関所悪党交名注進状案」(兵庫関三四)、拙稿「鎌倉後期の尼崎——長洲荘『悪党』教念・教性の活動を通じて——」(尼崎市立地域研究史料館『地域史研究』一〇八、二〇〇九年)・前掲「流通経済の進展と悪党」で背景について論じた。
13　嘉暦二年三月三〇日「六波羅御教書案」(兵庫関五三)。
14　「峯相記」(『兵庫県史史料編中世四』寺社縁起類播磨国一)。戸田芳実「播磨国福泊と安東蓮聖」(『中世の神仏と古道』吉川弘文館、一九九六年)参照。
15　元応二年一二月一六日「関東御教書案」(『兵庫県史史料編中世七』興福寺文書(福智院)三)。
16　正慶元年八月日「東大寺八幡宮神人筆申状土代」(『大日本古文書東大寺文書之二十』一三九一、兵庫関九八)。
17　前掲「流通経済の進展と悪党」で史料的典拠を明示し論じたが、自治体史という性格もあり、改稿して公表を予定している。
18　『兵庫県史史料編中世七』興福寺文書(春日大社)六・七。
19　「兵庫関銭立用切符」(『大日本古文書東大寺文書之二十』一三二〇、兵庫関一四一〜一四五)。
20　嘉慶元年八月晦日「室町将軍家御教書」(『兵庫県史史料編中世七』興福寺文書(春日大社)一五)。
21　暦応三年三月一四日「足利将軍家御教書」(『兵庫県史史料編中世七』熊野那智大社文書五)。本郷和人「新田義貞麾下の一部将と室町幕府のある右筆について」(『東京大学史料編纂所紀要』八、一九九八年)は、これと同筆の文書が存在することを発見し正文だとしており、それに従って文書名を改めた。

22　網野善彦「海の領主、海の武士団」（高橋昌明・山本幸司編『武士とは何だろうか』朝日新聞社、一九九四年）は、同文書について「瀬戸内海全体の海上勢力の独自の秩序を認め、その統制を熊野山衆徒あるいは神人と見られる塩崎・泰地一族にゆだねて、これを誘引しようとしている」と高く評価している。

23　暦応元年一〇月一六日「摂津国守護代沙弥円道遵行状案」（『東寺百合文書』イ函三四―二）。

24　明徳三年六月一九日「摂津国守護細川頼元書下」（『兵庫県史史料編中世七』離宮八幡宮文書二七）・応永一三年一〇月二六日「室町将軍家下知状案」（同二九）

25　注1『神戸市史』六〇九頁に表一五として全体像を示した。

26　応永一一年二月一四日「学衆方年貢等散用状」（『相生市史八上』六二二―一、東寺百合文書ヲ函五一）。

27　永享五年五月二八日「室町幕府奉行人連署奉書」（兵庫関二一三）。

28　公方御倉については、桑山浩然「室町幕府経済機構の一考察――納銭方・公方御倉の機能と成立――」（『室町幕府の政治と経済』吉川弘文館、二〇〇六年、初出は一九六四年）・下坂守「中世土倉論」（『中世寺院社会の研究』思文閣出版、二〇〇一年、初出は一九七八年）・同『京を支配する山法師たち』（吉川弘文館、二〇一一年）・早島大祐「戦国時代の土倉酒屋役と室町幕府」（『首都の経済と室町幕府』吉川弘文館、二〇〇六年、初出は二〇〇一年）など参照。

29　「鵤荘引付」（『兵庫県史史料編中世三』斑鳩寺文書三〇）。

30　永享五年七月一八日「室町幕府奉行人奉書」（『兵庫県史史料編中世二』多田神社文書二五九）。

31　明徳二年二月晦日「仁井令年貢結解状」（『大日本古文書東大寺文書之十六』八三三）。

32　代表的な研究として、藤田裕嗣「兵庫北関入船納帳にみえる関銭をめぐる考察」（『国立歴史民俗博物館研究報告』一一三、二〇〇四年）を掲げておく。

33　本多博之「中世後期東大寺の周防国国衙領支配の展開」（『日本史研究』二九六、一九八七年）。

34　『大日本史料』七―三三、一二一～一二三頁に関連文書がまとめられている。

35　応永一一年二月一〇日「東仁井令年貢送状」（『大日本古文書東大寺文書之十六』八二六）。この点については、新城常三『中世水運史の研究』（塙書房、一九九四年）一五七頁にすでに指摘がある。

36　拙稿「室町期尼崎における材木商人に関する新史料」（尼崎市立地域研究史料館『地域史研究』一一四、二〇一五年）。

37　やや下るが、明応四年六月吉日「東福寺領周防国上得地保三作公文分年貢算用状」（『大日本古文書東福寺文書之二』四四九）によると、得地保の年貢が「福川津」で積み込まれ、「蒲苅船頭」が輸送していることが知られ、福川のことと考えられる。この点でも新城常三前掲書の恩恵を受けているが、同書四九六～四九八頁で示された『九条家文書』の解釈には誤りがある。

38 桜井英治「割符に関する考察」(『日本中世の経済構造』岩波書店、一九九六年)。

39 新見荘関係文書は、煩雑になるため『岡山県史第二〇巻家わけ史料』の文書番号のみを記す。

40 「備後太田荘年貢引付」(『高野山文書』一、金剛峯寺文書一六五)。

41 辰田芳雄「年貢送進手段としての割符について――裏付の意味を中心に――」(『室町・戦国期備中新見荘の研究』日本史史料研究会、二〇一二年)は、年貢輸送との関わりで割符を捉えており、本稿も実態経済から評価する点でこれを継承している。

42 佐々木銀弥「産業の分化と中世商業」(『中世商品流通史の研究』法政大学出版局、一九七二年、初出は一九六五年)。

43 脇田晴子『日本中世商業発達史の研究』御茶の水書房、一九六九年)。

44 鈴木敦子「中世後期における地域経済圏の構造」(『日本中世社会の流通構造』校倉書房、二〇〇〇年、初出は一九八〇年)。

45 矢田俊文「中世水運と物資流通システム」(『地震と中世の流通』高志書院、二〇一〇年、初出は一九九九年)。

46 早島大祐「中世後期社会の展開と首都」(前掲注28『首都の経済と室町幕府』初出は二〇〇三年)。

47 井原今朝男「中世後期における債務と経済構造――求心的経済構造の空洞化――」・桜井英治「早島報告コメント」(『日本史研究』四七七、二〇〇三年)。

48 瀬田勝哉「荘園解体期の京の流通」(『洛中洛外の群像』平凡社、一九九四年)。

49 河内将芳「都市のなかの市――中世京都、五条馬市と三条米場をめぐって――」(仁木宏編『日本古代・中世都市論』吉川弘文館、二〇一六年)。

50 拙稿「中世畿内における材木流通の展開」(前註『日本古代・中世都市論』所収)。

51 拙稿前掲注36「室町期尼崎における材木商人に関する新史料」。

52 佐藤泰弘「国家財政・徴税と商業」(『日本中世の黎明』京都大学学術出版会、二〇〇一年)。

53 拙著『中世京都首都論』吉川弘文館、二〇〇六年。

54 最近の成果として、考古学の調査成果をまとめた橋本久和監修・日本中世土器研究会編『考古学と室町・戦国期の流通――瀬戸内海とアジアを結ぶ道――』(高志書院、二〇一一年)、文献史学からの海賊論として、山内譲『中世の港と海賊』法政大学出版局、二〇一一年を掲げておく。

和泉・紀北の宿と交通
――畿内南部と周辺の交通・流通――

廣田　浩治

はじめに

中世には京都・鎌倉・奈良・博多・堺のような大都市とは異なる、市・宿・関・渡・津・泊とよばれる交通集落が各地に存在した。これらは大規模な町屋を伴う都市ではないが交通の要衝に分布し、中世の商工業・交通・流通経済に大きな役割を果たした。中世社会史を牽引した網野善彦氏はこれらを非農業民が活動する「都市的な場」と定義した。[注1]網野氏の提唱を機に各地で「都市的な場」の発見が相次ぎ中世都市研究が進展した。

その後、網野氏の中世都市論や「都市的な場」概念の曖昧さや限界が指摘されているが、[注2]石井進氏のように網野氏を継承する都市論の影響力も大きい。[注3]立場や概念の違いを克服するためにも史料に即してこれらの交通集落の実像を見直すことが必要であるが、しかしそれを個々に追究するだけでなくその相互関係についても再考し、多様な交通集落をそれが展開した固有の地域社会や交通路のなかで位置づけることも必要であろう。

本稿ではこれらの交通集落のうち宿を中心に、和泉国と紀伊国北部（紀北）を舞台に交通の展開を考察する。

宿は旅人や商人の宿泊地であり伝馬も置かれ、交通や流通経済の拠点であったとされ、後述のように東国・東海道・山陽道で宿の研究が進展している。和泉の宿については三浦圭一氏が熊野街道の宿（非人宿）と地域の開発・分業経済の関係を論じているが、[注4]非人宿にとどまらない宿と交通の実像は十分には考えられていない。紀北の宿についても戸田芳実氏と小山靖憲氏が宿（非人宿）と熊野詣の関わりを論じているが、[注5]宿と流通の関係や紀ノ川ぞいの高野詣の宿と交通の考察に課題がある。

中世には地域社会交通・一国交通・都鄙間交通・遠隔地交通など、規模の異なる様々な交通圏が重層している。宿と交通を考える上でもこうした交通圏の重層性を前提とする必要がある。宿を切り口に和泉と紀北の交通の全体像を再提示するとともに、それを地域社会から列島各地域に広がる重層的な交通構造に位置づけたい。そのためにも宿の交通に関わりを持つ海上・水上交通も含めて考える。また和泉と紀北の交通の差異についても地域性の問題として比較考察したい。紀北の地理的範囲は和歌山平野と紀ノ川流域周辺とする。熊野詣・高野詣そのものについては本論集に別の論文があるためここでは論じない。

一　和泉・紀北の熊野街道と宿・交通

交通からみた中世は寺社参詣の時代、特に権門貴族の大規模な寺社参詣の時代である。ここでは和泉・紀北の幹線道路であり寺社参詣路でもある熊野街道（当時の呼称は「熊野道」「熊野大道」）の交通と宿について考える。

1　和泉・紀北の熊野街道

平安中期には公家の四天王寺や住吉社への参詣が盛んとなった。四天王寺は西方浄土信仰の地、住吉社は禊祓

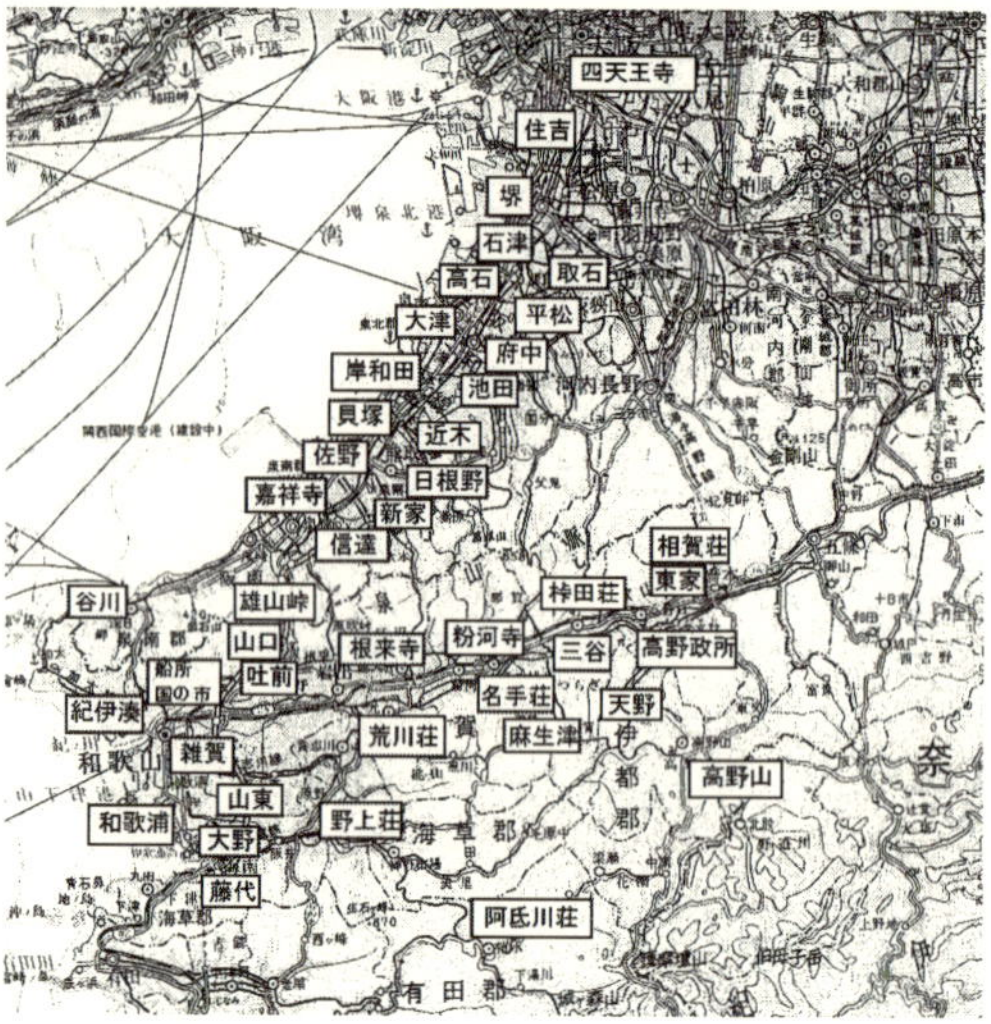

挿図1　和泉・紀北地図（国土地理院50万分の1地図「中部・近畿」〔1986年編集・1992年修正〕より作成）

の神・海の守護神・和歌の神であり、住吉・墨江は遊覧の地でもあった。参詣の宿所には四天王寺の院家、住吉神主宅、住吉浜の仮屋が用いられた。摂津大渡と住吉社の間の移動には熊野街道や「浜際」の「浜路」が使われている。[注6]
次いで平安後期には院や公家の熊野詣や高野詣が盛んになり、四天王寺と住吉社（および後述する和歌浦）を途中の参詣地に組み込むようになる。熊野詣は歩いて熊野三山に詣でる苦行滅罪の旅、高野詣は弘法大師入定の地（弥勒の世到来待望の地）への参詣である。和泉・紀北では熊野街道ぞいに宿泊地が形成された。主要な熊野参詣・高野参詣の記録から摂津・和泉・紀北の宿泊地を表1・2にまとめた。

表1から中世初期の公家の熊野詣の宿泊地を見ると、平安後期の藤原為房・藤原宗忠の熊野詣では、寺院（堂）・湯屋・大工宅・国府館付近の「下人之小屋」があり、宿泊地の性格は多様であった。しかしこの時期から和泉国府・信達荘・紀伊藤代は宿泊地として固定化している。これらの地で宿所が一定度整備されたためであろう。

和泉を経由する高野詣は熊野街道から紀ノ川ぞいを通路とした（表2）。永承三年（一〇四八）の関白藤原頼通の高野詣は和泉国府に近い「曽禰御借屋」、次いで「日根御宿」を宿所としている。「曽禰御借屋」は後の平松御所・平松御宿の近くであろう（表1）。「日根御宿」は和泉国司が建てた五間二面の檜皮葺屋で「極美」の調度類が用

表1　摂津・和泉・紀北の熊野詣の宿泊地

年	西暦	参詣者	出典史料	宿泊地
永保元年	一〇八一	藤原為房（公家）	「大御記」永保元年九月一三日～一〇月一三日条	摂津　「三島江」「住吉神主宅」 和泉　「堺之小堂」「和泉国府南郷之光明寺」「信達庄」の「大工宅」 紀北　「雄山湯屋」「藤代人宿」
天仁二年	一一〇九	藤原宗忠（公家）	「中右記」天仁二年一〇月一七日～一一月一〇日条	和泉　「和泉館辺下人之小屋」 紀北　「当国之館辰巳辺」の「多也」（「下人之小屋」）
長承三年	一一三四	鳥羽上皇・待賢門院・源師時（院・公家）	「長秋記」長承三年二月一日～七日条	和泉　「池田御所」「厩御宿」 紀北　「坂崎」（おそらく吐前）付近の「御宿」
承安四年	一一七四	藤原経房（公家）	「吉記」承安四年九月六日～三〇日条	摂津　「天王寺」 和泉　「和泉国府」「信達宿　弥勒堂」 紀北　「勢多」
建仁元年	一二〇一	後鳥羽上皇・藤原定家（院・公家）	藤原定家「熊野道之間愚記」建仁元年一〇月五日～二七日条	摂津　「天王寺」の「宿所」「皆瀬宿」（水無瀬） 和泉　「平松新造御所」「信達宿（「厩戸御所」） 紀北　「藤代宿」
承元四年	一二一〇	修明門院（公家）	「修明門院熊野御幸記」承元四年四月一七日～五月一五日条	摂津　天王寺の「宿所」「水無瀬殿」 和泉　「平松御宿」「国府」「厩戸王子」の「御同御宿」 紀北　「藤代御宿」
建保五年	一二一七	藤原頼資（公家）	「頼資卿熊野御詣記」建保五年六月一六日～七月一〇日条	摂津　「天王寺」 和泉　「和泉国府堂」「近木堂」「信達弥勒堂」 紀北　「藤代」「藤代神主宅」
建保五年	一二一七	後鳥羽上皇・修明門院（院・公家）	「後鳥羽院・修明門院熊野御幸記」建保五年九月二六日～一〇月二六日条	摂津　「五智宿院御所」（天王寺）「水無瀬殿」 和泉　「平松宿」「近木御所」 紀北　「藤代」「坂崎御所」（吐前）
寛喜元年	一二二九	藤原頼資（公家）	「頼資卿熊野御詣記」寛喜元年一〇月二一日～一一月一五日条	摂津　「天王寺」 和泉　「国府堂」「近木」「信達」 紀北　「藤代」「紀伊川北岸河部」（川辺）

建長六年	一二五四	藤原経俊（公家）	「経俊卿記」建長六年八月一三日～九月一一日条	摂津「天王寺」「江口」 和泉「国府」「信達宿」「古木宿」（近木） 紀北「藤代」
正嘉元年	一二五七	藤原経俊（公家）	「経俊卿記」正嘉元年閏三月一四日～四月一一日条	摂津「天王寺」「江口」 和泉「国府」「信達宿」「古木宿」（近木） 紀北「藤代」
応永三四年	一四二七	足利義満側室北野殿・息女南御所・今御所（武家女性）	「熊野詣日記」応永三四年九月六日～一〇月一五日条	摂津「御宿（律院）」 和泉「国府」 紀北「山東」

宿泊地の「　」は史料表記のままとした。

意されていた。以後の院や公家の高野詣は主に河内路や大和路を用いているが、久安三～六年（一一四七～五〇）の仁和寺門跡覚法法親王の高野山参籠は海路と和泉の熊野街道を通っており、和泉では仁和寺領新家荘の「新家庄宿」（「新家宿」）に宿泊している。ただし新家荘宿は熊野街道から離れた位置にあり、後の熊野詣の宿には発展していない。注7 なお「山槐記」の保元三年（一一五八）九月の藤原忠雅・忠親の高野詣は、天王寺から和泉の大野口、河内の長野を通っているので、堺と南河内の間を通る西高野街道を用いたと考えられる。

表1の藤原為房の熊野詣では摂津住吉社神主・和泉国司・紀伊留守所が「粮米」を支給している。表1の藤原宗忠が宿泊した「和泉館辺下人之小屋」は舎人（宗忠あるいは摂関家の大番舎人）の「相儲」であり、信達荘～摂津住吉社間の伝馬は信達荘司が提供している。藤原忠雅・忠親の高野詣も和泉国司の用意した夫伝馬を用いている。公家の熊野詣は国府（国衙）・国司や有力者の提供する粮米や伝馬に支えられていた。

在地社会が維持管理する湯屋・人宿・休息所も生まれている。為房の熊野詣によれば紀伊藤代に「人宿」があり、雄山口の「湯屋」も宿所となっている。宗忠の熊野詣でも「恩山（雄山峠）南野辺」の「有二煙立一所」が

「雑人等御儲之所」の休息所であった。

一二世紀に入ると院の熊野詣が毎年のように行われる。[注8] 院の熊野詣は院が公家・武士・官人を率いる旅である。承安四年（一一七四）の藤原経房の熊野参詣（表1）も「上下相幷百卅余人」という大規模な旅であった。このため熊野詣を支える補給体制が必要となる。院の熊野詣では「雑物」（必要品）は参詣の一行とは別に輸送されている。[注9] 摂津・和泉・紀伊の交通業者や公家の寄人（舎人・召次）がその輸送に関わっていたと考えられる。元永元年（一一一八）には熊野詣のため摂津・和泉両国の諸荘園への「粮米・伝馬」賦課が定められ、賦課のための「人数注文」「両国所レ進庄々注文」と伝馬数の注文が注進された。紀伊では諸荘園の粮米・伝馬賦課はすでに行われ「皆沙汰了」という状況であった。院熊野詣は以後も「国司幷庄々勤之」と言われるように、摂津・和泉・紀伊の国司の粮料・雑事の供給と一国平均の荘園公領賦課に支えられて行われた。[注10] 紀伊では鎌倉期にも多くの荘園が熊野御幸役・熊野詣粮料・熊野詣米（道米）を負担している。

紀ノ川には院や公家の熊野詣の渡船が設けられた。建仁三年（一二〇三）、紀伊在庁の船所書生・梶取が高野山領荘園の運上米に「熊野御幸渡船料」を賦課したが、国司に停止されている。[注11] 鎌倉期にも紀伊の在庁が「幸路」（院熊野詣の参詣道）があることを理由に、高野山領備後国太田荘・淡路国賀集荘の年貢を点定し、高野山から訴えられている。[注12]

熊野詣は熊野先達・御師が引率案内を行うが、中世公家の熊野詣はそれだけでなく、国司・国衙の雑事供給、権門舎人の「相儲」、有力寺社（住吉社）や在地領主の支援、在地社会の人宿、荘園公領への賦課体制によって重層的に支えられていた。

承久の乱（後鳥羽院政の崩壊）以降、院の熊野詣は衰退し、九十九王子ともよばれる熊野王子社も荒廃した。平松御所は弘安四年（一二八一）の亀山上皇の御幸には「見苦躰」となっている。[注13] しかしなお多くの人々が熊野詣のため熊野街道を通った。嘉禄二年（一二二六）の公家藤原定高の四天王寺参詣の折には、洛南鳥羽においても「熊野参詣人々在レ道」という状況であった。[注14] こうした人々の熊野詣を支える宿や寺院が沿道に存在した。鎌倉後期には紀伊国和佐荘の歓喜寺・薬徳寺が「禅律僧尼」の往反のため接待所を設けて接待を行っており、そのための接待料所（在地有力者の寄進田地）があった。[注15]

　鎌倉中期以降は熊野参詣記が少なく熊野街道や宿の実態が分からなくなるが、南北朝期には熊野参詣者への兵士米や関の通行料の賦課が大きな財源になっていた。紀北の大野郷では「熊野参詣路次大野郷兵士米」（「大野関米」）が賦課されていた。これは熊野街道の通行者から参詣路の安全保障を名目に徴収する関料であろう。熊野参詣路次大野郷兵士米は南朝の紀伊支配下で高野山金剛峯寺大門造営料所に寄進されている。[注16] また熊野街道の通る和泉の鳥取荘の山中関の支配権が南朝から河内の観心寺に与えられている。[注17]

　国司・国衙の熊野詣雑事や荘園公領賦課の崩壊後、熊野参詣は在地の宿・寺院や武家権力に支えられた。応永三四年（一四二七）の足利義満側室の北野殿の熊野詣（表1）では、和泉両守護細川氏と紀伊守護畠山氏が奉仕を行い、畠山氏は紀北の山東に宿所を造営している。また畠山氏は熊野参詣の警固のため守護被官（「御内方」）や国人（「国の人々」）を大野に動員している。[注18] 畠山氏は大野（守護所）を拠点とし、紀北の荘園住民に街道ぞいの大野・藤代・山東への守護夫役や守護役の負担を命じた。[注19] このようにして中世後期の熊野詣は「蟻の熊野詣」と言われる最盛期を迎える。

2　熊野街道の宿の景観と性格

　熊野街道の宿は院・公家熊野詣の最盛期である平安末期から鎌倉前期にかけて増加した。表1によれば平安後期の宿は、和泉では「池田御所」の「御宿」、「厩御宿」、「信達宿」、紀伊では雄山口辺の「此宿」、坂崎（おそらく吐前）付近の「御宿」がある。池田御所は和泉国府のすぐ南にあり、源師時の日記「長秋記」は池田御所の「所々宿舎」を「過差」と記している。「厩御宿」「信達宿」は同じ宿のことで信達荘の厩戸王子の近くにあり、これはかつて伝馬を提供した信達荘の荘司が管理する宿と思われる。

雄山口辺の「此宿」は、藤原為房の日記「大御記」の「紀伊国雄山口湯屋」や、藤原宗忠の日記「中右記」の「恩山（雄山峠）南野辺」の「有二煙立一所」「雑人等御儲之所」が、宿所を伴う集落に発展したものと思われる。これは「雑人」（在地住民）が維持する宿であろう。なお表1の他に仁安二年（一一六七）頃には「紀伊河御宿」があった。[注20]「紀伊河御宿」は吐前の宿と同一の可能性がある。

鎌倉前期の後鳥羽院政期には院熊野詣の「御所」と宿が整備される。後鳥羽上皇の熊野詣に随行した藤原定家の建仁二年（一二〇一）の「熊野道之間愚記」（以下「熊」）、承元四年（一二一〇）の修明門院の熊野御幸記（以下「修」）、建保五年（一二一七）の後鳥羽院・修明門院の熊野御幸記（以下「後」）から、和泉・紀北の宿をみよう。

和泉国府のすぐ北（信太明神と国府の間）の平松王子の付近には「平松御新造御所」があり、御所近辺に後鳥羽上皇一行の「宿所」と「各」が泊まる複数の「宿所」（「平松御宿」「平松宿」）があった（「熊」「修」「後」）。この宿所は定家によれば国（国司・国衙）が用意した「仮屋」で、定家たちは板敷のない「三間小屋」に泊まった（「熊」）。「平松御宿」は国司が国府付近に造営した公設の宿であった。

平松御宿や池田御所に近い和泉国府（後の府中）は、国衙と惣社がある政治・宗教の中心都市である。平松御宿と池田御所の宿は国府の都市経済の力に支えられていた。[注21]国府付近に置かれた和泉守護所の「当市庭」にも人々が集まり、ここでは鎌倉幕府が人身売買禁止法を「国中」に触れるため法を「札」として掲示している。[注22]

次に「昼養」に立ち寄る「コ木」（近木）の王子付近には、後鳥羽院政期に「近木新御所」（「近木御所」）が和泉国に造営用途の段別米を賦課して建てられている。[注23]これは「近木行宮」（「修」）・「近木御宿」（「後」）とも呼ばれている。近木御所の次の「御宿」を「熊」の諸刊本は「鶴子」と翻刻するが、「鶴子」の「子」の崩し字は「原」と読めるため、「鶴子」は鶴原のことと考える。

次の宿所は信達宿であるが、ここは近接する厩戸王子社の名に因み、「厩戸御所」(「熊」)・厩戸王子の「御同御宿」と呼ばれている(「修」)。定家によれば信達宿は厩戸御所と「近辺仮屋」から成っており、ここで定家は国(国司・国衙)が用意した「萱葺三間屋」に泊まっている(「熊」)。信達宿の次は平安後期までは雄山口(雄山峠)の宿が宿泊・休憩に使われたが、鎌倉期には院・公家の熊野詣には使われなくなった。

紀伊に入ると紀ノ川北岸の吐前の「仮屋」が昼養所である(「熊」)。ここは「吐前行宮」とも呼ばれている(「修」)。紀ノ川を過ぎると「藤代宿」(「藤代御宿」)である。院政期には藤代王子の巫女の長官を熊野先達が任命している。[注24] 藤代宿は定家によれば「不㆑及㆓御所㆒三町許小宅」であった(「熊」)。「三町許」は「御所」(院の宿所)と定家の宿所(「小宅」)の距離であろうから、藤代王子・藤代峠の北の登り口の街道ぞいには院御所や定家らの宿所が立ち並ぶ景観があったと考えられる。

宿の景観は東国・東海道・山陽道の宿の研究が示すように、街道ぞいに宿所や建物が並ぶ開放的な街村状の集落景観と考えられている。[注25] 和泉・紀北でも平松御宿・池田御所・藤代宿にはこのような景観があったと考えられる。しかもこれらは平安後期から鎌倉期にかけては国家的事業である院の熊野詣を支える宿であり、粮米・伝馬の雑事を供給する仕組みが整えられていた点に、一般の宿と異なる特質がある。

熊野街道の宿の景観は荘園絵図に見られる。延慶三年(一三一〇)頃の「日根荘日根野村・井原村荒野開発絵図」には、日根荘を通る道(熊野街道)と川(樫井川)の交差する付近の街道の両側に街村状の集落がある。これは熊野五躰王子の一つである籾井(樫井)王子がある籾井(樫井)の集落である。籾井(樫井)王子は熊野詣の宿泊地ではないが、院が立ち寄り里神楽や白拍子の乱舞が催されている(「熊」「後」)。

また正和五年（一三一六）の「日根荘日根野村荒野開発絵図」には、日根荘日根野村の「熊野大道」（熊野街道）ぞいに街村状の集落「人宿本在家」がある。「人宿本在家」は日根荘の荘園領主九条家の文書にも「人宿」と記され、日根野村の檀波羅蜜寺の付近に位置し、檀波羅蜜寺との関係が指摘されている。[注26] しかし絵図には檀波羅蜜寺と「人宿本在家」の間には「古作」があり、「人宿本在家」は門前から独立した集落とも考えられる。日根野村の「人宿本在家」は院・公家の熊野詣の宿では無かったが、戦国期の佐野市に発展する集落であるため、地域社会の交通・経済の中心となる宿であろう。

三浦圭一氏は日根野村の「人宿本在家」を、日根野村の池を開発した「坂の物」（坂非人）に関わる集落とし、日根荘の荒野開発を請け負った大和西大寺の非人支配と「人宿本在家」を関連づけている。[注27]「人宿」「人宿本在家」には様々な見解があるが、絵図や文書の上ではあくまで「人宿」「人宿本在家」であり非人宿に限定することはない。

街道を通る人々のなかには「無縁」の者や非人も多くいた。承元四年の修明門院の熊野詣では、雄山峠で「雄山之人幷無縁者」が「引物」（帷五、六〇両）を与えられている（「修」）。鎌倉期の和泉・紀北の熊野街道の非人宿には、和泉の大鳥社の近くの取石宿、紀伊の雄山峠付近の山口宿があった。弘安五年（一二八二）、西大寺律僧の叡尊は和泉の久米田寺で非人施行を行い、熊野街道を通って取石宿を訪れ、宿の者から非人の管理について起請文を受け取り、近くの大鳥長承寺で宿非人三六三人に菩薩戒を授けている。[注28]

二　和泉・紀北の海上交通と紀ノ川の交通

和泉・紀北の陸上交通は熊野街道の宿の交通を特質とするが、その海上・水上交通も熊野詣や高野詣と関係し、宿の交通を都鄙間交通や遠隔地交通と結びつけていた。次に和泉の海上交通と紀ノ川（中世には吉野川とも言う）の交通の展開をみよう。

1　和泉の海上交通と津・湊

和泉では摂津から紀伊に繋がる海上交通路が早くから存在した。表2の藤原頼通の高野詣では、摂津熊川（河尻）から船に乗り和泉の石津湊に入っている。この時、「御厨」（内膳司所属の網曳御厨）の人夫（供御人）が頼通の船に随行し、石津で船を曳き上げて入港させている。次に仁和寺門跡覚法法親王の高野山参籠は、住吉浜から乗船して日根湊（日根津）で下船し、新家荘宿・雄山峠を経て高野山に参詣し、帰路も日根湊から乗船して住吉浜ないし窪津（摂津渡辺津）に向かう旅程を通例とした。ただし久安五年は、往路は潮流の関係で国府（国衙）の外港である大津湊で下船し、帰路も堺で下船している。日根湊は川端新氏により嘉祥寺領日根荘の湊（中世後期の嘉祥寺）とされている。[注29]このように窪津・住吉浜と堺・石津・日根湊の間を航行する船舶の航路が存在した。堺・大津・日根湊の海上交通と熊野街道の宿の交通とは相互に補完しあう関係にあった。

中世前期の和泉の海上交通における重要な港湾は、堺・石津・日根湊と国府に近い大津・高石である。国府（国衙）の外港である大津では、康平二年（一〇五九）に醍醐寺の使者が「紀伊国材木」を渡す「材木下文」を和泉国で受け取っている。[注30]紀伊の材木は「大津木屋御目代御宿」に集積されていたと考えられ、「木屋御目代」（国衙の一所目代）が材木の管理と権門や寺院への提供を行っていた。

漁業を生業とする網曳御厨供御人も材木の海上輸送に関係していたと思われる。康平三年（一〇六〇）には網曳御厨供御人が朝廷の「造営材木」などを免除されている。[注31]承久の乱直後に「皆津に出て候を、和泉国まで船をかり候を、えかり候はす、去年兵乱以後、海人等船を修理せす候間、船の皆うせて候」[注32]と言われているように、紀伊の材木は和泉の船（御厨供御人や交通業者の船）を借りて運送していた。材木や物資の集積地は和泉の沿岸部に複数あり、鎌倉後期の嘉元四年（一三〇六）には大和西大寺の材木が、嘉祥寺（日根湊）に隣接し春日社の吉見神人が活動する吉見浦に保管されている。[注33]和泉の海上交通も国司（国衙）や神人・供御人により重層的に担われていた。

もとより材木輸送の交通業者が紀北にいなかったわけではない。鎌倉初期に紀伊浜御厨の久見和太の住人（供御人）の源末利の妻が「坂東丸」「東国」という船を譲与し、久美和太の「貢菜人」が「在地」の「連判」によりその譲与を保障している。[注34]これは御厨供御人の船であるが、「坂東」「東国」という遠隔地名を船名としていることから、和泉の御厨供御人の船と同じく廻船輸送に使われた可能性があろう。

大津に次いで鎌倉期から港湾として発達したのは堺と高石である。堺は、蔵人所燈炉供御人鋳物師と殿下細工を兼ねる日吉社聖真子神人が鋳物の流通販売のため「神人等諸国七道、以二廻船一、荷二付于泉州堺津一畢」とされ、鋳物師廻船の発着港となった。廻船鋳物師は鋳物・鉄器だけでなく布絹・米・穀物も商っていた。[注35]南北朝期の堺には春日社に供菜を備進する「魚貝売買輩」（春日社神人）の「市庄」（市座）があった。[注36]堺のすぐ南の石津湊にも上石津市庭があった。[注37]堺は奈良（興福寺・春日社）との交通や遠隔地交通と結びついており、国府（国衙）の支配や経済構造に包摂されない存在であった。

高石（高石浦）は大鳥郷下条にあり、和泉一宮の大鳥社に供菜を貢納する「御祓戸」であるが、鎌倉期から「廻船之商人」が寄港した。大量の輸入・国産陶磁器遺物が出土した芦田川河口の伽羅橋遺跡が鎌倉期の高石浦と考えられる。[注38]高石浦も国府（国衙）に近いため大津に次ぐ国府（国衙）の外港であったと思われる。

このように和泉の沿岸部には多くの港湾があり、宿の陸上交通と結びついていた。重要拠点の港湾は堺・大津・高石であった。和泉では国府（国衙）・大津・高石の都市交通および和泉一国の交通、京都を中心とした都鄙間交通（熊野詣・材木流通や荘園制的年貢輸送）、遠隔地交通（堺を中心とした廻船鋳物師の交通など）が重層していた。和泉では寄人（神人・供御人・舎人）が寺社・権門・官司・国衙に所属して和泉の浦や都市に広く展開し鋳物・布絹・米穀・魚介類・酢・櫛・陶器・酒麹・材木の生産や流通を動かしていた。注39 彼らは地域社会の住民であるとともに都鄙間交通や遠隔地交通を担っていた。

2　紀ノ川の交通と宿・市・津・湊

紀ノ川は平安中後期には高野詣に用いられた（表2）。藤原頼通の高野詣では日根御宿・雄山峠を経た「紀伊国市御借屋」が休憩所とされている。これは雄山峠を下った熊野街道ぞいまたは大和街道ぞいにあったと思われ、五間三面の檜皮葺屋と数十宇の借屋（仮屋）を持ち、「国市」と一体になった大規模な宿であった。

四年にわたる仁和寺門跡覚法法親王の高野山参籠も、新家荘宿から雄山峠を経て紀ノ川北岸の埴崎（吐前）で乗船したが、高野政所（慈尊院）までの行程には水路と陸路があった。途中の宿泊所に「名手庄宿」、「粉河津」の「仮屋」、「麻津（麻生津）宿」、「天野宿」などの宿がある。四年の参籠でも紀ノ川途中の上陸地点や陸上の通路が変われば、異なる宿や津が宿泊地とされている。覚法法親王は途中で必ず天野（高野山鎮守の丹生神社）に立ち寄り、また粉河寺に参詣することもあった。

覚法法親王の高野山参籠日記によれば、紀ノ川ぞいには三谷津・麻津（麻生津）・粉河津の川津があった。これらの川津と表2にみる宿は近接していたと考えられる。荒川荘にも着船して休憩できる場があり覚法法親王がしばしば立ち寄っている。高野政所も高野山の外港であった。さらに観音の霊場として知られる粉河寺への参詣も盛んになった。粉河津は粉河寺の津であり粉河寺参詣や荘園年貢の輸送に使われたであろう。

熊野・高野山・粉河寺への参詣に伴い、和歌の名所である紀ノ川河口の景勝地和歌浦・吹上浜の遊覧も盛んに

表2　摂津・和泉・紀北の高野詣の宿泊地

年	西暦	参詣者	出典史料	宿泊地
永承三年	一〇四八	藤原頼通（公家）	「宇治関白高野御参詣記」	摂津「熊川」「住吉前浜」 和泉「曽禰御借屋」「日根御宿」 紀北「高野政所」
久安三年三月	一一四七	仁和寺覚法法親王（僧侶）	「御室御所高野山参籠日記」	摂津「大渡」（船中泊） 和泉　新家荘の「此所宿」 紀北　名手荘の「件宿」・「仮屋」
久安三年八月	一一四七	仁和寺覚法法親王（僧侶）	「御室御所高野山参籠日記」	摂津「大渡」（船中泊） 和泉「新家荘」の「此所宿」 紀北「名手荘」の「件宿」・「仮屋」
久安四年	一一四八	仁和寺覚法法親王（僧侶）	「御室御所高野山参籠日記」	摂津「大渡」（船中泊） 和泉「新家荘」（「新家庄宿」） 紀北「粉河津」の「仮屋」「粉河荘」の「此宿」
久安四年	一一四八	藤原忠実・頼長	「台記」久安四年三月一六日条	摂津「天王寺」 紀北　高野山「羽崎」（吐前）
久安五年	一一四九	仁和寺覚法法親王（僧侶）	「御室御所高野山参籠日記」	摂津「天王寺」の「北念仏所」「渡辺」 和泉「新家宿」 紀北「粉河領」の「宿」「天野」
久安六年	一一五〇	仁和寺覚法法親王（僧侶）	「御室御所高野山参籠日記」	摂津「天王寺宿房」 和泉「新家庄宿」（「新家宿」） 紀北「麻津宿」「天野宿」
文安二年	一四四五	高倉永豊（公家）	「高倉永豊卿記」文安二年四月四日～一二日	摂津「八幡」 和泉「堺」 紀北「山東」「川辺」
大永四年	一五二四	三条西実隆（公家）	「高野参詣日記」大永四年四月一九日～五月一日、「再昌草」	和泉「堺（光明院）」 紀伊「根来寺」（「実相院」「十輪院」）「高野山」（「一心院」）

宿泊地の「　」は史料表記のままとした。

なった。藤原頼通の高野詣では、帰路は船で紀ノ川尻に向かい、吹上浜・雑賀松原・和歌浦を遊覧し、「木浜」（紀伊浜御厨）から陸路で「笠道山」（孝子峠）を通って日根御宿に帰っている。藤原宗忠も天仁二年の熊野詣の帰路に和歌浦・吹上浜を遊覧した。康治三年（一一四四）には藤原忠実が高野山・粉河寺に参詣し、吹上・和歌浦を遊覧した。[注40] 久安四年（一一四八）には「悪左府」藤原頼長も高野山・粉河寺に詣でた帰路に吹上浜・和歌浦を遊覧している。[注41]

中世前期の紀ノ川ぞいには国衙の市（「国の市」）や荘園の市が多数分布していた。小山靖憲氏は国衙の市を紀ノ川河口の市小路と推定するが、[注42] 藤原頼通が休憩した「紀伊国市御借屋」や根来寺領弘田荘・山崎荘に隣接する市村（市・市保）も国衙領の市であろう。[注43] 有田川流域の阿氐川荘では代銭納に当たって「国の市」の和市を調査しており、「国の市」は紀伊の和市の基準となる市であった。[注44] 紀ノ川ぞいにも荒川荘の市、名手荘の市、高野政所付近の名倉市、相賀荘の「惣社の市」がある。熊野街道ぞいにも大野市があり野上荘の神人が出入りしている。[注45] これらは在地住民の交易の市場でもあった。

紀ノ川の川津では津料が徴収された。鎌倉中期の名手荘・丹生屋村の相論で「市津料」が徴収されている。[注46] 鎌倉後期には金剛峯寺は修理料木を運ぶ紀ノ川運送船に対する紀ノ川口での津料賦課の免除を認められている。[注47] 南北朝期の相賀荘の「惣社の市」でも津料を徴収している。[注48] 紀ノ川ぞいの市と川津は密接な関係にあった。川津と宿の近接関係を踏まえると、紀ノ川ぞいでは宿・市が津に接して存在していたと考えられる。

紀ノ川河口部は津や湊が多く中世前期の紀伊の経済流通の中心地であった。平安中期には紀ノ川の南の和歌川河口に吉田津、紀ノ川（旧河道）の河口に平井津があり、名草郡郡許院の収納米が納められている。[注49] 鎌倉期には雑賀荘の紀伊湊が海上交通と紀ノ川水運をつなぐ港湾として現れる。小山靖憲氏は紀伊湊を紀伊国府の外港とし、その所在地を紀ノ川河口北岸の船所・市小路・梶取の一帯と推定する。船所は国衙の「所」の所在地、梶取は国衙の梶取（海上輸送担当者）の拠点であろう。[注50] 建久三年（一一九二）には国衙領直川保の米が年貢を船で国府へ輸送する梶取に下されている。[注51]

小山靖憲氏によれば紀南・東国・西国の高野山領荘園の年貢は船で紀伊湊に運ばれ、川船に積み替えられて紀ノ川を遡航して輸送された。[注52] 鎌倉期の紀伊湊では問丸の湊道一が高野御倉における高野山領年貢の保管に関わった。[注53] 建久七年（一一九六）、雑賀荘住人の源太丸が備後国太田荘の梶取丸と争い、紀伊湊で高野山鎮守丹生社の神人に刃傷狼藉をはたらいた。丹生社神人も紀伊湊から高野山までの年貢輸送に関係していた。[注54] 紀伊国衙も先述のように在庁の船所書生・梶取が高野山領の運上米に「熊野御幸渡船料」を賦課し、在庁が「幸路」を理由に高野山領の年貢を点定している。

紀ノ川の年貢輸送には川賃が必要であった。建暦元年（一二一一）の八条院領遠江国初倉荘では高野山年貢一三六〇石余のうち紀伊川賃は三〇二石余も必要であった。[注55] 川賃を受け取って年貢を運送する独立の船舶輸送業者が紀伊湊や紀ノ川に存在していた。紀ノ川の船（舟運による収益）は寺院の修理料にも宛てられた。室町期の応永一四年（一四〇七）には粉河寺領東村の極楽寺の修理料足として船一艘が寄進されている。[注56]

紀ノ川ぞいの陸上交通を見ると、荒川荘内には「高野道」が通っていた。[注57] これは高野山に詣でる道であろう。紀北の高野山領荘園は高野山と荘園をつなぐ伝馬役を負担していた。[注58] 紀ノ川に沿って通る大和街道も高野詣に用いられたと思われる。鎌倉期の「桛田荘絵図」には街道（大和街道）ぞいに街村状の集落が見え、紀北の宿の姿がわかる。

高野参詣は高野山の大きな財源となっていた。南北朝期から室町期には鎮守天野社修理料所として「高野政所関」が置かれ関料が徴収されている。[注59] 室町期には守護畠山氏の拠点が紀ノ川・大和街道と高野街道（河内路）の交差地点に近い相賀荘の東家館におかれ、紀北の荘園から守護役を徴収している。[注60] 東家館は畠山氏の交通支配の拠点でもあった。

紀ノ川流域の桛田荘の年貢や材木は紀ノ川と大阪湾を経由して船で京都まで運ばれている。[注61] 阿氐川荘の材木も有田川の舟運と海上交通船で京都に運ばれた。[注62] こうした紀伊と京都をつなぐ荘園制的な年貢・材木輸送を支えていたのは、先に見た紀伊の梶取、御厨の「貢菜人」（供御人）、和泉の海人・供御人であったと思われる。

紀北でも国衙の市を中心とする交通、寺社を中心とした交通（高野山・粉河寺と紀ノ川の交通）、京都を中心とした都鄙間交通、遠隔地交通が重層していた。紀北の交通の地域的特徴は寺社を中心とした交通（年貢輸送・寺社や景勝地の参詣）である。これは有力な寺社参詣地がない和泉との大きな違いである。また都鄙間交通や遠隔地交通では年貢と材木輸送が中心である。紀北では和泉のように神人・供御人らによる商品経済が多彩に発展してはおらず、一次産品の移出地域という性格が強かった。

おわりに——和泉・紀北の宿の解体と交通の変化——

和泉と紀北の宿と交通はそれぞれの国内や地域での交通を形成しつつ、基本的には京都の都鄙間交通や西国の遠隔地交通に組み込まれていた。しかし中世後期にはその交通にも変化が生じ、宿は解体して交通の中心は市・町へ変化してゆく。最後に中世後期における宿の解体とその後の和泉・紀北の交通の展開を簡潔に述べて結びとする。

1　和泉の港湾都市形成と交通の変化

和泉の堺は南北朝期には堺北荘荏胡麻商人の活動や艜別（銭）・東大寺修理料所摂津堺浦泊船目銭の徴収にみ

るように、都市経済や廻船流通が発展した。[注63] 堺は内乱末期の守護山名氏以降、和泉の守護所(「泉府」)となった。室町期の堺(堺南北荘)は室町幕府・京兆細川氏・諸権門・和泉両守護細川氏が支配し、堺北荘には率分関が置かれた。堺は和泉両守護の政治拠点ではあるが港湾と市町の都市に発展した。[注64] 堺周辺の石津湊の地位は低下し、住吉社や住吉浜も堺の経済圏に組み込まれた。

室町期には堺に割符屋や問屋があり、西国の高野山・東寺の荘園年貢は船で堺まで運ばれ、堺で銭に交換されて上納された。堺には西国の年貢米が集積され米の売買流通の場となった。[注65] 堺の商人は瀬戸内海に進出し、西国の大名は堺の商人に駄別銭の賦課を行っている。[注66] また堺は四国や紀伊の材木の畿内への流通の中継地となり、[注67] 日明貿易(南海路)の遣明船の発着地にもなった。このように堺は西国・南海の遠隔地交通の中心都市にして京都・奈良・畿内の玄関都市となった。堺の発展により京都の貴族や寺僧には堺(および住吉)への下向(遊覧や戦時避難)が広まる。[注68]

堺の発展と並行して和泉では大津・岸和田・貝塚・佐野などの港湾都市が形成され、戦国期には和泉の経済拠点は熊野街道ぞいからこれらの港湾都市に移った。[注69] 大津は国府(府中)の外港であるだけでなく、和泉両守護細川氏の重要拠点となった。日根郡でも熊野街道ぞいの「人宿本在家」から海辺部の佐野に経済の中心地が移り、佐野は六斎市が開かれ周辺村落の住民が交易を行う地域経済の拠点となった。和泉最南端の谷川は日明貿易や四国・紀伊との南海路交通の中継地となった。戦国後期には岸和田が地域権力松浦肥前守の城下町となり、貝塚には一向宗の寺内町が建設される。

熊野詣は最盛期を迎え、戦国期からは聖護院門下の僧・修験者も葛城修験のため熊野街道を通行するが、和泉全体の経済構造の変化のなかで熊野街道ぞいの宿や都市は解体していった。和泉国府(国衙・府中)には和泉惣社や在庁が残るものの、都市機能を失って農村化した。熊野街道ぞいの「人宿本在家」は佐野に吸収され、取石非人宿も解体した。[注70]熊野街道の宿では紀伊に近い信達宿と山中宿だけが宿駅機能を維持した。港湾都市と海上交通の発展により陸上交通の中心も港湾都市をつなぐ海辺の道に移ったと思われる。この新たな道が近世の紀州街道の前提となる。

このように中世後期には堺の地位は一国交通・都鄙交通・遠隔地交通の上で圧倒的となり、和泉の交通は堺を中心に再編成された。そして堺を中心とした経済構造の下で和泉の宿は解体し、各地の港湾都市が地域経済の中心となった。

2　紀北の地域権力と交通の変化

中世後期にも熊野詣・粉河詣・和歌浦遊覧は盛んであった。文明一一年（一四七九）、歌人の飛鳥井雅親（栄雅）が住吉社・和泉の熊野街道を経て、日前宮に参詣し和歌浦・玉津島神社・和歌浦天神・紀三井寺を遊覧している。[注71]和歌浦は歌人の遊覧の地となった。

戦国期には紀ノ川河口部の流通・経済構造に変化が生じる。明応七年（一四九八）の南海大地震により紀ノ川河口部の河道が変化し湊や津が壊滅した。河口部の和田浦（かつての紀伊浜御厨の久見和太）の住民は対岸の湊（かつての紀伊湊とは別）に移転した。[注72]河道の変化により国府・外港（梶取）・国之市があった紀ノ川北岸は衰退し、紀ノ川下流の中心は紀ノ川南岸の現和歌山市内中心部に移った。この一帯は紀ノ川下流域の土豪が構成する雑賀五組（惣国）の中心地となり、紀ノ川南岸の宇治に市場が開かれた。[注73]

紀ノ川の内陸部の河川交通も、中世後期には川ぞいの宿・津・湊や荘園の市が見えなくなる。代わって経済・交通の中心となるのは高野山（高野政所）・粉河寺に加えて、紀ノ川中流域と和泉南部を支配した根来寺の市・津である。根来寺では門前都市の坂本が発展し、紀ノ川に根来寺の港湾が置かれ、寺院造営の材木や備前焼の大甕が運ばれた。[注74] 根来寺の坂本や粉河寺の市は和泉南部の住民も交易に出向く市であり、紀ノ川中流域と和泉南部は根来寺・粉河寺の市を中核に、山越えの道（熊野街道・風吹峠道・粉河道）で結びつく地域経済圏を形成した。[注75] 根来寺の根本大塔に残された墨書には全国各地から根来寺への参詣者の名が見え、根来寺参詣の発展がうかがえる。[注76] 大永四年（一五二四）には公家の三条西実隆が高野詣の途中に根来寺に詣で宿泊している（表２）。

戦国期にかけて紀伊では寺院勢力ごとの地域交通が発展した反面で、守護畠山氏の支配力が低下し、国府地域（雑賀惣国）の交通上の地位も相対的に低下したため、国府地域（紀ノ川河口）や守護の拠点を中心とした一国の経済統合は崩壊した。都鄙間交通や遠隔地交通では紀北は寺社・景勝参詣の地、材木等の移出地であり続けたが、遠隔地交通の面では紀北は堺を中心とした西国・南海路交通に包摂されていった。

注

1 網野善彦『無縁・公界・楽』（平凡社、一九七八年）、『日本中世都市の世界』（筑摩書房、一九九六年）、『網野善彦著作集13　中世都市論』（岩波書店、二〇〇七年）。

2 仁木宏『空間・公・共同体』（青木書店、一九九七年）、宇佐美隆之「中世都市研究の課題」（佐藤信・吉田伸之編『新体系日本史6　都市社会史』山川出版社、二〇〇一年）。

3 石井進『中世社会論』（校倉書房、一九九一年）のⅢ「中世都市を語る」諸論文、『日本の中世1　中世のかたち』（中央公論新社、二〇〇二年）、『石井進著作集　第九巻　中世都市を語る』（岩波書店、二〇〇五年）。

4 三浦圭一「一六世紀における地域的分業流通の構造」（初出一九七六年、『日本中世賤民史の研究』部落問題研究所、一九九〇年）、「鎌倉時代における開発と勧進」（初出一九七八年、『中世民衆生活史研究』思文閣出版、一九八七年）。

5 戸田芳実「初期中世の熊野路」（初出一九七九年、『歴史と古道』人文書院、一九九二年）、小山靖憲『中世寺社と荘園制』（塙書房、一九九八年）の「熊野詣古記録と参詣道の復元」（初出一九八六年）、小山靖憲『熊野古道』（岩波書店、二〇〇〇年）。宿を含

む紀伊国北部の交通史の叙述には『和歌山市史　第一巻』中世編第一章第四節「荘園制下の交通と商業」（小山靖憲、一九九一年）、『和歌山県史　中世』第一章第二節3「荘園・公領をめぐる領主と民衆」（高橋修、一九九四年）がある。

6 平安中後期の住吉社参詣については大村拓生「平安時代の摂津国衙・住吉社・渡辺党」（栄原永遠男・仁木宏編『難波宮から大坂へ』和泉書院、二〇〇六年）。

7 摂関・院政期の高野詣については、堀内和明「文献・記録から見た中世前期の高野詣」（大阪府教育委員会『歴史の道調査報告書第二集　高野街道』一九八八年）、堀内和明「中世前期の高野参詣とその巡路」（『日本歴史』六一九号、一九九九年）、山陰加春夫『中世の高野山を歩く』（吉川弘文館、二〇一四年）。

8 『新修泉佐野市史　第四巻』熊野詣一覧表（承久三年〔一二二一〕まで）。

9 「長秋記」長承二年（一一三三）九月一五日条。

10 「中右記」元永元年九月二二日条。紀伊の荘園住民の熊野詣の負担については、戸田芳実「院政期熊野詣と公家領荘園」（初出一九七八年、『歴史と古道』人文書院、一九九二年）。

11 大日本古文書『高野山文書』建仁三年紀伊国司庁宣。

12 大日本古文書『高野山文書』年欠後鳥羽上皇院宣。

13 『河内長野市史　第五巻』「金剛寺史料」経疏類奥書「未詳」（弘安四年筆写）。

14 「民経記」嘉禄二年九月一五日条。

15 『和歌山県史　中世史料一』「歓喜寺文書」元徳二年（一三三〇）沙弥道珍田畠寄進状案。

16 金剛峰寺編『高野山文書』「興山寺文書」正平一四（一三五九）・正平一八年後村上天皇綸旨、正平一八年東寺長者御教書、正平二四年長慶天皇綸旨。大日本古文書『高野山文書』建徳三年（一三七二）金剛峰寺衆徒訴状案。

17 「観心寺文書」正平二四年（一三六九）春宮大進某奉綸旨、観心寺座主御教書。

18 『和歌山県史　中世史料一』「葛原家文書」年欠四月三日宴盛書状。

19 大日本古文書『高野山文書』四郷以下公方書上。

20 「兵範記」仁安二年夏巻紙背文書年欠散位紀季盛書状。

21 和泉国府周辺の宿・御所については大村拓生「中世の和泉国衙と荘園制」（和泉市史編さん委員会『和泉市の考古・古代・中世』ぎょうせい、二〇一三年）。

22 『中世法制史料集　鎌倉幕府法』延応二年（一二四〇）追加法。

23 『高石市史　第二巻』「田代文書」建仁三年（一二〇三）和泉国司庁宣。

24 前掲注5戸田芳実「初期中世の熊野路」、戸田「院政期熊野詣とその周辺」（初出一九七九年、『中世の神仏と古道』吉川弘文館、一九九五年）。

25 山本隆志「荘園制下の生産と分業」（『講座日本荘園史3　荘園の構造』吉川弘文館、二〇〇三年）、山本隆志『東国における武士勢力の成立と展開』（思文閣出版、二〇一二年）の「上野国新田荘世良田宿の存立構造」（初出一九八九年）、「東国の宿・市と馬市・馬喰」（初出一九九九年）、榎原雅治『日本中世地域社会の構造』（校倉書房、二〇〇〇年）「地域社会における街道と宿の役割」（初出一九九二年）、榎原『中世の東海道をゆく』（中央公論新社、二〇〇八年）、榎原「中世東海道の宿と渡の空間構成」（『一遍聖絵を歩く』高志書院、二〇一二年）、笹本正治「市・宿・町」（『岩波講座日本歴史』第9巻中世3、岩波書店、一九九四年）。藤原良章・飯村均『中世の宿と町』（高志書院、二〇〇七年）など。

26 「九条家文書」延慶三年（一三一〇）日根荘荒野注文・井原村荒野実検注文。松尾剛次「中世の都市的な場と宗教」（中世都市研究会『中世都市研究4』新人物往来社、一九九七年）。

27 前掲注4三浦圭一「鎌倉時代における開発と勧進」。

28 取石宿については『金剛仏子叡尊感身学正記』弘安五年（一二八二）一〇月二〇・二一日条。山口宿については「春日大社文書」年欠奈良坂非人等陳状。

29 川端新「もうひとつの日根荘」（初出一九九五年、『荘園制成立史の研究』思文閣出版、二〇〇〇年）。

30 「東南院文書」康平二年左馬助祐康進上状案。

31 大日本古文書『高野山文書』康平三年蔵人所牒案。

32 「神護寺文書」年欠一〇月六日性円書状。綿貫友子「中世前期和泉国の海運をめぐって」（羽下徳彦編『中世の地域と宗教』吉川弘文館、二〇〇五年）。

33 「春日若宮祐春記」嘉元四年（一三〇六）春日社神木犯穢等清祓注進状。

34 「仁和寺記録」文治三年（一一八七）物部氏女船譲状案、建久三年（一一九二）勝末宗等連署証状案。綿貫友子「中世流通の東と西」（柴垣勇夫編『中世瀬戸内の流通と交流』塙書房、二〇〇五年）。

35 「経光卿記」貞永元年（一二三二）紙背文書日吉社聖真子神人兼灯供御人幷殿下細工等解、網野善彦『日本中世の非農業民と天皇』

（岩波書店、一九八四年）の第三部「鋳物師」（初出一九七五年）、河音能平「蔵人所の全国鋳物師紙背の成立過程」（初出一九七五年、『河音能平著作集4　中世畿内の村落と都市』文理閣、二〇一一年）。

36　「福智院家文書」建武四年（一三三七）幕府執事高師直奉書。丹生谷哲一「春日社神人小考」（初出一九八三・八五年、『日本中世の身分と社会』塙書房、一九九五年）。

37　和泉市教育委員会『旧和泉国黒鳥村関係古文書調査報告書』「河野家文書」長禄二年（一四五八）恒吉麹室料頭職宛行状。

38　『高石市史　第二巻』「徴古雑抄大鳥郷文書」建永元年（一二〇六）大鳥社神人等解案。前掲注32綿貫論文。

39　和泉の寄人（神人・供御人・舎人）については前掲注36丹生谷論文、廣田浩治「和泉国の国衙・寄人・荘園公領制」（「おほつ研究」四号、二〇〇七年）。

40　「台記」康治三年二月一三日条。小山靖憲「中世の参詣記にみる和歌浦」（藤本清二郎・村瀬憲夫編『和歌の浦　歴史と文学』和泉書院、一九九三年）、寺西貞弘『日本史の中の和歌浦』第一章「寺社参詣と和歌浦」（塙選書、二〇一五年）。

41　「台記」久安四年三月一二～一九日条。

42　小山靖憲「備後国太田荘から高野山へ」（初出一九九五年、注4前掲『中世寺社と荘園制』塙書房、一九九八年）。

43　「根来要書」大治元年（一一二六）平為里私領寄進状、天承元年（一一三一）紀伊国司庁宣、長承元年（一一三二）鳥羽院庁牒案。

44　大日本古文書『高野山文書』年欠阿氐川荘綿送文案。

45　『和歌山市史　第四巻』「鞆淵八幡神社文書」年欠七月二八日野上荘神人等書状。

46　大日本古文書『高野山文書』建長二年（一二五〇）官宣旨。

47　大日本古文書『高野山文書』正中二年（一三二五）後醍醐天皇綸旨。

48　『和歌山県史　中世史料一』「相賀大社文書」相賀荘惣社大明神神事帳写の天授三年（一三七七）市之津領。

49　「九条家本延喜式紙背文書」永承三年紀伊国名草郡郡許院収納米帳並進勘文。前掲注42小山「備後国太田荘から高野山へ」。

50　前掲注42小山「備後国太田荘から高野山へ」。

51　『和歌山市史　第四巻』「栗栖家文書」建久三年紀実俊解状案。

52　前掲注42小山「備後国太田荘から高野山へ」。

53　大日本古文書『高野山文書』年欠六月二〇日湊入道道一書状。高橋修「中世前期の地域社会における領主と住民」（初出一九九一年、『中世武士団と地域社会』清文堂、二〇〇〇年）。

54　大日本古文書『高野山文書』建久七年高野山住僧言上書。
55　「東寺百合文書」建暦元年八条院領注文案。
56　『粉河町史　第二巻』「王子神社文書」応永一四年僧明聖等連署舟寄進状。
57　大日本古文書『高野山文書』文永五年（一二六八）民景延田地売券。
58　大日本古文書『高野山文書』年欠諸荘夫伝馬下知注文。
59　『醍醐寺文書』正平六年（一三五一）・永徳元年（一三八一）・応永一二（一四〇五）・一六年金剛峰寺政所関文書案。
60　前掲注19大日本古文書『高野山文書』四郷以下公方書上。
61　「神護寺文書」年欠九月一四日仁和寺宮令旨、八月五日行慈書状、年欠一〇月二〇日年欠行慈書状。
62　前掲注53高橋論文。
63　「大山崎離宮八幡宮文書」永和三年（一三七七）楠木正儀下知状・橘正仲打渡状、「住吉神社文書」年欠勘解由次官奉書（和泉国守護館宛）、「東大寺文書」応安六年（一三七三）後光厳上皇院宣案、永和二年楠木正儀書下。三浦周行『大阪と堺』（朝尾直弘編、岩波書店、一九八六年）の「堺港」（初出一九〇九～一四年）。
64　朝尾直弘他編『堺の歴史』（角川書店、一九九九年）。
65　金剛峰寺編『高野山文書』「勧学院文書」永享一一年～文安四年備後国太田荘年貢引付、康正二年～長禄二年備後国太田荘年貢勘録状。佐々木銀弥「室町時代備後国太田荘の年貢送進と尾道船」（初出一九八七年、『日本中世の流通と対外関係』吉川弘文館、一九九四年）、前掲注34綿貫論文。
66　『広島県史　古代中世資料編Ⅲ』「大願寺文書」年欠陶晴賢書状。前掲注34綿貫論文。
67　注34綿貫論文、大村拓生「中世畿内における材木流通の展開」（仁木宏編『日本古代・中世都市論』吉川弘文館、二〇一六年）。
68　公家の甘露寺親長は文明一一～一三年（一四七九～八一）にかけて毎年、堺・住吉を訪れている（「親長卿記」）。今泉淑夫『東語西話』（吉川弘文館、一九九四年）。
69　廣田浩治「戦国期和泉国の基本構造」（小山靖憲編『戦国期畿内の政治社会構造』和泉書院、二〇〇六年）、廣田「中世後期の畿内・国・境目・地域社会」（川岡勉編『中世の西国と東国』戎光祥出版、二〇一四年）、大澤研一・仁木宏編『岸和田古城から城下町へ』（和泉書院、二〇〇八年）、近藤孝敏「貝塚寺内の成立過程」（「寺内町研究」創刊号、一九九五年）。
70　矢田俊文「非人宿の解体」（初出一九八九年、『日本中世戦国期の地域と民衆』清文堂出版、二〇〇二年）。

71　「日前宮文書」文明一一年飛鳥井殿下向之儀式写（研究代表者海津一朗　科研報告書『中世日前宮領の研究』二〇〇六年）。

72　矢田俊文「明応地震と港湾都市」（初出一九九一年、『日本中世戦国期の地域と民衆』）、矢田「戦禍・災害と人々の生活」（有光友学編『戦国の地域国家』吉川弘文館、二〇〇三年）、矢田『地震と中世の流通』（高志書院、二〇一〇年）の「明応東海地震の津波被害と中世安濃津の被災」（初出二〇〇五年）。

73　戦国期の「佐武伊賀働書」（海津一朗編『中世都市根来寺と紀州惣国』同成社、二〇一三年）に「宇治市場衆」がみえる。

74　廣田浩治「中世根来寺権力の実像」（山岸常人編『歴史のなかの根来寺』勉誠出版、二〇一七年）。

75　和泉南部の住民の粉河市での交易については「政基公旅引付」文亀三年（一五〇三）七月一二日条。根来寺と和泉南部と地域交通・経済関係については三浦圭一「惣村の起源とその役割」（初出一九六七年、前掲注4『中世民衆生活史の研究』）、「日本中世における地域社会」（初出一九八〇年、『日本中世の地域と社会』思文閣出版、一九九四年）、前掲注5小山『中世寺社と荘園制』第二部「大伝法院根来寺」諸論文。

76　鳴海祥博「大伝法院伽藍の変遷」（前掲注73海津編著）。

西国・九州の交通と流通

藤本　頼人

はじめに

中世前期の交通・流通といえば、文献史学の立場では、史料の残存状況にも規制され、古くは荘園・公領の貢納物の輸送を軸とした「都鄙間交通」が主たる分析対象であった。本稿が対象とする西国・九州に関しても、基本的には九州所在の荘園から瀬戸内海水運を経由して京都・奈良に至る年貢輸送の分析が、主要な論点となっていたといえる［新城一九六四］。

だが近年では、考古学の成果を踏まえる形で、交通・物流の捉え方は大きく変わってきている。各地の遺跡からは、中世の早い段階から活発に展開された、国外も含めた地域間の交流の足跡を物語る遺物が豊富に出土しており、文献史料のみでは明らかにしえない、列島をとりまく多様な交通・流通のあり方が明確に示された。[注1] これによって、これまで中心的に考えられてきた「都鄙間交通」は、中世の交通を構成する一要素に過ぎなくなったといえる。さらに、特に九州の場合、中国や朝鮮半島につながる対外貿易の玄関口としての性格から、列島規模を超えて広く東アジア各地に至る交通路も視野に加えて論じられている［網野二〇〇三ほか］。

そうした動向を踏まえて、本稿では中世前期の九州を中心に、都鄙間の交通を踏まえながらも、それに限定されない人やモノの動きにも併行して注意を向けつつ、西国をとりまく河海の交通・流通のあり方を概観していきたい。

一 都鄙間の結びつき――北部九州と中央――

1 皇室領荘園と交通・交流

中世前期における中央と九州とを結ぶ交通・流通に関わる動向としてまず注目されるのは、院政期の九州北部に、大規模な皇室領荘園が多数成立していた点であろう。

その早い例として、筑前では遠賀川河口部の山鹿荘、あるいは肥前の神崎荘・藤津荘・長嶋荘や肥後の玉名荘・山鹿荘といった有明海をとりまく一帯に皇室領荘園の端緒がうまれたのは、白河院政期であったとされる［工藤一九九二、小川二〇一六］。その動きは、つづく鳥羽院政期にも顕著に現れ、仁和寺領の筑前国怡土荘（待賢門院御願寺法金剛院領）や肥前国杵島荘、鳥羽院御願寺宝金剛院領の筑後国三潴荘など、御願寺や皇室関係寺院に寄進された大規模荘園が続々と成立している。

こうした状況がもたらされた背景には、院権力と大宰府機構との結びつきの強まりがあったと考えられる。この時期、大宰府都督は院近臣によって占められており、そのもとで院庁の実務層が府目代として、大宰府機構を具体的に担う府官層を指揮する形がとられた。例えば、鳥羽院政期に院の実務官人でもあった大江国兼・国通の父子は、府目代として府官層を編成するとともに、国兼が筑後守、国通が肥前守を兼ねて国衙機構を掌握し、両国にまたがる影響力を行使して、在地勢力の編成をも展開したことが知られる。こうした動きが、有明海をとりまく両国に、郡規模を誇る皇室領荘園が多数成立する下地を形成したといえよう［小川二〇一六］。また、肥前守在任中の国通が現地に開発した私領は、後の最勝光院領肥前国松浦荘の母体となっている。[注2]

さらに後白河院政期には、平氏がこの地域に対して強い影響力を発揮するようになる。保元三年（一一五八）、後白河院のもとで大宰大弐となった平清盛が肥前の直接的掌握に乗り出すと、以後の都督や肥前守は清盛に連なる者が増加し、地域の再編がおし進められる。ついで仁安元年（一一六六）に清盛の弟頼盛が大宰大弐になると、現地に下向して府官の家人化と皇室領荘園の創出とを推進している。[注3]すなわち、院権力による九州支配は、平氏との連携を通して強化されるに至ったのである［小川二〇一六］。

ところで、これらの皇室領荘園の分布状況に注意すると、多くが玄界灘と有明海の沿岸部、およびそれに接続

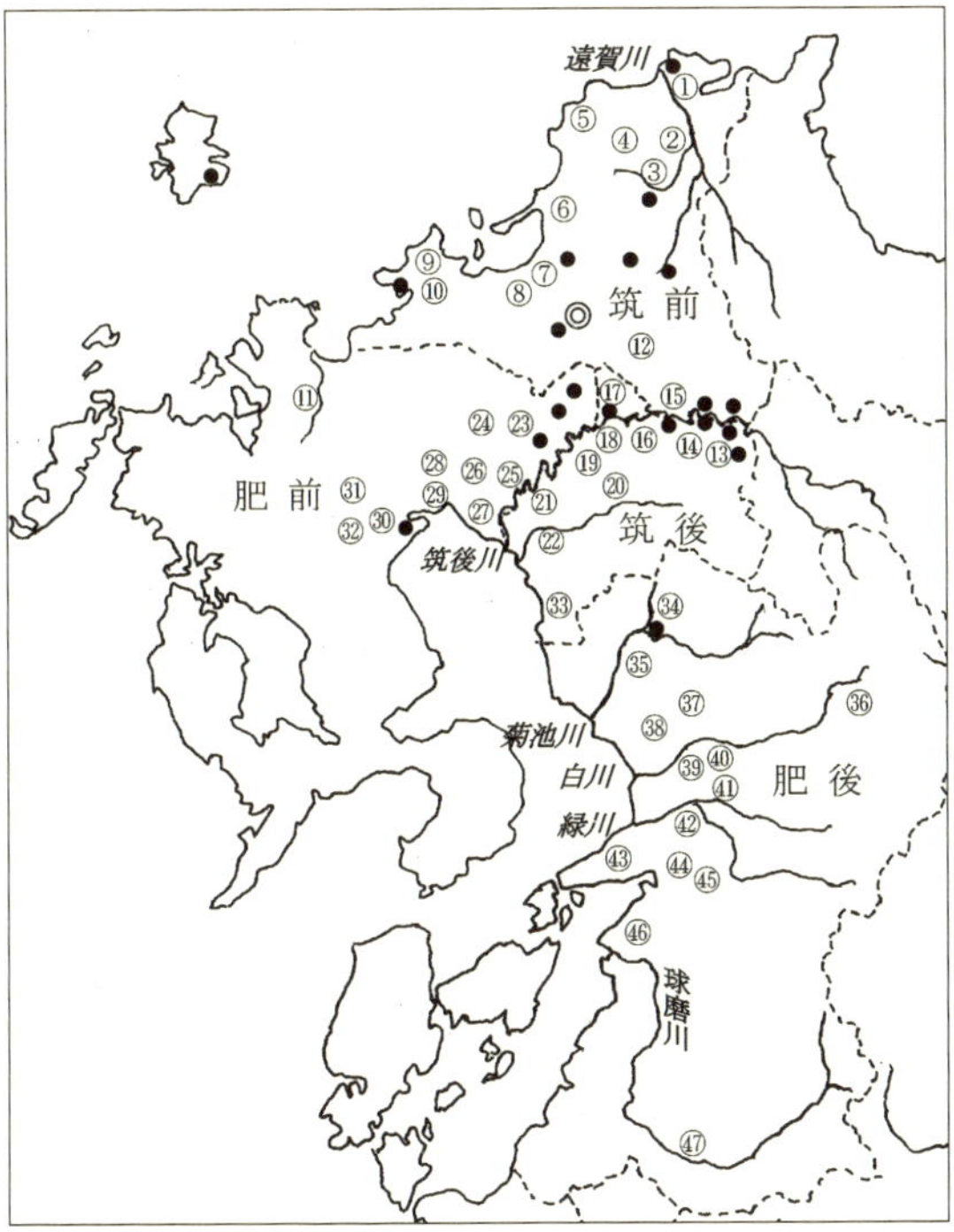

挿図１　九州北西部の皇室・平家関係所領

◎印＝大宰府　●印＝平安期観世音寺領の分布

①山鹿庄
②植木庄
③粥田庄
④赤馬庄
⑤宗像社
⑥香椎社
⑦住吉庄
⑧野介庄
⑨怡土庄
⑩原田庄（平）
⑪松浦庄
⑫三箇庄
⑬鷹野荘
⑭生葉荘
⑮長淵荘
⑯竹野新荘
⑰三原荘（平）
⑱鯵坂荘
⑲高良社
⑳広川荘
㉑三潴荘
㉒瀬高荘
㉓神崎荘
㉔安富荘
㉕巨勢荘
㉖三重屋荘
㉗川副荘
㉘鹿瀬荘（平）
㉙与賀荘
㉚杵島荘
㉛大田荘
㉜長島荘
㉝三毛荘
㉞山鹿荘
㉟玉名荘
㊱阿蘇社
㊲山本荘
㊳鹿子木荘
㊴安富庄
㊵神蔵庄
㊶六箇庄
㊷岳牟田庄
㊸宇土庄
㊹豊田庄
㊺小野鰐庄
㊻八代庄
㊼人吉庄
（平）＝平家領

する河川の流域に集中するという傾向が見出せる。すなわち、皇室領荘園の成立には、もちろん現地の側からの要請も重要だが、一方で大宰府や国衙をおさえた院・平氏による、九州の河海の交通体系に対する関心の高さも見逃せない。

それには、九州荘園からの年貢米が「鎮西米」とも呼ばれたように、九州が中央にとって重要な米の産出圏として認識されており、その海上輸送の便が重視されたという事情も、当然大きかったと思われる［新城一九九四、正木二〇〇五］。治承・寿永の内乱期に、平氏が北陸道・西海道の運上物を点定して兵粮米を捻出しようとしたことが知られるが、[注4]これも九州がそれに対応しうる穀倉地帯であり、かつ平氏の影響下にあったこと、さらに九州から瀬戸内海の輸送ルート掌握が前提となるだろう。一方で平氏の都落ち後にあっても、西国での影響力を維持した平氏が西海道からの輸送ルートを封鎖したため貢納物の運上が滞り、深刻な事態に陥ったとされるように、[注5]それへの依存度はかなり高かったようである。

だが、中央の諸勢力にとって九州所在の所領の意義は、単に「鎮西米」のみにとどまらなかった。日本列島の周縁でもある九州については、朝鮮半島や中国につながる対外貿易の最前線という地理的条件も、いま一つ重要な要素であったと考えられる。

中世最大の貿易拠点は言うまでもなく博多であるが、近年では後述する薩摩の持躰松遺跡の事例をはじめ、大陸につながるルート・窓口が多様に存在したことが明らかになってきている。その点を踏まえると、九州北部の玄界灘や有明海の沿岸に集中する皇室領荘園のうちには、対外交易に関与した形跡が少なからず見られる点は注意される。

例えば、筑前国怡土荘に属する今津が日宋貿易の重要拠点として機能したのは周知のことであるし、また有明海沿岸の肥前国杵島荘には、久安四年（一一四八）に孔雀がもたらされており、[注6]宋船が直接来着していた可能性が考えられる［服部二〇〇三］。同じく筑後川を介して有明海に接続可能な肥前国神崎荘領への唐船渡来の事例も著名だが[注7]、その荘域に比定される佐賀県下中枝遺跡で数多く出土した平安・鎌倉期の輸入陶磁器からは、活発な対外交流の跡がみてとれる［網野一九九四］。さらに中世後期の有明海沿岸には、筑後川河口の榎津や寺井津など、中国でも知名度を有した湊が数多く存在したこと［服部二〇〇三］なども参考にすれば、京都と九州の所領を結ぶ都鄙間の交通の延長上に、対外交易のルートも見据えられていた可能性は高いだろう。

2　大宰府関係の寺社の位置

九州北部と中央とを結ぶ関係としていま一つ注意されるのが、大宰府の諸寺をはじめとした九州所在の寺社の存在である。

大宰府の影響力が強い九州北部では、古代以来、大宰府と深く結び付く寺院の所領形成が進んでいた。とりわけ、「府大寺」として大宰府の保護・統制を受けた観世音寺領の分布状況に注意すると、九州北部の官道沿いや沿岸部、および筑後川流域など主要な河川交通路沿いに集中する傾向が確認され［藤本二〇一二］、西海道の要衝を押さえるのに重要な役割を果したと考えられる。また、大宰府官人の帰依を受けて所領の蓄積を進めた安楽寺についても、おおむね筑・肥を中心に、水陸交通を意識した場に分布する傾向が知られており［工藤一九九二］、大宰府の規制のもと、安楽寺がその外郭団体ともいうべき位置づけで、交通編成を担っていた可能性も指摘されている［小川二〇一六］。

このように、大宰府所在の寺院の所領編成は、大宰府による九州内部の交通路・要衝の掌握と密接に関わっていたことが想定されるが、院政期になると、これらの寺院も、ときに先述の皇室領荘園の形成の波とも対峙しながら、中央との結びつきを強めていくこととなる。たとえば観世音寺は、保安元年（一一二〇）に東大寺の末寺に列せられ、寺領封荘は中世東大寺の経済基盤として重要な役割を果たすようになっていく。と同時に、本寺への年貢輸送という業務が加わったことから、遠賀川流域の金生封や碓井封などについて、梶取を担い手とする東大寺への年貢輸送に関する重要史料も比較的豊富に残されることになった。[注8] すなわち、史料的に決して恵まれているとはいえない、遠隔地荘園から中央への年貢輸送の具体像を知る手だてとしても重要な位置にある。

一方で、院政期の観世音寺およびその寺領には、日吉神人の活動が散見されることも注目される。日吉神人といえば、山門の広域的なネットワークの担い手として、特に北陸を中心とする日本海交通で、交通・金融に顕著な活躍を見せていたが［戸田一九九一、網野一九九四］、院政期には遠賀川河口の葦屋津でも日吉大津神人の金融活動が検出できるように、[注9] そのネットワークは九州にもおよんでいた。

そうした中で、観世音寺でも十一世紀末以降、天台系の別当暹宴のもとで天台化が進んでおり［正木一九九四］、寺内には鎮守社として日吉社が勧請され、それが日吉神人の活動拠点にもなっていたらしい。しかも彼らの活動は、観世音寺領の集中する要所であった、筑後川上流の筑前国把岐荘周辺でも確認されることから、観世音寺を介して、その寺領が展開した北部九州の要衝にも入り込んでいたことが窺えるのである［藤本二〇一一］。

中世前期の大宰府の寺院は、他にも大山寺が山門の末寺化していたのをはじめ、安楽寺にも山門が関与し、末寺化を図っていたことが知られる。[注10] また、大宰府以外の寺社でも、院政期には中央の勢力と結びつくものが少なくなかった。たとえば筑前の筥崎宮は、十二世紀末に石清水別当が検校を勤めた石清水別宮であり、宗像社も院政期には皇室領化し、鳥羽院から美福門院、八条院へと継承され、平頼盛が領家職を勤めていたことが知られる。[注11]

こうした中央の権門による北部九州の寺社の皇室領化や末寺・別宮化、あるいは影響力の扶植といった状況には、それらが九州内に形成していたネットワークを、中央の権門が自己の広域的なネットワークの一翼に編成しようとする意図も含まれていたのではなかろうか。そしてその延長上には、やはり対外貿易への少なからぬ注目があったと思われる。

筥崎宮や宗像社などは、すでに平安期から対外貿易への関与が知られるが、観世音寺でも、院政期に天台化が進む過程で進められた伽藍の再建には、別当暹宴が関与した対外貿易が重要な役割を果たしたとされる［正木一九九四］。さらに鎌倉期には、宗像大宮司家が複数世代にわたり宋人の女性を妻としており[注12]、また山門系の大山寺の神人として組織された者には宋人の船頭も含まれ、筥崎宮を傘下に収める石清水八幡宮と激しい抗争を展開していたように[注13]、九州の寺社は宋人をも取り込みつつ、対外貿易に深く関わっていた。加えて、貿易港として栄えた怡土荘の今津周辺には、安楽寺や筥崎宮などの寺社が設けたとみられる「別所」が所在し、その遺構と考えられる遺跡からは、対外貿易上の拠点としての機能をも有していた可能性がうかがえる[注14]。

中央の権門と結びついた九州の寺社は、その重要な経済基盤として都鄙間を結ぶ役割に加え、大陸につながる玄関口として対外貿易上の基地としての機能も備えており、列島をこえた交通・流通のベースを担ったともいえるだろう。

二　西国における太平洋と日本海

1　都鄙に限定されない交通・流通

右のように、荘園公領制を前提とした場合、年貢輸送を「主たる目的」とする中央と各地を結ぶ都鄙間の流通路が重視されることになる。西国についても、瀬戸内海をはじめ、山陰・九州東岸・西太平洋・九州西岸といったルートは、荘園年貢の輸送を基本とした求心的な水運として成立し、中世後期にはその変質・解体により地域経済圏が前面に出てくる、という整理もなされている［市村二〇〇四］。

しかし、はじめに述べたように、近年では考古学の成果などを踏まえ、中世前期においても、必ずしも中央＝京都のみに集約されない、列島をとりまく多様な交通・物流のあり方が示されていることも重要である。九州地方に即してみても、長崎県の西彼杵半島を主たる産地とする滑石製石鍋が、九州以外で最も流通したのは畿内であるとはいえ、その分布は山陰から北陸・東北地方にかけての日本海側、四国南部から紀伊を経て鎌倉・東北に至る太平洋側にも及び、さらには沖縄地方でもかなりの出土量を示すなど、きわめて広範に流通していたこと［下川一九九二］は、まさしくその一例といえよう。すなわち、必ずしも中央に直結するわけではない流通ルートへの注目も不可欠であり、また求心性が強調されるルートでも、それが決して京都・畿内をめざすためだけの機能にとどまらないことも念頭におく必要がある。

同時に、荘園年貢輸送の担い手として、中世前期には荘園領主への従属が強調されがちな梶取も［新城一九九四ほか］、古くから広域的な活動を展開した海民に源流を持つ者も多かったと考えられる［網野一九九四］ことを踏まえれば、単純に中央の領主との関係のみで完結していたとは断じがたい。

例えば博多の西に位置した八条院領の筑前国野介荘には、治承・寿永の内乱の中で兵粮米の輸送を担った梶取がいたようだが、その野介荘は、「御庄之習者、明年之二三月までも塩を売様ニ廻船仕候て、随レ堪令二弁済一之例也」といわれたように、廻船による塩の交易をも重要な基盤としていた。[注15] すなわち、野介荘を拠点に都鄙間の輸送にあたる梶取は、「御庄の習い」たる廻船に従事する流通業者という、もう一つの顔を持っていたと考えられる。

また有明海に面した肥後国宇土荘（北条氏領か）の「住人」であった梶取右衛門三郎重教は、交易のため肥前の五島列島にも赴いており、[注16] 対外貿易への関与も想定される。したがって、中世前期の梶取の活動についても、決して荘園領主への従属関係のもとでの貢納物の輸送に特化されるのではなく、地域間の広域的な流通の担い手としての性格も併有するものとして捉えていく必要がある［藤本二〇一二］。同様に、交易路に影響力を持つ寺社に奉仕して特権的に往来した神人集団、朝廷の官司に属し、その保護のもと諸国を遍歴した供御人についても、列島規模での交通・流通の担い手としての性格に、より注意を向けるべきであろう［網野二〇〇三］。

ただし、こうしたレベルの人やモノの動きは、概して文献史料に現れにくいのも実情である。そこで、考古学の成果などにも注意しながら、大動脈たる瀬戸内海とは別に、九州から西国一帯をとりまく広域的な海上ルートの状況に注目してみたい。

2　南九州と太平洋世界

中世の南九州では、日向・薩摩・大隅の三ヶ国にまたがり、鎌倉初期には八千町を超える規模をもった摂関家領島津荘が形成され、大宰府の強い統制を受ける北部九州とは異なる展開を見せていた。院政期には平氏との関係も深かった島津荘に対しては、単に広大な田地からの収益のみならず、南西諸島や大陸からもたらされる物資への期待も大きかったと考えられている。特に南方からの産物は、中央で珍重されたのみならず、同じく摂関家の影響下にあった平泉にももたらされており、南九州は摂関家を通じて奥州ともつながっていたともいうことができる［柳原二〇一四、野口二〇一七］。

この島津荘と中央を結ぶ主たるルートとして、九州東岸を北上して瀬戸内海に接続するルートが重視されている。これは古代以来の要路であり、中世を通して維持されたと見られるから、[注17]主要ルートとして機能したことは確かだろう［市村二〇〇四］。

ただ、南九州では近年、薩摩半島から東シナ海に注ぐ万之瀬川流域で、持躰松遺跡をはじめ重要な中世遺跡の確認が相次いだ点は特に注意される。万之瀬川の旧河口付近には宋人居留地を示唆する「唐坊」地名が存在し、対外貿易の拠点としての性格が古くから注目されていたが、実際に持躰松遺跡などでは、十二〜十三世紀をピークとする多くの輸入陶磁器が出土した。これにより、中世前期のこの一帯が、宋人が直接渡来して交易を行う、独自の対外交易ルートの結節点として機能したことが想定される。その一方、持躰松遺跡では十三世紀以降、国内の他地域産の焼物類なども増加し、南九州地域の消費・流通の拠点としての機能も窺える。中でも特に、九州ではほとんど出土しない常滑焼など東海産の焼物が多く見られるのは、南九州独自の傾向とされる［柳原二〇一二］。

持躰松遺跡からは、他にも畿内産の楠葉型瓦器椀や吉備系の土師器椀なども確認されており、瀬戸内経由で畿内に至るオーソドックスなルートも用いられたと考えられるが［橋本二〇〇四］、その一方で、九州の他地域とは異なる形で東海地方との結びつきがあったとすると、それとは別のアクセス手段の存在も想定しなければならない。そこで注意されるのが、土佐を中心とした四国南部の状況である。

四国南部の海上交通は、『土佐日記』をあげるまでもなく、古くから中央と結びつく形で機能しており、中世には、阿波南部・土佐の山間部で得られた木材などの輸送にも重要な役割を果たしていた。

その土佐の中世遺跡では、右のような中央との関係とは別に、十三世紀後半〜十四世紀にかけて、常滑焼や古瀬戸の本格的な普及が進むことが指摘されており［池澤二〇一〇］、南九州に近い動向を見ることができる。とすると、南九州の独自な状況は、東海地方と土佐を結ぶルートの延長として考えることも可能となろう。すなわち、東海産の焼物はこの時期、主として太平洋ルートにより土佐や南九州に運ばれていたと理解される。

その具体的な担い手として、太平洋の海運に影響力を有した熊野社の勢力の存在が想定されている［柳原二〇一四］。その点に関して、四国の太平洋岸の遺跡では、仁淀川河口部の流通拠点である上ノ村遺跡（土佐市）や、阿波南部の宮ノ本遺跡（阿南市）などで、鎌倉期を含む紀伊産の非流通品の出土が見られる点が注目されている。このことから、太平洋ルートにおける東海産の焼物の流通には、紀伊を拠点とする流通従事者の関与、紀伊の港湾などの交易拠点の経由といった可能性が考えられており［池澤二〇一〇］、右の想定を補強する事例として注意される。

すなわち、南九州における独自の傾向は、それが熊野など紀伊の勢力を媒介とした太平洋のネットワークと結びついていたことの表れと理解できるだろう。

3　日本海と山陰世界

日本海の海上交通でも山陰ルートについては史料的な制約もあり、具体的な検討対象とはなりにくい状況にあった。しかし、それがただちに山陰の海上交通・物流の貧弱さを意味するわけではない［井上寛一九九一］。古くは長元四年（一〇三一）、関白藤原頼通が「隠岐使」の派遣に「便路」を取るよう指示したのに対し、それが「海路」を経由する迂回路であり、「枉道宣旨」が必要となること、秋に入ると波が高く航海が難しいことが議論されている。[注18] すなわち、山陰の海上交通路は、律令制下の交通体系に照らせば非公式・便宜的ながらも、古くから現実的なルートとして機能していたようである。

また、由良川流域に比定される伊勢神宮領・長講堂領の伯耆国久永御厨は、その供菜物に鉄が含まれたことが知られるが［新城一九九四］、院政期には若狭国三河浦の住人や同国の在庁とトラブルを起こしており、[注19] 供菜物の輸送に、伯耆から若狭への日本海の海上ルートが利用されていたことが想定される。

さらに鎌倉期には、東大寺鋳物師を兼ねた灯炉供御人が、「廻船交易往反」に際して豊前の門司、長門の赤間・島戸、出雲の三尾（美保）の関での津料免除の特権を求めている事例が確認され、[注20] 九州から山陰に至る供御人の交易ルートが存在し、またそのルートを通航する船もかなり多かったことが窺える［網野一九八四］。その状況は、『太平記』中の後醍醐天皇の隠岐脱出の場面にも表れていよう。

同じ追風に帆を揚げたる舟百艘ばかり数見えて、出雲・伯耆へ志し、飛ぶが如くに馳せ来たる。筑紫舟か商舟かと見るところに、さはなくて、佐々木隠岐前司清高が主上を逃し進らせて追ひ懸け奉る船なりけり。注21

すなわち、天皇方は追跡してくる佐々木清高らの船団を、当初「筑紫舟」もしくは「商船」と見なしたというわけだが、このような描写がなされるには、九州から山陰ルートで往来する「筑紫舟」「商船」の船団が、鎌倉末期ごろにはごくありふれた風景であったことが前提となるだろう。すなわち、鎌倉期の山陰の海上交通路は、九州北部と日本海沿岸とを結ぶ重要な輸送・交易ルートとして機能していたといえるだろう。注22

このように、断片的ながらも少なからず確認される事例から、山陰の交易ルートの重要性が認識されている中で、島根県益田市の益田川・高津川河口部に、中世前期に遡る重要な港湾の遺跡の発掘が相次いでいる点は特筆される。

そのうち、中世前期段階で注目されるのは、十一世紀後半から十二世紀前半に出現し、十二世紀中頃にピークを迎える沖手遺跡で、河口部の中でも比較的安定した場に、いち早く展開した港湾集落とみなされる［長澤二〇一六］。沖手遺跡は十三世紀になると下降線をたどるようだが、それ以後も長期にわたって存在感を示した港湾遺跡が中須東原・西原遺跡で、十四世紀中頃の停滞期をはさんで、中世前期（十二～十三世紀）と中世後期（十四世紀後半以降）にそれぞれ盛期が見られること、中世後期のものながらも、大規模な船着場とみられる礫敷き遺構が検出されていることなどが注目される［木原二〇一四・長澤二〇一六］。

これらの港湾遺跡は、益田川・高津川の河川交通によって内陸部にアクセスし、内陸部から集積された材木や銅などの搬出口として機能する一方で、豊富な輸入陶磁器の出土から、大陸を含む遠隔地とを結ぶ日本海の交易・流通の拠点としての性格も備えていたと考えられる。こうした遺跡群との関連で、近年注目されているのが次の史料である。

「弁法橋 文永六 四 十二」
長盛申石見国益田本郷津料浮口事、狛僧正御房去比御入滅候之間、件御領彼御分候、仍于今進レ之候了、急有二御尋一、可レ被レ申二左右一候、恐々謹言、

「文永六年」四月十二日　　法橋範政[注23]

ここにみえる「津料浮口」は、類例から河川交通を利用して搬出された材木に課されたものと解されている［井上寛二〇一三］。ただ河口部の港湾遺跡の状況を踏まえると、内陸からの材木に対する「浮口」とともに、外部から入港する船に対して「津料」が徴収されていたと解釈する余地もあるだろう。仮にそうであれば、「益田本郷津」の周辺が出雲の美保関などと並ぶ山陰の交通・流通上の一大拠点であったことが、考古・文献双方から裏付けられることになる。

三　地域社会と河海の交通

ここまで、九州・西国における都鄙間や地域間の広域的な交通・流通について言及してきたが、次に、そうした大動脈から枝分かれして、個々の地域にアクセスする地域単位の交通について見てみよう。

1　南北九州を結ぶ

先述のように、中世の九州は南部と北部で異なる展開を見せたといわれる。とはいえ、両者は決して断絶していたわけではなかった。

島津荘の成立に関わった薩摩平氏の平季基は、もともと南九州土着の勢力ではなく、一族で肥前国司を歴任した経歴を背景に、肥前の有明海沿岸部に拠点を形成し、大宰府機構にも進出した府官系武士団の肥前平氏を出自とし、南九州に進出した者とされる〔野口二〇一七〕。その薩摩平氏の系譜を引く阿多忠景は、十二世紀半ばに持躰松遺跡などが所在する万之瀬川下流域を本拠に、同族の肥前平氏と連携しつつ薩摩一国を事実上支配したことで知られるが、その周辺にあたる加世田別符をはじめ、南九州には他にも肥前系の勢力が入り込んだとみなされる例は少なくなく、両地域間のつながりは思いのほか深かったと考えられる〔野口一九九五、柳原二〇一一〕。

両者を結ぶ手段としては、律令制下の西海道の系譜を引く、南北九州を貫く陸路もそれなりに重要であったと思われる。だが、平清盛が肥前を押さえるのと並行して阿多忠景も排除され、両者を結ぶルートも平氏が掌握したことや、薩摩半島の沖合に浮かぶ甑島が両地域を結ぶ中継点であったとみられること〔柳原二〇一四〕などを踏まえると、有明海から島原湾、天草もしくは八代海を経由する海路によるアクセスが、それにもまして重要な役割を果たしたと考えられる。

しかもそのルートは、両地域を結ぶのみでは完結しなかったようである。先述の島津荘が、南西諸島産の物資の中央への供給源であったように、南九州は南西諸島にも接続していたが、奄美諸島の徳之島で十一～十四世紀ごろに製作されたカムィヤキは、高麗の技術が反映された焼物で、その成立には肥前・薩摩間の海上ルートが介在したことも指摘されている〔小川二〇一六〕。とすると、このルートは単純に南北九州を結びつけるのみならず、両者の延長上にある朝鮮半島と九州北部とを結ぶ交易ルートと、九州南部と南西諸島とを結ぶ交易ルートとを相互につなぐ役割も果たしたことになる。

その点に関して注意されるのが、有明海沿岸部には、鹿ケ谷事件後に硫黄島に流された俊寛・藤原成経・平康頼に関する伝承が複数残されている点である。例えば『延慶本平家物語』には、彼らに対して平教盛領の肥前国嘉瀬荘から衣食が送られたという挿話が見え、[注24]佐嘉郡水上村の万寿寺の開山栄尊は、康頼が配流の折に筑後国三潴荘に数年間滞在した際、住人の女との間にできた子だとする伝承を持つ。[注25]これらの伝承の史実性はともかく、こうした伝承を生む背景には、嘉瀬荘や万寿寺・三潴荘を擁する有明海沿岸一帯と、南北九州を結ぶルートの延長上にある南西諸島とが、少なからず結びついていた実態があったといえよう。

2 地域の動脈としての河川交通

一般的に、海上交通で運ばれた物資は、主要な港湾から枝分かれして目的地に向かい、一方で内陸部の所領から中央に送られる貢納物も、多くは最寄りの港湾まで運ばれ、海上ルートに乗せられることになる。こうした海上交通と目的地、生産地とを結ぶ地域レベルの交通・流通に欠かせないのが河川交通である。

地域レベルの河川交通に関しては、とりわけ中世前期の西国では国衙の役割が重要だったと考えられ、国衙の「船所」や、国衙に組織された梶取の機能が、海上のみならず河川に及ぶ場合もあった。また鎌倉期に阿波の吉野川に置かれた関所には阿波国衙が深く関与し、丹波では大堰川の「川関」が「国領」とされるなど、国衙が主要河川に関所を設置し、河川交通を管理した事例も確認できる。さらには、越後の荒川や三面川のように、河川そのものが国衙領とされ、河川の生業と交通が掌握される場合もあった。加えて、国内の主要河川の河口部に国津が置かれたり、あるいは安芸の大田川水系や豊後の大野川水系などのように、主要河川流域の要衝が国衙領として押さえられていた状況にも、河川交通の掌握を図る国衙の姿勢が示されているといえるだろう［藤本二〇一三］。

九州においても、遠賀川流域の観世音寺領の年貢輸送に際して、河口の葦屋津までの遠賀川の輸送は「国津川下」と表現されており、[注26]葦屋津が国津＝国衙の港湾に源流をもち、荘園年貢の輸送も、国衙によって整えられた地域の交通・流通システムの存在を前提として成り立っていたということになる。

ところで、遠賀川流域には、板井氏や山鹿氏・粥田氏といった府官系武士団が、連携しながら河川交通を意識したテリトリー形成を進めたことも知られているが、それが平家追討に伴って鎌倉方に没官されることから、平氏と深く結びつきながら展開したと考えられる［正木一九九二］。同様な傾向は、肥後の代表的府官系武士団である菊池氏と菊池川水系にも見られるから、大宰府の影響力の強い地域では、府官系武士団も河川交通に存在感を見せていたことが窺える［小川二〇一六］。とすると、筑前・筑後・肥前にまたがる北部九州の大動脈たる筑後川の位置づけも注意される。

筑後川は、十二世紀以前の段階では、大宰府に直属し、九州北部の広大な水域を主たる構成要素とする宇野御厨に含まれていたと考えられ［戸田一九九一］、本来的に大宰府の影響力が強く及ぶ水上交通路であったといえる。同時に、大宰府の保護統制下にあった観世音寺領には、筑後川流域に所在するものが多く、また安楽寺領の濃密に集中するエリアの一つが筑後川流域であったことは、先に述べたとおりである。

さらに、有明海沿岸に集中する王家領荘園・平氏関係荘園の分布は、そこから筑後川流域の内陸部にまで及んでおり、その重要性を物語っているが、特に鳥羽院政期の康治三年（一一四四）に起きた、筑後国生葉郡の鷹野荘（金剛勝院領）の設立をめぐる動向は注意される。

鷹野荘は、在地の有力者とみられる鷹野資綱が大江国通を介して皇后宮職領として立券したものだが、それに際して、資綱が五百余人の軍兵を率いて、観世音寺領の筑後国大石・山北封および筑前国把岐荘に乱入する事件が起こった。[注27] この事件の注目される点は、第一に国通の影響下にあった資綱の「与力人」の集団が、府官層を中心として、筑後川を軸に肥前・筑後両国にまたがる広域的な結びつきを有する武士団であったことである。ここから筑後川の河川交通に対しても、府官層の意識は強かったこと、その人的ネットワークの形成には筑後川が重要な役割を果したことが窺えるだろう。第二に、彼らが乱入した把岐荘周辺の場が、筑後川上流の水陸交通上の要衝で、院政期には同様なトラブルがたびたび繰り返される場であったことである。すなわち、この事件には、筑後川の河川交通の掌握をめぐる争いという要素も含まれていたと解釈できるだろう［藤本二〇一二］。

筑後川に関しては、例えば河口部の榎津・酒見や寺井津など文献でも著名な拠点の他、流域の陸路との結節点となる立地に、発掘調査によって明らかになった拠点的な場も少なからず検出されている。[注28] ただ、その知名度に反して河川交通の具体像については明らかでない部分も多く、発掘等の成果を踏まえつつ具体像に迫ることは今後の課題である。

四　東国御家人と西国・九州の交通

鎌倉幕府の成立は、西国・九州にも多大な影響を与えた。これまで言及してきた有明海沿岸を中心とした九州西北部、あるいは南九州などは、比較的早い段階で平氏の勢力が浸透した地域でもあったから、平氏追討に際していち早く鎌倉方武士による没官＝軍事的制圧の対象となっていった。平氏方とみなされた者の所領は、それを軍事的に占領した東国御家人が地頭（惣地頭）として追認されることになる。その場合、東国の本拠地や鎌倉と、遠隔地に得た所領をいかに結びつけ、有効に経営するかは重要な問題となるだろう。

1　千葉氏の展開

下総を根拠地とする千葉氏が、最盛期には陸奥から南九州に及ぶ列島規模のネットワークを形成していたことはよく知られているが［野口二〇一七］、ここではそのうち、九州における展開を見てみよう。

源範頼に従って九州入りした千葉常胤は文治元年（一一八五）、和田義盛とともに平氏滅亡後の戦後処理を主導したが、彼自身も肥前・薩摩で平家方所領の没官を進め、広大な所領を獲得して九州に地盤を築いた［清水二〇〇七など］。そのうちでも中核的位置を占めたのが、有明海沿岸の肥前国衙にも近い肥前国小城郡で、常胤以後嫡流が相伝した中心所領の一つとして、宝治合戦に伴う規模の縮小後も維持された。それと並んで早い時期に獲得されたのが、東シナ海に注ぐ川内川の河口部から中流域を軸とする、薩摩国島津荘寄郡の五ヶ郡（高城郡・東郷別符・入来院・祁答院・甑島）であった。これらも、内乱後の戦後処理に伴う軍事的占領によって獲得された「没官御領」であり、[注29]早期には代官を派遣して経営がなされていた。[注30]

ここで注意されるのは、獲得された両地域は距離的には離れているが、先述の肥前・薩摩間の海上ルートを介して一体化している点である。すなわち、内乱直後の千葉氏による所領獲得は、府官系武士団によって形成され、交易・流通上も重要な役割を果たしたこのルートに乗る形で進められたことになり、両地域を個別に没官したというより、両者を結ぶ流通ルートも総体として押さえることを意識したと見ることもできよう［野口一九九五］。

こうして形成された千葉氏のネットワークは、日蓮聖教の紙背文書（中山法華経寺蔵）によって、その経営の具体像が確認できる点でも注目されている。近年の研究では、千葉氏の経営が一族のみによって成り立っていたのではなく、公家の家司・官人・国衙在庁など実務能力を備えた吏僚や、鎌倉・京・九州を動き回っていた借上、現地の小地頭層などにも支えられていたことが明らかになっている。荘園公領制とともに整えられてきた都鄙・地域間の物流・経済システムは、御家人の所領経営のベースとしても見逃せない［井上二〇〇三・湯浅二〇〇五］。

2　三浦氏の展開

宝治合戦以前の三浦一族も、全国規模におよぶ所領展開を見せたことが、近年の分析により明らかになっているが［高橋秀二〇一二］、そのうち、西国・九州における展開の足掛かりとして注目されるのは、平氏追討における和田義盛の活動である。

　範頼のもとで常胤とともに九州の戦後処理を主導した義盛は、大宰府にあって肥前国御家人の把握を進めつつ、[注31]筑後川河口部左岸の筑後国三潴荘の地頭職を得ていた。[注32]三潴荘の領家藤原隆季・隆房父子は平氏政権と親密な関係にあったことが知られるから、現地勢力が平家方であった可能性は高く、おそらく他と同様な没官活動による獲得と考えられる。

　一方で隆房は後白河院の「寵臣」でもあったため、院の働きかけにより、文治四年五月以前に隆房領の地頭が軒並み停止されているが、[注33]義盛もおそらくその際に地頭職を解かれたと思われる。ただ、後に和田合戦では義盛方に「つくしの人」が参戦し、また「西海」での残党蜂起が懸念されるなど、九州で形成された人的ネットワークは、その後も維持されていたようである［藤本二〇一〇］。

　ついで承久の乱後、三浦氏は筑前国宗像社の預所職、および肥前国神崎荘の地頭職を得た。[注34]三浦氏は淡路・讃岐の守護も勤め、鎌倉期に瀬戸内から西海の交通に影響力を有した西園寺家とも密接な関係にあったから［高橋秀二〇一二］、そ

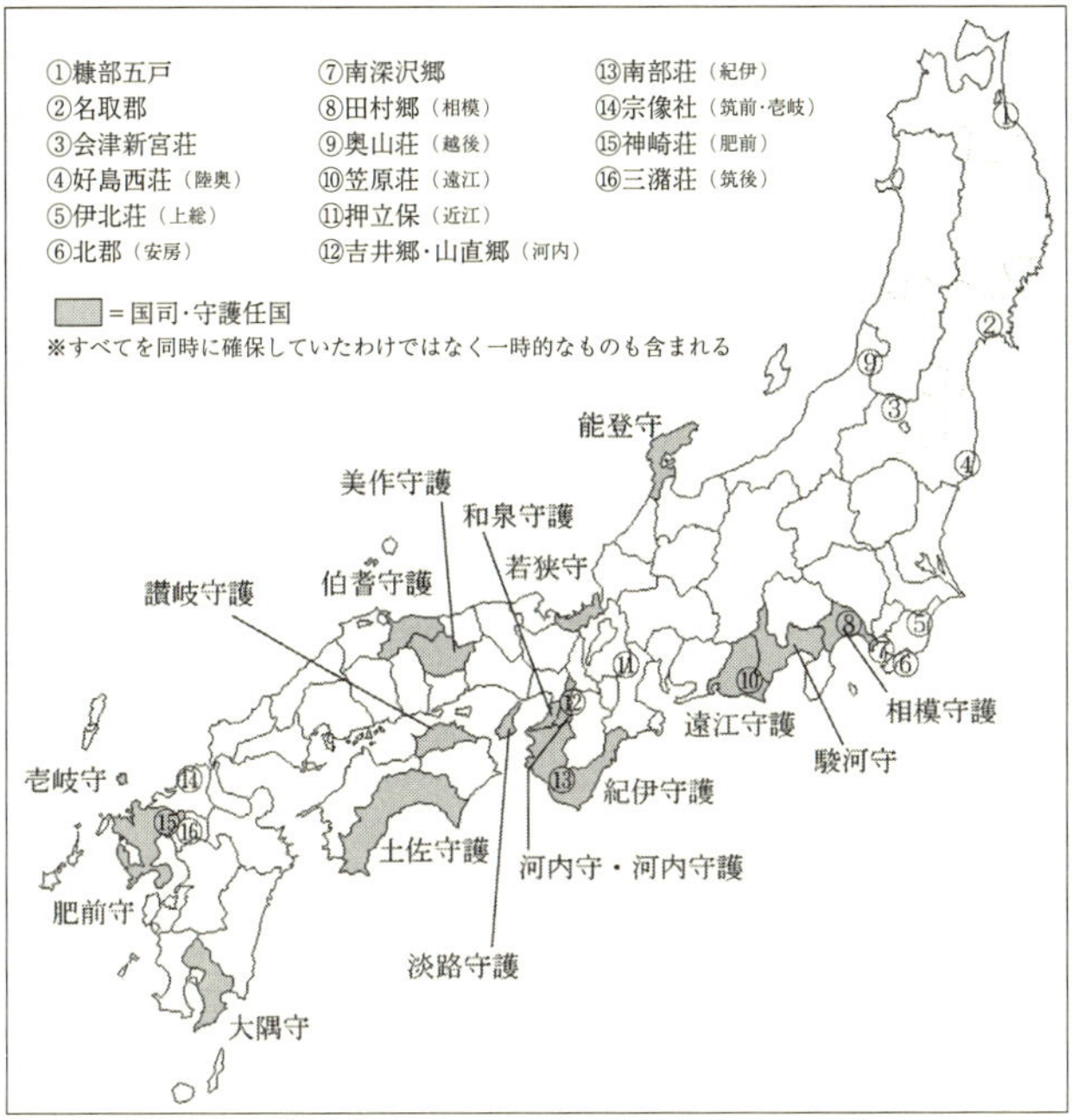

挿図2　鎌倉期に三浦一族が関与した所領と国（高橋秀 2012）

れらを背景とした瀬戸内海から北部九州に至るネットワークの形成が想定される。同時に、先述のように宗像社と神崎荘が、ともに日宋貿易に深く関与したことも注目される。実際、宗像社の預所代であった常村（三浦一族か被官であろう）は、宋商の謝国明ともつながりを有していたことが知られ、[注35]そのネットワークは対外貿易も視野に含むものであった。

その点に関して注目されるのが、一二三〇年代後半の嘉禎～暦仁年間、三浦光村が宗像社の対外貿易上重要な拠点でもある壱岐、佐原家連が神崎荘所在地である肥前の守となっていた形跡がある点である。地域の交通・流通に対する国衙の影響力を考えると、一時的ながらも一族で現地の国衙機構を掌握することは、そのネットワークを強固にする上でも少なからぬ効果を生んだと思われる［藤本二〇一〇］。

加えて、三浦氏の得た九州の受領官途に、大河戸重澄（義澄の子）の大隅守が見える点も興味深い。[注36]大隅には三浦一族が直接関わる所領等は検出されていないが、肥前や壱岐の事例を考えると、大隅にも何らかの所縁があった可能性が考えられる。その場合注意されるのは、三浦氏が十三世紀初頭から紀伊の守護、および水運拠点として著名な南部荘の地頭を保持し、また土佐の守護も勤めていたことである［海津二〇一一、高橋秀二〇一三］。すなわち、ここに瀬戸内から北部九州に併行する、紀伊から土佐を経て南九州に至る、太平洋ルートを介したネットワークも浮かび上がってくるのである。

この太平洋のネットワークは、東国でも東海から東北北部にまで及んでいたが、それらの所領には多く熊野神社が勧請されており、このネットワークが熊野社の海運システムと結びつく形で機能した可能性が指摘されている［網野一九九四］。

以上のことから、三浦氏は各地に獲得した所領や守護・受領官途を下地として、宗像社や熊野社などの海の勢力、さらには宋商とも結びつきながら、列島規模のネットワークを構築していったといえよう。

3 二階堂氏と太平洋

宝治合戦に伴う三浦一族の規模縮小と入れ替えに、太平洋世界に存在感を見せるようになるのが、幕府政所の吏僚であった二階堂氏である。

二階堂氏は、宝治合戦の賞として安房国北郡を得ているが、これが「大隅前司」＝大河戸重澄の所領であったことは注意される。[注37] 同じころ、二階堂氏は同じく三浦一族の佐原氏が地頭であった南部荘の地頭職を得たとみられ［柳原二〇一一］、さらに宝治合戦とは無関係ながら、薩摩国阿多北方の地頭職も、前任の鮫島氏の没落に伴って獲得している。[注38]

二階堂氏の所領は、それ以前から相模国懐島郷をはじめ、三河国重原荘、伊勢国益田荘など、太平洋へのアクセスが可能な場に分布する傾向が見られるが、[注39] 宝治合戦を契機として、熊野の海上勢力を媒介とした三浦一族の太平洋のネットワークの上に、薩摩にまでおよぶ所領網を形成していったことになる。

持躰松遺跡では、先述のように十三世紀後半から東海産土器の流入が増加し、東海地方との連絡が密になることが知られるが、そうした状況を生むのに重要な役割を果たした太平洋ルートの展開は、このような三浦氏や二階堂氏の動向とも深く関わっていたといえるだろう［柳原二〇一一］。

なお、二階堂氏は南九州に先行して、対外交易とも深く関わる肥前国鏡社に所領を有していた。[注40] その点に注意すると、二階堂氏のネットワークは、九州の北と南から、それぞれ大陸につながるルートへの接続も意識したものであったともいえるだろう。

4　北条一門と九州

このような東国御家人のネットワークでも最大規模を誇るのが、鎌倉末期に得宗および一門で各地に多くの所領を展開した北条氏である。

一門で少なくとも六ヶ国の守護を占めた鎌倉末期の段階で、五十ヶ所余りにのぼった九州の北条氏所領は、軍事・交通上の要衝である豊前門司関をはじめ、有明海沿岸・筑後川中下流域、坊津などの南九州の港津といった河海交通・対外交易上の要衝を中心に分布する傾向があり、北条氏による全国的な海上交通支配の方向性として理解されてきた［石井一九六九］。

これらの所領には、得宗領のみならず金沢氏など一門諸家の所領も少なくなく、単純に一括りにはできないところもある。とはいえ、北陸では一門が個々の航海圏をおさえ、それを得宗が競合・補完しつつ統括する形態が想定されていることも踏まえれば［高橋二〇〇二］、各自が独自性を持ちながらも、得宗を軸に一門が結びついた総体的なネットワークとして捉えることも可能であろう。

ただ、右の傾向に合致する北条氏関係所領には、九州以外の地方も含めて鎌倉中・後期に獲得されたものも多く、先述の三浦氏や千葉氏、二階堂氏など他氏の拠点であった場が目立つことも注意を要する。[注41]すなわち、鎌倉初期以降、海上勢力の活動を前提に、他の東国御家人のもとで形成されていた既存のネットワークが、北条氏一門に取り込まれたという側面もあり、必ずしも独自の「整備」に基づくものとはいえない部分もある。

このように広域的に分布する北条氏の所領を実際に結ぶ役割を果たしたのも、すでに交通・流通の担い手として列島を動き回っていた人々であった。例えば先述の九州東岸ルートは、十四世紀初頭に得宗被官の安東氏を通して得宗が押さえていたとみられるが、そのルートには、彼らと結びついた西大寺流律宗の勢力の進出も知られている［市村二〇〇四］。すなわち、各地の所領・拠点どうしを結ぶにあたり、海運を含めて当該期の交通に深く関わった西大寺律宗のネットワークに依存する部分も大きかったといえる。注42

また、先にも言及した肥後国宇土荘住人の重教は、五島列島へ出向いて交易する一方で「相模守殿（執権北条師時）御梶取」という肩書も有していた。このことは、宇土荘が師時領であった可能性を示唆するが、同時に、こうした広域的な活動を展開する梶取が北条氏のネットワークに取り込まれ、その一端を担うに至っていたことをも示している。

鎌倉期、列島各地に所領を得た東国御家人が築いた列島規模のネットワークも、荘園公領制のもとで展開された都鄙間の交通、および広く列島各地を結んでいた地域間の交通の上に成り立ち、それに支えられて展開したといえる。その一方で、彼らがそこに参入することにより、新たな人やモノの流れも生みだしていくケースも、少なからずあったといえよう。

おわりに

以上、筆者の関心の赴くままに、不十分ながら中世前期における西国・九州の交通・流通を概観してきた。九州地方では、皇室領荘園や大宰府の寺院などが、都鄙間の交通によって中央とも深く結びついていたが、その延長上には対外交易のルートも視野に含まれていた。一方で考古学の成果などに注目すると、単純に中央のみではなく、北部九州と日本海沿岸、南部九州から太平洋沿岸といった、独自の地域間の結びつきによる活発な交流の展開も見出せる。また、こうした広域的な流通網と接続して、個々の地域を結びつけたのが九州内の河海の交通であり、そこでは各国の国衙や大宰府の府官層の果たした役割が大きかった。鎌倉期に九州に所領を得た東国御家人のネットワークも、こうしたあり方の上に成り立ったものといえる。

ところで、本稿で触れえなかった中世後期への展開に関して、遺物の上では十四世紀前半になると、それまでと比較して明らかに流通が落ち込む傾向が、多くの地域に共通するという。それが都鄙間の流通に限らない傾向であることを踏まえると、荘園制の「動揺」や「崩壊」という古典的な説明では不十分ということになる。南北朝期を経て、交通・流通がどのような変質をとげていくのか、考古学的な成果を踏まえつつ、文献の立場でも検討を重ねていくことは大きな課題であろう。[注43]

注

1 この点については、［網野二〇〇三・柳原二〇一四］をはじめ、すでに多くの研究で言及されている。

2 治承二年六月二十日、後白河院庁下文（『平安遺文』〈以下『平』〉三八三六）。

3 ［小川二〇一六］によれば、頼盛の段階では肥後での勢力伸長が目立つという。なお頼盛の大宰府での動向については、［田中二〇一二］を参照。

4 『玉葉』治承五＝養和元年閏二月六日条。

5 寿永三年二月七日、後白河院庁牒（『平』四一二八）。

6 『御室相承記』（『仁和寺史料』寺誌編一所収）

7 『長秋記』長承二年八月十三日条。

8 永暦二年十月、筑前金生封米送状（『平』三一六六）、文永二年十一月二十日、筑前金生封米送状（『鎌倉遺文』〈以下『鎌』〉九四〇九）など。

9 保延二年九月　日、明法博士勘文（『平』二三五〇）。

10 『百練抄』応保二年十一月二十七日条など。また『福岡県の地名』（日本歴史地名大系）「太宰府天満宮」の項を参照。

11 建長八年正月日、大宮院庁下文（『鎌』七九五八）、『吾妻鏡』寿永三年四月六日条。
12 「訂正宗像大宮司系譜」による。
13 『大日本史料』建保六年九月十六日条を参照。
14 今津干潟の最奥部、安楽寺領桑原荘域の小字別所では、中世の僧坊と想定される遺構が発掘され、安楽寺の対外貿易の拠点にもなっていた可能性がある。また、糸島水道をはさんで今津の対岸に位置する今山遺跡は、筥崎宮が設置し、入唐僧の拠点にもなった今山別所の遺構と推定されている［藤本二〇一四］。
15 年欠（養和元年ヵ）十一月二十三日、紀俊守申状（『平』補四〇五）。
16 嘉元三年六月　日、峯貞申状案（『鎌』二二二五八）、嘉元三年六月　日、峯貞注進状案（『鎌』二二二五九）。
17 ［市村二〇〇四］により、鎌倉期の北条氏得宗による掌握、室町・戦国期における利用頻度の増大という状況が整理されている。
18 『小右記』長元四年八月十二日条。
19 『吉記』承安四年八月十六日・九月十七日条。
20 宝治二年十二月日、蔵人所牒写（『鎌』七〇二四）
21 『太平記』（天正本、新編日本古典文学全集所収）巻第七、前朝伯州船上還幸の事。
22 これらの山陰における水運の状況については［井上寛一九九二］を参照。
23 文永六年四月十二日、法橋範政書状案（「益田金吾家文書」、久留島典子ほか『大規模武家文書群による中・近世史料学の統合的研究』二〇〇八年）。
24 『延慶本平家物語』第一末。また同荘域には、俊寛関係の伝承も残されている［野口二〇一七］。
25 『肥前国勅賜水上山興聖万寿寺開山勅特賜神子禅師栄尊大和尚年譜』（『続群書類従』第九輯上、伝部）など。
26 前注8永暦二年十月、筑前金生封米送状。
27 康治三年正月日、観世音寺所司等解（『平』補三一九）。
28 榎津の対岸にある徳富権現堂遺跡（佐賀市諸富町）や、下流域の渡河点とみられる碇遺跡（久留米市）、筑後国府跡に関わる一連の遺跡（同市）など、注目される遺跡は少なくない。
29 建久八年六月日、薩摩国図田帳写（『鎌』九二三）。
30 文治二年八月三日、源頼朝下文（『鎌』一五〇）。

31　元暦二年七月十五日、鎌倉殿侍別当下文写（『新横須賀市史』資料編一一九五）

32　『吾妻鏡』文治五年三月十三日条。なお、この時点ではすでに地頭職を失っている。

33　『吾妻鏡』文治四年五月十七日条。

34　『葉黄記』宝治元年八月十八日条。

35　建長四年七月十二日、関東御教書（『鎌』七四五八）。

36　『吾妻鏡』（吉川本）宝治元年六月五日条などに、「大隅前司重澄」と見える。

37　宝治元年六月二十三日、藤原頼嗣下文案（『鎌』六八四六）。

38　建長元年八月九日、関東御教書（『鎌』七一〇五）。

39　仁治元年十月十四日、二階堂元行譲状（『鎌』五六二七）。

40　同右、および『吾妻鏡』貞永元年閏九月十七日条。

41　例えば北陸地方はもともと比企氏の勢力圏で、比企氏の滅亡などを経て、縁者でもある名越流北条氏に入ったものだし、武蔵国六浦荘も、和田義盛の所領であったものを和田合戦で没収したものであった。

42　［海津二〇一二］では、南部荘における水運・港湾の整備には、すでに三浦氏の段階からの律宗集団の関与が指摘されている。

43　文献側からこの点に注目した成果として、南九州を対象に、「海賊」を重要なキーワードとして、地域の持つ特性に着目しながらアプローチした［関二〇一五］があげられる。

参考文献

網野善彦『日本中世の非農業民と天皇』岩波書店、一九八四年
網野善彦『日本社会再考』小学館、一九九四年
網野善彦「中世前期の都市と職能民」（日本の中世6『都市と職能民の世界』中央公論新社、二〇〇三年）
池澤俊幸「南四国に搬入された中世土器・陶磁器と海運」（『中世土佐の世界と一条氏』高志書院、二〇一〇年）
石井進「九州諸国における北条氏領の研究」（『石井進著作集　第四巻　鎌倉幕府と北条氏』岩波書店、二〇〇四年、初出一九六九年）
市村高男「中世西日本における流通と海運」（『中世西日本の流通と交通』高志書院、二〇〇四年）
井上聡「御家人と荘園公領制」（『日本の時代史8　京・鎌倉の王権』吉川弘文館、二〇〇三年）

井上寛司「中世西日本海地域の水運と都市の発達」(『海と列島文化2　日本海と出雲世界』小学館、一九九一年)
井上寛司「中世の益田川関と沖手、中須西原・東原遺跡」(『中須東原遺跡』益田市教育委員会、二〇一三年)
小川弘和『中世的九州の形成』高志書院、二〇一六年
海津一朗「鎌倉御家人三浦氏の西国支配と紀伊南部荘」(『三浦一族研究』一五、二〇一一年)
木原光「石見国益田の中世湊町　中須東原遺跡」(『日本歴史』七九九、二〇一四年)
工藤敬一『荘園公領制の成立と内乱』思文閣出版、一九九二年
清水亮『鎌倉幕府御家人制の政治史的研究』校倉書房、二〇〇七年
下川達彌「西北九州の石鍋とその伝播」(『海と列島文化4　東シナ海と西海文化』小学館、一九九二年)
新城常三『中世水運史の研究』塙書房、一九九四年
関周一「一四世紀前半の南九州における海域交流の変容」(『宮崎県地域史研究』三一、二〇一五年)
高橋一樹「北陸社会の交通と地域区分」(『列島の鎌倉時代』高志書院、二〇一一年)
高橋秀樹「三浦一族の地方展開」(『新横須賀市史』通史編　自然・原始・古代・中世、横須賀市、二〇一二年)
田中大喜『中世武士団構造の研究』校倉書房、二〇一一年
戸田芳実『初期中世社会史の研究』東京大学出版会、一九九一年
長澤和幸「中須東原遺跡と港湾遺跡群」(『日本海交易と都市』山川出版社、二〇一六年)
野口実「薩摩と肥前」(『鹿児島中世史研究会報』五〇、一九九五年)
野口実『列島を翔ける平安武士』吉川弘文館、二〇一七年
橋本久和「土器が語る中世の流通」(『中世西日本の流通と交通』高志書院、二〇〇四年)
服部英雄「久安四年、有明海にきた孔雀」(『歴史を読み解く――さまざまな史料と視角――』青史出版、二〇〇三年)
服部英雄「宗像大宮司と日宋貿易」(『境界から見た内と外』岩田書院、二〇〇八年)
藤本頼人「九州における三浦一族の展開」(『三浦一族研究』一四、二〇一〇年)
藤本頼人『中世の河海と地域社会』高志書院、二〇一一年
藤本頼人「河川交通とその担い手」(『水の中世』高志書院、二〇一三年)
藤本頼人「「別所」地名と水陸のみち」(『中世人の軌跡を歩く』高志書院、二〇一四年)

正木喜三郎『大宰府領の研究』文献出版、一九九一年
正木喜三郎「筑前国金生封について――平安時代における――」（『西南地域史研究』八、一九九四年）
正木喜三郎「筑前国」（『講座日本荘園史10　四国・九州地方の荘園』吉川弘文館、二〇〇五年）
柳原敏昭『中世日本の周縁と東アジア』吉川弘文館、二〇一一年
柳原敏昭「中世の交通と地域性」（『岩波講座日本歴史』第七巻、中世二、岩波書店、二〇一四年）
湯浅治久「肥前千葉氏に関する基礎的考察」（『中世東国の地域社会史』岩田書院、二〇〇五年）

北条領国下の交通体系
——伝馬制と浦伝制——

則竹　雄一

はじめに

交通の一般的な定義とは、人と物の場所的移動及び情報の伝達（＝空間的離隔の克服に関わる行為）ということになり、その構成要素は、①交通労働、②通路・運搬具・動力などの交通手段、③人・もの・情報などの交通対象である。[注1]本稿では戦国大名北条氏の伝馬制度を中心に、水上交通や領国内通行だけでなく領国外通行の事例に触れながら、交通一般の構成要素を踏まえて交通体系の特徴を明らかにした。

戦国期の交通（政策）については、東国戦国大名の北条・今川・武田三氏の伝馬制度を中心として研究の蓄積が見られる。[注2]また、個々の大名領国内交通だけでなく、領国間交通への指摘も見られる。このような研究史を踏まえれば、一領国だけでなく東国での伝馬制の成立と展開は全体の統一的な理解が必要であるが、筆者の力量もあり、伝馬制度を中心に領国外へ陸上のみならず水上交通へと広げることで、北条領国の交通体系を見てみることにしよう。

一　北条伝馬制の成立

北条氏における伝馬制の存在を示す史料は、周知の大永四年（一五二四）四月十日付けで相模国当麻宿（相模原市）に下された北条家制札であり、「玉縄・小田原より、いしとともろへわうふくのもの、とらの印判をもたさる者にてん馬おしたていたすへからす」（『戦国遺文』後北条氏編、東京堂出版、文書番号五九以下戦北五九と略記）と、北条氏の許可のない者への伝馬仕立ての禁止を命じている。下山氏は「大永四年には既に伝馬制度確立の萌芽がうかがえよう」とする。[注3]

大永四年正月十三日に北条氏綱は、扇谷上杉重臣太田資高を内応させて江戸城を攻略した。扇谷上杉朝興は河越から松山城、十五日には藤田陣（寄居町）の山内上杉憲房と合流した。氏綱は二月には岩付城（さいたま市）を、三月には蕨城を、四月には毛呂要害（毛呂山町）を攻略した。当麻から石戸（北本市）や毛呂への伝馬は新しい北条領国化した地域を縦断するルートと見られる。当麻から北上するルートは山内上杉氏に属する三田氏や大石氏の領国域を通過することから、両氏は北条氏の攻勢に対して大永四年時点では北条氏に従属したと見られる。齋藤慎一氏は、[注4]のちに氏綱が大永四年十月の山内憲房が毛呂要害攻撃に対する支援として、江戸城を出撃して勝沼（青梅市）に着陣していることから、山の辺ルートを使用していないことに注目しているが、ルートとしては山の辺ルートから石戸・毛呂へのルートを想定しても構わないと思われる。重要なのは齋藤氏が指摘するように、当麻宿を通るルートは、扇谷上杉氏の拠点である河越城と相模国の拠点である大庭城（藤沢市）や糟屋館（伊勢原市）を結ぶルートであり、北条氏がすでに幹線道として整備されつつあった扇谷上杉氏の道を継承していることを示している。史料は確認できていないが、伝馬制度の成立が、戦国大名北条氏を遡ることを想定させる。

二　伝馬手形からみた交通体系

1　伝馬手形記載内容の特徴

北条氏の伝馬制度の基本を示す史料として、注目されてきたのが、①永禄五年六月四日付け平井郷伝馬奉行宛の北条氏伝馬定（戦北七六七）、②天正十年十二月九日付け奈良梨宛て北条氏伝馬掟（戦北二四五〇）、③天正十年閏十二月二十六日付け倉賀野町人中充て北条氏伝馬掟（戦北二四六八）の三通の伝馬掟であるが、ここでは伝馬役負担体系としての伝馬制度だけでなく広く交通体系としての一環として見てみたい。従来は伝馬掟が分析の中心であったが、伝馬掟に比してあまり分析対象にはなってこなかった伝馬手形を検討したい。

【史料1】北条家伝馬手形（戦北一四〇五）

①伝馬壱疋無二相違一可レ出レ之、②石切左衛門五郎江戸へ被二送遣一ニ被レ下、③可レ除二一里一銭一者也、仍如レ件、

（元亀元年）
午
卯月十日　（「常調」朱印）⑤　④自二小田原一江戸迄

山角刑部左衛門　奉

これが北条氏の伝馬手形の典型である。現在では六二通が確認されている（表1　以降表の番号は〈番号〉で示す）。伝馬手形は伝馬使用を北条氏が許可した証明書であり、利用のために各宿で提示された文書である。基本的に、①各宿が出すべき伝馬数、②伝馬利用者（＝手形受給者）および利用目的、③駄賃を免除する場合は、公定駄賃の免除規定、④利用経路、が記載されて、⑤「常調」朱印が押された構成になっている。

2　伝馬役負担と編成

伝馬手形下線部①の伝馬負担数を見ると、その記載のない二通〈43・47〉を除くと、一疋→二四通、二疋→八通、三疋→一三通、四疋→四通、五匹→五通、八疋→二通、一〇疋→一通、一二疋→一通となり、圧倒的に一匹利用が多いものの、最大一二匹の利用が確認される。

各宿郷での伝馬役負担数がわかる周知の事例は、次の通りである。

武蔵国平井郷	一日三疋・戦時十疋	永禄五年	（戦北七六七）
武蔵国関戸郷	一日三疋・戦時十疋	永禄七年～八年限定	（戦北八六六）
伊豆国丹那郷	一日五疋	永禄九年～十年限定	（戦北九三八）
武蔵国葛西新宿	一日四疋	永禄十一年	（戦北一〇八七）
武蔵国奈良梨郷	一日三疋・戦時十疋	天正十年～十二年限定	（戦北二四五〇）
上野国倉賀野	一日三疋・戦時十疋	天正十年～十二年限定	（戦北二四六八）

六事例の中で四事例が時期の限定のつく定めであって、期限の年数後は以前の疋数の負担を求めている。宿郷負担がわかる事例は通常ではない場合であり、期限前の疋数が記載されていないことから、各宿郷の本来の負担数を明らかにする史料は見当たらない。少なくとも三疋を下回る史料はないことから、臨時的負担軽減であっても三疋が最低数となっていることはわかろう。問題なのは伝馬手形記載の伝馬負担数との関係である。最大負担数が一二疋であることから、この負担数の差をどのように考えたらよいのであろうか。

①一日負担疋数を越えた場合は、奈良梨や倉賀野伝馬掟に「万一或三疋之外、或動之時十疋之外有レ之者、縦公方荷ニ候共、倩賃を可出」とあるように私的伝馬に倩賃を支払い伝馬を仕立てる。②足らない疋数は次の日の

表1　北条氏伝馬手形一覧

	年	月日	出発地	到着地	疋	分類	受給者・目的	除一里一銭文言	奉者・発給	戦北
1	（永禄1）	戊午閏6月18日	小田原	下総	1	武士	大須賀式部丞用所		石巻	五九一
2	（永禄2）	未11月17日	小田原	倉内	1	武士	沼田孫次郎被遣、可為公方伝馬		笠原藤左衛門	六一七
3	（永禄4）	酉10月13日	鎌倉	小田原	1	職人	仏師召寄ニ付而被下	○	安藤	七一九
4	（永禄10）	卯2月1日	小田原	常陸	3	武士	佐竹宗誉被進	○	石巻	一〇〇七
5	（永禄10）	卯7月18日	金沢	浦賀	1	職人	鍛冶二ほと番匠被召寄御用			一〇二八
6	（永禄11）	辰7月9日	小田原	甲府	5	寺僧	海蔵寺被遣	○	岩本	一〇八六
7	（永禄11）	辰9月5日	小田原	土肥	2	職人	石切左衛門五郎・善左衛門被下、可為公方伝馬		武栄朱印丹後	一〇九五
8	（永禄12）	巳4月晦日	小田原	足柄	1	職人	石切十人…被下、可為公方伝馬		武栄朱印幸田与三	一二〇九
9	（元亀1）	午4月10日	小田原	江戸	1	職人	石切左衛門五郎江戸へ被送遣ニ被下	○	山角刑部左衛門	一四〇五
10	（元亀2）	未12月1日	小田原	東金	3	寺僧	東金本漸寺へ被遣	○	海保入道	一五六一
11	（元亀3）	申10月6日	小田原	甲州	1	不明	不明	○	江雪斎	一六一七
12	（天正1）	癸酉12月	煤ヶ谷	小田原	3	物資	毎年相定す、かき炭五十俵、被召寄御用		江雲	一六八一
13	（天正5）	丑4月15日	小山	栗橋	5	不明			氏照朱印	一九〇三
14	（天正5）	丑6月1日	小田原	駿州	2	寺僧	高野へ使僧ニ被下	○		一九一七
15	（天正5）	丑8月6日	小田原	鉢形	2	職人	鉢形鋳物師帰ニ被下	○	宗甫	一九三三
16	（天正5）	丑12月14日		甲州	3	武士	小林刑部左衛門所用			一九六〇
17	（天正8）	辰閏3月22日	小田原	韮山	1	物資	明樽届御用可給	○	江雪	二一六二
18	（天正8）	辰9月13日	小田原	館林	1	武士	懸石見ニ被下	○	江雲	二一九二
19	（天正8）	辰9月26日	江戸	小田原	1	武士	小野ニ被下	○	幸田	二一九六
20	（天正10）	午2月22日	小田原	小浦	5	物資	御馬飼料諸道具届御用	○	江雲	二三一三
21	（天正10）	壬午5月9日	江戸	臼井	1	寺僧	出家ニ可渡		遠山直景朱印	二三三七
22	（天正11）	未6月12日	小田原	白井	6	武士	一井斎ニ被遣	○	垪和伯耆守	二五四九

23	（天正11）	未7月11日	小田原	浮橋	1	武士	宇苅被下	○	今阿彌	二五五五
24	（天正11）	癸未7月28日	小田原	沼津	1	武士	朝比奈弥太郎ニ被遣	○	山角紀伊守	二五五七
25	（天正11）	癸未8月4日	江戸		4	職人	彼国一大夫ニ可渡		遠山直景朱印	補遺
26	（天正11）	癸未8月28日	小田原	前沢	1	武士	小野ニ被下	○	幸田	二五六九
27	（天正11）	未12月2日	厚木	小田原	8	物資	御臨時炭自煤ヶ谷参分被召寄御用	○	幸田	二五九二
28	（天正12）	申3月23日	小田原	安城	3	武士	牧ニ被下	○	山角	三七六六
29	（天正12）	申6月晦日	岩付	沼津	3	寺僧	不動院ニ被下	○	垪和伯耆守	二六八四
30	（天正12）	申10月16日	小田原		2	物資	湯本へ御樽被進御用		笠原越前	二七二四
31	（天正13）	酉7月24日	小田原	熊谷	1	武士	矢島ニ被下	○	海保新左衛門	二八三八
32	（天正13）	酉閏8月6日	小田原	西土肥	2	職人	西浦へ帰番匠四人被下	○	安藤豊前	二八五〇
33	（天正13）	酉9月6日	半田	信州	1	飛脚	自信州之飛脚ニ被下	○	山角紀伊守	三七六九
34	（天正13）	酉12月25日	浅庭	小田原	3	不明	御手脇堤ニ被下	○	今阿彌	二九〇二
35	（天正13）	酉12月	すすかき	小田原	12	物資	毎年被召寄すゝかき炭五十俵被召寄御用		江雲	二九〇五
36	（天正14）	戌2月7日	大磯	小田原	10	物資	中筒被仰付大磯土届之御用	○	海保	二九一七
37	（天正14）	戌3月8日	惣社	小田原	1	職人	惣社之鋳物師被下	○	垪和伯耆	二九二八
38	（天正14）	戌3月20日	小田原	西上州	3	職人	上州之鋳物師ニ被下	○	垪和伯耆守	二九四一
39	（天正14）	戌9月25日	新田	小田原	3	物資	召物届用	○	海保	三〇〇三
40	（天正15）	丁亥3月29日	小田原	遠州	4	寺僧	高野山高室院之使僧両人被下	○	江雪	三〇七二
41	（天正15）	丁亥8月11日	小田原	佐倉	2	武士	栗飯原証人	○	山角紀伊守	四七五九
42	（天正15）	亥9月5日	鎌倉	小田原	1	職人	鎌倉之番匠ニ被下	○	安藤	三一七二
43	（天正15）	亥9月7日	小田原	府川	1	武士	松田使ニ被下	○	幸田	三一七三
44	（天正15）	丁亥9月27日	大磯	小田原		物資	鉄砲被仰付御用大磯土卅五駄…新宿鋳物師ニ可渡		宗悦	三一八二
45	（天正15）	丁亥11月10日	西之庄	小田原	5	不明	西之庄□届用	○	海保	三二一七
46	（天正15）	丁亥12月24日	小田原	上州	1	武士	宇津木ニ被下	○	垪和伯耆	三二三六

47	（天正16）	子1月12日	大磯	小田原		物資	鉄砲之玉被為鋳御用大磯土弐拾四駄…須藤ニ可渡		宗悦	三二六八
48	（天正16）	子1月18日	小田原	鉢形	3	武士	安房守殿		宗悦	三二七五
49	（天正16）	子6月15日	館林	小田原	2	商人	関山二郎左衛門ニ被下	○	江雲	三三三六
50	（天正16）	子9月25日	小田原	鉢形	1	武士	北爪ニ被下	○	垪和善七郎	補遺
51	（天正16）	戊子12月18日	小田原	鉢形	5	職人	鉢形へ被召寄舞々ニ被下	○	宗悦	三四〇二
52	（天正17）	丑3月15日	小泉	当麻	1	商人	関山被下	○	宗悦	三四三三
53	（天正17）	丑12月6日	小田原	新田	1	武士	宇津木ニ被下	○	垪和伯耆守	三五六〇
54	（天正17）	己丑12月26日	小田原	沼田	4	武士	中山ニ被下	○	江雪	三五八六
55	（天正17）	丑2月19日	熱海	小田原	2	職人	鎌倉之仏師ニ被下	○	宗甫	三七五六
56	（天正17）	丑12月16日	すすかや	小田原	8	物資	す丶かき炭届用	○		三七五九
57		巳11月19日	鎌倉	金	3	寺僧	徳阿被遣、可為公方伝馬			三七六五
58		戌7月15日	小田原	御陣	3	物資	御臨時之御酒届御用	○		三七七一
59		亥10月10日	小田原	金沢	3	寺僧	正泉院ニ被遣	○	江雪	三七七五
60		2月28日	小田原	川越	4	職人	川越之鍛冶ニ被下	○	宗甫	三七八二
61		6月	佐野	関宿	7	寺僧	総寧寺帰路ニ被遣	○	遠山修理亮	三八〇五
62		8月12日	小田原	小泉	1	武士	富岡亀蔵被下	○	菊阿彌	三八一二

下手に回す、などが考えられるが、もうひとつ該当宿郷だけでなく周辺の地域から足りない疋数を補うこと＝つまり近世の助郷制にあたる対応があるのではないだろうか。[注5]

そもそも伝馬制度は、交通手段である馬を交通労働者（伝馬業者）である口取りを伝馬役として編成することで成立する。これを束ねるのが、問屋と呼ばれる在地有力者である。そして宿を伝馬役負担の場として、そこに居住する住民の中で伝馬役を負担する者が、町人として大名に編成される事が指摘されている。[注6] 役編成の視点から伝馬役＝町人役として位置づけられるのである。伝馬役編成は、宿住人＝町人中に限定された交通労働負担にとして理解されてきた。伝馬役負担が宿（町）関係史料に多く見える事は確かであるが、実はそれ以外の事例も見られるのであり、伝馬役＝町人役と単純に割り切れることではない。

天正二年三月十八日付け虎印判状（戦北一六九五）で市郷（横浜市緑区市が尾）に対して、船橋用の竹五〇本を「其郷伝馬を以江城へ指越」と伝馬利用での運搬を命じている。天正八年六月一一日付け虎印判状では千津島百姓中に伝馬二疋を命じ、小田原から大神までの御用を命じている（戦北二一七八）。武蔵国品川郷が典型と指摘されるように、町人地と百姓地から構成されることは周知のことであり[注7]、市郷も「市」とあるように町場（宿）が存在する二元構造を推測させる。竹負担は、郷に対する公事と見られ郷請けによる負担が実現していることから、町人の存在を想定して伝馬が市郷町人の負担によるとは考えづらい。町人負担と言うより郷負担の伝馬が存在したことが推定される。

永禄九年八月二十三日付け相模国田名郷（相模原市）宛の配符によれば、米段銭の干米納入に際して「如去年郷中以レ馬、玉縄へ付越、於二彼地一奉行衆ニ可レ渡レ之」（戦北九六九）と郷中所有の馬による玉縄城への納入を命じている。伝馬とはないが、公事の輸送が郷にある馬で行われている点は重要である。つまり、物資輸送の点でいえば郷村には、伝馬用馬に郷中馬が転用できる可能性が示されている。伊豆国丹那郷の伝馬において、「公方御用」の伝馬の場合は「郷中前引ニ被レ下」と丹那郷年貢からの前引による負担軽減がおこなわれている（戦北九三八）。一里一銭の駄賃が前引きされる場合に、伝馬負担者＝町人の負担から引かれるのではなく、丹那郷全体での前引きされている。つまり伝馬負担は郷全体での役負担とみられる。町人役としての宿が負担する伝馬だけでなく、必ずしも町人が存在しない郷村でも伝馬役を負担する場合が存在すると言えるのである。

伝馬役負担の編成は、宿における町人役としての伝馬負担を中核としながらも、周辺の郷村の馬所有を前提とするいわゆる近世における助郷制とも呼ぶべき補完編成との二重構造で多くの伝馬役負担をおこない伝馬制度を支えていたとみられるのである。

3　交通対象（使用者）と伝馬利用

伝馬手形下線部②の伝馬利用者と使用目的については、交通対象として様々な輸送に利用されている。大きくは人と物資に分けられ、人は更に次のように分けられる。

①人　武士20件
　　職人14件（仏師2、鍛冶2　石切3　鋳物師3　番匠2　舞々1）
　　寺僧9件
　　商人2件
　　飛脚1件
②物資12件（炭俵12、大磯土3、酒樽3、その他2）

武士では、沼田孫次郎（北条康元）〈2〉、安房守殿（北条氏邦）〈48〉、佐竹宗誉（篤親、常陸佐竹氏一族）〈4〉、一井斎（白井長尾憲景）〈22〉、朝比奈弥太郎（徳川家臣）〈24〉、大須賀式部〈1〉、小林刑部左衛門（甲斐小山田家臣）〈16〉、懸石見（足利長尾氏家臣）〈18〉、小野（北条家臣江戸衆）〈19・26〉、宇苅〈23〉、矢島（上野国の土豪）〈31〉、粟飯原（佐倉千葉氏家臣）〈41〉、松田使（北条家臣小田原衆）〈43〉、宇津木（上野国国衆）〈46・53〉、北爪（館林長尾氏家臣）〈50〉、中山（上野国国衆）〈54〉、富岡亀蔵（上野国国衆）〈62〉などが使用している。その使用目的は、伝馬手形からはまったく不明であるが、そのほとんどが小田原を出発地として国元や知行地へいたるものであることである。例えば、〈1〉は「大須賀式部丞所用」とある。大須賀氏は下総千葉一族の国衆であり、到着地は下総となっていことから帰国のための利用とみられる。〈2〉では沼田城主北条孫次郎康元（玉縄城主綱成次男）の倉内（沼田）までの利用で、居城までの帰国であった。

様々な職人を小田原での職種に応じた作業のために、小田原まで召し寄せるときに、そして帰国のときに伝馬利用が認められている。「仏師召寄ニ付而被レ下」〈3〉と鎌倉仏師を「被二召寄一」とあるように、鎌倉から小田原までの移動に際して利用が認められた。〈5〉では鍛冶番匠に金沢（横浜市金沢区）から浦賀（横須賀市）までの伝馬利用を認めているが、これには関連文書があり、伝馬手形翌日に発給された永禄一〇年七月一九日付け虎印判状（戦北一〇二九）では、「かち番匠御急用之間、おしたて於二浦賀一大草左近大夫ニ可二相渡一候、伝馬之印判遣候」と浦賀水軍の愛洲兵部少輔に鍛冶番匠の押立を命じ、「伝馬之印判」＝伝馬手形を遣わしたことを伝えている。この時、発給されたのが前日付の伝馬手形〈5〉のことである。一方、〈15〉では「鉢形鋳物師帰ニ被レ下」と鉢形城下の鋳物師に対して小田原から在所の鉢形までの帰路のため利用が認められている。

物資輸送に伝馬が使用された事例として、一二例がある。このうち四通〈12・27・35・56〉は、煤ヶ谷から小田原間で炭俵を運送する事例である。煤ヶ谷村は、現在清川町の山間部の集落で江戸期においても白炭の産地と知られている（『新編相模国風土記稿』）。「毎年相定すゝかき炭五十俵、被二召寄一御用」と毎年五〇俵の炭負担が定められ、北条氏が使用する炭という、年定めの公事負担に伝馬の恒常的な利用として小田原まで運ばれた事がわかる。一方、〈27〉では、「御臨時炭自二煤ヶ谷一参分被二召寄一御用」と臨時の場合の炭運送にも行われていた。

大磯から小田原までの「大磯土」運送の事例が三通ある〈36・44・47〉。これらは小田原城下の新宿鋳物師のもとでの「中筒」「鉄砲」の玉鋳造の型に使用する土を輸送するためのものであり、天正年間での鋳造は秀吉との戦いに備えたものであろう。いずれにしても北条氏の御用としての物資輸送である。

樽運送に関わるものが三通ある〈17・30・58〉。〈17〉では小田原から韮山へとあることから、江川酒の樽に関わるものであろう。また、「明樽」とあることから中身の酒は飲み尽くした空樽を酒造地の伊豆国江川へ返送するためのものと見られる。〈30〉の箱根湯本までの樽の御用は、何のための酒か不明である。宛所は小田原伝馬中とあるのみなのは、小田原から湯本までの距離は短く、中間には伝馬次の宿がなく、直接小田原伝馬中で輸送したからであろう。〈58〉では、「臨時之御酒」を小田原から御陣に届けることになっている。年未詳で御陣が具体的にどこなのかは不明であるが、陣中での酒を振る舞うための御用であろうか。

〈20〉では「御馬飼料諸道具届御用」とあり、何のためのものか不明であるが、所蔵者が最勝寺であることから小浦での仏事に関わるものであろうか。〈39〉では単に「召物届用」とあるのみで具体性に欠けるが、上野国新田から小田原までの北条氏が要請した物品の輸送であることはかわる。

人にしても物資にしても伝馬利用の主体性は北条氏にあり、手形使用の伝馬は北条氏の効用のためのものであった。武士・職人・寺僧が私的使用のために北条氏に伝馬利用を申請して認められたというより、北条氏の御用としての諸活動や物資輸送のために伝馬動員であったと言える。利用者側に視点から見れば、そのほとんどの伝馬利用者とは伝馬役編成者である北条氏のみの使用に限定されたものであったように見えるのである。この点から伝馬使用の交通状況は、戦国期の交通一般を理解しうるものではなく、いわば北条氏の交通システムであり、一般的な伝馬利用を想定したシステムとは評価できないのではないだろうか。

3　交通手段（通路）と伝馬

次は手形に表記される通路（伝馬経路）から特徴を確認しよう。ほとんどの伝馬手形には伝馬利用の出発地と終着地の記載があり、中には中間の伝馬次ぎの宿地が見られるものもある。これらの伝馬経路が、大名領国内での通路の中でどのような位置づけされるのかは不明確である。齋藤慎一氏[注8]は、北条氏の幹線路と領国拡大の関係について論じているが、軍用路としての幹線整備その変遷からの視点であり、領国全体での交通網を復元できているわけではない。軍事的視点は、伝馬掟の軍用伝馬の増発命令から見ても重要であるが、勿論、伝馬及び交通体系の問題は、軍事に限定されるものではないからである。

伝馬手形の発着地名における一番特徴的なのは、出発地又は終着地が「小田原」とする事例が、六二例中五二で八四%を占めることである。前述のように伝馬制度が北条氏の私的システムと言えるような状況である。伝馬制度は小田原を中心とする放射状の通路の構築を示していよう。それ以外の事例のなかで〈13・21・25〉の三通は「常調」印での手形でなく、栗橋城主北条氏照印判状での手形であり、〈21・25〉は江戸城主遠山直景印判状による手形である。〈13〉での伝馬通路は小山~栗橋であり、〈21〉江戸~浅草~葛西新宿~下総臼井までで、〈25〉江戸~浅草となっている。これは基本的にそれぞれの支城領内での通路となっているのである。

手形には発着地だけでなく中継地の記載がある場合がある。次の六通である。

小田原~館林~常陸〈4〉
小田原~関東透宿中~甲府〈6〉
小田原~竹下通~甲州〈11〉
江戸~浅草~葛西新宿~臼井〈21〉
小田原~土肥~熱海~浮橋〈23〉
小田原~土肥~熱海~軽井沢~小浦〈20〉

〈4〉常陸佐竹一族（義重）の佐竹宗誉（篤親）が、小田原から常陸へ帰国する際の伝馬利用である。常陸に至るのに現在の水戸街道（鎌倉下道）ではなく、いったん上州の館林（群馬県館林市）に入り旧東山道ルートから常陸に入ったと見られることは、鎌倉街道の上道ルートがこの時期にいたっても重要性を残している事を示していようか。

〈6〉では甲府までのルートは、関東透宿中とあるのみで具体性は欠けるが、〈11〉によれば箱根を越えて竹下（静岡県小山町）、御坂峠越えで甲州に入るルートが一般的であったと見られる。

〈21〉によれば江戸から下総臼井（千葉県臼井市）へのルートは、鎌倉下道の浅草（台東区）、葛西城下の葛西新宿（葛飾区）で中川の渡河点を渡り、市川から臼井に向かったと見られる。葛西新宿以降の宿次が明記されないのは、伝馬手形発行主である江戸城主遠山氏の支配領域を越えるからであろう。

〈20・23〉での小田原から伊豆への陸上ルートは、小田原→土肥（湯河原町）→熱海（熱海市）→軽井沢（函南町）と熱海峠越えルートが伝馬利用となっていたことがわかる。

北条氏の伝馬体系が小田原を中心とするのもである限り、そこに現れるルートは小田原を中心とする求心的ルートしか見えない。一方、一部支城を中心とする支城領内のルートの存在も見える。伝馬ルート体系は、小田原中心と支城領中心の二重構造で形成されていたことが推定される。

4　領国を越える伝馬

伝馬手形には終着地として、甲州〈11・16〉・常陸〈4〉・駿州〈14〉・信州〈33〉・遠州〈40〉など国名で記載されている事例が見られる。これはその到着地の曖昧さとともに北条領国を越えた他大名領国が記載されるものである。また、甲府〈6〉沼津〈24・29〉安城〈28〉と地名がわかる場合でも、明らかに北条領国外の地点である。これらの地名の意味は、伝馬手形受給者の目的地であり、必ずしも伝馬利用可能最終地を示すものではない。通常、伝馬利用可能地は北条領国内であって領国外におよぶのではないからである。領国外での交通体系はどのようなものであったのか。領国を越えて継がれ利用される伝馬制については、すでに領国間協定の視点から指摘したことがあり、[注9]詳細はそちらに譲りここでは領国間伝馬制について確認を行おう。

【史料2】北条家伝馬手形写（相州文書所収海蔵寺文書　戦北一〇八六）

伝馬五疋、無二相違一可レ出レ之、海蔵寺被レ遣、相州御分国中者、可レ除二一里一銭一者也、仍如レ件、

辰
七月九日（「常調」朱印）　岩本奉

自二小田原一甲府迄

関東透宿中

【史料3】武田家伝馬手形写（相州文書所収海蔵寺文書『戦国遺文』武田氏編所収一二九六号文書、以下戦武と略記）

伝馬（「伝馬」朱印）七疋無二異儀一可レ出レ之、海蔵寺江被レ進レ之者也、仍如レ件、

戊辰（永禄十一年）

七月十三日

信州木曽通宿中

これは周知の史料で、同一受給者に北条氏と武田氏との両大名から伝馬手形が発給され、領国を継いでの伝馬使用が行われた事例である。北条氏伝馬手形では、伝馬使用の起点と終点を「自小田原甲府迄関東透宿中」と小田原から甲府までとしている。武田家伝馬手形では、「信州木曽通宿中」と使用ルートが示される。これには起点と終点が示されないが、手形と共に発給された口付銭を示した武田家印判状（戦武一二九八）には、府中から福島までの伝馬駄賃が記載されている。これにより武田氏の承認した伝馬継ぎの起点が府中＝甲府であったことが明らかにされる。北条氏伝馬手形での海蔵寺に認められた区間は本文では、「相州御分国中」とあり、問題点

は相模国を越えて武田領国の甲斐国郡内領から甲府までをどのように考えるかであった。前稿では、「除一里一銭」という無賃伝馬使用が北条領国の「相州御分国」で認められたもので、武田領内の郡内では、有賃ながら伝馬使用が甲府までの認められ、北条氏の伝馬手形の有効性は領国外に及んでいたと理解した。

このような領国外での伝馬利用が認められたことは天正四年に武田氏が北条領国との境界領域である駿東郡に発給した掟書で示されることも既に指摘した。棠沢郷（御殿場市）・竹下郷（小山町）・沼津郷（沼津市）に対して、「自二小田原一之伝馬、無二異儀一可レ出レ之事」と命じている（戦武二五八二〜二五八四）。ここでの「小田原之伝馬」とは小田原北条氏からの申請または許可による伝馬の仕立のことであり、武田領国の駿東郡域で北条氏の発給した伝馬手形を持つ伝馬使用者がいた場合に、各郷での伝馬使用を規定したのである。永禄一一年での領国外伝馬継ぎを認める伝馬手形の存在は、この時点でも天正四年の武田氏伝馬掟書と同様な両大名間での領国間伝馬協定の存在を裏付けることになる。

三　浦伝制と水上交通体系

戦国期の交通体系の研究は陸上の伝馬制度の解明として進められてきたが、これに比して史料の残存の問題もあり、水上交通への研究はあまり行われていない。[注10] ここで北条領国における水上交通について、伝馬交通体系との比較の上でも領国内、領国間、遠隔地に分けて見てみたい。

1　領国内水上交通（浦伝制）

北条領国では陸上の伝馬制と同様に水上の浦伝制が存在している。

【史料4】北条家印判状（古文書纂　戦北三一三二）

①船壱艘舟方乗組、浦伝ニ出レ之、②近藤孫六荷物此一廻、下田より小田原迄可二漕届一旨、被二仰出一者也、仍如レ件、

亥
七月廿四日（虎朱印）④　奉之
　　　　　　　　　　　　宗甫
③下田より小田原迄
浦伝舟持中

【史料5】北条家印判状写（新井氏所蔵文書、戦北三六四七）

浦伝ニ①船壱艘出レ之、②清水衆八木、下田迄此一廻可二漕届一者也、仍如レ件、

庚寅
二月十二日（虎朱印）④　奉之
　　　　　　　　　　　　宗悦
③自二小田原一浦伝
下田迄船持中

これが伝馬手形に対して水上の浦伝手形とも言うべき、浦伝制を示す史料である。①船負担数、②浦伝船利用者又は目的、③浦伝の利用経路、が記載され、④虎朱印が押されている。記載項目としては伝馬手形とよく共通する。【史料4】では近藤孫六の荷物を船一艘に船方を乗り込ませ下田から小田原まで浦伝に届けることを認めている。【史料5】では清水衆の一人である八木氏を小田原から下田まで届けることを認めている。ルートにあたる各浦の船持中に、この印判状を提示することで船の継ぎ立てが保証されたのである。

ただ、印章は北条家印である虎印が押印されており、伝馬手形専用の印文「常調」印にあたる専用印判はな

かったとみられる。また、浦伝使用料については記載されないことから明らかにすることはできないが、無賃であるとは考えられないので、伝馬手形同様に「除二一里一銭一」のような記載がない場合は、有賃であったと推定される。これは次の【史料6】で、船持中を徴発しての荷物運送においては「舟方公用」の請け取りが記載されることからも賃料＝公用の存在が知られるからである。

【史料6】北条家印判状（清田文書　戦北一四三〇）

麦百卅俵、自二須賀一熱海迄可二相届一船、々方乗組富士代・依田代ニ可レ渡レ之、舟方公用、従二宰領前一、速可二請取一之者也、仍如レ件、

午
七月廿日（虎朱印）　　奉レ之　石巻彦六郎

須賀郷代官
船持中

須賀郷（平塚市）の船持中に、麦一三〇俵の須賀から相模湾を横断して伊豆国熱海（熱海市）までの輸送を命じている。「船方公用」は宰領からの請取を指定しているので、船方輸送は無賃ではなく有賃であることがわかる。

2　領国間水上交通

【史料7】北条家印判状写（織本氏所蔵文書　戦北二九四〇）

四板船四艘之一廻、此房州江之使者、富津・中嶋之間ニ相渡シ、則可レ帰者也、

「北条氏直公御朱印」（松田尾張守憲秀）

戌三月十七日　　　松田尾

伊東新左衛門江

伊東新左衛門に対して四板船四艘を仕立て房州（里見氏）への使者を、東京湾を横断して富津（富津市）と中嶋（木更津市）の間に渡した後に帰国することを命じている。伊東は武蔵国金沢の廻船商人で東京湾を挟んでの通行に関わっていたものとみられる。北条氏は廻船商人を自らの交通体系に組み込んでいた。

【史料8】北条家印判状（植松文書　戦北一六五六）

法度　口野五ケ村

一当浦出船之時、便船之人堅令㆓停止㆒候、無㆓相違㆒者ハ、以㆓虎印判㆒可被㆓仰出㆒間、能々相改可㆑乗之事

一他国船於㆓着岸㆒者、不㆑撰㆓大小㆒、何船成共、人数・荷物等相改押置、即刻可㆑及㆓注進㆒、無㆓其儀㆒従㆑脇至㆑于㆓聞届㆒者、代官・名主可㆑処㆓罪科㆒事

一万乙号商売、敵地へ罷越者有㆑之者、則可㆑有㆓披露㆒、兼而可㆑被㆑制事

以上

右条々、厳密ニ可㆑被㆓申付㆒、若妄被㆓申付㆒候者、領主之可㆑処㆓越度㆒、仍後日状如㆑件、

癸酉七月十六日（虎朱印）　幸田大蔵丞奉之

四郎殿

北条氏が西伊豆地域の海村に一斉に発給した法度で、口野五か村（沼津市）以外に江梨五か村（沼津市、戦北一六五八）、田子（西伊豆町、戦北一六五七）宛のものが残されている。①浦出船の便船禁止、②着岸した他国船へ

の臨検実施、③敵地への商売船の禁止を内容とする。これは伊豆から駿河湾を挟んだ武田領国を意識して、水上交通の規制に関わる史料であるが、ここから領国間の交通状況の一端を理解できよう。①の規制対象は便船行為であり出船そのものでなくしかも、虎印判状での許可を認めているのであり、便船すべての禁止でもないのである。日常での他国への便船による交通があったことが示されている。②では厳密な臨検の実施を命じているのであり、他国船の扱いとして着岸そのものを禁止するものではない。③でも敵地への商売を禁止するものであり、通行の全面禁止でもないのである。平時における駿河湾沿岸の頻繁な交通状況を示していて、法度は戦争状態での中での規制状況であった。

しかし、規制の法度が出された翌年になると状況は変化する。武田領国からの船舶は特別な扱いをされることになる。西伊豆の海村に北条氏は次のような「船手判」規定を発給する。

【史料9】北条家印判状（植松文書　静四―七八五）

（「船」朱印ヲ捺セシ紙ヲ貼付ス）
自二甲州一到来之船手判也、
右、手判駿州船之手験、従二甲州一令二到来一者也、然而彼印判於二持来船一者、不レ可レ有二異儀一、若紛者不審様子有レ之者、船を相押可レ有二注進一、猶以自今以後、於二駿州浦之船一者、右手判可二持来一者也、仍如レ件、

（天正二年）
甲戌
七月十日（虎朱印）
四郎殿
（駿河國）
口野五ヶ村

これは北条領国での船改めの際に、武田氏から送付された船通行手形に捺印されるべき印判の見本を示したものである。武田氏は印文「船」朱印を捺印した船手形を発行した「駿州船」の西伊豆の浦への来航を承認することが命じられている。【史料9】では、他国船は全て船改めの対象とされているが、この印判を持つ船舶は「不可有異儀」として船改めが省略され特別扱いされたことを示している。この前提には武田・北条領国の境界領域としての駿河湾の船舶通行を認めた両大名の協定があったとみられる。

3　遠隔地廻船と便船制

さらに遠隔地への交通はどのようなものなのであろうか。

【史料10】北条家印判状（大川文書　戦北二一九九）

遠州江之船一艘、此一廻能船方乗組、早々可㆓出船㆒候、鈴木伊賀守如㆑申候、可㆓走廻㆒者也、仍如㆑件、

（天正八年か）
辰　十一月（虎朱印）十四日　秩父左近
奉之
長浜代官
舟持中

遠州へ向かう船に乗り込む船方を伊豆長浜船持中に命じたもので、西浦江梨の土豪である鈴木伊賀守のもとで働かされた。廻船とあることから西伊豆と遠州とをむすぶ日常的な航路があった可能性がたかい。目的は不明ながら当時、遠江は徳川領国であり、武田領国の駿河を越えた遠隔地への出船であった。

【史料11】北条家印判状（白土文書、戦北一八八一）

自ニ岩城一之仁上下卅人、荷物五駄、無ニ相違一可レ乗之者也、仍如レ件、

（天文十年）
辛丑
六月六日（虎朱印）

諸廻船中

朝比奈右衛門尉殿

陸奥岩城からの人三〇人と荷物五駄を廻船に乗船させることを命じた虎印判状である。岩城からの人の目的やこの廻船の向かう地域がどこなのかは不明であり、他国人を領内を本拠とする廻船の利用で通行させることがおこなわれていたことがわかる。いずれにしても遠隔地への通行は廻船を利用し、岩城の人と物資が廻船に便乗する事で成り立っていた事は、次の事例からもわかるのである。

【史料12】北条家印判状写（武蔵名勝図会　戦北四七五八）

真福寺上下弐人上洛候、何之廻船ニ成共相談、便船不レ可レ有ニ相違一者也、仍如レ件、

亥（天正十五年か）
七月十九日　奉之
江雪

廻船中

多摩真福寺の寺僧が上洛する際に廻船と相談して、「便船」することを命じている。

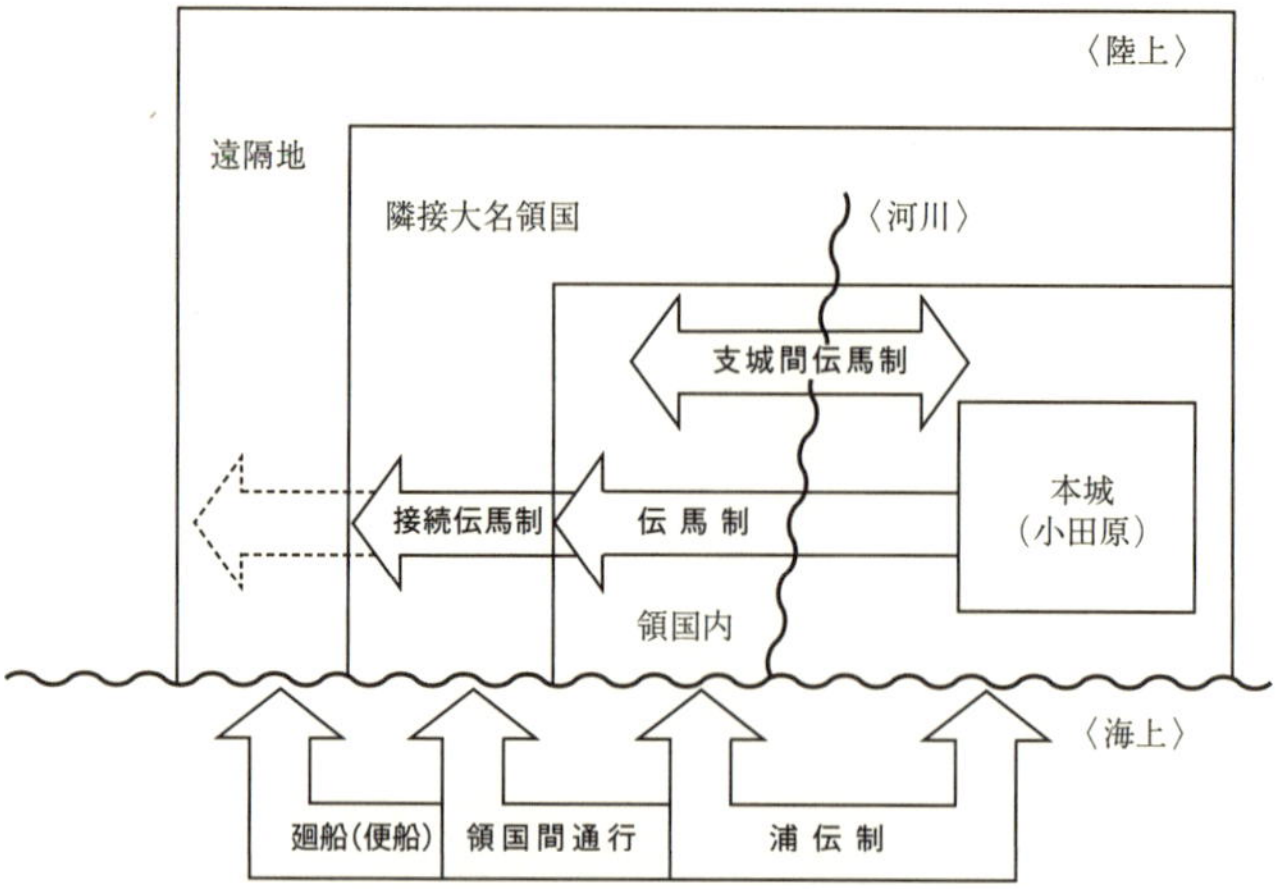

【北条領国交通体系の模式図】

おわりに

北条領国を中心とする陸上・水上交通体系についてみてきたが、次のような点が指摘できたと思われる。

①伝馬負担数は最大で十数匹の事例が見られ、宿ではこの負担を賄うことが期待されたが、これで不足する場合は、周辺郷村からの伝馬負担で補われる助郷制が採用された。

②伝馬利用者は、武士・職人・寺僧・飛脚などに及び、また物資輸送になどにも使用されたが、それは北条氏との関係で伝馬手形が下され仕立てられるものであった。

③伝馬通路は小田原を中心とする交通路と支城領域内の交通路の二元的に編成されていた。

④領国間協定の締結によって、領国を越えて利用者に接続的に仕立てられることが認められた領国を越える伝馬が存在した。

⑤一方、水上交通は陸上の伝馬制度に対応する領国内沿岸の浦伝制が整備され、湾を挟んだ領国間通行では、商人や沿岸住民の船を利用した通行が、領国間協定を通じて統制・推進が行われ、さらに遠隔地へは領国内外に拠点をもつ廻船を「便船」として利

用することで交通体系が整備された。

北条氏による交通体系の整備の前提には、どのような交通状況があったのか。おそらく交通量の増加と水陸における交通専業従事者の発展があったと推定されるものの、具体像の解明は史料残存状況もあり、なかなか明らかにすることは難しい。この中で陸上交通状況の一端を示す史料として、荏柄社造営関定書に注目しよう。この史料は、鎌倉の荏柄天神の社殿造営のため、二階堂大路に設けられた関所で徴収する関銭額を定めたものである。

【史料13】荏柄社造営関定書案（荏柄天神社文書、『神奈川県史』資料編3古代中世（3下）六八六五号文書）

鎌倉荏柄御造営関仁置法

商人方

一、麻・紙・布類荷物　十文

一、あい物馬　五文

一、せおひ荷　三文

道者方

一、荷付馬・牽馬・乗馬　十文

一、手振人別　十文

一、従他国上江参馬・飛脚等見合、可取関、

一、往来僧俗、不可取関、

一、里通之者、不レ可レ取レ関、

以上

右為二御造営一令二寄進一畢、若於二役所一有二横合之儀一者、註二交名一〇可レ令二注進一者也、仍如レ件、

天文十七申年十二月廿七日

関銭徴収のための定書であるが、注目すべきは関所を通過する者をどのように想定しているかである。その想定こそ、実際の通行状況を反映しているとみられるのである。①商人、②道者、③その他に分けられ、主に①・②からの関銭徴収を定めている。商人はその商品と運送方法別に関銭額が相違している。麻・紙・布類は十文の関銭で、のちの「せおい荷」からの対比で見れば、記載はないものの馬での運搬であろう。あい物（＝魚の干物）を運ぶ馬は五文とある。せおい荷は馬ではなく商人が背負って運んだものである。②道者は、先達に率いられて社寺参詣を行う人々のことである。ここでも荷物を運ぶ、自ら乗るための馬を利用するか、しないかで分類され、手振とは馬使用をしない道者のことであろう。その他では他国から上（＝小田原ことか）へ参る馬や飛脚は、状況を見た上で関銭額を決定したとみられ、具体的な関銭額を記載しない。「往来僧俗」とは商人や道者以外の一般の通行者や「里通之者」（＝関所のある二階堂付近の住人、または二階堂「里」に用事があって通過する者であろう）は関銭が徴収されていない。いずれにしても様々な人々が二階堂大路を通過していたことを示していて、街道通行者の具体像がわかる。

注

1 柴田悦子・土居靖範・森田優己編『新版交通論を学ぶ』法律文化社（二〇〇〇年）など。

2 戦国期の伝馬制度については、新城常三『戦国時代の交通』畝傍書房（一九四三年）児玉幸多『近世宿駅制度の研究』吉川弘文館（一九五七年）など古典的な研究があり、北条氏については、渡辺世祐「後北条氏伝馬の制附道路の修築」（『日本交通史

論』、一九二五年）、相田二郎「戦国時代における東国地方の宿・問屋・伝馬」（『歴史地理』五一―五・六、一九二八年）、中丸和伯「戦国時代における南関東の交通」（『新地理』七―三・四号、一九五九年）、下山治久「後北条氏の伝馬制度」（『年報後北条氏研究』創刊号、一九七二年）、池上裕子「後北条領国における身分編成と役の体系」（『日本史研究』二六二、一九八四年）、同「伝馬役と新宿」（『戦国史研究』八、一九八四年）、野澤隆一「後北条氏の伝馬制度に関する一試論」（『國史学』一二七、一九八五年）、伊藤一美「伝馬御印と常御印判」（『戦国史研究』一〇、一九八五年）があり、今川氏については、有光友学「今川領国における伝馬制」（『歴史公論』一一五、一九八五年）、小和田哲男「戦国期駿遠の交通と今川権力」（細川淳志郎先生退官記念論集『地域をめぐる自然と人間の接点』一九八五年）、同「戦国期東海道周辺の宿と伝馬役」（『東海道交通史の研究』一九九六年）、大石泰史「今川領国の宿と流通」（『馬の博物館研究紀要』一八、二〇一二年）、野澤隆一「今川氏の伝馬制度に関する一試論」（『國史学』二一二、二〇一四年）があり、武田氏については、柴辻俊六「甲斐武田氏の伝馬制度」（『信濃』二六―一、一九七四年）、同「戦国期武田氏の交通政策と商品流通」（地方史研究協議会編『甲府盆地』雄山閣、一九八四年）、同「武田氏の伝馬制度補考」（『甲斐路』五六、一九八六年）、同「戦国期東国戦国大名領の伝馬制度」（『交通史研究』三五、一九九五年）、同「戦国期武田領の助馬制と印判衆」（『信濃』四八―五、一九九六年）がある。

北条氏の伝馬制度研究の到達点は、野澤隆一氏の見解であり、論点整理を行うと次のようになろう。

①伝馬の駄賃は、伝馬手形の「可除一里一銭」記載の有無によって有賃・無賃が振り分けられていた。公方伝馬は、北条氏の伝馬で無賃伝馬と同意ではない。

②宿が負担する伝馬疋数は宿の貫高に応じて決められ、一日三疋は負担最低量を示す。宿にはかなり多くの輸送業者が存在し、公的輸送能力は民間輸送能力のごく一部にすぎない。

③伝馬役負担体系の成立は大名権力による一方的な強制ではなく、その背景には新興業者の台頭による既得特権保持業者への圧迫があり、更に特権付与を願う業者の意図が存在している。

野澤氏の見解の中で、負担疋数の基準が貫高とする見解については、池上氏の理解を継承するかたちで主張されているが、実はこれを示す明確な史料はない。また、大名による伝馬制度（政策）の前提となる民間輸送業の実態や輸送手段としての馬の供給、それらと郷村との関係といった点の解明については課題であろう。

3　注2下山論文。

4　齋藤慎一「戦争と交通環境――北条領国の幹線道整備――」（高橋典幸『生活と文化の歴史学5　戦争と平和』竹林舎、二〇一四年）。北条氏を事例に領国域の拡大と関係づけて幹線道路の整備の展開を段階的に論じている。

5 助郷制については、注2児玉幸多著作をはじめとして近世史研究で蓄積があるが、戦国期の武田氏の事例として、柴辻氏による助馬制の指摘がある（注2柴辻論文）。

6 注2池上論文。伝馬役＝町人役という点については、丸山雍成氏が「宿駅といっても宿方より郷方の伝馬衆の占める数的位相が、地域的偏差を考慮にいれたとしても相当に高いといってよい。このことは戦国大名領における伝馬役が『宿』町の屋敷地を基準に賦課した交通労役とする点には抵触しないまでも、それが、『町役的特質をもって成立した』とまでは必ずしも断定できない側面をもつ」としている（「武士の伝馬役負担」『交通史研究』三二、一九九四年のち『封建制下の社会と交通』吉川弘文館、二〇〇一年所収）。

7 注2池上論文。

8 注4齋藤論文。

9 則竹「戦国期の領国間通行と大名権力」（『相剋の中世』東京堂出版、二〇〇〇年のち『戦国大名領国の権力構造』吉川弘文館、二〇〇五年所収）。

10 佐脇栄智「後北条氏の船方役と船役と網度役と」（後北条氏研究会編『関東戦国史の研究』名著出版、一九七六年）。綿貫友子「戦国期東国の太平洋海運」（『中世東国の太平洋海運』東京大学出版会、一九九八年）

中世越前交通史論

大河内　勇介

はじめに

編集委員から依頼があったテーマは「北陸の交通と流通」であり、その目的は列島各地域の交通・流通の基本構造を確認し、地域間の共通性・差違性を明らかにするという壮大なものである。本稿では、その意図を踏まえつつも、北陸全体を扱うことは容易ではないため、筆者が研究対象とする中世越前に焦点を絞って論じ、それを通じて北陸の交通・流通の特質の一端を浮かび上がらせるという手法を採る。

そこでまずは北陸の交通の前提から確認しておこう。北陸は古くは高志（越）と呼ばれていたが、七世紀後半以降、律令国家が令制国の設置にともなってこれを細分化・再編し、北陸道諸国として若狭・越前・加賀・能登・越中・越後・佐渡を配置した。また、律令国家は畿内と地方国府を結ぶ陸上交通路の設置に力を注ぎ、畿内から北へ伸びて如上の諸国を通る官道の北陸道を整備したのである。

ただ、こうした北陸の交通を論じる際に注意しなければならないのは、北陸道諸国は実際には海上交通と関係が深い点である。かつて浅香年木氏が注意を促したように[注1]、北陸道諸国の国府が津済（つわたり）に接していたり、あるいは、河川や陸路を通じて河口や浦に外港的機能を求めていたりしており、また、重量の物資を中央へ輸送する場合は陸路の馬よりも海路の船のほうが安価で運送できるため、現実には「北陸道」というよりも「北ノ海ツ道」と呼ぶべきほど、日本海海運が早くから発展していた点である。

このような歴史的経緯ゆえ、日本海海運に関する研究の発展は著しい。とくに本稿が対象とする中世についていえば、戦前に徳田釼一氏が水運全般を概観し[注2]、戦後の六〇年代には新城常三氏が荘園制の求心的物流構造に即した研究を行った[注3]。また、同時期には、地方での研究であり見落とされがちであるが、福井県立図書館・福井県郷土誌懇談会が『日本海海運史の研究』を編集し、越前・若狭を中心とした研究を進めた[注4]。その後七〇年代末の戸田芳実氏の研究を皮切りにして[注5]、八〇〜九〇年代になると、網野善彦氏の社会史的研究や永原慶二氏の経済史的研究が出ており[注6]、また、矢田俊文氏や井上寛司氏が北東日本海・西日本海という各地域の研究を進めた[注7]。その後は、それらの成果を踏まえつつ、考古学と連携した港町に関する研究の進展も受け、村井章介氏・市村高男氏・高橋一樹氏・仁木宏氏が日本海海運やそれに関わる港町の研究を一層推し進めている状況となっている[注8]。

以上の研究を踏まえて中世日本海海運の特質を概観するならば、冬は波が高いという厳しい制約をともないながらも、太平洋海運よりも早期に発展していたこと、また、荘園制にもとづく京都への人・物の流れが存在する一方で、越前敦賀ないし若狭小浜を折り返し地点とする北東日本海海運と西日本海海運の二つの航海圏が存在したこと、さらには、たとえば北東日本海海運の内でも、能登半島の境界とした「若越内海」と「能越内海」というブロックがあり、各ブロックをつなぐ、あるいは、各ブロック内での、潟などの内水面交通も併用したローカルルートが存在したことなどが明らかになっている。

如上の中世日本海海運の特質を押さえつつ、次なる課題を模索すると、第一に思い浮かぶのは、確かに日本海海運それ自体は重要で、その研究が盛行しているのも頷けるが、一方で日本海海運と併存した河川や陸路などの内陸交通に関しては比較的注目が集まっておらず、それらを一体的に捉えて論じる研究が少ないことである。とはいえ、北陸の内陸交通に関する研究が全くないわけではなく、早くに相田二郎氏が中世の関所を総括するなかで論及し[注9]、新城常三氏も地道に研究を進めていた[注10]。その後は先述した戸田芳実氏の研究などもあるが[注11]、内陸交通を考える上で重要なのは九〇〜二〇〇〇年代に行われた文化庁による歴史の道整備活用事業の調査で、たとえば福井県でも『歴史の道調査報告書』が公にされている[注12]。また、同時期に全国の街道の歴史を集成した『街道の日本史』が刊行されたことも重要であろう[注13]。さらには、考古学でも調査の蓄積が進んできた[注14]。これらの調査では、主要ルートだけでなくローカルルートも含めてできるだけ具体的に復元し、その歴史に関わる事項がまとめられている。こうした成果を受け止めながら、日本海海運と内陸交通を一体的に描くことが大きな課題となってこよう。

そして、第二の課題として、日本海海運と内陸交通の両様を踏まえながら、主要ルート・直行ルートだけでなくローカルルートを一層探っていくことである。さらには次の段階として、季節・災害などの自然条件や運搬量・経費などの経済条件を押さえて、どういう場合にいかなるルートが選択されたかという点なども明らかにしていく必要があろう。

さて、中世北陸の交通を論じる際の課題を以上のように認識しつつも、本稿では、ローカルルートを探るためには地域を絞ることも有効と考え、筆者の研究対象である越前地域に限定して検討したい。

越前は地理的には政治・経済・文化の先進地域である畿内・近江から北方へ展開する起点で、畿内方面と北陸との結節点という重要な位置にあった。越の道の口とも呼ばれたが、それは「北陸道」だけでなく「北海道」にも当てはまる。『延喜式』主税上「諸国運漕雑物功賃」では、船で運ばれる北陸道諸国（若狭を除く）の官物は越前敦賀津に陸揚げされて、そこから陸路で近江へ運送された[注15]。その意味では、越前は越の海陸の道の口といえるわけで、北陸の交通を考える際には重要な地域である。ただ、全国レベルでみると、日本海海運との関連で敦賀や三国という港については注目されているが、それ以外の水上・陸上の交通については依然注目されていない点も多いように思われる。そこで、先行研究や史料を博捜した上で、[注16]越前全体の交通を総合的に論じることとしたい。

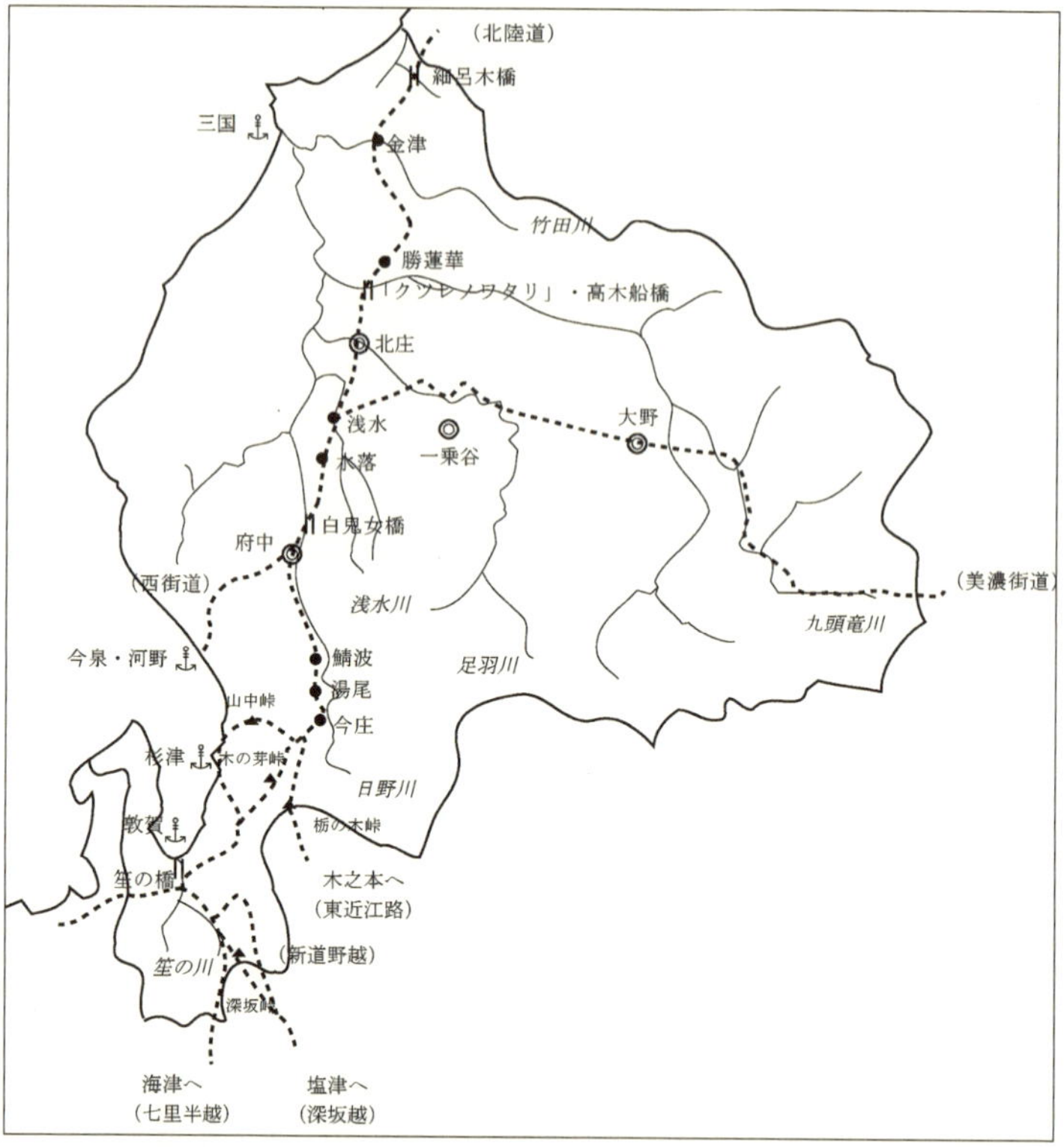

地図　中世越前の主要経路・地名・河川

本稿では、以上の問題意識のもと、中世越前を対象にして、第一章では水上交通の基本構造、第二章では陸上交通の基本構造を検討し、ローカルルートも探りつつ、ルートの選択性について考える。その上で、第三章では、陸上・水上交通と権力の関係についても検討し、多角的な観点から交通を考察する。最終的には、それらの作業を通じて、北陸の交通の特質の一端に迫りたいと思う。なお、地図（中世越前の主要経路・地名・河川）を作成したので、適宜参照されたい。

一　水上交通の基本構造

1　古代から中世への展開

先述したように、『延喜式』主税上「諸国運漕雑物功賃」では、一〇世紀前半、北陸道諸国（若狭を除く）の官物は、海路を通る場合、敦賀津へ陸揚げされ、そこから陸路で近江の塩津へ運送された。如上の海路については、佐渡の国津、越後の蒲原津、越中の亘理津、能登の加島津、加賀の比楽湊から越前の敦賀津へというように細かく記載されており、山陰道・東海道・東山道・陸奥・出羽に海路の記載がないことも踏まえると、北陸道諸国における海路および敦賀津の重要性が浮かび上がってくる。

ところが、一一世紀後半になると、変化が起こる。『勘仲記』弘安一〇年（一二八七）七月一三日条所引の治暦元年（一〇六五）九月一日付太政官符によれば[注17]、越中国司の豊原奉季は調物の運送につき次のように述べている。すなわち、「九月以後三月以前は、陸地は雪深く、海路は波が高いので、わずかに暖気の時期を待ち、調物を運漕していたところ、近江の塩津・大津・木津、若狭の気山津、越前の敦賀津の刀禰らが勘過料や勝載料と称して調物をとどめ、一部を割きとってしまう」というのである。

これに関して、かつて戸田芳実氏は以下の二点を鋭く指摘した[注18]。第一は、それ以前の史料では確認できない気山津・木津が敦賀津・塩津・大津と並んで交通の要所として立ち現れており、従来の敦賀津―塩津―大津というルートだけでなく、新しい気山津―木津―大津というルートが確立し（ただし、一三世紀以降は気山津は小浜、木津は今津にその地位を譲ることになる）、ルートが複線化していたという点である。この点に関しては、諸条件を勘案してルートを選択できるようになったことが重要であろう。従来ルートは全長約二〇キロメートル、海抜約三六〇メートルの急峻な深坂峠を越える必要があり、冬季は積雪量が多い。対して、新しいルートは全長約四〇キロメートルと長いが、海抜約二八〇メートルの比較的緩やかな水坂峠があり、冬季の積雪量も少ない。運搬物が重量か軽量か、季節がいつかなどの条件を勘案し、ルートを選択しえたと考えられるのである。

その上で第二は、各地の刀禰が勘過料・勝載料といった通行税を徴収するなど湾港管理を行うだけでなく、実は船の提供なども行っており、運船需要が拡大するなかで、従来の勢力と競合する気山津・木津の刀禰が船を引き寄せて新たなルートを開拓したという点である。これも卓見であろう。付け加えるなら、運船需要の拡大の背景としては、一一世紀とりわけその後半から中世荘園制が形作られていくなかで、官の租税だけでなく各地の荘園から畿内の荘園領主へ運ばれる物資が増大し、運搬業者の需要が拡大していたことが挙げられよう。

中世には荘園制が展開し、前代に比べて、畿内への運搬物資が増大、運搬業者の需要も拡大し、運搬ルートも複線化したという構造変化が起こっており、ルートの選択による運搬の迅速化も図られていたのである。

それでは、こうしたなかで敦賀を含めた越前の水上交通はどうなっていたのか。節を改めてみていこう。

2　北東日本海海運と越前の主要港——敦賀・三国——

敦賀はそもそも若狭湾のなかでさらに奥まった場所の敦賀湾に位置し、荒波を避けやすく、港として発展しやすい地理的条件を備えていた。古代律令制においては北陸道諸国（若狭を除く）の官物が集約される拠点となり、気山（のちに小浜）が立ち現れたのち、中世荘園制においても、年貢などの物資輸送の拠点であり続け、日本海海運で重要な位置を占めていた。また、笙の川やその支流、北陸道などの内陸交通とも接続する交通の要衝でもあった。

こうした敦賀では刀禰だけでなく問と呼ばれる運送業者も確認できるようになる。文永七年（一二七〇）の記述を含んでいる勧学講条々によれば[注19]、越前国藤島荘年貢米の輸送の際、北海船六艘が一艘につき三〇〇石を積み二貫文の運賃で三国から敦賀まで航行しており、敦賀では問がその米を受け取り、百石につき一石の料金を徴収した上で、馬借による海津までの陸路運送を差配していた。気山津を引き継いだ小浜でも問を確認でき、暦応三年（一三四〇）に小浜の問が加賀国大野庄から着岸した年貢物を検納した上で、京都までの陸路運送を差配していた[注20]。問は、通行税の徴収、年貢物などの陸揚げ・検納、陸路運送の差配を行っており、その他、渡船、年貢物などの輸送・倉庫保管・委託販売にも従事し、海運・陸運・取次を含めた総合的な機能を果たしていたことがしられる[注21]。また、川舟座・河野屋座など船道（船仲間）と呼ばれた廻船業者の座も確認できるようになる。座は業務独占などの特権を持つ職能者集団を指す。両座は、文亀元年（一五〇一）までには、塩・四十物などの商品の販売、越前下浦（越前海岸諸浦）と敦賀間の運漕、通行税徴収などの業務を特権的に行っていた[注22]。こうした刀禰・問・廻船業者の座の存在は港としての重要性を示していよう。

敦賀の他、越前の主要港として挙げられるのが三国である。三国は越前の北方に位置し、九頭竜川という大河の河口にあり、船舶が安全に着岸・停泊できる場所であった。宝亀九年（七七八）に「三国湊」とみえ[注23]、早くから港として利用されていた。以後、加賀以北の北陸道諸国の物資が敦賀へ運漕される際の中継点となり、かつ、日野川・足羽川・竹田川などの九頭竜川支流を通じて越前各地と繋がる交通の要衝でもあった。

中世には、九頭竜川支流を媒介にして越前国内の荘園年貢などが集められて敦賀へ運ばれており、その積み出し港としてますます発展した。先述した勧学講条々でも、九頭竜川中流域に位置する藤島荘の年貢米が集められて敦賀へ運漕されていた。それとは逆に、鎌倉末期に「御賀尾浦之塩船」（若狭神子浦の塩を積んだ船）が越前国足羽にて北庄公文所に差し押さえられた事件[注24]では、若狭国の浦船が海を航行し、三国から河川を遡ってきたこともわかる。三国が海上交通と河川交通の結節点であったことがよく示されている。「坪江下郷三国湊年貢夫役等事」の延慶三年（一三一〇）の注進によれば、[注25]三国に湊雑掌と呼ばれる荘官が置かれ、一八貫文の塩船津料、一貫文の北河河口津料、榑二百余尺の津料などの通行税を徴収しており、船舶の頻繁な往来が想像されよう。なお、敦賀で確認した問の存在を示す一次史料は今のところ見当たらないが、上記の状況からすれば、問などの廻船業者が存在していてもおかしくはない。天正一一年（一五八三）には三国津問丸中がみえる。[注26]ともあれ、三国は海の船だけでなく川の船も往来する港として重要な役割を果たしていたのである。

ところで、三国に関連して注目されるのは、次の有名な史料であろう。嘉元四年（一三〇六）、北条氏から免許を得た津軽船二〇艘の内随一の大船が鮭などの荷物を積んで越前国坪江郷佐幾良（崎浦）泊に入ったところ、佐幾良・加持羅（梶浦）・阿久多宇（安島）三ケ浦と三国湊の住人が漂倒船と号して船と荷物を押しとったという。[注27]この頃、奥州の津軽から三国を通過する船が存在したことがわかる。また、永享八年（一四三六）には、奥州の十三湊を本拠とする「日之本将軍」（安倍康季）が檀越となって小浜の羽賀寺の再建に尽力しており、十三湊と小浜の交流もしられている。[注28]これらは北東日本海海運が広大かつ活発に展開していたことを前提とするものであろう。

そして、こうした奥州北辺から若狭小浜までに至る広汎な北東日本海海運を繋ぐ主要港は中世後期の文芸作品である幸若舞曲「信太」[注29]などで表現されることとなる。主人公の信太は「北陸道の灘」を通って売られていくのであるが、そこで登場する港はまさしく若狭の小浜、越前の敦賀・三国、加賀の宮越、能登の小屋、そして奥州の外浜なのであった。また、中世以降に成立したと思われる廻船式目（天正九年〔一五八一〕の奥書を持つ）では、[注30]北陸七湊として、越前の三国湊、加賀の本吉（三馬）湊、能登の輪島（小屋）湊、越中の岩瀬湊、越後の今町（直江）湊、出羽の秋田湊、奥州の十三湊が数え上げられている。これらに北東日本海海運における（小浜・）敦賀・三国の重要性が表出しているといえよう。

この点を押さえた上でさらに追及したいのは、はじめにで述べたように、より地域に密着したルートである。

3　ローカルルート――今泉・河野の機能をめぐって――

北東日本海海運を論じる際に必ずしも注目されていないのが越前海岸に面した今泉・河野である。両浦はもともと古代の国府・中世の守護所と陸路で結ばれ、その外港的役割を果たしており[注31]、馬借も存在したところであるが、海路では三国と敦賀の間に位置し、その中継点としても重要であった。

その両浦には船があったことがしられる。たとえば、一五世紀末に朝倉光玖は両浦船につき毎日公用のため臨時徴発を免除し[注32]、朝倉氏府中奉行人も九頭竜川に架ける船橋用船の臨時徴発を免除しており[注33]、両浦船は日常的に朝倉氏の公用のために活動していた。元亀二（一五七一）・三年にも、朝倉氏が惣並の諸浦船御用につき今泉浦から六艘を徴発したが、それでは通常の公用（「当津江上下御用」とあり、敦賀と今泉を上下することを指す）に差し障りがあるので、三艘の徴発を免除したり[注34]、両浦船につき公用使用のために白鬼女船橋用船の臨時徴発を免除したりした[注35]。これらでもやはり両浦船の日常的活動と特権的な位置をうかがえるとともに、越前海岸諸浦の船の存在も想定できよう。なお、朝倉氏が今泉浦七艘・河野浦七艘だけでなく周辺の大谷浦七艘・甲楽城浦五艘・糠浦四艘・大良浦二艘を徴用していたと伝わる史料も伝来するようである[注36]。

逆に、両浦に多くの船舶が来航していたこともわかる。たとえば、永正五年（一五〇八）には、「たひ舟」（旅船）が塩・榑を積載して両浦に来航し、里へ直売を行っていたが、それが禁止された[注37]。旅船は他所の廻船であろうが、それ以上のことは不明である。天文一二年（一五四三）には、先述した敦賀の河野屋座が今泉浦に船をつけることを同浦の住人に誓約した[注38]。河野屋座はその名称からすると河野浦と関係があり同浦に船をつけていた可能性があるが、この段階では今泉浦に船をつけることになっていたらしい。さらに、年未詳であるが、戦国期には、加賀国福田荘（大聖寺川河口周辺）からの船が今泉浦に来ていた[注39]。このように北は加賀から南は敦賀までの地域の船が両浦にたびたび来航していたようである。

　こうした両浦船の活動や両浦の港としての機能を押さえつつ、注目したいのが次の史料である。時代はやや降るが、豊臣期の朝鮮出兵の頃、加賀前田家奉行斎藤兵部は米の輸送に関して三国の問丸である森田弥五衛門に書状を出している。[注40]その第一条によれば、加賀国江沼郡の米につき、川船にて大聖寺川を通じて北潟まで運び、北潟から三国までは駄賃馬で運び、三国から敦賀までは海船で運びたいというものであった。村井章介氏は、こうした川船と馬を組み合わせて潟と港をつなぐルートは、潟の多かった中世ではさかんに利用され、とくにこの書状が正月付であることを踏まえると、海の荒れる冬季には海路のサブルートとして有用だったにちがいないと指摘した。[注41]これは北陸の季節的条件による運送ルートの選択という点で重要な指摘であろう。

　加えて注目したいのは第二条で、「其浦ニ舟可㆑有㆑之候へ共、大舟者遅罷上候間、河野舟急其津迄指下候様」とあり、三国に船があるけれども大船では遅いので、河野船を急ぎ三国まで下すようにと依頼している点である。書状の追而書でも、急いで米を届けたいので、三国の船が遅いのであれば河野船を御雇いください、河野船が参らない場合は三国の小船で米を積めるようなものがあるか承りたいと念を押している。その他、三国から敦賀までの船はいつ、どれくらいの運賃で出発するのかとも尋ねている。この史料からは、三国から敦賀まで米を至急運漕する際、三国の大船では遅く、河野の船が速いと認識されていたことがわかる。河野の船は文中にあるように小船で、数艘で米を運ぶというものであろう。一艘の積載量を少なくして、スピードアップを図ったと思われる。また、当時の日本海を航行していた船としては、規模の大きいものから北国船・ハカゼ船・テント船などがしられているが、小船とはテント船を指しているかもしれない。いずれの船も漕帆兼用で、風が無くとも走行可能であるが、本史料のような冬季には風が強く波が高いことが多いので、沿岸の浦々にいち早く待避可能な小回りの利くテント船[注42]が有利であったと思われるのである。加えて、冬の荒波にうまく対応できる技術・知識を持つ船頭などの存在が想定されよう。この事例から、運送の所要時間や北陸の季節的条件によって、運送ルート・手段が選択された可能性が指摘できよう。

以上のように、北東日本海海運の主要港として三国や敦賀が位置しており、少なくとも中世後期から近世初頭にかけて、三国敦賀間の直行ルートだけでなく、今泉・河野やその船を中継とするローカルルートが複合的に展開していたことは明らかで、季節的条件によって運送ルート・手段が選択された可能性も指摘しえた。

さらには、第二節では、鎌倉後期に若狭の御賀尾浦の船が三国を通過して河川を遡っていたことを指摘したが、それ以外にも同時期に若狭の志積浦や矢代浦の船が三国まで航行したり、多烏浦の船が北条得宗家から「国々津泊関々」を煩いなく通過できるという過書船旗を与えられたりしたことを踏まえると[注43]、鎌倉後期には今泉・河野や越前海岸の諸浦でも廻船が存在し、三国敦賀間を中継しえたことも想定しておくべきであろう。

ともあれ、中世越前の水上交通については、三国や敦賀という主要港と、今泉・河野をはじめとする越前海岸諸浦との複合的な構造として把握しておかねばならないのである。

さて、以上の水上交通の基本構造を押さえつつ、次章では、それと繋がる陸上交通の基本構造を検討しよう。

二　陸上交通の基本構造

1　越前と近江を繋ぐ主要ルート

古代律令国家は北陸道を小路と規定し、各駅家にはおおよそ五疋の駅馬を常備させた。『延喜式』兵部省によれば、越前の駅家は三尾（水尾）・足羽（足羽山東北山麓）・阿味（諸説あり）・朝津（浅水）・丹生（丹生郷）・淑羅（日野川流域）・鹿蒜（南今庄）・松原（敦賀松原）にあった[注44]。ただ、松原駅から近江国鞆結駅までの北陸道のルートについては諸説があり定まっていない状況である。また、敦賀から塩津までは、先に触れた『延喜式』主税上「諸国運漕雑物功賃」にあるように、船荷も含めた公定路となっていた。しかしながら、中世には、律令国家の陸上交通の基軸をなす駅制が衰退し、荘園制が展開したことによる運搬物資の増大を背景にして、さまざまなルートが整備・利用され、新たな宿（宿泊施設や馬借などの輸送業者が集まる集落）や関（検問・徴税の施設）が現れることとなった。

本章では、こうした中世越前における陸上の主要ルートについて、諸史料に登場する地名などをもとに復元しつつ、ルート上にある諸施設についても確認していこう。

まず、越前と近江を繋ぐ主要ルートをみていく。古代の公定路である敦賀―塩津については、詳細にいえば、敦賀―疋田―追分―深坂峠―塩津を通る深坂越（近世の塩津街道）と呼ばれるものである。なお、支線として、疋田から麻生口・新道野を迂回する新道野越もあり、永正一二年（一五一五）に敦賀気比社の再建用材を運送する際[注45]に新道野越を利用した可能性が高いとされているが[注46]、それ以前のことはよくわからない。むしろ、中世では、敦賀―疋田―追分―山中―海津と通過する七里半越（近世の西近江路）が頻繁に利用されていた。この背景としては、七里半越が深坂越より緩傾斜であったことや、一二世紀末期の地震によって塩津港の機能が低下していたことが挙げられよう[注47]。早く、『源平盛衰記』によれば[注48]、寿永二年（一一八三）に平維盛率いる平氏軍が木曾義仲追討のため北陸に進軍し、西路軍は海津から疋田を経由して敦賀へ向う如上のルートを使ったとされる。また、建武五年（一三三八）には、このルート上に「荒地中山関」が置かれていたことがわかる[注49]。七里半越はその後も一次史料に頻出し、たとえば、延徳三年（一四九一）に冷泉為広が京都から越後へ下向した際の記録である『為広越後下向日記』[注50]、永正一五年（一五一八）に陸奥伊達家の使僧が北陸道を通って上洛したときの算用状[注51]、天文一二年（一五四三）に清原枝賢が京都から一乗谷へ下向した際の記録である『天文一二年記』[注52]などで七里半越の利用が確認される。

その他、越前と近江を繋ぐ主要ルートとして注目されるのが近世の北陸道・東近江路の前提となる経路である。前述した『源平盛衰記』では、寿永二年（一一八三）に平氏の東路軍が塩津宿から椿坂・栃の木峠を経由して「還山」（南今庄）に至ったという。また、小島道裕氏が近年紹介している永禄六年（一五六三）北国下り遣足帳[注53]にはこのルートの詳細が描かれている。この史料は同年に京都の醍醐寺僧が北陸経由で関東へ旅をしたときの支出帳である。それによれば、彼等は近江の木之本で旅籠銭四八文を出して一泊し、椿坂で昼休みとして二〇文を出し、越前の今庄で（旅籠銭）四八文を出して一泊した。こうした今庄―栃の木峠―椿坂―木之本というルートはまさに近世の北陸道である。従来、天正六年（一五七八）に柴田勝家がこのルートを切り開いたという伝承もあるが、それ以前からこのルートは利用されていたようである。なお、小島道裕氏は、各地で旅籠銭（一泊二食、二人分）が四八文、昼休み（昼食代、二人分）が二〇文と定額化していたことに注目し、中世末期までには一般の人々が旅行しうる施設・サービスやシステムが確立していたとみている。卓見であろう。

ともあれ、中世には、越前と近江を繋ぐ主要ルートとして、古代の公定路の他にも複数のルートが利用されていたのである。

2　敦賀と府中を繋ぐ主要ルート

次に、敦賀から北上して府中を繋ぐ主要ルートをみていく。府中は古代には国府が所在し、中世には守護所・朝倉氏府中奉行所が置かれた政治的要所である。古代では、敦賀から、敦賀湾沿いに五幡を経て杉津に入るか、あるいは、船で杉津に上陸するかして、そこから山中峠を越えて今庄へ向かうルート（敦賀―杉津―山中峠―今庄）があったが、木の芽峠を通る道が開削されると、敦賀―木の芽峠―今庄というルートが主流となった。中世でもこちらのルートが頻繁に利用されており、冷泉為広・伊達家使僧・清原枝賢いずれも同ルートを通った。また、両ルートは今庄で合流し、今庄―湯尾―鯖波―府中という経路を辿った。なお、寿永二年（一一八三）に鯖波宿[注54]、延元元年（一三三六）に湯尾宿・関や鯖波関[注55]、至徳二年（一三八五）に今庄関[注56]、先述した永禄六年（一五六三）北国下り遣足帳では今庄旅籠（支出額より推定）、元亀四年（一五七三）にも今庄吉田殿役所（関所）・鯖波役所[注57]を確認でき、宿・旅籠や関の存在からもこのルートの賑わいが想像される。

その他、敦賀と府中を繋ぐ主要なルートとして、第一章で触れたように、敦賀から今泉・河野まで船便を利用する方法があり、今泉・河野から丹生山地の広瀬・湯谷を経て府中へ向かうルート（近世の西街道・馬借街道）があった。今泉・河野は水上交通と陸上交通の結節点で、そこには海と府中を繋いで物資運送に携わる馬借もいた。このルートの馬借に関する史料は全国的にみても豊富に残っている。たとえば、その初見史料として寛正六年（一四六五）の今泉・河野の馬借と山内の馬借に関する規定がある[注58]。この史料では、塩・榑諸商売については両浦（今泉・河野）と山内とはこのルート周辺の山間にある勾当原・湯屋・別所・中山・八田などの集落を指す。山内が半分ずつ扱い、通荷については両浦が三分の二、山内が三分の一を扱うことや、馬借以外の塩・榑の直買・直売を禁止することが規定された。また、同年の史料では、荷の横領や塩・榑の里売の匿いについては馬借中が処罰することなども決められた[注59]。こうした取り決めがなされているのは、それだけこのルートでの運送や商売が大きな利益となり、馬借同士で権益をめぐる紛争があったからであろう。延徳二年（一四九〇）以降、朝倉氏はたびたび馬借の取り決めを安堵しており[注60]、馬借の対立の調停を通じて彼らを統制していたとみられる。

さて、このルートの場合、陸路を最短に押さえることができ、かつ、木の芽峠（海抜約六二八メートル）や栃の木峠（海抜約五三九メートル）に比べると勾配が緩く積雪量も少ないので（西街道で最も海抜が高いのは大坂峠の約二八〇メートル）、重量貨物の運搬や比較的楽な旅行に適していた。第一章で触れたように、北陸は「九月以後三月以前は、陸地は雪深く、海路は波が高い」という季節的条件があるが、そうした時期には、積雪量の多い木の芽峠や栃の木峠を避け、かつ、今泉・河野の小船を利用できる、如上のルートが選択されることが多かったのではあるまいか。

とはいえ、逆に、雪が降り積もった木の芽峠を越えていく史料も残っている。延徳三年（一四九一）三月七日に冷泉為広が京都から下向して木の芽峠前の越坂に至った際、「雪ヲ切テ路ニセシ所」とあり、雪を切って道を作ったところがあったらしい。一方、為広は京都へ戻る際は府中から西街道を通り今泉へ出て船で敦賀まで移動するルートをとっている。往路の雪の苦労を避けたのかもしれない。また、永正一五年（一五一八）の冬に伊達家使僧が北方から木の芽峠を越えて上洛した際、「越前之一国大雪と申、木目峠七里半、近江海津迄、二千余人之以二人足一、被二送透一候」とあり、越前一国は大雪であり、木の芽峠から七里半越を経て海津までは、（横尾黒某が派遣した）二千余人の人足でもって送り届けられたのであった。この人足は当時の史料で登場する「雪カキ[注61]」などの人夫であろう。大雪の峠を越えるのは大変で、多くの雪掻き人夫を投入する必要があったわけである。ちなみに、柴田勝家も北陸の雪に困惑した一人であった。天正一一年（一五八三）三月四日、賤ケ岳の合戦の直前、勝家は北庄におり雪に阻まれて近江へ出陣できずに焦っていた。その際、「去廿八日、為二先手一当国面々到二山中一指遣、路次通雪割、当月中者深雪ニ馬足雖二不レ可レ立候一、無理ニ立懸[注62]」とあり、去る二月二八日に、先手として当国の面々を山中に派遣し、路次通しの雪割を実施し、当月中は深雪のため馬の足も決して立たないが、無理にそうしたのだという。山中は詳細不明であるが、この直後に勝家は東近江路を南下して賤ケ岳に向かったとされるので、あるいは、栃の木峠方面かもしれない。これらの事例からは、越前の冬季における雪の厳しさと、多くの労力を払って雪切・雪掻・雪割を行えば、雪で塞がった路次を通すこともできなくはなかったと判明する。

以上のように、北陸では冬季の雪という季節的条件がルート選択や移動の困難さに大きく関連していたと考えられるのである。

3　府中と加賀を繋ぐ主要ルート

最後に、府中から北上して加賀へ向かう主要ルートをみていく。ここでは、たびたび引用している『為広越後下向日記』をもとにして、地名に加え、頻出する橋も含めてルートを示そう。すると、府中―白鬼女橋―鯖江―水落（馬市との表記もあり）―浅水橋―玉江橋―「百八間ノ橋」（北庄橋）―北庄―町屋橋―高木―「クツレノワタリ」（九頭竜川の渡）―勝蓮華―横地橋―長崎―金津―細呂木橋となる。このルート上では、暦応三年（一三四〇）に勝蓮華宿、[注63]文明五年（一四七三）に金津宿、[注64]永禄六年（一五六三）北国下り遣足帳では浅水旅籠、天正一一年（一五八三）に水落馬借[注65]などの宿・旅籠・馬借も確認できる。

とりわけ注目されるのは橋の多さであろう。白鬼女橋（のちに船橋・船渡）は日野川、浅水橋は浅水川、北庄橋は足羽川というように、いずれも九頭竜川支流に架かり、玉江橋・町屋橋・横地橋も正確な場所は不明ながらおそらく九頭竜川支流に架かっていたと思われる。「クツレ」は『大乗院寺社雑事記』文明一二年（一四八〇）八月三日条の絵図にある「崩河」のことで、[注66]流路の定まらない九頭竜川を指している。そこから、船渡（のちに船橋）が出ており、冷泉為広だけでなく伊達家使僧も渡河していたことがわかる。このように橋の多さの背景としては九頭竜川水系の広がりが挙げられるわけである。なお、細呂木橋では寛正四年（一四六三）に橋賃の徴証があり、[注67]北庄橋でも天文一〇（一五四一）・一五年や天正元年（一五七三）に橋賃一年分（二〇〇文）の納入の事例や、[注68]永禄六年（一五六三）北国下り遣足帳で橋賃四〇文（一人二〇文）の事例があり、橋の多くで関と同じく通行税が徴収されていたことがわかる。このルートを移動する際の支出は比較的高額になったのではないか。

さて、九頭竜川水系の広がりは河川交通への接続のしやすさも意味している。第一章では三国が九頭竜川水系を通じて越前各地と繋がっていたと述べたが、ここでも一例を紹介しておこう。元亀三年（一五七二）に興福寺の使者が河口・坪江荘に下向した際、「三百八十文　府中より三国まで舟チン」[注69]とあり、府中から三国まで川船を利用し、三八〇文を支払ったことがわかる。府中は北陸道、九頭竜川水系の川船、西街道と今泉・河野から出る海船などを選択しうる絶好の位置にあったのである。

他方、九頭竜川水系の広がりは、交通の大きな障壁にもなりえた。たとえば、先に引用した天正一一年（一五八三）三月四日付の柴田勝家書状の後半では、「北国者雪消並雨降候処、大河共水出、中々四・五月迄者、輙人馬之通、人数働等雖レ不二相叶一」とあり、北国は雪が消えて雨が降っており、大河は水が溢れて、なかなか四・五月まではたやすく人馬は通れず、軍事行動もできないと述べている。北国の雪解け水と雨水が合わさり河川が増水したことによって、通路が遮断されたらしい。あるいは、川に架かった橋が損害にあっていた可能性があろう。また、北庄にあった勝家の念頭に浮かんでいたのは、「崩河」たる九頭竜川やその支流の日野川・足羽川であったかもしれない。河川は交通の利便性を高める反面、交通を遮断する可能性も秘めていたのである。そして、こうした北国の季節的条件や災害によって、ルートも選択されていたと考えられるわけである。

以上、本章では、中世越前における陸上交通の主要ルートを復元し、ルート上に宿・旅籠や馬借や関・橋などが存在したことを確認した上で、中世末期までには一般の人々が旅行可能な施設・サービスやシステムが確立していたことに言及した。さらに、陸路に加えて川船や海船を組み合わせたルートが複線的に存在したことや、北陸の冬の雪や雪解け水という季節的条件によるルート選択やルート確保の困難さについても指摘しえた。

それでは、最後に、水上交通と陸上交通の両様を踏まえて、それらに対して権力がどのように相対したのかという点を検討し、当時の交通の様相をより立体的に考察していこう。

三　権力と交通

1　朝倉氏の交通政策

一般的には、中世の国家は、古代律令国家や近世幕藩国家に比べて、明瞭で統一的な交通制度を構築していなかったといわれており、交通への対応は線（道）よりも点（宿や関など）に主眼があったとされる。[注70] 中世の越前においても、権門や領主が水陸の関で通行税を徴収していたことはわかるが、それ以外のことは謎に包まれたままである。ただ、戦国期に越前の覇権を握った朝倉氏の交通に関わる史料については少なからず残存している。本章ではこれを検討し、権力と交通の関係を考えてみよう。

まず、朝倉氏が交通路を整備していたことがしられる。永正七年（一五一〇）には、敦賀郡庄（笙カ）之橋普請のために郡内諸寺庵一〇分一役銭を徴収した。[注71] 同一二年には、「今度惣国道橋可レ作」とあり、今回惣国（領国すべて）で道橋を造作し、今泉・河野には「ほつこくかいたう」（北国街道、ここでは西街道を指す）やその支線の「たいら並あかはきミち」（大良・赤萩道）の普請を命じた。この例では、領国全体での大規模な道橋普請が行われていたことや、「馬借中申合、如二先々一立合可レ作」とあり、今泉・河野の馬借中も普請に加わっていたこと、同様の普請が以前にも行われていたことが注目される。[注72] また、朝倉氏は、大永元年（一五二一）には、浅水橋普請のため水落町衆に出銭を命じた。[注73] 天文三年（一五三四）には、西街道が洪水によって崩れ、人馬不通となってしまったため、今泉・河野や山内に対してその普請を命じた。[注74] 災害時の道路復旧である。同二二年には、大破した国中神社鳥居や道橋の状況を調べるために使者を遣わした。大破の理由は不明であるが、災害があったのかもしれない。[注75] 永禄六年（一五六三）には、小破した今泉の堂社や道の修理普請を行い、道幅を測る定尺を渡し、普請の日限を定めたり、今後は田畠から道へ土を盛ることを禁止したりした[注76]。同一一年には、北庄橋修理のため、神明神社の森に木印を打ち、その徴発を免除した[注77]。その他、第一章で触れたように、領国内の諸浦の船を惣並（すべて一律に）に徴発し、九頭竜川に架かる高木船橋や日野川に架かる白鬼女船橋の用船に利用していた。以上のように、朝倉氏は、たびたび道橋（船橋も含む）普請を実施しており、なかには領国規模の普請や災害時の普請もあった。普請の際には経費を徴発し、馬借などの在地の集団に工事を命じていた。朝倉氏は交通路の維持に大きな関心を払っていたのである。

朝倉氏と交通路の関係という点からすると、朝倉氏の本拠である一乗谷の位置も注目される。一乗谷は一見僻地のように感じられるが、足羽川の川船や、北陸道と接続する美濃街道などを通じて、容易に連絡しえた。水藤真氏は、一乗谷、一族を配した北庄、奉行人を置く府中が河川や陸路で密接に繋がっており、かかる三点からさらに大野・三国・敦賀へも一日ほどで辿りつけることから、朝倉氏の拠点と交通路網は領国支配で重要な役割を果たしていたと評価している[注78]。妥当な評価であろう。

さらに、朝倉氏は、第一章で述べたように、今泉・河野の船を毎日の公用（敦賀両浦間の運送）で利用していた。また、第二章で言及したように、両浦と山内の馬借の対立を調停し彼らを統制しており、如上の両浦船の公用利用も踏まえると、両浦の馬も公用（両浦府中間の運送）で利用していた可能性が高い。朝倉氏は廻船や馬借の権益の保証者となりつつ彼らを利用して物資を運搬させていたのである。

以上のように、朝倉氏は交通路（線）の整備に注力し、各地の拠点を交通路によって連結させつつ、在地の廻船や馬借を利用して物資を運搬させていたとまとめられる。ただ、注意せねばならないのは、東国の大名で確認できる伝馬制のような制度的な交通施策は確認できない点である。あるいは、朝倉氏は在地の馬借らが作り上げた慣行や規定にある程度依拠する形を採っていたのかもしれない。

2　朝倉氏の関設置

一方、朝倉氏は交通の阻害要因となりうる関を設置することもあった。一五世紀後半、朝倉孝景（初代）は家臣笠松氏に対して関の代官と月ごとの負担を命じた。[注79] この負担は関からの収入を上納することであろう。この関が領国のどこにあったかは不明であるが、中世でよくみられる通行税を徴収する関と考えられる。長享二年（一四八八）には、朝倉貞景が天台僧の真盛に帰依して悪事を絶つため関役橋賃を停止したといわれている。[注80] これも通行税を徴収する関・橋であろう。ただ、実際には北庄橋で橋賃が徴収されていたように、この停止は一時的ないし限定的であったと思われる。真盛は朝倉氏同様、伊勢の北畠氏にも戒告を発したが、北畠氏でも関銭の徴収が続けられていたことがわかる。[注81] なお、北畠氏では伊勢参宮街道に多くの関を設置し（真盛は約一二〇関あったと述べる）、関からの収入をもって家臣に扶持を加えており、関銭に依拠して知行制を維持していたとみられる。残念ながら、朝倉氏が通行税を徴収する関や橋に関わっていた事例はわずかしか確認できないため、それが知行制まで繋がるか否かはわからない。

その他、朝倉氏が軍事目的で関を配置したり路次を封鎖したりする事例についてはかなり多い。一例を示すと、文明一一年（一四七九）には、朝倉孝景（初代）が斯波義良らと合戦に及んだ際、「一国中上下路次悉皆自二朝倉方一止レ之、以二朝倉之判一令二出入一云々」[注82] とあり、越前一国中の上下の路次は悉く朝倉氏が塞いでしまい、朝倉の判（過書）がなければ出入りできない状態となっていた。その後も合戦時の路次封鎖を確認できるが、その目的と影響を確認するため、もう一例をみておこう。永正三年（一五〇六）、朝倉貞景が加賀一向一揆勢と九頭竜川を挟んで決戦に及び勝利した。その後、『朝倉始末記』には、「偖モ越加一乱ノ後、貞景ノ御代ヨリ、国堺ニ新関スエ番士ヲ置テ旅客ヲ選ヒ、又海上ノ押ヘニハ堀江中務丞・宇野新左エ門ヲ警固トシテ船ノ通路ヲ留メラレ、北陸道ノ往還ハ不通ニコソハナリニケレ、去間、京都諸方ノ商人以下甚難儀ニ及フ旨、室町殿聞シ召テ孝景へ御教書アリ、永正十六（五）四月下旬、上使伊勢守貞孝（陸）御書ヲ帯シテ下ラレケレハ（中略）海陸ノ関ヲ破ツテ路次ヲハ通サセ給ヒケレトモ、越加ノ和睦ハ無リケリ」[注83]とある。この記事の内容については、細かな誤りもみられるが、『宣胤卿記』「今日伊勢守貞陸為二大樹御使一下二越前一、賀州通路及二十余年一、朝倉父代塞レ之」[注84]や五月一三日付朝倉孝景（三代）書状「賀州口通路事、勢州為二御使一御下向之条、応二上意一候、然間於二当役所一、書状等撰候之儀、可二停止一候」[注85]と一致するため、信憑性は高い。これらの史料によれば、貞景は両国の境に関・兵士を置き、同時に、海上の警固として船の通路も留め、旅客や書状を選んでいたのであった。一向一揆勢の侵入を防ぎ、かつ、それに関する情報を統制するためであろう。そして、陸上・海上の封鎖は十余年に亘り、京都や諸方の商人以下の人々は甚だ難儀したのであった。このように朝倉氏は軍事目的のため路次を塞ぐことがあり、時にはそれが十年以上にも及んだが、それにより交通や商業に悪影響を及ぼすことがあったと判明する。

朝倉氏は交通路の整備に関心を払っていた一方、交通の阻害要因にもなりうる関を設置しており、交通の円滑性よりも軍事目的を優先していたと考えられる。『朝倉宗滴話記』に「一、惣別国中ノ道筋、カン所道（閑所道＝間道）、亦沼、フケ（深田のこと）、馬ノ沓打候所、又不レ打所、能々可レ知事肝要也」・「一、武者ヲ心懸候仁ハ、隣国ノ儀ハ不二申及一、諸国ノ道ノリ、其他海川難所等可二尋知一事」[注86]とあり、領国内の道や海川などをよく知っておくべきという言葉もやはり交通路を軍事的観点から重視したものであろう。こうした点こそ、戦国期の権力と交通の関係の特質と考えられるのである。

おわりに

本稿では、中世越前を対象にして、史料を博捜し、先行研究を踏まえ、水上交通と陸上交通の組み合わせに留意しながら、それらの基礎構造を論じてきた。

基本的には、交通がより活発化した中世において利用されたさまざまなルートを復元し、そのルート上に宿・旅籠、刀禰・問丸・座や馬借、関・橋などが存在していたことを確認してきた。

また、水上交通については、九頭竜川水系とも接続する三国や、北陸道とも接続する敦賀という主要港と、西街道とも接続する今泉・河野をはじめとする越前海岸の諸浦との複合的な構造として把握すべきことを述べ、陸上交通については、陸路に加えて川船や海船を組み合わせたルートが複線的に存在していたと論じた。その上で、諸条件によって運送ルート・手段が選択された可能性を指摘し、とりわけ、北陸の冬季の特徴である、波が高く雪が深いという、季節的条件による運送ルート・手段の選択やその条件下による移動の困難さに注目した。

加えて、権力と交通の関係についても考察し、朝倉氏が交通路の整備に多大な関心を払い、在地の廻船や馬借を利用していた姿が浮かび上がってきたが、一方で、関を設置して交通路を封鎖するなど、交通への対応は軍事的目的を最優先したものであったことが判明した。

こうした中世越前を対象とした本稿を踏まえて、交通の基礎構造、道の複線性と選択、権力と交通の関係といった問題群につき、地域間の比較を行って、考察を深めることができれば幸いである。

本稿の概要は以上の通りであるが、中世越前の交通に関する史料は僅少で、大胆に論じてしまった部分も少なくない。また、そうした史料状況のなかでも、中世後期の史料はかろうじて残っているため、その時代の論述に偏ってしまったことは否めない。当該分野の史料のさらなる発掘が俟たれるところである。その他、本稿では、対外関係など捨象してしまった論点も多い。いずれ検討を進めたいと思う。

さて、最後に、越前の交通の近世化について言及しておこう。その要因としてすぐに思い浮かぶのは、豊臣政権による大規模戦争の遂行とそのもとでの豪商の出現、幕藩国家による五街道・脇往還や宿駅の整備などがあるが、やはり最も重要なのは西廻り航路の定着であろう。『寛文雑記』[注87]によれば、寛文七年（一六六七）の敦賀郡中の訴えとして、「一、敦賀与申所は往古より北陸道七ヶ国・出羽・奥州俵物荷物当津（敦賀）江登、大津着仕候処ニ、二十五六年以前より大坂江廻り始、当津より京都迄之道筋万民迷惑仕候御事」、「一、二十五六年以前迄は北国之俵物百万俵斗当着仕候処ニ、年々不足仕、只今は漸三ヶ位置ならでハ当着不レ仕候御事」とあり、大坂廻船（のちに西廻り航路として定着）によって、日本海海運における敦賀の位置は相対的に低下し、敦賀へ運ばれる物資や敦賀から塩津・大浦・海津への物流も少なくなり、敦賀から京都までの道筋の人々は迷惑したのだという。近世に入って、右に述べた諸要因を踏まえ、水上交通と陸上交通が相互に絡み合いながらどのように変化していくのかについて、今後検討していく必要があろう。

注

1 浅香年木「古代の「北陸道」と海運」（『北陸史学』一九、一九七一年）。
2 徳田釼一『中世に於ける水運の発展』（章華社、一九三六年）。
3 新城常三『中世水運史の研究』（塙書房、一九九四年、初出一九六八年）。
4 福井県立図書館・福井県郷土誌懇談会編『日本海海運史の研究』（福井県郷土誌懇談会、一九六七年）に収録された諸論考。とくに、脇田晴子「敦賀湾の廻運について」は中世越前の海運と陸運を検討する際に重要である。

5 戸田芳実「東西交通」(『歴史と古道』人文書院、一九九二年、初出一九七八年)。
6 網野善彦「北国の社会と日本海」(『海民の社会』岩波書店、二〇〇七年、初出一九九〇年)。永原慶二「戦国織豊期日本海海運の構造」(『戦国期の政治経済構造』岩波書店、一九九七年、初出一九九六年)。
7 矢田俊文「北東日本海経済圏の解体」(『日本中世戦国期の地域と民衆』清文堂出版、二〇〇二年、初出一九九五年)。井上寛司「中世西日本海地域の水運と交流」(『海と列島文化二　日本海と出雲世界』小学館、一九九一年)。
8 村井章介「中世の北〝海〟道」(『還流する文化と美』角川書店、二〇〇二年)。市村高男「古代・中世における日本海域の海運と港町」(『日本海交易と都市』山川出版社、二〇一六年)など多数。高橋一樹「中世北東日本海の水運と湊津都市」(『日本海交易と都市』山川出版社、二〇一六年)など多数。仁木宏『中世日本海の流通と港町』(清文堂出版、二〇一五年)。
9 相田二郎『中世の関所』(吉川弘文館、一九八三年、初出一九四三年)。
10 新城常三『戦国時代の交通』(畝傍書房、一九四三年)・『社寺参詣の社会経済史的研究』(塙書房、一九八八年、初出一九六四年)・『鎌倉時代の交通』(吉川弘文館、一九六七年)。
11 前掲注5戸田論文。
12 福井県教育委員会『歴史の道調査報告書』(一〜六、二〇〇一〜二〇〇六年)。とくに、松浦義則「朝倉氏領国制下の路次と関」は、戦国期越前の交通路と関の問題を考える上で重要である。
13 たとえば福井県では『街道の日本史』(二七・二八、吉川弘文館、二〇〇三〜二〇〇四年)。
14 北陸中世考古学研究会編『北陸中世のみち』(二〇〇八年)など。
15 『福井県史』資料編一、八六九頁。
16 本稿で直接引用したもの以外では、水藤真「越前海岸の一小港今泉浦の中世末」(『一乗谷史学』別冊五、一九七七年)、小泉義博「中世越前の北陸道」(『日本海地域史研究』三、一九八一年)、戸田芳実「北陸道と敦賀」(『歴史と古道』人文書院、一九九二年、初出一九八二年)、小泉義博「戦国期の北庄橋」(『若越郷土研究』三七、一九九二年)、小泉義博「鎌倉期以前の北陸道と水津」(『若越郷土研究』三九、一九九四年)、斎藤浩俊「中世後期日本海海運における小浜と敦賀」(『新潟史学』四六、二〇〇一年)、功刀俊宏「戦国期の馬借と流通経済」(『白山史学』三八、二〇〇二年)、久留島典子「越前国今泉浦絵図と西野文書」(『北前船から見た地域史像』福井県河野村、二〇〇四年)、宇佐見隆之「中世末期地域流通と商業の変容」(『日本史研究』五二三、二〇〇六年)、功刀俊宏「座・御用商人から見る十六世紀の敦賀」(『敦賀・日本海から琵琶湖へ』雄山閣、二〇〇六年)、功刀俊宏「戦国期越前における刀禰」（『東洋大学大学院紀要』三九、二〇〇二年）、綿貫友子「中世日本海東部における流通と担い手」（科学研究費補助金研究成果報告書『湾港をともなう守護所・戦国期城下町の総合的研究』二〇〇八年）などがある。
17 『福井県史』資料編一、五七〇頁。
18 前掲注5戸田論文。
19 国立国会図書館東洋文庫所蔵（『福井市史』資料編二、二八四頁）。
20 同年九月一一日付室町将軍家執事施行状（「天龍寺文書」『福井県史』資料編二、三七八頁）。
21 宇佐見隆之（『日本中世の流通と商業』吉川弘文館、一九九六年）など。
22 同年九月一三日付川船方公事銭注文（「道川文書」『福井県史』資料編八、三四二頁）。
23 『続日本紀』同年九月条（『福井県史』資料編一、四四五頁）。
24 御賀尾浦塩船盗難物注進状写（「大音正和家文書」『福井県史』資料編八、八二三頁）。
25 「大乗院文書」（『北国庄園史料』二二三頁）。
26 同年五月四日付丹羽長秀判物（「森田正治家文書」『福井県史』資料編四、三九九頁）。
27 雑々引付所載正和五年（一三一六）三月日付越中国大袋荘東放生津住人沙弥本阿代則房言上案（「大乗院文書」『小浜・敦賀・三国湊史料』二九五頁）。
28 羽賀寺縁起（「羽賀寺文書」『福井県史』資料編九、四四七頁）。
29 『朝日町誌』資料編一、四一〇〜四一二頁。
30 『鎌倉遺文』五―三〇六八号。
31 なお、小泉義博「西街道の変遷と燕木浦」（『若越郷土研究』三三、一九八八年）は、平安末期から南北朝期までは、今泉・河野のやや北に位置する燕木浦が主にその役割を果たしていたとみている。
32 九月六日付朝倉光玖判物（「西野次郎兵衛家文書」『福井県史』資料編六、八七五頁）。
33 九月七日付朝倉氏府中奉行人連署副状（「西野次郎兵衛家文書」『福井県史』資料編六、八七五頁）。
34 （元亀二年ヵ）八月二三日付鳥居景近・高橋景業連署状、（元亀三年）閏正月一三日付立神重珍書状（「西野次郎兵衛家文書」『福井県史』資料編六、八九九・九〇〇頁）。
35 元亀三年五月一四日付朝倉氏一乗谷奉行人連署書状（「西野次郎兵衛家文書」『福井県史』資料編六、九〇〇頁）。

36 『河野村誌』七六七頁引用の「軍義徴用御用舟」なる史料。ただし、筆者は原本を未見であり、その信憑性については不明である。
37 同年一一月二四日付浦・山内馬借中定書写（「西野次郎兵衛家文書」『福井県史』資料編六、八七七頁）。
38 同年八月四日付敦賀河野屋船着船定書（「西野次郎兵衛家文書」『福井県史』資料編六、八八七頁）。
39 八月二二日付福岡吉清書状（「西野次郎兵衛家文書」『福井県史』資料編六、八九三頁）。
40 正月一〇日付斎藤兵部書状（「森田正治家文書」『福井県史』資料編四、四〇一頁）。
41 前掲注8村井論文。
42 『河野村誌』七一九頁の近世における天当船の説明。
43 志積浦廻船人等申状案（「安倍伊右衛門家文書」『福井県史』資料編九、七頁）。雑々引付所載三月二〇日付大乗院門跡御教書案（「大乗院文書」『小浜・敦賀・三国湊史料』二九七頁）。京都大学総合博物館所蔵文永九年（一二七二）二月日付北条家過書船旗。
44 『福井県史』資料編一、八七〇頁。
45 六月九日付朝倉教景書状（「中山弥七郎家文書」『敦賀郡古文書』二五二頁）。
46 小泉義博「塩津街道と荒地中山関」（『若越郷土研究』二八、一九八三年）。
47 横田洋三「塩津港と琵琶湖水運」（『日本古代の運河と水上交通』八木書店、二〇一五年）。
48 『中世の文学　源平盛衰記（五）』一二九・一三〇頁。
49 同年閏七月日付朽木頼氏軍忠状（「朽木家文書」『福井県史』資料編二、八〇三頁）。
50 冷泉家時雨亭文庫編『為広下向記』（朝日新聞社、二〇〇一年）所収。なお、『為広越後下向日記』を詳細に検討したものとして小葉田淳「冷泉為広卿の能登・越後下向」（『史林談叢』臨川書店、一九九三年、初出一九八六年）がある。
51 「伊達家文書」（『大日本古文書』、八〇号）。
52 『福井市史』資料編二、五九九・六〇〇頁。
53 小島道裕「中世後期の旅と消費」（『国立歴史民俗博物館研究報告』一一三、二〇〇四年）。
54 松尾葦江校注『中世の文学　源平盛衰記（五）』一三〇頁。
55 兵藤裕己校注『太平記　三』二三〇・二三一頁。
56 『気比宮社記』二五二頁。
57 『尋憲記』同年正月二七日条（『福井市史』資料編二、六六四頁）。

58 同年五月二一日付守護斯波氏府中小守護代連署奉書写（「宮川源右ヱ門家文書」『福井県史』資料編六、三三九頁）。
59 同年六月二一日付山内馬借中定書（「西野次郎兵衛家文書」『福井県史』資料編六、八七一頁）。
60 同年八月七日付朝倉氏府中奉行人連署奉書写（「宮川源右ヱ門家文書」『福井県史』資料編六、三三九頁）。
61 天文二二年（一五五三）一〇月晦日付明通寺門前衆連署掟書（「明通寺文書」『福井県史』資料編九、六二八頁）。
62 三月四日付柴田勝家書状案（「古今消息集」『福井県史』資料編二、八二六頁）。なお、齋藤慎一『中世を道から読む』（講談社、二〇一〇年）は、本史料を含め、「路次不自由」の問題を扱っている。
63 同年九月日付（「得江文書」『福井県史』資料編二、七〇五頁）。
64 同年の裏書がある坪江下郷三国湊年貢夫役等事（「大乗院文書」『北国庄園史料』二三〇頁）。
65 同年五月二五日付堤有誠免許状（「清水文書」『越前若狭古文書選』三一四頁）。
66 『続史料大成』。
67 『大乗院寺社雑事記』同年一一月二八日条（『続史料大成』）。
68 同年正月一五日付北庄大橋礼銭請取状・同年二月一七日付役所礼銭請取状・同年一二月晦日付北庄橋役銭請取状（「滝谷寺文書」『福井県史』資料編四、二八六・二九〇・三二七頁）。
69 前掲注54史料。
70 榎原雅治『中世の東海道をゆく』（中公新書、二〇〇八年）。
71 同年五月六日付朝倉教景判物（「西福寺文書」『福井県史』資料編八、一九三頁）。同年一一月二六日付則種・吉連拾分壱銭請取状（「永厳寺文書」『敦賀市史』資料編二、七七〇頁）。
72 同年二月七日付広宗・重信連署奉書案、同年二月一七日付朝倉氏府中奉行人連署状（「西野次郎兵衛家文書」『福井県史』資料編六、八八一頁）。
73 同年九月二六日付小島景増書状（「瓜生守邦家文書」『福井県史』資料編五、二七頁）。
74 同年六月二日付朝倉氏府中奉行人連署状案・同年六月五日付朝倉氏府中奉行人連署状（「西野次郎兵衛家文書」『福井県史』資料編六、八八四・八八五頁）。
75 同年六月付朝倉氏一乗谷奉行人連署書状案（「西野次郎兵衛家文書」『福井県史』資料編六、八九二頁）。
76 同年一〇月一二日付藤田吉連等連署書状（「西野次郎兵衛家文書」『福井県史』資料編六、八九七頁）。

77 同年一一月五日付朝倉氏一乗谷奉行人連署書状（「瓜生守邦家文書」『福井県史』資料編五、三三二頁）。
78 水藤真「戦国期越前交通史試論」（『一乗谷史学』一、一九七三年）。
79 卯月一八日付朝倉孝景書状（「三崎玉雲家文書」『福井県史』資料編三、四七一頁）。
80 真盛上人往生伝記（『福井市史』資料編二、五〇三頁）。
81 新城常三『社寺参詣の社会経済史的研究』（塙書房、一九八八年、初出一九六四年）。
82 『大乗院寺社雑事記』同年一一月二七日条（『続史料大成』）。
83 朝倉始末記（『福井市史』資料編二、八四八頁）。
84 同年四月一九日条（『増補史料大成』）。
85 「三崎玉雲家文書」『福井県史』資料編三、四七二頁。
86 『朝倉氏の家訓』九九・一〇〇頁。
87 『敦賀市史』史料編五、八九頁。

問丸の発展と港町

宇佐見　隆之

問、その定義を確定するのは難しいが、一般的には「主として中世に、重要な港などに存在した荘園年貢や商品の運送、保管、中継、売買に従事した業者」ということになるであろうか。
筆者は、問について一〇〇頁近く論じた一九九九年に出版した『日本中世の流通と商業』[注1]において、問の研究が、豊田武氏が一九五二年に網羅的に考察されて以後ほとんど論じられていないことを記していたが、その一方で豊田氏の研究視角に影響された整理を行っていた。その段階を簡略に示すと以下のようになる。

Ⅰ　業務が公家の淀川周辺の渡船、舟航の段階。
Ⅱ　鎌倉期に入って荘官としての問の例がみられる。この仕事は（1）Ⅰから引き継いだ水上交通の労力奉仕、（2）年貢の輸送、（3）陸揚げ、荷継ぎ作業の監督、（4）倉庫管理であった。
Ⅲ　鎌倉後期以降、年貢輸送に関する倉庫の管理や委託販売を行うものや年貢徴収を行うものが現れる。荘園領主から独立するものが出てくる。
Ⅳ　年貢以外の商品を扱い、港湾において総合的に物資の流通を行う。
Ⅴ　中世末期になって、卸売り機能に重点を移し市場を代行する機関になる。また扱う商品により細分化され商品別の問屋になるものや伝馬問屋になるものも現れる。

それから二〇年近くがたち、問の立地する港湾についての論考はいくつか出されたものの、問そのものについての研究はほとんど見られないままであり、右で触れた豊田武氏の『日本商業史の研究』[注2]と筆者の右記『日本中世の流通と商業』、そして田中克行氏の遺稿集に収められた「荘園年貢の収納・運搬と問丸の機能」[注3]が数少ない問の研究に過ぎない。[注4]それは問に関する史料では、新たなものがほとんど見られないことによりやむを得ない点があるのも否定出来ない。旧稿では最後のVの段階について一律に「問から問屋へ」の図式は当てはまらないことを示したが、豊田氏の史料の時代順が一部混乱している議論に引きずられ、検討が不十分な点もあった。しかし、このシリーズで問について問い直す機会を得ることが出来た。これも一つの機会として再検討することにしたい。[注5]

一　問の原初形態

豊田武氏が示すように、最初に史料に登場する問は、保延元年（一一三五）の『長秋記』に現れる桂（現：京都市西京区）の「戸居男」であり、石清水八幡宮の放生会に出かける勅使一行の船を準備したと記される。それに次いで古いと考えられる『兵範記』の仁安三年（一一六八）八月十五日条も石清水の放生会に関わる記載であり、次のように記されている。

昨今淀渡舟三宅坂越庄々問男、各四、五艘沙汰献之上、右衛門府狩取、依㆓別当命㆒儲㆑之、仍無㆑煩、又上下無㆑怖経㆑渡了、[注6]

右の「淀渡舟三宅坂越庄々問男」の部分は従来「淀渡舟茂三坂越庄々問男」と読まれていたが京都大学電子図

書館ホームページにより修正した。これにより、「三坂越庄」と一つの荘園名らしいものが記されながら「庄々」とある矛盾が解消された。

これを現代語訳すると以下のようになろう。最近は、淀（現：京都市伏見区）の渡の舟を三宅荘や坂越荘の問男がそれぞれ四、五艘ずつ準備しているという。また右衛門府の狩取が別当の命令によって渡し舟を置いていた。石清水八幡宮へ向かう際の記述であることを考えると、淀付近で淀川を渡り石清水へ訪れる際の淀川の渡船について記した部分であることがわかる。

淀の狩取は、衛門府の権利を笠に着て淀川河口まで進出し、内膳司領の大江御厨と対立したことが知られており、四衛府下において淀川で漁労に従事していたものである。漁撈を行いかつ朝廷に仕えていたことから、貴族が淀川をわたる際に、渡しの舟を準備していたことが考えられる。その狩取と並んで、渡し舟を準備する立場として問男なるものが登場している。

三宅、坂越という地名は、淀、石清水などの淀川付近には確認できない。このためこの問男は遠隔地の荘園の問であったと想定出来る。三宅荘という名の荘園は多くあるので確定は出来ないが、坂越荘の地名は播磨国（現：兵庫県赤穂市）に近衛家領の坂越郷が一一世紀からあるためこれではないかと考えられる。[注7]

筆者が以前検討した山城国木津（現：京都府木津川市）の問の場合も、初見は次のような記載であった。

木津令レ儲二船六艘一、国幷庄々問所二沙汰進一也、[注8]

木津においても、渡船の準備をしたのは国と荘園の問であった。「庄々」とあることから木津荘単独の問とは考えられず、木津にあった別の荘園の問が関わったと考えられる。荘園の問としての役割は、鎌倉期にならないと判然とはしないものの、淀川の渡船を行う問が荘園に属する問の初見である一二世紀から位置づけられていたことを示している。つまり、荘園の問の役を務めていたものが付随的な役割として、貴族などの渡河に従事したと考えた方が適切であろう。旧稿において、豊田武氏の論をうけ、問丸の初期段階を「問の役割はほぼ公家の淀川の本支流の舟航、渡船であった」とし、「Iの段階（一二世紀）から荘園との関わりがあるのかが不明であった」としたこと[注9]は改めなければならず、問は荘園の職の一つとして始まったと理解した方が良い。それは旧稿で検討したように、戦国期以前に確認される問丸の大部分が畿内周辺と鎌倉近辺に確認できることからも裏付けられる。

ではその問はどのようなものが務めていたのであろうか。先にみた石清水八幡宮放生会の渡船を務めた問は、遠隔地の荘園の問でありながら、淀川の渡船の役割を務めていた。このことを考慮すれば、遠隔地の荘園の職に組み込まれていても、石清水八幡宮あるいは京周辺にあったと考えられる。木津の場合も同様で、別にある荘園の職を務めながらも木津の渡しを務めていた。つまり、京周辺の川港に立地するもの、あるいは川港のものに船の準備をさせられるものが務めていたと考えられるのである。

二　荘園の運送に関わる問の働き

では、荘園の運送に関わる問はどのように機能していたのであろうか。旧稿で木津の問に関する史料が初見の後、一五世紀に入るまでないことを指摘したように、鎌倉時代の問の役割を示す史料は非常に少ない。

ここでは、数少ない鎌倉期の問に関わる史料として、東寺領若狭国太良荘（現：福井県小浜市）に関わる史料をみてみよう。後に記すように、太良荘の年貢は若狭国から琵琶湖岸へ運ばれ、舟運で大津まで運ばれその後京都の東寺へ運ばれたと考えられている。

嘉元四年（一三〇六）四月二日の太良荘送文案に記される前年未進分には、国定一四石六斗七升七合一夕から四斗が「大津問丸房料ニ止レ之」と引かれることが記されており、[注10]大津（現：大津市）の問丸が倉庫代か宿泊代と考えられる房料を取得していたことがわかる。またこの前年には、次のような事件が起こっている。

一、同年（嘉元三年）十二月一日、太良後米運送之処、於二大津浦一、相二語三井寺慶月播磨房慶盛一、於二四十石年貢一者、点二置之一云々、

三井寺の慶盛なるものが大津で太良荘から運送中の米を押さえてしまったという。これに関連していると考えられる史料に次のようなものがある。

たらう（太良）の御ねんぐきのふつきて候、さてハきたのいんのはりまのどのより、よへ御つかひきたり候て、この御ねんぐになわをかけてをかせ給候ほどに、けふは御ねんぐあげず候、そこのよしくハしくふなふ申候べく候、　御といか上[注11]

（異筆）「嘉元三」閏十二月一日

めうやうとのへ[注12]

「はりまどの」という語があることから、これが播磨房慶盛のことであろう。大津へ着いた太良荘の年貢に対して慶盛が縄をかけて押さえたため、進上出来なくなった旨を問が注進している。また詳しいことは「舟夫」が伝えるという。問の傘下に舟を動かす舟夫がいたことがわかる。

宛先のめうやうは「妙性」と考えられ、同年、預所が仮名文字の文書で問丸についての書状を出していることから、当時太良荘の預所を務めていた藤原氏女であったと考えられる。[注13]

慶盛と大津問丸の関係については明らかではないが、慶盛は大津に近い三井寺の者で大津の港での運送の途上に関わっていた。ただ、大津の問丸が太良荘からの年貢米などの運送を請け負っていたとまでは言い切れない。

同じく鎌倉末の「東寺供僧方評定事書」には次のようにある。

一、同（太良）庄木津問丸年貢抑留事
傍例者、於二所々問丸一者、悉可レ為二預所進止一、而於二木津問丸一、百姓為二進止一之由、□之□、太不レ可レ然、
然者、於二一石三斗一者、為二預所之沙汰一者、経二入之一、於二問丸一者、可レ為二預所進止一、[注14]

太良荘の木津問丸が太良荘年貢を抑留したという事件である。太良荘には大津の問丸だけではなく、木津の問丸があったのである。この木津とは太良荘の位置から考えて山城国木津ではなく、近江国木津（現：滋賀県高島市）と考えられる。また問丸は預所が管轄するのが普通だが、木津の問丸は百姓が行っていたので年貢の抑留がおこったともしている。つまり、太良荘という一つの荘園にも問丸は複数存在しており、木津の問丸が特殊例であったというのである。

先の大津問丸の注進状は、預所らしき所に出されており、このことも問丸が預所傘下にあったことがわかり、この「預所進止」という記載は実態に合っているようである。

若狭国太良荘から東寺への運送においては、太良荘から琵琶湖岸の木津へ荷が運ばれ、舟運を経て大津へ運ばれ、大津から京都へ運ばれる道筋をたどった。そして、預所の下で問丸が動いて運送に携わっていることが原則であり、その問丸の下に舟夫がおり舟での運送に携わっていた。大津の問丸はその一つであった。その一方、百姓が動かしている問丸もあった。太良荘関係史料に木津の百姓は現れないため、「百姓」は年貢を出す太良荘の百姓と考えられ、太良荘百姓が木津の問丸に輸送を依頼していたのか、預所の下で動かない問丸もあったことがわかる。

一方で、次のような荘園の問の史料も残されている。

定置
高野山蓮華乗院御領、南部庄御年貢運送問職事

右、於二彼問職一者、任二代々先規之例一、以二世尊院之坊一定畢、然者於二能俊子々孫々一者、問職不レ可レ有二相違一者也、仍為二後代亀鏡一之状如件、

正平十三年戊戌（一三五八）十月十五日　左衛門尉能俊（花押）[注15]

紀伊国南部荘の高野山への年貢運送の問職として世尊院の者が務めることが記され、能俊なるものがその務めを約束している。ここでは、南部荘から高野山への運送を高野山の支院の一員が務めている。これは先の太良荘の例でみた大津の問、木津の問のように、輸送の一部を請け負うのではなく、年貢運送全体を請け負っていることがわかる。

このことを考慮すれば、筆者が旧稿で検討した次の史料についても再考を加える必要があるように思われる。

一、問職事

敦賀津百石ニ一石　中山駄賃石ニ二斗也、定式云々、然而為二江丁之沙汰一賃ニカク事不定也、荷ノハヤル時ハ一駄一石ニ一斗四舛五舛是ヲカク、荷ノ無時ハ一斗許ニ是ヲカクナリ、其外ハ江丁ガ得分也、駄賃ヲ減ズレバ馬借丸令レ損二御米一、駄賃ヲヨクカク時ハ以二本米一於二海津一請二取御米一之間不レ損レ米也、馬ハ以二十三疋一為二一類一ト、請二取米一経二両三日一、或経二四五日一、其間ニ不法之馬借等令レ損レ米也、[注16]

文永七年（一二七〇）頃の山門の勧学講について記した『勧学講条々』の一部であり、越前国藤島荘の年貢運送についての部分である。旧稿ではこれ全体を敦賀（現：福井県敦賀市）の問の業務としたが、この見解自体が豊田武氏の研究に縛られたものであったといえる。この項目はあくまで「問職事」であり、「敦賀津百石ニ一石」のみを問の業務として捉えるべきではない旨は旧稿でも記したが、敦賀の問の業務とはどこにも記されていない。この場合勧学講を支える藤島荘の問職の仕事として、敦賀津での徴収、敦賀から琵琶湖岸の海津（現：滋賀県高島市）までの運送に携わる江丁（網長）と馬借の管理があったと推定した方がよいであろう。この問職は敦賀の

住人が務めていたということは確定出来ず、山門の僧侶やその関係者が務めていた可能性も考慮しなければならないのである。

つまり、旧稿でⅡの段階とした荘園の問においては、各港町などで運送の一部の業務を請け負う問と、運送の全体あるいは多くの部分を請け負う問の二種が史料上の現れ方としてあるのであり、どちらも「問」と記されてきたのである。[注17]

三　問の担い手

二でみた荘園の年貢運送の長い距離を担っていた問の内、高野山領南部荘の担い手は、高野山の支院であった。他の場所ではどのような立場のものが担っていたのだろうか。

旧稿でとりあげた東寺領播磨国矢野荘（現：兵庫県相生市）の場合、南北朝期に年貢の運送を担当していたのは「上使」という職であった。康永元年（一三四二）、二年とこの役を務めた友実は、「東寺御領播磨国矢野庄御年貢運送のために上御使として所レ被レ差二下友実一也」と記しており、年貢運送が上使の業務であったことがわかる。また、同じ起請文において「以二現米一当庄より室泊にいたるまで、名主百姓に警固をいたし、友実船にのりて、路次之間奉行をいたして可二運送一事」と運送の方法を記すとともに、「真実以二現米一運送之段、不レ叶者、急しろかえて、以レ銭、かゑのぼすべし」[注18]と、年貢を米現物で運び、現物で運べないときは銭で運ぶと記し、年貢の運送方法についても記している。

矢野荘の場合、時代は下るものの問丸も確認され、永享十年（一四三八）には鳥羽の奥なる問丸が、翌年には淀の問丸水垂衛門なる人物が確認できる。[注19]つまり、東寺領矢野荘の問丸の場合、京周辺の鳥羽や淀といった港から東寺までの運送を担当するに過ぎず、荘園からの運送全体を統括していたわけではない。荘園からの年貢運送全体を統括する上使の下で、一部の業務を担当するに過ぎないのである。

先にみたように、鎌倉期の同じく東寺領の若狭国太良荘では預所が運送全体を統括し、その下に近江国木津、大津の各港にあった問丸が確認できる。この預所の位置に上使が入れば位置づけは同じであり、奇しくも太良荘の上使としても、矢野荘の上使を務めた友実と同名の友実が、建武元年（一三三四）公文と並んで太良荘の年貢に関わる史料に現れており、[注20]二箇所の荘園年貢は同様の動きをしていることがわかる。そして友実は、花押が同一とは言えないまでも花押の形態は近い。同一人物であれば、二つの荘園年貢が全く違うルートで京の東寺へ運ばれることを考えると、各港の住人という可能性や荘園現地の者という可能性は考えられず、京あるいは東寺周辺の人物であったと考えられる。

一方で時代が下ると、次のような史料がみられるようになる、

（端裏書）「尼崎問丸請文案文」

案文

請乞申

防州国衙正税送物等問職事

右、彼御問職者、依二道祐禅門推許被レ申、東大寺自二油倉一所被二仰付一也、仍彼御公用米銭雑具等、無二相違一執沙汰可レ申候、万一致二未進一不法緩怠者、彼問職可レ被二召放一候、其時一言子細不レ可レ申候、仍為二後代一請文之状如レ件、

寛正弐年（一四六一）辛巳八月日

尼崎別所三郎衛門尉

友久[注21]

尼崎の友久なるものが、周防国から奈良東大寺への運送の問職を引き受けた請文である。道祐の推挙をふまえた上ではあるが、東大寺関係者あるいは奈良や京都の住人ではない尼崎の住人が、周防国からの運送を引き受けている点は注目に値する。[注22]

また端裏書では「尼崎問丸請文」と記されている。この端裏書は、「尼崎問丸の請文」、「尼崎住人の問丸請文」と二通りに解釈できる。年欠の別史料で友久の肩書きが「御問丸三郎右衛門尉」となっており、[注23]「御問丸」の記載を考慮すれば、後者の理解が適切と考えられる。本文中には「防州国衙正税送物等問職」と記されており、問職と問丸は同じ範疇で捉えられるようになることがわかる。

そして東寺領矢野荘関係として、次のような史料が残されている。

注進　矢野庄去々年分供僧方淀問丸沙汰分支配状事

合壱貫五百文納

除二百五十文　半斗定也、去年十二月二十六日森田引物方代

（後欠）

この史料は『教王護国寺文書』に続きが残されており、[注24]その記載額と一致する直前の文書の記載から嘉吉元年（一四四一）四月の史料である。矢野荘供僧方の年貢の内、淀問丸が納めたものの内訳を記したと考えられる。他の年度のものは残されていないが、この直前の文書は「矢野庄供僧御方去年分御年貢代支配状事」であり、ここでは御年貢代として納められたもの以外に、淀問丸が納めるものがあったことがわかる、ここでも先の尼崎の例と同様に、淀という港町の問丸が運送の過程に入り込んでいたことがわかる。

以上の点をふまえて、問の担い手を整理すると以下のようになる。

一で触れた平安期の問の例では、「三宅坂越庄々問男」という複数の荘園名の記載があった。つまり問の語は

当初より、荘園に附属する問について使われていた。またこの場合、複数の荘園の記載から、一つの荘園の年貢の運送全体を掌握している問ではなく、淀に位置する問丸と考えることが適切であろう。この問の業務は貴族の渡船しか確認できないものの、荘園からの運送の一端を担っていたとすれば、淀の港での荷揚げや管理を担当していたと考えられる。「交通の要衝に自然発生的に生まれたものが荘園の年貢運送に利用されたのではないか」という清水三男氏の見解を修正する必要はないが、自然発生的に生まれたものは、木津の「木守」「御童子」や淀の「狩取」のように当初問とは呼ばれていなかった可能性を留意する必要があり[注25]、問という名は荘園の業務を行う際に付せられた名であった可能性が高い。

荘園の運送に関わる問では、高野山領紀伊国南部荘のように「問職」と呼ばれる問があり、これらはその荘園領主となる寺社の関係者が務め、荘園から領主への年貢運送を請け負っていた。そしてその下に荘園領主直近の港や中継港において荷継ぎや倉庫業の役割をするものがあった。その一方で、東寺領若狭国太良荘や播磨国矢野荘のように、預所あるいは上使のような別名の荘園の職が年貢運送を担い、途中の港（太良荘の場合、琵琶湖岸の木津や大津）の問丸が荷継ぎや一部の運送の役割を果たすことがあった。

つまり問の名称は、荘園から領主への年貢輸送の大きな部分を統括する全体の運送者である「問職」的な場合と、運送の過程のうち港での荷継ぎなどを担当する双方に使われていたことがわかる。田中克行氏が、近江国菅浦の年貢に携わった近江国坂本の問、素麺屋彦次郎の役割を検討し、問の役割を「運送」ではなく「保管」と位置づけたが、これは後者の問丸を検討した結果なのであった[注26]。従来の研究は、筆者の旧稿でのⅡ段階を含め、二つの問を同時に論じるという問題を孕んでいた。これはおそらく、荘園制の変化にともない、前者の「問職」的問が衰退していったことによって、後者の残された問からの検討を進められたことによると考えられる。

また一五世紀に入ると、個別業務を担っていた港の問の中にも、その業務で成長し、尼崎の友久の例のように、荘園の年貢運送の多くの部分を請け負うものが登場する。この中には、港での荷継ぎ業務を行うだけでなく、荘園現地まで運送に向かうものもみられる。これは港の問の発展を示すとともに、港の住人の発展を示すものであったとも考えられる。

この時期は「問」あるいは「問丸」が港において舟のエージェント的存在として理解される時期でもある。「問」の記載が船毎に記される「湊船帳」が武蔵国品川で作られたのは、明徳三年（一三九二）であり、兵庫において多数の問丸が記される（直接的に「問」とは記載されていないものの）「兵庫北関入船納帳」は文安二年（一四四五）である。[注27]この点からもこの一四世紀末年から一五世紀に入る時期が畿内周辺や鎌倉周辺の問丸、そして港町が動き始めた時期と考えられよう。

また旧稿で指摘したように、特定商品を取り扱う「問」「問丸」が史料的に確認できる最初のものは明徳二年（一三九一）の淀の魚市問丸であり、一五世紀に入ってから多くみられるようになる。[注28]「問職」的問の衰退の時期と合わせ、このことも変化の時期を示唆している。

四　港町における問の発展

鎌倉時代には限られていた荘園年貢の運送に関わる史料が、南北朝時代に入ると多くみられるようになることは、その輸送が増大していたことを示すともいえる。それは、港の問の成長を促した。ただ港の問がどのように、舟運や荷継ぎのみが確認される段階から荘園からの年貢輸送の大きな部分を担う存在になっていったのか、その過程を示す史料は残されていない。

問の権力を示す具体的な史料としては小浜の例がある

（応永）廿八年（一四二一）七月四日、小浜問丸共依二訴訟一、被レ替二長法寺方一畢、仍同代官三方山城守入道舎弟
修理亮殿同七月十日御入、政所屋刀禰兵衛太郎許御渡有レ之、[注29]

若狭国税所の今富名の又代官長法寺を問丸が追い出し、次の又代官が代官によって任命された、という記載である。問丸が現地の支配者である又代官を追い出すことが出来るほどになっていたのである。

この今富名の場合、追い出された長法寺も赴任してきた修理亮も、刀禰の家を政務を行う政所屋としているのであるが、この史料をさかのぼると次のような記載がみえる。

山名伊豆守入道
貞治三年（一三六四）三月廿六日、（中略）
篠澤右衛門尉光永羽田津と二人也、又代小山田四郎左衛門尉、貞治三年より応安七年永和元年、政所屋問心性許、
宿問道性許、

山名時氏が税所今富名の支配権を得た際の政所屋は問の心性の所になっており、宿に使っていたのは問の道性の所となっている。この時期は税所今富名が若狭国守護の支配下から離れた時期であり、税所代も鎌倉末から五〇年以上にわたって務めた海部氏ではないという特殊な時期であったことによる可能性もあるが、[注30]問と税所代官が密接に関わっていたことがわかる。そして、問が港町小浜という場で大きな位置を占めていたことがわかる。

つまり、荘園年貢の運送の役割が大きくなったことにより、問は多くの仕事を行うようになり、その勢力を拡大させ、港町での位置が大きくなったのである。

他に、港の問の力が大きくなったことを示す史料として、鎌倉末期の成立と考えられている『八幡愚童訓』の次の記載があげられる。

又淀ノ住人アリ、（中略）所々ヨリ大名ドモ来テ、問丸トナリケル程ニ、多徳ツキテ、安居勤仕スルノミナ

アラズ。当時マデ淀第一ノ徳人也、[注31]
石清水八幡宮の安居会の頭を務めた夫婦が問丸となって淀の第一の徳人になったという話である。『八幡愚童訓』の内容については、根拠のない記載もあるものの、淀のような港町においては、問丸であることが徳人である理由となりえることが理解されていたことを示しているとはいえる。

以上の史料から、鎌倉末から荘園年貢の運送などで成長し、各港で重要な地位をしめていることがわかる。おそらく、港を通過する物資の量が増え、その活躍により問の役割が増大していたことによると考えられる。そして、前章の問職への就任などの史料より、一五世紀に入り港町を越えた活躍をみせるようになることがわかる。

五　博多津楽市楽座令

問の到達点として触れられるのが、博多津の楽市楽座令である。楽市楽座令の条文が残されている場としては、博多（現：福岡市）は唯一の港町ともいえる例である。[注32]

定　　筑前国博多津
一、当津ニおいて諸問諸座一切不レ可レ有之事
一、地子諸役御免除之事
一、日本津々浦々ニ於て当津廻船、自然検儀雖レ有レ之、違乱妨不レ可レ有之事
一、喧嘩口論於レ仕者、不レ及二理非一双方可二成敗一事
一、誰々によらず付沙汰停止之事
一、出火附火其一人可二成敗一事

一、徳政之儀雖レ有レ之、当津可レ令二免除一之事
一、於二当津一内諸給人家ヲ持儀不レ可レ有之事
一、押買狼籍停止之事
右條々若違之輩於レ有レ之ハ、忽可レ被レ処二罪科一之由候也
天正十五年（一五八七）六月　日　御朱印

本文書はまず冒頭に「定　筑前国博多津」とあり、津つまり、港町に対して出されていることが記されている。「楽」の文字は見られないものの、第一条を含め、第二条の地子免除、第四条と第九条の喧嘩口論の成敗と押買の停止、第七条の徳政免除など、この時期の楽市楽座令と共通することから博多の楽市楽座令と呼ばれている。

第一条には、博多津において問と座は一切あってはいけないと記されている。この「諸問諸座」の部分は、他の楽市楽座令の場合、「諸役諸座」などと記されている部分であり、問が役や座とともに、博多津での業務を独占している障害と捉えられていたことがわかる。

そして、注目出来るのは第三条である。ここでは博多津の廻船が、日本国中の港において調べるべきことが起こっても、違乱妨害をしないようにと、博多津からの廻船の全国各港での優位性を保証している。これは他の楽市楽座令では見られない記載であり、博多という範囲を超えた日本中の博多廻船の活動を保証した記載である。つまり、問の全廃を指示しながら、博多津に所属する廻船を公認するだけでなく優遇する措置がとられている。

つまり、運送の大きな範囲を請け負う総合的な問が禁止され、廻船問屋など個別業務に特化したものは維持されたと考えることが出来る。それは、身分分離の中で商人として確立していく問屋などが維持されたともいえるのではないか。問の禁止は荘園性的なものを禁止する意味で不可欠なものであったといえる。

一方で、越前国三国湊（現：福井県坂井市）には、押買の禁止など楽市楽座令と共通の内容が記されるにもかかわらず冒頭は次のように記される柴田勝家の定書が残されている。

定　　三国湊

一、諸売買幷舟道の儀、一切可レ為レ如二先規一事

（中略）

天正九年十一月十六日

（花押）[注33]

この一年半後の天正十一年には丹羽長秀が、三国津の問丸中に対して、諸国からの船や出入りの商人を来させるように命じており、[注34]また慶長二年（一五九七）には、堀秀治が京への米の運送を命じている。[注35]つまり、三国湊では問丸が残されるとともに、諸売買や舟道の業務である荷の運送や荷継ぎ、そして京までの運送という従来の問と変わらない業務が行われている。

朝倉氏を滅亡させた後の越前では、織田信長、柴田勝家によって「楽座」にしながらも橘屋の軽物座、唐人座を認めるという政策が採られており、[注36]問の場合も同様に博多とは異なり、従来の問が認められ利用されたと考えられる。

京都周辺や博多など輸送量の多い港とは異なり、機能が分化していなかった港では従来の総合的な問丸が維持され、新たな支配者の下でも機能することになったのである。

おわりに

問は、当初から荘園の職として成立していた可能性が高い。「問」という名で把握されることが、荘園の運送

の一部を担う機関であったことを示している。このため、冒頭に記した問の定義は不完全であったといえる。ただ、荘園あるいは本所により、荘園年貢の運送ルートの多くを担う「問職」として登場する場合と、運送を担う預所あるいは上使などの下で、通過する港町での荷継ぎなどの一部機能を担う港町の「問丸」の二種類の問があったと考えられる。前者の場合、領主との関係で問の役割を果たすことが多く、後者の場合、港町に従来からあったものがその役割を果たしていたと考えられ、別名で掌握されていた可能性が高い。

一四世紀末から一五世紀にかけて、荘園支配の変化にともない、前者の問職的な問が衰退するのと時を同じくして、後者の問も変化をとげる。それは仕事量の増加などによる港町での役割の強化と前者の問に代わる輸送の担い手としての成長である。しかし、問という存在自体が荘園制に依拠する存在であったことにより、確認できるのは京周辺と鎌倉周辺などに過ぎない。また港のエージェントとしての問、廻船問屋としての問などが登場するが、それは荘園制から逸脱した動きであるため、「問」としてその動きは史料中に確認しにくくなる。それは旧稿で検討した越前国敦賀の船道座、伊勢大湊の廻船問屋など、別の名称で港町の商業の担い手として現れることにもよる可能性がある。旧稿のⅢⅣの段階は、右で記した二つの問の存在を無視したものであったため、このように修正しなければならない。

そして、港町の問が成長し、座と同格に認識されると博多の例のように、楽座令で禁止される存在となる。一方で、運送の大きな範囲を担うような成長が確認されない地方の港町ではそのまま、港町での荷継ぎ・保管を行う事業者として続くことになる。それは荘園制下での運送といった職的色彩の無いものであり、支配者にとっても身分制の確立にとっても阻害にならない程度の存在であったからと考えられる。旧稿で論じた総合的な問への発展は荘園制に規程される以上、全国的なものではなく京周辺などの港町に限定されたものであった。

ただ、本稿では問の発展の再検討に焦点をあてたためと史料的制約により、荘園制の変化の中身には余り触れることができなかった。今後は近年研究が進められている室町期荘園制の検討と合わせ、問の研究も進めていく必要があると考えられる。また、江戸時代の西廻り航路の完成などによる流通の隆盛への研究を深めるためには、問解体後の廻船問屋などだけでなく、三国湊で「問丸」という語が町年寄的役割として理解されるように、港町の人的構造を検討する必要があろう。

【付記】本稿作成には東京大学史料編纂所公開用データベースを利用した。また本稿は、科学研究費補助金基盤研究（「『菅浦文書』の総合調査及び村落の持続と変容の通時代的研究」16H01944）による研究成果の一部である。

注

1 宇佐見隆之『日本中世の流通と商業』吉川弘文館、一九九九年。問に関する論考は第二部。本稿で「旧稿」と記すものはこの論考をさす。

2 豊田武『増訂中世日本商業史の研究』岩波書店、一九五二年。後に豊田武著作集第二巻『中世日本の商業』吉川弘文館、一九八二年に再録。本稿での豊田説は明記しない限りこの論考による。

3 『中世の文書と惣村』山川出版社、一九九八年所収。

4 兵庫の問丸に分析を絞った例としては、近年も論究があり、戸板将典「室町期における兵庫問丸の活動」（『九州史学』一六八、二〇一四年）などがみられる。

5 記載の都合上、本稿では一般名詞での記載は「問」で統一する。なお、史料上使われる例などを説明する際や比較する際には、「問丸」「問職」なども用いる。

6 京都大学附属図書館ホームページ重要文化財『兵範記』（新写本）巻一五による。

7 『赤穂の民俗　その二』坂越編（1）（赤穂市教育委員会、一九八四年）。

8　『山槐記』治承三年（一一七九）二月八日条。

9　前掲注1一〇六、七頁。

10　東寺百合文書は函、『鎌倉遺文』二二五九九号。

11　この差出人の部分が読みづらい。このため、東寺百合文書WEBは「御とい□□」とする。しかし、同筆と考えられる「な函五四号」文書では「御といか」までは明確に記されている（最後の一文字はな函の方が不明瞭）。「御といかた」の可能性もあるが、他の関連文書中にも「といか」と記されているものがあることから、この例の場合「とい」ではなく「といか」と呼ばれていた可能性を考慮しておく。

12　東寺百合文書ト函二一号。『鎌倉遺文』補遺編、『若狭国太良荘史料集成』に所収。

13　東寺百合文書し函一八八号。なお、網野善彦による太良荘の記述（『小浜市史』通史編上巻、一九九二年）参照。

14　十一月廿八日付『鎌倉遺文』二四一二〇号。本文書は延慶三年（一三一〇）と推定されているが、本号の一部が記載されていないほぼ同様の内容が二四四七三号に収められており、こちらは翌年の応長元年（一三一一）と推定されている。

15　『大日本古文書　高野山文書』第一巻　三一四号。

16　『勧学講条々』（叡山文庫無動寺蔵本）。

17　ここで触れている史料からもわかるように、年貢の運送の長距離を担当する問は「問職」とすることが多い。しかし、単に「問」と記されるものや混同もみられる。

18　康永二年（一三四三）一一月二日　播磨国矢野庄上使友実起請文（「東寺百合文書」テ函二一二号）。

19　「東寺百合文書」ち一三号　二十一口方評定引付。

20　建武三年九月六日若狭国太良庄公文禅勝上使友実連署熊野上分物利銭借状（「東寺百合文書」ヌ函九号）。

21　寛正二年（一四六一）八月別所友久尼崎周防国国衙問職請文案（『兵庫県史史料編中世五』）。

22　同じく周防国の東福寺領年貢米の運送を、兵庫の問丸世善が請け負っている事例もみられる（長禄三年（一四五九）十一月十二日兵庫問丸世善請文案（『大日本古文書　東福寺文書』四五五号）。この文書でも本文中に「問職」と記す一方世善の肩書きが「兵庫御問丸」となっている。

23　四月十七日友久書状（前掲注21）

24　第四巻一三四〇号。

25 この点旧稿第二部第二章参照。また清水氏の論は同氏『日本の中世村落』（日本評論社、一九四二年）。

26 前掲注3参照。なお田中氏は、後者の問丸の機能のうち、「保管」あるいは倉庫機能を問丸の主要業務とするが、港町での機能のうち、輸送、荷継ぎ、倉庫、販売換金のどの業務が問丸の主業務であるかは史料の残存状態から特定出来ない。

27 「湊船帳」は『神奈川県史』資料編3古代・中世3上五〇九四号。なお前掲注1宇佐見書第一部第三章参照のこと。「兵庫北関入船納帳」は『兵庫北関入船納帳』（中央公論美術出版、一九八一年）所収。なお、応永三〇年（一四二三）八月四日の孫太郎以下三名が生口船の関役を請け負った請文の端裏書には「兵庫問丸請文案」と記され、関役を請け負うような立場の者を「問丸」ということがわかる（『大日本古文書　東大寺文書二〇』一四一〇号）。

28 前掲注1宇佐見書、一六〇頁。

29 『若狭国今富名領主次第』（『群書類従』補任部）。なお、小浜の初見は本史料である。

30 前注『若狭国今富名領主次第』およびその直前に掲載されている『若狭国守護職次第』による。

31 『八幡愚童訓』下（『続群書類従』第二輯）。

32 櫛田宮文書（東京大学史料編纂所影写本）。なお著名な伊勢国桑名の場合、「十楽の津」と記されるに過ぎず、条文は残されていない。全国の楽市令については佐々木銀弥『日本中世の都市と法』（吉川弘文館、一九九四年）参照。

33 柴田勝家定書（森田正治家文書『福井県史』資料編4）。

34 天正十一年五月四日丹羽長秀判物（前注森田正治家文書）。

35 慶長二年四月二十八日堀秀治判物（前注森田正治家文書）。

36 天正四年九月十一日柴田勝家安堵状（橘栄一郎家文書『福井県史』資料編3）。

Ⅱ 信仰と移動

中世前期の高野参詣における場と人々

伊藤　哲平

はじめに

摂関期・院政期は、治安三年（一〇二三）の道長の例を初めとして、貴顕による高野参詣が相次いで行われた時代として注目されてきた。すでに、様々な成果が報告されているが、まず、その全体像を示したのは、和多秀乘氏[注1]の研究であろう。和多氏は、平安時代~中世末までの高野参詣者と参詣史料を表にまとめた上で、各参詣の行程や布施・荘園の寄進・塔堂の建立といった財政的援助などの実態を概観的に示した。続いて、熊野参詣と比べ、いまだ高野参詣が地味なテーマであることを課題とした堀内和明氏[注2]は、参詣ルートを中心に高野参詣の分析を行った。堀内氏は、高野参詣記の記述をもとに、①摂関政治期は、四天王寺・住吉社・粉河寺等を巡拝していること、淀川を船で渡っていること、紀泉国境にかかる峠では比較的標高の低い大木越えにより難路を避けていたこと、の三点を特徴とする「和泉路」（のちの熊野街道を南下し、日根から紀伊国へ入るルート）が使われたが、②白河院政期になると、玉崎から火打崎（五条市）を通過する「大和路」が使われ、③鳥羽院政期以降は、京都を起点とした国衙間の古代官道が開発整備されたことによって、河内国の松原～狭山・長野を通過する「河内路」が使われ、その後展開していくといった参詣巡路の推移を明らかにした。また、西高野・中高野・下高野・東高野といった四つの高野街道の歴史的概要と現状が、棚橋利光氏[注3]によってまとめられた。また、高野山への登山口については、小山靖憲氏[注4]による町石道の研究がある。小山氏は、年貢輸送の視点から官省符荘・政所の機能について明らかにし、その過程で、中世から現在までの町石道が、どのようなコースであったのか分析している。このように参詣ルートの分析が進む一方で、貴顕の高野参詣の分析を通して、中世寺院としての高野山の成立を捉えようとしたのが、山陰加春夫氏[注5]である。山陰氏は、①久安三年（一一四七）から五度に渡って高野参詣を行った覚法法親王の事例から、貴顕の高野参詣が、高野山だけでなくその参詣ルートの周辺地域の発展にもつながったこと、

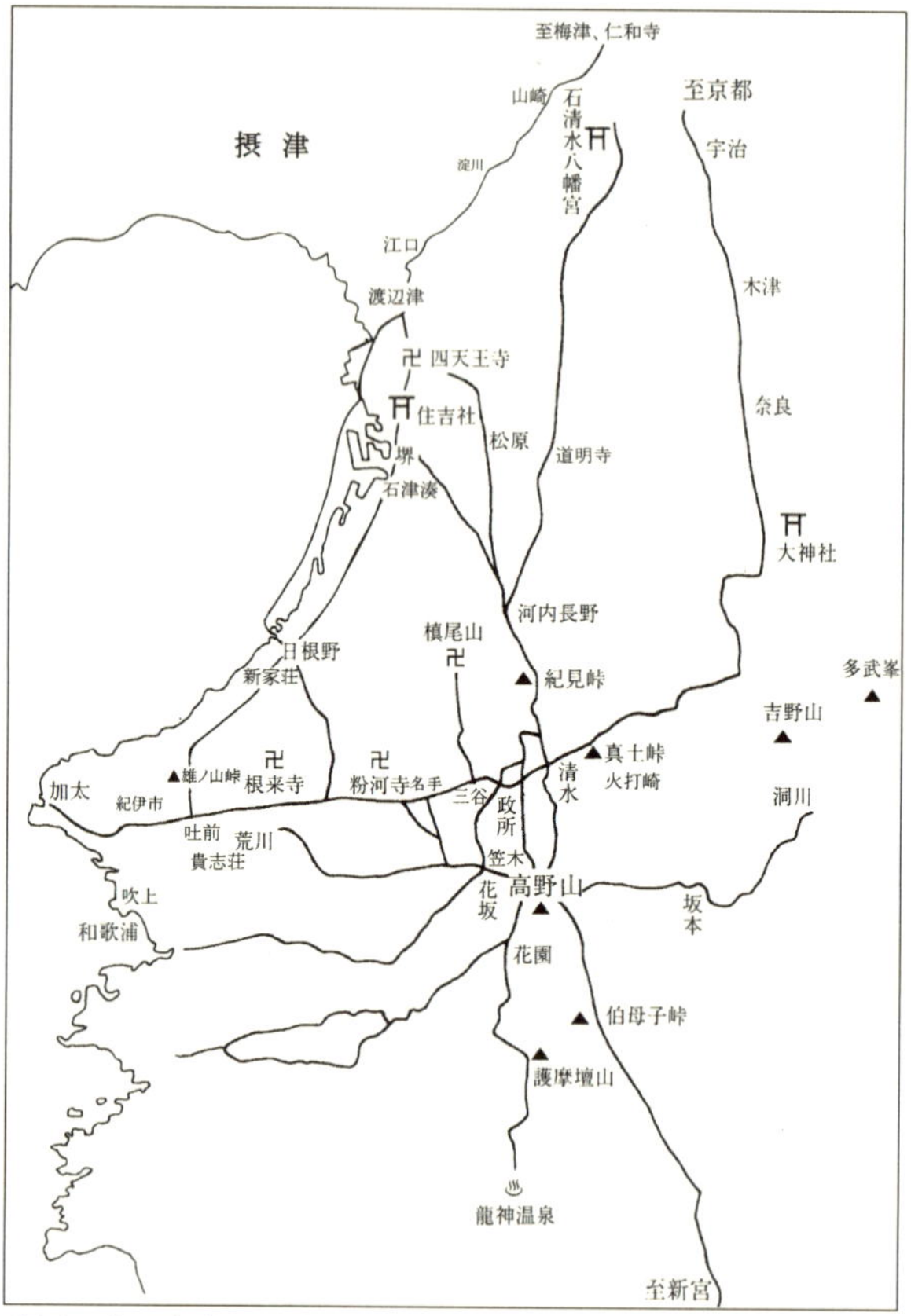

地図　高野参詣関係略図
（和多秀乗「高野山の歴史と信仰」〔松永有慶・高木訷元・和多秀乗・田村隆照『高野山―その歴史と文化―』法藏館、1984年〕及び『橋本市史 古代・中世史料』〔2012年〕所載の地図に加筆した。）

②鳥羽院政期に高野山が、貴顕の参詣を通じて、「王家一族の現世安穏・後世善処を祈る霊場」＝「院御願の山」として成立したこと、などを明らかにした。また、大村拓生氏[注6]は、高野参詣で利用された宿所の利用形態と空間認識に注目して、山陰氏による「中世高野山の成立」という評価に対して、改めて検証を行っている。このように、高野参詣に関する分析は、多角的な視点で行われ、進められてきたといえよう。また、近年、古代・中世の高野参詣を通時的にみる上で、非常に便利な史料集である『橋本市史　古代・中世史料』[注7]（以下、『市史』と表記）が刊行されたことも、高野参詣をめぐる研究成果として非常に大きい。『市史』には、昌泰三年（九〇〇）の宇多法皇の参詣から天正十五年（一五八七）の豊臣秀長の参詣まで、その参詣者と出典史料をまとめた「古代・中世高野参詣一覧表」と、特に重要な参詣史料が収録されており、今後の研究を進めていくうえで、重要な内容となっている。

そうした中で、高野参詣を通じて周辺地域を捉えようとする山陰氏の視点は、地域社会を考える上で、非常に重要であると思われる。このような視点によって、高野山や湯浅党・隅田党などといったある程度史料残存数に恵まれている勢力を中心として描かれてきた従来の紀伊国の地域社会像を相対的に捉え直すことができるのではないだろうか。しかし、熊野参詣[注8]に比べ、山陰氏や大村氏以降、高野参詣の道中における場や人々については、まだ十分な検証が行われているとはいえない状況であり、改めて検証する必要があろう。そこで、小論では、中世前期の貴顕による高野参詣において、どのような場で、どのような人々が関わっていたのかという点に注目して基礎的な考察を行いたいと思う。具体的には、参詣の過程で必要な物資（食料・宿・舟など）と、それを用意する人々に関する記述がある参詣記を通時的にみていくこととする。なお、中世前期に限らず、各時代における高野参詣自体の政治的かつ宗教的意義についても、改めて検証を行う必要があるが、現在の筆者には能力に余る課題であり、小論では扱わず、別の機会で検討することとしたい。

一　摂関家による高野参詣の場と人々

1　道長の参詣

道長は、治安三年（一〇二三）十月十七日に京を出発し、宇治殿～東大寺～山田寺～龍門寺～吉野川～政所～山中仮屋宿～金剛峯寺～奥院～金剛峯寺～政所～平維時宅～法隆寺～道明寺～四天王寺～摂津国府～江口～山崎～関外院～法成寺というルートで、参詣を行っている。道長の参詣の特徴は、吉野川上流に位置する龍門寺から川を下って、紀伊国に入っている点である。すでに堀内氏が指摘しているように、道長の目的は「南都七大寺の巡拝を主目的とし」たものであり、「その過程で紀伊まで行程を伸ばした」[注9]ことによるものであった。また、大村氏が指摘[注10]しているように、道長の参詣史料で、「山中御仮屋」・「政所御宿」・「大僧正房」以外に目立った宿所の記述はなく、関わった人々の記述もほとんどない。その中で、唯一注目されるのが次の記事である。

【史料一】[注11]

廿五日、御大僧正房、有二引出物一、申刻、留二宿前常陸介維時之宅一、簾帷加レ餝、盃盤尽レ弥

この記事は、十月二十三日に高野山に到着した道長一行が、二十四日に山中仮屋を出発し、政所に到着した後、翌二十五日に平維時宅に宿泊したことを示している。山中仮屋→政所宿→平維時宅→法隆寺→道明寺という行程であったことが分かる。また『小右記』には、「今日内府向二岡屋一、加塩湯治七个日許云々、従二河尻一入二小船一運二維時朝臣宅一、近辺宅幷往還人可レ取二事煩一云々」[注12]とあり、道長の五男の教通が湯治のため岡屋（宇治）に向かう際にも利用されていることから、摂関家は外出の際に、維時宅を活用していたことが分かる。その他、道長の参詣史料からは具体的な場や人々の名前は見いだせない。

2　頼通の参詣

続く頼通は、永承三年（一〇四八）十月十四日に京を出発し、淀～山崎～住吉～石津湊～曽根～日根～紀伊市～紀ノ川～政所～金剛峯寺～奥院～御影堂～政所～粉河寺～市宿～吹上浜・和歌浦～天王寺～山崎～淀というルートで、参詣を行っている。頼通の参詣の特徴は、①日根から大木峠を越えて、紀伊国に入る「和泉路」を初めて使っていること、②粉河寺や和歌浦などに立ち寄っていること、があげられる。堀内氏が指摘[注13]したように、頼通の参詣ルートは、この後、御室が踏襲していく。

頼通の参詣について書かれている『宇治関白高野山御参詣記』は、最後に「伊予守範国朝臣奉㆑仰記㆑之」と書かれており、参詣の随行者の一人であった伊予守の平範国が記した参詣記である。道長の参詣に比べ、この参詣記には、頼通一行が道中に立ち寄った場や関わった人々の名前が事細かに記されている。以下、本節に関わる箇所を抜き出して、具体的にみていきたい。なお、この参詣記について、各翻刻本によって字句の違いが多いという問題点があることは、すでに指摘されている通りである。そこで、今回は末松剛氏による翻刻版[注14]の成果を参照した。

【史料二】（※〈　〉内は割注）

十一日　遅明於㆓淀渡㆒遷㆓御々船㆒、〈宇治殿、前備後守良貞朝臣、先年所㆓造進㆒也、（略）〉、御衣櫃料一艘、〈大和守頼親朝臣造進〉、蔵人所船一艘、〈召㆓用播磨守行任朝臣㆒、（略）〉、僧料三艘、〈檜皮葺二艘、□□殿、一艘、備後守実範朝臣造進〉、贄殿三艘、政所三艘、御随身所一艘、僧料副船三艘、〈已上十一艘、検非違使右衛門志村主重基奉㆑仰、々㆓淀・山崎刀禰散所等㆒、令㆑造㆓板屋形㆒、前日遣㆓蔵人所㆒々司内蔵允藤原良任、与重基相共、令㆑令〔分カ〕㆓充件船㆒、以㆓椋橋御庄夫人卅人、摂津大江御厨夫卅人㆒、分㆓給水手等㆒、（略）以㆓近江国司

所レ進白米卅斛一、分二充僧供料一、幷充二道間雑用一〉（略）
於二宿院南橋下一、有二御祓一〈橋上敷二長筵一、其上装高麗端畳二枚〈当寺〉、儲二御手水御祓具等一、政所儲レ之、
（略）〉
辰剋還二御橋下一、移二御播磨守行任朝臣所レ進新造御船一、〈（略）〉、贄殿供二御膳一、幷儲二上達部已下饌一、〈丹波守章信朝臣儲二御飯・御菜・御菓子等一、予所レ渡也、〉（略）
入レ夜着二御熊川一、国司岸山作二萱葺雑舎一宇一、為二行事所一、其西五六段許、搆二廻萱垣一、為二御船寄所一、為レ禁二察上下往反之道一也、御膳、上達部・殿上人饌、僧綱料等、国司儲二其材料一、予付二贄殿一令レ供、〈今夕・明旦料〉、此外饗七十前、〈一度料〉、秣二百束、干蒭万把、〈一宿料、〉同所レ儲也、
十三日　午剋着二紀伊国市御借屋一、〈民部卿所領辺〉、（略）未昏黒之間、御二着高野政所一、以二別当房一、為二御在所一、其南廊為二諸大夫座一、其東為二贄殿一、以二便宜一僧房雑舎、為二上達部・殿上人・僧綱已下宿所一、始自御所、舗二設装束一、政所・御厩・御随身所・舎人所・諸大夫宿所、国掌所レ儲也、
十四日　（略）臨レ昏令レ着二奥院一給、（略）以二別当房一、為二御在所一、舗二設装束一、寺家所二勤仕一也、御膳、上達部・殿上人饌、僧料等、国司侍二贄殿一令レ供、
十六日　（略）着二御半坂一、（略）中途日暮、前程尚遠、因レ之臨レ昏之間、随衆儀御於腰輿、国司令レ物〔持カ〕二続松一参会、為レ勤二政所々〔之カ〕御宿所事一、此暁先立所レ向也、
十七日　（略）令レ立レ宿給之間、国司艤二華船於河辺一、（略）令レ〔参〕〔脱カ〕二粉河寺一給、先着二御々休幕一、〈本堂、堂之西作五間二面之板屋一宇、便宜所々作二立供屋数十宇一、是一夜可レ留二御一之由、依レ有二前定一、予致二其用意一〉（略）頃之出御、於二便所一移二御々船一、国司献二御菓子・御酒等一、臨レ昏着二御市御宿一、御儲同初、
二十日　（略）遅明着二御鳥飼御牧之辺一、丹波守章信朝臣奉二仕御儲一、

頼通一行は、まず、十月十日に京を出て、淀川を渡る。その際の船は、前備後守良貞・大和守頼親・播磨守行任・備後守実範・検非違使右衛門志村主重基が、それぞれ造進している。特に、贄殿三艘・政所三艘・御随身所一艘・僧料副船三艘の各船については、検非違使右衛門志村主重基が命令を受けて、淀と山崎の刀禰・散所等に造らせている。さらに、その船の梶取には、摂関家領である椋橋庄と大江御厨の庄夫がそれぞれ三十人ずつ割り充てられている。

続いて一行は、石清水八幡宮を参詣し、八幡宮宿院の橋下で祓を行った。その際の調度品は寺家が、手水や祓具等は政所がそれぞれ用意した。そして、橋下に移る際に乗り換えた船は、今回のために新造されたものであり、播磨守行任が用意した。また、御飯・御菜・御菓子などを用意したのは、丹波守章信であった。

夜になって、一行は御熊川に到着する。御熊川の岸では、和泉国司が萱葺の雑舎一宇を用意し、その雑舎が一時的な行事所となった。また、国司は、御膳、上達部・殿上人饌、僧綱料の材料や、夕方と明朝の七十人前の饗、秣二百束、干蒭一万把、宿所をそれぞれ用意している。御熊川周辺では、ほとんどの物資を和泉国司が用意していたことになる。

十三日、一行は紀伊国市に到着する。市における借屋の周辺は、道長の六男民部卿藤原長家の所領であった。日没になって、一行は高野山の政所に到着。高野山の別当房が御在所として利用された。その他、随行者の宿舎は、国衙の下級役人である国掌が用意した。

十四日、一行は奥院に到着する。ここでは、別当房が御在所として利用され、その舗設・装束は寺家が担当した。また、御膳、上達部・殿上人饌、僧料等は、国司がその場に控えて用意している。

十六日、山上の宿所から政所御宿に下山する途中の半坂で、政所御宿での勤めのために先に下山していた国司が続松を持って参会する。

十七日、政所御宿を出発の際には、国司が川辺に華船を準備している。その後、一行は粉河寺に到着。ここでは、「粉河寺にて一夜留まる」という以前からの定めがあったことにより、参詣記の筆者である範国が数十宇の板屋を用意している。また、しばらくして、一行は乗船して紀伊国市宿に向かうが、その途中、国司が御菓子や御酒などを用意した。

二十日、鳥飼御牧の辺りでは、丹波守章信が「御儲」を奉仕した。

以上が、頼通の参詣道中における物資の用意があった場と関係者である。主に、①各地の国司、②摂関家領の荘夫及び摂関家一族、がそれぞれ関わっていたことが分かる。矢田俊文氏が熊野参詣を題材に、「私人の場合は家産組織に依拠して旅をし、院・女院の場合は、国司に依拠する旅を行っている」と指摘[注15]しているが、摂関期の高野参詣では、国司と摂関家組織両方に依拠した旅であったといえよう。特に、和泉国や紀伊国内、山上での国司・国掌の役割は非常に重要であり、多くの物資を用意した彼らによって、頼通の参詣は支えられていたのである。

二　上皇による高野参詣の場と人々

1　白河院の参詣

白河は、寛治二年（一〇八八）・同五年（一〇九一）・大治二年（一一二七）の計四度に渡って参詣を行っている。白河の高野参詣は、「太上皇臨幸之儀、前代未聞[注16]」と書かれるように、初めての高野御幸であることは、すでに周知の通りである。また、後の鳥羽院の参詣記に「寛治之例[注17]」という記述が多くみられるように、その後の参詣に与えた影響は非常に大きい。ここでは、寛治二年の白河の一度目の高野参詣について検討したい。

白河一行は、二月二十二日に京を出発。深草～宇治平等院～東大寺～火打崎～真土山～大和河～紀伊御河～政

所〜笠木坂〜中院〜奥院〜御影堂〜中院政所〜火打崎〜法隆寺〜東大寺という「大和路」ルートで参詣を行っている。のち白河院政下における鳥羽新院の参詣の際にも同じルートが使われていることは、すでに堀内氏が指摘[注18]している通りである。

白河の一度目の高野参詣については、「白河上皇高野御幸記[注19]」に詳しい。この参詣記は、最後に「参議右大弁藤原朝臣通俊、奉勅命、粗実録」とあり、白河の命をうけて、側近である藤原通俊が記したものである。頼通の参詣記同様に、道中に立ち寄った場や関わった人々の名前が事細かに記されている。また、この参詣記には、所々の場所についても、「御笠木坂〈此処去中院九十三町、自政所中分〉」や「自二山桝〔椒カ〕一望二海上一、有二一別島一、是淡路国也、」とあるように、どのくらいの距離に位置する場所なのか、またその場所からどのような景色が見えるのかなど、詳しい記述がある点もその特徴である。以下、本節に関わる箇所を抜き出して、具体的にみていきたい。

【史料三】（※〈 〉内は割注）

二十二日（略）酉剋、至二泉河辺一、近曾雨沢頻降、水勢漫々、先是、検非違使等、編二小船四艘一、舁二居御車一、公卿等候二此船一、（略）庁所レ設之続松等、不レ参二向此処一、破二分国司路頭所レ立之柱松一、備二前駆炬火一、以達二前途一、（略）及二亥剋一、参二御御所一、是東大寺別当法印慶信東南院之房也、奇峻怪石、備二于庭一、実桜花梅樹新作公之風流之美、多出二丁寧一、上下供給、別当慶信儲レ之、先勧二公卿侍臣饌一、御厨子所雑具、在二泉河辺一、不二参向一、仍慶信弁二御備饌一、此外国司藤原朝臣伊家、進二秣百束・芻二千把一、即令二給上下一了、又西大寺別当権律師隆禅、献二菓子等一、

二十四日（略）巳剋、至二真土山下一、検非違使左衛門府〔生脱〕安倍頼重参向云、大和河水勢泛溢、仍国司儲二御船一、又検非〔違脱〕使作二仮橋一、（略）午剋、至二大和河辺一、検非違使左衛門府生多佐良構二仮橋一、以里〔黒カ〕

木作之以小竹敷上、又編二小船一、舁二載御車一、公卿以下自レ橋渡レ之、未剋、至二紀伊御河辺一、是高野政所也、当国司藤原朝臣仲実儲二御船一、編二船二艘一、（略）政所中門、不得入車、（略）以二本堂北屋一、為二御所一、国司懸二翠簾一、儲二敷設一、（略）公卿以下宿所、国司点二近辺房舎等一、儲二敷設一、（略）御厨子所供二御膳一、今度供給、国司偏勤レ之、此外献白米五十石・秣五百束・芻万把、仰庁今（令カ）分賦、人々以充暁夕料、有御湯殿事、国司令供之、

二十五日（略）申剋、御笠木坂（略）、立二二間一面屋一宇一〈南面〉、葺二長檜皮一、置二瓦木一、三面以檜納代蔀之、以二同助成一為二天井一、南面懸二翠簾一、為二御所一、其東西方立二五間板葺屋各一宇一、為二公卿侍臣等座一、〈西公卿、東侍臣、南北行二立之一〉、両三処構二片庇一、寺家偏勤レ之、御厨子所、予儲二公卿侍臣等饌一、

二十六日（略）戌剋、御中院、（略）人々宿所、先是、寺家点二諸房一、儲二敷設一、随二人之器秩（品カ）一、有二宿之遠近一、山上供給、本無二支配一、寺家国司、共不レ儲レ之、依二兼日之儀一也、又省二事煩一也、伝聞、雑人等多愁二飢饉一、以下国司所二進上一之白米上、給二雑人之粮一云々、

二十七日（略）寺家献二菓子御菜等一、御厨子所供二御膳一、

二十八日（略）更帰二参山麓一、御厨子所供二御膳一、上下供給、和泉守藤原朝臣家範勤レ之、此外進二秣三百束・芻三千把一、分二給雑人等一、

二十九日（略）申剋、着二火打崎一、国司伊家勤二供給一如レ先、進二秣五十束・芻千把一、今夜風大吹、右大臣過二此処一、寄二宿永原荘一、是大臣之別荘也、

白河一行は、二月二十二日に京を出て、深草〜宇治平等院〜東大寺へと進み、泉河（現、木津川）に到着。そこで、川を渡る際の小船四艘は、検非違使等が準備した。また、宿は、東大寺別当で東南院の院主である慶信房が用意し、上下供給も慶信が用意した。この外には、国司の藤原伊家が秣百束と芻二千把、西大寺別当権律師の

隆禅が菓子等を、それぞれ用意し、進上した。

二十四日、一行は、真土山下（奈良県五條市と和歌山県橋本市の境に位置する峠）に到着。ここでは、検非違使左衛門府生安倍頼重によって大和河氾濫の報告があったため、川を下る船を国司が用意し、仮橋を検非違使が作った。一行は、未剋に、紀伊御河（紀ノ川）に入り、高野山の政所に到着。ここでの船は、紀伊国司であった藤原仲実が用意した。その後、政所において、本堂の北屋が御所とされ、国司が翠簾を懸け、敷設した。また、公卿以下の宿所も、国司が近辺の房舎等をおさえて敷設し、御膳や湯殿なども、国司が用意した。この外の白米五十石・秣五百束・芻千把については、院庁に命令が下り、割り当てられた。

二十五日、一行は政所を出発し、笠木坂を登る。そこで御所となった建物や公卿侍臣等の座は、寺家がすべて用意した。公卿侍臣等の食事は、参詣記の筆者である通俊が用意した。

二十六日、一行は中院へ。人々の宿所は、寺家が諸房をおさえ、敷設した。また、山上での雑人に対する供給は、あらかじめ決められていた通りに、寺家も国司も用意しなかった。通俊が後に聞いたところでは、雑人等の多くは飢饉を愁い、国司から進上された白米を食料に充てたようである。

二十七日、一行は弘法大師廟堂へ。向かう途中の菓子・御菜等は寺家が用意した。

二十八日、一行は下山し政所へ。ここでは、和泉守である藤原家範が食料と秣三百束・芻三千把を進上し、雑人等に分け与えられた。

二十九日、一行は火打崎に到着。ここでは、国司である藤原伊家が食料と秣五十束・芻千把を進上した。また、この時、随行していた右大臣源顕房は、自らの別荘地である永原荘に寄って泊まった。

以上が、寛治二年の白河の参詣道中における物資の用意があった場と関係者である。主に、①国司、②検非違使、③寺家が関わっていることが分かる。その中でも、特に国司の役割が非常に重要であることが分かる。例えば、二十二日に一行が泉河辺に到着した際、院庁があらかじめ用意した続松は、現地に届かず、国司が路頭に立てた柱松が使用されたことや、二十四日に一行が、真土山から氾濫している大和河を下ろうとした際には、国司の用意した船が用いられていること、また、二十六日に、雑人等の食料供給がなかった際にも、国司が進上した白米が利用されていることなどから、その重要さが窺えよう。白河の参詣も国司の支えが非常に大きかったといえる。

2　鳥羽院の参詣

　続く鳥羽は、天治元年（一一二四）・大治二年（一一二七）・長承元年（一一三二）の三度に渡って、高野参詣を行っている。天治二年は、覚法法親王と、大治二年は、白河・覚法と、長承元年は、藤原忠実・覚法と、それぞれ共に参詣を行っている点が注目される。ここでは、天治元年の鳥羽の一度目の参詣と大治二年の二度目の参詣について検討したい。

　一度目は、十月二十一日に京を出発。鳥羽殿～石清水～淀～東大寺～大和川～火打崎～真土山坂～紀伊河～政所～丹生高野鳥居前～笠置～中院～奥院～中院～笠置～政所～紀伊河～火打崎～法華寺～東大寺～鳥羽～京という「大和路」ルートで参詣を行っている。また、二度目も、十月二十九日に京を出発した後、東大寺・法華寺を巡り、玉崎～火打崎～政所という「大和路」ルートを使っている。

　鳥羽の一度目の高野参詣については、「鳥羽上皇高野御幸記」注20に詳しい。この参詣記は、最後に「右衛門督藤原朝臣〈実行〉、奉二叡旨一大概録、」とあり、藤原実行が記したものである。また、二度目の高野参詣については、『長秋記』注21に詳しい記述がある。以下、本節に関わる箇所を抜き出して、具体的にみていきたい。

【史料四】（※〈 〉内は割注）

天治元年（一度目）
十月廿四日（略）亥刻着二御于火打崎一、件御所、幷上下供給等、偏摂政家之沙汰也、是国領已無レ地、在庁難二運対一之故也、仍出羽守紀宗兼、々日下向下二知雑事一、又彼家司兵庫頭源盛季、昨日重馳下、催二行巨細事一云々、御所之為躰也、事出二於丁寧一、構不レ似二卒爾一、
廿五日（略）未刻到二紀伊河一乗二御船一、〈国司儲レ之、〉（略）号二曰慈尊一院、（略）此処舗設装束上下供給、大僧正之所レ設也、抑紀伊国司所レ進之解文執奏之後、令二主典代通景一支二配雑人等一、（略）又不二登山一之雑人等供給、自二今日一至二来廿日一、可レ致二沙汰一之由、下二知国司一、此外御厩馬御車牛芻秣粥等雑事、又大僧正所奉仕也、〈寛治国司所レ課〉
廿六日（略）未刻御着二笠置御宿一、（略）事畢人々退下、〈人々宿所、各々相儲七八丁、近又二三丁也、〉
廿九日（略）巳刻於二笠置御所一、供二御膳一、〈手筥破子、〉臣下又応レ之、〈檜破子、〉北面・随身所・庁官・召次所、各賜二檜破子一、〈凡已上事、今度偏大僧正之沙汰也、〉午時着二御于政所一、御厨子所供二御膳一、又両僧正共供二御膳一、今夕明旦上下供給、和泉国司懃仕、是寛治之例也、
三十日（略）申刻御火敲崎、即供二御膳一、僧正行尊追参仕、戌剋下二格子一、夜候之後、有二御浴殿事一、右馬頭忠能朝臣・和泉守範隆役レ之、上下供給其懃如レ前、
大治二年（二度目）
十一月一日（略）過二薬師寺一、本院又遷二御腰輿一、検非違使成国、和河儲二竹橋一、（略）申始着二玉崎御所一、（略）広瀬社有二奉幣一云々、上下供給、自二摂政家一被レ儲レ之、此所行事筑前々司泰兼、出羽守宗兼云々、
二日　鶏鳴参二御所一、（略）令レ出給時、可下令二乗車一給上、摂政家儲二此所事一、（略）午始至二紀伊一、国司橋・小橋儲二二橋一、又儲二船二艘一〈無屋形、有二水引一〉（略）仍渡レ河、着二政所一、新院自二中門一下馬入御、以二南

面一、為二新院御所一、以二北面一、為二本院御所一、紀伊国司・和泉国司・長吏僧正、相共儲二此所事一、

まず一度目は、十月二十一日に京を出発した後、二十四日に火打崎に到着する。そこでの御所と食料は、すべて摂政家が用意した。これは、国領がすでに無く、在庁が必要物資を運ぶことができないからであった。出羽守紀宗兼と家司兵庫頭源盛季の二人が尽力し、「丁寧」かつ「不似卒爾」というように素晴らしい出来で用意することができた。

二十五日未刻、一行は紀伊河へ到着。船は国司が用意した。その後、政所へ到着。ここでの舗設・装束・食料は、大僧正が用意した。そもそも、これは、紀伊国司が進上した解文が奏上された後、主典代通景によって雑人等に負担が割り当てられたものであった。その後、登山しない雑人等の食料は、国司が用意せよとの命令が出た。また、この外の御厩馬・御車・牛芻秣・粥等の雑事は、寛治の白河の参詣の際は、国司が負担するものであったが、今回は大僧正が奉仕した。

二十六日巳刻、一行は笠置御所に到着。人々の宿所は、各々で用意した。

二十九日、笠木御所での御膳等は、大僧正が用意した。その後、午時に政所に到着。食料は和泉国司が勤仕した。これは、白河の寛治の参詣の例であった。

三十日、火打崎に到着。浴殿は、右馬頭忠能朝臣・和泉守範隆が勤めた。食料については、同じく和泉国司が勤めた。

次に二度目は、十月二十九日に京を出発した後、十一月一日に薬師寺を過ぎたあたりで、検非違使成国が、大和河にかける竹橋を用意した。その後、一行は、玉崎御所に到着。食料は、摂政家が用意し、家司である筑前々司高階泰兼と出羽守宗兼が勤めた。

翌二日、御所を出発の際、その場での儲は摂政家（藤原忠通）が用意した。その後、午始に紀伊へと入ると、

国司が橋・小橋、船二艘を用意した。その船で紀ノ川を下り、政所に到着。紀伊国司・和泉国司・長吏僧正が共に、鳥羽（新院）と白河（本院）の御所を用意した。

以上が、天治元年の一度目の参詣と大治二年の二度目の参詣道中における物資の用意があった場と関係者である。主に、①国司（和泉・紀伊）、②検非違使、③摂政家（忠通、家司の紀宗兼・源盛季・高階泰兼）、④僧（大僧正、長吏僧正）が関わっていることが分かる。特に注目されるのは、国司の負担よりも、摂政家や僧の負担の方が多い点である。頼通や白河の参詣では、国司の役割が非常に大きかったことを確認したが、鳥羽の参詣では、荘園の増加による国領の減少が原因で、国司や在庁が負担できなかった状況が読み取れる。たとえ、寛治の白河の例であっても、以前のように国司や在庁だけでは負担することができず、摂政家などの力に頼らざるをえなかったのであろう。このような状況での参詣は、摂政家の家司や大僧正などの人々によって支えられていたといえよう。

三　御室による高野参詣の場と人々

1　覚法の参詣

仁和寺御室は、三条天皇の子師明親王が出家して、性信となり、仁和寺門跡となったことから始まり、それ以降、親王が仁和寺に入寺し、御室が慣例化していく。康平元年（一〇五九）・延久四年（一〇七二）・承保二年（一〇七五）・応徳二年（一〇八五）の性信入道親王（大御室）を始めとして、寛治二年（一〇八八）・同四年（一〇九〇）・永長元年（一〇九六）に覚行法親王（中御室）、大治二年（一一二七）・同四年（一一二九）・同五年（一一三〇）・長承元年（一一三二）・久安三年（一一四七）・同四年（一一四八）・同五年（一一四九）・同六年（一一五〇）・仁平三年（一一五三）に覚法法親王（高野御室）が、それぞれ参詣を行っている。覚法以降も、覚性（紫金胎寺御室）・守覚（喜多院御室）・道法（後高野御室）など、代々仁和寺御室の高野参詣は続いていくが、すでに指摘[注22]されているように、御室の高野参詣は、弘長三年（一二六三）の性助を境に、次第に減っていく傾向があり、十一〜十二世紀が最盛期といえよう。ここでは、御室の中でも非常に回数が多い覚法の高野参詣を中心に検討したい。

「王家（鳥羽院）とその一族の現世安穏と後世善処とを念じる」[注23]目的があったとされている覚法の高野参詣は、仁和寺〜梅津〜鴨河尻〜窪津（渡辺津）〜住吉前濱〜日根湊〜新家荘〜塡崎（吐崎）〜名手荘〜政所または三谷〜山上〜政所または三谷〜名手荘〜新家荘〜日根湊〜住吉前濱〜大渡〜山崎辺〜仁和寺というルート（一・二・四・五度目）と、仁和寺〜五条桂河〜鴨河尻〜窪津〜松原荘〜石瀬〜政所〜笠木〜鳴河水上〜御影堂〜奥院〜御影堂〜高野勝蓮花院〜奥院〜御影堂〜三谷坂〜粉河荘〜荒川〜塡崎（吐前）〜新家荘〜日根湊〜住吉前濱〜大渡（渡辺津）〜山崎〜仁和寺というルート（三度目）が使われた。

覚法の五度に渡る高野参詣については、『高野山文書』所収の「御室御所高野山御参籠日記[注24]」（以下、「参籠日記」と略す）に詳しい。以下、本節に関わる箇所を抜き出して、具体的にみていきたい。

【史料五】（※〈 〉内は割注）

久安三年（一度目）

五月二日（略）酉刻、到二住吉前浜一乗レ船、真慶新二造二尾船一、

三日（略）着二日根湊一、即下レ船乗レ輿、到二新家庄一、実厳儲二□□於此所宿一、

四日　自レ夜雨降、立二新家庄一、於二項前邊（塡崎）一乗レ船、件船、貴志庄司友兼所二相儲一也、次々船、自二高野政所一将来、今夜於二名手庄一件宿、友兼儲二假屋幷儲事一、

五日　立二名手庄一、午刻着二政所一、下レ船乗レ輿、申刻至二中院一、於二天野辻一、六箇庄儲二檜皮破子一、

廿日　今日降雨、塔供養、（略）又大僧供料米百斛、付二寺家一了、〈勝浦庄七十石／江頭陀寺三十石〉

廿一日　（略）参二御影堂一、其次御社奉幣、其後下山、於二天野辻一、有二檜破子事一、自二三谷坂一下乗レ船、

（略）申刻、到二名手庄一下レ船、宿二仮屋一、

廿二日　今朝立二名手庄一、到二新家庄一、宿實厳所レ儲仮屋、於二荒川辺一、彼庄司佐公〈不知實名〉、儲二晝事一、

人々下レ船、差二坏膳一、召二佐公一賜二馬一疋一了、

久安四年（二度目）

四月三日　（略）午後雨止、酉刻到二住吉之浜一、今夜於レ船宿、賀島庄勤二儲事一、

四日　（略）未刻着二日根之湊一、下レ船到二新家庄一、実厳儲二仮屋等一、

五日　今朝召二実厳一纏頭、依二儲事等一殊致二丁寧一也、巳刻致二塡崎一、友兼儲二船幷晝儲一、於二此所一乗レ船、

到二粉河津一、友兼儲二仮屋一、今夜宿二此所一、

六日　立レ宿到二三谷之前一下レ船、経二三谷坂一、到二天野一、法印兼儲レ膳、

廿九日　今朝出二於中院一、於二天野辻一晝破子、事了、下二三谷坂一、於二紀川一乗レ船、申刻到二着粉河一友兼

所レ儲宿、

五月三日　天陰降雨、自二山崎一着二仁和寺一了、夜前、渡辺光〈伝之子〉、率二随兵一為二宿直一参、今朝召レ光、

賜二馬一疋一了、

久安四年（三度目）

閏六月十日　（略）到二着松原庄一〈広隆寺庄〉、宿二真慶儲仮屋一、

十一日　（略）立二石瀬一、亥刻着二政所一、儲事、長者仰二所司一、令レ儲レ之、

八月四日　今朝〈卯刻〉出二高野一参二御影堂一、其後退出、於二三谷坂上一、有二晝破子事一、於二三谷坂一下

乗レ船、件船、従二貴志一所レ進也、雑舟五艘、所レ召二政所一也、申刻、着二友兼所レ儲仮屋一、件
所粉河庄内〈云々、〉

五日　（略）辰刻乗レ船、於二荒川辺一、彼庄沙汰者寛禅、立二仮屋一、儲二破子等一、仍給二馬一疋一了、

久安五年（四度目）

四月三日　（略）申刻到二窪津一、秉燭天王寺、以二北念仏所一為二宿所一、別当権僧正兼敷二設之一、

四日　（略）到二着新家宿一、実厳相二儲種々物一、感嘆之由仰レ之、

五日　自二新家宿一起、越雄山、於二墳崎一乗レ船、友兼於二此所一儲二晝膳一、於二荒川辺一、彼庄司僧立二仮
屋一儲二破子等一、暫船留、経二暫程一、到二友兼所レ儲宿一、〈粉河領、〉

六日　立二此宿一、於二三谷前一下レ船、登二三谷坂一、於二天野辻一法印儲二晝事一、

八月十三日　（略）未刻至二墳崎一下レ船、於二此処一有二晝儲事一、〈貴志庄所課、〉秉燭着二新家庄一宿了、

久安六年（五度目）

六月八日　従二新家庄一立、午刻於二墳崎一乗レ船、申刻着二麻津宿一、件所宰相中将(教長)領也、彼宰相仰二預人大光
房兼賢一、令レ造二三間四面屋一宇一、又仰二貴志友兼一、令レ造二侍廊幷雑舎一、皆懸レ簾敷レ畳尤美麗也、
及レ晩大雨、今日々次不レ宜、仍宿二侍廊一、

九日　（略）立二麻津宿一乗レ船、於二三谷津一下レ船、（略）申刻着二天野宿一、法印儲二酒膳等一、

十一日　参二大御堂一、造功早可レ畢之由令二沙汰一、召二大光惣持等一、仰二其旨一了、

八月十七日　今朝〈辰刻〉、退二出御山一、午刻着二天野宿房一、法印儲二檜破子等一、於二三谷坂一乗レ船、到二麻津
宿一、但於二世々山西下船巡検地一、大光房兼賢参二会此所一、件地有二事便一尤神妙、仍下宿可レ渡二造
此処一之由仰含了、其後又乗船到レ宿了、

十八日　今朝立二麻津宿一、於二塡崎一下レ船、申刻着二新家庄宿一了、於二荒河邊一、彼庄司寛禅儲二破子一、船指二寄假屋一、於二寛禅一給レ扇了、〇又於二堺邊一、友兼儲二檜破子一、自二其所一降雨、但行二四五丁程一、雨脚止了、

覚法一行は、久安三年（一一四七）に一度目の参詣に向かう。五月二日に出発し、三日に仁和寺領の新家荘に到着。実厳が用意した宿に泊まった。翌四日には塡崎（吐前）に到着、貴志荘司友兼が用意した船で名手荘に至った。名手荘では貴志荘司友兼が用意した宿・仮屋に泊まり、儲事の提供を受けた。翌五日には天野辻で天野社領六箇荘から檜破子の提供を受けた。同二十日には、塔供養が行われ、その際に覚法から寺家に米百石が付せられた。その内、七十石を勝浦荘が、三十石を江頭陀寺（荘）が、それぞれ負担した。同二十一日には三谷坂から下山し、名手荘で友兼が用意した仮屋に泊まった。翌二十二日には鳥羽院領荒川まで進み、荒川荘司佐公から昼事の提供を受け、覚法は佐公へ馬一疋を贈った。続いて新家荘では実厳が用意した仮屋に泊まり、二十五日に仁和寺へと戻った。

同四年（一一四八）、二度目の参詣に向かう。三月二十九日出発し、四月三日に住吉前浜で、仁和寺領賀島荘が「勤二儲事一」めた。翌四日には、新家荘で、実厳から仮屋等の提供を受け、翌五日には、塡崎で友兼から船と昼儲の提供を受けた。その日中に粉河津まで進み、友兼から提供された仮屋に泊まった。翌六日には、三谷坂経由で天野に到着、法印から膳の提供を受けた。二十九日には三谷坂より下山。粉河まで進み、友兼が用意した所を宿とした。その後、翌月五月三日に仁和寺に戻った。仁和寺では渡辺党の渡辺光が隋兵を率いて宿直をしたので、覚法は光に馬一疋を贈った。

同年（一一四八）、三度目の参詣に向かう。閏六月十日に出発し、広隆寺領松原荘で真慶が用意した仮屋に泊まった。翌十一日には、高野山政所で、政所所司から儲事の提供を受けた。八月四日には下山し、三谷で友兼の船に

乗った。続く粉河荘内では、友兼が用意した仮屋に泊まった。翌五日には、荒川辺りで、荒川荘沙汰者寛禅から仮屋・破子等の提供を受けたので、覚法は寛禅に馬一疋を贈った。その後、八日に仁和寺へ戻った。

同五年（一一四九）、四度目の参詣に向かう。四月三日に出発し、翌四日には、新家荘まで進み、実厳から「種々物」の提供を受けた。翌五日は、墳崎まで進み、友兼から昼膳の提供を受けた。さらに荒川荘では、荒川荘司僧から仮屋、破子等の提供を受けた。その日は最終的に「粉河領」まで至り、友兼が用意した宿に泊まった。翌六日には、三谷経由で、天野辻に至り、昼事は法印が用意した。八月十三日に下山し、墳崎では「貴志庄所課」の「昼儲事」が用意された。その後、十六日に仁和寺に戻った。

同六年（一一五〇）、最後の五度目の参詣に向かう。六月六日に出発し、同八日に、墳崎経由で、藤原教長領の麻津（麻生津）まで進む。麻津では大光房兼賢によって「三間四面屋一宇」が造られ、また、貴志友兼によって「侍廊」と「雑舎」が造られた。翌九日には、三谷坂を登って天野の宿に入り、法印から酒膳等の提供を受けた。七月十七日に下山し、途中の天野の宿房で、法印から檜破子の提供を受けた。十八日には、墳崎から新家荘へと進み、途中の荒川では、荒川荘司寛禅から破子の提供を受けたので、覚法は寛禅に扇を与えた。また、友兼から檜破子の提供を受けた。その後、二十一日に仁和寺戻った。

以上が、久安三～六年の五度に渡る覚法の参詣道中における物資の用意があった場と関係者である。これまでみてきた頼通・白河・鳥羽の参詣と比べ、次の特徴が注目される。まず一点目に、国司ではなく貴志荘の荘司であった貴志友兼の活動が多く見られるという点である。この点については後述する。

次に二点目は、覚法が滞在した場所の性格の違いについてである。覚法は、①自らが荘園領主をつとめる仁和寺領の賀島荘や新家荘と、②仁和寺領でない高野山領名手荘・鳥羽院領荒川荘・藤原教長領麻津とを通っている。覚法がこれらの仁和寺領でない荘園に滞在した理由を考えてみると、高野山領名手荘については、覚法の参詣目的地が高野山であったこと、また、この参詣以前に既に覚法は高野山を何度か訪れていることから、高野山と覚法の関係の中で滞在できたと考えられる。鳥羽院領荒川荘については、その参詣目的が鳥羽院一族のための祈禱にあったことを踏まえると、鳥羽院と覚法との関係の中で滞在できたと考えられる。藤原教長領の麻津については、教長が鳥羽院の願文清書役を勤めていること[注26]、また二回目の参詣に同行していること[注27]から、鳥羽院一族の祈禱を目的とした今回の参詣に深く関わっていた人物であり、故に滞在できたと考えられる。このように、仁和寺領とそうではないが滞在可能な場所をうまく組み合わせて参詣を行っていた。

三点目に、仁和寺領荘園とそれ以外の荘園とでは、物資の提供について性格が異なるという点である。仁和寺領荘園である貴志荘には「所レ課」、賀島荘には「勤」、という表現がそれぞれみられ、これらの荘園で用意された「儲事」や「書儲事」は、それぞれ仁和寺から負課されたものであったと考えられる。また、阿波国の勝浦荘と遠江国の頭陀寺荘は、ともに仁和寺領であり、山上での塔供養の際に、合計百石の米を負担しており、これも仁和寺から賦課されたものであろう。一方で、鳥羽院領の荒川荘では、昼事を用意した荘司佐公に対して馬一疋が、破子等を用意した荘司寛禅に対して扇が、それぞれ覚法から贈られており、仁和寺領荘園のそれとは異なり、物資を提供した荘官に対して、報酬を渡す形が取られていたことが窺える。

2　貴志庄司友兼

それでは、覚法の参詣に深く関わっていた「貴志庄司友兼」とは、どのような人物であったのか、検討したい。

友兼が本拠とする貴志荘は、康治二年（一一四三）付「神護寺領神野真国荘園絵図」に「貴志庄　御室所領[注27]」とあり、仁和寺領であったことが分かる。【史料六】が示すように、康治三年（一一四四）には、覚法の高野参詣の際に御所として使用する庵室を友兼が造進しており、参詣以前から、すでに友兼は貴志荘の荘司として荘園領主の覚法に奉仕していたことが分かる。これらのことを踏まえると、仁和寺領の荘官として友兼は、覚法の参詣に深く携わっていたと考えられる。

【史料六】注28

高野御庵事、
康治三年「今年二月廿三日改元天養」十一月十一日戊午、御記云、高野御庵室御㆓移此御所㆒、貴志庄友兼所㆓造進㆒也、

しかし、他の参詣記に比べ、その登場回数が非常に多いことや、活動場所が広範囲に渡ることから、友兼が参詣に関わった要因として、単に仁和寺領の荘官というだけでなく、貴志荘を中心として、日常的に周辺の紀ノ川流域にまでその活動範囲を広げていた友兼の在地領主としての一面も考えられるのではないだろうか。

「参籠日記」中にみられる友兼は、川船や昼膳・仮屋・侍廊・雑舎といった様々な物資を毎回準備していることから、参詣の責任者的立場を担っていたと考えられる。一回目の参詣では、墳崎で船、名手荘で仮屋と儲事、二回目の参詣では、墳崎で船と昼儲、粉河津で仮屋、三回目の参詣では、三谷坂下で船、粉河荘内で仮屋、四回目の参詣では、墳崎で昼膳、五回目の参詣では、藤原教長領の麻津の宿で侍廊と雑舎、堺辺にて檜破子を用意しており、様々な物資を様々な場所で準備していた。

注目すべきはその活動場所である。他の荘官は自らの荘園内で活動しているのに対し、友兼は本拠地貴志荘外の、墳崎（吐前）・名手・粉河・麻津・三谷といった紀ノ川沿いの地域で活動していることが分かる。この中で、名手や麻津は、すでに確認したとおり、覚法の参詣に関わる荘園であり、友兼は今回の覚法の参詣の中において、このような場で仮屋・儲事・侍廊・雑舎を用意することができたと考えられる。

一方で、墳崎・粉河津・三谷という場は、紀ノ川水運の重要な津であったことは周知の通りである。特に粉河

という場は、応永三年（一三九六）の史料には「粉河市[注29]」と、また『紀伊続風土記』には「宝亀年中（七七〇〜七八一）以後参詣の人多く土地自然に開け[注30]」た場とあるように、様々な物資や階層の人が交差する場であったと考えられる。このような場において、友兼が仮屋を建てていることが注目される。すでに、紀伊国では、在地領主湯浅氏が津や泊・市場と密接に関わっていたという事例[注31]が報告されているが、湯浅氏同様に、貴志氏も粉河津に関わりを持っていたことは非常に重要であろう。その背景として、貴志氏が在地領主として日常的に粉河津を拠点としていたことが想定できる。残念ながら、「参籠日記」以外で、友兼と粉河の関わりを示す史料は現在までに見つけられていないが、貴志氏と粉河の周辺地域との関わりという点では、次の史料がその手がかりになる。

【史料七[注33]】

「名手丹生屋堺相論問注幷沙汰人夾名日記六波羅寛元二年初度問注」

名手與丹生屋堺相論六波羅問註間事

寛元二年甲辰自六月廿五日至七月十七日、其間問注日、六月廿五日・同廿六日・七月二日・三日・七日・九日・十四日、已上七箇所日也、讀合同七月十六日一箇日也、同月十七日可レ取詮句定式日、雖レ然不レ取レ之、其取詮句人、勘解由入道法名了念、六波羅奉行者二人大膳進源季定書手中津川彌二郎源家経　問注記在別

上乗院長者前大僧正（良恵）御房御使大輔阿闍梨隆尋

聖護院僧正御房御使伊豆都維那尚寛

高野使者　祐全最性房　忍澄慈泉房　道玄俊圓房

道性弁勝房前年預代　明篋性浄房行事　賢立智眼房言口

覺岑恵定房惣執行　名手庄官下司行政貴志太郎 公文代朝康伊佐太郎

粉川使　顯陽南陽房　明憲覺音房　憲秀審蓮房

春憲大輔房　眞眼房　　　　寛幸公文
丹生屋地頭代在レ之　　　中務使僧一人
寛元二年七月日記レ之

この史料は、鎌倉中期の仁治年間（一二四〇～四三）から、紀伊国の丹生屋村と名手荘が境界の山・用水をめぐって相論に発展した際の関係者を書き上げたものである。詳しい相論の内容については省略[注34]するが、ここでは友兼が仮屋を建てた場所の一つである高野山領名手荘の下司として貴志太郎行政という人物がみえることに注目したい。時代はやや離れるが、貴志氏を名乗る友兼と行政が同じ場所で活動しているということは、貴志氏[注35]の日常的な拠点が名手荘やその周辺地域にまで広がっていたと考えてもよいだろう。

また、「参籠日記」の記述から、友兼は都とのつながりを持っていた人物とも考えられる。久安六年（一一五〇）の五度目の参詣途中、藤原教長領の麻津で友兼が造進した「侍廊」「雑舎」は「皆懸レ簾敷レ畳尤美麗[注36]」であったという。このような「侍廊」「雑舎」を造進できたのは、友兼が、都の文化についてある程度通じていた人物であったからであろう。

おわりに

小論では、中世前期の高野参詣記の記事から、①頼通・白河の参詣では、道中の国司の役割が重要であったこと、②鳥羽の参詣では、国司の役割が低下し、摂政家や金剛峯寺の僧侶らの役割が重要になっていたこと、③覚法の参詣では、在地領主貴志氏の役割が非常に重要であり、その背景には、貴志氏の在地における日常的な拠点での活動が関係していたと考えられること、を論じてきた。参詣における国司の役割については、従来の研究に屋上屋を重ねるものとなってしまったが、貴志氏のような在地領主の役割が貴顕の参詣を支えるようになっていくことは、地域社会を考える上で非常に重要な点であろう。熊野参詣において、その道中で在地領主による物資提供があったことは、すでに指摘[注37]されてきたが、高野参詣においても、今後、より具体的に在地領主をはじめとする参詣に関わった人々と道中の場との関係について、検討されていく必要があり、そのためにさらなる事例検出が求められる。後考を期して擱筆する。

注

1 和多秀乘「高野山の歴史と信仰」(松永有慶・高木訷元・和多秀乘・田村隆照編『高野山 その歴史と文化』法蔵館、一九八四)

2 堀内和明「中世前期の高野参詣とその巡路」(『日本歴史』六一九、一九九九)―(A)、同「文献・記録から見た中世前期の西高野街道」(『歴史の道調査報告集 第二集 高野街道』大阪府教育委員会、一九八八)―(B)

3 棚橋利光「高野街道の歴史的概要」(『歴史の道調査報告集 第二集 高野街道』大阪府教育委員会、一九八八)

4 小山靖憲「備後国大田荘から高野山へ――年貢輸送のイデオロギー――」(同『中世寺社と荘園制』一九九八(初出は一九九五))

5 山陰加春夫「中世高野山の成立――『御室御所高野山参籠日記』を主たる素材として――」(同『中世寺院と「悪党」』清文堂、二〇〇六)

6 大村拓生「中世前期の高野参詣と宿所」(『密教文化』二一八、二〇〇七)

7 『橋本市史 古代・中世史料』(橋本市史編さん委員会、二〇一二)

8 代表的な研究として、戸田芳実『中右記――躍動する院政時代の群像』(そしえて、一九七九)、同『歴史と古道――歩いて学ぶ中世史』(人文書院、一九九二)、矢田俊文「戦国期の奉公衆家」(同『日本中世戦国期権力構造の研究』塙書房、一九九八(初出は一九八六))小山靖憲『熊野古道』(岩波新書、二〇〇四)、同『世界遺産 吉野・高野・熊野をゆく――霊場と参詣の道』(朝日選書、二〇〇四)などがあげられる。

9 堀内前掲注2―(A)

10 大村前掲注6
11 『扶桑略記』治安三年十月二十五日条
12 『小右記』万寿二年十一月二十六日条
13 堀内前掲注2―(A)
14 末松剛「『宇治関白高野山御参詣記』(京都府立総合資料館本)の紹介と諸本について」(『鳳翔学叢』第五輯、二〇〇九)
15 矢田前掲注8
16 「白河上皇高野御幸記」(『増補続史料大成』)。以下、寛治二年の白河の高野参詣史料の註記は省略する。
17 「鳥羽上皇高野御幸記」(『群書類従』帝王部)。以下、天治元年の鳥羽の高野参詣史料の註記は省略する。
18 堀内前掲注2―(A)
19 前掲注16
20 前掲注17
21 『長秋記』大治二年十一月一日条~同六日条。
22 前掲注7
23 山陰前掲注5
24 「御室御所高野山御参籠日記」(以下、「参籠日記」と略す)(『大日本古文書　高野山文書』四―二〇〇、以下『高』と略す)。また、参詣ルートや参詣の目的に関する「参籠日記」の詳細な分析については、山陰前掲注5、村上保壽・山陰加春夫『高野への道』(高野山出版社、二〇〇二)、藤本清二郎・山陰加春夫編『街道の日本史35　和歌山・高野山と紀ノ川』(吉川弘文館、二〇〇三)、山陰加春夫『歴史の旅　中世の高野山を歩く』(吉川弘文館、二〇一四)などもあわせて参照されたい。
25 保延五年四月一日鳥羽上皇御告文(『大日本古文書　石清水文書』一―九)、「参籠日記」久安三年五月二十日条には「願文〈清文宰相中将教長〉」とある。
26 「参籠日記」久安四年四月十三日条に「忠基教長両参議」の名がみえる。
27 康治二年五月二十五日神護寺蔵「神野・真国荘園図」(東京大学史料編纂所『日本荘園絵図聚影』東京大学出版会、一九九九)
28 『御室相承記』四(『仁和寺史料』寺誌編一所収)
29 応永三年五月三日「中司頼春夫役定書」(鞆淵八幡神社文書三五、『和歌山県史』中世史料二)、『日本歴史地名大系　和歌山県』

「粉河村」の項を参照。
30 『紀伊国続風土記　第一輯』「粉河村」の項を参照。
31 網野善彦「中世都市論」（『岩波講座 日本歴史7　中世3』、一九七六）、湯浅治久「中世東国の「都市的な場」と宗教」（同『中世東国の地域社会史』岩田書院、二〇〇五〔初出一九九五〕）などで指摘されている場が想定できる。
32 高橋修「中世前期の地域社会における領主と住民」（同『中世武士団と地域社会』清文堂、二〇〇〇〔初出は一九九一〕）
33 寛元二年七月日名手庄丹生屋村相論六波羅問注交名日記（『高』一—三九四）
34 相論の詳細については、小山靖憲「中世村落の展開と用水・堺相論——高野山領名手荘と粉河寺領丹生屋村——」（同『中世村落と荘園絵図』東京大学出版会、一九八七〔初出一九八一〕）、紀の川流域荘園詳細分布調査委員会『紀伊国名手荘・静川荘地域調査』（二〇〇四）などを参照されたい。
35 在地領主貴志氏一族についての詳細な検証は、別稿で展開する予定である。
36 「参籠日記」久安六年六月八日条
37 戸田前掲注8、矢田前掲注8など

中世後期南関東における修験の動向

――修験道集団化の素地について――

小山　貴子

はじめに

近年、中世修験道の研究は目覚ましい進展をみせている。かつて和歌森太郎氏は、中世修験道の展開について、その担い手である山伏の性質を遍歴性から室町期の定着性への変化と、室町期以降近世にかけての集団化に特徴づけた。[注1]和歌森氏の研究は、それまで歴史学では正面から論じられることのなかった修験道の歴史的変遷を示し、研究の先鞭をつけたことに意義があった。

しかし、その後の黒田俊雄氏の提唱した顕密体制論を端緒とする寺院史研究の進展によって、[注2]和歌森氏の提示した中世修験道史は様々な側面から大きく変容を迫られた。特に集団化の問題では、聖護院門跡を棟梁と仰ぐ本山派の形成については、室町期以降の山伏の定着と聖護院門跡による山伏編成を画期としていたが、近年では、聖護院門跡を棟梁とする本山派、醍醐寺三宝院を棟梁とする当山派二派の公的な成立は、慶長一八年（一六一三）の修験道法度制定を画期とするとみなされている。そして極言すれば、戦国末期に至るまで、中世の在地修験は自

己を完全な強制力によって統制しうる支配権力を持たなかったと考えられているのである。[注3]

こうした集団化を促す素地となった問題として、しばしば関東における注連祓役銭の問題があげられる。注連祓とは、霊場参詣にあたって先達が参詣者へ施す出立の儀礼であり、先達は参詣者の精進を行う場を用意するとともに場を清め、結界のための注連縄を張り渡す。この精進屋へ入るまでの祓などは山伏や陰陽師などの宗教者が関わっており、[注4]一連の作業を通じて参詣者は霊場へ赴く。注連祓役銭とは、この行為に対して聖護院門跡が役銭を賦課したもので、配下の山伏に限らず、陰陽師や真言系の宗教者などからも徴収したために相論へ展開し、結果、修験道二派の成立を促したのである。

この注連祓役銭問題が関東に集中していたことから、当該地域が重要な意味を持っていたであろうことが窺える一方で、両派形成を支えた在地修験の動向については課題が残されている。関口真規子氏は、当山派集団化の下地を関東の真言系寺院のネットワークである「関東真言宗」に求めているが、[注5]その実態については不明点を残している。また、本山派の素地となった関東の修験においても検討の余地が残されている。特に、関東南部地域である武蔵国においては、北武蔵については、聖護院門跡配下の年行事幸手不動院およびその配下の修験の実態が蓄積されている一方で、[注6]鎌倉玉瀧坊の管掌した南武蔵の実態は明らかではない。

そこで、本論では、武蔵国南部を対象として在地の宗教勢力の動向について検討を行い、集団化の素地を考察する。

一　関東における修験研究の動向

中世後期の関東の修験については、高埜利彦氏、[注7]森毅氏、[注8]新城美恵子氏、[注9]新井浩文氏、[注10]久保康顕氏、[注11]森幸夫氏[注12]、荒川善夫氏[注13]、近藤祐介氏[注14]などによる研究の蓄積がある。いずれも関東における事例から、修験道本山派形成過程の分析を試みたものである。このうち、武蔵国については、近年、近藤氏によってまとめられているため、ここでは近藤氏をはじめとした諸氏の成果をもとに、修験道教団成立以前の関東における修験の動向についてまとめておきたい。

中世修験研究では、一四世紀後半から一五世紀にかけて、集団間の秩序維持および紛争解決手段として、諸国の修験山伏らによる広地域的かつ自立的な「横の連携」が形成されることが指摘されているが[注15]、一五世紀の関東においても同様の性格を持つ山伏組織が存在していたことが確認されている。次の史料は、同時期の山伏組織の存在を証明するにあたり、必ずと言ってよいほど引用されるものである。

【史料二】

就二諸関破却一、鎌倉自レ月輪院、両度状於御下候、八ケ国相触、其期之年行事、急鎌倉江可レ上由、三山同心状於給候、今月廿八日於二鎌倉八幡宮一可レ有レ御衆会候、奉行頭人申二子細一候、其方相触候て、可レ有レ御立候、此際之御祈禱事者、年行事計ても申上候へ共、今度者関破却之衆会仁候之間、富士・二所・熊野先達不レ限山臥・聖道・神職等可レ被レ登候、於二小田原一手札於致二被見一、不参之輩者、可レ停止二道中一候、如レ前々中村・大内・田野・益子・高橋・祖母井・市塙・与能・水沼・高根沢其外山方分無レ村、此廻文可レ有レ御付候、仍如件、

亨（享）徳元年十月四日　　大先達法印宗俊（花押影）

□寺[注16]

この史料は、享徳元年（一四五二）、大先達法印宗俊が、鎌倉月輪院主導による鶴岡八幡宮における「関破却之衆会」への富士・二所・熊野先達および山伏・聖道・神職等の参集を命じたものである。その招集にあたり、「其期之年行事」を介して「八ケ国相触」とされていることから、鎌倉月輪院―（大先達）―年行事―在地山伏という伝

達ルートがあったこと、この組織が「八ヶ国」を枠とした広範囲のものであったことが明らかとなっており、関東における山伏組織の存在を証明する史料として位置づけられている。この組織の頂点となった鎌倉月輪院は鎌倉府護持僧であるとともに、その住持が鎌倉府奉公衆一色氏を出自としており、鎌倉府権力を背景に「山伏之頭」として関東の山伏集団を統括する存在であることから「政治支配体制と結びついた組織」と評価されている。

一方で、この衆会の招集対象が「富士・二所・熊野先達不限山臥・聖道・神職等」であり、根本的には熊野および富士・二所参詣の障害となる関の撤廃を求めるものであることから、この組織の基礎集団は熊野（富士・二所）参詣先達であるといえる。また、文末の「如前々中村・大内・田野・益子・高橋・祖母井・市塙・与能・水沼・高根沢其外山方分無村、此廻文可有御付候、」として記載された地域は下野国東真壁郡に分布する地名であり、「如前々」という記載からは、これらが従来からの地域的集団と認識されていたと考えられる。すでに文安～長禄年間にかけて、上野国では、「上州年行事」が聖護院門跡によって補任されていることから、国単位での広域な連携を取りまとめる山伏の存在が指摘されており[注17]、一五世紀の関東において、鎌倉府権力を背景とした政治的性格を持ちつつ、その基盤に自立的地域集団を包括する修験組織の存在が想定されている。

この「関八州」体制は、鎌倉府の政治的権力を背景とした政治的組織という側面を持った。近藤氏によれば、享徳の乱以降の鎌倉府権力の弱体化と後北条氏の関東進出による領国化という経過を経て、後北条氏と関係の深い小田原玉瀧坊、月輪院の統率下にあった幸手不動院が台頭すると、月輪院を介さない体制へ変容するとしている。この点については、享徳四年（一四五五）に鎌倉公方の座所が古河に移ったのちも、月輪院は関東の情勢を伝達する窓口として聖護院門跡との関係を維持しているため、月輪院に一元化されない統括形態への変化とみる新井浩文氏の見解がある。

こうした体制の変化の背景には、在地の有力山伏を「年行事職」として補任することで地域構造を掌握するという聖護院門跡の意図があり、それは姻戚関係によって結ばれた後北条氏との権力関係に依拠していた。「年行事職」とは、郡や郷などを単位とした在地山伏のネットワークを基盤として、その統括者となる有力山伏を聖護院門跡との窓口に位置付けたもので、在地の重層的構造を得分権化したものと考えられる。[注18] 関東における年行事職補任は一五世紀末から確認できるが、[注19] 近藤氏は、年行事職の性格について、従来の利権の安堵とは性格を画しており、聖護院門跡との主従制的結合という性格を持ち、聖護院門跡による補任状発給体制に移行する一六世紀後半をもって本山派形成過程の基礎を見出している。これは、政治史的にみても、後北条氏が関東を掌握する時期と一致しており、一六世紀後半の関東では、聖護院門跡と後北条氏による政治的関係性のもと、聖護院門跡による「年行事職」補任による在地山伏の統括という、新たな体制が構築されたといえる。

一六世紀後半の関東では、玉瀧坊・不動院のもとに、郡・郷レベルの有力山伏が年行事職に補任されており、武蔵国においては、武州「杣保内并高麗郡」年行事職は笹井観音堂、[注20]「上足立三十三郷」は大行院、[注21]「下足立三十三郷」は玉林坊、[注22]「上比企郡并男衾」は長命寺、[注23] 秩父郡は山本坊、[注24]「入東郡并新倉郡」は十玉坊が確認できる。[注25] 年行事職補任は、聖護院門跡の補任に対して後北条氏による追認安堵という形態をとったため、在地山伏は二方向の上位権力を頂くことになる。しかし、後北条氏は領国支配にあたっては年行事を窓口とした軍事動員などの在地山伏集団の統制を図るが、山伏集団間の紛争に関する決定的裁定権は持たず、聖護院門跡の裁定に準じる方針をとった。この体制は、後北条氏滅亡後も温存されるが、慶長八年（一六〇三）、聖護院門跡と三宝院門跡間の金襴袈裟補任権をめぐる相論を契機とした両者の対立を経て、同一八年の江戸幕府による修験道法度制定によって本山派・当山派が各別とされ、幕府統制下のもとに棟梁を頂く教団として成立するとされる。

以上、近年の研究成果から関東における中世修験研究の動向をまとめると、主に本山派形成過程の問題から検討されてきたといえる。その特徴をあげるとすれば、のちに本山派として確立する聖護院門跡による修験組織は、関東における為政者との関係の中で形成され、その政治的状況に強く影響された組織という点である。一五世紀に確認できる「関八州」体制の構造は、国単位に輪番制の年行事が在地組織を取りまとめる形態であったが、鎌倉（古河）公方と月輪院の関係性に規定された組織であったし、年行事職補任体制も戦国大名後北条氏の領国支配に依拠した形で発展している。本山派に関係する研究史においても、室町期から戦国期の聖護院門跡の位置づけは、室町将軍および戦国大名との関係性を強化することで権威が維持されてきたことが明らかである。[注26]すなわち、近年の本山派形成過程の研究は中世政治史研究のなかから進展してきたといえる。

このような集団化の素地は、本山派においては、在地に形成されてきた山伏の連携であり、これをくみ取った形態が聖護院門跡による年行事職の補任であった。また、当山派においては、醍醐寺三宝院門跡を棟梁に戴いて集団化する経緯に、関東の真言系寺院集団「関東真言宗」による聖護院門跡への対抗措置であったことが指摘されており、当山派成立の素地に「関東真言宗」の存在が重視されている。[注27]次に、この問題を考えるうえで、関東南部における修験を支えた構造について検討する。

二　関東南部の宗教的構造

関東南部の修験の動向については、天文一六年（一五四七）四月、「武蔵南方年行事職」である鎌倉泉蔵坊が「修験中」から「不法之働深重」として訴えられたことから、天文四年（一五三五）に「相模国年行事職」に補任されていた小田原玉瀧坊が、聖護院門跡令旨によって同職に補任されている。[注28]ここから当該期の「武州南方」において「修験中」＝山伏集団が存在し、彼らの利害を代表する立場として、その有力山伏によって年行事職が担われたとされる。[注29]すでに一五世紀には自立的な山伏集団の存在が想定されていたが、それを引き継ぐ形で「武州南方」地域には、ある一定の地域的結合に基づく山伏集団が存在し、玉瀧坊はその集団の上位に位置づけられていたといえよう。一方で、「武州南方年行事職」とは、領域的には、久良・都筑・橘樹・荏原・豊島郡を中心として多摩郡東部・新座郡南部・足立郡の一部を含んだ地域に該当している。玉瀧坊への同職補任の前年である天文一五年（一五四六）には、北条氏康が河越合戦において扇谷・山内の両上杉勢力を退けており、玉瀧坊が補任された「武蔵南方年行事職」の領域とは、当時の後北条氏の勢力範囲を反映したものであったといえるが、その実態は不明な点が多い。

まず、当山・本山の集団化を促す契機となった相論が注連祓役銭の賦課が前提とすれば、その基礎には遠隔地参詣に伴う信仰が存在しているはずである。既に【史料1】から、関撤廃の集会に「富士・二所・熊野先達」が招集されていることから、一五世紀の関東には富士・二所（伊豆・箱根）・熊野への信仰が定着していたことが明らかである。一般的に熊野先達は交通の要衝、市宿などを拠点とするが、豊島郡の周辺部でも神奈川や品川といった港湾地帯のほか、「ミたの市（港区三田）」などに確認できる。[注30] また、一五世紀以前の豊島郡域の熊野信仰は、江戸氏・豊島氏庶流によって受容され、各武士団と関係の深い寺社が信仰拠点となっていた。

豊島郡域の熊野信仰の中心には王子権現（北区王子）があげられ、『新編武蔵風土記稿』によれば、その起源は、「紀伊国牟婁郡熊野三所」を勧請したもので、王子権現の末社には豊島氏の祖とされる豊島清光（清基）が祀られ、「文保元弘年中、豊島氏修造の事あり」という記述などから豊島氏による勧請と考えられている。別当である金輪寺は、康平年中（一〇五八～六五）、源義家による建立とされ、寛文十年（一六七〇）の「関東真言宗古義本末帳」によれば、近世には高野山無量寿院を本寺とする「古義真言関東五ケ寺」であり、「御朱印社領弐百石」を有する法談所となっている。同寺には文保二年（一三一八）に豊島氏に比定される人物によって施入された大般若経の一部が旧蔵されており、[注31] 当該地域における王子権現および金輪寺の地域的役割が窺える一方で、『紀伊続風土記』では、武蔵国豊島郡十八ケ村が熊野神領とされていることから、豊島氏の展開に関わって郡内の熊野信仰の中心的役割を果たしたと考えられる。また、貞治元年（一三六二）には、多東郡中野郷には大宮八幡宮（杉並区大宮）、豊島群江戸郷に山王宮（千代田区永田町）が先達として確認できる。[注32]これらは、江戸氏庶流の「中野殿」、「江戸の惣流（江戸氏）」の所領であり、両社は鎌倉街道上に位置し、それぞれの武士団の展開とともに信仰圏を拡大しつつ、[注33]信仰に基づく相互のネットワークを構築していたことがわかる。すなわち、中世前期の武蔵国南部地域においては、武士団のネットワークを介した熊野信仰の基盤が構築されていたといえよう。

　では、こうした構造は、どのような宗教的基盤として引き継がれていくのであろうか。もとより、中世の本末関係は、寺院を包括する組織的なものではなく、寺院を超えた法流の資子相承であることが指摘されており、[注34]近世の実体を中世に敷衍することはできない。一方で、こうした法流による繋がりが在地の宗教的実態に及ぼす作用を考えるうえでの参考として考えてみると、近世の地誌類などにみえる豊島郡域周辺の中世寺院には浄土系と顕密系が多く、特に顕密系は全体の約半数を占め、そのほとんどが真言系寺院である。[注35]

　関東における真言系寺院の展開については、法流の伝播や「田舎」付法の問題から研究が蓄積されており、[注36]一三世紀の頼賢による意教流創設と、その弟子である願行上人憲静、良賢上人慈猛による地方における付法活動を大きな画期として、中世後期には、醍醐寺報恩院や無量寿院などを拠点とした関東への付法活動が顕著となる。意教流は、三宝院流・無量寿院流を包括した法流で、小野流の正統である三宝院流の庶流と認識されており、そのために意教流継承の地方住僧が三宝院継承の醍醐寺層との関係を求め、醍醐寺を本寺と崇めたとされる。さらに一六世紀になると、この意教流の展開を下地に、醍醐寺報恩院・無量寿院流両流正嫡を兼帯した澄恵の地方下向によって「田舎」独自の付法次第が生み出され、また東寺宝菩提院亮恵の東国下向など、各寺院による教線の拡大や聖教の書写が行われるとされている。

武蔵国においては、頼賢の弟子憲静による願行方法流が相承されており、弟子源暹が錫杖寺（川口市本町）、憲静の弟子鎌倉大楽寺公珍から三代目の幸尊が三宝寺（石神井台）開山となっている。[注37]三宝寺は、応永元年（一三九四）に下石神井に草創され、文明九年（一四七七）に石神井城付近に移転し、天文一六年（一五四七）に勅願寺となっている。『新編武蔵風土記稿』によれば、禅定院（練馬区石神井）、安楽寺（板橋区徳丸）、泉福寺（板橋区赤塚）、真福寺（同）などが末寺であり、特に泉福寺（板橋区赤塚）は、三宝寺の寺領相論の際に後北条氏との間の使僧となっていることから、[注38]三宝寺による末寺形成の基礎が窺える。また、稲付普門院（北区赤羽西）、宝幢院（北区赤羽）、満蔵院（北区赤羽北）などは、同じく三宝院を本寺とする錫杖寺末寺となっていること、清光寺（北区豊島）、西福寺（北区豊島）などが三宝院末沼田村恵明寺（足立区江北）の末寺となっていることから、入間川を挟んで南部・中部の武蔵国内の真言系寺院の本末関係＝相承によるネットワークの基盤が構築されていた可能性が窺える。すなわち、「武州南方」年行事職に包括される豊島郡周辺地域は、真言系寺院の集中する地域であり、河川を介して相互のネットワークが構築されていた可能性が考えられるのである。

一方で「関東真言宗」については、慶長年間の注連祓役銭をめぐる相論において当事者である真言宗寺院の総称として表出したもので、関東八ヶ国を基盤とした真言宗寺院の組織ではあるものの厳密な組織体制を持たない、流動的な集団と評価されている。[注39]高橋千絵氏は、慶長一七年（一六一二）に三宝院が「関東真言宗」へ作成させた[注40]「関東八州真言宗連判留書」の検討を通じて、そこに連署する寺院を三宝院配下の寺院と捉える見解を認めつつ、寺院の所在地が偏在していること、他史料では別名の寺院が「関東真言宗」と呼ばれていることから、連署する寺院が「関東真言宗」のすべてと捉えることに疑問を呈している。ここから、注連祓役＝遠隔地参詣を行いうる真言系寺院は、「関東真言宗」に連なる可能性を持っていたと考えられ、このような状況は、豊島郡域の真言系寺院においても、強く影響を及ぼしたと考えられる。次の史料は、こうした地域的特徴が抱える問題を示唆している。

【史料二】

中武蔵真言宗金蔵坊・観音院・徳恩寺・福泉坊・圓照坊、彼五ケ寺、玉瀧坊非分之衆（修）験役、申レ懸旨、捧二目安一間、遂レ糺明処ニ、縦真言宗ニ有レ之共、切七五三祓於二衆（修）験一、同然ニ働輩者、彼役申レ懸来証文明白也、然上者、五ケ寺其役可二申付一、於二自今以後一者、真言・天台之内、可レ致レ役レ所々、能々遂レ糺明、無二私曲一様ニ可レ申レ沙汰候由、仰出状如レ件、

評定衆
大善亮
虎ノ印　永禄弐年七月廿一日　泰光判
玉瀧坊[注41]

この史料は、永禄二年（一五五九）、「中武蔵真言宗金蔵坊・観音院・徳恩寺・福泉坊・圓照坊」五ケ寺が玉瀧坊から修験役を懸けられたことに対する訴えをうけ、北条家評定衆から玉瀧坊へ裁許を伝えたものである。訴訟の内容は切七五三祓（注連祓）行為に対する役銭の賦課であり、「縦真言宗ニ有之共」、注連祓を行う場合に役を懸けられることは「証文明白」であるため、五ケ寺への役賦課を認めている。

ここでは、「中武蔵」の寺院五ケ寺が訴えており、「中武蔵」とは、「武蔵南方」に対して、新座・足立・入間・高麗・埼玉郡南部などを中心とした地域と考えられ、当該期には、下足立郡に玉林坊、高麗郡に笹井観音堂、入東・騎西郡に十玉坊などが年行事職を補任されている。訴訟主体の五ケ寺とは、この地域に所在する真言系寺院であり、熊野の旦那売券からは、文亀三年（一五〇三）に先達として「くめ川福泉坊門弟引旦那」が確認でき[注42]、また寛文十年（一六七〇）の「関東真言宗新義本末寺帳」には、高麗郡聖天院末寺として「高麗郡野田村圓照寺」、「足立（郡）観音寺」などが記載されている。この福泉坊が五ケ寺のそれと同一であるとすれば、五ケ寺と

は、それぞれの地域の中心的な寺院として門弟などを配下に持ちながら注連祓を執行し、相互に連携をもって訴訟に及ぶ存在と考えられる。そして、この件について諮問された箱根別当融山は、北条氏方へ次のように返答している。

【史料三】

御札令レ披見候、然者、中武蔵真言宗、従二五ケ所一申上候筋目承り候、惣而東寺門徒之儀、従二往古一、陰陽師并七五三祓等、執行不レ申事、本意候（①）、若於二田舎一、為二渡世一、自然此所作仕候輩者、山臥方へ其役相定候事、武・上共無レ紛候（②）、定二御門跡証文一、可レ為レ分明候、此旨御披露、憑入候、恐惶謹言

箱根別当
七月廿一日　融山判
長純
廻報[注43]

ここでは、真言系寺院五ケ寺の問題について、箱根別当融山は、本来、東寺門徒は陰陽師・注連祓に関わる行為を行わないことを前提としながら（①）、田舎＝関東においては、「渡世」の問題として此所作＝陰陽師・注連祓を行う者は、武州・上総においては山伏方＝年行事職へ役銭を納めるべきであるという認識を伝えている。そして、この見識の裏付けとなるものは、「裁御門跡証文」、聖護院門跡の証文であり、この問題について、先行して同様の問題があり、聖護院門跡よって決裁が行われたと思われる。

箱根山は、一四世紀後半以降、熊野参詣と箱根参詣がセットとなった旦那・引導・先達職の安堵状発給主体として鎌倉を拠点とした熊野修験の統括を担っていた。その別当職は、一五世紀には鎌倉府奉行人の大森氏、戦国期になると後北条氏の系譜を引く僧侶に補任されており、戦国期の東密僧・融山によって東寺との関係が強化さ

れ、弘治三年（一五五七）に宝菩提院亮恵を招請して印可を受けたことによって、箱根山は関東における東密の一大拠点となっていた。[注44]東寺と修験の関係については、長谷川賢二氏によって、鎌倉後期から南北朝期にかけて東寺および真言宗において行われる入峰修行が東寺に公認されていたことが指摘されているが、東寺による修験の組織化については今後の課題とされている。[注45]

後北条領国化における箱根山の役割については、別当融山が仲介として東寺の関東真言系寺院集団における地位の確立を志向する一方、戦国大名領内の東寺末寺に対する政治的保障を担うが、「問題が教団秩序に及び膠着すると末寺・大名権力は共に本寺裁定を求め、大名権力は本寺裁定の執行機関となる」という裁許体制を取ったと評価されており、[注46]聖護院門跡と後北条氏による山伏の掌握と同様の様相を呈していたと考えられる。

こうした関東における真言系のネットワークは箱根山別当を介して形成されていたと考えられ、享禄五年（一五三二）、北条氏綱が弘法大師七〇〇年忌にあたり、分国内門徒に対する奉加を東寺宝菩提院亮恵に認めており、分国内における真言系寺院僧侶の勧進行為を認可している。箱根別当金剛院融山は、その五年後に亮恵より法流の伝授を受けているため、[注47]実質的な勧進行為は箱根山が請け負ったと想定される。また、天文一七年（一五四八）に北条氏康が箱根山金剛王院に対して読誦のために相模国中郡・西郡・東郡の聖家中に触れ回り、二〇〇人の僧衆を小田原に参集させるよう命じており、その招集にあたっては、三郡内において「其頭」が取りまとめるように申し伝えている。[注48]ここから、箱根山別当のもと、郡ごとの「頭」を中心としたネットワークが存在しており、関東において箱根山が、「関東真言宗」を構成する真言系および東寺系山伏の掌握を担っていた可能性が考えられる。

このように、武蔵国において、玉瀧坊が統括する「武州南方」の北部地域にあたる豊島郡域には真言系寺院が多く確認できること、また、武蔵国北部地域との境界領域ともいえる中武蔵地域に真言系寺院のネットワークが構築されていた可能性が明らかとなった。「関東真言宗」が注連祓役銭相論において表出した言葉であり、その実態が真言系寺院集団の連携を指すとすれば、当該地域もこの「関東真言宗」に包括されうる可能性を多分に孕んでいたといえよう。

三　関東南部の市宿の展開と修験

当該期の関東における修験の動向において注目すべき点は、市宿との関係であろう。すでに、修験山伏などの宗教者が交通の要衝や「都市的な場」を拠点としたことは周知である。中世宿の研究を総括した湯浅治久氏は、戦国期の領主による新宿設定が在地の開発の理論を引き継いだものであるとし、戦国大名の宿政策からその実態を検討する必要を指摘する。[注49] 戦国期の宿開設を検討した新井浩文氏は、旧利根川流域の修験大泉坊による赤岩新宿の事例から、施政者が修験の持つ「「民間信仰の総合出張所」＝地域の宗教センター的役割」に着目し、そこに集中する労働力の編成と財の総括、および空間の宗教的保全の役割をもつ地域的有力者として、修験を宿開設の主導勢力に選定したことを指摘している。

ところで、こうした状況下にあって、「関東真言宗」系寺院は、この点についてどのように対応したのであろうか。次の史料は、現埼玉県北足立郡伊奈町小室に所在した無量寺閼伽井坊に関するものである。

【史料四】

出井ケ嶋荒野之事、辰・巳・午三ケ年ニ定置候、悉可レ致レ開発候、此外本年貢をハ如二近年一可レ致レ沙汰者
也、仍如レ件、
庚辰

三月十五日　　　　　　　　　　奉之

閼伽井坊[注50]　　　　　　　　坍和伯耆守

ここでは、後北条氏から閼伽井坊に対する「出井ケ嶋荒野」の開発命令が下されており、閼伽井坊が開発を担い得る存在であることがわかる。閼伽井坊は、天正一九年（一五九一）、伊奈氏の代官屋敷として接収されたため、埼玉県桶川市の真言系寺院、倉田明星院内へ移転している。[注51]明星院は、慶長一八年の徳川家康御前の注連祓役銭問題の裁許において、「関東真言宗」として出席しており、関東を代表する真言寺院であるとともに、[注52]江戸四箇寺成立以前には触頭の役割を果たしている。

移転以前の閼伽井坊の実態については不明な点が多いが、岩槻太田氏および後北条氏によって寺領の安堵などの保護を受けており、[注53]元亀三年（一五七二）には、「江戸御娘人祈念」の報償として北条氏政より寺内棟別役を免除されていることから、[注54]後北条氏縁者の病平癒の祈禱を行い得る寺院であったことがわかる。宇高良哲氏は、閼伽井坊の移転について、根底に法系的な関係を想定する一方で、閼伽井坊と明星院を結びつける由緒が寛延年間（一七四八〜五一）頃に創生されていること、天正一九年段階の徳川家康による寺領安堵では、明星院が一〇石に対して閼伽井坊は六〇石であることから、本来は閼伽井坊の勢力の方が大きかったと結論づけている。[注55]このように考えると、慶長年間に明星院が「関東真言宗」の代表として表出する背景には、閼伽井坊のような在地の真言系山伏の吸収および掌握が存在したと考えられる。

こうした関東の市宿と修験の関係については、当該地域においては「市場之祭文」に関係して説明されてきた。「市場之祭文」は市場開設にあたり修験山伏が読み上げた祝言と考えられており、[注56]武蔵国東部と下総国西部にかけて分布する市宿が記載され、戦国期の書写とされている。「市場之祭文」に記載された市宿については、市立てにあたって宗教的作業が必須であること、興行者である地域権力者による保護を必要とすることから、都市史の視点から市と宗教による「共通祭祀圏」として評価されている。注57 また、従来の利根川流域を中心地した地域構造の変化によって、戦国期には「市場之祭文文化圏」として創出された大宮氷川社の修験を中心とするネットワークと考えられている。注58 新井氏によれば、北関東の年行事を統括する修験不動院の配下が旧利根川流域に点在していることから、その掌握領域の実態を旧利根川流域にほぼ限定されるとしており、先述の赤岩新宿の事例も、こうしたネットワークに包括されるものとされる。

では、「市場祭文」に反映される地域のみが、大宮氷川社の修験ネットワークと捉えてよいのだろうか。その範囲は、隅田川・入間川を境とした北部地域を中心に展開しており、豊島郡域には及んでいないように思われる（地図1）。しかし、『新編武蔵風土記稿』に記載された豊島郡域の氷川社を取り上げてみると、旧豊島氏・江戸氏の支配領域に勧請され、村鎮守となっているものが多い。勧請年代については未詳のものであるが、比較的創建伝承は古く、いずれも大宮氷川神社の勧請を伝えており、豊島郡域への信仰の展開の可能性が窺える（表1）。周辺地域に勧請された氷川社には麻布本町村・今井町の氷川社が太田道灌による勧請を伝えるほか、荏原郡大蔵村の氷川社など南部においては江戸氏の勧請伝承を伝えるものも多い。そして、次の史料は、河川を超えた信仰に繋がりを示唆するものである。

【史料五】

武蔵国豊島郡　　ねり馬の郷

上原　　雅楽助　　同

子息　　孫九郎

時先達水子の就玉坊、本先達ハ志村なんそう坊

天文三年卯月廿二日

那智御師
実報院[注59]

この史料は、豊島郡練馬郷の旦那を熊野参詣に導引した際に熊野御師に提出した願文の写しである。「水子の就玉坊」は、文明一二年（一四八〇）以降、入東郡および清戸、崎西郡の年行事職を補任された十玉坊であり、「志村なんそう坊」は、板橋区蓮沼の真言系寺院南蔵院の前身に比定されており、本来は道生沼付近にあって、入間川の船戸（渡河地点）に展開した「都市的な場」を拠点としていた可能性が指摘されている。[注60]ここでは、本来の先達は「志村なんそう坊」であるが、時の先達、つまり現在の先達は「水子の就玉坊」とされている。「時先達」である十玉坊が、当該期に周辺の旦那をめぐって笹井観音堂などと相論となっていることから、本史料は、「志村なんそう坊」から霞場を奪取したものとされ、豊島郡内における十玉坊の勢力の伸展の証左とされてきた。しかし、先述の「市場之祭文」にみえる氷川社のネットワークの入間川流域南限が水子の氷川社であり、豊島郡域の氷川社の展開を考えると、熊野信仰を媒介に、水子を起点に豊島郡域へ影響を及ぼしていく因子となった可能性も考えられる。

この点については、入間川をめぐる問題に関係すると思われ、例を挙げると、『とはずかたり』で「遊女のすみか」と記される岩淵は中世前期以来の宿であり、戦国期には岩付と江戸の通過点として後北条氏領国下における交通拠点となっている。[注61]『新編武蔵風土記稿』では、「渡船の事は当宿と川口宿にて司る」とあり、入間川を臨んで赤羽八幡宮を後背する地形に開かれており、発掘調査からは入間川の渡河点として川口と岩淵を結ぶ「都市的な場」であることが指摘されていることを考えると、[注62]入間川の渡河点という性質と関係して発展したと考えられる。岩淵宿は、足利持氏期には鎌倉府の直轄領であったようで、橋賃などは鶴岡八幡宮修造要脚として寄進さ

地図1　「市場之祭文」記載市と豊島郡周辺地域の氷川社
★＝氷川社（『新編武蔵風土記稿』より）

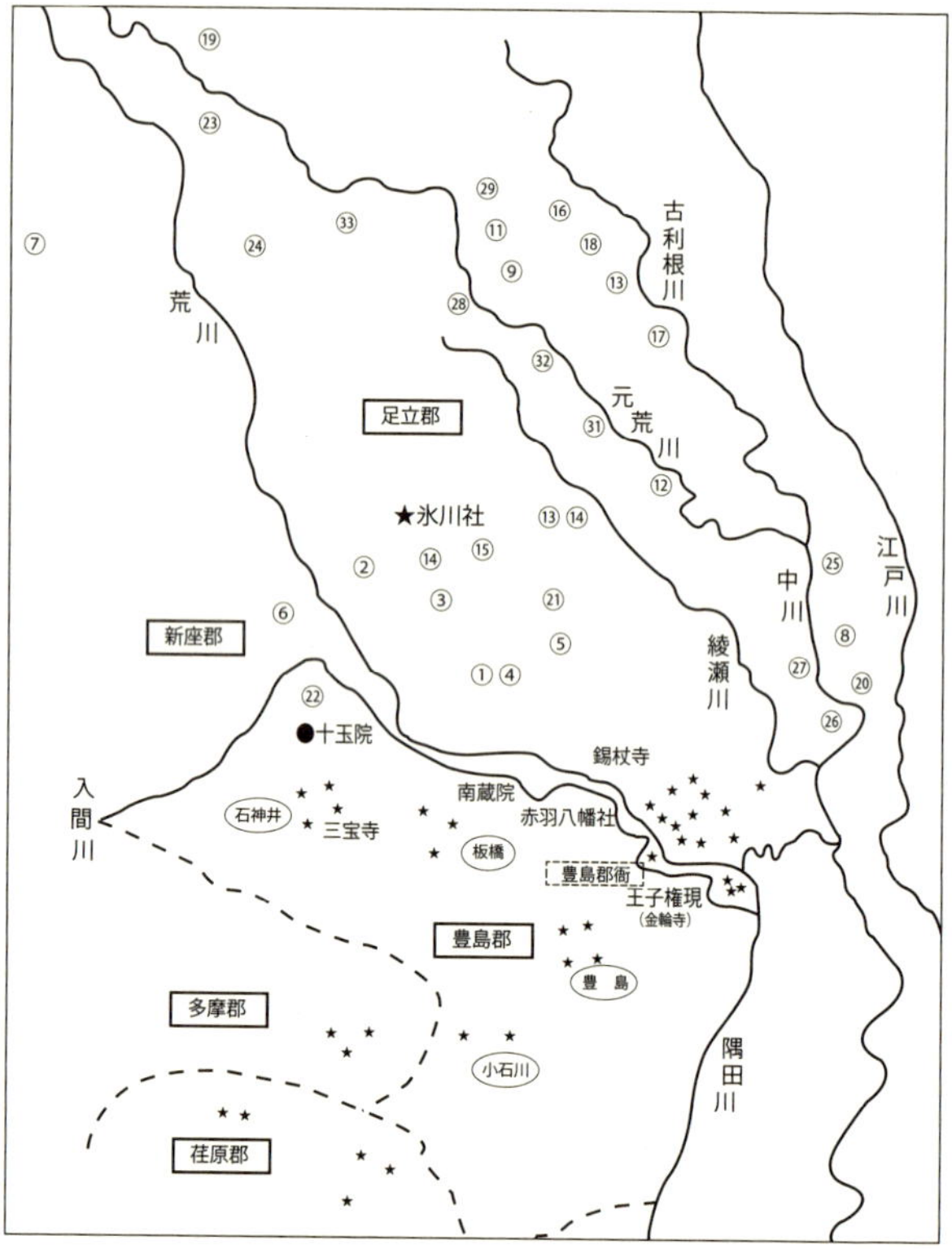

番号	国郡名	市	現在地（比定）
①	武州足立郡	蕨市	蕨市蕨
②	武州足立郡	遊馬郷指扇村市	大宮市指扇
③	武州足立郡	与野市	与野市与野（さいたま市中央区）
④	武州足立郡	青木市	川口市青木
⑤	武州足立郡	鳩谷之里市	鳩ケ谷市鳩ケ谷（川口市鳩ヶ谷）
⑥	武州	河越庄古尾屋市	川越市古谷
⑦	武州	伊久佐市比企郡	川島町上伊草／八潮市伊草
⑧	下総州	下河辺庄彦名市	三郷市彦名
⑨	武州騎西郡	黒浜市	蓮田市黒浜
⑩	武蔵州	太田庄南方はさま市	騎西町羽佐間（加須市騎西町）
⑪	武州騎西郡	灘市	菖蒲町野田（久喜市菖蒲町）
⑫	武州騎西郡	末田市	岩槻市末田（さいたま市岩槻区）
⑬	武蔵州	太田庄野田市	白岡町野田（白岡市上野田）
⑭	武州足立郡	野田市	浦和市野田（さいたま市浦和区）
⑮	武州足立郡	片柳市	大宮市片柳（さいたま市大宮区）
⑯	武蔵州	太田庄久米原市	宮代町条原（南埼玉郡宮代町）
⑰	下総州	春日部郷市	春日部市粕壁
⑱	武蔵州	太田庄須賀市	宮代町須賀（南埼玉郡宮代町）
⑲	武蔵州騎西郡	行田市	行田市行田

番号	国郡名	市	現在地（比定）
⑳	下総国	下河辺庄花和田市	三郷市花和田
㉑	武州足立郡	大門市	浦和市大門（さいたま市浦和区）
㉒	武州入間郡	水子郷市	富士見市水子
㉓	武州足立	かう之すの市	鴻巣市鴻巣
㉔	武州足立郡	いつきほり市	桶川市壱騎堀
㉕	下総国	下河辺吉河市	吉川町吉川（吉川市吉川）
㉖	武州	伊草市	比企郡川島町上伊草／八潮市伊草
㉗	武州き西こふり	八十市	八潮市八条
㉘	武州き西こふり	かかさねかふ道いち	岩槻市金重
㉙	武州	太田庄たかゆわいち	白岡町高岩
㉚	下総国	十もり嶋の市	不明
㉛	武州騎西郡	岩付ふち宿市	岩槻市富士宿（仲町）（さいたま市岩槻区）
㉜	武州騎西郡	岩付くほ宿市	岩槻市久保宿（本町）（さいたま市岩槻区）
㉝	武州騎西郡	平野宿市	蓮田市平野

杉山正司「中世末武蔵東部の市における諸問題―岩付を中心として―」（『埼玉県立博物館紀要』7号、1980年）をもとに作成。

表1　『新編武蔵風土記稿』にみる豊島郡内の氷川社

地名	現在地	創建年代	詳細
下高田村	豊島区高田	未詳	「村の鎮守なり。南蔵院持ち。在原業平を祀ると云」「祭神はスサノオノミコトにして、是を土俗男体の宮と称す。落合の氷川明神は、稲田姫を祭れり。よって女体の宮と称し、当社を合わせて夫婦の宮とす。」（『江戸名所図会』）
池袋村	豊島区池袋本町	未詳	「村鎮守、重林寺持」
巣鴨村	豊島区巣鴨（廃社?）	未詳	「村民持」
上板橋村	板橋区東新町	未詳	「長命寺持」
下板橋宿（2社）	板橋区氷川町	元久三年（一二〇六）頃	「鎮守なり、正雲庵持　末社牛頭天王　稲荷」「これも鎮守也、観明寺持、末社神明　八幡稲荷　弁天　牛頭天王」豊島左衛門尉経泰による勧請伝承。
上赤塚村	板橋区赤塚	長禄元年（一四五七）	「村の鎮守なり。青涼寺持」千葉氏による勧請伝承。
蓮沼村	板橋区蓮沼町	慶長年間（一五九六～一六一五）?	「一は村の鎮守、一は蓮沼根葉二村の鎮守、共に南蔵院持、一は金剛院持にて古へ村内西南の方にありしが、数度の洪水に押流され今の処に流寄こと十度なりしかば、爰に塚を築榎を植て社を移す。土人今も十度の宮とも称せり」
中荒井村	練馬区豊玉南	未詳	「村の鎮守なり。例祭九月十八日正覚院持」「末社牛頭天王　天神　稲荷」
谷原村	練馬区高野台	慶長年間（一五九六～一六一五）?	「村の鎮守なり。長命寺の持」
上石神井村	練馬区石神井台	応永年間（一三九四～一四二八）	「上下石神井、関田、中谷、原五ケ村の鎮守なり、例祭九月二十日三宝寺の持」「末社　天神　弁天　天王　第六天」豊島氏による勧請伝承。
下練馬村	練馬区氷川台	長禄元年（一四五七）	「村の鎮守なり」
下落合村	新宿区下落合	伝・考昭天皇	「村の鎮守也」「田島橋より北、杉林の中にあり。是を女体の宮と称せり。祭神奇稲田姫命一座なり。同所薬王院の持なり。高田の氷川明神の祭神スサノオノミコトなり。よって当社を合わせて夫婦の宮とす。土俗あやまつて在原業平および二条后の霊を祀るといふ。甚非なり。」（『江戸名所図会』）
小日向村	文京区小日向	天慶三年（九四〇）	「同西の方二町余を隔てて是も上水堀の端、慈照山日輪寺といへる禅林にあり。祭神は当国一宮に同じ。勧請の始久しうしてしるべからずといへり。中古、太田道灌の再興にして、小日向の鎮守なり。……当社に元亀の年号ある庚申待供養の古碑あり。」
小石川村	文京区千石	伝・考昭天皇	「祭神武州大宮の氷川明神に同じ。昔は白山御殿跡の地にありしが、白山権現とともに地を替へさせられしより、当社はこの地に移る（承応元年（一六五二））」「八幡太郎義家公奥州下向の時、当社に参籠ありしと云ひ伝ふ。中古荒廃して、形ばかり残りしを、伝通院の開山了誉上人、此地の幽邃を愛し、庵を結んで聖冏庵と号け（応永二十二年（一四一五））、此地に閑居ありし頃、宮居を重修ありしとなり。」

れ、[注63]赤羽八幡宮が中世以来の岩淵宿鎮守と考えられる。別当宝幢院は、近世には、対岸の醍醐寺三宝院を本寺とする川口錫杖寺の末寺となっており、中世後期の武蔵国南方における氷川社の展開には、河川を挟んだ寺社間のネットワークが存在していたと考えられる。

このように考えると、玉瀧坊の管掌した「武蔵南方」の北部域地帯は、豊島氏によって導入され、王子権現を核とした旧来の熊野信仰を基盤として、三宝寺などを中心とした真言系寺院が集中して展開する、「関東真言宗」を形成しうる可能性を持った地域であったと考えられる。かつ、戦国期には、大宮氷川社の影響のもと、入間川などを介した武蔵中南部の寺社間によるネットワークが窺える、重層的な宗教および信仰の構造を内包していたといいえよう。

おわりに

以上から、中世後期の関東における修験組織は当該地域の政治や施政者との関係性のなかで発展してきたものであったといえる。修験山伏の活動においては、一五世紀以降、各地で自律的な講や寺院間のネットワークが証明されてきたが、関東においても同様の形態が存在したと考えられる。しかし、その構造は、聖護院門跡と施政者との政治的関係性に規定され、そこに取り込まれることで組織の秩序化を保持する性格を持ったため、施政者の動向に影響される不安定性を孕んだものであり、関東における中世修験道の特質はこの点にあったといえよう。

一方で、在地においては天台系熊野山伏や大宮氷川社および真言系山伏による重層的かつ自立的なネットワークの構築が想定でき、関東南部においては、豊島郡域境界である入間川を挟んだ地域において、宿市や河川渡河などをめぐって相互に関係を構築していたものと考えられる。天正一〇年（一五八二）、上足立郡の年行事大行院と下足立郡の年行事玉林坊の間で起こった霞場の堺相論のさい、「武州北方年行事職」である不動院は、郡上下の境目については、「所々守護」である後北条氏配下の代官に申告して次第に従うこととしている。[注64]新井氏は、既定の国郡概念で補任される修験の境界と、戦国大名の「領」が完全に一致せず、こうした相論は、その不安定性に起因したものとしている。ここで不動院は、境について「御無案内之儀」[注65]とし、足立郡上下の境について大行院の主張をくみ取っており、[注66]当該地域を基盤とした不動院であっても、境界については配下の同行に依拠していたといえる。こうした動向にあって、そもそも小田原を拠点として「武蔵南方」年行事職を任された玉瀧坊は、在地の構造及び秩序に対応しきれていなかったと考えられる。

本論では、修験道集団化の問題を在地の宗教構造から検討してきたが、課題も残されている。近年の集団化の過程をめぐる研究においては、その基盤を在地山伏の実態から追求する傾向がある。修験道の集団化した組織である本山・当山の両派が、在地の慣習に依拠してその掌握を進めていたことは、研究上からも明らかであるので、その実態把握は今後重要となってこよう。一方で、関東においては、施政者との関係性の中で培われてきた組織であることも考えるべき点である。玉瀧坊が「武蔵南方年行事」職に補任された時期が北条氏綱・氏康期の南関東への勢力拡大期であり、新井浩文氏が指摘する、在地修験間の相論が戦国大名による領域確定の「不安定」な領支配に影響された結果であることを考えると、その過程において在地修験がいかなる影響を受け、変容するのか、後北条領国の段階的検討と内在する旧勢力との関係性が及ぼす影響は検討の余地があろう。それこそが関東における修験の特質であり、また、本山・当山として集団化した教団の性格の本質であると考える。

次に、当該地域の修験と宿の関係については、今後も実態研究の蓄積が必要であり、特に入間川流域の修験の動向については今度の課題としたい。一方で、施政者の交代や戦争状況の終結など地域秩序の変容に影響されやすいという問題も孕んでいる。すなわち、戦国期には軍事的要衝として施政者の政策によって宿が設定され、修験がその維持を担うという実態が、戦争状況の終結とともに、道の付け替えや地域編成などによって宿の継続も不安定性を帯びるなか、どのように近世初期の地域秩序形成に対応していくのかという点である。倉田明星院と閼伽井坊の関係変化には、こうした問題を孕んでいた可能性がある。

本論では、豊島郡域北部の宗教的環境から、聖護院門跡下の玉瀧坊が管掌した「武蔵南方」地域が真言系修験の集中する地域であること、また当山派として収斂する真言系寺院「関東真言宗」に連なる可能性を帯びた地域であることを指摘した。そして、「武蔵南方」「中武蔵」の境界である入間川を挟んで真言系寺院の修験によるネットワークが構築されていた可能性を述べた。いずれも可能性の指摘にとどまってしまったが、以上の点を踏まえ、関東における真言系寺院における修験の動向についてもまた、今度の課題としたい。

注

1　和歌森太郎『修験道史研究』（河出書房、一九四二年）。
2　黒田俊雄「中世における顕密体制の展開」『黒田俊雄著作集』第二巻（初出一九七五年。のち、一九九四年、法蔵館）、同「中世寺社勢力論」『黒田俊雄著作集』第三巻（初出一九七五年、のち一九九五年、法蔵館）、同「中世寺院史と社会生活史――研究の回顧と展望――」（『中世寺院史の研究』上、法蔵館、一九八八年）など。
3　増山智宏「中世修験道本山派形成過程の再検討」（『史苑』六四―一、二〇〇三年）。集団化への過程では、関口真規子『修験道教団成立史』（勉誠出版、二〇〇九年）、近藤祐介a「後北条領国における聖護院門跡と山伏」（池享編『室町戦国期の社会構造』二〇一〇年）などの成果からは、在地の末端山伏への支配が貫徹しきれていなかったことが窺える。
4　久保康顕「参詣の注連祓」（『近世修験道の諸相』岩田書院、二〇一三年）。
5　前掲注3関口論文。
6　新井浩文a「戦国期利根川領域における領概念について――修験との関係から――」（『河川をめぐる歴史像――境界と交流

――』雄山閣出版、一九九三年）。のちに「戦国期幸手領における領域概念と宗教」と改題、『関東の戦国期領主と流通』（岩田書院、二〇一一年）に所収。

7 高埜利彦「修験本山派の本末体制」（『大月市史　通史編』一九七八年）、のちに『近世日本の国家権力と宗教』（東京大学出版会、一九八九年）に所収。

8 森毅「修験道における「年行事職」・「霞職」の成立」（『法経論叢』一号、一九八〇年）のち『修験道霞職の史的研究』（名著出版、一九八九年）に所収。

9 新城美恵子「聖護院系教派修験道成立の過程」（『法制史学』三二号、一九八〇年）、同「十玉坊と聖護院」（『富士見市史』通史編上巻、一九九四年）、同「本山派修験玉林院関係文書について――饗庭武昭氏寄託「古書写」解説――」（浦和市郷土博物館『研究調査報告書』第二一集、一九九四年）。いずれも、のちに『本山派修験と熊野先達』（岩田書院、一九九九年）に所収。

10 新井浩文b「戦国期関東における本山派修験の勢力伸長について」（『埼玉県立文書館紀要』六号、一九九二年）。のち、『関東の戦国期領主と流通』（岩田書院、二〇一一年）に「幸手一色氏と修験不動院」として所収。以下、前掲注6と併せて特記しない場合、新井氏による成果はこれによる。

11 久保康顕「中世上野国における修験道本山派の展開」（『國學院大學大學院紀要　文学研究科』三三号、二〇〇二年）。

12 森幸夫「本山派修験小田原玉瀧坊について――北条氏綱と聖護院――」（『戦国史研究』四四号、二〇〇二年）、のち『小田原北条氏権力の諸相――その政治的断面――』（日本史史料研究会、二〇一二年）に所収。

13 荒川善夫「下野の熊野修験貞瀧坊に関する基礎的研究」（『栃木県立文書館研究紀要』八号、二〇〇四年）。

14 近藤祐介b「戦国期関東における幸手不動院の台頭と鎌倉月輪院――後北条氏と古河公方の関係から――」（『地方史研究』三一五号、二〇〇五年）、同c「修験道本山派における戦国期的構造の現出」（『史学雑誌』一一九編四号、二〇一〇年）、前掲注3近藤a論文、同d「本山派」（時枝務・長谷川賢二・林淳編『修験道史入門』岩田書院、二〇一五年）。なお、以下特記しない場合、近藤氏による成果はこれによる。

15 長谷川賢二「中世後期における顕密寺社組織の再編――修験道本山派の成立をめぐって――」（『ヒストリア』一二五号、一九八九年）、同「中世後期における寺院秩序と修験道」（『日本史研究』三三六号、一九九〇年）。のち、『修験道組織の形成と地域社会』（岩田書院、二〇一六年）に所収。榎原雅治「山伏が棟別銭を集めた話」（『遥かなる中世』七号、一九八六年）。のち『日本中世地域社会の構造』（校倉書房、二〇〇〇年）に所収。前掲注3増山論文。

16 「小野寺文書」一号（『栃木県史』史料編中世一）。
17 前掲注10久保論文。
18 小山貴子「中世後期の在地における修験道の展開と在地の「信仰圏」――信濃国佐久郡大井法華堂の事例から――」（『仏教史学研究』五五―一、二〇一二年）。
19 『新編埼玉県史』資料五中世一、一〇〇二号。なお、この史料は写しであるが、聖護院門跡により入東郡などが十玉坊に安堵されている。
20 『新編埼玉県史』資料六中世二、一九九号。
21 『新編埼玉県史』資料六中世二、一一二九号。
22 『新編埼玉県史』資料六中世二、四七二号。
23 『新編埼玉県史』資料六中世二、九九六号。
24 『新編埼玉県史』資料六中世二、一四五八号。
25 『新編埼玉県史』資料六中世二、九九五号。
26 黒島敏「山伏と将軍と戦国大名――末期室町幕府政治史の素描――」（『年報中世史研究』二九号、二〇〇四年）。
27 前掲注5関口論文。
28 『若王子神社文書』（東京大学史料編纂所架蔵写真帳）。
29 近藤祐介「中世後期の東国社会における山伏の位置」（『民衆史研究』第七七号、二〇〇九年）。
30 「米良文書」二四五・二五六号など（『熊野那智大社文書』）。
31 「金輪寺大般若経波羅蜜多経巻三四九奥書写」（『北区史』資料編　古代中世1）。
32 「米良文書」一七五号（『熊野那智大社文書』）。
33 吉田政博「豊島郡・豊島氏と熊野信仰」（板橋区立郷土資料館平成九年度特別展示図録『豊島氏とその時代――中世の板橋と豊島郡――』一九九七年）。
34 櫛田良洪『続真言密教成立過程の研究』（山喜房佛書林、一九七九年）。
35 小山貴子「中世豊島郡の宗教構造に関する基礎的考察――郡北部地域を中心に――」（豊島区立郷土資料館研究紀要『生活と文化』第二六号、二〇一七年）。

36 櫛田良洪『真言密教成立過程の研究』（山喜房佛書林、一九六四年）、前掲注34櫛田論文、宮野純光「戦国期における真言僧関東下向の一考察――東寺宝菩提院亮恵を中心に――」（『大正大学研究論集』二八号、二〇〇四年）、藤井雅子「醍醐寺諸流の地方への伝播」（『中世醍醐寺と真言密教』勉誠出版、二〇〇八年）など。

37 岡部光伸「願行方法流の関東での広がり方について」（『智山学報』四六号、一九九七年）、願行については、橋本初子「願行上人憲静について」（『金沢文庫研究』二七六号、一九八六年）、百瀬今朝雄「願行房憲静の「二階堂寺」」（『立正大学文学部論叢』九〇号、一九八九年）など。

38 『新編武州古文書』上、豊島郡、一五号。

39 高橋千絵「旧武蔵国足立郡玉蔵院と醍醐寺三宝院との接点をめぐって――「関東真言宗」と呼ばれた寺院を考えるために――」（東京北区教育委員会『文化財研究紀要』第一二集、一九九九年）、前掲注3関口論文。

40 前掲注36櫛田論文。

41 『新編埼玉県史』資料六中世二、二四六号。

42 「潮崎稜威主文書」一二一号（『熊野那智大社文書』）。

43 『新編埼玉県史』資料六中世二、二四七号。

44 箱根権現別当に関する研究は、小笠原長和「北条氏康と相州箱根権現別当融山僧正」（『古文書研究』第五号、一九七一年）、宇高良哲「箱根権現別当金剛王院融山について」（『大正大学研究紀要』仏教学部・文学部六一、一九七五年）、杉山一弥「室町期の箱根権現別当と武家権力」（『室町幕府の東国政策』思文閣出版、二〇〇四年）、森幸夫「鎌倉・室町期の箱根権現別当」（『戦国織豊期の社会と儀礼』吉川弘文館、二〇〇六年）があり、森氏は、中世後期の箱根権現別当について、「箱根山を取り巻く関東の政治形態と結びついて世俗的に誕生した」地位とする。

45 長谷川賢二「真言宗・東寺と山伏」（『寺社と民衆』九、二〇一三年）。のち、「総括と課題」として『修験道組織の形成と地域社会』（岩田書院、二〇一六年）に所収。

46 鈴木芳道「戦国大名権力と寺社・公家・天皇」（『日本歴史』五五九号、一九九四年）、加増啓二「領国危機と修法――「妙本寺文書」所収北条氏康・金剛王院融山の往復書状写をめぐって――」（『中世東国の地域権力と社会』岩田書院、一九九六年）、鈴木芳道「後北条氏と寺社」（『ヒストリア』一五八号、一九九八年）、山口博「戦国大名後北条領における東寺門末の本末相論について」（『美術史論叢　造形と文化』雄山閣出版、二〇〇〇年）など。

47　前掲注44宇高論文。
48　『戦国遺文』後北条氏編第一巻、三八一号。
49　湯浅治久「中世的「宿」の研究視角――その課題と展望――」(『中世の内乱と社会』二〇〇七年、東京堂出版)。
50　『新編武州古文書』上、足立郡、五二号。
51　『新編武州古文書』上、足立郡、五四号。
52　前掲注39高橋論文。
53　『新編武州古文書』上、足立郡、四六～四九、五一号。
54　『新編武州古文書』上、足立郡、五〇号。
55　宇高良哲「倉田明星院祐長」(『徳川家康と関東仏教教団』平文社、一九八七年)。
56　前掲注1和歌森論文。
57　桜井英治「市の伝説と経済」(五味文彦編『中世を考える　都市の中世』吉川弘文館、一九九二年)。
58　杉山正司「中世末武蔵東部の市における諸問題――岩付を中心として――」(『埼玉県立博物館紀要』七号、一九八〇年)、鈴木哲雄「古隅田川地域史における中世的地域構造」(『中世関東の内海世界』岩田書院、二〇〇五年)。
59　「米良文書」八六五号(『熊野那智大社文書』)。なお、東京大学史料編纂所「那智大社文書」写真帳にて修正のうえ引用。
60　前掲注33吉田論文。
61　『戦国遺文』後北条氏編第二巻、一〇五五号。
62　谷口栄「中世岩淵の景観」(東京都北区教育委員会『文化財研究紀要』第一一集、一九九八年)。
63　「足利持氏御判御教書」「二階堂行崇書状写」(『板橋区史』資料編)。
64　『新編埼玉県史』資料六中世二、一一二八号。
65　『新編埼玉県史』資料六中世二、一一二七号。
66　『新編埼玉県史』資料六中世二、一一二九号。
本稿脱稿後に、近藤祐介『修験道本山派成立史の研究』(校倉出版、二〇一七年)、西尾知己『室町期顕密寺院の研究』(吉川弘文館、二〇一七年)を得た。併せてご参照されたい。

大名の移動と寺社の移転

菅野　洋介

はじめに

本稿は、十七世紀後半における仙台藩の旧蹟調査のあり方について、仙台へ移転した寺社や仙台移転以前の寺社の「跡地」（旧地、以下括弧をとる）を含めた伊達家旧領の動向から明らかにするものである。

戦国期における伊達氏の研究は、小林清治氏の先駆的な研究が知られるが、近年では遠藤ゆり子氏の成果が代表的である。[注1]周知のように仙台藩伊達家は、仙台移転以前、伊達郡（梁川や桑折）や岩出山などへと政治拠点を移動させていた。それに伴って、多くの人々の移転があったと想定されるが、本稿で注目する寺院も移転があった。[注2]また、寺院の移転に伴って、元の立地場所に寺院が新たに再興されることもあった。再興の背景は、旧地のもつ歴史性が在地社会において一程度認知されていたことを前提としよう。そのため伊達家の仙台移動と関連した寺院のあり方は、自ずと跡地（伊達郡など）とそれまでの伊達家のあり方に関連する。

ところで羽下徳彦氏は伊達家の系譜に関する見解を示している。[注3]同氏は、伊達家文書の中に伊達家の系譜関係の史料が散見されることに注目され、その意義づけを試みている。この分析視角は、本稿で取り上げる仙台藩の旧蹟調査を理解する上でも重視すべきである。たとえば仙台藩では旧領時代のあり方が調査され、その写しが伊達家文書のなかに比較的散見される。また、寺院にとって、移転先の仙台において開基家が伊達家であることが認定されれば、その伝統性が藩主との繋がりで仙台藩政に位置づけられるのではなかろうか。伊達家の系譜が整備されることと、寺社の来歴は不可分であることも想定されよう。

また、伊達家にとっての旧領であった伊達郡は、十八世紀後半以降、伊達家旧跡の地として地誌類に掲載される。天保十二年、志田白淡が著した『信達一統志』には、「伊達大膳大夫」として一項目掲げられている。[注4]この「伊達大膳大夫」は「諱は正宗」と記載され、初代仙台藩主ではなく、一般に初代政宗と呼ばれる人物である。初代政宗は、十八世紀以降の地域認識と関わり、仙台藩という政治領域をこえて旧領で認識される存在であった。このことは十八世紀以降における伊達家と旧領の伊達郡の歴史認識の高まりとの関連性を問いなおす必要を生じさせよう。そこで冒頭で述べたように、仙台藩及び旧領の寺社のあり方を含めて、旧蹟調査のあり方に迫る必要があると考える。

ここで改めて仙台藩の寺社編成についての特徴を概観する。十七世紀後半の仙台藩では、寺社が宗派をこえて藩主のもとに編成されている。[注5]『仙台市史』の成果が重視されるが、東照宮別当の仙岳院（天台宗）を頂点に、大年寺（黄檗宗）、そして「伊達五山」（以下、括弧をとる）などの寺院の編成状況が判明する。個別宗派の本末編成の問題ではなく、仙台藩政のなかに寺社編成を位置づけており高く評価される。仙台藩の寺社編成は、概して①東照宮という新たな宗教施設を軸にしつつ、②家綱政権以降台頭する黄檗宗、③旧領から移転してきた伝統性を示すことのできる禅宗寺院、④陸奥国分寺や五大堂などのそれまで仙台周辺に位置づけられてきた寺社などに分類され、藩主との関係で位置づけられている。この中で本稿では、③を中心に取り上げるが、伝統性をいかに創造させるかは、仙台藩の旧跡調査によるものと捉えることができる。

このような伝統性の創造は、仙台藩の旧跡調査と関連すると想定でき、伊達郡（梁川や桑折）を中心とした旧領の寺社にも影響が及ぶと言える。まずは伊達家の系譜認識について確認し、順に神社（八幡宮）と寺院の例を取り上げていく。そして、これらの問題を仙台藩の寺社編成といった狭義の宗教史の範疇ではなく、その社会状況下での意義について深めていきたい。

一　伊達家の系譜と伊達郡旧跡調査

1　寛政重修諸家譜における伊達家

まず伊達家の系譜について確認する。表1は、初代朝宗から第十八代政宗までの寛政重修諸家譜から菩提寺関係などを抽出し一覧にしたものである。表1を参照しつつ、寛政期段階の認識を確認する。

初代朝宗は文治五年の源頼朝の奥州征伐に伴い、高子岡（伊達郡）に城を築き、その地を伊達氏発祥の地とする。そして伊達郡桑折の満勝寺村に葬られたとする。四代政依の時点では、伊達五山の確定が示されている。特に、伊達郡梁川創建の東昌寺は京都の東福寺から仏智禅師を開山にむかえたとする。一般に、これまで政依段階を評価し、伊達郡梁川への五山文化の流入が示されてきた。

七代行宗・八代宗遠の時代には、南朝系とのつながりが示されている。[注6]この点は旧領伊達郡における十九世紀以降における霊山の南朝顕彰の社会気運と関連する認識と言える。表1の二代目から八代目にかけては、仙台藩主伊達綱村が歴代当主に対して追号を与えている。

九代政宗が初代政宗と呼ばれる人物になる。足利義満への謁見などが記され、「東光寺」などと号し、菩提寺

表1　伊達家系譜一覧

世代	名前	主な記載内容	菩提関係	注目点
初代	朝宗	入道号念西。文治五年頼朝が泰衡征伐の時に伊達郡を賜る。この年に高子岡に城を築きて住す。それ以前に伊佐、中村を称したがこの時点から伊達に改める。「浄光念西満勝寺」と号す。	伊達郡桑折の満勝寺村に葬る。	高子岡を伊達氏の始まりの地とする。
2代	宗村	文治5年、兄の為宗とともに戦功あり。	綱村の時に「念山道正持国院」の追号あり。	
3代	義広	伊達郡桑折の郷粟野大館にうつり住む。出家し覚仏となる。「観音寺」と号す。	綱村の時に「本明」の追号あり。	
4代	政依	東昌寺・光明寺・満勝寺・観音寺・光福寺を五寺を定める。東福寺正覚庵仏智禅師を請じて東昌寺の開山とする。「願西東昌寺」と号す。	綱村の時に「覚印」の追号あり。	伊達五山の確定。
5代	宗綱	特になし。	綱村の時に「浄方真西金福寺」の追号あり。	
6代	基宗	特になし。	綱村の時に「誠志賢貞満願寺」の追号あり。	
7代	行宗	建武二年、義良親王に属す。斯波岩手南部を攻める。伊達郡に居し、常陸国伊佐庄中村城にうつり住む。「円如延明院」と号す。	綱村の時に「念海」の追号あり。	義良親王の文言が出る。
8代	宗遠	伊達郡に住む。南朝に属す。長井庄を攻める。信夫・刈田・柴田・伊具が全て服従する。定叟喜見寺と号す。	綱村の時に「寂庵」の追号あり。	南朝の文言が出る。
9代	政宗	この時兵威大に振ふ。宇多・名取・宮城など属す。応永四年上洛し鹿苑院義満に謁す。家をたもつこと二十二年、平素和歌を嗜み、「儀山円孝東光寺」と号す。	「刈田郡湯原村の東光寺に葬る。ときに勝定院義持より追悼の和歌二首をあたへらる」とある。	初代政宗の内容。
10代	氏宗	鎌倉管領足利氏満より諱字を与えられる。「東孝受天正光寺」と号す。	なし。	
11代	持宗	応永年中、上洛して勝定院義持に謁し、諱字を与えられる。「天海円宗真常院」と号す。	なし。	

12代	成宗	寛正三年九月十八日上洛。慈照院義成　後の義政に謁し、諱字を与えられる。文明十五年十月上洛。義尚謁す。	伊達郡西山城北松蔵の松音寺に葬る。後に伊具郡丸森にうつす。	弟の薬源が梁川輪王寺に住す。大永元年に越後の耕雲寺にうつり、後に輪王寺に戻る。
13代	尚宗	義尚より諱字を与えられる。「香山円桂護国院」と号す。	特になし。	
14代	種宗	永正十四年、義稙より諱字を与えられる。天文元年、伊達郡西山城に移り住む。天文十七年九月、致仕し、伊具郡丸森にうつる。	丸森の松音寺に葬る。後に、この寺院を仙台の連坊小路にうつす。	松音寺の丸森から仙台移転。
15代	晴宗	陸奥国の探題。はじめ西山城に住す。義晴より諱字を与えられる。天文十九年、米沢城に移る。永禄期に致仕し、信夫郡杉目城に住す。「保山道祐乾徳院」と号す。	宝積寺に葬る。	
16代	輝宗	天文十三年、西山城に生まれる。弘治元年に足利義輝より諱字を与えられる。また東照宮より鷹師をつかわされ、天正十二年、致仕し、米沢の舘山城に住む。「性山受心覚範寺」と号す。	置賜郡夏刈村の資福寺に葬る。後に、仙台にうつす。	資福寺の仙台移転。
17代	政宗	永禄十年米沢生れ。天正十三年以降の記事が詳細に確認。	なし。	初代仙台藩主。

を刈田郡湯原村東光寺にしたという。東光寺については後述するが、伊達郡柱田村にも同名の東光寺（曹洞宗）が存在し、初代政宗との関係を示しており、その認識は複線的である。[注7]

十二代成宗・十四代種宗は松音寺に葬られ、松音寺が伊具郡丸森、仙台へと移転していく。最終的に伊達家と由緒を持つ寺院（輪王寺など）が仙台に移転したと認識されている（松音寺については後述）。また種宗は拠点を伊達郡桑折西山城に移し、西山城にも寺院が集中的に移転する。なお十六代輝宗は西山城に生まれ、天正十二年に米沢の舘山城に「到仕」しているとする。置賜郡夏刈村の資福寺に葬られ、この資福寺も仙台に移転する。

以上から、注目点を要約すると、伊達家の政治拠点の移動に関連し、寛政期において、①伊達郡高子岡、②伊達郡桑折、③伊達郡西山城、④米沢などの変遷が確認された。特に寺院については、①東光寺、②松音寺、③宝積寺、④資福寺、⑤輪王寺の記載がみられた。最終的に、仙台に移転した寺院（輪王寺・資福寺・松音寺）が認められる一方で、東光寺のように移転が認められない例もある。また、四代政依段階の創建とする伊達五山にも注意が必要である。次に伊達五山を考える上で、伊達郡桑折西山城周辺の状況を取り上げる。

2　桑折西山城と周辺寺社

延宝三年（一六七五）、仙台藩は旧蹟調査を実施する。伊達騒動直後の状況下で、この時点で改めて藩主の政治的正当性を示す必要が既に指摘されている。仙台藩士の落合時成、窪田権九郎が伊達綱村の命を受けて、常陸や下野、そして伊達郡の旧蹟調査を実施している。また京都南禅寺との間での「伊達家軍忠節文書之次第幷系図」が伝来する。[注8] 特筆すべきは落合らが桑折西山城周辺の絵図を作成していることである。[注9] 既に多くの文献で紹介がなされているが、「伊達郡満勝寺絵図」記載の寺社を列挙すると、①梁川八幡神社・諏訪神社、②輪王寺、③東昌寺、④満勝寺、⑤観音寺、⑥光福寺、⑦観音草堂・古三十三体観音堂跡、以上がみられる。

先の表1の内容とあわせてみると③から⑦の五つの寺院が伊達五山として評されてきた。また一時期、伊達郡梁川で開創された寺院が伊達家の拠点移動に伴い西山城周辺に移転した旨を示す。また、その経過の一時点を仙台藩士が絵図に書き留めることで旧蹟を認定していた。以下、主な掲載の寺社について『桑折町史』の内容に沿いながら寺歴等を確認する。

①梁川八幡宮は、仙台藩旧蹟調査の過程において桑折西山城周辺に一時的に移転したと認識されている。伊達家の拠点移動に伴い八幡宮が移転していることを認識した事象となる。神社の移転（分祠勧請カ）は、寺院とは別に考えるべき問題でもあるので後述する。

②輪王寺は、仙台に移転した禅宗寺院にあたる。十一代持宗が祖母の蘭庭禅尼の所願によって梁川に開創し、西山→米沢→黒川→米沢→仙台へと移転した寺院である。一般に「輪王寺の六遷」と呼ばれる輪王寺の移転であ

る。このうち、西山段階に立地した輪王寺を旧蹟調査で確認したことになる。

③東昌寺は、梁川→桑折西山→米沢（夏刈）→岩出山→仙台へと移転する。[注10]最終的に仙台において東昌寺は再興されたと考えることができる。一般に東昌寺は伊達家筆頭の禅宗寺院と評されるが、仙台藩内の存立背景は、旧地などでの伝統性を確認した上で定まっていくとみられる。

④満勝寺は、初代朝宗の菩提寺とされ、政依の建立が伝わる。この他、朝宗御墓所と古井が確認される。仙台藩伊達家の祖が関連する寺院となる。

⑤観音寺（観音大仏）は、政依の建立とされ、十二世紀段階の観音が伝来するという。また年未詳（天保七年カ）ながら、観音堂についての来歴が記された史料が伝来する。[注11]たとえば「仙台之御先祖御在城之御時、第三之城主粟野次郎義広公御信心ニて」とある。「仙台之先祖」（伊達家）との関連性が示されている。このような由緒を基礎に、開帳が実施されていく。縁起や開帳の開催といった宗教的な事象において伊達家との由緒が確認されることになる。

⑥光福寺の詳細は不明であるが、資福寺・覚範寺に吸収されたとする内容や伊達郡を離れないまま廃寺となった可能性が示されている。

⑦観音草堂は、延宝時点で当地に観音堂が立地したことを示す。天明六年版の満勝寺村中屋鋪観音縁起によると、注目すべきは伊達家初代朝宗（念西）の段階で三十三観音を建立したとする内容である。[注12]願主が満勝寺村中屋敷の佐藤勘左衛門である。縁起のなかには、勘左衛門の亡父が三十三観音の彫刻を志願した旨も記されている。天明期段階の観音信仰の展開も確認できるが、それと共に伊達家との由緒が縁起のなかに記載されていることに注意したい。この他、同時期に編纂された「光明寺墓古図」では、光明寺（福寿寺）が初代朝宗の夫人の五輪塔が伝来する寺院とされる。

以上、仙台藩旧蹟調査により、桑折西山城周辺の寺社来歴などが確認された。仙台移転の寺社にとっては、旧領でのあり方を定める上で西山での来歴が活用されたとみられるが、伊達郡側も伊達家との来歴を縁起などに記載することで、その存立事情を定めていったと評価されよう。また、縁起に伊達家が記されることで、その認識が喧伝される可能性があったことも指摘しておきたい。

二　旧蹟調査と八幡宮の諸問題

1　下野中村八幡宮と仙台藩主の太刀奉納

ここでは八幡宮について述べるが、伊達家の系譜認識とあわせて下野の中村八幡宮及び伊達郡の梁川八幡宮神主の動向について取り上げる。特に、後者の八幡宮のあり方は仙台に移転（勧請）した亀岡八幡宮のあり方と関連する。

次の史料は伊達家文書に伝来する中村八幡宮関連のものである。差出人にあたる野口新左衛門は同史料の包紙の記載から判断すると八幡宮神主である。また元禄元年の記載もあり、延宝期の旧蹟調査後の史料が伊達家文書のなかに伝来したとみられる。なお注目点には傍線をふし、欠字は二字アケとした。

【史料一】[注13]

口上之覚

一、下野国芳賀郡中村　　八幡宮者中村太郎時長公より御建立役内（ママ）成候之由申伝承候

一、社家・社僧之儀、元和之頃迄学頭荘厳寺・社僧神宮寺同円実坊・行大坊・知足坊・観音坊・住円坊、是等者六供与申、年番に別所江相詰、近き頃迄神事修行勤申由幷社人舞姫八人、神楽男六人、大長一人、

承仕壱人、触役壱人、社僧神主共に以上弐拾五人御座候得共、元和之頃下館城主江社領被二取上一、社家・社僧退役仕候、只今社僧一人付置申候

一、古来より只今迄正経会修行仕候札神前ニ相懸申候段、古来より巻数之□（虫損）札と申、正月八日に学頭荘厳寺ニて為二古例一於レにレ今相調申、下鳥居之端に懸申候、此御札裏書之次第御尋ニ付表裏之文言別紙之写仕差上申候

一、八幡宮江頼朝公より御寄進之御判持写可差上由、則別紙に写差上申候

一、御城惣構東西拾丁余南北三拾丁余に相見申候、北御構之外、御城之北之方に相当馬城城山与申林御座候是者先規　時長公野馬場之由申伝仕候、依レ之其所に之名馬城堀与申由　八幡宮より艮当申候

一、八幡宮より南に当下馬之橋と申橋御座候、御宮より其間拾四丁御座候①頼朝公幸次之野狩之時当社御参詣被為レ成之砌、下馬被レ為　遊候ニ付、以来下馬橋与申伝候

以上

十月十三日　　野口新左衛門

今野十兵衛様

松本源之丞様

今田権之助様

主な内容は、①芳賀郡中村の八幡宮は中村時長創建と伝わる。②社家・社僧には、元和期より学頭荘厳寺や社僧がおり、「六供」の存在が認められ、それらが神事を担ってきた。しかし元和期において下館城主に社領が取り上げられ、社僧は一人となった。③正月八日に荘厳寺が正経会を実施してきた。④八幡宮に対しては源頼朝からえた判持写しがあること、⑤八幡宮の艮の方向に中村時長の「馬場」があったとする由緒がある。⑥八幡宮よ

り南に「下馬之橋」があり、傍線部①にあるように源頼朝の八幡宮参詣があったとする。

史料概要は、中村八幡宮の由緒であるが、その由緒のなかでも「源頼朝」の記載に注目したい。八幡宮にとっては源頼朝の奥州征伐に伴う由緒が重要なためであろうが、頼朝の動静が八幡宮の由緒に組み込まれている。また史料一と関連し、建久四年の「下野国芳賀郡中村庄八幡宮寄進申田之事」は、明らかに近世段階に写として作成されている。これには「鎌倉右大将源頼朝」との記載があり、当八幡宮が源頼朝の奥州征伐との関連で認識された傍証となる。また、この認識は、当地の中村氏が奥州征伐の論功から奥州伊達郡を下賜され、伊達氏を名乗ったという経緯に関連しているとみられる。一方で伊達家文書のなかでは、慶安元年八月十七日「徳川将軍朱印状」(写)が、八幡宮とかかわって伝来している。旧蹟調査に伴い、その当時の八幡宮の現状把握も試みられていた。

また中村八幡宮では仙台藩旧蹟調査の過程において藩主伊達綱村が太刀を奉納している。[注14] 元文元年(一七三六)、伊達吉村が刀二振と神馬を奉納したとする指摘もある。[注15] また『下野国誌』によれば、八幡宮流鏑馬は伊達家との関連性のなかで、その来歴が説明される。

これらの経緯をみてくると、伊達家は旧蹟調査を契機に中村八幡宮の神事へ関与していったことをうかがわせる。一方で八幡宮にとっては、十八世紀以降、伊達家と神事を通じてのつながりを確保することで、その来歴を明確化していったと言えよう。いずれにしても、仙台藩旧蹟調査は、源頼朝と伊達家(中村家)の不可分な関係を示したことになる。

2　仙台藩の旧蹟調査と亀岡八幡宮・梁川八幡宮

次に亀岡八幡宮と梁川八幡宮について述べたい。既に筆者は伊達郡における梁川八幡宮のあり方に分析を試みたことがある。[注16] ここでは仙台城下への亀岡八幡宮の移転（勧請）をめぐる動向を中心に述べる。

まず『伊達治家記録』によれば、仙台における亀岡八幡宮は、慶長七年に「仮殿」が建立されている。[注17] たとえば伊達郡の「梁川亀岡八幡宮ノ社人」である山田家が、密かに「御神体」を仙台に移した旨も記されている。なお元亀二年十一月、「亀岡八幡宮ヲ伊達郡西山ヨリ梁川ニ返シ移シ奉ル」という記事や「御先祖梁川城ニ住シ玉（ママ）ヘル時、高子ノ亀岡ヨリ移シ奉り」などともある。元亀二年時点で八幡宮が桑折から梁川へ戻る旨や高子村の亀岡が当初の八幡宮の立地場所である旨も記されている。ここで「亀岡」という表記が八幡宮に付されることも、当社の由緒を示す上で注目され、この社号は、伊達郡における伊達家創設由緒とも関わっており、伊達家の系譜上の正当性を示す上で重要視されたとみられる。なお天正十年四月、伊達政宗の「梁川亀岡八幡宮御参詣」との記載もあり、この時点では梁川に立地したことになる。これらの経緯をふまえ、仙台藩の旧蹟調査を取り上げる。

次の史料は、梁川八幡宮神主の菅野神尾守が仙台藩士の落合に対して記したものである。[注18] 梁川八幡宮側から仙台藩士宛てに出された史料となるが、冒頭で記された傍線部①をみると、亀岡八幡宮の神事（「古来繁盛之時」）についての問い合わせに対するものである。

【史料二】

此度八幡宮之御事ニ付而、大町清九郎様より御飛脚被レ遣候ニ付而、貴公様より御飛札拝見仕候、①依之

亀岡八幡宮御祭礼等、古来御繁昌之時之御儀式ノ次第御事

一、御輿壱兒、御祭礼節於二伊達ニ一、亀岡大清水ニて塩ごり御かき被レ遊、其上御渡り被レ成候事

一、御輿御供ノ事

一、金ノ御宝幣帛、弐体

一、御はた　一、御立烏帽子
一、御鎧　一、御甲
一、御弓　一、御太刀
一、御ほこ　一、御鷹
一、五色八葉之御立花　一、御神馬
②右御祭礼之御もやう申上候事
一、御神器・御神物等
一、御膳ひもく、かわらけニて三拾三膳宛上り申候
一、なり物ノ類　一、笛
一、上びやすし　一、鼓
一、太鼓　一、大びやうし
一、御湯立　一、御神楽
一、ちごノ舞　一、御やぶさめ
右如斯ニ御座候御事
一、③御神体之御事、古来より亀岡八幡宮御壱体ニ御座候、尤しやか・もんしゅ・ふげん、わき仏・前仏ト申御座候故、三体共申方も可レ有レ之候得共、第一御神体ハ御壱体ニ御座候御事、故ニ八幡宮御尊ハ王神天子ト申天王共申候事
一、近来、此方御祭礼御事、昔御繁昌之儀式ニハ一切不二罷成一、御太平ニ執行、以法儀を相勤来申候事
一、古来より此方御社内ニ、御しゝあまいぬ御座候事

一、④亀岡　八幡宮御宮移之上、御先宮ノ御時御尋も御座候者、儀式之次第可申上候
一、先頃者伺書仕、数度得二御意一大慶ニ奉レ存候、右御書立ノもやう、無二申迄一御座候へ共、可レ然様ニ御書立被レ遊被二仰上一可レ被レ下候奉レ頼候、委細義ハ和事偏ニ奉レ頼候、如何様重而得二貴意一可二申上一候、
恐惶謹言
九月廿七日　　梁川八幡宮惣社神主
菅野神尾守
隆（花押）
落合藤九郎様貴報

傍線部②では、八幡宮祭礼の模様が記されている。「立烏帽子」や「五色八葉之御立花」、「御神馬」の登場がうかがえる。また流鏑馬に関する記事なども確認できる。傍線部③は八幡宮の「御神体」についての記事になる。「御神体」が古来より一体である旨が知られるほか、釈迦仏・文殊・普賢などの存在もうかがわせる。傍線部④では、亀岡八幡宮の御宮の移しの上とあり、おそらくは仙台への移転を示し、それ以前の儀式次第について述べている。先述したように、仙台城下には既に八幡宮が立地し、梁川と仙台に並立していた。仙台藩は、領内の亀岡八幡宮の来歴を固める意味でも旧蹟調査をおこなったことになる。

これらの内容から、仙台藩はかつての八幡宮神事の来歴を把握したことが第一に掲げられるが、注目点は仙台藩士との間で、これらの内容が述べられていることである。つまり、旧領の伊達郡側は旧跡調査を契機に伊達家とのつながりを再確認する契機となっていた。

じつは、この旧蹟調査が試みられている時期から十八世紀前半にかけて、伊達郡では梁川八幡宮の菅野家による神職編成が進展した。注19 この問題の主な論点は、梁川八幡宮神主の菅野家が、いかに当郡域の神職に対しての主

導性を確保したかにある。旧稿では、伊達家との中世以来のつながりが神職編成の遠因の一つになる旨を述べたが、その点も重要だが、むしろ十七世紀後半に伊達家の旧蹟である旨を再確認できたことが惣社神主菅野家にとって重要と考えておきたい。その契機が、これまで述べてきた仙台藩の旧蹟調査との関連で見いだされ、梁川八幡宮の神主は、この時期に伊達家と由緒を再確認するのである。

つまり伊達家が仙台移動後、伊達郡では米沢藩や幕領という形で領主変遷を経ながらも、その状況下で梁川八幡宮神主は郡域の神職との間で主導性を確保する上での正当性を示す必要があった。そこへ伊達家の旧蹟調査が実施されていたのである。そのような状況を前提としつつ、神主は本所吉田家との接触を確保していったと評価すべきである。ここでは旧領における神職編成が大名家の旧蹟調査と関連しあっていることを指摘したい。[注20]

三　移転する寺院と移転しない寺院

最後に仙台藩の旧蹟調査に関して、宮城県刈田郡東光寺、伊達郡国見町松音寺の二例を取り上げる。東光寺は仙台へ移転しなかった例、松音寺は仙台への移転が認められ、旧地に同名寺院が再興された例となる。

1　刈田郡湯原の東光寺

東光寺（曹洞宗）は、宮城県・山形県境、いわゆる七ヶ宿街道沿いの湯原に立地している。来歴として、初代政宗（表1第九代参照）が関与した寺院であることが知られ、供養塔が伝来している。次の史料は、仙台藩旧蹟調査に関わって作成されたものである。[注21]

【史料三】

（表紙）
「五
延宝五年
所々見廻覚書
窪田権九郎
落合勘左衛門」

此度諸所廻見仕候覚
一、苅田郡湯原町西之末ニ鹿音山東光寺御座候、只今ハ曹洞宗住持仕候、御位牌ニ　絹館東光寺殿儀山円孝大居士神祇、（中略）
延宝五年巳四月廿一日
窪田権九郎
落合勘左衛門
恒春

この史料三は、比較的、旧蹟調査に関連し伝来する形式のものである。表紙の漢数字「五」は同形式の史料が複数存在することを物語ろう。表紙には仙台藩士の窪田や落合が名前を連ね、そして「此度諸所廻見仕候覚」として寺院の立地場所や位牌などの寺歴に関する記事がみられる。史料は、窪田らが旧蹟調査の結果、書き留めた覚書の写しにあたる。

それでは東光寺の寺歴について、ここでは『伊達正統世次考』の内容とあわせてみていきい。まず先の表1によれば、寛政期段階において初代政宗が東光寺に葬られたとするが、延宝五年時点の旧蹟調査の過程で「東光寺殿儀山円孝大居士」が認定されていたことになる。この内容は、『伊達正統世次考　巻之四』でも確認でき、湯原村中に「東光寺旧跡」が存在したことが記されている。また『伊達正統世次考　巻五』では、同寺が足利義満との関係を示し、本来の山号が「鹿音山」ではなく「鹿苑山」が誤記された旨も記されている。この他、政宗以外にも夫人の供養塔の記事も散見され、現在もその供養塔が伝来する。但し、何故に東光寺が仙台城下へ移転しなかったのか。十六世紀後半時点の東光寺のあり方など、今後他の寺院が移転する時期の東光寺のあり方は留意されよう。

ところで、東光寺（曹洞宗）は旧領の伊達郡柱田村にも立地した。藤田定興氏によれば、東光寺は同郡川俣村頭陀寺末となり、同七世により元和三年の開山となる。[注22]但し、注目すべきは開山年次との齟齬が明らかであるものの、初代政宗の位牌が伝来することである。たとえば位牌は「応永十二年九月十四日　東光寺殿儀円孝大居士尊儀伊達大膳大夫　政宗公」とあることが知られ、ある段階での造成が予想されるが、旧領の伊達郡において東光寺が初代政宗と繋がりのある寺院であるとする認識があった。

両例（二つの東光寺）は仙台の移転はみられなかったが、留意されるのは両例ともに伊達家の供養塔が伝来することである。この場合、文書ではなく、いわば視覚性のある歴史的事物（供養塔・位牌）が重視され、これらの事物が伊達家を広く認識されていく契機となったのではないか。旧領の寺院は、位牌や供養塔を介した、伊達家との繋がりを再生させていく「場」と評せよう。

2　伊達郡小坂村松音寺の移転

次に松音寺について述べたい。松音寺は伊達郡から丸森、そして仙台に移転した寺院である（表1十四代参照）。仙台藩内では、「御一門格」にあたり、輪王寺と同格グループに該当する。また「一束一本献上場所」は一畳目、それに対する「御礼場所」を二畳目としている。[注23]

注目すべきは、松音寺が伊達郡の跡地に同名寺院で再興されたことである。また、史料が伊達家文書に伝来したことを重視すれば、その性格は仙台藩に立地する松音寺のあり方（由緒）とも関連するとみられる。次の史料四は、伊達郡小坂村側が記したもので、伊達家文書に伝来したものである（伊達家文書二一九〇）。

【史料四】

伊達郡小坂松蔵寺開嗣御尋ニ付口上書申上候覚

一、小坂之松蔵寺従レ昔曹洞宗ニ御座候、桑折之西山城下ノ地松か蔵与号、松音寺に今寺跡御座候、拙者先祖者松か蔵村開発仕代々罷有候、先祖より伝置申候ハ、　照宗公様西山之御城与米沢へ御移シ、二本松御陣自（仙）者先道会津迄　正宗公様御伐取御幕下ニ被レ成、其後岩出山御国替ニ付、五峯山松音寺少席ニ罷成候、殊ニ八拾年以前ニ　正宗公様と景勝公様白石之城福嶋迄御取合御一戦ニ付、松音寺跡退惑仕候、御戦証ニ罷成、松か蔵在郷之者寄合小坂町と往行之馬次勤申候、其時々住寺地僧ニて本末不レ存東花山松蔵寺と替申候事

一、正悦和尚松蔵寺ニ六拾四五年已前ニ住被レ申、此長老仙台松音寺より伝法被レ成無二隠便一候、其後松蔵寺火事仕御守開山之位牌も火失仕、無二正拠一候得共、何方より茂無構大元羽と立無法之僧達罷有候、然所ニ四年以前ニ松蔵寺江湖興行之節、本末之改御座候、当住寺米沢勝手ニ御座候故、林泉寺末寺ニ罷成候、然共松音寺むけから眼前ニ御座候者、伊達三十三番之札所之内、廿壱番ニ松蔵之松音寺、寄ニ汲水も誓茂深き松かたき御戸抻ひろき風そ涼しきと于今札打納申事

一、拙者親善右衛門年八拾ニあまりにと存生罷有候、物語仕候ハ、松音寺断絶仕、御寺跡田畑ニ仕、重宗公様御墓場なく罷成候時、拙者先祖六代以前之掃部と申者、松音寺山之須崎口へ墓を移シ申ニ而明神様と祝立申、九月廿二日乍恐茂奉拝候、御一戦以後奉拝候御宮之まね損失申ニ付、拙者へ類之者寄合奉二造

立㆒候、此外松蔵寺ニも拙者所ニ茂古覚書無㆓御座㆒候、御社ニ大木之松三本記ニ御座候事

申ノ二月廿九日

小坂町

佐藤十郎兵衛

史料の包紙には「伊達郡小坂町佐藤十郎兵衛より成宗公御墓所書上壱通」とあり、伊達郡小坂村松蔵寺（曹洞宗）の来歴や伊達成宗の菩提所との関係が要点となる。三ヶ条からなり、主な要点を整理しておきたい。なお史料の作成年次は、仙台藩の旧蹟調査時期の延宝八年が考えられる。

一ヶ条目では、松音寺の来歴が記されている。松音寺が西山城下に位置し、その周辺を佐藤家の先祖が開発したという。先祖からの伝承では、伊達照（輝）宗が西山から米沢へ移り二本松まで陣を張るなどしていた。七代政宗の段階では、岩出山に「国替」となり、「五峯山松音寺」となった。八十年以前の伊達政宗と上杉景勝の争いに際しては、白石城から福島までが奪い合いとなり、その時点で松音寺跡は衰微した。また松蔵在郷の人々は小坂町との間で「馬次」を勤めており、その時々で「地僧」が寺院運営を担いながら本末関係も明確でなく、「東花山松蔵寺」となっていた。

二ヶ条目は、正悦和尚が松蔵寺に六拾四・五年以前に住職となった。正悦は仙台松蔵寺の「伝法」を受けている。その後、火災のため開山の位牌が焼失し、「大元羽」とする僧達が現れた。四・五年以前に江湖興行が実施された際に、本末改めが実施された。その時点で米沢の林泉寺（曹洞宗）末寺に編入されたが、結果的には松音寺の衰微がみられた。松音寺は伊達三十三番札所のうち二十一番に該当した。なお史料上に観音札所に伴う御詠歌が記されている。札所への選定が寺院存立の正当性を示すとみられる。

三ヶ条目は、佐藤十郎兵衛の親の「物語」が記されている。松音寺が衰微し、その跡地は田畑になっており、伊達重宗（成宗）の墓地がなくなっている。十郎兵衛から六代前まで掃部が松音寺の「山之須崎」に墓を移し、

「明神様」として祝い立てた。それも「御一戦」(伊達政宗と上杉景勝の争いか)後、現在では「損失」し、十郎兵衛の関係者が造立した。これに関連する覚書などは存在しないという。

以上を整理すると、松音寺に関係して伊達重宗(成宗)の墓地のあり方が旧蹟調査の影響から浮上しているとみられる。また伊達家の墓石が存立することが、松音寺の来歴を示す上で、恰好の事物であった。松音寺が再興するにあたっても、墓石が必要な事物であった旨もうかがえる。また、史料作成にあたる佐藤家は、松音寺との来歴を示すことで、自家の由緒を形作っていったことも想起させよう。

東光寺、松音寺ともに、伊達家とのつながりを供養塔や墓石のあり方から示すことで、その立場の正当性を固めていったとみられる。

むすびに

最後に本稿の内容を整理し、いくつかの展望を述べ結びにかえたい。本稿で指摘した点は、以下のとおりである。

①仙台藩の旧蹟調査の結果、伊達家が旧領の寺社などの来歴を確定していった。桑折西山城周辺の例では、仙台藩に立地する寺院の跡地があり、そこへの旧蹟調査が進められた。絵図も作成され、寺社の配置が記された。仙台に移転した寺院の寺歴の確定に意義を有したと評せよう。

②八幡宮に関しては、伊達家との来歴(由緒)が重要視され、それが旧領の伊達郡の神職編成に関係したことを述べた。「亀岡」の社号も注目されるが、伊達郡における宗教者編成の影響を指摘した。また八幡宮をめぐっては源頼朝や中村時成の認識のあり方とも関わっていた。伊達家による仙台藩政確立に伴い、領内以外

も伊達家とのつながりを明確化させていく社会潮流は認められよう。

③旧蹟調査は、旧領の伊達郡や東光寺・松音寺など仙台藩をこえて影響をもっていた。刈田郡湯原村東光寺をめぐっては初代政宗との関連を指摘した。伊達郡柱田村東光寺のように、開山年次と齟齬があるものの初代政宗との繋がりを示す事例があることも述べた。また小坂村佐藤家の例では自家の認識と寺院が関わることで伊達家との繋がりを示していた。

これらの内容を整理すると、仙台藩の旧蹟調査に伴う寺社などの来歴認定は、周知のように伊達騒動以後の仙台藩政のあり方から注目すべきだが、その影響が旧領にも影響をおよぼしていたことになる。十七世紀の伊達郡においては領主が米沢藩や幕領などと変遷する中でも、あくまでも伊達家との来歴を重視するのは、この時期の旧蹟調査の影響と考えられる。なお同じ延宝期には米沢藩でも同様の家臣団の調査が実施されている[注24]。伊達郡の状況は、米沢藩の影響もあわせて考えるべきであるが、十八世紀以降、仙台藩の旧領への意識は顕在化する傾向にあることを指摘しておきたい。そして、これら本稿の内容を以下の研究史ともあわせて三点展望しておきたい。

第一に、藩政アーカイブや地誌編纂との関連が掲げられる[注25]。この分野は、近年研究が蓄積されているが、今後も旧蹟調査に伴う史料収集に伴う動向に注視すべきと考える。これに関連して、十七世紀末における旧蹟調査や歌枕比定など、仙台藩の地誌編纂に伴う動向は、既に初代藩主政宗以来の「松平陸奥守」を名乗る例から奥州を代表する「太守」（国持大名）意識との関連が指摘されている[注26]。仙台藩伊達家の「奥州王」とも言うべき社会認識に、どの程度の広がりがあるかは課題であるが、本稿で述べたように十七世紀後半以降、旧領を中心に伊達家とのつながりを示す機運が仙台藩をこえて形成されていた。旧蹟調査に伴う政治領域以外への影響力は、今後も追及すべき事象となろう。

第二に、宗教史（寺社編成）研究との関連である。本稿では、仙台に移転した寺院が旧領の段階で積み重ねてきた「歴史」が由緒化し、移転先の仙台で意義を有したことを示した。本稿で取り上げたように仙台領内に移転した寺院は、それまで各地で伊達家との繋がりを有した寺院であった。このような寺院の移転は、全国的に散見される事象であろうが、研究史上積極的な分析がみられない。湯原村東光寺のように仙台に移転しなかった例も含め、仙台藩の寺社編成のあり方は、今後注目すべき研究領域であろう。その際、旧領で伝統性をもった禅宗寺院などが、十七世紀以降、その伝統性をいかに顕在化させるかも論点にすべきではなかろうか。[注27]

第三に、在地社会における歴史認識の問題である。本稿で述べたように、十八世紀以降の在地寺社は、伊達家と在地社会をつなぐ象徴的な「場」であった。そして、かつて伊達家が保護したと認識された旧領伊達郡の霊山では、十九世紀以降、伊達氏の保護が、南朝顕彰を含めた後の霊山神社創設の前提認識になっていく。[注28]このような旧領における伊達家認識は、本稿で述べたように延宝期の仙台藩旧蹟調査の影響と不可分である。先述した藩政アーカイブの問題とともに改めて注意すべき事象である。

本稿では仙台藩旧蹟調査を仙台藩の寺社編成や伊達郡での宗教者編成の整備など、仙台藩政の動向に限定させない形で取り上げてきた。今後、十八世紀以降、仙台藩政の展開に留意しつつ、伊達家との歴史的な繋がりを強調する在地社会の動向を明らかにしていきたい。

注

1　遠藤ゆり子『戦国時代の南奥羽社会』（吉川弘文館、二〇一六年）。同氏編『伊達氏と戦国争乱』（吉川弘文館、二〇一五年）。現状の研究史は、これらの成果を参照した。

2　このような寺院の移転を積極的に取り上げた研究史は管見の限りみられない。また当該期の奥羽を対象とした佐々木徹の成果がある。同「戦国期奥羽の宗教と文化」（『伊達氏と戦国騒乱』所収、吉川弘文館、二〇一六年）。

3　『仙台市史　古代中世編』（仙台市、二〇〇〇年）。大名の系譜事情ついては以下も参照した。野田浩子「中世井伊氏系図の形成過程」（『日本歴史』八三一、二〇一七年）。この他、十七世紀後半以降に仙台藩内における歌枕比定や日本三景に松島が認知されていくことも重視したい。菊地勇夫「競い合う歌枕（名所）」（『〈江戸〉の人と身分五　覚醒する地域意識』所収、吉川弘文館、二〇一〇年）。

4　『信達一統志』（『福島市史資料叢書　第二〇輯』福島市、一九七二年）二二八頁。

5　『仙台市史　通史編四　近世二』（仙台市、二〇〇三年）二二五頁から二三〇頁。仙台藩の寺院は「御一門格」「御盃頂戴格」「着座格」「御召出格」という四段階の格付けがなされていた旨が指摘されている。

6　拙著『日本近世の宗教と社会』（思文閣、二〇一一年）。十九世紀の伊達郡における南朝顕彰の顕在化を取り上げている。

7　伊達郡柱田村の東光寺は、元和期の創建（伊達郡川俣頭陀寺末）が指摘されるが、一方で初代政宗の位牌や供養塔の存在が地域のなかで伝わっている。当地の曹洞宗の動向については藤田定興氏の成果がある。同『寺社組織の統制と展開』（名著出版、一九九二年）三三二頁～九〇頁。

8　伊達家文書一―二〇。京都の禅宗寺院との関係は、今後の課題とする。

9　『桑折町史四　考古資料文化史料』（桑折町、一九九八年）二三二頁参照。

10　廣瀬良弘「禅僧復庵宗己の活動と北関東の地域社会」（『戦国武将小田氏と法雲寺』土浦市立博物館、二〇一一年）。ここでは、東昌寺が陸奥国安国寺に指定されたことなどが指摘されており、仙台には旧安国寺が移転したことになる。

11　注9五九九頁。

12　同右七〇九頁。

13　伊達家文書一〇四九―一。

14　『河野守弘と「下野国誌」』（二宮町、二〇〇五年）一一二頁。

15　『栃木の祭り』（随想社、二〇一二年）一五九頁。この他、伊達家の参勤交代などを含めた各地との社会関係について注目されよう。

16　注6参照。

17　『伊達治家記録』についても、別途伊達家の来歴確定の視点で分析する必要があると考える。本稿では、このような視角で記事を確認する。
18　伊達家文書一一八七―五。
19　注6参照。
20　梁川八幡宮と仙台藩のあり方については、紙幅の関係もあり稿を改める。
21　伊達家文書一〇一八。
22　注7藤田参照。
23　注5参照。
24　山田邦明「上杉家中先祖由緒書とその成立」（『日本歴史』六七三、二〇〇四年）、他に仙台藩の領地が存在する宇和島や近江の動向などにも視野を広げるべきであろう。
25　『幕藩アーカイブの総合的研究』（思文閣出版、二〇一五年）。
26　注3菊地参照。
27　注10参照。
28　注6参照。『伊達家と上杉家』（米沢市上杉博物館、二〇一六年）。本図録十頁では、明治十四年「伊達信夫地方絵図」（岩瀬半兵衛筆）が紹介され、「西山ノ古城」「簗川」（方形の梁川城）が記されている。また霊山が強調的に描かれている。明治期の信達地方の歴史認識では、梁川、西山の城郭や霊山が象徴的に描かれることに留意したい。

近世の寺社参詣
——伊勢参宮を素材に——

原　淳一郎

はじめに

かつて遠山茂樹氏が『明治維新』[注1]のなかで「「お陰参り」にあらわれた自由奔放な気分は、鬱積した民衆の封建秩序への反発の感情が、明確な階級意識をとらず、むしろ社会組織からの一時的な遊離として、流民化し群衆化することによって、偶発的に病的に表現されたものであった（中略）あの慶應三年の政治的危機が醸し出す異常な社会的雰囲気の中にあって、いとも簡単に、宗教的エクスタシーと、それをかりての性的倒錯の放埒状態の中に、革命的エネルギーを放散せしめてしまったのである」と「ええじゃないか」を評した。また井上清氏は、『日本現代史Ⅰ明治維新』において、「「神代」あるいはかの「自然世」への復古また「世直し」への革命的要求は、みじめにもこんな形に歪められてあらわれたが、そこにはなお依然として社会の根本的変革への願望[注2]」があったとした。このように伊勢参宮は早くから注目されてきたものの、いずれも主に明治維新史の立場から農民闘争としての側面に着目してなされた言及であった。これに対して、御陰参りとの共通性に疑問を呈し、日常的

な世直しへの潜在的願望の延長線上とみる和歌森太郎氏らの批判があった。[注3]

講座派的な視点からの不徹底なブルジョア革命の犯人捜しとは別に、近代天皇制国家の形成過程から伊勢参宮に注目する研究もあった。その形成過程には、神仏分離、廃仏毀釈、神道国教化（大教宣布）、国家神道の成立、教育勅語、神社合祀令、社格制度といった様々な展開があった。それらは、神道家、儒学者など様々な思惑を孕みつつ、教育勅語に代表されるように、伊勢神宮と天照大神を頂点とする天皇家の歴史に国民の歴史を融合し、天皇への崇敬を国民それぞれの祖先崇拝と同意義をもつものとして推奨することで、中央集権国家の確立を企図したものであった。こうした歴史を念頭に置く場合、民衆は伊勢を如何に見ていたのか、あるいは遡上して、前近代において伊勢神宮が民衆にとって如何なる「場」であったのか、検討する必要に迫られる。

この問いに答えるためには、一方で重要であるのは、中近世移行期の問題である。現在旅研究において、近世中期以降の伊勢参宮の実態をおおよそ把捉しつつある。おそらく日本列島全体からの伊勢参宮が広範囲に行われるようになるのは一七世紀末以降であることは、諸社会的条件に照らしても間違いないことであろう。[注4]しかしながら、一七世紀以前の史料的制約は如何ともし難く、確たることは判然としない。ここ数十年の、中世伊勢神道の成立過程、都市としての伊勢、伊勢御師の集団化などの議論において「一五世紀末からの伊勢参宮の盛業化」という像が描かれつつある今日、このイメージとの整合性を付ける作業はほぼ未着手である。この課題において、より精緻な議論をおこなっていくことは、近代以降の伊勢神宮、国家神道の成り行きを読み解く上でも、有効な手段となるのではないかと考えている。当然本論文はそこまでの結論を用意していないが、そのための一助とすべく、旅の研究の課題の一つである中近世移行期の旅から始めて、近代史につながる論点にも触れつつ概括的に述べていきたい。

一　中世の熊野信仰と、西国巡礼と伊勢参宮

一二世紀に熊野詣の盛行が見られ、熊野は観音だけでなく様々な浄土を体現していた。その背景には、寺門派の朝廷への接近と、院先達としての熊野三山検校への寺門派僧の補任があった。西国巡礼と熊野の関係性は深く、一二世紀後半には、一番が那智山に固定化された。さらに職業として巡礼を行う行者に那智山の僧侶が多数含まれ、彼らと熊野比丘尼、各種の勧進聖が、主要な信者宅に泊まり参詣を啓発する際、三十三所の一番であることを由緒として強調した。[注5]

一四世紀頃から、名誉職の意味合いが強かった熊野三山検校が、熊野の実効支配を目指すようになり、[注6]さらに一四世紀末以降、足利将軍家の庇護のもとに聖護院門跡の重代職となって熊野修験を掌握し、一六世紀にかけて聖護院門跡を中心として本山派が形成されていった。[注7]一五世紀の半ばには東国からの熊野参詣が増え、徐々に西国巡礼の三十三所の順番の固定化をもたらした。陸奥国においては、一二世紀から一五世紀にかけて、熊野社の勧請や、熊野先達に導かれての熊野参詣の記録が残されている。[注8]出羽国においても、ほぼ同時期に、熊野社の勧請もしくは熊野参詣の記録があり、その後陸奥国南部と出羽国南部は全国でも有数の、万斛の熊野社が座す地となった。

また美濃東勝寺の禅僧が子供の教育のために記した教訓書である天文六年（一五三七）の御伽草子『東勝寺鼠物語』には、「谷汲にて札を納め、又四国遍路、板東順礼なんどして諸国を修行仕け□《（る）》に」[注9]とあって、一六世紀半ばには、その他の巡礼も併せて行われていたと考えられる。

田中智彦氏は、「巡礼」と「順礼」という呼称にこだわり、文献史料と、各札所に残された納札の分析を行っ

た。文献史料では、延徳元年（一四八九）頃から「順礼」が徐々に増えて「巡礼」を逆転していき、また納札からは、文安五年（一四四八）から「順礼」の呼称が見え、一五世紀末の明応期頃から「巡礼」を逆転していくとした。[注10]
いずれの結果も、一五世紀末には「順礼」が「巡礼」を逆転していったことを示している。
したがって、一五世紀末には、ほぼ全ての札所の場所が確定し、その順番も固定化したと言える。これにより、東日本の巡礼者が伊勢路を通過して一番札所の那智に向かうことは正統な巡礼行為となった。必然的に、その過程で伊勢神宮の存在を知ることにもなった。
西山克氏は、伊勢の都市化と檀那の売券に着目し、一五世紀後半から一六世紀前半に大きな巡礼の質の変化があったと指摘している。これはまさしく上述のことと符合するのではないか。さらに西山氏は「験者」から「民衆の講」へという、参詣者層の質の変容も指摘されている。[注11]

二　中近世移行期の寺社参詣

国立歴史民俗博物館に所蔵されている道中日記に「永禄六年北国下り遣足帳[注12]」という史料がある。永禄六年（一五六三）から翌年にかけて行われた旅の記録である。この帳面は、九月二〇日に、醍醐寺の僧侶と推定される人物が京を旅立ち、北陸経由で越後・関東・南東北への旅を行い、翌年一〇月末に京都へ帰るまでの約一年間の支出帳簿である。この旅は、醍醐寺の無量寿院主堯雅による東国での付法と関係があると指摘されている。

これまで中世後期の旅に関する史料は、大名家臣、公家、連歌師などの紀行文が大半で、彼らは武家の館や寺院に宿泊することが多かった。ところが同史料では、多くの場所で「旅宿」に宿泊したことが記されている。同じく興味深い事実は、「宿」の料金が、「四十八文」など広域で同一料金であって、相場が出来上がっていたことである。こうした事実から、一六世紀には旅が広く行われていたことが窺われる。

同様の事例が寛永二年（一六二五）にも残されている。先の六二年後である。筆者は同じく醍醐寺僧侶であり、醍醐寺無量寿院院主の堯円と推定されている。[注13]東国での付法活動と末寺の調査がその目的だが、直接的には家光の将軍就任へ参賀する醍醐寺座主で三宝院門跡義演への随行であった。一通り江戸での儀式を終えて、帰洛する義演と別れ、総勢十五名ほどで関東全域から松島・塩釜・会津・柳津まで巡った。この際には、末寺など宗教施設での休泊も見られるが、半数が宿場町での止宿となっており、途次では各藩によって便宜が図られてもいる。休泊先は東海道と奥州道中が中心ではあるが、脇往還での宿泊も奥州では目立っている。また六月一七日に常陸国北部の小里で「羽州湯殿参リノ者往還多之」との記述があり、同二四日、二八日にはいずれも陸奥国の二寺院の住職（真言宗）が湯殿参詣で留守にしていた。羽黒山が天台宗に改宗し寛永寺末となり、湯殿山真言四ヶ寺と袂を分かつ以前の出羽三山の実態を伝えるとともに、史料の乏しい近世初期の湯殿参詣の様子を伝えてくれる。彼らの参詣も、もちろん同宗派寺院での止宿を前提としながらも、各地の往来宿の存立なくしては成立し得なかっただろう。

同じように、断片的な記録を挙げてみたい。

一五世紀後半、陸奥国西岩井郡三堰の平四郎左衛門尉清泰なる人物が、西国巡礼、板東巡礼、名取熊野本宮、平泉中尊寺参詣を行っている。記録から断定はできないものの、紀州熊野参詣を行った可能性も指摘されている。[注14]この事実においては、近世人との大きな差異は見出せない。

また中世の寺社参詣を考える場合、土佐国の事例における論争は欠かせない。土佐国幡多郡幡多荘・高岡郡津野荘の事例を紹介した新城常三氏の研究[注15]を受けて、下村效氏が、新城氏が使用した伊勢御師来田文書における天文五年（一五三六）の旦那帳、『大乗院寺社雑事記』の文明二年（一四七〇）二月六日条の再検討に、長曾我部氏の天正一五年（一五八七）の検地帳の分析を加えて、土佐国の伊勢参宮の再評価を行っている。[注16]その結果、文明期に土佐国津野荘において、港町須崎からは有姓商工業者、上層漁民、僧侶が、農村部では名本クラスの地侍、上層農民、在村下級漁民、僧侶が自主的に伊勢参宮を行っていたことが明らかにされた。また複数の御師による旦那の争奪、強固ではないものの伊勢御師の旦那の固定化、伊勢講の前段階とみなせる参宮為替のための積立制、常在ではない伊勢宿などの存在が明らかにされている。

同時期には、毛利家において、天文期頃から伊勢神宮への神領の寄進と国家安貞、武名長久の祈願が見られ、戦乱期にありながら戦国大名と伊勢との関係性が築かれていたことも分かっている。[注17]

また下村氏は、永正一四年（一五一七）の土佐国香美郡山田氏の約状の罰文に「天照大神宮」と見えると指摘している。内宮・外宮のどちらの御師の旦那であるかにも大きく影響されるだろうが、土佐国に進出していた御炊大夫が外宮御師であることから推察すると、知識人、あるいは伊勢参宮の経験がある層は、その祭神が天照大神であることを強く意識していたのであろう。その後天照大神は権力者によって利用された。豊臣秀吉、徳川家康らによって国土の守護神ともされ、[注18]大名達も高野山と共に伊勢御師とも師檀関係を取り結んでいた。[注19]

筆者は以前から近世の寺社参詣の大衆化について、その実態と変遷を復元するだけではなく、この社会現象が達成されていく要因と、社会に与えた影響の考察に取り組んでいかなくてはならないと述べた。それは同時に、周縁部にある様々な社会現象に再考を迫る可能性を秘めており、且つ前後の時代との接点も生ずるとも述べた。[注20]何故なら、それ一個にして成立している現象など存在せず、当然の如く歴史は連続しているからである。

この点を踏まると、旅の大衆化の要因を把握するにあたって中世史との間の議論は不可避である。新城常三氏が『社寺参詣の社会経済史的研究』のなかで、中世に既に発展していたものとして「交通環境の好転」「御師・宿坊の発達」を挙げ、近世において立ち現れてきたものとして「民衆の上昇」「参詣の遊楽化」「乞食参詣の横行」「講の発展」「封建的規制」を挙げている。「乞食参詣の横行」とは抜け参りのことを念頭に、こうした費用を持たない社会的弱者でも旅が可能な社会であったこと、「封建的規制」とは領主が領民の不満を恐れて参詣を容認せざるを得なかったことである。[注21]

筆者はこれに加えて、「寺社の大乗化」「イエの成立と檀家制度」「近世の定住化」「貨幣経済の発達」「旅宿組合の誕生」「出版文化の発達」をあげ、[注22]近年高橋陽一氏が「平和な時代の到来」「交通環境の向上」「経済の安定」「村落共同体の成立」「宗教秩序の確立」「文字社会の発展」の六点に整理された。[注23]こうした近世の旅の大衆化の諸因については、中世史との格闘のなかでその真偽が見極められるものであろう。

三　近世の伊勢参りの実態

先述の通り、道中日記の分析が進み、近世の旅の実態解明が進んでいる。そのなかで議論の中心にあったのは伊勢参宮である。これまで炳焉となった事柄のうち、とりわけ重要と考えられるものを纏めると次のようになろう。

(1)、伊勢道中日記は日本列島全域に残されているが、とりわけ東日本に多く残存している。これは抑々伊勢御師の檀家が東日本に偏重していることにも起因する。また数多くの道中日記が残されるようになるのが宝暦・天明期である。宝暦・天明期は参詣地の複合化が見られ、旅人をめぐる争論が起こるなど更なる旅の興隆の画期である。

(2)、東日本からの参詣者は陸路でひたすら各所を巡るが、西日本からの参詣者は瀬戸内海の航路を利用し、名所ごとに上陸して訪う事例が多い。[注24]

(3)、東日本からの参詣者は、一九世紀初頭を境に、六割が金毘羅、二、三割が厳島・出雲まで足を延ばすようになり、現時点での西限は長崎（遊学は除く）である。[注25] 西日本からは大半が尾張を東限として折り返し、時折関東・東北南部まで歩を進める者がいる。

(4)、関東からの参詣者は、次第に西国巡礼をする者が減少するが、東北では幕末まで西国順礼を併せて行う者が多い。[注26]

(5)、東日本からの場合、往路は奥州道、東海道、帰路は中山道が多い。これには雪が大きく関係している。東北地方の太平洋側の平野部は、冬期でも八戸・盛岡付近までは積雪がほとんどなく歩行に支障を来さない。一方中山道には和田峠など一部困難な場所が存在したため、帰路に選択されたものと推察する。

(6)、東日本の参詣者は冬に出発し、雪が解け苗代作りが始まる春迄に戻る。[注27]

このことは諸史料から傍証できる。井原西鶴は『西鶴織留』（元禄七年刊）で

殊更春は人の山なし、花をかざりし乗掛馬の引つゞきて、在々所々の講まいり、一村の道行も、弐百・三百人の出立、同じ御師へ落着ける程に、東国・西国の十ヶ国も入乱れて、道者の千五百・二千・三千、いづれの太夫殿にても定りのおてなし[注28]

と記し、ケンペルも『江戸参府紀行』で、

伊勢参宮を企つる人々は、日本国中、何れの国より来るとも、この大街道の或る部分にかゝらぬはなし。伊勢詣は一年中あれども、殊に春季に多くして、其頃の道はかゝる旅人もて塡みたり。老いたるも、若きも、富めるも、賤しきも、男女を分たず、此の旅によりて信仰を積み、功徳を重ね、出来るだけ立て通さんとす[注29]

と述べている。伊勢の檀家が東日本に偏り、その多くが冬期出発をしているため、こうした記述が生まれるのも当然のことである。東北の太平洋側南部では、麦秋も見受けられるが、それ以外の地域では一期作が基本であ

る。その一期作の年間サイクルにおいて、米・麦・蕎麦など多様な農作が展開し、一方で木の実やサケの狩猟採集で補完する。参宮者はそれらが全て片付いた時期に出かけ、苗代作りなどの作業が始まる前には帰村する。ここで伊勢参宮に期待されるものは五穀豊穣しかない。中には雪が降り始めてから出発している旅もあり、通常より奥州道中へ出るのに時間を要している例も見られる。どうしてこのような艱難を自分に強いるのか。それは農作業の始動時期から逆算して、旅立ちの日にちを定めていたからである。

その他、特記すべきこととして、伊勢参宮と同様、重きを置かれている場所がある。それが高野山である。一般的な伊勢参宮の場合、献立が詳しく記されるのは伊勢と高野山のみである。精進料理や二の膳付などの食文化の作法と調理法の伝播という点では、二箇所の役割は極めて大きい。井原西鶴も元禄七年（一六九四）刊の『西鶴織留』で、大部を割いて伊勢の調理方法、饗応方法について書き記している。[注30]また高野山の場合、領主の廟所、墓所を拝観できることも一つの見所であった。[注31]

さらに指摘できることとして、出羽国村山郡（現山形県寒河江市）の道中日記では、京で家族・奉公人へ扇子、鏡台、鏡、印籠など工芸品を家苞として購入している。それに対し、一般的に江戸では浮世絵や薬の購入、歌舞伎などの芝居見物が見られる。京と江戸で購入されるものが、伝統品と、最先端の流行品であるという差が生じていて、その都市間の懸隔は興味深い。[注32]その他、道中での手荷物の一時預けや回送の実態、浪華講などの定宿講の詳細も薄紙を剝ぐようではあるが、明らかにされつつある。[注33]

近世の幕藩体制によって地域の固有化が進み、方言や民俗の独自の発展が見られたとされる。しかし全国的に伊勢参宮が催行されることによって、現実的には農業技術の伝播、文化の交流、用語の統一化が進むことで「地域性」の解体が方向付けられ、心意性においては異なる地域を目の当たりにすることで郷土の相対化が図られた。このことを裏付けるように、一九世紀には郷土史の研究が発展し、地域毎の地誌や歴史書、民俗書、往来物が編纂・執筆されるようになった。また他方では、『旅行用心集』に見られるように、身分上位者が却って不便であるという目が養われ、金銭を支払えばより便利に、そして愉楽を享受することが可能になるという階層差の認識が広まった。「身分」から「階層」への時代の移行の土台が築かれていった。

さてよく知られた史料として、慶安元年（一六四八）の二月の

一、町人伊勢参大山参之者共、ふとんをかさね敷馬ニ乗、其上結構成体をいたし、参申間敷候、絹紬毛氈之
外、敷申間敷事

二月

という触がある。[注34] このような一部の華美な参詣行為を示す史料および、道中日記において往復の道中に多くの寺社を巡ること、あるいは旅先の献立を記していること、遊郭の発展などの事実によって、近世の旅は信心が建前で、物見遊山が本音である、とか信心三分で遊山七分というような非科学的な説明がなされてきた。[注35] こうした側面は否定しないが、それでも伊勢参宮は多くの男性にとっては、屋代弘賢の「陸奥國信夫郡伊達郡風俗問状答」（文化年間）に「伊勢参宮、江戸・京・大坂・大和、近年は金比良迄、一代に一度参る。二度参る者は稀なり」[注36] とあるように、生涯一度の旅であることが多く、[注37] 聖的な側面は重要な要素であった。

明和八年（一七七一）二月朔日、陸奥国福原村（福島県会津坂下町）から一一名で出発した一行は、三月一七日に御師の馳走の舟で宮川を渡り、御師の馳走の駕籠で二見浦を廻り、外宮御師堤大夫宅へたどり着いた。その際、

一小畑ゟ山田江　壱里
（中略）将又舟ゟあかり二見江行べし、若二見江不行山田江参候ハヽ、宮川ニ而清メノこをりを取可参候
一小畠ゟ二見江　二里半
二見ニ而塩こりを取てよし、身清メ可申候、今ハ宮川ニ而水ヲ取申候由ニ候得共、必々二見江行、海ニ而

身を可清メ

と記されている。[注38] 現在は伊勢の玄関口である宮川で水垢離を取るようになっているが、必ず二見で垢離取りをするべしと村の後輩へ戒めている。こうした記述は多くはないが、近世前中期の伊勢参宮は、山岳登拝の際に行われるような精進潔斎を伴う儀式であった可能性を伝える道中日記と言えよう。東北では、近世後期まで登拝の前後に数週間の別火・行屋籠をともなう厳格な湯殿参詣の事例も見られており、[注39] 西国巡礼が近世を通じて行われていたことと併せて、他地域より原初的な参詣儀礼が保持されていた。

この背景には、以下のような理由があるように考えられる。奥会津の大橋村の角田藤左衛門の日記『萬事覚書帳』（天和三年（一六八三）～享保二〇年（一七三五））によれば、藤左衛門とその長子長三郎は、十代半ばに奥会津の柳津参詣をし、元服・結婚と併せて伊勢・熊野参詣を果たした。[注40] この事例のように、東北南部では、信仰生活が成人儀礼と深く結びついていた。安産・子育て・成年式など人間の一生を加護する信仰によって身近な山々や寺社と結び付いており、その関係性のなかに、伊勢御師の積極的な檀廻によって、伊勢神宮が位置付けられた。東北南部の民衆にとって、出羽三山参詣、湯殿参詣、鳥海参詣、飯豊参詣などの延長線上に伊勢参宮が存在していたため、儀礼としての意識の強い伊勢参宮となっていたのである。

四　外宮と内宮

さて、他分野からの伊勢神宮の取り上げ方として気になる点がある。それは内宮と天照大神の処遇である。と言うのも、多くの政治史研究者が、アプリオリに伊勢神宮＝天照大神という理解を前提としていることである。例えば神田千里氏は、『島原の乱』のなかで「伊勢の神への信仰など「神国」意識は、この「国民国家」の枠内で想定されるべき、近世社会の、いわば国民的信仰であったと考えられる」[注41]とされている。この論は、勝俣鎮夫氏の『戦国時代論』[注42]における国民国家論を受けてのものであるが、換言すれば近世社会における国民的信仰は「神国」意識であり、その代表者が伊勢神宮ということになる。だがこの場合の国民とは誰か、ということが問題となる。私見では、おそらくある一定以上の知識人層に限られる。

何故なら、近世の伊勢参宮の多くは、外宮つまり豊受大神を目指したものであったからである。道中日記の多くでは、外宮御師に宿泊し、まず外宮へ拝礼し、御師宅での神楽の後、再び外宮へ馳せ御礼参りを果たすということが行われていた。内宮への参拝は、当時天岩戸とされていた高倉山、朝熊山、磯部神宮、二見浦などと同様の見学先でしかなかった。無論内宮御師の檀家であれば事情は全く異なる。しかし檀家数では外宮が圧倒していた。つまり、伊勢神宮には内宮と外宮の別があり、その内宮の祭神が天照大神という程度の知見者は、より広範に存在することを想定しなくてはならないものの、更に天照大神を天皇と関連づけて把握していた人々は実は極僅かではないのか、ということである。

一例を挙げよう。先述の明和八年（一七七一）二月朔日[注43]、陸奥国福原村（福島県会津坂下町）を出発した一行は、三月一七日に宮川を渡り、二見浦を見学後御師宅へたどり着いた[注44]。翌日には、

> 翌十八日太々御神楽執行仕、早刻外宮様江上下ニ而御礼参仕候、同十九日外宮様、増社（末カ）様、天の岩戸、内宮様、朝熊迄御参宮仕候、

とあって、まずは外宮御師宅での太々神楽と外宮への御礼参りが行われた。その後内宮や朝熊山へ行き、この旅では磯部まで足を伸ばし、「日本田ノ始リノ苗代有、其外拝所多く内宮外宮共ニ御立つ被遊候」[注45]とあって、伊雑宮を内宮、大歳宮（佐美長神社）を外宮として拝礼し、御神田を巡っている。

また文政五年（一八二二）一二月二五日に出羽国五味沢村（現山形県小国町）から七名で伊勢参宮に出かけた道中日

記では、

（二月）二五　おばた（中略）夫より三日市太夫次郎ニ付なり。御太夫次郎様ニ上リ、帳面付、名印落物等之事相尋候（中略）

二六　外宮のこらす参詣仕、夫より太夫様の御ちそ之馬に乗、内宮前橋元迄五十丁あへ乗、橋元て下り、夫より内宮御本社参詣仕り申候、夫より朝間山へ登り

とあって、おそらく太々神楽ののち外宮とその摂末社をめぐり、その後内宮と朝熊山へ参拝している。[注46]では内宮、外宮の御師はそれぞれ如何ほど存在したのであろうか。内宮（宇治）は享保期で約二七〇名、外宮（山田）は安永期で約六〇〇名である。そして檀家数は、外宮が圧倒し、その檀家の多くは東日本である。憖かに従来研究が東日本に偏っており、それを克服しようという試みがあることも事実である。ただ西日本の社会への影響度は、「伊勢道中日記」の残存数を勘案しても、東日本のそれとは比べものにならない。この要因は、西日本が職業集団での参詣が多く、同等な地位の参加者であるが故に集団の結束化が目指されるのに対して、[注47]東日本では地縁すなわち血縁を意味することが多く、集団の回帰性・永続性は自明の理であって、個人・イエの信仰に重きが置かれること、そして外宮の豊受大神が農業神・養蚕神であってこれと結びつき易かったことにある。

「はじめに」で述べたように、伊勢参宮を日本史へ位置づけようとする試みは早くからあり、近世史では近代天皇制国家や国民国家の前提として、天皇や皇祖神としての天照大神の存在を民衆に知らしめる効果を指摘する研究もある。[注48]これは内宮の御師の檀家圏か、京周辺であれば充分に考え得ることであるが、外宮の御師の檀家圏においては成立しえない議論である。

曽根原理氏が思想史的立場から「一七世紀段階では内宮の正統性はなお完全には確立していなかった」[注49]と述べられているが、民衆の伊勢参宮においては、発想が逆であって然るべきである。あくまでも政治史、思想史レベ

ル、あるいは伊勢内部ではこのような考察が可能でも、民衆レベルにおいては明治初期までは明確に外宮が大きな地位を占めていたことは揺るぎのない事実である。

神宮文庫に近代初頭の三日市大夫による広告が残されている。[注50]この「代拝御祓追送広告」には伊勢神宮への祈願が記され、「五穀豊穣・養蚕繁栄・商売利潤・家内安全・子孫長久」としている。この三日市大夫は外宮御師であり、会津や置賜をはじめとして出羽国全域、陸奥国南部に檀家を持つ有力御師である。近世にあっては、参詣者の大勢は当然外宮を主要目的地としている。そのなかで「五穀豊穣・養蚕繁栄」が筆頭に置かれていることをどのように解釈すれば良いか。それはすなわち豊受大神を農業神・養蚕神として信仰し、一方で外宮御師もそれを宣伝し、相互理解でもって外宮上位という認識が大部分の民衆の間では共有されていたということではないだろうか。[注51]

内宮・外宮をめぐる議論では、従来両部神道思想が伊勢神道の成立を促したという見解が主流であった。しかし平泉隆房氏によって、そのような単純な図式ではあり得ず、外宮祭神の「天御中主尊」説以前に、平安末期に外宮神官による「皇御孫尊」祭神説が先行して存在したとの主張がなされている。[注52]また外宮の豊受大神の本体にも議論があった。外宮の祭神論において、豊受大神・天御中主神同体と説いた神宮三部書については、久保田収氏[注53]以来、その作者を度会行忠に比定し、蒙古襲来による神国思想の昂揚と絡めて考察する傾向が強かった。しかしこれらは偽書であり、複数の潤色・加筆の可能性が考え得るが故に、作者、成立年代、成立順については未だ定説を見ない。ただし近年ではさらに分析が進みつつあり、五部書全てに行忠が関与していない、あるいは三部書以外の二書（両書）はより早い時期に成立しており、撰述を行忠に比定し得ないなど、従来の見解に再考を促す状況が生まれている。[注54]また内宮と外宮は鎌倉期の一時期を除いて良好な関係にあった、あるいは行忠が内宮の儀礼に関わり、深く遷宮などに精通していたとする研究もある。[注55]こうした諸説を踏まえても、祭神が揺れ動き、天御中主尊・豊受大神同体論から、国常立尊・豊受大神同体論へと変遷し定まったこと自体、そしてそれを外宮側が画策していること自体から見て、対立関係の有無に関係なく、潜在的に外宮が内宮に対して劣等感を持っていたことは明らかである。外宮神官達がこうした自我意識でもって、積極的な外宮の位置付けを志向していった結果、外宮御師は東日本を中心に圧倒的な檀家数を誇る存在になっていった。

しかし外宮と内宮は常に対抗意識を剝き出しにしていたわけではない。[注56]慶安元年（一六四八）の外宮御師と内宮六坊（山伏）、承応三年（一六五四）から明暦元年（一六五五）にかけての内宮、外宮の両御師と内宮六坊の間に生じた、お祓い配りをめぐる争論（「内宮六坊出入」）を見ても、利害が一致すれば両御師が連携して行動する例は、他にもいくつか事例を見いだせる。したがって、それぞれ内宮御師、外宮御師としての自己意識を持ちつつも、再生産の土台が揺るがされるような事態に直面すると、時には御師全体として協力し、時には各御師が自己意識を先鋭化して対立構造に陥るような集団であったと言えよう。[注57]

五　民衆の伊勢神観と天皇観

単に豊穣神というだけでは、如何に御師が全国を隈なく歩いたとしても、これだけの地位を得られたことの説明が付かない。そのことをより理解するために引き続き、その他いくつかの史料を検討してみよう。

伊勢をめぐって興味深い幾らかの事例がある。まず鳴物停止令である。中川学氏によれば、弘前藩と秋田藩では、原則的に幕令に準じつつも、その実施には独自で個性的な対応も見られ、将軍ならびに生母と正室より、天皇の日数は少なく、領内で出される範囲も主に家中と限定的であった。[注58]これについては米沢藩も同様であって、天皇家を意識する機会は、触が出された城下を除けば、皆無に等しかったと考えられる。

次に伊勢参宮の際の京での「禁裏参り」について検討したい。宝永期頃から禁裏が解放されるようになり[注59]、高橋陽一氏によれば、約九割の道中日記において、禁裏参詣を行っている。と同時に白川大納言から直接盃や守札を受け取っていて厳粛性を覚えており、それが畿内庶民の禁裏・天子への民俗的信仰や「生神」観といった心性と符合するという指摘がなされている[注60]。管見の限りでも、無論禁裏参詣が数多く見られる。しかし例えば、白川邸の件は、白川大納言と直接会ったのではなく、白川伯王邸で禁裏参詣者に盃の振る舞いや配札を行っていただけとの解釈もできないだろうか。また畿内の民衆が他地域に比して天子・禁裏への特別な意識や感情を抱いていたことは確かだろうが[注61]、それが他地域の民衆と同様であると断定することは難しい。やはりそれは、和歌や古道、あるいは考証学に通じている知識人でなければ、天皇の存在をきちんと認識し、しかもそれを伊勢と関連付けることは困難である。白川家が「農業守護」を謳って守札を配っていたことからしても、この参詣行為は、白川家の「下生」の性格が強いことの表象である。

ここで傍証を一つしておきたい。文政三年（一八二〇）一二月五日に米沢を発った藤泉村他一三名一行は、二六日に岡崎で宿泊した[注62]。その箇所でその領主を「水野武膳守」としている。だが既に領主は本多家に変わり、水野家は宝暦一二年（一七六二）に唐津へ転封となっている。約四〇年近くも前に移動した領主の名前を当然のように帳面に記したのは何故か。一つだけ考え得るのは、村の先人の道中日記の記載をそのまま転載したことである。これはただの聞き間違いという問題ではない。従前、近世の道中日記の特徴は記録性だとされてきた[注63]。しかしそれも、その地で見聞して確かめた記述では必ずしもないということである。この木村家は代々複数の道中日記を残しており、数多くの旅を行った痕跡の残る家である。そのような家の者でさえ、思想史で明らかにされたような動向にどこまでついていくことができたか疑問である。

では伊勢＝天照大神＝皇祖神という認識を有していたであろう知識人層についても見ておきたい。林羅山は、

『本朝神社考』の「序」で、「伊勢太神宮・八幡宮、之を宗廟と謂ひ、賀茂・松尾・平野・春日・吉田・大和・竜田等、之を社稷と謂ふ（中略）夫れ本朝は神国なり」[注64]とし、伊勢神宮を「宗廟」と表現している。宗廟とは儒教において先祖に対する祭祀を行う宗教施設であり、日本では天皇家に敷衍して使用された。高橋美由紀氏によれば、まず一二世紀初頭に八幡宮を宗廟とする思想が生まれ、続いて朝廷において伊勢神宮を宗廟観によって捉える傾向が生まれた。また伊勢の外宮祠官によって、伊勢を宗廟とする主張がなされたことで、南北朝期には両社を宗廟とする「二所宗廟観」が生じた。[注65]高橋氏は、これにより神胤思想（神国思想の高まりに即応して醸成）を基調に神祇祭祀と祖先崇拝が結びつけられ、開かれた庶民信仰の宮へと変質させしめようとした思想的営みであったとした。[注66]また井上智勝氏によればこの背景には、いわば血縁の論理による「天子の宗廟」観の他に、地縁の論理による「日本の宗廟」という認識が存在した。[注67]すなわち日本国に生まれた全ての人々が信仰すべき「日本国の宗廟」という思想である。[注68]

貝原益軒は元禄四年（一六九一）の「糟屋郡伊野邑天照太神宮縁起」で「皇太神宮と號し奉りて、かけまくもかたじけなき、日本第一の宗廟とあがめまします」[注69]とし、江戸神田の町名主齋藤月岑は『武江年表』（嘉永三年）でお陰参りについて、寛永一五年（一六三八）から宝永二年（一七〇五）までは「伊勢宗廟」、享保三年（一七一八）と明和八年（一七七一）は「伊勢参宮」、文政一三年（一八三〇）は「伊勢大神宮」と記している。[注70]

また当時京に暮らしていた経世家海保青陵は、『稽古談』（文化一〇年（一八一三））で、

承ルニ、ヌケマイリト号シテ、村ノ長ヘモ沙汰ヲセズニ、カケオチヲシテヌケ参リヲ致ス由、相聞ユル也。是モシユセヨウ（殊勝）ノコトニテ、我大廟ノコトユヘニ、カケ落ヲシテ、ヌケ参ヲスルコト、キトク（奇特）ナルコト也。[注71]

として、抜け参りをする心情に理解を示しながら、伊勢神宮を「大廟」と表現している。

封建的な道徳観から脱却して大局的な物の見方をしていた青陵らしい思考である。これらから、近世を通じて知識人層には、「宗廟」「大廟」など、日本全体の廟である、すなわち祖先崇拝にかかわる施設であることの認識は共有されていたと見て差し支えない。神宮や御師の宗教的思想と主張がどれほど説得力を持ち、どこまで理解されたのかは疑問であるが、とりわけ伊勢が別格になり得たのは[注72]、この祖先崇拝に要因があるのではないだろうか。先述の通り、西国巡礼及び伊勢参宮の変質は一五世紀半ばから一六世紀初めであり、「廟」観念は家制度を前提とすることから[注73]、祖先崇拝と豊穣神、そして素朴な「日本」「日本人」意識のようなものが融合することで、他寺社に比して、とりわけ血縁と地縁の重なり合いの強い東日本に広汎に受容されたのではないだろうか。

その他、井原西鶴は、『世間胸算用』で「伊勢の宮々御師の宿々、あるいは町中在々所所までも、この一国は神国なれば、日本の諸神を家々に祭るによって[注74]」とし、『日本永代蔵』では「蓬萊は神代このかたのならはしなればとて、高直なる物を買ひ調へ、これをかざる事何の益なし。天照太神もとがめさせ給ふまじ[注75]」とし、『西鶴織留』でも「神風や伊勢の宮ほど、ありがたきは又もなし」あるいは「さても〳〵、はづかしき見立かな。天照大神を何〳〵[注76]」と記していて、伊勢＝天照大神という認識を持っている。

また駿河国柏尾村（現静岡市清水区）の棈﨑嘉平という人物は、「金比羅様参詣道中日記扣」（安政三年）のなかで、金毘羅の参詣の帰路に奈良から伊勢へ行き、「天照皇様江参り」と記している[注77]。この人物は富士参詣、木曽御嶽参詣、複数の伊勢参宮の記録があり、伊勢でも特定の内宮の御師がいるようだが、そこに泊まらず山田で旅籠に宿泊しており、個人の自律的な参詣行動が見出せる。すなわち内宮御師の檀家であるか、一定以上の知識人であれば、伊勢神宮を天照大神の座す場として強く認識して参詣する例もあった。このように近世の旅研究も、道中日記の数量分析の高まりとともに、個人の内面へと進むべき段階に入ったと言わざるを得ない。

この問題に関する私見を述べておきたい。和歌や国学、漢文、考証学の嗜みのある知識人は、必然、伊勢神宮とその祭神と皇祖神、宗廟観、神胤思想について深く認識していた。しかしながら、東日本の民衆の多くはその存在を知らず、あるいは体系的に把握してはいなかった。そのなかで伊勢参宮などにおける禁裏参詣は、天皇の存在とその貴賓性を理解させるのに一定の意義を有していた。しかしそれは直ちに伊勢神宮と結びつけられるものではなかった。ようやく近代に入って、緩やかに且つ決定的に内宮優位となり、皇室の祖先としての天照大神が国家によって抑揚されるに至って、遍く天皇と伊勢神宮が明確に融合した。

おわりに

近世の旅の中心は寺社参詣であり、その代表格は伊勢参宮である。故にここまで伊勢参宮を事例として近世の旅について述べてきた。本書は中世史の論集であるため、近世の旅の到達点、課題などについて触れることに努めてきた。すでに本論で明らかな通り、とりわけ伊勢参宮の場合、天皇家の祖先神であるが故に近代史との接点が見出せ、一方でそれが近世の安定した社会においてより一層大衆化したものの、その風習は断片的ながら相当程度中世においても見られ、且つ熊野詣、高野山詣、西国巡礼との関連性も強く想定され、中世史としても大きなテーマである。

中世との比較において、近世仏教史の西村玲氏は、「中世とくらべれば近世における神仏ははるか遠くに在り、その存在は危うく儚い」とし、普寂などの知識人は「時代状況としての内なる世俗を自覚して、明確に思想化」あるいは「聖と俗との乖離を俗たる自身の側から埋めてい」こうとしていたとされる。また「近世仏教思想の独自性とは、強大な幕府権力の下で、内なる世俗と合理性を聖性に昇華させていくこと、近代的な世俗化が進行する世界にあって、仏教を根源とする聖性を獲得していくことにあった」ともされる。[注78]

筆者もV・ターナー、E・リーチ、青木保の各氏の聖俗論、儀礼論を参考に、近世の寺社参詣の聖俗論を考察してきた。[注79] 西村氏は一部の知識人に限られるとされるが、しかし程度の差こそあれ、寺社参詣を行っていた民衆も同様の課題に打突かっていたのではないか。全体の俗化の趨向のなかで、いかに局所的に聖性を獲得するか、様々な工夫が凝らされていたと筆者は考えている。

最後に、蔑視観について述べておきたい。本論では敢えて触れてこなかったが、伊勢参宮史において、お陰参り、そして抜け参りという大きなテーマがある。とりわけ後者については全国的に史料が残され、禁令も数多く見受けられる。ただしこれらのテーマは封建制からの脱却という側面が強調されてきた。これは伊勢神宮の特筆性を物語る証左でもある。しかしこれに対して、ケンペルが詳しく触れているように差別感があったことについて触れる書籍は少ない。ある意味で「江戸」へのノスタルジーに縛られているかのようである。今後、自戒を込めて、負の側面にも目を向けていかなくてはならないだろう。

注

1　遠山茂樹『明治維新』（岩波書店、一九五一年）一〇八頁。

2　井上清『日本現代史Ⅰ明治維新』（東京大学出版会、一九五一年）二八三頁。他に羽仁五郎「幕末における思想的動向」『日本資本主義発達史講座　第一部明治維新』（岩波書店、一九三三年）、同「明治維新における革命及び反革命」（『新生』一九四六年）にも言及がある。

3　和歌森太郎「近世弥勒信仰の一面」（『史潮』四八、一九五三年）（のち宮田登編『弥勒信仰』〈民衆宗教史叢書〉雄山閣、一九八四年に収録）。

4　新城常三『新稿社寺参詣の社会経済史的研究』（塙書房、一九八二年）第六章「近世（江戸時代）参詣発達の諸因」。

5　吉井敏幸「西国三十三所の成立と巡礼寺院の庶民化」(『西国三十三所霊場寺院の総合的研究』中央公論美術出版、一九九〇年)、豊島修『熊野信仰と修験道』(名著出版、一九九〇年)。両氏は熊野の聖達が熊野のみならず、西国巡礼の先達となったと述べている。
6　阪本敏行『熊野三山と熊野別当』(清文堂出版、二〇〇五年)。
7　宮家準『熊野修験』(吉川弘文館、一九九二年)二六四〜二六六、二九七〜二九八頁。
8　こうした事実は東北の各自治体史のなかで知られるが、代表的なものとして豊田武「東北中世の修験道とその史料」(『東北文化研究室紀要』四、一九六二年)を挙げておく。
9　『東勝寺鼠物語』(『京都大学蔵　むろまちものがたり　お伽草子集成』第五巻、臨川書店、二〇〇二年)二三三頁。
10　田中智彦「巡礼と順礼」(巡礼研究会編『巡礼論集Ⅰ　巡礼研究の可能性』岩田書院、二〇〇〇年)。同『聖地をめぐる人と道』(岩田書院、二〇〇四年)。
11　西山克『道者と地下人――中世末期の伊勢』(吉川弘文館、一九八七年)一七六頁。伊勢講自体は一五世紀初頭から見られるが、広範に展開し、講親を媒体に、御師と講の濃密な関係が生じるのが一五世紀末以降である。
12　山本光正・小島道裕「資料紹介『永禄六年北国下り遣足帳』」(『国立歴史民俗博物館研究報告』第三九集、一九九二年)。及び小島道裕「中世後期の旅と消費――「永禄六年北国下り遣足帳」の支出と場――」(『国立歴史民俗博物館研究報告』第一一三集、二〇〇四年)。
13　高橋充・阿部綾子「寛永二年醍醐寺僧侶の東国下向記」(『福島県立博物館紀要』二八・二八・二九・三〇、二〇一四年〜二〇一六年)。
14　佐々木徹「戦国期奥羽の宗教と文化」(遠藤ゆり子編『東北の中世史四　伊達氏と戦国争乱』吉川弘文館、二〇一六年)。
15　新城常三前掲書、第五章第二節「近世初頭(織豊期)の伊勢参宮」。
16　下村效『戦国・織豊期の社会と文化』吉川弘文館、一九八二年、第二章。
17　吉村富男「戦国期に於ける伊勢参宮と中国武将――村山書状竝びに同檀那帳の紹介」(『社会経済史学』八―一二、一九三九年)。
18　朝尾直弘「東アジアにおける幕藩体制」(同編『日本の近世一　世界史のなかの近世』中央公論社、一九九一年)。他に高木昭作『将軍権力と天皇――秀吉・家康の神国観』(青木書店、二〇〇三年)、藤井讓治『天皇の歴史五　天皇と天下人』(講談社、二〇一一年)。
19　米沢藩で言えば、初代景勝・二代定勝までは、伊勢御師あるいは高野山の僧との、国元又は京での頻繁な交際が見られる。
20　拙著『江戸の旅と出版文化――寺社参詣史の新視角』(三弥井書店、二〇一三年)一九三〜一九五頁。
21　新城前掲書、第六章「近世(江戸時代)参詣発達の諸因」。

22 拙著（共著）『寺社参詣と庶民文化』（岩田書院、二〇〇九年）。
23 高橋陽一『近世旅行史の研究』（清文堂出版、二〇一六年）九〇頁。
24 鈴木理恵『近世後期の旅に関する教育史研究――西日本の旅日記を素材として』（二〇一〇～二〇一二年度科学研究費補助金基盤研究（C）研究成果報告書）二〇一三年）、拙著『江戸の寺社めぐり』（吉川弘文館、二〇一一年）。
25 桜井邦夫編『弥次さん喜多さん旅をする――旅人100人に聞く江戸時代の旅』（大田区立郷土博物館、一九九七年）、鈴木理恵前掲書。長崎の事例は利根川歴史研究会編『名主伊兵衛絵入道中記』（二〇一〇年）の文政一二年の武蔵国幡羅郡日向村船田家文書中の道中日記である。もちろん学芸修養目的の長崎行きは除いている。
26 小野寺淳「道中日記にみる伊勢参宮ルートの変遷――関東地方からの場合」（『筑波大学人文地理学研究』XⅣ、一九九〇年）、桜井邦夫「近世における東北地方からの旅」（『駒沢史学』三四、一九八六年）、高橋陽一「多様化する近世の旅――道中記にみる東北人の上方旅行」（『歴史』九七、二〇〇一年）（のち同『近世旅行史の研究』清文堂出版、二〇一六年に収録）。
27 同右。
28 「西鶴織留」巻四（『日本古典文学大系四八　西鶴集上』（岩波書店、一九六〇年）四〇九～四一〇頁。
29 『ケンペル江戸参府紀行』〈異国叢書第六〉（駿南社、一九二七～一九三一年）一五九頁。
30 「西鶴織留」、四一〇～四一一頁。
31 拙稿「米沢藩主上杉家墓所と葬送儀礼」（『月刊文化財』六二六、文化庁、二〇一五年）三一頁。
32 拙著『江戸の寺社めぐり』を参照されたい。
33 桜井邦夫「近世の道中日記にみる手荷物の一時預けと運搬」（『大田区立郷土博物館紀要』九、一九九九年）、拙著『江戸の寺社めぐり』、高橋陽一「近世の定宿講と旅行者――浪花講の事例から」（『郵政博物館研究紀要』八、二〇一七年）など。
34 『御触書寛保集成』（岩波書店、一九五八年）一三〇七頁。
35 新城前掲書、七三〇頁。新城氏は同箇所において、『大山道中膝栗毛』の文章を引用しているのみで、この記述に大きな根拠があるわけではない。
36 「陸奥國信夫郡伊達郡風俗問状答」（『日本庶民生活史料集成』九、三一書房、一九六九年）四七七頁。
37 一つの家の文書に複数の伊勢道中日記が残されている例、及び同一人物による複数寺社への参詣記録は珍しくないが、同一人物によって複数の伊勢道中日記が執筆された例は極稀である。

38 石田長家文書一〇「道中記」、会津坂下町教育委員会。

39 置賜地方では、湯殿参詣に際して、天保年間に参詣の前後に合わせて四週間の精進、別火、行屋籠りをしている事例がある他、文化から嘉永にかけて、飯豊参詣の前に三日、五日、七日程度の行屋籠りしている事例もあり、一般的な伊勢参宮のようなイメージとはかけ離れた厳格な儀礼が課されていた（拙稿「東北地方における山岳信仰と人生儀礼――置賜地方を事例として」（『山岳修験』五六、二〇一五年）、同「米沢藩領における修験と寺社参詣――門跡寺院をめぐって」（『山形県地域史研究』四一、二〇一六年））。

40 太田素子『子宝と子返し――近世農村の家族生活と子育て』（藤原書店、二〇〇七年）第一章「近世前期、奥会津農村の家族生活と子育て」。

41 神田千里『島原の乱』（中央公論社、二〇〇五年）二四〇頁。

42 勝俣鎮夫『戦国時代論』（岩波書店、一九九六年）。

43 この年の四月山城国宇治を中心としてお陰参りが起こったが、この道中日記は直接関係がない。

44 石田長家文書一〇「道中記」、会津坂下町教育委員会。

45 伊雑宮をめぐっては、延宝期に伊雑御師が内宮・外宮への優位性を主張し、その主張を反映させた書物（『先代旧事本紀大成経』）を編纂したとして争論となっている。

46 長岡実編『むかしのたび』（小国町教育研究所、一九七七年）。

47 小野寺淳「関西からの伊勢参り」（旅の文化研究所編『絵図にみる伊勢参り』河出書房新社、二〇〇二年）。

48 例えば深谷克己『近世の国家・社会と天皇』（校倉書房、一九九一年）。また朝幕関係論でも、例えば高埜利彦氏や、野村玄氏が着目している綱吉政権の諸儀式等の再興の問題の過程で取り上げられる、伊勢神宮への代参使派遣についても、アプリオリに「朝廷の始祖神伊勢神宮」という認識を前提しているように思われる。これらの代参はいずれも両宮に対して行われている。

49 曽根原理「伊勢神宮と東照宮」（島薗進他編『シリーズ日本人と宗教　近世から近代へⅠ　将軍と天皇』春秋社、二〇一四年）六九頁。

50 石川達也「講の制度と参宮旅程から見る明治期の伊勢参宮」（第八四回民衆思想史研究会「近世・近代における旅と文化」レジュメ）に基づく。同氏によれば、近世において師檀関係を結んだ御師以外に宿泊することが原則許されていなかったが、御師廃止後は自由となり、参詣者の獲得に苦労したため、同史料は宣伝活動の一環として出されたものである。

51 石川氏によれば、明治三〇年代後半すなわち日露戦争頃から、「戦闘前捷・軍人健勝・帝国万歳」といった崇敬組織が作られた。これを前提とすると、近代でもなお、庶民の間で農業信仰の対象となっていた。かかる流れと国家神道の頂点としての伊勢神宮像との乖離を如何に解消していくかが、これからの課題である。

52 平泉隆房『中世伊勢神宮史の研究』（吉川弘文館、二〇〇六年）二三〇～二三五頁。

53 久保田収『中世神道の研究』（臨川書店、一九八九年）（原著は一九五九年）八四頁。久保田氏は『造伊勢二所太神宮宝基本記』以外の四書を行忠の述作とみなしている。西川長男氏は『伊勢二所皇太神御鎮座伝記』のみ行忠の作であるとしている（同『日本神道史研究』第四巻・中世上、講談社、一九七八年、四四三頁）。

54 鎌田純一『中世伊勢神道の研究』（続群書類従完成会、一九九八年）。高橋美由紀『伊勢神道の成立と展開　増補版』（ぺりかん社、二〇一〇年）。高橋氏は『宝基本記』は、内宮側の手に成ったもので、行忠の手が加わったものと推測される（一〇三～一〇四頁）。

55 平泉隆房『中世伊勢神宮史の研究』、二九三～二九四頁。

56 地域においては外宮と内宮の御師の間では熾烈な奪い合いが生じていたと考えられる（拙著『近世寺社参詣の研究』（思文閣出版、二〇〇七年）七四頁）。

57 同争論については、上椙英之「伊勢神宮風宮家と『風宮橋支配由来覚』」（『御影史学論集』三二、二〇〇七年）、塚本明「近世伊勢神宮領における神仏関係について」（『人文論叢』二七、二〇一〇年）、谷戸佑紀「神宮御師の連帯意識の萌芽について――近世前期の「内宮六坊出入」を素材に」（『皇學館論叢』四四―三、二〇一一年）。

58 中川学『近世の死と政治文化』（吉川弘文館、二〇〇九年）第一部第三章。

59 飛鳥井雅道「近代天皇像の展開」（『岩波講座日本通史一七　近代二』岩波書店、一九九四年）、北川一郎「近世後期の民衆と朝廷――天明七年御所千度参りの再検討」（『新しい歴史学のために』二四一、二〇〇一年）。

60 高橋陽一前掲書、一七一～一七四頁。

61 坂田聡・吉岡拓『民衆と天皇』（高志書院、二〇一四年）一〇八頁。同書によれば有力百姓にとって、役負担の代わりにその地位や権益を保障してくれる存在であった。

62 「伊勢参宮道中記」、山形県立米沢女子短期大学日本史学科所蔵。

63 板坂耀子氏は、近世紀行文の特徴について、地誌的、客観的であるとの従来の定説に加えて、貝原益軒を例に、地方からの視点、支配者としての責任ある姿勢、歴史的なものへの興味、膨大な読書と綿密な現地調査に基づく科学性、徹底した散文性を挙げる一方で、実用性の観点から、旅の生活描写に欠けると指摘し、これを補うのが道中日記であるとしている（「解説」『新

64 日本古典文学大系』九八、岩波書店、一九九一年)。
65 「本朝神社考」『日本庶民生活史料集成』二六・神社縁起(三一書房、一九八三年)八一頁。
66 高橋美由紀前掲書、「補論二　中世における神宮宗廟観の成立と展開」。
67 高橋美由紀前掲書、三三二頁。
68 井上智勝「天子の宗廟・日本の宗廟――近世日本における二つの宗廟観と伊勢信仰」(『埼玉大学紀要　教養学部』四七―二、二〇一一年)。
69 同右、八頁。
70 貝原益軒「筑前國諸社縁起」(『益軒全集』四、国書刊行会、一九七三〔一九一〇年〕)八〇三頁。
71 齋藤月岑『増訂武江年表』一・二〈東洋文庫〉平凡社、一九六八年。
72 海保青陵「稽古談」(『日本思想大系四四　本多利明・海保青陵』岩波書店、一九七〇年)三〇四頁。
73 拙著『近世寺社参詣の研究』思文閣出版、二〇〇七年、七四頁。
74 坂田聡氏は、一五世紀中に小農が自立を遂げ、家名や家産の世代を超えた永続が行われる一六世紀を家の確立時期とする(同『日本中世の氏・家・村』校倉書房、一九九七年、同『苗字と名前の歴史』吉川弘文館、二〇〇六年)。この見解は大山喬平『日本中世農村史の研究』(岩波書店、一九七八年)、佐藤進一『日本の中世国家』(岩波書店、一九八三年)、服藤早苗『家成立史の研究』(校倉書房、一九九一年)などの通説と異なるが、家の生活基盤の安定化、租税の対象化というだけでなく、ある程度世代継承を行い、定住化が進み、墓地の常置化などの条件が整って初めて、体系的な祖先崇拝を受容することができよう。
75 「世間胸算用」巻一(『日本古典文学全集四〇　井原西鶴集三』(小学館、一九七二年)三九九頁。
76 「日本永代蔵」巻四(『日本古典文学全集四〇　井原西鶴集三』(小学館、一九七二年)一九七頁。
77 前掲『西鶴織留』、四〇九～四一三頁。
78 「金比羅様参詣道中日記扣」郵政資料館所蔵。
79 西村玲『近世仏教思想の独創――僧侶普寂の思想と実践』(トランスビュー、二〇〇八年)二八八～二九一頁。
拙稿「日本近世の寺社参詣の文化人類学的考察――行動文化論の深化」(鈴木正崇編『森羅万象のささやき――民俗宗教研究の諸相』風響社、二〇一五年)。

近世における名所の成立
——近江国湖南地域の事例から——

青柳　周一

はじめに

かつて筆者は「寺社の名所化」について、以下のように論じた。

寺社の名所化とは、広義の交通の発達下、中世後期から近世にかけての寺社の経営構造の変容（散銭収入などへの依存度の上昇）と関連して、近世前・中期に多くの寺社が景勝地や盛り場、歴史と文化的伝統を体感できる史跡など、多様な性格を兼ね備えた魅力ある場所と化し、旅行者が盛んに来訪する対象となることである。[注1]

中世後期から近世に向けての寺社の名所化の進展について考える上で、野地秀俊による議論は重要である。[注2] 野地によれば、中世の寺社参詣では作法の簡略化（「易行化」）が進行し、以前よりも寺社への出入りがしやすくなる。すると寺社を訪れる民間宗教者や教養人によって、歴史性・物語性・教養性——その寺社が義経伝説や『源氏物語』と関わるなどといった——の要素が持ち込まれ、名所化が進むとされるのである。

あわせて、当時の人びとは文芸や芸能を通じて接した過去の出来事や物語について、その舞台とされる具体的な場所へ出向き、見物し体感しようとするようになっていた。もっとも、その場所は寺社に限らない。たとえば薩摩国の島津家久は天正三年（一五七五）に近江国の三井寺（園城寺）を参詣してから京都に戻る道中で、「をの丶小町（小野小町）の石塔」や「小町の腰かけ石」「関寺の跡」「蟬丸ハう社（茅社）の跡」などを見物している。[注3] 近江国南部（湖南地域）と京都を結ぶ逢坂越の道筋にはこうした史跡が点在し、人びとが訪れる対象となっていたのである。

本稿では、近江国湖南地域（第一・二章で検討対象となる地域は、現在は滋賀県大津市域に含まれる）をフィールドとして、中世末期の姿をある程度知ることができる史跡（木曾義仲・今井兼平が最期を遂げた場所）が、近世以降どのような過程を経て名所化を遂げるのか、具体的に検討することを第一の課題とする。この作業を通じて、野地による議論も参照しながら、近世における名所化の特徴について考察する。

また寺社の名所化は、寺社自体の経営構造の変容とも関わって進行する現象である。名所化した寺社は大勢の参詣者から散銭や初穂・寄進物を受け取り、また参詣者を相手とした茶屋などの営業を周辺地域の住民に許可することなどを通じて利益を獲得してゆく。しかしその利益が増大すると、やがて散銭の配分や茶屋営業に関わる権益などをめぐって寺社内部で軋轢や衝突が生じるようになり、これらを解決しながら参詣者を不断に受け入れ続けられるような、安定した経営のための体制を整備することが寺社にとっての課題となる。

こうした見通しに立って、かつて筆者は三井寺（園城寺）における開帳の執行を事例として、一七世紀後期から一八世紀にかけての状況を検討した。そこでは、一七世紀後期については三井寺内部での散銭配分の変化を、一八世紀前期については開帳にともなう茶屋営業を通じた三井寺と周辺住民との関係に注目したのであるが、[注4] 本稿では後者を論じるにあたって用いた史料に再度分析を加えることにしたい。なぜならその史料からは、当時の三井寺における開帳での仏像や散銭箱の設置といった現場レベルでの運営や、茶屋を含む諸経営活動の展開の状況、さらにそれらをめぐって寺内で発生していた軋轢・衝突の子細を読み取ることができるからである。

そこで本稿では第二の課題として、この史料に基づいて、一八世紀における名所化した寺院（三井寺）での開帳の運営および諸経営活動について、寺内での体制的な変化に着目しつつ、その実態を明らかにすることを目指す。当時の近江湖南地域にあっては、旅行者が盛んに往来する中で中世以来の史跡が名所化を遂げ、開帳によって大勢の参詣者を集めるようになった寺院もまた大規模な名所として、次第に内部の体制を整えつつあった。こうした状況を具体的に描き出すことを通じて、《近世における名所の成立》というテーマへの接近を図ることにしたい。

一　中世末期から近世における史跡の名所化――今井兼平と木曾義仲をめぐって

近世以前の京都や近江の寺社参詣や名所見物の実態を知る上で、天正三年（一五七五）の島津家久による『中務大輔家久公御上京日記』は貴重な情報源である。同日記中、島津家久は五月一四日から一七日にかけて連歌師の紹巴とともに京都から近江へ赴き、坂本城で明智光秀による歓待を受け、唐崎の松や石山寺、三井寺などを参詣している。そのうち五月一七日分の記述を、以下に引用する。

石山の観世音へ参詣候へハ、源氏のまとて紫式部源氏を書たてし所有、其上ニ式部の石塔有、儻、寺に帰り石山の御えんきの繪像拝見（中略。石山寺門前より乗船）さて水上のミわたしに笠取山遥にみえ侍り、亦行て兼平の原切し処有、儻、木曾殿臥所田中ニ有、鎧塚とて有、又ともへのしるしの松有、さて打出の濱、其より大津に舟つけ、三井寺一見（後略。引用史料中の傍線および括弧内は筆者による、以下同じ）

まず、石山寺では「源氏のま（間）」や「式部の石塔」など、同寺において紫式部が『源氏物語』の明石・須磨の巻を執筆したという伝承と関わる場所を見物している。近世にはこうした伝承を石山寺自身が喧伝して、紀行文や旅行案内記・地誌などにも記述が頻出するようになるが、この時期には紹巴のような教養人が伝承を受容し、他者（家久）を案内するといった行為を通じてその伝播にも一定の役割を果たしていた。[注5]

石山寺を参詣した後、家久らは門前から船に乗り、瀬田川を遡って琵琶湖に出ている。その途中、木曾義仲と今井兼平の主従が最期を遂げた場所（「兼平の原（腹）切し処」と「木曾殿臥所」）を船中から眺めたようである。それから大津に上陸し、先述したように三井寺や多くの史跡を参詣・見物しながら京都へ帰還している。近江湖南地域は逢坂越（東海道）によって京都とつながり、舟運も発達していた。

源義経・範頼との合戦で木曾義仲が討たれ、今井兼平が自害するに至る物語は『平家物語』の「木曾最期」として広く知られ、謡曲・古浄瑠璃の題材にも盛んに取り上げられた。ところで「木曾最期」で兼平・義仲が最期を遂げたのは「粟津の松原」の辺りとされるが、「粟津」は大津から瀬田の間の広域地名なので、特定の場所が示されているわけではない。

しかし、家久が石山寺から大津へ向かう船から眺めているように、当時は瀬田川河口付近に「兼平の原切し処」と「木曾殿臥所」とされる具体的な場所が存在していたようである。「木曾殿臥所」の周囲には「鎧塚」や「ともへ（巴）のしるしの松」なども見られたが、「兼平の原切し処」にもそうしたランドマークがあったかどうかは不明である。

次に、近世以降の粟津界隈における今井兼平の史跡の変遷について、明暦元年（一六五五）の飯塚正重『藤波の記』[注6]を見てみよう。『藤波の記』は大坂在番を命ぜられた飯塚が江戸から中山道を西へ向かった際の紀行文である。近江国内で飯塚は草津宿から東海道に入り、瀬田橋を渡って兼平が自害したとされる場所にも立ち寄って、以下のように記している（なお東海道からやや離れている石山寺や、義仲最期の場所は訪れていない）。

右は田をへだて、湖水ちかし。爰ぞ今井の四郎兼ひらが討れし粟津の波打ぎはよといふに、田の中を見れば、ちいさき塚の跡有。昔は此塚、大成しに、里人田にすきて、かくわづかに残れりと云。嵐にむせぶ峰の松は千年をまたで薪にくだかれ、古き塚は田となれば、はてはしるしもなからむ。世のうつりゆくさま、いとかなし。

この一文によれば、以前はここに大きな塚があったが、飯塚が来訪した時には新たに開かれた田圃の中にわずかな痕跡が残るばかりであった。飯塚の来訪以前の塚の状態については、現時点では審らかにし得ない。享保一九年（一七三四）に膳所藩士の寒川辰清が編纂した近江一国地誌『近江輿地志略』[注7]には「今井四郎兼平墓」について、「故老相伝、始は中庄すぐろ谷に僅の塚在り。浄有公墓石を建て給ひ、然して後寛文七年丁未僉議あつて今の地に遷す」との一文が見える。この「中庄すぐろ谷（墨黒谷）」にあったとされる「僅の塚」が、飯塚が目撃したものであろう。

そして飯塚の来訪後、同じ場所に「浄有公」によって新たに兼平の「墓石」が建立されている。「浄有公」とは、元和三年（一六一七）に三河国西尾から移り、膳所藩主となった本多康俊の子・俊次である。本多俊次は元和七年に藩主を継いだ直後に旧地の西尾へ転封となるが、慶安四年（一六五一）に再び膳所藩主となり、寛文四年（一六六四）に致仕するまでその座にあった。[注8]膳所藩の石高は俊次が藩主の時期には七万石で、所領の主な部分は湖南地域にあった。

『近江輿地志略』によれば、兼平の墓石が建立されたのは寛文元年であり、そこには「兼平の忠諫剛勇古今に突出し、愚婦童昧道唱巷説す。膳所城主本多下総守俊次また、古地を索めて石誌を立つ。志有る者豈感嘆せざらん哉。義を見て死を軽んず、亦勧善の謂乎」（原漢文）などといった文言が刻まれていた。しかし『近江輿地志略』が編纂された頃には、すでに摩滅して読めなくなっていたようである。

寛文七年、俊次は領内の別保村に「兼平寺」も創建している。『近江輿地志略』はその経緯について、「浄有公勇士の跡を慕ひ当寺を建立して兼平が神儀を安し、又一墳を築きて絶えたるを起し、士卒に勇名を励まし給ふ者也」と説明しており、ここから「一墳」（兼平の墓石）の建立とあわせて、兼平の史跡を整備して家中の精神的なシンボルとして位置づけようとする俊次の意図を読み取ることができるだろう。

また同年には藩内で「僉議あつて」、兼平の墓石は粟津松原八丁縄手の西二町辺りの場所へ移転している（『近江輿地志略』）。これは前の場所よりも東海道と近接しており、旅行者の目に触れる機会も増えたと見られ、その記録も多く残されるようになる。たとえば天和三年（一六八三）の著者未詳の紀行文『千種日記』[注9]には、「道（東海道）より左に一町ばかり隔てゝ、今井四郎兼平の塚、石塔有」とある。そのほか、墓石が所在する場所の簡単な説明を載せた旅行案内記は枚挙に暇がない。

また、黒川道祐『近畿歴覧記』[注10]中の天和三年「石山行程」には「膳所ノ西南、田間ノ松ノ本ニ、今井四郎兼平ノ塔アリ、一箇ノ武人ナレトモ、忠死ノ故ニヨリ、令名到二今日一、與レ塔存セルモ、最哀ニ覚ユ」とある。享和元年（一八〇一）の大田南畝『改元紀行』[注11]にも、「今井四郎が粟津の原にて戦ひ死せしも此所なりと思ふに、涙もとゞまらず」と記されている。その場所に塔（墓石）が存在することが、旅行者たちに「哀ニ覚ユ」、また「涙もとゞまらず」といった感慨を呼び起こさせるようになっていることが窺われる。

このように、次第に兼平の墓石は、旅行者が粟津の合戦の歴史を体感できるモニュメントとして——それが元々あった場所からは移転しているにも関わらず——受容されてゆく。

さらに、寛政九年（一七九七）の『伊勢参宮名所図会』[注12]では「兼平塚（中略）膳所城主是を建らる」とした上で、膳所城の背後に「かね平ツカ」を描いた挿図を掲載している（挿図参照）。こうした出版物にも媒介されながら、兼平の墓石と膳所藩との関係もまた広く世間で認知されていったと思われる。

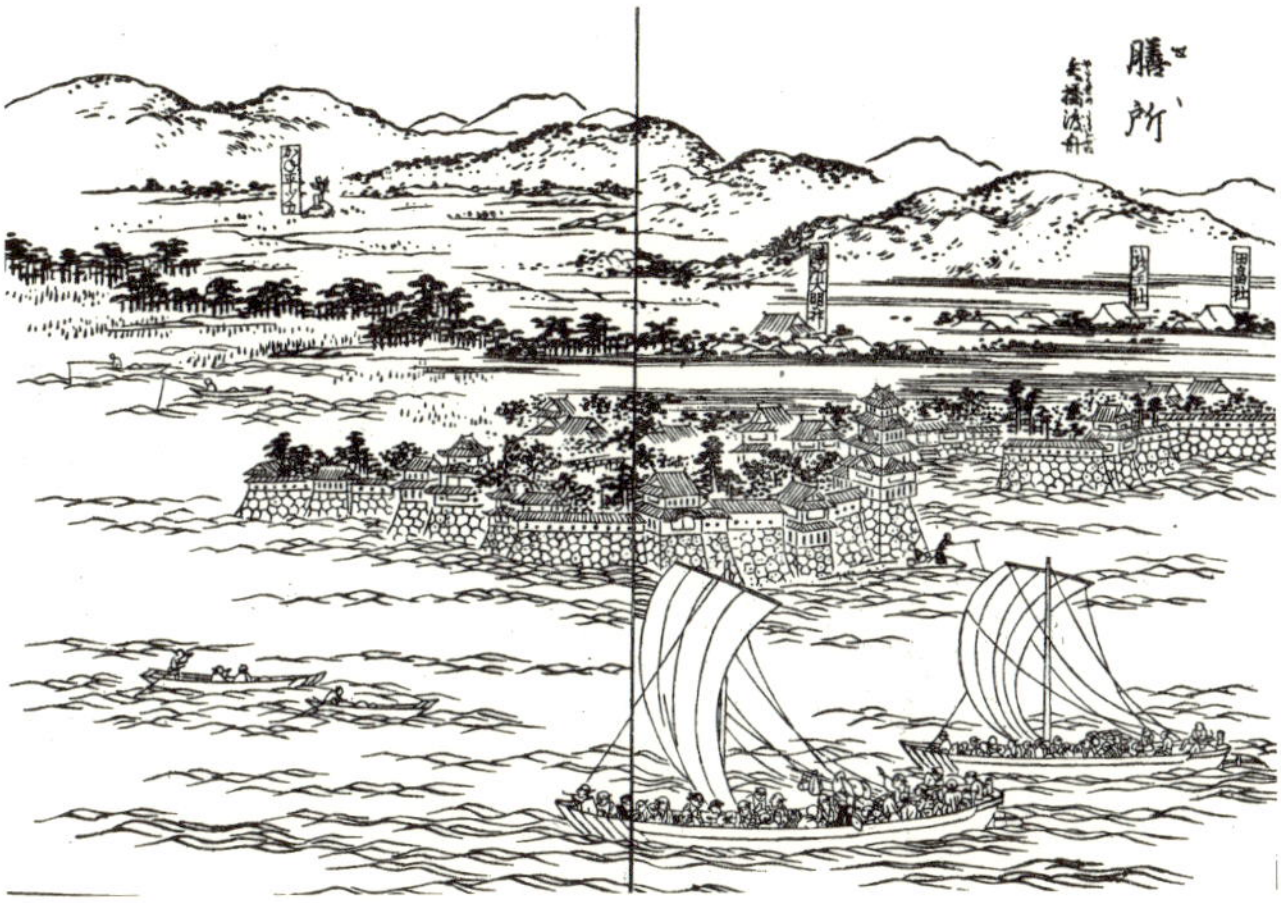

挿図１　『伊勢参宮名所図会』中の膳所城の図
画面左上に「かね平ツカ（兼平塚）」を描く

先出の『改元紀行』によれば、「膳所の城の白き壁はるかにみえしが、やう〳〵近くなりもてゆくに、左のかたの野道に、かね平塚へ三町としるせり」と、この頃になると「かね平塚」の位置を知らせる道標も建てられていたようである。また、幕末の粟津の八丁縄手にあった茶屋では、今井兼平にちなんだ「兼平餅」も売られていた。[注13] 地元住民の生業とも結びつきながら、兼平の墓石は東海道沿道の名所として確立していった。

ところで寛文七年の移転によって、兼平の墓石は木曾義仲の史跡と接近することになった。貞享二年（一六八五）『諸国安見回文之絵図』[注14]や元禄三年（一六九〇）『東海道分間絵図』[注15]といった旅行案内記では、両者は膳所城下町を間に挟むような位置に図示されるようになっている。

元禄二年に大津の原田蔵六が編纂した近江一国地誌『淡海録』[注16]では、「江州古戦場」の一つとして「粟津合戦」が取り上げられ、現存していた「木曾塚」や、「膳所城主」によって建立された「今井兼平塚」および「兼平堂（兼平寺か）」も一緒に記されている。これらは、粟津合戦の具体的な場所とも関わる一組の史跡として認識されていたのである。

そして宝永三年（一七〇六）の貝原益軒『京城勝覧』[注17]では、京都および近江の名所・旧跡について一日で巡覧できるコースを一七通り（その他「拾遺」として五ヶ所）設定しているが、そうしたコースの一つには石山寺や瀬田橋などと合わせて、「木曾義仲の墓」と「今井兼平が墓」がともに組み込まれている。

▲第十六日　東　石山にゆく道をしるす。道遠し朝はやく京を出べし。

（中略）

○膳所　城あり町有。町中に木曾義仲の墓有

○粟津の原　田の中に今井兼平が墓あり

○瀬田川（中略）瀬田の橋の西に小橋有其間中島あり。橋の東にゆきて南に少し転ずれば。龍王の社俵藤太秀郷がやしろ有其東に。建部八幡のやしろあり。

○石山（中略）観音堂あり。堂のかたはらに。大石のいくらもつらなり立て林のごとくなるあり。奇異なる石なり。こゝをもつて石山の名あり。堂の東のわきに源氏の間あり。紫式部が源氏をかきし所なりといふ。（後略）

こうして二つの史跡は、俵藤太（藤原秀郷）や紫式部らの史跡と並んでともに旅行者が立ち寄るべき、粟津合戦の歴史を今に伝える名所として情報発信されるに至ったのである。

次に、木曾義仲の史跡が整備される状況を見ていこう。先出の『千種日記』では「木曾義仲塚」について、「左に木曾義仲塚有。しるしの一木枯れて、石など少し築きあげたるも所々崩れて、その跡ともみえず」と、当時は荒廃が進んでいたと記されている。

しかし、黒川道祐『近畿歴覧記』の貞享四年（一六八七）「石山再来」によれば、やや変化が生じていた。

膳所ノ城下ヲ歴テ、モロコ川ニ到ル、此ノ川ノ南ニ、木曾義仲ノ塔アリ、始メ土饅ノ上ニ、柿ノ木一本アリ、近キ比、浄土宗発心者、因㆓諸人之多力㆒、而造㆓宝篋卵塔㆒、傍ニ小庵ヲ構ヘ、弥陀ノ像ヲ安置ス、最ヤサシク覚ユ、今井四郎兼平塔ハ、是ヨリ遥ニ西南ノ田間、大ナル松ノ下ニアリ、頻ニ懐旧ノ情ヲ発ス

ここでは「木曾義仲ノ塔」の辺りに小庵を結んで「浄土宗発心者」が居住するようになり、整備されつつあったとしている。元禄二年（一六八九）『京羽二重織留』[注18]中の「江州大津大概」には「木曾義仲塔　松本村にあり石碑の銘に貞享年中再興願人本誉松寿比丘建レ之と云云」とあるが、これが「近畿歴覧記」での「浄土宗発心者」のことであろうか。

この地に「義仲寺」が建立されたのは天文二二年（一五五三）とも伝承されるが（『江源武鑑』）、その実態は不明な部分が多い。ただし義仲寺は元禄十年には三井寺の光浄院暹舜の所持となっており、泰宗という僧が住持職に任じられたことが判明している。その許状には「木曾義仲朝臣禅之御宗旨之旨承伝候、然上者寺為二再興一ニ候間、貴僧禅宗ニ御取立」[注19]などとあり、貞享期以後に改めて再興が必要なほど衰えたようである。

この間、元禄三年正月から松尾芭蕉が義仲寺の草庵で仮住まいを始めており、翌年には新庵（のちの無名庵）が建立されている。以後、芭蕉は二年余の近江滞在期間の多くをここで過ごしており、元禄七年に大坂で客死すると、その遺骸は義仲寺へ運ばれ埋葬された。[注20]

そして宝暦二年（一七五二）『新板東海道分間絵図』[注21]では、義仲寺について「よし仲のつか有、ばせを翁のつか有」と記されている。このように、芭蕉の墓所となったことから、義仲寺には蕉門俳諧の名所としての性格も付与されていくことになった。

こうした方向で義仲寺が名所化するにあたって、とくに大きな役割を果たしたのが京都の僧蝶夢であった。蝶夢は明和六年（一七六九）の芭蕉像の安置と芭蕉堂（翁堂）の落成、寛政三年（一七九一）の粟津文庫の創建と、この地域での蕉風俳諧の拠点とするべく、義仲寺境内の整備を精力的に進め、寛政五年には芭蕉百回忌を盛大に催すに至っている。[注22]

これを受けて寛政九年『東海道名所図会』[注23]では、義仲寺の説明文中で芭蕉堂を「近年宝暦十年の頃、京師下岡崎五升庵蝶夢、四方の俳士に触て、此草堂を創し、堂内に蕉翁の門下三十六人の秀句を聚めて、其門弟子の血脈の輩、孫弟の胤をたづねて、これに書しめ四方にかくる」、粟津文庫を「什宝に蕉翁の椿の杖・筆の物かす〳〵あり、これを蔵むるところを粟津文庫といふ、近年此真蹟集印板して世に行ふ」などと、詳しく紹介している。

大田南畝は『改元紀行』の中で、近世後期の義仲寺の姿を次のように活写する。

ゆく〳〵（膳所の）城門を出れば（中略）左のかたに義仲寺あり。聞しにも似ずあさまなる所にして、門を入れば左に堂あり。木曾殿の像を安置す。堂の前に墓あり。木曾義仲墓とゑりて、前なる石灯に奉㆑寄㆓進徳音院殿墓前㆒としるせり。此墓の右に芭蕉墓ならびたてり。（中略）そのむかひに芭蕉堂あり。翁の像をゝけり。門の内の右のかたに草庵のごときものこれ義仲寺なり。此寺はもと巴御前のむすべる庵なれば、古は巴寺といひしが、弘安の比より義仲寺とよべりと縁起にはしるせり。義仲墓の側に松あり。兼平が手向の花松といふ。（中略）此寺の縁に、其角が書る芭蕉翁終焉記、又は手向の発句集など出し置て、人のもとむるたよりとす。

そこは木曾義仲と巴御前、今井兼平らの事跡を回想させる歴史的な空間であり、同時に芭蕉とその門人たちの活動を記念する場所にもなっていた。さらに宝井其角の元禄七年『芭蕉翁終焉記』などといった書物も設置され、訪れた人の閲覧に供されていたようである。

享和二年（一八〇二）、曲亭（滝沢）馬琴も『羇旅漫録』[注24]に「粟津の義仲寺　江州粟津義仲寺のはせを塚は。碑の銘なし。義仲の墓ははるか後に建たるものと見ゆ。　世の秋のさいはひはこの翁かな」と記している。近世の旅行者たちは、義仲寺が備えるようになった木曾義仲と芭蕉についての名所という二つの性格をともに受け入れていったと考えられる。

二　一八世紀前期における三井寺での開帳運営と諸経営活動

三井寺は琵琶湖西岸の長等山の麓に寺域が広がり、西近江路（北国海道）や東海道といった主要街道からも近く、小関越の道によっても京都とつながるといった立地条件に恵まれ、近世には大勢の参詣者を迎えていた。

三井寺の寺内には「五別所」や、西国三三所巡礼の札所でもある正法寺（観音堂）、それに護法社（護法善神堂）など複数の寺社が存在する。これら寺社ではそれぞれ開帳や為拝が執行されており、もっとも有名で参詣者を多く集めたのが正法寺の観音開帳であった。[注25]

近世の正法寺では、正保四年（一六四七）から安政五年（一八五八）まで、合計一二回の開帳・為拝が執行された（江戸出開帳を含む）。開帳の執行は原則として三三年に一回であるが、将軍の死去などの諸事情により延期または繰り上げて執行されたこともある。

近世前期の三井寺開帳へ参詣者が来訪する状況について知るために、杣田善雄氏が紹介した延宝七年（一六七九）正月の事例を挙げよう。[注26]この年、年頭の挨拶に三井寺から京都町奉行所へ派遣された者が、「開帳札」（開帳の執行とその期間を告知する立て札）を設置する件を奉行所の役人・鈴木半左衛門へ申し入れたところ、「札之儀者末之事ニ候、先開帳之訴訟被レ成可レ然」との返答があった。これに対して、三井寺側が従来は開帳についてそうした届け出は行わなかったと反論すると、鈴木は「先々ハ左様ニ茂可レ有レ之候得共、開帳ニ者群集茂いたす事ニ候得者、若事之出来申時之為ニ候故、何れ茂公儀江訴詔之上ニ而相究候」と、今後は事前に届けて許可を得るべきであると重ねて伝えている。

このように一七世紀後半には、京都町奉行所に統制が必要と認識させるほど、三井寺の開帳には参詣者が「群集」するようになっていた。なお、延宝七年の開帳札の設置とは、三井寺で翌年に実施を計画していた正法寺開帳についてのものと思われる。この開帳は四代将軍家綱の死去により中止となり、天和三年（一六八三）に改めて執行される。[注27]

開帳札について、安政五年の正法寺開帳では、伏見・大坂・京都の各所に計一一枚、正法寺坂下ほか大津・草津・三井寺領内に計六枚の開帳札が設置されている。[注28]三井寺での開帳は、近江国内ほか上方各地からも集客を見込む一大イベントとなっていた。また開帳中の散銭収入は、文政一〇年（一八二七）には総額一二四五貫文にのぼった。[注29]

開帳での散銭をめぐっては、一七世紀後期以降には寺内での扱われ方に変化が見られる。以前に拙稿[注30]でも述べたので詳細は省くが、三井寺の運営は南・北・中院のいわゆる三院の「寺衆（衆徒・大衆）」たちの衆議（集議）に基づいており、従来は正法寺が属している南院がその開帳にも強い権限を有した。しかし、開帳に参詣者が「群集」するようになった一七世紀後半には参詣者による散銭もまた増加したと推測され、南院以外の北・中院がその配分を主張するようになった結果、散銭が南院の独占を離れて惣寺の経営に組み込まれる傾向が強まった。この時期以降は開帳自体も、下坂守氏・福家俊彦氏が指摘するような「三院が協同運営する体制」[注31]へと、次第に移行していったと考えられる。

またこれに続いて、一八世紀前期には三井寺内部にあって、開帳と関わって公文所と学頭代がさまざまな衝突を起こしている。以下、このことについて順を追って説明する。

三井寺にあって、一山の事務を司る機関は「政所」であった。『新修大津市史第3巻 近世前期』によれば、政所は学頭・学頭代・公文所によって構成され、実際の寺内の運営は学頭代と公文所の合議（政所会議）によって行われていた。公文所は寺領内の法度伝達や課役・年貢徴収にあたっており、その職は世襲されていた。一二家の公文所中、とくに三家が中心となっていたようで、享保四年（一七一九）の史料には矢嶋大蔵・白井宮内・三雲民部の名前が見られる。彼らは剃髪し妻帯していた。[注32]

いっぽう、三井寺の寺内行政・宗学すべてを監督するのが学頭で、その代行を勤めたのが北・南・中院より選ばれる学頭代である（天和三年〔一六八三〕以降は三院より一人ずつ）。学頭代の職務は、宝永六年（一七〇九）の「学頭代・役者定」[注33]において、一山としての勘定（「修理料収納役并政所正法寺金銀賄方」[注34]）から領内村々の田畠の調査、年貢関連の事務、堂舎の管理・修復など、多岐にわたる内容が定められている。また年未詳の「寺例」[注35]では、学頭代について、以前は一山で選出していたが断る者が多いので、現在は三井寺長吏が任命するようになっていると記す。

延宝元年（一六七三）には、公文所による領内百姓への対応について、「諸百姓有来役儀等、無二贔屓偏頗一可二申付一、構二私徳一無レ筋事不レ可二取持一事」[注36]と定められている。しかし同五年には「領内百姓有来役儀等、無二贔屓偏頗一能聞届、学頭代江可レ致二披露一、構二私徳一無レ筋事不レ可二取持一事」[注37]と、学頭代への報告を義務づけられたようである。また、宝永六年に学頭代の職務とされた「修理料収納役并政所正法寺金銀賄方」は、同年に「三院内役者」とともに公文所から引き継いだものと考えられる。[注38]一七世紀後期以降には学頭代が一山の運営上の要職となるいっぽうで、公文所はその下に置かれ、職務も譲り渡すといった状況があった。

正徳二年（一七一二）、公文所は三井寺長吏（一山を支配する最高職で、円満院・聖護院・実相院の三門跡が就く）へ、学頭代に対する訴状を提出している。[注39]これを受けて翌三年に学頭代が作成した返答書（「覚書返答（公文所ゟ及二出訴一候ニ付、学頭代より之御返答書）」[注40]）によれば、公文所の訴状は二一条にも及び、堂舎の普請や衆議から公文所が排除されていること（第一三条「堂社棟札に公文所之名を除候との事」、第一六条「一山衆議之砌者、公文所罷出、相談・評定之趣承来候、近年者一山老若之衆議何事にても被二相除一候との事」）などについて、学頭代を批判する項目が列挙されていたようである。当時学頭代と公文所の間には、互いの職務をめぐって複雑な対立が生じるに至っていたと見られる。

なかでも目を引くのが、正徳二年の正法寺開帳の現場レベルでの運営と、それにともなう諸経営活動に関わる項目の多さである。開帳の期日の決定過程（第一条）や開帳時の賽銭箱の設置（第四条）をはじめ、開帳中の茶屋営業（第五・六・七条）、勧進相撲の興行（二一条）などについて、互いの権限や利益をめぐり、公文所と学頭代は種々の衝突を繰り広げていた。そのことが、開帳後に公文所が訴訟に踏み切る契機となったのであろう。[注41]

この後、正徳四年に公文所のうち民部の養子兵部が京都町奉行所へ出訴しているが、翌五年には民部・兵部父子が三井寺から追放されている。[注42] 残った公文所の二人（大蔵・宮内）も正徳四・五年に自らの非を悔いる内容の口上覚を学頭代にそれぞれ提出し、その職を養子に相続させたようである（宮内は幼少につき、その代わりに後見人が退く）。[注43] こうした経緯をたどり、次第に公文所は学頭代の管理下に位置づけられていったと考えられる。正徳二年開帳は、両者の関係とともに、寺内の運営体制が変化する画期にもなったと言い得るのではなかろうか。

以下、「覚書返答」に挙げられている項目のうち、開帳の運営および諸経営活動と関わるものの中から七項目を取り上げて、公文所と学頭代の行動と主張を検討してみよう。

なお、この正徳二年開帳については、紀海音の浄瑠璃「三井寺開帳」がその当て込みとして、同年二月か三月頃に豊竹座で上演された可能性も指摘されている。[注44] しかし「覚書返答」に「四月十五日より鳴物御停止有レ之、其已後打続参詣も薄成候」とある通り、京都では「女院御所（霊元天皇中宮房子）」の死去により四月一四日から五月一五日まで鳴物停止が触れ出されており、[注45] その影響もあって開帳への客足は結果的に伸び悩んだようである。

①第三条「不動堂江唐院護摩堂之脇立出し、兼而気遣に奉レ存候との事」

ここで公文所が問題としたのは、「唐院護摩堂」の「脇士（脇侍）」が開帳にあたって「不動堂（正法寺境内にある護摩堂か）」へ新規に運び込まれたことであった。対する学頭代の返答では、この脇侍は近年とある施主から寄附された「新仏」で、唐院から不動堂へしばらく移したのは「開帳之内、為二荘厳一」であって、施主にも断っており問題ないとしている。

第一二条「大師御将来之鐘宝蔵に有之候を、此度正法寺開帳中奥観音堂江出候との事」も、これと類似の問題である。学頭代によれば、この鐘は古くから長日護摩堂にあったが、元禄年間に「正法寺預り慈性坊」が諸人に拝ませたいと希望してきたので、正法寺に置くことにしていた。慈性坊の死後には鐘を「宝蔵之口蔵」に入れておいたが、今回は正法寺の開帳なので、以前のように拝ませようと学頭代の一存で取り出したということである。

すなわち、開帳の「荘厳」のために仏像や鐘などを通常の場所から移動させることについて、公文所と学頭代の間で衝突が起きているのであり、寺内でのこれらの管理をめぐる両者の争いの一環と見ることができる。

②第四条「観音銭箱、勅願所故表向遠慮仕、片脇差置候等之事」

公文所は、開帳時に「銭箱」（賽銭箱）が堂々と設置されていたことを問題としている。学頭代も、往古から寺内の堂舎に銭箱を置くことは禁じてきたと認めているが、正法寺については「西国巡礼札所」なので、特別に銭箱を置いてきたと説明している。さらに正法寺は参詣者がもたらす「寄進散物」によって「修覆・仏供・灯明、預り坊下々迄」を賄ってきたのだから、門主や幕府巡見使が訪れた際にも銭箱を隠すことはせず、日頃から脇に置くようなこともしていないと反論している。

三井寺の中にあって、とくに正法寺は参詣者の来訪と、そこからの「寄進散物」の取得を前提とした運営がなされていたのである。また先述の通り、一七世紀後半以降には開帳の散銭収入が惣寺の経営に組み込まれる傾向が強まっていた。学頭代の主張の背景には、こうした点についての惣寺の意向があったと考えられるだろう。

③第五条「茶屋場銭を取、課役掛候との事」

開帳時に茶屋を営業させる場所（「茶屋場」）に関する学頭代の決定に対して、公文所が批判を加えたようである。これに対する学頭代の返答は、おおよそ以下の通りである。

・開帳時に境内で茶屋を営業したいとの出願が方々からあったので、その場所を選定させ、「公文所・専頭等召連、学頭代一通見分仕、公文所に申渡」して、鬮引きによって希望者へそれぞれの場所を引き渡した。しかし、公文所の兵部の家来が多くの場所を取っているようだったので、その場所を全部は使わせなかった。

・翌日も兵部の家来が多くの場所を取った上に、「過分之場銭を取」って他者へ又貸ししているとの風聞があり、願い通りには場所を渡さないことにした。するとその家来は、渡した場所でもしばらく茶屋営業を行わなかった。そこで他の者へその場所を貸し出し、場銭の額は相談の上で決めるように申し付けたのである。

その家来は、学頭代が場銭の額の高下によって貸す相手を変えたと述べたが、事実ではない。

ここから三井寺では開帳にあたり、希望者から場銭を徴収し、あらかじめ選定させた場所を鬮によって引き渡して茶屋を営業させていたことが判明する。当時はそこに公文所が介入して自ら茶屋営業を行い、また場所を又貸しするという状況があり、学頭代が統制を試みた結果両者が衝突に至ったと見ることができよう。

なお、この条文には、こうした茶屋とは別に、三井寺領の村で地子や「村之役儀等」を免除されている「平生居中候茶屋之者共」＝専業の茶屋がいたことも記されている。これら「観音之御影にて渡世」をしているような茶屋たちは仲間を結成しており、開帳中には場銭の替わりに正法寺の「本堂中陣之番」を担当することを三井寺から課せられ、一人ずつ順番に勤めていたとされている。
その後、三井寺では茶屋側からの希望を受けて、参詣者が大勢集まった時には番に出ることを免除して、一日に番人を一人雇える額の金銭を正法寺の預り坊へ払うように定めている。また茶屋のほかにも、「村之年貢地・自分居屋敷」において「小見せもの」「小芝居等」を行う者たちが存在していたようである。

④第六条「茶屋女幷魚物・生魚等差免候との事」

茶屋での女性の雇用と魚の販売であるが、これは学頭代も日頃から禁止していると返答している。いっぽう開帳期間中は、茶屋一軒ごとに下女を一人置くのは自由であった。ただし学頭代は、遊女や「目立候程之者」を置くことは許可していないともしている。

魚の販売は境内では禁止であるが、神出村（三井寺領で、同寺の門前に位置する村）については「先年も開帳之内者魚物取あつかい候得共、是等者在中之事に候得者、禁制の限にあらす」として、これまでも見逃してきたとされている。三井寺では魚の販売は神出村に許された特例だったと考えられるが、天保一一年（一八四〇）の尾蔵寺開帳に際しては、境内に「楊弓幷菓子店」や「煮売渡世」などと並んで「鮓店」も出店していた。[注46]それまでにどのような変遷があったかは不明である。

⑤第七条「神出村種池茶屋場に仕、百姓共難儀仕候と申候との事」

神出村で茶屋を営む場所の設定をめぐり、学頭代が百姓に難儀をかけたとする批判である。これに対して学頭代は、以下のように当時の状況を説明している。

・神出村の年寄と西大路の者や「京都の者」などが、神出村の溜池の上を茶屋場として使いたい旨を出願してきた。同様の願いが他からもあったので、学頭代が現地見分に出向いたところ、公文所の大蔵は「溜池之上計茶屋に仕、前者駕籠之立場に残し可ㇾ然」と主張した。これに対して公文所の兵部は「駕籠之立場者鳥井より北広候間、不ㇾ苦由」を述べたので、学頭代は兵部の意見を採用し、その一帯を茶屋場とすることとした。ただし「群集之節」には火の用心の妨げにならないように、「東一方者菰張」にするように申し付けた。

こうした決定について、公文所（おそらく大蔵）は、現地に消火のための用水がないことから、百姓たちの難儀になると訴えたと述べたようであるが、学頭代は百姓に難儀には感じていないことを確認したと反論している。

以前にも拙稿[注47]で指摘した通り、ここでは開帳時に茶屋を設置する場所の決定にあたって、駕籠の立場の位置や防火対策などが検討されている。すなわちこの時期の三井寺では、参詣者に交通上の便宜を図ることや、群集時にも安全性を確保し不慮の事故を防ぐことなどが、開帳にあたっての課題として意識されつつあったのである。

⑥第九条「護法社開帳、五月・六月両月之内に開帳法会可ㇾ有ㇾ之儀を、七月迄相延候との事」

ここでは護法社の開帳の期日が延引されたことと共に、「千団子神事開帳と申高札出候との事」が問題とされている。護法社では鬼子母神を祀っており、その祭礼には「児女子多く詣で、幼児の息災を祈り」（『近江輿地志略』）、そのために団子を供えた（千団子神事）。しかし三井寺自体は女人禁制であることから、学頭代はことさらに女性を呼び寄せようと高札まで立てたとして、公文所から批判されることになったと考えられる。

これに対して学頭代は、京都から正法寺開帳に訪れた者たちが護法社の開帳期日をしばしば尋ねてくるので、その周知のため正法寺に札を立てたに過ぎないと返答している。また公文所は「寺中所々に千団子道と申書付立置候との事」や「案内人足を付置候との事」なども問題としているが、学頭代によれば前者は以前から行っていたことで新義ではなく、後者は「南院・中院之方江女人を入申間敷ため、例年番を付置」ているのであって、案内のために置いているのではないと説明している。女性の参詣はあくまで護法社に留めており、三井寺全体の女人禁制には抵触していないとするのが学頭代の主張であった。

⑦第二一条「於㆓三尾御旅所㆒勧進相模(撲)興行場所、幷申付之次第、段々不㆑宜儀と申事」

開帳中の勧進相撲の興行について、公文所は場所の選定などに不備があったと批判したようである。これに対する学頭代の返答は、おおよそ以下の通りであった。

・去卯（正徳元年）にも、南志賀村の黒主明神社の修復のために勧進相撲を行いたいとする同村の庄屋勘左衛門と年寄による願書を、公文所が取り次いできた。しかし勘左衛門は以前から公文所に出入りしている者であって、またこの年は朝鮮通信使の来日とも重なったため、結果的にこの時の願書は受け付けなかった。

・翌年の正法寺開帳に際しても同様の出願があり、京都町奉行所の判断を仰いだところ許可された。しかしこの願書は公文所の宮内の親である式部が指図して書かせたもので、勘左衛門が願主というのは虚言である。

・興行の開催場所として「三尾御旅所」を貸し出して代金を取り、下馬門の前に筵を張り渡すのが見苦しいという公文所の批判については、同所では以前から勧進能や芝居などを許可してきた旧例がある。また芝居の際に筵を張るのは通常のことである。

・「金子廿両」で御旅所を貸したという批判については、その金子は勘左衛門の申し出に任せて寄進を受けたものである。その後、さらに六両二歩を寄進する申し出もあったが、興行期間中は雨天で客が集まらなかったので返却することとした。

・今回の相撲興行のことで、公文所には「私曲我儘」が多く、評判が甚だ宜しくない。興行の間、公文所は不正に札（木戸札か）を賄役人から毎日三〇枚ずつ理不尽に受け取って、他所の者へ売っていた。また、興行などの際に礼物を受け取るのは公文所の「家徳」であるが、今回勘左衛門はそうした礼物を差し出さなかったので、公文所は勘左衛門を呼び寄せて「殊之外尾籠之儀抔」を申し立てた。

ここから、以前より三井寺では「三尾御旅所」を勧進相撲・勧進能・芝居の興行場所としていたことが判明する。また、より多くの集客が見込める開帳時などには、三井寺側（ここでは公文所）から興行主へ開催を働きかけることもあったようである。

公文所には興行に際して、札の販売や興行主からの礼物などといった独自の収入があったが、学頭代はそこで公文所が「私曲我儘」を働いたと糾弾している。公文所のこうした収入についても、学頭代による管理が強まっていたことが窺われるだろう。

むすびにかえて

中世後期から近世にかけての寺社の名所化について、野地秀俊は中世後期以来民間宗教者や教養人によって蓄積された名所としての情報が、近世に入ると出版物によって一斉に発信されるようになると論じた。[注48]本稿でも、今井兼平や木曾義仲の史跡の情報を広め、またそのイメージを確立させるうえでの、旅行案内記や名所図会の役割に注目した。近世には旅行者自身が記した紀行文の数も増加し、名所の情報伝播に貢献したと思われる。

また本稿では、史跡の名所化における領主層の役割にも言及した。今井兼平の史跡の場合、膳所藩主・本多俊次が彼を顕彰し墓碑を建立したことでその場所が明示され（それ以前にも何らかの塚が存在したようであるが）、さらに藩が墓碑を移転させたことにより、東海道を往来する多くの旅行者の目にとまる名所となった。また木曾義仲の史跡と接近したことで、「粟津合戦」の古戦場という歴史的空間が可視化されることにもなったのである。あるいは、これは羽賀祥二が一九世紀に「史蹟の顕彰と保護とを政治の目標に組み入れた政治権力が登場」し、「歴史的事物に対しての人々の感じ方、感覚を共通するように促し、誘導していくことが一つの政治課題となった」と論じた[注49]、その先駆的な状況を示すものとも考えられる。具体的な検討は後日を期したい。

本稿では木曾義仲らの史跡とあわせ、義仲寺が蕉門俳諧の名所にもなった過程についても見たが、野地によって鞍馬寺が『源氏物語』とともに義経伝説の名所ともなることが指摘されているように、寺社は名所としての性格を複数帯びることがあった。

いっぽうで伊勢国松坂の小津久足は天保一三年（一八四二）の『青葉日記』の中で、三井寺の開帳（このときは正法寺の開帳と、同じく三井寺寺内の水観寺による奥院での出開帳が同時に執行）について、以下のように記す[注50]。

> 三井寺の前なる茶屋にてものなとくひ、観音にのほり、そのうへなる薬師ほさち（菩薩）もともに開帳にて、この観世音ほさちも三十三年めの開帳なるよし、如意輪の御像いと殊勝にをかまれさせ給ふ、堂のまへよりのみわたし、いとよけれと、開帳にてにきはしく、かけ茶屋（掛茶屋）ひまなきに、風景をうしなへり

すなわち小津は、この時とくに多くの参詣者が集まり茶屋が林立していたことについて、そのせいで正法寺からの眺望が阻害されたと歎くのである。寺社が複数備える名所としての性格のうち、一つ（ここでは数多くの茶屋＝世俗要素）[注51]が肥大化すると、別の一つ（ここでは優れた風景＝立地要素）との間に矛盾をきたすこともあり得たのである。

また三井寺（正法寺）での開帳については、一七世紀後期には散銭が惣寺の経営に組み込まれ、開帳の執行にも三院が関与する体制へ移行する動きが見られた。そして本稿で論じたように、一八世紀前期にはより現場レベルでの開帳の運営と諸経営活動についても、それらをめぐる権限や収入の問題が、そのころ公文所と学頭代が引

き起こしつつあった職務をめぐる対立と結びつき、ついに公文所が学頭代を訴える事態に発展するのである。
　こうした一七世紀から一八世紀にかけての経緯が、「はじめに」で述べたような「安定した経営のための体制」が三井寺内部に形成される過渡的状況とするならば、公文所をめぐる一連の動向は、たとえば唐崎社における宮仕の活動が延暦寺のもとで承認・固定化され、唐崎社自体の経営体制が整備に向かう過程[注52]とも比較検討が可能なように思われる。ただし、三井寺における「安定した経営のための体制」が、具体的にどのような構造を有するものとなってゆくのかという点については、これも後日の課題とせざるを得ない。

注

1 拙稿①「近世の「観光地」における利益配分と旅行者管理体制――近江国下坂本村を事例に――」（『ヒストリア』二四一号、二〇一三）。寺社の名所化については、拙稿②「近世における寺社の名所化と存立構造――地域の交流関係の展開と維持――」（『日本史研究』五四七、二〇〇八）、③「寺社参詣と「寺社の名所化」――中世後期から近世へ」（島薗・高埜・林・若尾編『シリーズ日本人と宗教――近世から近代へ4 勧進・参詣・祝祭』春秋社、二〇一五）も参照。

2 野地秀俊「中世後期京都における参詣の場と人」（『新しい歴史学のために』二八二号、二〇一三）。

3 『中務大輔家久公御上京日記』より。以下、本稿での同史料の引用は、村井祐樹「史料紹介　東京大学史料編纂所所蔵『中務大輔家久公御上京日記』」（『東京大学史料編纂所研究紀要』一六号、二〇〇六）に基づく。同史料については前掲野地論文でも詳細な分析を加えている。

4 拙稿④「十七・十八世紀における近江八景の展開――近世の名所の成立をめぐって――」（青柳・高埜・西田編『近世の宗教と社会1 地域のひろがりと宗教』吉川弘文館、二〇〇八）参照。

5 野地前掲論文参照。

6 本稿での同史料の引用は、上野洋三「紀行『藤波の記』翻刻（下）」（『日本文藝研究』五九（三／四）、二〇〇八）に基づく。

7　『国書総目録』などでは書名を『藤波記』とする。
8　小島捨市編『校訂頭注 近江輿地志略』（西濃印刷、一九一五）。
9　『新修大津市史3 近世前期』（一九八〇年、大津市役所）。
10　鈴木棠三『近世紀行文芸ノート』（東京堂出版、一九七四）所収。
11　『新修京都叢書』二二巻（臨川書店、一九七二）所収。
12　濱田義一郎代表編集『大田南畝全集』八巻（岩波書店、一九八六）所収。
13　『版本地誌大系16 伊勢参宮名所図会』（臨川書店、一九九八）。
14　『新修大津市史9 南部地域』（大津市役所、一九八六）。
15　今井金吾監修『道中記集成』二巻（大空社、一九九八）。
16　冨士昭雄校訂代表『叢書江戸文庫50 東海道名所記／東海道分間絵図』（国書刊行会、二〇〇二）。
17　『近江史料シリーズ（4）淡海録』（滋賀県地方史研究家連絡会・滋賀県立図書館、一九八〇）。
18　注10『新修京都叢書』。
19　『新修京都叢書』二一巻（臨川書店、一九六九）。
20　以上、元禄期の義仲寺については『園城寺文書』四巻（園城寺、二〇〇一）参照。
21　注8『新修大津市史』。
22　今井金吾監修『道中記集成』九巻（大空社、一九九六）。
23　『新修大津市史4 近世後期』（大津市役所、一九八一）。
24　『東海道名所図会 復刻版』上巻（羽衣出版、一九九九）。
25　『日本随筆大成』一巻（吉川弘文館、一九二七）。
26　以下、三井寺開帳の概説は下坂守・福家俊彦「近世の寺院運営——一山の拡がりとその活動——」（注19『園城寺文書』所収）参照。
27　以下、杣田善雄「近世前期の寺院行政」（『日本史研究』二二三、一九八一）参照。後に杣田『幕藩権力と寺院・門跡』（思文閣出版、二〇〇三）に収載。
注19『園城寺文書』史料七七、正徳三年（一七一三）。

28 注19『園城寺文書』史料二一三、安政五年（一八五八）「開帳幷為拝正法寺緊要抜粋」。
29 注28史料二一三。
30 拙稿④参照。
31 注25下坂・福家「近世の寺院運営――一山の拡がりとその活動――」参照。
32 公文所についての記述は、注19『園城寺文書』史料七八「公文所可受学頭代指図事覚書」による。
33 注19『園城寺文書』史料七。
34 注19『園城寺文書』史料七二、貞享三年～享保元年（一六八六～一七一六）「記録証文写幷口上書類」。
35 注19『園城寺文書』史料二九。
36 注19『園城寺文書』史料六。
37 注19『園城寺文書』史料七二。
38 注34史料七二中に、天和三年（一六八三）から宝永六年（一七〇九）まで公文所がこの職務を勤めてきたが（「修理料収納役幷政所正法寺金銀賄方之儀、天和三亥年より公文所仲間江被㆓仰付㆒、今年〔宝永六年〕迄廿七ケ年相勤」）、今後は辞退する旨を公文所三人から学頭代へ願い出た口上覚の文面が記されている。
39 注34史料七二中に正徳五年に「公文所大蔵法眼永昌」が学頭代へ提出した口上覚の文面が記されており、そこに「去ル辰（正徳二年か）八月、公文所三家之者共、御寺僧同等申立、御長吏宮様江出訴仕候」とあるのが、この一件を指すと思われる。
40 注19『園城寺文書』史料七七。
41 この点について『新修大津市史 第3巻 近世前期』の第三章第三節では、学頭代による開帳時の不正や公文所を下役人のように使役したことが争論の原因で、政所会議の結束を揺るがしたと評価するが、訴訟の経緯とその後の見通しを含めて再考の余地がある。
42 注19『園城寺文書』史料七八。
43 注34史料七二。
44 海音研究会編『紀海音全集』一巻（清文堂、一九八二）、河合眞澄「歌舞伎と紀海音『三井寺開帳』」（『近世文藝』八九、二〇〇九）参照。
45 『京都町触集成』一巻（岩波書店、一九八三）、六二三・六二八。

46 注19『園城寺文書』史料二〇八「近松寺幷尾蔵寺右小店掛茶屋願書」。

47 拙稿④参照。

48 野地前掲論文参照。

49 羽賀祥二『史蹟論――19世紀日本の地域社会と歴史意識』（名古屋大学出版会、一九九八）。なお羽賀氏自身も同書中で「近世前期から継続して建立されてくる墓碑との比較」を課題の一つに挙げている。

50 無窮会専門図書館神習文庫。拙稿「近世旅行史上における近江国――地域間関係史の視点から――」（『交通史研究』六一号、二〇〇六）も参照。

51 近世の名所の「世俗要素」および「立地要素」については、鈴木章生『江戸の名所と都市文化』（吉川弘文館、二〇〇一）および拙稿②参照。

52 拙稿①②参照。

Ⅲ 海を渡る

九世紀の海外交通
――円仁を中心に――

山﨑　雅稔

はじめに

九世紀は古代日本の対外交通において、国内の政治権力や東アジアの社会情勢の変化を背景に唐・新羅への外交使節の派遣が積極的な意義を失う一方、大宰府に来航する外国人海商との交易管理システムが整備された時期にあたる。とりわけ、最後の遣唐使・遣新羅使が派遣され、新羅海商の来着を前提とした国際交易から唐海商の来着を前提としたそれへと変わる承和年間は、外交・交易の両面における大きな画期をなす。本論で取り上げる延暦寺の僧円仁（七九四〜八六四）は、まさにそうした時期に唐に渡り九年あまりを過ごした。ここでは円仁の在唐中の記録である『入唐求法巡礼行記』（以下では『行記』と省略する）を通して、当時の日本と東アジアの交流の一端として、遣唐使の派遣や円仁の巡礼・帰国に協力的であった新羅人の動向に注目する。彼らは唐に居留地を形成していたいわゆる在唐新羅人であり、あるいは東シナ海をまたいで唐・新羅・日本を結ぶ国際交易を展開する海商であった。[注1] 円仁の求法活動を追いながら在唐新羅人社会の歴史的背景やその特質を考えるとともに、新羅人

が日本の対外交通や日本僧の活動にどのように関わっていたのかをみていくことにしたい。[注2]

一　遣唐使の派遣と清海鎮・新羅訳語

1　遣唐使の派遣と清海鎮

延暦一三年（七九四）に下野国の都賀郡に生まれた円仁は、九歳のときに大慈寺で出家し、一五歳で比叡山に登って最澄に師事したのち、弘仁七年（八一六）に具足戒を受けた。渡唐の機会が訪れたのは四〇歳の時である。承和元年（八三四）正月、仁明天皇の即位・改元に際して遣唐使の派遣計画が公にされ、遣唐請益僧として加わることになった。桓武天皇の延暦二〇年（八〇一）以来となる遣唐使は、藤原常嗣を遣唐大使、小野篁を副使とし、二度にわたる難破・漂流によって多くの使員を失い、渡航の延期を余儀なくされながらも遂行され、承和五年（八三八）六月に唐の揚州に到達している。しかし、命がけの航海に対する忌避感は強く、出航時に副使小野篁が病と偽って日本に留まったほか、知乗船事伴有仁・暦請益生刀岐雄貞・暦留学生佐伯安道・天文留学生志斐永世らが船を降りるという事件が起こり、篁は隠岐国へ、有仁以下は佐渡国に流されている。[注3]

請益僧は唐での短期滞在のみを許された身分であり、円仁は入唐したのち、朝貢のために長安に向かった藤原常嗣らが戻るのを待って帰国することになっていた。そのため、円仁は当初揚州の開元寺を拠点に経典の疑義について学び、新しい経典や仏画・仏具の収集を行っている。ともに入唐した延暦寺の僧円載が、遣唐留学僧として台州の天台山を訪ね、高僧より天台教義の疑義に関する答釈を得てこれを日本に送り、元慶元年（八七七）の帰国に際して遭難して死去するまで約四〇年にわたって唐での求法につとめたのとは対照的である。[注4]もっとも円仁は最澄が学んだ天台山への巡礼を願い、長安に上る常嗣に託して唐から滞在延長の正式な許可を獲得しようとしている。[注5] しかしその申請は却下され、楚州で使節一行と合流して帰国の途につくことになった（開成四年二月二四日・二五日条）。

承和の遣唐使の特徴は、その航海において少なからず新羅人に依存していたことにある。承和三年（八三六）、日本の太政官は新羅の執事省に使者紀三津を派遣して、遣唐使の船が朝鮮半島沿岸に漂着した場合に備えて、万一の際には使者を抑留することなくすみやかに唐に送り届けるよう要請しようとした。[注6] 延暦の遣唐使の派遣に際して新羅に遣使した先例をふまえた要請であり、四つの船の渡海情報をあらかじめ伝達する目的も兼ねていた。

しかし、この遣使は失敗に終わっている。新羅に到着して来朝の理由を問われた紀三津は「通好」のために来たと答えたことから、携行してきた執事省宛の太政官牒の内容との相違を疑われ、その後の審問に対する回答も要領を得なかったため、使命を果たすことなく放還処分を受けて帰国したのである。同年一二月の復命記事は放還にいたる経緯を明らかにするとともに、太政官宛の執事省牒の全文を載せて新羅に対する反駁を加えている。[注7] 要請を拒んだばかりか、「小人荒迫の罪を恕して大国寛弘の理を申す」として、「大国」を自認して日本からの正式な使者を「小人」と表現する外交文書は、新羅を蕃国・調貢国として扱おうとしてきた日本の国際感覚を逆撫でするもので、衝撃をもって受け止められたのである。

これを最後に両国の外交関係は事実上断絶するが、新羅側は「小野篁船」が渡海したという情報を独自に入手しており、そのために三津の到来に疑いを抱いたらしい。『続日本後紀』の編者は、小野篁はまだ出航していなかったとして海商がもたらした「浮説」にもとづいて判断を下した新羅の姿勢を批難している。小野篁は大宰府滞在中に鴻臚館に来ていた唐人沈道古としばしば詩を賦していたというから、[注8] 来航する新羅人を通して篁の名前や遣唐使の派遣をめぐる動向も新羅に伝わっていたのであろう。遣唐使は承和三年四月下旬に節刀を授けられて出京したのち、[注9] 難波津を経て大宰府に到着し、七月二日に渡海を試みたが、まもなく第二船の肥前国松浦郡への廻着、第一船・第四船の漂着が報告されている。第三船は遭難情報をもとに船舶を捜索させた結果、対馬島上県郡に漂着したことが判明する。編者の反論にも一理あるが、漂着したとはいえ遣唐使の渡海情報に間違いはなかったのである。一方、遣新羅使はその目的からすれば、遣唐使に渡海に先立って交渉し、回答を得ておくべきところだが、実際には同年五月の任命後、八月二五日に新羅への渡航が報じられている。その報告は第三船漂着に関する情報とともに上奏されており、渡航スケジュール自体に矛盾が生じていたのである。紀三津は本来の使命が意義を喪失するなかで日本を離れたのであり、来由を的確に説明できなかったのも日本の事情に起因するところが大きかった。

新羅の正式な支援を期待できなくなった日本だが、国家間の外交とは次元を異にして新羅海商とそのネットワークは遣唐使の航海にとって不可欠な存在であった。新羅人の対日交易は八世紀後半には展開していたとみられ、九世紀前半に交易管理制度の整備がはかられている。すなわち、天長八年（八三一）九月に太政官符「応に新羅人の交関物を検領すべき事」が出され、[注10]朝廷が優先的に唐物を調達するための官司先売制が確立された。この政策は弘仁年間に新羅人による襲撃事件の発生を背景にして、「言語通ぜず、消息知り難し」という理由から対馬島に新羅訳語を置くなどした善後策[注11]とは一線を画すもので、国内需要の高まりによって価格が暴騰している唐物の交易について、海商の来着に際しては大宰府官人の責任において船上の貨物をあらため、朝廷で必要とする物品を選定して京進させるとともに、その他の物品については官人の管理下において適正価格で民間に交易させることを意図したものである。

新羅海商の交易品が管理の対象になっているのは、唐海商に先んじて新羅海商が対日交易、あるいは東シナ海域の遠距離交易を展開していたことによる。同官符の成立の直接的な背景としては、新羅における興徳王三年（八二八）の清海鎮の設置が挙げられる。[注12]清海鎮は当時横行していた新羅の住民を奴婢として唐で売買する行為を禁圧するために創設された軍鎮で、その必要性を訴えた張宝高が清海鎮大使に任命されて軍事権を付与されるとともに、朝鮮半島西南部の多島海域に位置する莞島近海を拠点にして海民を組織し、在唐新羅人とのつながりを背景に唐・新羅・日本を結ぶ交易を展開した。

円仁は赤山法花院において、張宝高のもとで唐物交易を行っていた崔暈に接触している（開成四年六月二八日条・同五年二月一七日条）。崔暈は天台山巡礼に協力すべく、泗州漣水県より赤山に船を遣わして准南に送り届けることを約束していたが、円仁は赤山院に留住していた新羅僧聖琳のすすめにより意を翻し、五台山への巡礼を決意し、すでに出立を間近に控えていた。そのため崔暈に詫び状を送り、あわせて求法を終えた暁には赤山から清海鎮に向かい、転じて日本に帰りたいという心づもりを伝えている。両者の交流を通して、清海鎮を媒介とする新羅人のネットワークが唐の泗州漣水県と登州文登県赤山村、新羅の清海鎮、そして大宰府鴻臚館を結ぶものであったことが分かる。円仁が日本に帰国するためには彼らのネットワークが不可欠だったのである。

また、円仁は張宝高宛の書状を崔暈に託している。書状は「旧情を果たさんが為」に張宝高の本願の地にとどまっていると現在の状況を伝えるとともに、日本を発つにあたり「筑前大守」から大使宛の書状一通を託されたものの、航海の途中で漂失したことを伝えている。「筑前大守」とは承和五年に筑前権守であった小野末嗣と推測される。[注13]張宝高はのちに筑前守となり唐物交易にも関与した文室宮田麻呂とも接点を持っており、清海鎮の大宰府交易を通して以前から大宰府官人や筑前国司らの信用を獲得していたのであろう。その後、承和九年（八四二）正月に張宝高の死亡情報が伝えられると、新羅人の日本での交易活動は大幅に制限され、清海鎮もまもなく停廃に向かうのであるが、[注14]張宝高の出現によって新羅と日本、唐と日本の海上交通が比較的安定していた時期に、承和の遣唐使は計画・派遣されたとみることができる。

ここで清海鎮の成立を促した唐・新羅間の海上交通の状況についてみておけば、[注15]元和一一年（八一六）に新羅国宿衛王子金長廉が両国間で横行する新羅人売買を禁圧するよう唐朝に要請しており（『冊府元亀』巻四二・帝王部仁慈門）、この頃から新羅の外交上の課題として人身売買の抑制が浮上していたことが知られる。金長廉の要請の背景には、その前年山東地域に勢力を誇っていた李師道の討伐に向けて、憲宗が軍事行動を開始したことがあったとみられる。李師道は八世紀半ばに起こった安史の乱の混乱に乗じて平盧淄青節度使となった李正己の孫にあたり、強大な軍事力と経済の独占を背景にして陸運海運押新羅渤海両蕃使として対外的にも影響力を及ぼしていた。[注16] 憲宗は周辺の節度使に命じてその攻略をはかり、そのために李師道は八一九年に部下に斬首されている。半世紀におよぶ李正己一族の支配も終焉を迎えたのである。

その後、新たに平盧軍節度使に任命された薛平は長慶元年（八二一）三月に上表して、長らく「賊」の手中にあった山東地域においては海賊による「新羅良口」の略奪・売買を禁止してもそれが遵守されることはなかったとして、あらためて一切禁断するよう求めている（『唐会要』巻八六・奴婢）。また、同三年（八二三）には新羅使金柱弼が唐に対して、唐に連れて来られた新羅人を帰国させるための対策を求めている（同上）。しかし一連の政策にもかかわらず、太和二年（八二八）の時点においても新羅人の売買は行われていたらしい（同上）。つまり、八一〇年代から二〇年代にかけては唐に売り渡されて奴婢身分に零落した新羅人の救済と帰還、人身売買の根絶が喫緊の課題となっていたのである。薛平は「新羅は是れ外夷と言えども、常に正朔を稟けて朝貢絶えずして、内地と殊なることなし」と論じているが、朝貢国である新羅の要請に応えるべく海賊の捕縛など海上交通の統制がはかられていたのである。こうした事情を背景にして登場したのが清海鎮であった。

李師道の討伐や滅亡後の状況は日本にも伝えられている。弘仁一〇年（八一九）に新羅船で来日した越州の周光翰・言升則は、李師道が五十万の兵馬をもって反乱を起こしたこと、諸道に討伐命令が発せられたものの、いまだ平定されず、「天下騒擾」の状態にあるとの情報をもたらしている。[注17] また、天長七年（八三〇）一二月に但馬国に来着した渤海使王文矩は「大唐淄青節度康志睦交通之事」に関する情報を伝えるために到来したと、その違期入朝を説明している。[注18] 康志睦は同年八月に横海節度使李同捷の討伐命令を受けて出軍しており、王文矩はこうした唐の情勢とともに、東夷諸国の対唐交通とも関わりの深い山東地域における動向を日本にもたらしたのであろう。承和の遣唐使は国内的にみれば淳和天皇から仁明天皇への代替わりを機に派遣されたものであるが、国際的には右のような唐・新羅をとりまく変化があり、海上交通の秩序の再構築が図られたこと、とくに清海鎮との交易を通じて張宝高勢力との信頼関係が形成されていたことにより、派遣の可能性が開かれていったとみることができる。

2　遣唐使の渡航と新羅訳語の役割

『行記』には遣唐新羅訳語として金正南、朴正長、道玄の三人の名前がみえる。金正南は遣唐第一船、朴正長は同第二船、道玄は復路第二船に上船しているが、四つの船で構成される遣唐使には本来それぞれ新羅訳語が一名ずつ配置されていたとみられる。[注19] 遣唐使の組織構成を整理した『延喜式』巻三〇・大蔵省条は、遣唐訳語のほかに「新羅・奄美等訳語」の存在を記している。その役割については、奄美訳語が南島路による航海に際して南西諸島への寄航・漂着を考慮して任命されたとみられることから、新羅訳語も五島列島から外海に出る遣唐使船が朝鮮半島に流れ着いた際の現地での交渉を期待されていたと考えることもできる。しかし、『行記』をみる限り新羅訳語はもとより中国での役割を期待されて乗船していたのではないかと考えられる。金姓・朴姓は新羅系の姓であり彼ら自身が在唐新羅人であった可能性も考慮される。

具体的に新羅訳語の動向に注目すれば、まず遣唐使が揚州に近づいた際、金正南が「聞くならく、揚州の掘港は過り難し。今既に白水を踰えたり。疑ふらくは掘港を踰えしか」と述べている（承和五年六月二八日条）。唐の地理や海路に関する見聞を持ち、使節の水先案内を担っていたことが知られる。金正南は遣唐使船の修理や帰国船の調達のために単独で滞在先の揚州から楚州に行き、新羅船九隻と漕ぎ手として日本に向かう新羅人の梢工・水手を雇い、さらに揚州に書状を送って日本から来た都匠・番匠・船工・鍛工を楚州に呼び寄せた（承和五年一二月一八日条・開成四年閏正月四日条）。船舶の修理自体は都匠や船工の任務であったが、そのために必要な場所の確保や木材・鉄材等の調達に新羅訳語は欠かせない存在だったに違いない。

唐に残ろうとする円仁にその方策を指南したのも金正南であった。唐からの正式な滞在許可が下りなかったことを大使から聞いた円仁は、残留のために金正南に相談している。その際、金正南は密州で人家に留住して使船の出航を待ち、そののち天台山に行き、さらに長安に向かってはどうかと提案した（開成四年三月一七日条）。この提案は大使も黙認するところであったらしい。けれども、どこから渡海するかをめぐって使節一行の意見が対立し、密州を経由せずに海州から渡海する案が浮上したため、円仁らは急遽海州東海県において下船を試みている（開成四年四月五日条）。密州の大珠山付近には新羅人の集落が存在しており、遣唐使は密州で船舶を修理して日本への渡海に臨む予定であった。この段取りをつけたのも金正南であろう。このほか、円仁は復路で同船した道玄にも留住の可能性を探らせている。道玄は登州牟平県邵村の勾当で新羅人の王訓にこれをはかり、同意を取り付けている（開成四年四月二九日・五月一日条）。また、「押衙之判官」の使者王教言が邵村浦に停泊中であった遣唐使船を慰問した際、道玄は岸上に待機する新羅人と接触し、帰国船のうち五隻が萊州廬山の辺りに流れ着いたという情報や唐の皇帝が新羅王冊立のために使者を遣わそうとしているとの情報を得ている（開成四年四月二四日条）。

「訳語」には通訳官のイメージがつきまとう。だが、遣唐使の任務遂行において彼らの知識や情報収集、交渉能力は不可欠で、言語能力によってのみ使員に加えられたのではなかった。金正南による帰国船の調達についてあらためてみておけば、外国使節の復路に用いる船の確保には唐朝の正式な許可を必要とした。この勅符は大使藤原常嗣の上奏を受けて開成四年正月三日に揚州に届いている。すなわち、同日条に「聞くならく、勅符州に到れり。其の符状に稱はく、朝貢使の奏に准じて日本国使の為に楚州に帖を送りて船を雇ふ。便ち三月を以て渡海せしむてへり」とある。勅符は楚州にも送られ、船を雇ったのち三ヶ月以内に渡航することが命じられたのである。これに対して金正南は、勅符到着以前の前年一二月一八日に揚州を発っている。勅符が発給されるのを見越して出立したことが知られる。

約三〇年ぶりとなる日本の朝貢間隔からすれば、上奏が日本に蓄積された先例をふまえたものとは考えにくい。承和の遣唐使は揚州入りした直後新羅の使節と誤解されていたが（承和五年七月二〇日条）、揚州から卞河の水運を利用して長安に向かい、ふたたび卞河を下って楚州に到り帰国の途につくという往復路は、唐に毎年のように朝貢していた新羅の朝貢路に重なるものであった。[注20] 楚州における雇船や船舶の修理は新羅使節のそれにならって行われたのではないだろうか。とすれば、新羅訳語は新羅使節の往還手続きに関する情報にも接していたのであろう。このように彼らの活動を通して、承和の遣唐使の渡航の前提には新羅の対唐交通の展開やそれを支えた在唐新羅人の存在が看取されるのである。

二　円仁の赤山法花院留住と張詠

帰国船は楚州から北上して海州に出たのち風濤に流されて山東半島の南岸を進み、開成四年六月に登州文登県の赤山浦に到着した。円仁はここで船を下り、赤山法花院に登って留住の許可を待ち、同年七月には日本を目指して出港した遣唐使を見送っている。その後、五台山をはじめとする諸方巡礼のために必要な公験が発給されるのを待って、開成五年二月に巡礼の旅に出発し、登州・青州の都督府を経て四月下旬に五台山に到着した。ここで志遠和尚・玄鑑和尚に出会って摩訶止観を学び、また天台教迹三七巻を書写し、五台山の文殊菩薩の聖跡を巡礼したのち長安に向かっている。

円仁の求法活動を支えたのは唐に居留する新羅人であった。『行記』によれば登州・莱州・密州・海州・泗州・楚州・揚州などの各地に新羅人の居留地が形成されていたが、なかでも円仁が世話になったのは登州、泗州漣水県および楚州の新羅人であった。この三つの地域の新羅人には密接な関係があり、対日交易においても一定の役割を有していた。楚州については後述することにして、ここでは登州の新羅人社会を中心にみていきたい。

まず、円仁の活動において大きな転機となったのは赤山法花院での留住生活であった。赤山院は登州に居留する新羅人の信仰を集めていた寺院であった。一一月から翌年一月にかけて同院で行われた法華会は、新羅僧聖琳を法主とし、新羅の風俗・語音によって講経・礼懺を行い、参加者もみな新羅人であったという（開成四年一一月一六日条・五年正月一五日条）。同じく院内で催された八月一五日節も新羅独自の祭礼とされる。円仁は祭礼にまつわる伝説とともに、「郷国を追慕」するための祭礼であったことを書き留めている（開成五年八月一五日条）。

この赤山院は張宝高の建立になる寺院である。それを伝えるのは『行記』のみであるが（開成四年六月七日条・五年二月一七日条）、張宝高宛の書状にもそのように書かれていることから、基本的に事実を反映した記述とみてよい。但し、山東半島の東端に位置し、朝鮮半島の西海岸と航路で直接結ばれていた登州文登県には早くから新羅人の居留があったとみられるのに対し、赤山院の歴史は浅い。しかも会昌の廃仏政策によって破壊されて荒廃していったと考えられ、その歴史は短い。同時代の唐の文人である杜牧が書いた「張保皐・鄭年伝」（『樊川文集』巻六）によれば、張宝高は新羅に生まれ、唐に渡って徐州で「軍中小将」となり、その後、前節で述べたように新羅人が奴婢として売買されるのを憂慮して、新羅に帰国して興徳王に清海鎮の設置を求めたとされる。

他の所伝もふくめ、彼が新羅で殺害されるまでの経緯をよく伝えているが、その一方で張宝高と登州文登県の新羅人社会、あるいは赤山院との関わりについては何も伝えていない。同院の建立をどのように理解すべきだろうか。

円仁の記録によれば、赤山院の留住には前述の王訓のほか、「林大使」および張詠の了承が必要であった。三人は登州の新羅人社会の有力者であったとみられ、赤山院の経営にも携わっていた。王訓の承諾を得た円仁は商人の孫清に託して「林大使」に書状を送っている（開成四年五月一六日条）。張詠は「平盧軍節度使将軍同十将」・「登州諸軍事押衙」・「勾当新羅使」・「新羅通事」などの肩書きを持って活動し、その邸宅も「勾当新羅押衙所」・「勾当新羅所」と呼ばれていた（会昌五年八月二七日条ほか）。登州の地方行政、平盧軍節度使の支配下において「文登県界の新羅人戸」を勾当するとともに、新羅使の往還に関する業務を担っていたのが張詠であり、円仁の滞在や巡礼の許可を得るために文登県家と交渉し、帰国船を手配するなど実質的に求法活動を支えた人物であった。

張詠の名前は円仁の卒伝にもみえる。[注21]それによれば、赤山院に止宿していた円仁のもとを訪ねた張詠は「昔那国に到り、甚だ国恩を蒙れり」と語って支援の手を差し伸べたという。張詠は日本への渡航経験者であった。その渡航時期については、円仁が帰国のために赤山院に留まった際に通事として世話をした新羅還俗僧李信恵に関して、「弘仁の未の歳に日本国太宰府に到り、住まること八年。須井宮の筑前国太守たりし時、斯人等を哀恤せり。張大使天長元年日本国に到り、廻れる時船に付して唐国に却帰せり」とあることから、「張大使」すなわち張詠は天長元年（八二四）に大宰府に到来して、帰国に際して信恵を連れ帰ったことが知られる（会昌五年九月二二日条）。[注22]張詠は交易のために来日したのであろう。「国恩」とは大宰府における安置・供給など官司による保護を指すとみられる。李信恵は日本語も堪能であったというから、新羅人や日本人との交渉のために唐に連れ帰ったのかもしれない。

赤山浦と日本との往還についてはこのほかにも存在する。開成四年（八三九）七月に出会った真荘村天門院の法空阿闍梨について、円仁は「此の師、曽て本国に至りて帰来すること二十年」と記している（開成四年七月一四日条）。真荘村は赤山の隣村で、法空はかつて日本に行き、唐に戻って二〇年になるという。離日は八一九年頃のことであり、李師道が滅ぼされた年にあたる。この年には前述した越州の周光翰らが新羅船で来日したほか、唐人張覚済の交易船が出羽国に漂着している。[注23]後者には円仁が揚州で面会した日本語を話す新羅海商王請やのちに張宝高の配下に属した李少貞が乗り込んでいた。またこれより先、元和一一年（八一六）に唐に向かった新羅入朝王子金士信は「悪風」に流されて楚州塩州県界に漂着し、[注24]その翌年には同国の入唐王子金張廉が風濤のために明州下岸に漂着している。[注25]これらの相次ぐ漂着事例は混乱の渦中にある山東地域への接近を避けようとして発生したものであろう。周光翰が伝えたように李師道をめぐる情勢は越州の海商にとっても懸念すべき状況であった。法空もまた戦乱の終息を待って日本を離れたのであろうか。

いずれにしても、張詠や李信恵、法空の往還事例からは清海鎮設置以前に赤山と大宰府を結ぶ交易が行われていたことが分かる。確実なものは八二四年の張詠の来日であるが、それは李師道滅亡後の八二〇年代の山東地域における海上交通の再編と関わる動きとみることができる。

ところで、『行記』大中元年（八四七）六月一〇日条によれば、円仁は帰国船となる金珍の船に乗るために楚州を発つ際に楚州新羅坊の前惣管薛詮や「登州張大使舎弟張従彦及嬢」に見送られている。「登州張大使」とは張詠のことであり、その舎弟張従彦と子女は楚州に滞在していたらしい。張詠は円仁のために楚州新羅坊と密に連絡を取っているが、右の事実を通して張詠が本来楚州を拠点として活動し、のちに登州に進出した可能性が指摘されている。[注26]当時は廃仏政策のために赤山院の荒廃が深刻であったことから、その難を逃れて一族を楚州に避難させていたのではないかとも考えられる。[注27] だが、張詠は廃仏の影響に関係なく行政や外交業務を遂行していたし、一方で楚州にあった新羅坊も廃仏政策の影響を受けていることからすれば、赤山院の荒廃は張詠の一族が楚州にいた積極的な理由にはならない。わずかな史料から推し量る他ないが、張詠が楚州から登州へと拠点を移したことは十分に考えられる。おそらくは八二〇年代に江淮から登州への新羅人の移動があり、それにともなって登州の新羅人社会は再編され、文登県一帯においては新しい平盧軍節度使のもとで新興勢力の張詠らが新羅人を束ねることになったのであろう。[注28]

ここで想起されるのはかつて徐州で活動していた張宝高が赤山院を建立した事実である。張詠が赤山院の経営を担っていたことや対日交易の開始、清海鎮の設置時期をふまえるならば、両者の動きは軌を一にしたものと考えられる。赤山法花院の存在から張宝高が登州に進出した可能性も容易に想定されるが、史料的にそのような事実は確認できない。赤山院は登州と多島海地域を結ぶ交易ネットワークの形成を背景に張宝高が私財を投じて建立したものとみられるにとどまる。

赤山浦とともに清海鎮と特殊な関係を有していたのは泗州漣水県の新羅坊である。それは円仁のために漣水県から船を遣わそうとした崔暈が張宝高の死後、新羅坊に身を置いたことからも明らかである。帰国の途上、漣水県に入った円仁は崔暈と再会するが、このとき崔暈は新羅坊内で日本に向かう便船を待って漣水から渡海してはどうかと提案し、自ら新羅坊の惣管や県司の説得にあたった（会昌五年七月九日条）。僧侶が同じ土地に留まることとは厳しく制限されていたために滞在は許されず、円仁は崔暈が手配した船で海州に向かうことになったが、崔暈は亡命者でありがながら坊内である程度の発言力を維持していたようである。

杜牧によれば、張宝高の義弟鄭年も渡唐後、徐州で従軍したのち漣水県に身を寄せていたという。[注29] 鄭年がその優れた潜水技術について特筆されている点や清海鎮の張宝高を頼って新羅に帰国したことからすれば、彼は多島海地域の島嶼部の出身者であったのであろう。この点は海島民の出身とされる張宝高とも共通する性格である。また、楚州を出発した遣唐使が泗州漣水県に停泊した際、金正南の雇った新羅人水手が船に戻らず出航が遅れるという出来事があったが、これは金正南が雇った新羅人水手の中に漣水県の新羅坊を拠点にしていた者が含まれていたことによる（開成四年三月二五条・会昌五年七月九日条）。この水手集団の中にも鄭年のような背景を想定することができるかもしれない。

このように泗州漣水県と関わりをもつ崔暈や鄭年には本国とのつながりを見出すことができる。それは新羅各地と複数の線で結ばれた関係ではなく、清海鎮が位置した多島海地域との交易船の往還であり、その背後に移民元と移民先の関係があったという点に特徴がある。ここには張宝高の例も加えることができよう。『三国史記』から当該期の新羅の社会的疲弊を読み取れることもあり、在唐新羅人社会は朝鮮半島での飢饉や争乱を背景にして新天地を中国求めた人々によって形成されたものと理解されてきた。[注30]この見方は人口移動の一つの要因として首肯すべきではあるが、『行記』の記載を分析すれば居留地はそれぞれの特性を備えており、[注31]移住の時期や背景、出身地域によって、定着した土地も異なっていたとみられる。

例えば、円仁は海州東海県で密州から楚州に木炭を運んでいた新羅人の船に遭遇し、同県宿城村の新羅人宅に案内されている。このとき円仁は自分たちを新羅僧だと偽っていたが、同村の村老王良は円仁らの発する言葉が新羅語ではないとして、日本僧であることを見破っている（開成四年四月五日条）。この一件は密州と楚州を結ぶ域内交易に従事していた新羅人が、[注32]新羅語とはどのようなものであるかを理解していなかったことを示唆する。彼らの居留地においては新羅本国との関係が希薄になっていたばかりか、日常生活や生業を営む上ではもはや新羅語を必要としなくなっていたのであろう。これは登州で新羅通事の肩書きを持ちながら対外交渉の一端を担っていたことや赤山院で新羅の風俗・言語による行事が行われていたこととは対照的である。

三　円仁の帰国と楚州新羅坊

開成五年（八四〇）七月に長安入りした円仁は、資聖寺に止住しながら大興善寺翻経院の元政から金剛界大法を学んだのをはじめ、青竜寺の義真から毘盧舎那経中の真言印契・秘密儀軌・蘇悉地大法を、玄法寺の法全から胎蔵儀軌を学ぶなどし、また新しい経典や曼荼羅・高僧の真影・舎利を求得した。長安を去るまでの六年の間に円仁が収集した経典等は五五九巻に上っている（『入唐新求聖教目録』）。この間、会昌元年（八四一）八月以降しばしば日本への帰国を申請したが許されず、同三年（八四三）七月には弟子惟暁の死に接している。武宗のもとで進められた廃仏政策により僧尼の外出制限や還俗の強制が行われるなど厳しい規制が加えられ、寺院・仏像の破壊や経巻の焼却が命じられて、帰国の望みも薄れていった。しかし、同五年（八四五）五月に祠部牒のない外国僧に対する本国への追放令が公布されて、円仁は突如還俗姿で長安を離れることになった。こうして帰国の途についた円仁は新羅人を頼って船を求め、大中元年（八四七）九月二日登州赤山浦より新羅海商金珍の船に乗り、九月一八日に大宰府への帰還を果たしている。

帰国を助けたのは楚州新羅坊の劉慎言と登州の張詠であった。円仁は京兆府の公験を得て、まず揚州や楚州を経由して登州を目指している。楚州には漣水県と同じように新羅坊があった。新羅坊は都市に形成されたイスラム教徒の蕃坊のような居留地であり、泗州漣水県の新羅坊においては坊の長官にあたる惣管の下で専知官が庶務を担当し、楚州の新羅坊においては惣管として薛詮がおり、その下に新羅訳語が組織され、劉慎言がその職にあった。劉慎言は円仁のみならず円載や恵蕚といった日本僧の唐での活動を支えた人物であり、『行記』にみえる広範な活動状況から日本と唐を結ぶ交通がどのように展開されたのかを窺うことができる。[注33]

劉慎言は開成四年三月に円仁から砂金・腰帯を贈られたのを初見とし、長安や登州にいた円仁と書状を交わすなどしている。例えば、会昌二年（八四二）二月、円載の傔従仁済を長安に遣わし、遣唐使の帰国に関わった新羅人の梢工・水手が無事に帰還したこと、日本から送られてきた玄済らの書状や砂金を楚州で預かっていること、恵蕚が楚州に到来して五台山へと旅立ち、春には日本に帰国予定であること、その船を劉慎言自ら手配したことを伝えている（同年四月二五日条）。このとき仁済が携行してきた円載の書状によれば、書状や砂金二四小両は「陶十二郎」（陶中）に託して送られたもので、劉慎言宅に保管されていた。また、恵蕚はその後予定を変更して天台山を巡礼し、明州より李隣徳の船で帰国することになったため、楚州で帰りを待っていた恵蕚の弟子や預かっていた金銭・衣服を日本に発送したという。劉慎言は長安や天台山で求法を続ける円仁・円載と日本との連絡役を担い、恵蕚のために船と航海に従事する水手を準備し、自ら日本に船を遣わした。こうした点から、金正南による船舶・水手の手配にも劉慎言が直接的に関与したことも十分に考えられよう。

円仁は同年七月に弟子惟正を楚州に遣わし、日本から届けられた書状を求めたが、惟正によれば首楞厳院の書状は開封され、砂金は円載の命により使い果たされた後であった（七月二一日条・一〇月一三日条）。書状の中身は円載に伝達されたか、日本の動向を知る情報源として劉慎言のもとで開封されたのであろう。求法僧の活動資金となる砂金は彼のもとで保管され、必要に応じて使用されていたとみられる。このほか会昌三年（八四三）九月に円載の弟子仁好・順昌の一時帰国ための船を発遣している（同年一二月某日条所引劉慎言書状）。仁好・順昌を乗せた新羅人張公靖の船は同年一二月に長門国に到着し、翌年七月朝廷が支給した円仁・円載の旅資黄金各二百両を携えて渡唐したことが知られる。[注34] これらの情報や書状を円仁に伝達したのは劉慎言が遣わした新羅人であった。

劉慎言はまた円仁らの請来品を預かっていた。円仁の楚州再訪は会昌五年（八四五）七月三日のことで、新羅坊に到着したのち薛詮と劉慎言に面会している（同日条）。二人は坊内に円仁を留めて楚州から帰国させようと同州山陽県司に賄を渡して交渉したが、淮南節度使のもとでは往還者の停留は違勅罪とされていたため、県司はこれを了承せず登州に逓送するための牒を与えた。そこで劉慎言は県家の仕丁に銭を与えて三日間に限り坊内に宿泊させることを黙認させている。その際、陸路で登州に行くのは治安の問題や廃仏政策が障害になると予想されるため、日本への請来品を楚州に預けるよう指示している（七月五日条）。このように円仁のためにあらゆる手段を尽くそうとしたことが知られる。しかし、円仁が登州から張詠の家人高山を派遣してこれを求めたところ、劉慎言は節度使の命令により坊内の経典や幢蓋・僧衣などの仏具を焼却せざるを得なくなったことを伝えてきた（会昌六年正月九日条所引劉慎言書状）。実際に将来品のうち曼荼羅等の一部はこのとき焼失したが、他の経典・仏具は無事だったことが分かり、円仁はあらためて傔従丁雄萬を楚州に向かわせている（二月五日条・六月二九日条）。

円仁・円載との連絡は惟正・仁済ら弟子や傔従のほか、新羅人がこれを担っていた。劉慎言は各地の新羅人や海商とのネットワークを利用して僧侶や船舶の渡航などあらゆる情報を入手し、州県との交渉を行い、船舶を手配するなどしていた。会昌五年七月には常州に到着した日本からの船二隻には仁好らを乗っていると思われること、李隣徳の船で日本に帰国した恵萼がふたたび渡海して蘇州にいること（五日条）、同六年正月には李隣徳が日本客を伴って唐に戻ってきたことを伝えている（九日条）。大中元年、明州に停泊する「神御井」の船を求めて楚州までたどりついた円仁だったが、劉慎言からこの船がすでに出航したことを聞き及んでいる（閏三月一〇日条・六月五日条）。さらに、蘇州を出港した唐人江長、新羅人金子白・欽良暉・金珍らの船が萊州の嶗山付近にあるとの情報を入手し、新羅坊の住人王可昌の船で追いかけている。その際、「春太郎」「神一郎」が明州の張友信の船で日本に帰国したとの情報も得ている（六月九日条・一〇日条）。

劉慎言は同五年七月八日、楚州を発つ円仁に「路次の郷人」に宛てた書状を与えている（同日条）。それは登州までの道々にいる「郷人」に一行の安存を託した書状であった。「郷人」とは在唐新羅人のことで、楚州を出て泗州漣水県に着いた円仁は「漣水郷人」宛の書状を頼りに新羅坊に入っている。ここにも楚州と泗州漣水県・登州を結ぶネットワークの存在が窺われる。円仁ら日本僧の在唐活動はこうした新羅人のつながりや海商の協力関係に支えられていたといえよう。

最後に会昌六年以降の劉慎言は、惣管の座を薛詮から継承して「楚州主人」や「劉大使」・「楚州惣管」と呼ばれている。新羅訳語から惣管への地位の変化は、劉慎言の仕事が新羅坊の活動や存続においてきわめて重要な役割を担っていたことを示唆するものである。楚州の新羅坊はさまざまな船舶の往還情報のほか、遣唐使の雇った新羅船がその卓越した航海能力を習得するために大宰府に接収されたこと、[注35]梢工・水手などの専門集団を抱えていたことに示されるように東シナ海を航海するために必要な技術を備えていた。『行記』は多くの場合において日本との交通関係を記しているが、本来は新羅訳語を中心として公私の唐・新羅間の海上交通やそれに付随する任務を担っていたとみてよい。また、張詠の登州における活動も劉慎言のそれと重なる点が多い。張詠は新羅に向かう唐の使節をたびたび迎接しており、円仁のために帰国船を造らせた際には唐朝の使者への迎接を疎かにしているとの讒言を受けている（会昌五年一一月三日条・同七年閏三月一〇日条）。張詠・劉慎言が外交使節の往還をバックアップしていた点において他とは異なる登州・楚州の新羅人居留地の特質をみることができる。

おわりに

九世紀前半における日本の対外交通を、円仁の日記を通して東アジアの交流史としての視点からみるとき、本論で述べてきたように唐における新羅人の活動が深く関わっていた事実がみえてくる。第一に承和の遣唐使の派遣された国際的な背景には、李師道滅亡後の八二〇年代の山東地域の社会変容と唐・新羅間の海上交通の変化、そのなかで台頭した張宝高による清海鎮の設置があった。また、清海鎮と大宰府を結ぶ交易関係を通して張宝高勢力に対する信用が醸成されたことも派遣計画の推進に作用した。第二に遣唐使はその任務の遂行上、唐の地理や航海に関する情報を有し、かつ在唐新羅人との交渉を担当する新羅訳語の存在が不可欠であった。第三に登州文登県の張詠は楚州から登州に進出したとみられる新羅人であり、八二四年には日本に渡航している。張詠の進出と張宝高の赤山法花院の建立は関連性をもつものとして理解できる。第四に対日交易に関わった海商のうち、張宝高勢力の交易は唐の泗州漣水県・登州文登県赤山浦と新羅清海鎮、および日本の大宰府を結ぶものであった。泗州漣水県の新羅坊と朝鮮半島西南部の多島海に位置する清海鎮には移民のネットワークが想定される。第五に劉慎言は楚州新羅坊の新羅訳語として船舶の渡航情報を把握し、また各地の新羅人と連絡を密にしながら日本僧の渡航・求法を助けた。劉慎言宅には日本からもたらされた旅資や書状、日本に送るために唐で収集された経典・仏具などが多数保管されていた。

劉慎言が伝える海商の動向から分かるように、九世紀半ばには唐の各地を拠点とする新羅人が唐人との協業もふくめて多様な交易活動を展開していた。楚州や登州の新羅人の日本・日本人との関わりはその一部に過ぎないが、二つの居留地がどのように新羅や日本との交易を担うようになったのかという問いに対して、劉慎言や張詠の活動からその背景を探るならば、そこには彼らの社会が唐・新羅間に交わされる使節の往還を支えながら発展してきた可能性をみることができるように思う。さらに推論を重ねるならば、東シナ海域の海上交通における新羅海商の先駆性は、歴史的にはこうした新羅人社会の特性に由来するのではないかと考えられる。日本との交易はその外縁に位置する。新羅人はときに外交使節や僧侶、海商の活動を支援しながら交易を展開したのである。

注

1 在唐新羅人と円仁の活動に関する主な研究としては、森克己「慈覚大師と新羅人」（『慈覚大師研究』早稲田大学出版会、一九六四年）、堀敏一「在唐新羅人の活動と入唐交通」（『東アジアの中の古代文化』研文出版、一九九八年）、金文経『唐代の社会と宗教』（崇実大学校出版部、一九八四年）、同「在唐新羅人社会と仏教」（『アジア遊学』第二六号、二〇〇一年）、権悳永『在唐新羅人社会研究』（一潮閣、二〇〇五年）などがある。

2 筆者は在唐新羅人社会について論じたことがある。拙稿「唐における新羅人居留地と交易」（『國學院大學紀要』第五三号、二〇一五年）。本論ではこの論文をふまえて九世紀の海外交通を論じる。

3 『続日本後紀』巻七・承和五年六月戊申条、一二月己亥条・辛亥条、同巻八・承和六年三月丁酉条、および『日本文徳天皇実録』巻四・仁寿二年一二月癸未条（小野篁薨伝）。

4 円載の入唐求法に関しては、佐伯有清『悲運の遣唐僧――円載の数奇な生涯』（吉川弘文館、一九九九年）。

5 円仁は開成四年二月二七日、台州への出立を翌日に控えた円載に対して、正子内親王から託された袈裟や聖徳太子撰『法華経疏』などを託している（『唐決集』）。これらは天台山への奉納品であり、円仁が入唐以前から滞在の延長を期していたことを示唆する。

6 以下、新羅への紀三津派遣に関しては、拙稿「新羅国執事省牒からみた紀三津失使旨事件」（木村茂光編『日本中世の権力と地域社会』東京堂出版、二〇〇七年）。

7 『続日本後紀』巻五・承和三年一二月丁酉条。

8 『日本文徳天皇実録』巻四・仁寿二年一二月癸未条（小野篁薨伝）。

9 以下、遣唐使・遣新羅使の渡海に関する記述は『続日本後紀』巻五による。

10 『類聚三代格』巻一八・夷俘并外蕃人事。

11 『日本後紀』巻二二・弘仁三年（八一二）正月甲子条。

12 拙稿「承和の変と大宰大弐藤原衛四条起請」（『歴史学研究』第七五一号、二〇〇一年）。

13 田中史生「承和期前後の国際貿易――張宝高・文室宮田麻呂・円仁とその周辺――」（『平成十六年科学研究費補助金研究成果報告書』（平成一三年～一六年度科学研究費補助金基礎研究C「『入唐求法巡礼行記』に関する文献校定および基礎的研究」、研究代表者・田中史生、二〇〇四年）。

14 拙稿注12論文。

15 近藤浩一a「赤山法花院と平盧軍節度使」(『韓国古代史研究』第二八号、二〇〇二年)、同b「登州赤山法花院の創建と平盧軍節度使・押衙張詠——張保皐の海上ネットワーク再考——」(『京都産業大学論集』人文科学系列、二〇一三年)、および拙稿注2論文。

16 金鎮闕「唐代淄青藩鎮李師道について」(『素軒南都泳博士華甲紀念史学論叢』太学社、一九八四年)、鄭炳俊「李師道藩鎮の滅亡から張保皐の登場へ」(『対外文物交流史研究』第二号、二〇〇三年)。

17 『日本紀略』弘仁一〇年六月戊戌条(『日本後紀』巻二七逸文)。

18 『類聚三代格』巻一八・夷俘并外蕃人事・天長五年正月二日太政官符。

19 田中俊明「アジア海域の新羅人」(『東アジア海洋域圏の史的研究』京都女子大学研究叢刊三九、二〇〇三年)。

20 権悳永「遣唐使の往復航路」(『古代韓中外交史——遣唐使研究——』第三章、一潮閣、一九九七年)。

21 『日本三代実録』巻八・貞観六年正月一四日辛丑条。

22 原文では冒頭部分は「弘仁末歳」とあるが、ここでは「弘仁未歳」の誤りとみて行論する。本条にみえる「張大使」については張宝高とみる見解もある(小野勝年『入唐求法巡礼行記の研究』第四巻、国書刊行会、一九六九年)。張宝宛の円仁書状に「清海鎮張大使」とあることからそうした解釈も可能であろう。しかし、円仁は張詠についても「張大使」と記しており、多くの場合は直接世話になった後者であることが多い。同日条にも「大使の家人高山、便船に就きて楚州へ往けり」「大使宅公客絶えず」「大使処分して寺荘中の一房に安置す」とあることや、卒伝記事の内容から判断すれば、ここにいう「大使」は張詠と考えるべきであろう。

23 『日本紀略』巻一四・弘仁一一年四月戊戌条及び『行記』巻一・開成四年正月八日条。

24 『旧唐書』巻一四九上・東夷・新羅伝、元和一一年一一月条。

25 『三国史記』巻四六・列伝・崔致遠伝。

26 近藤浩一前掲注15論文a。私見は記事の理解に関して近藤氏の指摘に同意するが、以下に論じたように江淮地域から登州へと北上する新羅人の移動や両者間のネットワークがいくつも確認できる。これらを包括的に捉えることが必要であろう。

27 権悳永「在唐新羅人社会の形成と運営」(前掲注1書第二章)。

28 近藤浩一前掲注15論文b。

29　杜牧「張保皐・鄭年伝」（『樊川文集』巻六）。

30　権悳永前掲注28論文。

31　金文経前掲注1論文。

32　円仁が登州から楚州に向かった際、密州大珠山の驕馬浦で新羅人陳忠の木炭輸送船を雇っている（『行記』大中元年閏三月一七日条）。この記事にも密州の新羅人が域内交易を展開したことが窺われる。

33　田中史生『国際交易と古代日本』（吉川弘文館、二〇一二年）。

34　『続日本後紀』巻一三・承和一〇年一二月癸亥条、同巻一四・承和一一年七月癸未条。

35　『続日本後紀』巻八・承和六年（八三九）七月丙申条。大宰府には新羅船六隻が配置され、そのうち一隻は対馬島に配置された（同巻九・承和七年九月丁亥条）。

東シナ海と倭寇

関　周一

はじめに

本稿は、一四～一六世紀を対象に、前期倭寇・後期倭寇の連携を検討し、その変化を通じて東アジア海域における交流の変化を明らかにしようとするものである。

別稿で触れたように、倭寇に関する史料の大半は、中国・朝鮮史料であり、それに伴う困難さが伴う。[注1] 田中健夫氏は、高麗を襲った倭寇（前期倭寇）を念頭に、「史料に見える倭寇像には、外国史料であるというヴェールと、朝鮮王朝時代の史料であるというヴェールとが二重に掛けられていた」とし、後者については、「倭寇を猖獗させたのは高麗王朝の悪政であり、倭寇を鎮圧したのは朝鮮王朝の功績である、という叙述の姿勢がしばしば散見される」と指摘する。[注2] また石原道博氏は、中国史料をもとに後期倭寇について、真倭か偽倭かという論点を検討する中で、「明朝において、海寇の反抗・反乱を、一括して「倭寇」という名のもとによんだのは、ひとつには、海禁政策をなしとげようとする宣伝と、ふたつには、その不首尾を粉飾し、また、その責任を転嫁しよう

とする偽装にほかならない」と述べている。[注3]

このような倭寇研究の難しさは、中世日本の悪党に関する研究と共通している。最近、高橋典幸氏は、悪党研究の流れを二つに整理している。第一は、悪党を当該期固有の社会集団ととらえ、その存在形態や実体を追求していこうとする研究である。第二は、「悪党」が他称であることに注目し、それは当該期の国家権力（公武政権）への敵対者に対する統制標語であるとする研究である。前者が悪党を実体概念とみなすのに対し、後者では悪党は関係概念であるとされ、敵対者を「悪党」として排除していく国家権力の側に関心が寄せられる、と述べている。[注4]

この悪党に対する研究の方向は、倭寇の研究とも共通する。中国・朝鮮史料の「倭寇」「倭賊」などの史料の大半は、中国・朝鮮の国家がみた掠奪者像であり、関係概念といえる。[注5]そこから如何に倭寇の実体の分析に至るかが課題なのである。六反田豊氏は、「朝鮮政府の認識としての倭寇と、実体としての倭寇とは本来明確に区分されるべきものである」[注6]と述べている。また村井章介氏は「倭寇の中核をなすのはどんな社会集団であり、そこにどんな他の要素が流入していたかを、トータルにつかむこと、また、倭寇行動の目的から行動主体の社会的実体を推察すること、が求められる」という課題を明示している。[注7]

倭寇の実体に関する研究の到達点が、倭寇を境界人とする村井氏の見解である。村井氏に拠れば、「倭」は「日本」とは相対的に区別される、九州西北地域を中心とする境界空間の名である。そこでは朝鮮・中国による国家的統制には限界があり、民族的には異なる出自をもつ人々を、ひとしなみに「倭」「倭寇」の名で呼ぶ状態であったとしている。[注8]

上記を踏まえて、本稿では倭寇の実体を明らかにするための作業として、具体例に基づきながら、倭寇の構成員について検討する。その際、倭寇の情報源に留意する。そして倭寇の活動の背後にある物流についても言及する。

第一節では前期倭寇（一四～一五世紀）、第二節では後期倭寇（一六世紀）を扱い、倭寇の構成や行動範囲が如何に変化していったのかを明らかにしていく。前期倭寇については、一五世紀前半に中国大陸を襲った倭寇、後期倭寇については朝鮮半島南岸に現れた荒唐船を主として分析する。また本書の趣旨に鑑み、各章とも、前期倭寇・後期倭寇に関する研究史や研究の到達点について述べることから始めたい。本稿の作業が、あくまでも先行研究の成果を踏まえたものであることを明示するためでもある。

一　前期倭寇

1　前期倭寇の実体をめぐる議論

最初に、前期倭寇の実体についての先行研究をふりかえっておこう。[注9]

一九五〇年代、田中健夫氏は、「倭寇の構成要員は、周囲の事情から武装を余儀なくされた商人群と、この武装商人群の線に沿って進出を開始した海賊群とに大別することができよう」と指摘した。[注10] 田中氏は、倭寇が、投化倭（向化倭、降倭）、興利倭人ないし使送客人という平和的通交者に変質していくという、研究史上重要な枠組みを提起した。また同時に、大陸において海賊的形態を維持する人々がいたことも指摘している。[注11]

一九六〇年代、田村洋幸氏は、高麗末期・朝鮮王朝初期における倭寇の活動を倭寇時代以前（一三世紀）、倭寇時代初期（一三五〇～一三七三年）・中期（一三七四～一三八九年）・終焉期（一三九〇年～一四一八年）というように時期の変遷を追いながら、倭寇の実体を考察した。[注12] 朝鮮半島における倭寇猖獗期における倭寇の主体は、田中説のような武装貿易商人ではなく、「日朝両国の単なる貧民や暴民の集団にすぎない」と結論づけた。[注13] また禾尺・才人の例を取り上げ、高麗人の偽称倭寇があったことを指摘している。[注14]そして「鮮初倭寇」について侵攻地の分布などを考察し、「西日本辺土（主として対馬）の零細貧民が生活必需品を獲るための侵攻」と「豪族的性格をもつ階層が倭寇を行う場合」の二種があることを立証したと述べる。前者は釣魚・興販（交易）を生業とする倭船と区別できないものを含み、対馬又は壱岐島民が単独に侵攻したものとする。後者は、対馬・壱岐・松浦の結党組織をもって侵攻しているとする。[注15]そして太祖・太宗期と世宗期とに分け、それぞれ『朝鮮王朝実録』に記載される倭寇の実名について、前者は一六例、後者は一四例を摘出して、各々の関係記事を集成して考察を加えている。[注16]

両氏の見解は、前期倭寇の一面を描いていることは間違いないが、それをもって前期倭寇全体を説明できるのかという疑問が残る。

研究の大きな転機となったのは、一九八七年、田中健夫・高橋公明両氏が、倭寇の主力を朝鮮人とする見解を相次いで発表したことである。[注17]前期倭寇の実体をめぐる議論は大きく転換し、特に民族構成について活発な論争が展開された。この学説に対しては、特に韓国の李領氏が激しく反論した。基本史料である『高麗史』は客観性・信憑性が高く、それに拠れば朝鮮半島を襲った倭寇はすべて対馬などの日本人であること、前期倭寇の初年である庚寅年（一三五〇）の倭寇は、足利直冬の軍事攻勢に対して少弐頼尚が兵糧米を確保するために、高麗を侵攻したとする説などを主張した。[注18]

「はじめに」で述べた村井氏の境界人論は、こうした論争を経て、特に李領氏に対する反論として提起されたものである。村井氏は、高麗を襲った倭寇の実体について、次のように整理している。[注19]

①「三島倭人」が中核に位し、倭寇活動が鎮静に向かう朝鮮時代に入っても基本的に変わらなかった。「三島」とは、対馬・壱岐および松浦地方ないしは博多を指す。朝鮮史料では「叛民」「寇賊」「頑民」などと表記

される人々である。そして壱岐島の事例から「領主層」と「住民層」とを想定し、「三島倭人」は後者の住民層にあたり、朝鮮半島と九州島を結ぶ海域を流動する「境界人」であったと規定する。一方、領主層は、総体的に定住性が強く、住民層への統制力と相互依存関係をもつがゆえに、ある時にはは海賊行為を禁圧し、ある時にはは使嗾する態度をとったが、倭寇そのものとはいえないと評価する。

②活動の目的に、広域性、政治性、多元性をみる。朝鮮半島の倭寇は、一三五〇年に本格的に始まったとされるが、観応擾乱との関係を想定し、この争乱が三島住民の海賊行為を呼びさましたものと考える。そして首都開京（開城）をおびやかした倭寇の戦略的意図について、そこには明瞭な政治性を帯びているとし、倭寇に便乗した反間者・反間刺客のような異質な要素が大量に流入していると評価する。その背景に、王室周辺の不安定な政治状況を挙げる。

③倭寇の中核部分が対馬人や対馬経由者だったとすれば、彼らが異国の海陸を行軍するには、現地人の情報提供・協力が不可欠であった。また倭寇には、済州人も加わっていた。牧胡を中心とする反政府勢力で、済州島の馬を使用できる条件を持っていた。禾尺・才人が倭寇に扮する例もあった。こうして倭寇—済州人—禾尺・才人は、反政府行動を共通項とする境界人として、同一の地平で捉えることができると指摘する。

以上の整理は、的を射たものであるが、課題も残っている。右の①の「三島倭人」（従来の諸研究では「三島倭寇」とも表記された）の実体にまで踏み込んだ研究は意外に少ない。前述したように、田村氏は、対馬又は壱岐島民が単独に侵攻したケースと、対馬・壱岐・松浦の結党組織をもって侵攻したケースとを挙げているが、それぞれの内実を検討する余地が残されている。特に後者のような連携は、自明なものとして見過ごすことはできないのではなかろうか。

1節で紹介したように、前期倭寇の研究は、朝鮮半島を襲った倭寇、時代は高麗末期を対象としたものが圧倒的に多かった。倭寇の活動範囲は、中国大陸沿岸にまで及んでおり、そこから倭寇の実体を追求していく必要があろう。一五世紀前半、明朝の永楽帝の時代を対象に考察したい。

佐久間重男氏の整理に拠れば、永楽二年（一四〇四）から二二年までほぼ連年、倭寇の侵攻がみられる。その襲撃地を列挙すれば、次の通りである。[注20]

一四〇四年　〔浙江〕穿山所、大謝・桃渚・赤坎・胡家港の諸処、〔江蘇〕蘇州・松江沿海
一四〇六年　〔山東〕寧海州、成山衛、大嵩衛、鰲山衛、于家荘寨、桃花閘寨、〔広東〕廉州
一四〇九年　〔江蘇〕東海中所
一四一〇年　〔福建〕福州
一四一一年　遼東、〔浙江〕台州・松門・温州・沙園・嘉興・乍浦・盤石衛、〔広東〕昌化所
一四一三年　〔浙江〕昌国衛、爵谿所、楚門所
一四一五年　〔江蘇〕内洋沿海の府鎮
一四一六年　崇明、〔山東〕楊村島
一四一七年　〔浙江〕松門・金郷・平陽、金郷衛海上
一四一八年　〔江蘇〕金山衛
一四一九年　〔遼東〕望海堝の戦い
一四二〇年　〔浙江・福建〕金郷・福寧・井門・程渓

一四二一年　〔広東〕潮州靖海所
一四二二年　〔浙江〕温州、台州桃渚所、象山
一四二四年　〔浙江〕象山

中でも、永楽一六年（一四一八）に金山衛を襲った倭寇は大規模なものであった。明『太宗実録』巻二〇〇、永楽一六年五月癸丑（四日）条は、金山衛の奏を引用し、倭船百艘・賊七千余人が侵攻したことを伝えている。右の数字に拠れば、平均して一艘につき七〇人の倭寇が乗船していたことになる。

ついで一四一九年、著名な望海堝の戦いが起きた。遼東の望海堝で三十余隻の倭寇船団が、遼東総兵官中軍左都督劉江の明軍に打破され、ほとんど全滅に近い打撃をうけた事件である。明『太宗実録』巻二一三、永楽一七年六月戊子（一五日）条に拠れば、倭船三一艘が馬雄島に停泊して、その後望海堝に上陸したが敗れて、一一三人が生け捕りになり、千余級の首が斬られた[注21]。

それに先立ち、同年五月、朝鮮では全羅道都節制使が、倭寇三九艘が近島に来泊していることを朝鮮王朝に報告している（朝鮮『世宗実録』巻四、世宗元年五月己酉（五日）条）。これは望海堝を襲った倭寇船団と同一のものである。その一部が、明に侵攻するに先立って、朝鮮半島西海岸にあたる忠清道庇仁県の都豆音串や、黄海道海州の延平串を襲撃した（朝鮮『世宗実録』巻四、世宗元年五月辛亥（七日）・甲寅（一〇日）・丙辰（一二日）・丁巳（一三日）条）。この事件は、朝鮮王朝の前国王太宗が対馬攻撃を決断した原因となった。すなわち一四一九年の応永の外寇（朝鮮では、己亥東征と呼ぶ）を誘引したのである。

一四二〇年、対馬の都都熊丸（宗貞盛の幼名）の使人時応界都が伝えた都都熊丸の言に拠れば、都豆音串に侵入した賊船三〇隻のうち、一六隻は戦亡し、一四隻が帰還した。一四隻の内訳は七隻が壱岐人の船、七隻が対馬人の船であった（朝鮮『世宗実録』巻七、世宗二年閏正月己卯（一〇日）条）。これを踏まえれば、望海堝を侵攻し

た倭寇は、主に壱岐・対馬の人々、すなわち「三島倭人」であった。

ところで、右の二例を比較すると、規模に相違がみられる。前者は百艘、後者は三〇余艘である。後述するように、「三島倭人」が中国大陸沿岸を襲撃する事例はいくつもあるが、百艘にまで及んだ例は存在しない。

明『永楽実録』巻二二三、永楽一八年三月甲申(一六日)条に拠れば、山東都指揮僉事衛青は、賊首賓鴻らを破り、賊二千余人を殺し、四千余人を生け捕りにして、皆斬った。

右の賊は「山東之賊」と認識され、倭人が含まれていたという認識はない。この事例をもとに推測すれば、金山衛などを襲った倭寇のように、百艘にも及ぶ集団には、「山東之賊」のような中国人が多く含まれていた可能性があるのではなかろうか。[注22]

3 倭寇情報

倭寇の実体を探る上で、田村洋幸氏が注目しているのが、「倭寇であることが日本人により確認された場合」[注23]である。田村氏は、対馬の宗氏による統制と島民による朝鮮側への通報に没落の要因を見出しているが、後者を検討するための素材としている。

倭寇情報について、倭寇をめぐる明と朝鮮王朝の関係を論じる中で考察したのが有井智徳氏である。[注24]有井氏は、「李朝から明への倭寇侵攻情報の通報」[注25]の事例として一七例を集めて逐一検討した。有井氏は、その情報は相当に確度(正確の度合)が高かったと評価し、その情報を明が活かして、皇帝が沿海衛所に勅して防衛体制を厳重にさせたので、倭寇は時には壊滅的な打撃をうけて、中国に侵攻した倭寇の活動は、一五世紀半ば頃には次第に衰えていったとする。

有井氏が指摘した事例の情報は、朝鮮王朝から明(遼東)に送還された被虜中国人が伝えた情報と、朝鮮王朝が入手して明に通報した情報とに分かれる。前者は、被虜中国人倪観音保（一四一七年）、浙江昌国衛小旗載弗名ら六人（一四四三年）によるものである。

後者の通報者は、被虜中国人金得観ら二名（一四一九年）、千秋使（明への使節）成撿（一四一九年）、宗彦七（盛国）の使節井大郎（家次、一四三九年）、対馬島体察使李芸が伴ってきた中国人被虜人徐成（一四四三年）、壱岐州招撫官康勧善（一四四四年）、向化倭人の表思温（一四四四年）、商倭也馬沙只（一四四七年）、対馬島商倭候楼加臥（一四五五年）、対馬島商倭源茂崎（一四七六年）である。このうち千秋使成撿の情報は、望海堝を襲った倭寇に関するものである。

朝鮮王朝の情報源は、被虜中国人と、使節や商人・向化倭人といった倭人らである。倭寇と身近に接し、彼らの情報を入手しやすい人々である。それが有井氏のいうような情報の確度の高さにつながっていよう。

商倭による倭寇情報と、倭寇の構成員の一例をみておこう。一四四七年、世宗は「対馬・一岐・肥前州倭等」が相結んで党をなし、二・三月の間に作賊しようとして舟楫を修めたという情報を入手したものの、侵攻地が不明なため、慶尚道処置使に対して、秘かに商倭に尋ねて報告するよう指示した（朝鮮『世宗実録』巻一一五、二九年二月丙申〔四日〕条）。その後、世宗は「向化倭」の也馬沙只（山崎）からの情報を入手した。それによると、「一岐州・上松浦・対馬島倭」が二月に船を発して中国に作賊に向かうというものであった。その情報をもとに、世宗は、慶尚・全羅・忠清・黄海・平安道観察使節制使・処置使に命じて、己亥年（世宗元年）に倭寇が中国に入寇した例を踏まえて、沿返の防備を一層厳重にさせた（朝鮮『世宗実録』巻一一五、二九年二月己酉〔一七日〕条）。世宗は、通事金辛を遼東に遣わして、「対馬・一岐島・上松浦等」の倭人が五十余船を仕立てて、二・三月の間に、上国（明朝）沿海の地に入寇するという「商倭」也馬沙只の情報を伝えている（朝鮮『世宗実録』巻一一五、二九年二月癸丑〔二一日〕条）。このように一五世紀前半、対馬・壱岐・上松浦という拠点を異にする人々（「三島倭人」）が連携して、中国を襲う事例が散見されるのである。

4　倭寇の構成例　対馬・壱岐島民の連携

それでは、一四三九年、宗彦七（盛国）の使節井大郎（家次）が朝鮮王朝にもたらした事例について、詳細に検討してみよう。関連する記事は、以下の①②③の三つである。

①対馬の宗彦七（盛国）の使節井大郎（家次）は、次のような情報を慶尚道右道都節制使に対して伝えてきた。

対馬島賊万戸の（早田）六郎次郎・三未三甫羅（左衛門三郎）・汝毎時羅（衛門四郎）と壱岐州賊万戸の都仇羅（藤九郎）らが二〇艘の船を用意して、中原に入寇しようと謀った。（対馬島主）宗貞盛はそれを禁じたが、宗茂直・宗大膳（茂秀）らが貞盛に懇請したため、貞盛は入寇を許可した。六郎次郎たちは、二・三月に風待ちをして入寇し、五・六月に還ってくるという計画を既に定めている。宗大膳はもともと貴国（朝鮮）に対して宿嫌（恨み）をもっており、全羅道を通過する際、辺境を犯すかも知れないので、備えをしなければならない。

この情報は、慶尚道右道都節制使から兵曹に報告された（以上、朝鮮『世宗実録』巻八四、二一年二月癸丑〔四日〕条）。

②倭人多羅時羅（太郎四郎）が伝聞した情報は、以下の通りである。

対馬島賊万戸（早田）六郎次郎が中原に入寇するため、宗貞盛・宗汝直（盛直カ）・宗彦七（盛国）・宗彦次郎らの前を辞す時に、貞盛らから「汝らは慎んで朝鮮の境を犯してはならない。若し我が言に従わずにその境を犯した場合、汝の妻子を殺戮する」と言われ、天を指して「厚く朝鮮の恩徳を蒙っているのに、某ら何ぞ敢えてなし得ましょうか」と誓った。

この情報は、慶尚道観察使から礼曹に報告された（以上、朝鮮『世宗実録』巻八五、二一年三月癸亥〔一五日〕条）。

③礼曹が、慶尚道観察使の牒に基づき、世宗に対して次のような報告をした。

宗貞盛の使節である羅斤時老が来て、次のように告げた。

「五月一五日、中原に入寇した早田六郎次郎が対馬に戻ってきて『中国沿辺の城邑を攻略して、多くの人民を殺して銭穀を掠奪した。また沿辺の男女・小児を合わせて百余人を虜掠した』と言った。その被虜唐人は、『朝鮮殿下（世宗）が、倭人が入寇するという情報を再び明朝に奏上したため、明の朝廷は沿辺に勅して防備を厳重にさせた。近頃、守備がやや緩んだことにより、倭寇が不意に突入して虜掠された』と述べている。また六郎次郎は、『捕虜にした人を朝鮮に進上しよう。このことを相共に論議しよう』と言っている」。（以上、朝鮮『世宗実録』巻八五、二一年五月乙亥〔二八日〕条）。

人物について説明しておこう。

領主層についてみると、宗貞盛は対馬島主・守護、宗彦七盛国は貞盛の弟で豊崎郡主であり、宗経茂（貞盛・盛国の曽祖父）の系譜を引く。宗大膳茂秀・宗茂直兄弟は仁位中村宗氏で、応永八年から一時期、貞盛の父である宗貞茂から島主の座を奪取した宗賀茂の子供たちで、茂秀は貞盛の守護代および佐須郡主になっている。[注26] また一四三九年の時点では、宗貞盛が居住する守護所は、対馬島東海岸の佐賀《さか》にあった。

倭寇についてみておこう。対馬の早田六郎次郎は、倭寇の頭目として有名な早田左衛門大郎の子供で、一四二〇～三〇年代、琉球―対馬―朝鮮を結ぶルートで活躍する商人（海商）であった。一四二九年、受図書人となった。一四三一年、琉球国中山王尚巴志の国書を持参した夏礼久ら一行を朝鮮に導いたのは、彼の船であった[注27]

壱岐の藤九郎は、朝鮮に通交していた藤七の子である。[注28] 藤七自身は日本で生まれたものの、その父は朝鮮で生まれたという。藤七は、「一岐知主」である志佐氏の執事を務め、受図書人になっている。志佐氏と佐志氏の意向をうけ、応永の外寇（己亥東征）時には拘留された倭人の送還にあたっている。嗣子の藤九郎は、父の通交権を継承して図書を改給された。右の記事のように明への入寇を企てる一方、一四四三年に西余鼠島を襲った倭寇（対馬船二艘・壱岐船一船）（朝鮮『世宗実録』巻一〇〇、二五年六月戊申〔二五日〕条など）[注29]について朝鮮王朝に通報している（朝鮮『世宗実録』巻一〇一、二五年七月甲寅〔一日〕条）。一四四四年、右の倭寇を捕獲した功績により、朝鮮王朝から護軍という官職を与えられて受職人となる。その後、朝鮮王朝に対して通交制度に関する具申をする一方、一時期、投化倭として朝鮮に滞在している。村井章介氏は、一五世紀日朝間で活躍した境界人のうち「朝鮮系倭人」として、藤七・藤九郎父子を紹介している。[注30]

朝鮮王朝に倭寇情報を伝えたのは、宗盛国の使節である井大郎、朝鮮に滞在していた倭人多羅時羅（太郎四郎）、宗貞盛の使節である羅斤時老の三名である。羅斤時老の発言は、早田六郎次郎と被虜唐人の発言を伝えるものであった。このうち井大郎は、井大郎兵衛家次のことである。村井章介氏は、「朝鮮系倭人」（出自は朝鮮）として紹介している。彼は、一四二八年から朝鮮に通交している。また主に宗盛国の使者を務める一方、一四三六年には宗貞盛の使者を務めて、その通交統制強化に加担している。一四四六年には、朝鮮王朝から護軍の官職を授けられて受職人となった。村井氏は、本事例を、家次（倭寇の通報者）と藤九郎（倭寇）という「朝鮮系倭人」の亀裂と評している。[注31]

本事例については、田村洋幸氏が、早田一族の没落という観点から考察している。田村氏は、次の三点を指摘している。第一に、早田氏の侵攻に際し、壱岐船まで合し、結党して侵攻しているらしいことである。第二に、宗茂直・茂秀（大膳）らいわゆる賀茂系宗氏は、朝鮮に恨みをもつものであり、朝鮮の宗主国明に対する侵攻も支持した。第三に、経茂系宗氏は禁寇の立場からこの侵攻には批判的であったようである、と述べている。[注32]田村氏の指摘を踏まえた上で、領主層、倭寇の頭目、掠奪品についてさらに検討してみよう。

まず領主層である宗氏内部の対立という点からからすれば、田村氏が指摘するように、経茂系宗氏（貞盛・盛国）による、朝鮮王朝に対する情報操作という側面がある。田村氏は、「経茂系宗氏が早田氏の明侵攻という事件を介し、賀茂系宗氏の立場が不利になるように働きかけた」と評価している。[注33]また朝鮮王朝と密接な関係にある早田一族の没落を図って、「賊首」の姿をことさらに伝えたという可能性もある。

そうした情報操作を考慮した上で、宗貞盛が、早田六郎次郎に対して朝鮮に侵攻することは禁じているものの、中国に対する侵攻は容認していることは注目される。貞盛が通交している朝鮮王朝に対しては、倭寇の活動を禁止するものの、通交関係のない明への侵攻は容認しているのである。前述した村井氏の指摘――領主層は、ある時には海賊行為を禁圧し、ある時にはは使嗾する態度をとった――にまさに適合する。こうした貞盛の姿勢が、中国を襲う倭寇が続出した要因であるといえるが、同時に貞盛自身に中国商品に対する需要があった可能性がある。

次に倭寇の頭目をみると、対馬の早田六郎次郎、壱岐の藤九郎である。前述したように、両者とも朝鮮王朝に対して通交の実績があり、朝鮮と深い関係にある。その一方で中国に対して倭寇としての活動をしていたことになる。一四三一年、琉球国中山王尚巴志が朝鮮に派遣した正使夏礼久は、世宗に対して、早田六郎次郎を「賊首」といい、彼の船を「商船」と表現している（朝鮮『世宗実録』巻五四、一三年一一月庚午〔九日〕条）。六郎次郎を倭寇と認識しつつも、彼が交易を行っているため「商船」としている。掠奪と交易という一見相反する二つの行為を同一人物が行っていることを端的に表現している。[注34]

では、拠点を異にする彼らが、なぜ連携できたのであろうか。もともと対馬と壱岐の住民（倭寇に転じ得る海民）として交流があったこともあるが、両者が朝鮮に通交していたことに鍵があるのではなかろうか。

朝鮮王朝の世宗の時代は、日朝通交制度の整備が図られた時期である。例えば、宗貞盛との癸亥約条（一四四三年）をはじめとする、一年間に朝鮮に派遣する船数を制限する歳遣船定約が通交者ごとに定められた。また渡航証明書である文引を発給する権限を、対馬島主宗貞盛に与えている。この制度の下、通交使節（使送倭人）や興利倭人らが、こぞって三浦（薺浦〔乃而浦〕・富山浦〔釜山浦〕・塩浦）に停泊し、使節たちは漢城（ソウル）まで向かった。三浦には、住居を造って居留する恒居倭が容認された。

このように朝鮮との貿易を求めて、使節や商人らが三浦、さらには漢城（ソウル）に滞在していた。特に三浦は、対馬や壱岐など拠点を異にする人々が接触できる場（港町）になったのである。すなわち三浦は、掠奪を意図する「三島倭人」の連携を生み出す場となった可能性がある。いわば日朝関係の進展が、「三島倭人」の連携を一層可能なものにし、中国を襲う倭寇を生み出したということになる。

最後に、早田六郎次郎が中国から掠奪したものをみると、③に拠れば、銭・穀物と人（沿辺の男女・小児百余人を虜掠した）である。対馬や壱岐などは、こうした物資や人間に対する需要があったことがうかがえる。この点についてさらに考察を進めておきたい。

5　物流の展開

黄海をはさみ、山東半島や遼東半島、朝鮮半島沿岸（三浦を含む）において、倭寇の掠奪品をはじめとする中国商品が流通していた痕跡がある。[注35]

一四〇九年、慶尚道国正島に至った倭船二隻（乗員二〇人）が慶尚道の水軍に拿捕された。この倭船は、宗貞茂が発給した行状二張を所持する興利倭船であった。ところが、朝鮮側は、行状の真偽は明らかにしがたく、船中に搭載した品物は全て中国のもので、しかも「大明靖海衛」の印信が押してあることを理由に、「賊倭」と判断して、倭人をことごとく殺害してしまった（朝鮮『太宗実録』巻一七、九年三月己未〔一六日〕条）。靖海衛とは、山東半島にある登州府の衛所である。

一四一六年九月、朝鮮王朝の礼曹は、日本客人・興利倭人が中国物資を貿易することを禁じることを太宗に上申して認められた。その一方で、慶尚道水軍都節制使鄭幹は、承政院への書中で、倭使が中国からの盗品を朝鮮に売っていることを指摘し、その売買を禁じれば、倭使を怒らせ、変を生じさせる危険性があることを述べている。結局、諸臣の議論は、中国商品を「外方」で売買することを容認した（朝鮮『太宗実録』巻三二、一六年九月乙未〔七日〕条）。「外方」は、特に朝鮮半島南岸の沿海部を想定しているものと思われる。その後も交易が行われ、朝鮮の「南界」（南方）において、辺民との交易が行われていた（朝鮮『世宗実録』巻一、即位年一〇月己卯〔三日〕条）。興利倭船によって、使送船の停泊地に指定された釜山浦や薺浦以外の港においても、中国物資の交易が行われたものと考えられる。

一四一七年、中国人被虜倪観音保が、晋州の辺で朝鮮側に保護された。彼の乗船していた興利倭船は、二船からなり、一船は魚塩、他の一船は唐木綿（中国産の木綿）を搭載し、米と交換していた。そしてこれらの船は、兵器を載せており、防備のない地では掠奪をし、兵器のある所では交易を行っていた（朝鮮『太宗実録』巻三三、一七年閏五月甲子〔九日〕条）。

交易された中国商品は、どのようなものであったのだろうか。有井智徳氏は、倭寇が中国において掠奪して朝鮮にもたらした物資として、金線段子（『世宗実録』巻二一、五年〔一四二三〕九月乙巳〔二七日〕条）、紗羅・綾段（『世宗実録』巻二二、五年一〇月癸亥〔一六日〕条）を挙げている[注36]。

そして倭寇に拉致された中国人（被虜唐人）も商品であった。秋山謙藏氏は、『正徳金山衛志』にみえる、金山衛において掠奪された麹祥、金山衛で拉致されて博多に至り世宗二九年〔一四四七〕、博多商人によって朝鮮に送還された観音保（朝鮮『世宗実録』巻一一六、二九年五月丙辰〔二六日〕条）、宋希璟『老松堂日本行録』にみえる対馬の被虜唐人（台州衛の小旗）の三例を挙げている。[注37] この三例について、川越泰博氏は、前述した、一四一八年に金山衛などを襲った倭寇の大侵攻において同時に捕虜になった可能性が高いと指摘している。[注38] この倭寇に対馬や博多の人々が参加しているかどうかについては不明だが、対馬・博多まで被虜中国人が転売されていたことは明らかである。[注39]

二　後期倭寇

1　後期倭寇についての通説

次に、一六世紀の後期倭寇について検討したい。後期倭寇に関する史料は、『明実録』『明史』のような正史の他、鄭若曾『籌海図編』・鄭舜功『日本一鑑』のような日本研究書、地方志（方志）など中国史料が圧倒的に多い。したがって後期倭寇像は、中国史料を検討をする中で形成されてきた。[注40]

後期倭寇の実体は、中国人密貿易商を中心とするもので、それに倭人やポルトガル人が加わったものと考えられている。中国人密貿易商らは、中国の舟山諸島の双嶼を主要な根拠地としていたが、浙江巡撫の朱紈の攻撃にあって双嶼は壊滅した。その後、瀝港（列港）を主要な拠点にしながら、海禁を破って東南アジアや日本などに出航した。明の地方官僚とも結びつき、彼らに利益の一部を提供することで、その活動を黙認してもらっていた。

最も勢力が盛んだったのは明の嘉靖年間であり、嘉靖大倭寇と呼ばれる。倭寇の頭目としては、金子老・許棟・王直・徐海らが知られ、嘉靖四一年（一五六二）に鄭若曾が記した『籌海図編』本（本稿では『中国兵書集成』一五・一六に所収された版本を使用する）巻八には「寇踪分合始末図譜」として各々の活動の経緯が示されている。嘉靖大倭寇の最盛期を示すものとして、『明史』巻三二二、列伝第二一〇、外国三、日本（以下、『明史』日本伝）に拠れば、嘉靖三二年（一五五三）、王直は諸倭と結んで大挙して入寇した。そのありさまは、「艦を連ぬること数百、海を蔽いて至る」というもので、浙東・（浙）西、江南・（江）北、浜海数千里が、同時に警を告げた。

後期倭寇の構成員に関する史料として、『明史』日本伝の、嘉靖三四年の「大抵、真倭は十の三、従倭は十の七なり。倭、戦う時は、則ちその掠せし所の人を駆りて軍鋒と為す」（軍鋒は、先鋒のこと）という記事がしばしば引用される。あくまでも『明史』編纂者の認識であり、その比率がすべてに適応するかのように絶対視してはいけないが、重要な手がかりなのは間違いない。また田中健夫氏は、明『世宗実録』巻四二二、嘉靖三四年（一五五五）五月壬寅（九日）条の「夷人十一、流人十二、寧・紹十五、漳・泉・福人十九」にも注目し、夷人は一〇〇の一、流人すなわち土地を離れた流逋の民（ながれのがれた者）は一〇〇の二、浙江の寧波・紹興の民は一〇〇の五、福建の漳州・泉州・福州の民は一〇〇の九と解している。田中氏は「倭寇の集団はつねに流動的だったから、その構成員の比率は、活動の時期や場所によって一定していたわけではない。ここに示された数字は、いろいろな場面における構成員のおよその傾向を示したものと理解してよいであろう」と述べている。[注41]

2　真倭か偽倭か

1節でみた通説は、石原道博氏の研究に拠るところが大きい。石原氏は、真倭なのか偽倭・仮倭・装倭なのかという視点から中国史料を検討し、偽倭が圧倒的に多かったことを明らかにした。倭寇の実体について、次のように結論づける。

いわゆる後期倭寇の展開は、大姓・達官・勢豪など、郷紳や大商人層のきづなから自立しようとする中小商人団の抵抗ともみられ、これに呼応する民衆の反官・反権力的性格をおびてきたものといえる。そこで、これにおどろいた明朝が、反乱平定のスローガンとして、これらの残暴をすべて倭寇の行為として宣伝し、いわば内乱的性格のものを、ことごとく外寇的性格のものにすりかえて、軍官民をあざむき、かつ鼓舞しようとした。したがって、わるがしこい軍官民のなかには、この明朝政府の宣伝に便乗して、不正をはたらき、奸計を転嫁し、悪事をおしかくし、姦邪をカムフラージし、もって倭賊の侵掠を、いよいよ誇張・誇大に吹聴した。じつは、これこそ倭寇の正体であり、虚構の宣伝におどらされた倭寇の幻影・虚像と、その実体・実像とを、はっきりみわけなければならない。[注42]

この石原氏の見解は、その後の研究でも共有されている。例えば、鄭樑生氏は、石原氏の「倭寇の幻影」説を踏まえ、「中国衣冠の盗、貴官家、科挙に失敗したもの、生活の場を失ったもの」が加わり、「その本質は中国人を主体とする海賊であった」と述べている。[注43]

また近年、山﨑岳氏は、乍浦・梁荘の戦いを検討している。山﨑氏に拠れば、嘉靖三五年（一五五六）の陰暦七月から八月にかけて、明朝官軍が江南の「倭寇」を完全に制圧した一連の戦いである。山﨑氏は、「同時代人の観察に拠れば、当時の「倭寇」は中国の海賊的武装商人が指導層を形成しており、その出身地は南直隷の徽州、浙江の寧波、福建の漳州・泉州、そして広東の潮州などであった」と述べる。そして歴史上の「倭寇」は、文字通りの「日本人の侵寇」で片付く問題ではなく、様々な要因が複合して起こった現象であると指摘している。[注44]その要因として、明代史研究の成果を踏まえて、明代中国に内在する社会的・経済的要因が多大に作用していた事実を次のように述べている。

一五世紀末ごろから、江南農村では、里甲制を柱とする社会基盤の機能不全にともなって経済的な階層化が進行し、土地兼併や各種特権によって富を蓄える富裕層に対する強い社会的不満が醸成されつつあった。こうした不穏な空気は「倭寇」の上陸を契機として現地当局に対する積極的反抗に発展し、それらの反乱集団が「倭寇」の一端として市鎮や農村部に盤踞しつつ、政治都市を拠点とする明朝官府と対峙する形勢をもたらした。動乱が大規模化するほど、「倭寇」陣営に占める日本列島出身者に比して現地民衆の割合は大きくなる。結果、四年近くにわたって江南デルタを活動の舞台とした「倭寇」は、単に外来の侵略者といった性質規定に収まらない、江南の市鎮および農村部における当局と民間諸集団との内戦ともいうべき様相を呈していた。[注45]

明代史研究の成果に基づき、後期倭寇の発生の主たる要因を、中国国内の状況に求めている。

3 荒唐船

このように後期倭寇の多くは中国人であったが、彼らの活動範囲は、中国大陸に留まらず、朝鮮半島、さらには日本列島や琉球列島にまで及ぶようになる。そうした後期倭寇の実体を探る素材として、荒唐船がある。荒唐船とは、一六世紀中期（一五四〇～五〇年代）、朝鮮半島沿岸に出没した正体不明の異国船、異様船を指す。

韓国国史編纂委員会の朝鮮王朝実録データベース（http://sillok.history.go.kr/main/main.do）に拠れば、『朝鮮王朝実録』における「荒唐船」の初見記事は、朝鮮『中宗実録』巻九二、三五年（一五四〇）正月壬子（一九日）条である。[注46]

> 伝曰、今観二黄海道観察使孔瑞麟書状一、道内豊川府沈方浦、荒唐船一隻、遇風不レ能二制船一、江干来泊、捜捕得レ之、則四人衣服、或雑二唐物一、似二是唐人一、言語不レ能二詳解一云、実非二賊船一、必是唐人、今者日気漸温、雖レ無二凍傷之弊一、衣食備給、救護上送事下書、今去謝恩使行次、入送可也、此人若或因二其伐木・釣魚一而到レ此、則余船宜レ可二捜討一、捜討之時、彼人等不レ無二拒戦之理一、漢学通事二人急令二発送一、其一則捜討時、開喩接話、而勿レ令二拒戦一、亦使三我国軍卒慎勿二軽射一、其一則護二率唐人一、救療上来事、言二于礼曹一、
>
> （傍線は、引用者に拠る）

朝鮮国王中宗の命令の中で、黄海道観察使孔瑞麟の書状を踏まえ、道内豊川府沈方浦に荒唐船一隻が風にあっ

て船を制することができずに来泊したことに触れる。傍線の箇所をみると、その船に乗船していた四人の衣服は、唐物がまじり、唐人に似ている。話している言語を詳解することができない。そして「賊船ではなく、唐人である」と判断している。中宗は、賊船と唐人とは別個のものと判断しており、また賊船の基準として伐木と釣魚を挙げている。

荒唐船については、高橋公明氏が詳細に考察を加えている。高橋氏に拠れば、荒唐船は二波があった。第一波は、一五四四～四七年の一一例で、福建・潮州（広東）の人が主体であった。それに対して、第二波は一五五二～五四年の八例で、中国人の他、北九州の倭人がむしろ多かった。すなわち第一波と第二波との間に、中国人と倭人との間の連合が、朝鮮半島南岸から北九州という海域において進展していることを示している。[注47]

次に第一波と第二波から事例を取り上げ、構成員の変化を中心に検討してみよう。

まず高橋氏のいう第一波の第一例を取り上げる。この事例については、近年、東アジア海域における西欧式火器の普及という観点から、中島楽章氏が丹念な考察を試みている。以下では、中島氏の見解を踏まえて、この船の諸要素を整理しておきたい。[注48]

一五四四年六月二二日、「荒唐大船」一隻が、忠清道藍浦の近海に出現し、その後、泰安や飛弥島などを経由した。この船に対する朝鮮王朝の対応や報告（乗組員の供述などに拠る）から、以下のようなことがわかる。

この船の目的だが、捕虜となった乗員の李王乞は福建出身であり、銀を商うことを目的として日本に向かっていたと供述した（朝鮮『中宗実録』巻一〇三、三九年六月壬辰〔二五日〕条）。石見銀山の開発を契機に、日本銀の生産量が急増したのに伴い、日本との貿易に進出してきたのである。

中島氏は、「双帆を掛張し」（朝鮮『中宗実録』巻一〇四、三九年七月壬寅〔五日〕条）、「高大なる一船、双檣に旗を懸け」（朝鮮『中宗実録』巻一〇四、三九年七月丙辰〔一九日〕条）という記述から、福建の大型軍船である

「大福船」である可能性を指摘している。鄭若曾『籌海図編』巻一三、経略三、兵船、「大福船図説」の記述に基づき、一〇〇人を収容できる尖底の大型船であり、デッキには高く障壁をめぐらし、二本マストの大型船であったと述べる。

荒唐船の乗員数は、全羅道兵使の報告に「異服の人百余名」（朝鮮『中宗実録』巻一〇四、中宗三九年七月壬寅〈五日〉条）、全羅道右水使の報告には「九十余名」（朝鮮『中宗実録』巻一〇四、三九年七月辛亥〈一四日〉条）とある。

泰安では、高賢・李章などの三八名の唐人が上陸した。その際の唐人の供述書には、「頭人」「客公」の人数・姓名と「水夫」の人数が、以下のように記されている。「頭人十名」として、「高賢、李章、魏祈、徐仁、高隆、李四、張旺、陳大福、黄席」の九名が挙がっている。次に「客公六十人」として「黄大、陳阿五、黄三、劉羔、劉万、付思、張善、趙枉、銭立、蔣隆、夏凉、蘇匡、周意、周心、呉美、呉仕、呉顕、江碩、江宜右、高徳、鄭波、鄭暁、鄭寂、鄭子欽、鄭子敬、林茂、林大、林森、林天、田宜、田顕、田純賢、田直、何平、何雲、何龍、何観四、王江、王与、王万石」の四〇名が挙がっている。また水夫は一〇名である（朝鮮『中宗実録』巻一〇四、中宗三九年七月癸亥〈二六日〉条）。

中島氏は「頭人」を船主以下の幹部、「客公」を乗船料を払って同乗した商人たちとしている。氏は、水夫が一〇名というのは少なすぎるので、実際には水夫が三〇人前後で、合計一〇〇人前後となるのではないか、とする。そして鄭・林・何・高・黄・王などは、福建に多い姓であり、この荒唐船の乗員の多くが福建海商であったことを示唆していると指摘する。

さらに中島氏は、「頭人」の中でも、文才ある知識人である（上書の表現が、故事や修辞を多用しているため）李章の上書に注目している。それに拠れば、李章は泉州府同安県の出身で、同安県は、元来土地は乏しく人口が過密で、さらに前年一〇月からの旱魃で飢饉となった。そのため生活に窮し、やむを得ず（海禁を犯して）貿易に乗り出したが、暴風により朝鮮に漂着したという（朝鮮『中宗実録』巻一〇四、三九年七月丙寅〔二九日〕条）。

同時に、中国人とは異なる服装をしていた人々も乗船していた。的場節子氏は、「見二其形貌一、則或着二黒衣一、而其数九十余名、語音不レ能二相通一」（朝鮮『中宗実録』巻一〇四、三九年〔一五四四〕七月辛亥〔一四日〕条）という記事に注目して次のように指摘している。

着衣に関して考えると、この時代の倭寇や南洋人は、生成か草木染の無地あるいは赤色の目立つ木綿、ないしは縞柄の織物を着用に用いたと思われる。その一方で、すくなくともスペインでは十六世紀といえば、官吏や商人の常着は暗色が圧倒的であった。隣国ポルトガルも、これに準じていたと推定できる。

そして「こうした事情を考慮すると、飛弥島に渡来した唐船記事は、まったく言葉の通じないポルトガル人九〇名が火砲を用いた、と解釈することが自然ではなかろうか」と述べる。[注49]

しかし前述したように、「頭人」「客公」は中国名を名乗っており、また的場氏の引用した記事は、「或」があるため九〇名全員が黒衣を着ていたとまでは読み取れない。それを踏まえても、黒色の衣服を着用していたポルトガル人が含まれていた可能性があることは重要である。

また中島氏は、右の的場氏の見解を踏まえ、「紅巾を以て頭を裹《つつ》み」あるいは「匹段を以て衣と為し」ていた（朝鮮『中宗実録』巻一〇四、中宗三九年七月壬寅〔五日〕条）乗組員について、ポルトガル人画家アンドレ・レイノーゾが一六一二年に描いた「聖フランシスコ・ザビエルの伝説」第九図に描かれたポルトガル人船員のうち、九名が赤系統の頭巾を、四名が白色の頭巾を着用しているとし、「一六世紀にアジアに来航したポルトガル船員は、このように紅白の頭巾を着用することが多かったようだ」と述べている。そして残る姓名不詳の「頭人」一名、「客公」二〇名の中にポルトガル人が含まれていたと考えている。

さらに注目されるのは、火砲を搭載していたことである。朝鮮国王が承政院に対して伝した中に、全羅右道水使閔応瑞の啓本が引用されている。この啓本は、羅州の飛弥島に停泊した「唐船」が、朝鮮王朝側の「兵船」に対して「火炮」を発した。朝鮮側は「火炮・弓箭」で応戦したと述べている（朝鮮『中宗実録』巻一〇四、三九年七月辛亥〔二四日〕条）。この火砲は、種子島に伝来した火縄銃ではなく、中国・朝鮮が使用していた大型の火器である。荒唐船が搭載していた火砲について、中島氏は、伝統的な前装砲だけではなく、子砲式の後装砲である仏郎機砲が含まれていた可能性が高いと指摘する。

明『世宗実録』巻三二一、嘉靖二六年（一五四七）三月乙卯（四日）条に拠れば、朝鮮国王明宗は、近海に漂着した「福建下海通番奸民三百四十一人」、すなわち福建の密貿易者三四一人を明朝に送還した。そして同条が引用する、国王から遼東都司にあてた咨文において、日本との貿易を目指した福建の人民がしばしば漂着し、今また馮淑ら前後千人以上を獲たこと、そして軍器・貨物を日本にもたらしたため、「火炮」を持っていなかった「倭奴」が多くの「火炮」を所持するようになったという。朝鮮半島近海に現れた中国人密貿易者の多さが目を引くと同時に、それに伴って倭人に火砲技術が伝わっている様子がうかがえる。[注50]

次に、第二波の荒唐船について、高橋氏の指摘した第一八例を取り上げてみよう。

朝鮮『明宗実録』巻一六、九年（一五五四）六月丁丑（八日）条に拠れば、済州牧使南致勤と全羅右水使金贇が「倭変」について各々報告し、また関連した情報が寄せられている。

南致勤の状啓に拠れば、五月二二日、荒唐一船が、西大洋より東に向かって、半ば一帆を懸け、「朝天館」に向かった。また倭船一隻が「牛頭」外の東大洋に向かい、「後来船二隻」が、陸から五里ばかりに停泊した。二四日の明け方、朝鮮側が示威行動をしたところ、東大洋に向かって去った。二五日、「飛陽島」で「黒衣人」四、五名が叫んでいるという情報があり、船四隻で左右を挟み撃ちして、難破して上陸した「倭人」七名を生け捕りにした。また二五日、船板につかまり浮かんでいた「荒唐人」を捕らえた。その内訳は、「倭人二十三名、唐人二名」であった。

また金贇の状啓に拠れば、甫吉島でも「倭船一隻」が停泊し、朝鮮水軍と交戦し、東大洋に去っている。

このケースでは、荒唐船の構成員である「荒唐人」は倭人と唐人であり、捕虜になった者の大半は倭人である。さらに注目されるのは、「黒衣人」に関する情報があったことで、ポルトガル人も乗船していた可能性がある。

朝鮮王朝には、さらにいくつかの情報が届いている。対馬島主（宗盛長）が釜山浦に送った書契では、「今年、西戎、近島諸凶奴が蜂起し、大明に賊するものが数百艘にのぼり、順風ならば、貴国（朝鮮）に赴くだろう」と、述べている。また捕縛した倭人糸二老らの供述に拠れば、「日本の銅興居人が唐人の蔡四官らとともに、大明で売買をした。同じく博多州人・銅興人・平戸島人が章州府（福建の漳州府）に到って売買をした。帰路に難破して、銅興人の平田大藏ら二十人、博多州の時世老および蔡四官らが漂流して岸に登った」と供述している。倭人の千六らは、「日本平戸島人は、銀両を携えて湖州（浙江）で売買したところ、帰路に難破した。唐人の蔡四官らは帰路、誤って難破した博多州の倭人を捉載してやって来た」と供述している。倭人仁王らの供述は同じであり、唐人の孫美らは「我国に行こうと思い、同乗してきた」と述べている。

上記の証言をみると、博多・平戸などの倭人と唐人とが連携して、漳州や湖州において貿易をしている様子がうかがえる。その際、平戸の倭人は、銀を中国に持ち込んで貿易をしている。彼らが掠奪を主とする大規模な集団に転じていったということが、対馬島主宗氏の認識ということになろうか。

尚、生け捕りにした倭人・唐人を乗せた船は、朝鮮本土に向かう途中、連日の西風により難破したため、彼ら全員が溺死し、倭人の死体五体が岸辺に漂着したと、済州牧使が報告している（朝鮮『明宗実録』巻一七、九年七月壬戌（二四日）条）。

4　日本列島への進出――倭人との連携

荒唐船の第二波からうかがえるように、中国人と倭人との連携がみられるようになる。

その背景には、九州をはじめとして日本列島各地に中国人密貿易商らが来航するようになったことが挙げられる。田中健夫氏が指摘したように、一五三九年以降、特に一五四〇年代には日本側史料にも「唐船」が来航したことを示す記事が頻出するようになる。[注51] 例えば、『八代日記』には、天文一三年（一五四四）七月二七日・二九日に、薩摩阿久根に「唐舟」が来着し、同年九月一四日に「出舟」（帰帆）したこと、また同一四年七月一六日、天草大矢野に「唐舟」が来着したことが記されている。

こうした動向に伴い、後期倭寇に倭人が加わるようになる。

『籌海図編』巻二、「倭国事略」には入寇者について「薩摩・肥後・長門三州之人居多、其次則大隅・筑前・筑後・博多・日向・摂摩《（ママ）》津州・紀伊・種島、而豊前・豊後・和泉之人亦間有レ之、乃因レ商二于薩摩一而附行者也」とある。薩摩・肥後・長門三州の人が最も多く、それに次ぐのが大隅・筑前・筑後・博多・日向・摂津・紀伊・種子島で、豊前・豊後・和泉の人もままいる。すなわち商売のため薩摩にて附き従うものである、と説明している。

また『籌海図編』巻二、「日本島夷入寇之図」にも注目したい。この地図は、東を上にしているが、「日本」という島が書かれ、その左下（北西）に「対馬島」、真下（西）に「五島」、右（南）に「薩摩州」、そして右下に「大琉球」（琉球王国）という島が描かれている。そして対馬島からのルートは、「倭寇、朝鮮・遼東に至る総路」、五島からのルートは「倭寇、直浙山東に至る総路」、薩摩州からのルートが「倭寇、閩広に至る総路」との記載があり、後二者は航路を白線で示している。また同書巻二、「倭国事略」において、対馬島から「高麗」へのルート、大小琉球・薩摩・五島から広東・福建への入寇ルートなどを説明している。

鄭樑生氏は、倭寇の中国侵入ルートとして「閩広への総路」（福建・広東ルート）、「直浙山東への総路」（浙江・山東ルート）、「朝鮮遼東への総路」の三つだとし、太田弘毅氏も同様な指摘をしている。[注52] だがこの侵攻路は、あくまでも鄭若曾の認識である。前述したように、後期倭寇の主体は中国人密貿易商であり、それとこの侵攻路とは矛盾する。中国人密貿易商が、右のルートを使用して日本に渡って貿易をしていたこと、そしてその過程で日本人を仲間に引き入れて中国に戻り、密貿易や掠奪をしていたのだと解することはできるだろう。

ここで注目したいのは、「対馬島」「五島」「薩摩州」が「日本」と別に描かれていることである。この地理認識が誤っていることは言うまでもないが、鄭若曾は倭寇の根拠地として、この三地域を認識していたことには注意したい。前述した『籌海図編』巻二の「乃因㆑商㆓于薩摩㆒而附行者也」という記述と合わせれば、中国人と倭人とが連携する場として薩摩が認識されていたとみてよいだろう。中島楽章氏は、鄭舜功『日本一鑑』窮河話海、巻六、流逋の記述から、薩摩国の京泊津に来航した海商の存在を指摘している。[注53]

『籌海図編』にみえる認識は、荒唐船をめぐる『朝鮮王朝実録』の記事とも符合する。荒唐船第二波の第一四例について、みておこう。一五五三年、朝鮮半島西部の黄海道に現れた荒唐船に関するものである（以下、朝鮮『明宗実録』巻一四、八年〔一五五三〕六月壬寅〔二七日〕条）。

「黄海道作賊倭人」の「三甫羅古羅」（三郎五郎）らを義禁府において尋問し、供述を得た。その証言は、「吾らは、博多州東門外に居住し、数年間で、唐人百余名が妻子を率いて博多州にやって来て、借家を借りたり、家を造ったり、倭女を娶って住み着くようになった。今年の二月一二日、唐人十名と吾ら三八人が一緒に船に乗り、南京に泊した。吾らはしばらく滞在して唐物を買い、六月三日、廻船したが、南風が大いに吹き、そのため漂流した」というものだった。

議政府および二品以上の会議において、領議政沈連源らは、生け捕った倭人の三甫羅古羅が、「唐人と同舟して、南京に売買に行き、途中で漂流した」という供述は信用できないと主張した。その傍証として、近年北京に使節として赴いた書状官が見聞した事件と対馬島主の書契とを挙げている。両者を比較してみたところ、薩摩州などに倭人と唐人がやってきて、明の沿海地方を結託して海賊行為をしていることは疑いないという。石見州の人が、寧波府において海賊行為をしたという情報をかつて聞いたという証言にも言及している。また前年、済州島に現れて難破した倭船が残した「銃筒」に、「嘉靖戊申軍門鋳発前所」とあり、明軍から掠奪したことを示していると主張している。

博多に「唐人百余名」が居住したという記事は著名なもので、一一世紀後半に成立した博多唐房との類似を想起させる。そして「倭人」と連携し、彼らの主張に拠れば、貿易のため南京に向かったという。朝鮮側は、薩摩州などに倭人と唐人がやってきて、明の沿海地方を結託して海賊行為をしているという認識を持っており、石見国の人の海賊行為にも言及している。そして倭船は、明の火器（「銃筒」）も掠奪していた。

さらに注目されるのは、佐伯弘次氏が指摘したように、対馬島主の宗氏が、朝鮮王朝の歓心を買うために、積極的に倭寇情報を王朝に伝えたことである。注54

前章でみたように、宗氏は、倭寇を禁圧する一方、早田六郎次郎のような倭寇の頭目と近い位置にあった。ところが一六世紀後半になると、宗氏は対馬島民や壱岐島民らの倭寇に悩まされるようになる。

永禄三年（一五六〇）九月二一日付の宗晴康書状注55に拠れば、対馬豊崎郡大浦村の住人たちが「ははん」（八幡）すなわち倭寇として島外で活動し、彼らが帰国すると住民たちはうらやむことさえあったという。宗晴康は、「大唐へおもひたち候するもの丶跡」は、たとえその子供がいてもこれを没収し、「奉公けたい（懈怠）なきやうに候する者」に与えると述べている。

また永禄四年、対馬守護代の宗盛円は、壱岐の日高氏に対して、壱岐島住人の対馬に対する五ヵ条の非法行為を指摘した。その中に、壱岐の和多良津（渡良津）の船が朝鮮に到り、賊船を企てていることが指摘されている。そして壱岐島民が、対馬の「田舎浦辺」の耕作を荒らすこと、「外国之人」（壱岐国以外の人）を「貴嶋之商人」（壱岐島の商人）と号して田舎に同道すること、対馬島の男女を勾引して連れ渡ることを指摘している。[注56]

宗氏は、朝鮮王朝の歓心をひくために、倭寇に関する情報を、朝鮮に通報した。[注57]佐伯弘次氏に拠れば、そのために宗氏は、対馬島外の壱岐深江・博多・赤間関・肥前に倭寇情報などを発する拠点を有していた。その情報の入手は、いずれも商人が媒介となっていた。佐伯氏は、「対馬の倭寇情報ネットワークは、対馬を取りまく流通網のうえに成立していた」と評価している。[注58]

宗氏が倭寇を鎮圧する側である領主層に位置することは、一五世紀と同様である。だが一五世紀は、前章でみた宗貞盛のように、早田六郎次郎のような一部の倭寇（有力者）とは近く、倭寇を使嗾さえした。それに対し、一六世紀後半の宗氏は、続発する後期倭寇に苦慮している姿が顕著である。そのため宗氏は、従来にも増して朝鮮通交に執着せざるを得なくなった。[注59]架空名義の図書を朝鮮王朝から下賜される他、足利将軍印である「徳有鄰」印、大内氏の通信符、朝鮮国王印である「為政以徳」印の偽造木印を派遣して、朝鮮に偽使を派遣したのである。[注60]

おわりに

本稿は、倭寇の実体を明らかにするための作業の一環として、倭寇の情報源に留意しつつ、具体的な事例から倭寇の構成員について考察してきた。最後に、本稿で述べてきたことを要約しておこう。

第一節では前期倭寇のうち、一五世紀前半に中国大陸を襲った倭寇を検討した。朝鮮王朝の情報源は、被虜中国人と、三浦を訪れた使節や商人や向化倭人らであり、倭寇と身近に接し、彼らの情報を入手しやすい人々であった。そして「三島倭人」の連携――対馬・壱岐（、さらに松浦）の住民たちが連携したケースを取り上げ、日朝関係の進展によって、拠点を異にする人が集まる場である三浦が生まれ、彼らの連携が一層可能になったのではないかと指摘した。その背景には、黄海をはさみ、山東半島や遼東半島、朝鮮半島沿岸、さらには対馬・博多にまで広がる物流があったと考えられる。

第二節では、後期倭寇について検討した。まず朝鮮半島南岸に現れた荒唐船を検討し、その第一波は福建の人々が主たる構成員であったが、黒色の衣服を着用していたポルトガル人が含まれていた。銀を求めて日本に向かったもので、船には火器（「火炮」）も搭載していた。第二派になると、唐人と倭人との連携がみられるようになる。中国人密貿易商人が薩摩や博多・平戸などに来航して、このような連携が生まれたものと考えられる。博多・平戸などの倭人と唐人とが連携して、漳州や湖州において貿易をして、銀を中国に持ち込んでいた。そして対馬や壱岐の住民の中からも、倭寇に転じる人々が現れた。

注

1 関周一「海域交流の担い手　倭人・倭寇」（『九州歴史科学』第四四号、二〇一六年）

2 田中健夫「倭寇と東アジア通交圏」（朝尾直弘・網野善彦・山口啓二・吉田孝編『日本の社会史』第一巻　列島内外の交通と国家、岩波書店〔後、田中健夫『東アジア通交圏と国際認識』吉川弘文館、一九九七年に収録。本書の引用は、同書に拠る〕。同書、二一～三頁）

3　石原道博『倭寇』（吉川弘文館、一九六四年）一一〇頁。
4　高橋典幸「悪党のゆくえ――荘園領主の動向を中心に――」（中島圭一編『十四世紀の歴史学――新たな時代への起点――』高志書院、二〇一六年）一一頁。
5　関係概念としての倭寇についての考察も欠かすことはできない。近年、東京大学史料編纂所と中国国家博物館による「倭寇図巻」「抗倭図巻」などの考察が、その一例である。この場合は、中国人がみた倭寇像を検討することになる。右の研究の詳細は、東京大学史料編纂所編『描かれた倭寇――「倭寇図巻」と「抗倭図巻」――』（吉川弘文館、二〇一四年）、須田牧子編『「倭寇図巻」「抗倭図巻」をよむ』（勉誠出版、二〇一六年）を参照されたい。
6　六反田豊「十五・十六世紀朝鮮の『水賊』――その基礎的考察――」（森平雅彦編『東アジア海域叢書14　中近世の朝鮮半島と海域交流』汲古書院、二〇一三年、所収）三四一頁。
7　村井章介「倭寇とはだれか――一四〜一五世紀の朝鮮半島を中心に――」（同『日本中世境界史論』岩波書店、二〇一三年、所収）一二八頁。
8　村井章介、前掲注7論文。
9　前期倭寇に関する研究動向については、関周一「倭寇」（『歴史と地理』第五二二号、一九九九年）、同「明帝国と日本」（榎原雅治編『日本の時代史11　一揆の時代』吉川弘文館、二〇〇三年、所収）、同「倭寇に関する日韓の認識」（『歴博』第一二九号、二〇〇五年）、同「「中華」の再建と南北朝内乱」（荒野泰典・石井正敏・村井章介編『日本の対外関係4　倭寇と「日本国王」』吉川弘文館、二〇一〇年、所収）、橋本雄・米谷均「倭寇論のゆくえ」（桃木至朗編『海域アジア史研究入門』岩波書店、二〇〇八年、所収）、中田稔「日本における倭寇研究の学説史的検討」・金普漢「韓国内の倭寇研究の学術史的検討」（ともに日韓歴史共同研究委員会編集・発行『第二期日韓歴史共同研究報告書（第二分科会篇）』二〇一〇年　http://www.jkcf.or.jp/projects/kaigi/history/second/）を参照されたい。
10　田中健夫「倭寇の変質と日鮮貿易の展開」（同『中世海外交渉史の研究』東京大学出版会、一九五九年、所収）一〇〜一一頁。初出は一九五〇年。
11　田中健夫、前掲注10論文、一二〜二〇頁。
12　田村洋幸『中世日朝貿易の研究』（三和書房、一九六七年）
13　田村洋幸、前掲11著書、「序」二頁。
14　田村洋幸、前掲注11著書、五四頁。

15　田村洋幸、前掲注11著書、九九頁。
16　田村洋幸、前掲注11著書、一〇一～一三〇頁。
17　田中健夫、前掲注2論文、高橋公明「中世東アジア海域における海民と交流――済州島を中心として――」（『名古屋大学文学部研究論集』史学第三三号、一九八七年）
18　李領『倭寇と日麗関係史』（東京大学出版会、一九九九年）・同『忘れられた戦争　倭寇』（韓国放送通信大学校出版部〔ソウル〕、二〇〇七年）など。
19　村井章介、前掲注7論文。
20　佐久間重男『日明関係史の研究』（吉川弘文館、一九九二年）一三〇～一三一頁。同様の表は、鄭樑生『明・日関係史の研究』（雄山閣出版、一九八五年）一八二～一八四頁、同『明代の倭寇』（汲古書院〔汲古選書65〕二〇一三年）八九頁にもある。
21　望海堝の戦いについては、前掲注20に掲げた佐久間重男『日明関係史の研究』一二七～一二九頁、鄭樑生『明・日関係史の研究』二七九～二八一頁、同『明代の倭寇』八七～九〇頁の他、藤田明良「東アジアにおける島嶼と国家――黄海をめぐる海域交流史――」（前掲注9、『日本の対外関係4　倭寇と日本国王』所収）二三八頁などを参照。
22　有井智徳氏が、「高麗・李朝に侵攻した倭寇と元・明に侵攻した倭寇は一身同体の海賊集団」（「十四・五世紀の倭寇をめぐる中韓関係」同『高麗李朝史の研究』国書刊行会、一九八五年、四二八頁）とするのには疑問がある。例えば、『明史』日本伝では、「明興りて、高皇帝（洪武帝のこと）即位し、方国珍・張士誠相継ぎて誅に服す。諸豪亡命し、往往島人を糾して山東浜海の州県に入寇す」というように、朱元璋に敵対していた方国珍・張士誠が諸島の人々を糾合して山東省沿岸部の州・県を襲ったという認識が述べられている。一五世紀初期においても、明朝の支配に服さない「賊」の存在を想定すべきであろう。
23　田村洋幸、前掲注12書、九八頁、第八表（太宗六年～世宗二九年）。
24　有井智徳、前掲22論文。以下の有井氏の見解は、同論文に拠る。
25　有井智徳、前掲22論文、四四〇～四四二頁、第一表（一四一二～一四七六年）。
26　長節子『中世日朝関係と対馬』（吉川弘文館、一九八七年）一九〇～一九一頁。
27　田中健夫「日鮮貿易における博多商人の活動」（同、前掲注10書、所収）六一～六二頁。
28　以下の藤七・藤九郎に関する記述は、松尾弘毅「室町期における壱岐藤九郎の朝鮮通交」（『九州史学』第一二四号、一九九九年）に拠る。

29 西余鼠島を襲った倭寇については、有井智徳、前掲注22論文、四八五～四九九頁を参照されたい。
30 村井章介「一五世紀日朝間の境界人たち――井家次・職家父子の場合――」（同、前掲注7書、所収）二〇三～二〇四頁。
31 村井章介、前掲注30論文、二〇七頁。
32 田村洋幸、前掲注12書、二四七～二四八頁。
33 田村洋幸、前掲注12書、二四八頁。
34 関周一、前掲注1論文、九九頁。
35 以下の記述は、関周一『対馬と倭寇――境界に生きる中世びと――』（高志書院〔高志書院選書〕、二〇一二年）六九～七三頁に拠る。また田中健夫、前掲注10書、三二～三三頁および有井智徳、前掲22論文、五〇八～五〇九頁も参照のこと。
36 有井智徳、前掲注22論文、五〇九頁。
37 秋山謙藏「「倭寇」による朝鮮・支那人奴隷の掠奪とその送還及び売買」（『社会経済史学』第二巻第八号、一九三二年）
38 川越泰博「『老松堂日本行録』にみえる倭寇と被虜唐人」（同『明代異国情報の研究』汲古書院、一九九九年）一〇四～一〇五頁。
39 関周一『中世日朝海域史の研究』（吉川弘文館、二〇〇二年）二三～二五頁。
40 以下、本項目の記述は、田中健夫『倭寇――海の歴史――』（教育社〔教育社新書〕一九八二年。後、講談社〔講談社学術文庫〕二〇一二年）に拠る。
41 田中健夫「不知火海の渡唐船」（前掲注2『東アジア通交圏と国際認識』）一六一～一六二頁。
42 石原道博、前掲注3書、二一六頁。
43 鄭樑生、前掲注21、『明代の倭寇』一九頁。
44 山﨑岳「乍浦・沈荘の役再考――中国国家博物館所蔵「抗倭図巻」を歩く――」（須田牧子編、前掲注5書、所収）三一〇、三一二～三一三頁。
45 山﨑岳、前掲注44論文、三一三頁。
46 当該記事は、尹誠翊『明代倭寇の研究』（景仁文化社〔ソウル〕、二〇〇七年）一三三頁の表2に記載されている。
47 高橋公明「一六世紀中期の荒唐船と朝鮮の対応」田中健夫編『前近代の日本と東アジア』（吉川弘文館、一九九五年）
48 以下の記述は、高橋公明、前掲注47論文、九七～一〇〇頁、および中島楽章「一五四〇年代の東アジア海域と西欧式火器――朝鮮・双嶼・薩摩――」（同編『南蛮・紅毛・唐人――一六・一七世紀の東アジア海域――』思文閣出版、二〇一三年、所収）一一四～一一二七、一六六～一六八頁に拠る。

49 的場節子「ポルトガル人日本初渡来再考」（同『ジパングと日本――日欧の遭遇――』吉川弘文館、二〇〇七年）一一四～一一五頁。

50 中島楽章、前掲48論文、一二八～一二九頁。なお、アンドレ・レイノーゾの油彩画については、鹿毛敏夫編『描かれたザビエルと戦国日本――西欧画家のアジア認識――』（勉誠出版、二〇一七年）を参照されたい。

51 田中健夫「不知火海の渡唐船」（前掲注2『東アジア通交圏と国際認識』）一五三頁に、天文八年（一五三九）以降の来航を列挙されている。

52 鄭樑生、前掲注20、『明・日関係史の研究』二四三～二四五頁・『明代の倭寇』二〇～二二頁。太田弘毅『倭寇――商業・軍事史的研究』（春風社、二〇〇二年）一三七～一四八頁。

53 中島楽章、前掲48論文、一五五頁。

54 以下の佐伯氏の見解は、佐伯弘次「一六世紀における後期倭寇の活動と対馬宗氏」（中村質編『鎖国と国際関係』吉川弘文館、一九九七年、所収）に拠る。また佐伯弘次『対馬と海峡の中世史』（山川出版社〔日本史リブレット77〕、二〇〇八年）七八～九二頁も参照のこと。

55 上対馬町誌編纂委員会編『上対馬町誌』史料編（上対馬町、二〇〇四年）、大浦一泰家文書、七〇号。

56 西村圭子「対馬宗氏の『諸家引着』覚書」（『日本女子大学文学部紀要』第三四号、一九八五年）二八号、七月二六日付、宗盛円書状写。

57 米谷均「漂流民送還と情報伝達からみた一六世紀の日朝関係」（『歴史評論』第五七二号、一九九七年）

58 佐伯弘次、前掲注54論文、四六頁。

59 関周一、前掲注39書、二四七頁。

60 田代和生・米谷均「宗家旧蔵『図書』と木印」（『朝鮮学報』第一五六輯、一九九五年）

［付記］本稿は、日本学術振興会科学研究費補助金・基盤研究(C)（一般）「中世日本の異国使節に関する基礎的研究」（課題番号16K03020、研究代表者・関周一）による研究成果の一部である。

国際交流都市博多
——「博多津唐房」再考——

林　文理

はじめに

「博多」の初見史料は、『続日本紀』天平宝字三年（七五九）三月二四日条にみえる「博多大津」である。壱岐・対馬などの要害とともに、大宰府が「博多大津」に船百隻以上を配置したが、現状では使用できる船がないことを述べている。この奈良時代の「博多大津」は、広義の博多、つまり博多湾全域を指すものと思われるが、博多の地名には、古くから広狭二つの使われ方があることに注意する必要がある。

ここでは、狭義の博多、すなわち東は石堂川《いしどうがわ》（御笠川《みかさがわ》下流部の名称）から西は那珂川《なかがわ》まで、南は現JR博多駅付近から北は博多湾に至る地域を取上げたい。[注1] この東西〇・八キロ、南北一・六キロのエリアは、考古学上「博多遺跡群」と呼ばれ、弥生時代前期後半から現在までの各時代の遺構が砂丘上に重なって遺されている。古墳時代には「博多一号墳」（五世紀の前方後円墳）が現博多区御供所町《ごくしょまち》に築かれ、八世紀の奈良時代には古代官衙域（現祇園町交差点を中心とした方約一町の区画で、一四世紀前半まで部分的に存続という）と周辺の官人居住域が確認され、この施設は、貞観一一年（八六九）一二月五日「太政官符」（『類聚三代格』などに所収）にみえる「鴻臚中嶋館」（鴻臚館に準ずる施設か）の可能性が高い。[注2]

平安時代後期から中世にかけては、周知のごとく、博多は日本の国際交易の拠点として栄えた。鎌倉時代後期には、二度の蒙古襲来を経て鎮西探題が設置され、博多は大宰府にかわって九州の政治の中心となり、南北朝、室町、戦国時代の朝鮮、中国、さらに琉球、南海（東南アジア）などとの貿易によって繁栄を続けていった。そのこともあって、戦国時代末期には周辺勢力による争奪の対象となり、博多の町は戦火による焼失をくりかえした。

博多を復興したのは九州を制圧した豊臣秀吉で、その町割は「太閤町割」と呼ばれ、今に続く街路が造られた。小早川氏の名島城《なじまじょう》（博多の東方、多々良川《たたらがわ》河口部の丘陵上にある城と城下町）を経て、関ヶ原合戦後、黒田氏が近世大名として筑前国に入り、かつての古代の迎賓館であった鴻臚館《こうろかん》（国史跡、現中央区城内）の跡地、つまり博多の西辺、那珂川を渡った丘陵上に福岡城を築き、北側の海岸部を埋め立てて城下町を築いた。博多は福岡城下町の一部となり、博多といえば、商人の町を意味するようになった。明治になると福岡部と博多部は合併し、明治二二年（一八八九）、市名は福岡市と決まり、旧博多部も福岡市となり、現在に至っている。ちなみに、博多の名称は「博多湾」や「博多駅」として現在にも残っている。また、現博多区は旧博多部だけでなく、御笠川中流部も含む広い区域となっている。

以上、博多の歴史的展開を概観してきた。本稿では、とくに中国人の居住をあらわす「博多《はかた》津《つ》唐房《とうぼう》」に焦点を当て、近年の文献史学、考古学双方の成果によりながら、都市博多の形成について考えていきたい。拙稿によって、博多は外国人の居住をもって生まれ、国際交流の拠点という性格によって形成された都市であることが明らかになればと思う。

一　鴻臚館から博多へ

福岡の地は、古くから中国大陸や朝鮮半島との交流の、日本における窓口の役割を果たしていたことはよく知られている。飛鳥～平安時代の外交・貿易施設で、那珂川の西の丘陵上にあった筑紫館《つくしのむろつみ》（平安時代に鴻臚館と改称、大宰府管理下の客館）は、『扶桑略記』（『新訂増補国史大系』一二に所収）や『百練抄』（『新訂増補国史大系』一一に所収）の永承二年（一〇四七）一一月九日条に記された「大宰府、大宋国商客宿房の放火犯人を捕え、禁獄する」という放火事件によって、平安時代後期の一一世紀半ばに廃絶したと推測される。

発掘調査によると、鴻臚館の北館と南館の中間谷部では、南北両側から大量の瓦が廃棄され、その最上面には焼土・木炭層が重なり、この層以上は人為的な瓦の廃棄はみられないという。また、最上面よりまとまって出土した白磁碗は、形式から一一世紀半ばのものに位置付けられ、鴻臚館の廃絶時期を示す、と報告されている。[注3]この発掘成果から、一一世紀半ば、永承二年（一〇四七）の放火事件によって鴻臚館は廃絶した、とみるのが現在の通説になっている。

その後、鴻臚館が再建されずに放棄されたのは、根本的には律令国家や大宰府権力の衰退・変質によるものと考えられ、大宰府政庁の建物がほぼ一一世紀後半に廃絶し、再建されなかったという事実と軌を一にしている。貿易システムでいえば、田島公氏がいわれるように、一〇世紀末～一一世紀前半に、朝廷の唐物使・返金使の派遣が廃止され、貿易が国家の管理から現地の大宰府府官に委ねられた貿易形態へと変容していったことによると考えられる。[注4]

かわって、那珂川を東に越えた博多では、一一世紀後半の白磁を中心とする中国陶磁器が大量に出土し始める

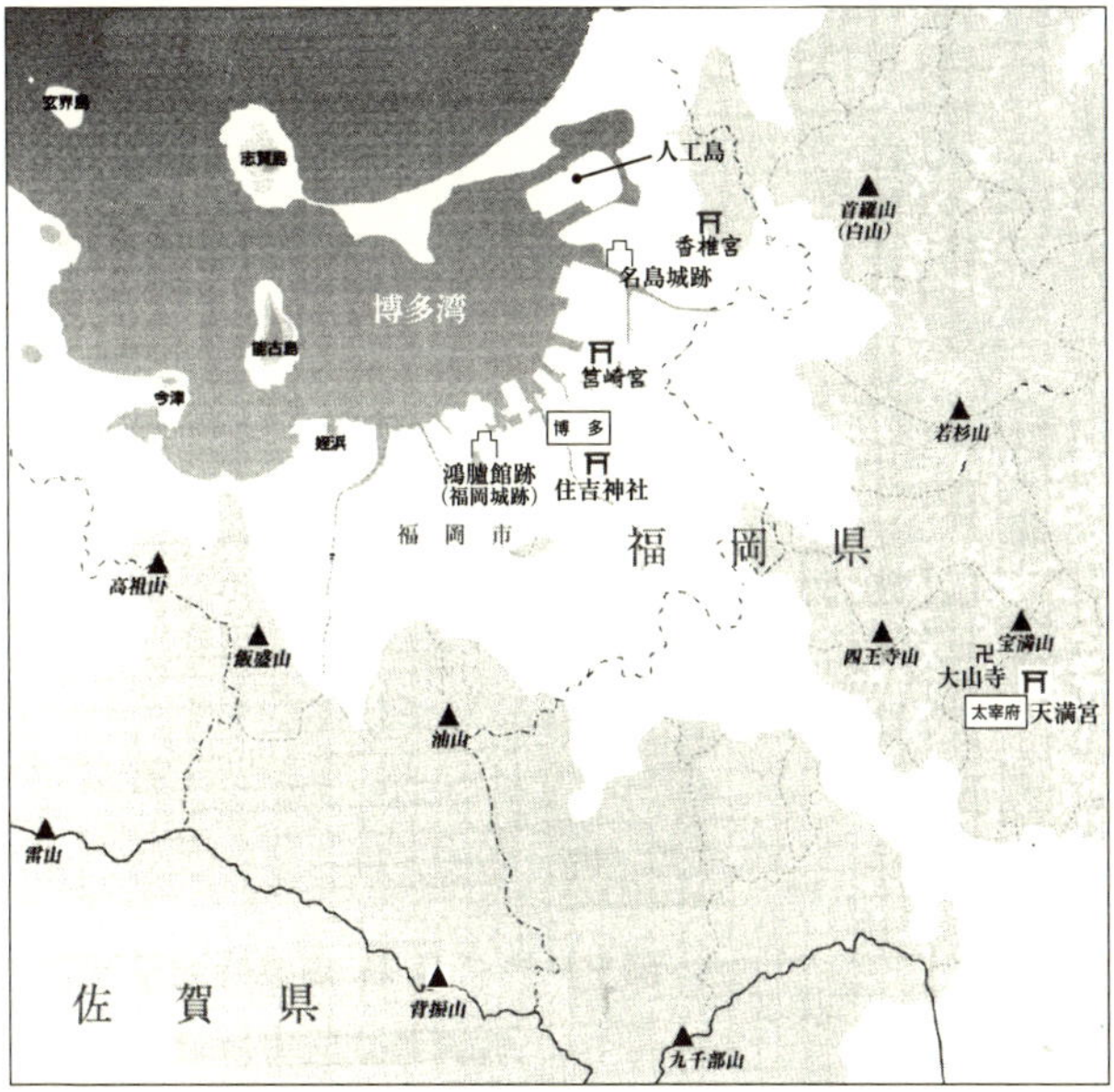

挿図１　博多周辺図

ようになる。文献史料でも唐物の博多への荷揚げ記事がみえ、一一世紀後半から、博多が日本における対外貿易の拠点の役割を担うようになっていたことがわかる。文献によって、その後の展開をたどってみよう。

一一世紀半ばころ成立の藤原明衡《ふじわらのあきひら》（九八九?～一〇六六）『雲州往来』下末（『群書類従』文筆部に所収）掲載の鄭十四客房宛て（大宰府）鎮守都督書簡には、本文中に「客館」や宛所に「鄭十四客房」という文言がみられる。この「客館」や「客房」は、往来物の書簡文例という史料的性格から、時期的に鴻臚館を指すものか、博多を指すものか微妙なところであるが、「客館」とあることから鴻臚館の宿舎に比定される可能性が高いのではなかろうか。注5

高野山の亮阿闍梨兼意撰で、平安時代の一一世紀末～一二世紀中葉頃に成立したとされる『香要抄』末の「茅香《ぼうこう》」項（『続群書類従』第三一巻・上などに所収）に、「去康平五年（一〇六二）之比、来朝之唐人王満之宿房、有二此香気一」という記述がある。一一世紀半ばの鴻臚館から博多への貿易拠点の移動を考えれば、この「宿房」は当然、博多にあった来朝唐人のための「宿房」ということになろう。「宿房」には香薬の茅香（日本の萩＝鹿鳴草のこと）の香りを楽しむ癒しの空間があり、山内晋次氏

が注目されているように、博多の「宿房」は香薬（医薬・本草）、広くいえば医学関係の情報を得る場でもあった。[注6]

源　俊頼《みなもとのとしより》は、自分の私歌集『散木奇歌集《さんぼくきかしゅう》』第六・悲歎部（『新編国歌大観』第三巻一・私家集編、『大日本史料』第三巻・四に所収）のなかで、「博多にはべりける唐人どもの、あまたまうできて、とぶらひけるによめる」と詞書きし、「たらちねに別ぬる身は唐人の　こととふさへも此世にはにぬ」と詠んでいる。父源経信の死に際し、中国語が飛び交っている弔問の光景は、この世ではないような気がする、と悲歎の情を詠っている。詞書が記しているように、永長二年（一〇九七）、大宰権帥《だざいごんのそつ》　源　経信《みなもとのつねのぶ》（一〇一六〜九七）が太宰府で没した時、博多にいた「唐人」たちが多数弔問に訪れたという。源経信は、和漢の学に通じ、詩歌・管絃に秀で、「朝家之重臣」と評されたが、寛治八年（一〇九四）に子息俊頼とともに任地に下り、太宰府で没した。この詞書によって、一一世紀末期には、かなりの数の「唐人」（時代的には宋人）が博多にいたことがわかる。ただし、博多の唐人たちはたまたま滞在していたのか、長期滞在か、居住していたのか、この史料からは断定できない。[注7]

さて、これまで知られていた「唐房」関係史料は、滋賀県大津市西教寺所蔵の『両巻疏知礼記《りょうかんそちれいき》』（『観音玄義疏記』ともいう）奥書[注8]にみえる永久四年（一一一六）の「博多津唐房」であろう。この「博多津唐房」は、明代末期に編纂された『日本風土記』上・商船所聚条（京都大学文学部国語学国文学研究室編『（全浙兵制考）日本風土記』に所収）や『武備志』（古典研究会『和刻本明清資料集』六に所収）に伝承記事として記された「大唐街」に該当するものとされてきた。[注9]「大唐街」は、一二世紀の当時では「博多津唐房」と呼ばれていたと解され、通説化されるようになっていった。しかし、榎本渉氏は、「大唐街」とは一六世紀半ばに始まる環シナ海規模の「倭寇的状況」の中で発生した博多の明人居留区であり、宋代の「唐房」までは遡らない可能性もある、と指摘されている。[注10]もし、そうだとすると、「博多津唐房」は「大唐街」の史料に引っ張られ過ぎて作られた虚構とも考えられ、これまでの研究は、この唯一の「唐房」史料によって「唐房」の実態をやや強引に推し測っていたともいえる。

ところで近年、次々と博多津の「唐房」に関する史料が発見ないし再発見され、学会に紹介されるようになった。現在のところ五件が確認されている。そこで、「唐房」に関する史料を年代順に検討し、その実態に迫っていきたい。

二　「唐房」に関する文献史料

天福元年（一二三三）、南都の楽人狛近真《こまのちかざね》が著した『教訓抄』巻第八・管絃物語・琵琶（『日本思想大系二三・古代中世芸術論』、『大日本史料』第三巻・四に所収）にみえる記事には、「抑太宰ノ帥経信ノ卿ノ申サレ侍ケルハ、ハナカタノ唐防ニテ引シヲ聞シカバ、アブト云虫ノ、アカリ障子ニアタルヲトニニタリトゾ、物語ニ侍ケル」とある。「太宰ノ帥経信ノ卿」の在任中とすると、一〇九四～九七年のこととなる。大宰権帥源経信は、「ハナカタノ唐防」で中国人の演奏する琵琶を聴き、その音色は「アブト云虫ノ、アカリ障子ニアタルヲト」に似ていると述べている。現在のところ、この「ハナカタノ唐防」が最初の「唐坊（防と坊は音通）」史料といえよう。ところで、「ハナカタノ唐防（坊）」とは、「博多ノ唐坊」（ナは衍字とみる）か、「宗像ノ唐坊」（ハはムの誤記とみる）か、解釈が分かれている。[注11] この史料からだけでは確定することが難しく、他の文献史料の発見や宗像地域における考古学の発掘成果を待ちたいが、「宗像」は本来、地名ではなく、「宗像ノ唐坊」という表現がとられることはないのではないか、という指摘[注12]から、「博多ノ唐坊」を指すものとして間違いないように思われる。

この『教訓抄』にみえる「ハナカタノ唐防」は、琵琶を演奏し、音色を聴くことができる部屋ないし住居と考

〔博多津唐房略年表〕

西暦	日本・中国	主なできごと	出典
一〇四七	永承二	大宰府、大宋国商客宿房の放火犯人を捕え、禁獄す	扶桑略記・百練抄
一〇六二	康平五	「来朝之唐人王満之宿房」で、茅香（萩・鹿鳴草）の香気ありという	香要抄
一〇八六	応徳三	**院政の開始**	
一〇九四〜九七		大宰権帥源経信、「ハナカタノ唐防」で、宋人が弾く琵琶の音色を聞く	教訓抄
一〇九七	永長二	大宰権帥源経信の死去に際し、博多にいた多くの宋人が弔問に出向く	散木奇歌集
一一一六	永久四	「博多津唐房」に、大山船の龔三郎船頭の房にて、有智山明光房の唐本を以て、『両巻疏知礼記』（『観音玄義疏記』）を書写する	両巻疏知礼記上巻・下巻
一一二五	天治二	宋人馮栄、銅製の経筒を造り、若杉山佐谷に埋納する	若杉山佐谷出土の経筒銘文
一一三二	長承元	来着した宋客の弟が殺害され、「唐坊」も焼かれるという事件が、陣定で仗儀される	中右記
一一五一	仁平元	大宰府検非違所別当安清、執行大監種平、季実ら、筥崎・博多の大追捕を行う。「始自宋人王昇後家、運取千六百家資財雑物」を、すぐ後段で「運取店（唐）坊在家之資材」と言い換えている	中原師尚勘状
一一五六	保元元	**保元の乱**	
一一五九	平治元	**平治の乱**	

えられ、一定の街区（エリア・空間）を指すものではなく、特定の建物を指すものと理解してよかろう。

二つ目は、従来から知られていた『両巻疏知礼記』（『観音玄義疏記』）の奥書である。今回、再度内容を検討してみよう。上巻の奥書（」は行替えを示す）には、

写本云、皇宋乾興元年歳次壬戌孟春正月二十有日、在レ於二明州一」国寧寺内東北角上眼房一、為レ法（令二脱カ）久住一、故書写了、年過二耳順一、」眼闇手振、狼藉尤甚、後見学者、垂二（容易一脱カ）、」求法比丘覚因記、一交了」
永久四年歳次丙申五月十一日、筑前国薄（博カ）多津唐房大山船」龔三郎船頭房、以二有智山明光房唐本一、移書畢、已上」
正応二年己丑三月卅日、於二台山西塔北尾花王房一、以二」東塔西谷宝蔵房本一、書写了」
同四月四日、比交、移レ點了、生年六十六、僧都能快」

一一六七	南宋・乾道三	博多居住の宋人三人、中国明州（寧波）の寺院の門前道路造営に際し、各々銭十貫文を寄進する	寧波の三石碑
一一六七	仁安二	**平清盛、太政大臣になる**	
一一六八	仁安三	栄西、最初の入宋のため「博多唐房」に達す	栄西入唐縁起
一一八〇〜八五	治承四〜元暦二	**源平の合戦**	
一一九二	建久三	**源頼朝、鎌倉に幕府を開く**	
一一九五	建久六	栄西、源頼朝を大壇越として、かつて宋人が建てた「博多百堂」の跡地に、聖福寺を開くという	栄西言上状
一二一八	建保六	綱首秀安（張光安か）・肥前国神崎庄官ら、大宰府使・筥崎宮雑掌を凌礫す。筥崎宮留守行遍ら、延暦寺末寺の大山寺寄人博多船頭張光安を殺す。よって延暦寺衆徒、神輿を振って嗷訴す	石清水文書・華頂要略・仁和寺日次記・吾妻鏡
一二一九	承久元	肥前国神崎庄官ら、通事船頭張光安が殺害された博多管内・所領らを庄領にされることを重ねて請う	石清水文書
一二二〇	承久二	宗像大宮司夫人張氏、阿弥陀経石に仮名書きの寄進文を刻む	阿弥陀経石
一二二一	承久三	**承久の乱**	

と記されている。

後世の写本で、奥書は書写ごとに書き継がれたものであるが、永久四年（一一一六）の条（下巻、および京都・要法寺所蔵『観音玄義疏記』の奥書もほぼ同文）は、書写した主語の記載がはっきりしないし、書写の場所を示す「於」（おいて）の文字もない。永久四年条の奥書をどう解釈するか、苦しむところである。しかし、「博多綱首《はかたこうしゅ》」張英（博多綱首とは、博多を拠点とする中国海商船団の長）が「鳥飼二郎船頭」と呼ばれていたことから[注13]、「龔《コン》《きょう》三郎船頭房」は、船頭房という房の住人すなわち龔三郎であり、「船頭房」とは彼の房を指すと解しておきたい。前稿において「龔三郎船頭房」を、龔三郎その人と解釈したことは訂正しておきたい[注14]。

書写の主体、書写の場所の両方を書き表しているとすれば、永久四年五月一一日に筑前国博多津唐房の大山船（大山とは、太宰府の大山寺で有智山寺ともいう天台系の九州拠点寺院のひとつ。大山船とは、この大山寺に関係する貿易船のこと）龔三郎船頭が自分

一二二七	安貞元	宗像社の僧色定法師、綱首張成・李栄らの援助により、文治三年（一一八七）からはじめた一筆一切経の写経を完成させる	色定法師一筆一切経の奥書
一二三二	貞永元	**幕府、御成敗式目を制定**	
一二四二	仁治三	博多綱首謝国明、聖一国師円爾弁円を開山として承天寺を開くという	聖一国師年譜
一二四三	南宋・淳祐三	聖一国師、中国径山（興聖万寿禅寺）の火災に際し、綱使謝国明と協力して板木を送る。それに対して無準師範ら、礼状を送り届ける	無準師範墨蹟
一二五二	建長四	幕府、大宰少弐資能に命じ、綱首謝国明が地頭と号して、宗像社領小呂島の社役を対捍するを停止し、社役を勤仕せしむ	関東御教書
一二五三	建長五	宗像大宮司宗像氏業と三原種延、「船頭」謝国明の遺領小呂島の領有を争う。博多綱首張興（御分通事）・同綱首張英（鳥飼二郎船頭）、西崎領主の所役として筥崎宮大神殿の玉垣を造る	六波羅書下／筥崎宮造営材木目録
一二六一	文応二	故鄭三綱真の子息である僧禅念、梵鐘を造り油山天福寺に寄進する	防府天満宮の梵鐘銘文
一二七四	文永一一	**文永の役（第一回蒙古襲来）**	
一二七九	弘安二	**南宋滅亡**	
一二八一	弘安四	**弘安の役（第二回蒙古襲来）**	
一六世紀末〜一七世紀初め		「大唐街」の伝承記事あり	日本風土記・武備志

の房で、有智山明光房の唐本（この唐本とは、宋の乾興元年〔一〇二二〕正月に中国明州（寧波）国寧寺の上眼房で、求法比丘覚因（比叡山延暦寺の僧）が書写し、一交〔校〕した『両巻疏知礼記』のこと）をもって移書（写書）したと解釈される。南宋の天台僧知礼が著した注釈書『両巻疏知礼記』（『観音玄義疏記』）を書写したとすると、大山船船頭の龔三郎（「博多綱首」と推察される）は、貿易船の船頭（船長）とはいえ、識字能力や仏教に関する相当な知識を有していたことになる。

一方、書写の主体は記載されていないと解釈すれば、大山船の龔三郎の船頭房で書写され、書き手は不明ということになる。どちらの解釈が妥当かは、この記述から判断するのは難しい。

問題は、「筑前国博多津唐房、大山船龔三郎船頭房」の、「博多津唐房」と「大山船龔三郎船頭房」の関係であろう。従来は、「博多津唐房」という唐人集住区（街区・エリア）内にある「大山船龔三郎船頭房」と理解されていた。しかし、「唐房」を唐人の居住する建物と理解すれば、博多津唐房である大山船龔三郎船頭の房（住居）、という意味になる。つまり、「博多津唐房」とは「大山船龔三郎船頭房」ということになり、大山船龔三郎船頭房が「唐房」そのものであったことになる。なお、前述の「ハナカタノ唐防」や「唐房」単独の使用例からすると、「博多津唐房」は「博多津の唐房」と呼ばれていたものと思われる。

三つ目は、平安後期の公卿、藤原宗忠《ふじわらのむねただ》（一〇六二～一一四一）の日記『中右記』長承元年（天承二年、一一三二）七月二八日条[注15]の記事である。陣定《じんのさだめ》の仗儀として、

有二陣定一（中略）右大臣被レ参被レ下二文書一、披見之処、長門守言二上宋客来着事一、件宋客弟、持二貨物一、来二着太宰府一之間、為レ人被二殺害一、被レ焼二唐坊一事、人々雖レ不レ同、予、定申云、被レ問二大弐卿一、慥遣二官使一、可レ被二沙汰一旨、委同左大弁定申（下略）

この史料は、渡邊誠氏が再発見されたものであるが[注16]、来着した宋客□が殺害され、その「唐坊」が焼かれるという事件が陣定で仗儀されていたことがわかる。なお、服部英雄氏は、「宋客□」を宋客弟と読むべきとされるが、ここでは服部氏の読みに従いたい[注17]。史料では「唐房」ではなく、「唐坊」（音通か）と表記されているが、この焼かれた「唐坊」は、宋客の弟（姓名は不詳）の「唐坊」（住居）であると特定することができ、唐人の居住する建物を意味すると解釈されよう。また、この「唐坊」が焼かれた事例は、永承二年（一〇四七）、鴻臚館での「大宋国商客宿房」の放火事件を想起させる。

四つ目は、『石清水文書』所収の文治二年（一一八六）八月一五日「中原師尚勘状《なかはらもろなお》[注18]」にみえる記事である。仁平元年（一一五一）、大宰府の目代宗頼の命によって、検非違所の別当安清、執行大監種平、季実らが五百余騎の軍兵を率いて、筥崎・博多の大追捕を行った。宋人王昇後家より始めて、千六百家の資財雑物を運び取り、筥崎宮に乱入し、大神殿・若宮殿・宝蔵等を打開いて、新造の御正体・神宝物を押取っている。その原因は明記されていない

が、大宰府府官中枢と筥崎宮の貿易をめぐる利権争いが背景にあったものと推測される。そのなかで注目されるのは、「始レ自二宋人王昇後家一運二取千六百家資財雑物一」の記述を、すぐ後段では「運二取店（唐カ）坊在家之資財一」と言い換えている点である。この言い換えの発見も、渡邊誠氏によるものである[注19]。

この場合、「運取」対象は「千六百家資財雑物」すなわち「唐坊在家之資財」であり、「唐坊在家」とは「始自宋人王昇後家、千六百家」を意味することになる。「千六百家」と表記されるように、「唐坊在家」とは「家」（建物）を指していたものと考えられる。

「唐坊在家」を「家」（建物）と解釈すると、次に「唐坊在家」とは何かということが問題となる。つまり、「唐坊在家」を「唐坊の在家」と解するか、「唐坊と在家」と解するか、ということになろう。「唐坊の在家」と解すると、「唐坊在家」とは、「宋人王昇後家」を始めとする唐人の居住する家（建物）そのものを意味することになろう。この場合、唐人の居住する家（建物）が「千六百家」あったということになり、現実的には考えがたいことになる。また、「唐坊と在家」とすると、「唐坊」は唐人の住居、「在家」は日本人の住居という意味にもとれるだろう。つまり、「宋人王昇後家」を始めとする家（建物）が「唐坊」、日本人の家（建物）が「在家」となる。合わせて「千六百家」という家数から考えて、こちらの方に妥当性があるように思われる。いずれにしても、「唐坊」とは「宋人王昇後家」を始めとする唐人の家（建物）を示すものといえよう。

なお、「宋人王昇後家」とは、従来の解釈では宋人王昇の未亡人（日本人妻）とされていたが、「後家」とは主人（宋人王昇）不在の家屋またはその経営体を意味するとみるべきであろう、と渡邊氏は指摘されている[注20]。

最後の五つ目の「唐房」史料は、江戸中期の禅僧・高峰東晙《こうほうとうしゅん》が編集した『霊松一枝』所収の「栄西入唐縁起[注21]」にみえる記事である。榎本渉氏によって、「栄西入唐縁起」は栄西本人か、または栄西にごく近い人物が記した信憑性の高い史料であるとされる[注22]。そのなかで、「二月八日、達二博多唐房一、未レ庸船解レ纜之前」と書かれ、仁安三年（一一六八）二月八日、最初の入宋のため栄西が「博多唐房」に到達したことがわかる。『興禅護国論』第五門（『日本思想大系一六・中世禅家の思想』に所収）では、「予、日本仁安三年（一一六八）戊子の春、渡海の志有り、鎮西博多の津に到る。二月、両朝の通事李徳昭に遇うて、伝え言ふを聞く、禅宗有りて宋朝に弘まると云々」（原漢文）と記載されている。「栄西入唐縁起」に記された「博多唐房」を「鎮西博多津」としている。「博多唐房」とは博多津そのものと解釈することもできるが、わざわざ博多津のことを「博多唐房」と記すであろうか。この「博多唐房」は、『興禅護国論』において栄西が宋朝で禅宗が弘まっていることを聞いたという、両朝通事李徳昭の「唐房」（住居）を指すものとも考えられる。博多に到着した栄西は、傭船《ようせん》（雇った船、つまりチャーターした渡航のための宋船）の手配、中国語のマスターや通訳のこと、禅宗の弘まりなど中国仏教の動向や情報の収集など、李徳昭の「唐房」において、着々と渡航の準備を進めていたのではなかろうか。

三　博多津「唐房」とは何か

前章で検討してきたように、史料にみえる五件の「唐房（坊）」、すなわち一〇九四～九七年の「ハナカタノ唐防（坊）」、永久四年（一一一六）の大山船龔三郎船頭の房（すなわち「博多津の唐房」のこと、推定）、長承元年（一一三二）宋客弟（姓名は不詳）の「唐坊」、仁平元年（一一五一）の「宋人王昇後家」の「唐坊」、仁安三年（一一六八）の両朝通事李徳昭の「唐房」（推定）は、推定も含めて特定の中国人の房（住居）を指していたと考えられる。推定を含んでいるので断定はできないが、「唐房（坊）」が特定の房（住居）であったということは、中国人集住区（街区・エリア）ではないとする上で、決定的な反証となるであろう。逆に、これまでの史料から「唐房（坊）」を中国人集住区（街区・エリア）であると論証することは難しいのではなかろうか。

また、「坊」は「条坊」「坊市」のように街区・まち、「僧坊」「宿坊」のように部屋・住まい・住居という両方の意味で使われるが、いっぽう「房」の方は、「僧房」や「工房」のように部屋・住まい・住居など建物の意味で使用されている。史料五件のうち、二件が「唐房」と表記されていることから、「唐房」（「坊」は「房」の音通と考える）は街区やまちではなく、唐人の部屋・住まい・住居などの建物を指すものと考えておきたい。

さて、これまでの「博多津唐房」に関する研究は、二人の考古研究者によってなされてきたといえよう。

そのひとり大庭康時氏は、「博多津唐房」は、はじめ港を中心とした「博多浜」（博多遺跡群の陸側二列の古砂丘を仮称していう）の西部にあったが、のち日本人と混住化したという説を展開されている。[注23] 一一世紀後半～一二世紀前半の時期は、宋人居住区「唐坊」や日本人居住区、宋人墓地「百堂」が並び、一二世紀後半になると、「唐坊」は消滅し、日本人と混住・混血した都市空間が出現するというものである（仮に「唐房」博多浜西部説としておく）。一二世紀後半からの混住・混血は、博多浜における貿易陶磁器一括廃棄遺構の西部から中央部への推移、陶磁器を開梱した場所を示す墨書陶磁器の西部での出土量の減少、とくに博多浜西部になかった日本式の土葬墓が一二世紀後半から西部を含めて全域に拡がることから論証されたものである。[注24]

遺物や遺構から都市景観の変化を追求されることに賛同するが、「唐房」を街区やまちを指すと解釈することには同意しかねる。そうではなく、部屋・住まい・住居など建物を指していると考え、はじめから中国人の住居と日本人の住居は混住状態にあり、時期とともに両者の混住・混血はさらに進んでいったものと理解したい。一三世紀前半に活動した「博多綱首」謝国明は中国・臨安府（杭州）の出身で、「卜居」は博多浜西部の櫛田神社《くしだじんじゃ》の側といわれ、承天寺《じょうてんじ》の南辺には謝国明の墓所があり、「大楠様《おおくすさま》」として今に伝えられている。[注25] 謝国明の住居は「唐房」といわず、単に「卜居」（住居）としているのは一三世紀以降の現象であろうか。現在、博多には「唐房」伝承地や「唐房」の地名（小字名など）が残っていないのも、それが最初から混住状態にあったことによるものと考えておきたい。

いっぽう亀井明徳氏は、鴻臚館からの連続性、警固武衛の観点から、「博多唐房」の範囲は六百メートル四方の博多浜全域であるという説（仮に「唐房」博多浜全域説としておく）を展開されている。博多（当時は博多浜のこと）は、博多湾に流入する比恵川《ひえがわ》（御笠川下流部の名称）と那珂川の合流する入り江が河口港となり、鴻臚館に比べて交易上有利であり、また、北は海、南は比恵川と西は那珂川、東は湿地帯で、四方を取り囲まれた博多（博多浜）の地形は、武衛上でも適地であったとされる。[注26] 鴻臚館からの連続性と警固武衛の点から追求され、「唐房」が博多浜全域に拡がっていたことには同意するが、イスラム商人が唐末以降から居住し形成された中国・広州の蕃坊《ばんぼう》を例として、博多（博多浜）の「唐房」も街区やまちを指すと解釈されることには賛成できない。

博多津の「唐房」は、一一世紀半ばの鴻臚館廃絶を受けて、博多浜にすぐ建造されたのではなく、「宿房」という一定の過渡段階を経て、初見の「唐房」史料が一〇九四〜九七年頃にみえるように、おそくても一一世紀末の時期には成立していたと推察される。一一世紀後半以降、東アジアや東南アジア各地へ中国人が移動し居住し始めるが、[注27] 博多津の「唐房」誕生は、この初期華僑の海外進出の波動の一環として理解されるものであろう。[注28]

ところで、この「唐房」は誰が建てたのであろうか。大宰府府官勢力によって起こされた、長承元年（一一三二）の宋客弟「唐坊」焼討ち事件や仁平元年（一一五一）の筥崎・博多大追捕の際、「運二取唐坊在家之資財一」という事件を考えると、大宰府府官たちが建てた「唐房」を、わざわざ自分たちで破壊するとは考えがたい。大宰府が建てて居住させた建物（大型宿舎か）ではなく、後述の宋人が建てた「博多百堂」と同様、宋人たちが建てた住居と付属建物であったと考えておきたい。「唐房」の管理を大宰府が行っていたとみえるのは、在家支配という大宰府による領域・人身支配のあり方として理解されるものであろう。[注29]

四　「唐房」のある博多はどんな街だったか

一九七七年から始まった福岡市地下鉄工事に伴う発掘調査によって、博多遺跡群、すなわち旧博多部の様相が徐々にわかってきた。

博多遺跡群では、一一世紀後半以降、貿易陶磁器とりわけ中国陶磁器の出土が爆発的に増加し、出土量が同時期の日本国内のどの遺跡よりも桁違いに多い。とくに、出土陶磁器中に占める中国陶磁器の比率がきわめて高いこと、「綱」銘や中国人銘のある墨書陶磁器が大量に出土すること、中国陶磁器の一括大量廃棄遺構が存在すること、貨物のコンテナとしてもたらされた大型容器（中国陶器の壺・甕類）が出土することなど、他の遺跡では見られない博多独自の特徴が指摘されている。[注30] これらの発掘成果から、一一世紀後半以降、博多には中国の海商たちが滞在ないし居住し、博多が日本唯一の国際交易拠点として存在していたと理解されるようになってきた。

博多区店屋町《てんやまち》冷泉公園《れいせんこうえん》東側では、波打ち際に廃棄された一二世紀初めの白磁の山が出土し、当時の港（荷揚げの浜）は博多浜の西側の入江部分、つまり比恵川と那珂川の合流する河口にあったと考えられる。大型の宋船や和船は、博多湾の水深の深い能古島《のこのしま》の島影などに停泊し、ハシケのような小船で西側入江の浜辺に着岸し、物資の荷揚げ、積出しを行っていたものと思われる。[注31]

一方、博多浜の東部では、「栄西言上状」[注32]（聖福寺《しょうふくじ》所蔵）にみえる「博多百堂」が宋人たちによって建てられていた。「栄西言上状」のなかで、「博多百堂」は「堂舎」「精舎」「仏地」とも表現されているが、その性格についてはさまざまな見解がある。大庭康時氏は、聖福寺境内出土の中国製骨蔵器や聖福寺北西出土の中国陶製経筒から、宋人墓地に建立された供養堂とする。[注33] また、常松幹雄氏は、祖霊を祀り、船出に際して航海安全を祈る、

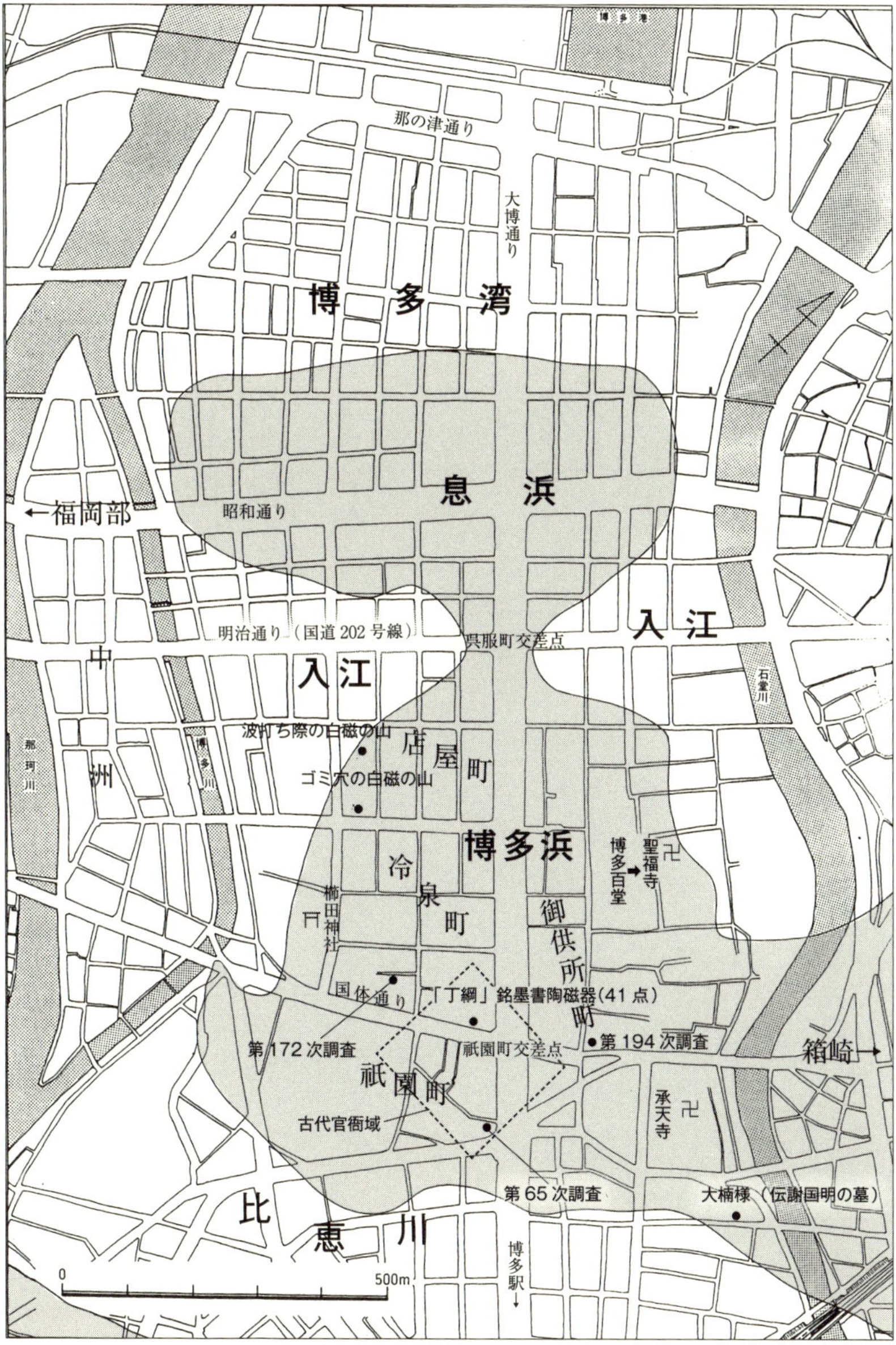

挿図2　12世紀頃の博多（推定図）
網掛け部分は12世紀頃の陸地、ゴチック体は当時の名称、明朝体は現名称を表す

中国系瓦の鴟吻《しふん》（大棟の両側に取り付けられた獣面魚身で憤怒相をした飾り瓦・役瓦、鯱の祖形という）で飾った祠堂とする。[注34] 私も、宋人らの墓所と付属した堂舎、ないし居住中国人の墓所・堂舎でかつ会館でもあったと述べたことがあるが、[注35] 結局のところ、この「栄西言上状」だけからでは「博多百堂」の性格を確定することは難しい。

その後、一一九五年（一説では一二〇四年）栄西によって、わが国最初の禅宗寺院聖福寺が「博多百堂」の跡地に建てられた。『興禅護国論』第五門・第九門にみえる「博多津両朝通事李徳昭」や、同じく『興禅護国論』未来記にみえる「鎮西博多津張国安」など、博多綱首と推測される宋海商による経済的援助によって、聖福寺は建立されたと考えられる。[注36] また、一二四二年には博多綱首謝国明によって、聖一国師《しょういちこくし》円爾弁円《えんにべんえん》を開山に迎えて、聖福寺の南側の地に承天寺が創建された。このように、博多浜東部は、博多居住の宋人たちの精神的な拠り所となる仏教系の宗教施設（禅宗寺院に限定する必要はない）が建てられた地区であったといえよう。

残念ながら、博多津の「唐房」の存在を示す確実な住居遺構は、現在のところ確認されていない。しかし、博多浜の中央部からは草花文の軒丸瓦、下端がフリルのように押圧された重弧文の軒平瓦、薄手で小振りの平瓦や丸瓦（出土数は少ない）、さらに大棟の両側に取り付ける鴟吻など、中国中南部に起源する一一世紀後半～一三世紀代の特異な瓦が博多浜のほぼ全域で発見されている。出土量が少ないことから屋根の一部や小規模の祠堂など、特殊な建物に葺かれたものという見解もある。しかし、廃棄された瓦片が路面舗装や瓦玉として再利用され、元の位置からの移動があったとしても、大量の中国系瓦が集中的に出土した博多遺跡群第六五次（馬場新町《ばばしんまち》交差点付近）、第一七二次（櫛田神社の東側）、第一九四次（聖福寺と承天寺の間）の調査地点は、唐房（住居）が建てられた位置を示すものと推定してよかろう。また、博多浜の中央部にあたる店屋町や冷泉町周辺からは、大量の中国製陶磁器類が一括して出土し、これらを取り扱う事務所や倉庫が軒を連ねていたと考えられる。唐房には、宋人の住居のほか、事務所や店舗、倉庫、祠堂、庭園のようなものも付属していたと推察される。

建物を表す「唐房」が、即「大唐街」やチャイナタウンのことを意味するわけではないが、唐房が博多浜に点在しながら、あるいは中央部に集中して建ち並ぶ姿は、結果としてチャイナタウンといえる都市景観を呈していたと考えることもできる。日本人の住居との混住の形態は、当初から想定される現象であろう。博多にはどれくらいの中国人が住んでいたか、明確な史料はないが、綱首（船頭）クラスだけでなく船員クラスの中国人の居住や、日本人の妻（中国人の妻など、女性は渡来していない）や子供、使用人の存在も考えられ、相当数の人たちが住んでいたと思われる。

博多では、「唐房」の中国人たちが使ったと考えられる一一世紀後半～一三世紀の生活道具が出土する。そこで、発掘された遺物などから、「唐房」に住む中国人の生活文化の一端をのぞいてみよう。

明州（寧波）周辺で造られ、博多に運び込まれた中国系瓦[注37]を葺いた建物に彼らは住んでいたと考えられるが、庭には、一説では中国中南部原産で一三世紀に博多に渡来したという（小学館『日本大百科全書（ニッポニカ）』など）ハカタユリも植えられていたかもしれない。[注38]また、日本では室町時代の一五世紀以降でないと普及しない中国技術で造られた結桶《ゆいおけ》が、博多では一一世紀後半、砂丘上に掘られた井戸の井側として、結桶の底を抜き、積み重ねた形で使用されていた。これは、日本人用の井戸としても利用されたものであろう。中国陶磁器一括大量廃棄遺構の木箱痕で確認された木箱とともに、結桶は陶磁器などの貨物を詰めたコンテナとして、博多に大量に持ち込まれ、転用されたものと考えられる。[注39]

藤原長子『讃岐典侍《さぬきのすけ》日記《にっき》』（『新編日本古典文学全集』二六などに所収）下巻には、服喪中である幼い新帝鳥羽天皇の嘉承三年（一一〇八）元日の配膳を描写して、「御台のいと黒らかなる、御器《ごき》なくて、土器《かはらけ》にてあるぞ、見ならはぬ心地する」と記している。「土器《かはらけ》」（小皿などの素焼き土器、基本使い捨て）は服喪中の配膳のほか、宴や神事の際に使う特別なものであり、天皇であっても常の食卓は「御器《ごき》」（蓋つきの木椀）中心であったことがわかる。

それにくらべて、洗えば繰り返し使用できる白磁・青磁の磁器や釉薬を掛けた陶器で作られた、色とりどりの碗、皿、鉢などが並んだ中国人の食卓は、まさに見ならわぬ光景であっただろう。食事も平底半円形の中国製捏《こね》鉢《ばち》で捏ねられた、うどん・そばなどの麺類や饅頭など、珍しい粉食（粉物）を味わっていた。また、栄西による茶種伝来を遡ること約百年、一二世紀前半に使用された天目碗（中国製黒釉陶器碗）の出土から、抹茶の緑が映える漆黒の天目碗でお茶を飲むという、薬用を兼ねた喫茶習慣もいち早くもたらされていたことがわかる。

ガラス製の双六子、小壺などの小型容器、護符と考えられる小型の璧状製品、ガラス玉やガラス棒、青白磁の合子や香炉、灯火器（燭台）など、珍しい調度品に囲まれた生活空間も想像される。[注40]また、時にはそこで琵琶の演奏を聴き、珍しい香薬を薫じて香りを楽しんでいた。博多綱首謝国明は、「鍼薬《しんやく》の術」（鍼灸）で熱病の人を治したと伝えられている。[注41]山内晋次氏が指摘されているように、博多の「唐房」は、音楽や芸能、医薬、科学など、知識や技術交流の場でもあっただろう。[注42]また、中国の七夕では、中空の素焼人形である磨喝楽（マコラ）人形を水に浮かべてお供えにするという習俗があるが、この磨喝楽人形が博多で出土するということは、年中行事とともに中国の習俗・慣習なども持ち込まれていたと考えられる。[注43]ただし、繊維や皮革製品などは土中では残りにくく、宋人たちがどんな服装をし、新奇のファッションをもたらしたかをうかがうことは難しい。

このように、当時博多には、宋代中国の新しい衣食住の生活スタイルが持ち込まれ、中国の風俗習慣が導入されていた。それがどれぐらい当時の博多で受け入れられ、普及していたかは検討を要するが、うどん・そばや饅頭、博多織や博多鋏など、中国伝来のものが「博多発祥のもの」として、現在に伝えられていることは、その普及の一端を示すものといえよう。

おわりに

本稿は、「博多津唐房」建物説という仮説で、都市博多の形成を追求したものである。史料を先入観なく、素直に読み返しているうち、「唐房」は中国人の集住地ではなく、中国人の住居を指しているのではないかと気づくようになった。それは結局のところ、拙稿で述べてきたことを次々と訂正、撤回することになり、自分にとっては随分辛い結果となってしまった。

従来、一二世紀末〜一三世紀初めに建てられた禅宗寺院聖福寺の創建を、都市博多形成の起点とする説が有力であったが、国際交流の拠点としての博多は、鴻臚館の廃絶を受けて、一一世紀後半以降、宋海商などの中国人の滞在＝「宿房」段階を経て、宋海商の居住を示す「唐房」の成立をもって生まれ、形成された都市であることが確認できたと思う。確実な住居遺構は現在のところ確認されていないが、唐房（住居）が博多浜に点在しながら、あるいは博多浜中央部に集中して建ち並ぶ姿が想像される。宋人が建てた「博多百堂」と同様、宋人たち自身が建てた「唐房」は、住居のほか、事務所や店舗、倉庫、祠堂、庭園のようなものも付属していたと考えられる。[注44]

国際交易・貿易という経済的側面に限定せず、文献史料や考古遺物などから、広くヒト・モノ・情報・信仰・生活などの交流を取上げ、「唐房」のある都市博多の光景にも触れてみた。不十分であったとはいえ、あえて本稿のタイトルを「国際交流都市博多」とした所以である。今後、博多の「唐房」研究は衣食住、風俗習慣、信仰などの生活レベルの方面に、[注45]また、博多居住の宋人たちと関係する博多の周辺地域や博多湾を取り巻く山岳寺院へ、[注46]と研究対象を拡げていくことであろう。

ところで、「唐房」にかんする最後の文献史料は、一二世紀後半の仁安三年（一一六八）、栄西の「博多唐房」到達の記事である。しかし、これをもって博多津の「唐房」は消滅・廃絶したと考えるのは早計であろう。「唐房」を博多居住の宋人たちの住居、「博多綱首」を博多に居住する宋海商とするならば、「唐房」という名称が史料上にみえなくても、博多を拠点にした博多居住の宋人たちの活動が消滅・廃絶した考えることはできない。博多津の「唐房」は、文献上一二世紀後半でみられなくなるが、それは日本人の住居との混住状態が進み、混血がさらに進んで二世、三世化が進んだ結果、「唐房」として特別に区別する必要がなくなったことによると一応考えておきたい。

博多居住の中国人に関する最後と思われる史料は、建長五年（一二五三）博多綱首謝国明の遺領に関するもの、文応二年（一二六一）の故鄭三綱真《ていさんこうしん》の子息である僧禅念が造り寄進した油山《あぶらやま》梵鐘銘文である。それではどうして一三世紀半ばに姿を消していったのだろうか。博多湾に侵攻した二度にわたる蒙古襲来の影響は決定的であったと思われる。

元の南下による大陸の戦乱状況、一二七九年の南宋滅亡による故国との交通遮断、さらに元支配下の南宋は日本の敵国となり、蒙古襲来後には弘安四年（一二八一）「異国警固条々」（『鎌倉遺文』一四四五六号）にみられるように、鎌倉幕府によって異国人への警戒・入国の阻止がはかられ、『元史』日本伝（岩波文庫『中国正史・日本伝』二に所収）にみえるように南宋出身の戦争捕虜たちの奴隷化がはじまっていた。三世の孫の代には日本人名を名乗り、日本に同化、帰化したものもいたであろうが、博多居住の中国人たちに対する、戦時下の強制送還や収容の可能性も想定される。

文献史料と考古学の発掘から、博多の街が蒙古襲来によって焼失したと断定することは難しいが、鎌倉時代後期、石清水八幡宮祀官の作とされる『八幡愚童訓・甲本』（『日本思想大系二〇・寺社縁起』などに所収）では、文永の役（一二七四年）において「博多ヲ逃シ落人ハ、一夜ヲ過テ帰リシニ、本宅更替果《ハツ》」と記しており、博多の街が相当の被害を被っていたことが想像される。文永の役後、博多の海側の砂丘「息浜《おきのはま》」に石築地（元寇防塁）が築かれ、[注47]一四世紀初頭前後からは、ある程度の規格性を持った街路、初めての町割が博多で実施されるようになったとされる。[注48]

「博多津唐房」をはじめとする中国人の居住は、一一世紀後半おそくても一一世紀末から、一三世紀後半に至るほぼ二〇〇年にわたり存続した。博多における中国人の居住は、蒙古襲来という対外戦争を機に消滅したが、博多の国際交流都市の出発点になったという歴史的意義は消滅しないであろう。

注

1 広く史料に当たらなければならないが、狭義の「博多」の地名は、平安時代後期の一一世紀になって現れるものと思われる。たとえば、『大弐高遠集』には「はかたにくたるひ、たちのきくの…」（博多に下る日、〔太宰府の〕館の菊の…）とあり、博多の地名が出てくる。藤原高遠《ふじわらのたかとお》（九四九～一〇一三）の大宰大弐期間は一〇〇四～〇九年であり、一一世紀初めである。なお、石堂川は戦国時代の一六世紀後半に開削され、それまで西流し那珂川に合流していた比恵川《ひえがわ》（御笠川下流部の名称）を北流させた川である。比恵川の旧流路には、博多の南側の防御施設として房州堀が築かれた。房州堀は江戸時代には埋まり田となっており、現在その姿をとどめていない。

2 福岡市埋蔵文化財調査報告書第一〇八六集『博多一三五』二〇一〇年など。

3 福岡市埋蔵文化財調査報告書第一〇二二集『鴻臚館跡一八 谷（堀）部分の調査』二〇〇九年、同第一一七五集『鴻臚館跡一九 南館部分の調査一』二〇一二年。

4 田島公「大宰府鴻臚館の終焉――八世紀～十一世紀の対外交易システムの解明――」（『日本史研究』三八九、一九九五年）。田島氏は、一一世紀前半から中頃にかけて、律令国家の対外交易システムは現地の大宰府府官に完全に委ねられ、府官が宋海商と直接に交易を行う形態に変容したとされる。一二世紀前半まで続くとする大宰府の管理貿易説については、大宰府府官層の動向、一一世紀後半から一二世紀前半段階での貿易の内実が問われる。権門貿易への移行時期も含めて、全体としてどう捉えるかが問題となろう。その場合、一一世紀半ばの鴻臚館の廃絶と宋海商の博多居住という事象は大きいと考える。

5 山内晋次「『香要抄』の宋海商史料をめぐって」（『東アジアを結ぶモノ・場』アジア遊学一三二、勉誠出版、二〇一〇年）では博多の「客館」「客房」とし、亀井明徳「鴻臚館と唐房の構造と機能」（『博多唐房の研究』亜州古陶瓷学会、二〇一五年、亀井氏最後の著書となったものである）では鴻臚館のものとされている。

6 前掲注5山内論文。

7 中国・寧波の天一閣にある三石碑では、博多の宋人三人が南宋・乾道三年（一一六七）、明州（寧波）にある寺院の門前道路造営に際し、銭十貫文を各々寄進したことを石碑に刻んでいる。宋人三人のうち二人は、滞在や居留ではなく、「居住」と明記している点は言葉の使い方として注意される。

8 福岡市博物館特別企画展図録『チャイナタウン展／もうひとつの日本史——博多・那覇・長崎・横浜・神戸——』二〇〇三年、掲載の写真・釈文を参照。

9 佐伯弘次「博多『大唐街』考」（福岡大学『七隈』二三、一九八六年）、同「大陸貿易と外国人の居留」（『よみがえる中世——東アジアの国際都市博多』平凡社、一九八八年）。林文理「博多綱首の歴史的位置——博多における権門貿易」（大阪大学日本史研究室編『古代中世の社会と国家』清文堂、一九九八年）で、私も同様の見解を述べたことがある。

10 榎本渉「『栄西入唐縁起』からみた博多」（『中世都市研究』一一、新人物往来社、二〇〇五年）。

11 山内晋次「平安期日本の対外交流と中国海商」（『日本史研究』四六四、二〇〇一年、のち同『奈良平安期の日本とアジア』吉川弘文館、二〇〇三年に収録）において、この史料を再発見し紹介された山内氏は、「ハナカタノ唐防（坊）」をナは衍字とみて「博多ノ唐坊」とする。それに対し、大庭康時「博多綱首の時代——考古資料から見た住蕃貿易と博多——」（『歴史学研究』七五六、二〇〇一年）などで、大庭氏は、ハはムの誤記とみて「宗像ノ唐坊」とする。

12 渡邊誠「大宰府の『唐坊』と地名の『トウボウ』」（『史学研究』二五一、二〇〇六年、のち同『平安時代貿易管理制度史の研究』思文閣出版、二〇一二年に収録）。

13 『筥崎宮造営材木目録』（石清水文書、『新修福岡市史』資料編・中世二・市外所在文書・二〇一四年、所収）建長五年の項。なお、博多綱首に関する史料については、林文理「『博多綱首』関係史料」（『福岡市博物館研究紀要』四、一九九四年）参照。

14　前掲注9拙稿。

15　服部英雄「チャイナタウン唐房――福岡市内および周辺トウボウ地名所在地の歴史的環境」（新修福岡市史・特別編『自然と遺跡からみた福岡の歴史』福岡市、二〇一三年、のち同『蒙古襲来』山川出版社、二〇一四年に収録）に掲載された宮内庁書陵部所蔵と京都大学総合博物館所蔵『中右記』の写真・釈文を参照。

16　前掲注12渡邊論文。

17　前掲注15服部論文において、「宋客弟」と解読されている。

18　前掲注15服部論文に掲載された石清水八幡宮所蔵「中原師尚勘状」の写真・釈文を参照。

19　前掲注12渡邊論文。

20　渡邊誠「年紀制と中国海商――平安時代貿易管理制度再考――」（『歴史学研究』八五六、二〇〇九年、のち同『平安時代貿易管理制度史の研究』思文閣出版、二〇一二年に収録）。

21　前掲注15服部論文に掲載された建仁寺両足院所蔵「栄西入唐縁起」の写真を参照。

22　前掲注10榎本論文。

23　大庭康時「集散地遺跡としての博多」（『日本史研究』四四八、一九九九年）、同「博多綱首の時代――考古資料から見た住蕃貿易と博多――」（『歴史学研究』七五六、二〇〇一年）、同『中世日本最大の貿易都市・博多遺跡群』（シリーズ遺跡に学ぶ・〇六一、新泉社、二〇〇九年）、同「博多津唐房以前」（『博多研究会誌』一三、二〇一五年）など。とくに、同「博多」（『季刊考古学』第八五号、二〇〇三年）は自説をコンパクトに展開されている。

24　一二世紀後半を画期とする要因として、仁平元年（一一五一）の筥崎・博多大追捕に求めることも可能であろう。「栄西言上状」（聖福寺所蔵）にみえる「博多百堂」の「破壊」も、この大追捕に関係するものかもしれない。その後、一一九五年（一説では一二〇四年）聖福寺建立、一二四二年承天寺建立など、博多の都市変化についてはほぼ五〇年の間隔で画期を考える必要があろう。今後の課題としておきたい。

25　この伝聞記事は、天保四年（一八三三）、承天寺第一一四世大完円証《だいかんえんしょう》撰「謝国明碑文」による。「謝国明碑文」の石碑は、天保七年に墓所とされる場所に建てられ、現存している。川添昭二「鎌倉中期の対外関係と博多――承天寺の開創と博多綱首謝国明――」（『九州史学』八八・八九・九〇合併号、一九八七年）参照。

26　前掲注5亀井論文。

27 和田久徳「東南アジアにおける初期華僑社会（九六〇―一二七九）」（『東洋学報』四二―一、一九五九年）、同「東南アジアにおける華僑社会の成立」（『世界の歴史一三　南アジア社会の展開』筑摩書房、一九六一年）。

28 前掲注9拙稿では、「博多津唐房は、中国泉州や広州にあったアラビア商人の居住地『蕃坊』や円仁の『入唐求法巡礼行記』にみえる楚州や漣水県の『新羅坊』と同じく、唐（宋）人の居住する坊市すなわち博多における中国人街を意味していた」と記したが、「唐房」を坊市や中国人街とする解釈は反省を込めて撤回しておきたい。

29 前掲注11山内論文において、山内晋次氏は「唐坊を実際に管理・支配していたのは大宰府であった可能性が高い」とされるが、「博多津唐房」建物説から本文のように理解しておきたい。

30 前掲注23大庭「集散地遺跡としての博多」論文。

31 港の位置を考える上で、博多浜西側の入海の奥に鎮座し、航海神を祀る住吉神社に注目する必要があろう。近年、発掘が進んでいる住吉神社遺跡の位置付けが待たれる。

32 前掲注8図録に掲載された写真・釈文を参照。

33 前掲注23大庭論文・著書。

34 常松幹雄「寧波『天封塔地宮』の銀殿について」（福岡考古懇話会『福岡考古』第二二号、二〇一〇年）。

35 前掲注9拙稿。

36 川添昭二「鎌倉初期の対外関係と博多」（箭内健次編『鎖国日本と国際交流』上巻、吉川弘文館、一九八八年）。

37 前掲注34常松論文、同「博多出土中世瓦の産地について（予察）」（『福岡市埋蔵文化財センター年報』第二四号、二〇〇五年）。

38 二〇〇五年、博多湾の人工島アイランドシティで開催された「全国都市緑化フェア　花どんたく」で見た、復活された幻のハカタユリ（鉄砲百合と同種）の淡い黄白色をした花が記憶に新しい。

39 三浦純夫「結桶の出現と普及」（同志社大学考古学シリーズⅣ『考古学と技術』一九八八年）、鈴木康之「日本中世における桶・樽の展開――結物の出現と拡散を中心に」（『考古学研究』四八―四、二〇〇二年）、前掲注23大庭「集散地遺跡としての博多」論文など。

40 佐藤一郎「博多居留宋人が遺したもの」（『福岡市博物館研究紀要』一八、二〇〇八年）。

41 前掲注25『謝国明碑文』による。

42 前掲注5山内論文。

43　前掲注40佐藤論文。

44　博多浜中央部にあった古代官衙域（現祇園町交差点を中心とした方約一町の区画で、一四世紀前半まで部分的に存続という）については、「鴻臚中嶋館」との関係、また「唐房」との関係、さらに「鎮西探題館」との関係が問われる。一一世紀半ばの鴻臚館廃絶後、それに替わる施設として区画内に複数の建物（ないし一棟の大型建物）が建ち、それを「唐房」と称した可能性も考えられる。「博多津唐房」建物説の展開のひとつとして、今後の課題にしておきたい。

45　大庭康時・佐伯弘次・菅波正人・田上勇一郎編『中世都市・博多を掘る』（海鳥社、二〇〇八年）、Ⅳ「都市の暮らし」などの諸論考はその貴重な成果といえよう。

46　それに関するものとして、森井啓次「墨書宋人銘の書かれた経筒」（『九州大学考古学研究室五十周年記念論文集　九州と東アジアの考古学』、二〇〇八年）、桃崎祐輔・山内亮平・阿部悠理「九州発見中国製石塔の基礎的研究――所謂『薩摩塔』と『梅園石』製石塔について」（『福岡大学考古資料集成』四、二〇一一年）、井形進『薩摩塔の時空　異形の石塔をさぐる』（花乱社選書、花乱社、二〇一二年）、久山町教育委員会『首羅山遺跡発掘調査報告書』（二〇一二年）、山口裕平・岡寺良「筑前・西油山天福寺跡の基礎的研究」（『福岡大学考古資料集成』四、二〇一一年）、林文理「油山天福寺」（福岡市博物館企画展示・解説リーフレット四五八、二〇一五年）など、ごく一部を掲げておく。

47　井上繭子「博多の元寇防塁」（前注45、所収）、大塚紀宜「元寇防塁と博多湾――防塁の構造とその戦略的機能について」（前注15新修福岡市史、所収）など参照。

48　佐伯弘次『日本の中世九　モンゴル襲来の衝撃』（中央公論新社、二〇〇三年）、前掲注23大庭著書など。両者とも、この町割の主体は鎮西探題の可能性が高いとされている。

Ⅳ　荘園支配と移動

国司の下向と帰京
――菅原道真と紀貫之を中心に――

木村　茂光

はじめに

国司・受領の任地への下向に関する研究は多い。例えば、倉田実他編『王朝文学と交通』[注1]には宮崎康充「国司の赴任とその儀礼」と戸川点「受領層の旅」が掲載されている。前者は、『朝野群載』所収の「国務条々事」[注2]や平時範が国守として因幡国に下向した記事を載せる『時範記』[注3]を用いて、その具体的な様相を復元しているし、後者は、同じく『時範記』や大江匡房と赤染衛門夫婦の尾張国下向の様子がわかる『赤染衛門集』[注4]などを素材に、「受領の旅」の様相をわかりやすく描いている。そして、最近刊行された舘野和己他編『日本古代の交通・交流・情報』の第二巻「旅と交易」[注5]には、西村さとみ「平安文学にみる交通」、坂江渉「平安時代の旅の作法」が所収されているという風である。

また、前述の『時範記』については、これまた最近、森公章『平安時代の国司の赴任――『時範記』をよむ――』[注6]が発刊され、前述の「国務条々事」や『今昔物語集』など他の史料も駆使して詳細な分析がなされている。さらに本書には、巻末に、国司が任地へ下向する際の詳細な規定である「国務条々事」の校訂文と訓読（案）が収録されており、[注7] 今後の研究の進展に大きな貢献をもたらすことは間違いない。

このように、研究の進展がめざましいにもかかわらず、その具体像を知ることができる史料が限られているテーマだけに、屋上屋を架すことを承知のうえで、これまでの成果を前提に、最近関心をもっている菅原道真の讃岐国下向と紀貫之の土佐国からの帰京を素材に、「国司の下向と帰京」の具体像を明らかにすることを目指したいと思う。その時、『菅家文草』[注8]に収録されている道真の讃岐国守時代に詠まれた漢詩文と、貫之が帰京の様子を歌日記としてまとめた『土左日記』[注9]を史料として用いたいと思う

一　「国務条々事」の構造と内容

まず、国守の任地下向の作法を記した「国務条々事」は『朝野群載』巻二二「諸国雑事　上」に収録されている。そこには、国司が任地に赴任するまでの作法が全四二条にわたって詳細に記されている。森は前述の校訂文で、その内容を以下の九つに分類している。

（1）出発準備：第一・二条　（2）行路の留意点：第三～六条　（3）入境：第七・八条　（4）着館：第九条～一三条　（5）着座と政治：第一四条～一七条　（6）交替政：第一八条～二二条　（7）収納：第二三条　（8）国内諸勢との関係：第二四条～二九条　（9）郎等などの統制：第三〇条～四二条

本稿は、国守の任国下向と帰京を主な対象にするので、（1）出発準備から（5）着座と政治までの条項を簡潔に紹介しておこう（表1）。

出発から入境・着館までさまざまな作法があったことがわかる。なかでも「吉き日（時）を撰」ぶことがたび

表1 「国務条々事」の条文

一条	不与状幷びに勘畢税帳を随身する事。
二条	任国に赴くは吉き日時とする事。
三条	出行の初日は寺社に宿すべからず事。
四条	京関を出ずる間、道神を奉幣する事。
五条	途中の闘乱を制止する事。
六条	前に吏幹・勇堪の郎等一両人を立たしめ、夕宿の所を点定せしむる事。
七条	吉き日時を撰びて境に入る事。
八条	境迎の事。
九条	吉き日時を撰びて館に入る事。
一〇条	着館の日は先ず任符を奉行せしむる事。
一一条	印鎰を受領する事。
一二条	供給の調備を停止する事。
一三条	着館の日、所々の雑色人ら見参を申す事。
一四条	吉日を撰びて着座する事。
一五条	老者を粛んで風俗を申さしむる事。
一六条	神拝の後、吉き日時を撰びて初めて政を行ふ事。
一七条	尋常の庁事、例儀式の事。

たび記されていることは（第二・七・九・一四・一六条など）、当時の貴族層にとって陰陽道に基づく吉凶が彼らの重要な生活規範になっていたことを示している。

　いくつか特徴的な作法を紹介しておこう。第三条は「世俗の説に云はく」とあるだけで、その理由は不明であるが、「索餅《さくべい》（うどん状の食物）を食さず、凶事を聞かず、寺中に宿せず、社頭に寄らず」とも記されている。

　第五条は、任国に向かう途中、郎等や従者が人や物を奪取したり、同僚と闘乱に及ぶことが多かったことに拠るようである。「郎等の中、清廉の勇士を撰び定め、件の事を制止せしむ」と記されている。そういえば、先に「国務条々事」を分類した際、「（9）郎等などの統制」が第三〇条から四二条まで計一三カ条に及び、全体の三分一弱を占めていることも、任国に向かう際に連れてゆく郎等を撰ぶのがいかに難しかったかがわかる。

　ちなみに、「国務条々事」第三九条には「五位以上の郎等を用ふべからざる事」が記されているが、国司の苛政を訴えた有名な「尾張国郡司百姓等解文」[注10]にも、尾張国守藤原元命の悪政の一つとして、元命が下向するたびごとに五位を含めた「有官散位の従類同じき不善の輩」を引き連れてくることが指摘されているから（第三〇条）、彼らと任国の諸勢力（在庁官人や郡司ら）と矛盾・対立は大きな問題であったのであった。

　第八条の「境迎《さかむかえ》」とは、新国守が任国の国境に至ったとき任国の在庁官人らが出迎える儀礼である。この条項の本文には「官人・雑人ら例に任せて来向す。或る国は印鎰《いんやく》を随身して参向し、或る国は官人・雑任らを引率して参会す」と記されている。とはいえ、厳密な作法はなかったようで、続いて「その儀式は土風に随ふのみ」とも記されている。

ここにも出てきた「印鎰」については第一一条に記されている。「印」とは国守が命令や許可の際に用いるその国の正式な印鑑であり、「鎰」とはその国の財源が納められている正倉の鍵のことである。この両者は国守の政治権力と財政権との象徴であった。すなわち、これも有名な『将門記』[注11]のなかには、将門が常陸や上野・下野の国府を襲って「印鎰」を奪う、という記事が散見するが、これはまさに国衙の権限（政治権力と財政権）を将門が奪い取り、支配下に置いたことを意味しているのである。

第一二条は、その本文に「新任の吏、国に着するの日以後三箇日の間、必ず供給を調備することあり。此の如きの間、所部の煩ひ無きにあらず」と記されているように、新任の国守などが任地に着くと三日間にわたって催される酒宴（「三日厨《みつかくりや》」）は、「所部」＝現地の官人たちの負担になるので中止するように、という規定である。しかし、その後に「但し国に随ひて例あり。若し指したる煩ひ無くば、例によりてこれを行わしめよ」ともあるから、一応、止めるように指示されているものの、実際は行われていたのが実情であろう。

第一五条は興味深い。その国の風俗・慣習を知るためには古老に聞くのがよいというのである。任国の状況は年ごとに変化するので、「高年の者をして諸事を申さしむべし。遍《あまね》く故実を問い、善政あらば、彼に就きて旧風を改むべからず」と本文にある。古老に聞いて、それが善政であるならばそれまでの風俗や慣例を変えるべきではない、としている。新任の国守が現地の社会や諸勢力と円滑に付き合うための重要な方策といえよう。実際、後述するが、讃岐守として赴任した菅原道真の漢詩文のなかには、古老との会話や酒宴がたびたび詠まれている。任地の古老から現地の実状を聞くというのは国守にとって重要な仕事であったことが理解できる。

最後に第一六条「神拝の後、吉き日時を撰びて初めて政《まつりごと》を行ふ事」をみておこう。この本文は短く「右、神寺及び池溝・堰堤・官舎の修理等なり」とあるだけであるが、実は国守が現地に赴任するにあたっての重要な儀式であった。

まず、神拝とは、国司が任国に赴任した際、管内の神社に参拝する行事を指すが、平安時代には簡略化されて代表的な二・三の神社に参拝するように変わり、その過程で国司が参拝する神社の格付けが進み、一宮制度が確立していったといわれる。

次に本文にある「神寺幷びに池溝・堰堤・官舎の修理等」を指示する政とは、平安時代後期になると、国守が就任後、任地に下向する前に使者を派遣してその命を伝えることが一般的になったようで、同じく『朝野群載』「諸国雑事」には但馬国の「初度国司庁宣」が所収されている。その事書だけを示すと、

一　恒例の神事を勤仕すべき事
一　池溝堰堤を修固すべき事
一　農業を催し勧むべき事

の三箇条から構成されていた。「官舎の修理」は記されていないが、他はまったく一緒であることから考えて、「初度国司庁宣」とはまったく儀礼的な吉書であったといえよう。「国務条々事」にこの「初度国司庁宣」に関する記載がない理由は不明だが、「初めての政」が神事および灌漑施設の整備・勧農に関する内容であったことは、国守の国務の課題として何が重要であったかを示していて興味深い。

やや長くなったが、「国務条々事」の「出発準備から着座と政治」までを概観してみた。これだけ煩雑な作法があるのだから、「国務条々事」のようなマニュアルが必要であったことも頷けよう。

では、このような作法は実際どのように行われていたのであろうか。まず、『時範記』に記された平時範の因

幡国下向の様子を、森の前掲書を頼りに簡単にみておこう。

二　『時範記』にみる国司の下向と帰京

1　出発準備

平時範が因幡守に任命されたのは承徳二年（一〇九八）七月九日のことであった。[注12] ところがなにか障りがあったのか、実際に任地に赴いたのは翌年の二月九日であった。準備はその前から進んでおり、同月三日の記事には、神祇官で行われる祈年祭の前に「賀茂幷びに平野社に詣でて赴任の由を申」したとある。そして、八日には殿（藤原師通）・大殿（同師実）らに挨拶をしたが、天皇には「昨年罷申」をしたので出向いていない。

九日は出発の日である。出門・反閇《へんばい》の儀（出発時に行く先の邪気を祓うための陰陽道の作法）を行って出発し西九条辺で「衣冠から布衣」に着替えた。いわゆる「乗替《のりかえ》」「懸替《かけかえ》」の儀式で、ここで旅装束に着替えたり、乗物を替えたりしたのである。[注13] その日は山城国と摂津国の国境である山崎に宿泊した。早速、石清水八幡宮の別当が食事を準備してくれた。

2　下向と帰京

一〇日は摂津国武庫郡河面《かわもの》御牧《みまき》まで行き、牧司の宅に泊まった。摂津守が馬や酒肴らを送って寄こした。

一一日は播磨国明石駅に宿泊した。播磨国司が饗餞・菓子・菖秣《まぐさ》を準備してくれた。

一二日に、国司の使者を召して国司に馬一疋を返礼した。その後、高草駅家に着いた。やはり国司が仮宿を鋪設し、粮米・菖秣などを準備してくれた。夜に入って、国司が馬一疋を送って寄こした。

一三日に使者を遣わして播磨国府に馬一疋を送った。「報謝のためなり」。佐用郡家に宿泊した。国司が粮米・莒秣らを送ってきた。

一四日に美作国を通過して美作と因幡の国境付近の境根の仮家に泊まった。これは美作国司が準備してくれた。また、饗饌・莒秣らも準備してくれていた。使者を遣わし、因幡国の在庁官人らに入境の儀礼を尋ねさせた。

一五日、美作国府の書生に馬一疋を送った。束帯を着、剱を着して馬に乗り、国境の「鹿跡の御坂」（志戸坂峠）を越える。「出発の準備」でみた「乗替」である。峰より出ないうちに下馬し在庁官人と対面した。「境迎」である。その後、智頭郡の駅家に至り、さらに惣社の西の仮屋に宿した。早速、符を税所に下して、請印・鎰取を行った。饗饌を準備してあるのは例の通りであるが（「三日厨」）、残りの二日間は以前に命令を下して止めさせた（「国務条々事」第一二条参照）。その後、神拝のこと、勧農のことを命じた。

一六日から二四日までは「京書に云く」と京からの書状の内容について記しているだけで、現地の動向はあまり記されていない。

二六日は神拝を行った。まず惣社に奉幣し、館侍一〇人を派遣して遠社に幣帛を遣わした。その後、国府所在の法美郡と隣接する高草郡の諸社＝宇倍宮（一宮）、坂本社・三嶋社・賀呂社・服《はとり》社・美歎《みたみ》社を巡拝した。神拝とは、国内の神社を崇敬することによって、在庁官人ら在地の諸勢力との融和を図り、国内支配を円滑に行うことと、実際に神社を巡察することによって施設の破損などを点検するという二つの意味があったと考えられる。

三月一日、惣社・宇倍宮に使者を遣わし「朔幣」を行い、その後「勝載」を初めて行った。「勝載」の詳細は不明だが、森は船の積荷に関する業務であろうと推測している。

二日は「政始《まつりごとはじめ》」である。饗饌の後、諸郡の神社修理の符、池溝修理の符を発した（「国務条々事」第一六条参照）。次いで国府の諸役所からの上申書に「返抄」を出した。また、諸郡司が「一把半利田請文《りでんうけぶみ》」を提出してきた。この「利田請文」は春の勧農に関するものであるが、その理解をめぐっては諸説出されているので、ここでは取り上げない。注14

三日、宇倍社に詣でて奉幣し告文《こうもん》を読ませた。この告文に「利田起請の趣」を載せた。

以下、六日から帰京の二六日まで国府での生活が記されているが、日にちと行事を記すに止める。六日：宇倍宮で百座の仁王会。一三日：宇倍宮で大般若経を転読。一五日：宇倍宮の春の臨時祭。一八日：運上米の祈禱のため五社に奉幣。仁王講を修す。一九日：館侍・国侍に競射をさせる。この間、在庁官人や郡司・郷司が時範に馬を献上した記事が散見するが、これは後に整理する。

いよいよ帰京である。二六日、宇倍宮に参拝して奉幣し、帰京を報告する。社司で介でもあった久経が餞を儲けてくれた。しかし、雨が降ったため出発は明旦に延引した。野見郷司が馬二疋を献上してくれた。

二七日、国府を発って智頭駅の仮屋に泊まった。土師郷司が馬一疋を貢した。

二八日、鹿跡の御坂を越えて美作国佐奈保に宿泊した。追捕使が餞を儲けてくれた。

二九日、追捕使に馬一疋を与えた。進発し佐用に着くと押領使が餞を準備してくれたので、馬一疋を与えた。播磨国平野に宿泊した。

四月一日、降雨。未刻魚津に着した。二日、生田社の辺りに宿泊した。三日、早旦進発し、夜に入り入洛した。早速、関白殿、大殿に帰京の挨拶をした。

3　小括

長い紹介になったが、平時範の因幡国下向と帰京の様子を概観した。特徴として指摘できるのは、下向の時に顕著であるが、宿泊に際しては明石駅や高草駅屋など公的な施設を利用する場合が多いことである。そしてそれに随伴して、各宿泊所で国司が仮屋を用意したり、食事や芻秣などを準備してくれていることである。これは時範が摂関家（師通・忠実）の家司であったためかも知れないが、当時の国司の任地下向に際しては概ねこのような公的な施設の利用がなされたのではないだろうか。

入境から「政始」まではかなり慎重にことが進められてことがわかる。「境迎」「三日厨」への対応、そして「神拝」と気を配りながら遂行していることが読み取れる。政始では「国務条々事」に規定された行事を行っていたことがわかる。とくに、一宮である宇倍宮にはことあるごとに参拝しており、新任国守が国務を遂行するうえで、現地の神社を崇拝することがいかに重視されたかを示している。二日の「政始」の最初に神社の修理を命じていることもそれを裏付けてくれる。

三つめは、馬の贈答が多いことである。下向から帰京までの間に、在庁官人や郷司などから時範に送られた馬の数は二三＋α疋に及ぶ。逆に時範が饗饌などの準備の返礼に送った数は三疋であるから、時範は二〇疋以上の馬を京に持ち帰ったことになる。馬は贈答儀礼において重要な「品物」であったのであり、だからこそ、宮廷で駒牽《こまひき》の行事が重視され、かつ後に東北地方の名馬が珍重されるようになるのである。

平時範の任国への下向の様子と国務の実際については、『時範記』が残されたお陰で詳しく知ることができた。しかし、出発から帰京まで約二ヶ月の短い期間であったこともあり、任国での国務は「国務条々事」の内容に沿うものであって、それほど詳しくなかった。そこで、次節では国務に関する漢詩文を多数残している讃岐守菅原道真の国守としての働きぶりをみてみることにしたい。

三　菅原道真の讃岐国下向と国務

1　讃岐国下向

道真が八年余り勤めた文章博士の職を解かれ、讃岐守に任ぜられたのは、四二歳の仁和二年（八八六）の正月のことであった。[注15] この突然の人事異動に驚き動揺していたことは、『菅家文草』巻三に収録されている漢詩に明瞭に表現されているし、これまでの道真研究の指摘するところである。例えば、大学寮の北堂（文章道の講堂）で開かれた送別の宴では、次のような漢詩を詠んでいる（一八七[注16]）。

北堂餞宴

我れ将《まさ》に南海に風煙に飽《あきだ》らむ
更に妬《そね》む　他人の左遷なりと道《い》はむことを
倩《つらつら》　憶《おも》ふ　分憂《ぶんいう》は祖《おや》よりの業《わざ》にあらぬことを
徘徊す　孔聖廟門の前

「分憂（国守）は菅家の祖業ではない」、「他人はこれを左遷というに違いない」といい切っているところに当時の道真の気持ちが十分現れている。

2　讃岐守の国務

道真はいろいろな思いを抱きながら、同年三月京を発ち、讃岐国へ赴任する。『菅家文草』には、赴任中に詠んだ漢詩が約一三〇首収められているが、それらの漢詩のなかから、道真がおこなった国務に関する詩文を摘出し、国守としての働きぶりを復元してみよう。

（1）さまざまな国務

まず、「以下卅四首、到州（讃岐国）之作」と記された二番目の詩に、「金光明寺百講会有感」という漢詩がある（一九一）。道真は三〇日より以来雨が雨が降らなかったが、今朝が降って草が青さを取り戻したのはすべて仁王般若経の霊験の賜物である、と詠んでいる。道真は赴任後間もなく仁王般若経百講に国守として参加し、降雨を祈ったのである。

同じような詩は、秋の重陽の節にも読まれている。「重陽日府衙小飲」という詩である（一九七）。国府で重陽の節を祝って小宴が開かれたのであろう。しかし、第五句・六句には小宴とは似つかわしくない内容が記されている。

盃を停《とど》めては且《しばら》く論《あげつら》ふ　租《いだしもの》を輸《いだ》す法
筆《ふみて》を走《は》せては　ただ書く　訴《うるた》へを弁《わきま》ふる文

秋は税の収納の季節である。重陽の宴を行いながらも、租税を徴収する方策について論じ、民衆からの訴状に対する判決文を書いている、作詩どころではない、という道真の心境が伝わってくるようである。ともあれ、これらの漢詩を読む限り道真は国務を勤勉に遂行していることが読み取れる。

なかでも道真の国務ぶりを鮮明に伝えている詩として有名なのが「行春詞」（二一九）と「路遇白頭翁」（二二一）であろう。

「行春詞」は「行春」＝春の国守の巡察に出向いたときの状況を詠んだ詩である。全体で四〇句からなる長い詩であるが、藤原克己のまとめに従えば、次のように区分される。

第一段（第一～一四句）：国守の任務は困難で、自分にはとても立派な治績をあげることはできない。せめて廉直な国守でありたい、という巡察に向かう前の心構え。

第二段（第一五～二八句）：実際に巡察に出かけ、部内の民衆の状況とそれへの対応を記している。これは後に具体的に叙述したい。

第三段（第二九～四〇句）：巡察を終えた道真の国守としての悲哀と懊悩。

第一段では、「才愚《さいおろか》にして　ただ傷《いた》める錦を嫌《きら》ふべし」（第三句：才覚も愚かで拙いが、まずい政治をして失敗しないか心配だ）などといいながらも、「行行《こうこう》　且《かつ》がつ稲梁《とうりょう》の登《みの》らんことを禱《いの》る」（第一四句）＝すべての行為は稲や梁（穀物）が豊かに稔ることを祈ることに関わっている、と国守としての責務を自覚している。

第二段では、巡察した部内の様子が詠まれているが、代表的なものを四句ほど上げよう。

雨を過《すご》して経営《けいめい》して府庫を修む（第一七句）
煙に臨みて刻鏤《こくる》して溝塍《わきま》を弁ふ（第一八句）
遍く草の褥《しとね》を開きて冤囚《えんしゅう》を録《しる》す（第一九句）
軽く蒲《がま》の鞭《むち》を挙げて宿悪《しゅくあく》を懲《ころ》す（第二〇句）

雨などで壊れた府庫の修理、溝や塍の補修、罪もなく囚われている人の救済、以前からの積悪を懲らしめる、などの仕事が詠まれているが、これは『律令』「戸令」三三、国守巡行条に

凡そ国の守は、年毎《としごと》に一たび属郡に巡り行《ある》いて、風俗を観、百年を問ひ、囚徒を録し、冤枉《えんおう》を理《おさ》め、詳《あき》らかに政刑の得失を察《み》、百姓の患《うれ》へ苦しぶ所を知り、敦《あつ》くは五教を喩《さと》し、農功を勧め務めしめよ。（後略）

などと規定された、[注17] 国守として当然しなければならない職務を遂行していることが読み取れる。ただ、これらの職務内容のなかに、

卑貧《ひひん》は富強に凌《しへた》げられむかと恐る（第一五句）

と記されていたり、第三段の最後に、自分は「州に到りて半秋　清《せい》と慎《しん》とを兼ぬ」（第三九句：讃岐へ来て半年、自分は清廉と謹慎をモットーに政治にあたってきた）と記した後、

恨《うら》むらくは　青青《せいせい》として汚染したる蝿あることを

（第四〇句：遺憾に思うのは、臭穢に群がる蒼蝿のように、腐敗汚染した輩がいることだ）

と記していることには注目したい。道真は、現実の社会では貧富の差による階層分解が生じていて、当時「富豪層」と呼ばれた階層が貧窮の百姓を犠牲にのし上がってきており、役人のなかにも律令の規定を守らず、私利私欲を貪っている階層が生まれてきていることを敏感に察知していたのである。道真の国守としての悲哀と懊悩は、このような変質しつつあった律令制社会の現実に起因するものだったのである。

このような悲哀と懊悩があったからこそ、次の「路遇白頭翁」という漢詩が詠まれたのである（二二一）。これも有名な詩なので、藤原の著書を参考にその概要を紹介しておく。

ある時、白髪ながら顔の血色の良い老人に会った。老人がいうには「私は九八歳、妻も子もいない貧窮の身。南山の麓の粗末な家に住んでいて、農業も商売もしていない。家財も一つの木箱と一つの竹籠があるだけです」。不審に思って、「ではなぜそんなに血色が良いのか」と尋ねると、老人はひざまずいて次のように語り始めた。

貞観年間の末から元慶年間の初めにかけての国守は非道な国守で、旱害や疫病が流行っても、租税を免除してくれず、哀憐を垂れてくれなかったため、村々はすっかり荒廃してしまった。ところがその後任に安倍興行というお方が介（二等官）として赴任すると、彼はあたかも奔波のように州内を巡察し、疲弊した州民に賑恤を施して下さったので、ようやく私たちの生活も安定し、他郷に逃れていた者も帰ってきました。さらに、その後任には藤原保則という方が守として赴任してきましたが、その方は名君で人徳もあり、要を押さえた政治を行いましたので、役人たちの不正・腐敗もなくなりました。このお二人の善政のお陰で私どもの

村も豊かになり、そのせいもあって私は近隣の人々に養ってもらっているのです。

安倍興行や藤原保則のような良吏であることに期待を受けつつも、道真はこの漢詩の最後で、自分には興行や保則のような良吏として働く能力もないと卑下しつつ、次のように自分の思いを吐露してる。

自余《このほか》　政理　変無《へんな》きこと難《かた》けむ（第五一句：前任の国守の政治と同じという訳にはいかない）

奔波の間《ひま》に　我は詩を詠《えい》じなむ（第五二句：私流で巡視も奔波のように続け、その合間に詩を詠みたい）

藤原は、この前の句に着目し、興行や保則のような古典的な良吏のやり方では民力をある程度回復できても、「租税や徭役を確保することはできない、租税や徭役を確保するためにはさらに何らかの変治・変法を講じなくてはならない」という道真の考えを読み取っているが、正鵠を射た評価であろう。先の富豪層の活動や私利私欲に耽る役人に関する詩文と重ね合わすと、道真の真意は十分理解できる。

さらに道真の批判は中央の貴族層にも及ぶ。「遊覧偶吟」（遊覧してたまたま吟ず）という詩はやはり国内を巡察していた時に詠まれたと考えられるが（二五六）、そこでは美しい讃岐国の自然が徐々に私的に領有されつつあるのではないか、という危惧を表しつつも、次のような句を詠んでいる。

京中の水ある地《ところ》　王公の宅（第三句）

畿内《きだい》の花咲く林　宰相の荘（第四句）

京中の池水のある風光明媚な土地は王臣家の邸宅に取り込まれており、畿内で花が美しく咲く所は大臣たちの荘園になってしまっている、というのである。九世紀後半より「院宮王臣家」と呼ばれる貴族層が土地の兼併を進めており、それが延喜二年（九〇二）に発せられた延喜荘園整理令の大きな要因であったことは有名な話である。道真はそのような動向が讃岐国まで押し寄せてきていることを看取し、歎き批判しているのである。

当代随一の儒家、菅原道真らしいといってしまえばそれきりだが、任国讃岐国で起きている「変化」を鋭く感知していたということができよう。だからこそ、前記の「路遇白頭翁」の中で「自余《このほか》　政理　変《へん》無《な》きこと難《かた》けむ」という句を発せざるを得なかったのである。

（２）旱魃と勧農

国務に関する記述が長くなったが、これとの関連で、道真の詩文のなかには勧農に関する詩も目立っている。とりわけ、仁和四年（八八八）には讃岐国は旱魃に襲われたようで、勧農に関する詩が多く詠まれている。

例えば、「四年三月廿六日作」という詩文は「到任之三年也」という付記があるように、讃岐国に下向して三年も経ったことに感じて詠んだものである（二五一）。その最後には、いよいよ四月に入るので鶯や花など風流心を忘れ、「冷《すさま》しき心もて　一向《ひたぶる》に農蚕《のうさん》を勧めむ」（第八句：ひたすら百姓たちが農業や養蚕に励むよう努力しよう）と記されていた。

また、「客居対雪」という詩では（二七六）、一夜で雪が一尺も積もるであろう、と記した後に次のように詠んでいる（第八句）。

祝著す　明年旱《ひでり》と飢ゑとを免《まぬか》れむことを　今年旱有りき、故に云ふ

讃岐国で一尺も雪が積もったことも興味深いが、それはさておき、道真は、大雪によって明年の灌漑用水が確保できて、きっと旱魃と飢饉を免れることができるであろう、めでたいことだ、と感慨を述べている。次の「酬藤十六司馬対雪見寄之作」でも（二七七）、第四句に「明くる年の　秋の稼《たなつもの》は　雲と平《たいらか》ならむ」と詠んでいるから、「今年」＝仁和四年の春に起こった旱魃がいかにすさまじいものであったかを示している。

実は、この旱魃に関する長い詩文（「国分寺蓮池の詩」）が残されている（二六二）。ここでは、その題文を紹介しておこう。

私が巡察に向かった時、国府の北に一つの蓮池があった。長老がいうには、この蓮は元慶年間までは葉はあったが花はなかった。しかし仁和年間（道真の赴任）になると葉も花も盛んに付くようになった。それで私は同僚と池中の蓮の茎を採って国内の二八箇寺に分け与えたので、みな感激して発心するほどであった。ところが今年の春より雨降らず、夏になっても雲がわかず、池底に塵が生じ、蓮の根気は枯れてしまった。仏の慈悲が及ばないのでないとしたら、人間の心が不信心になったからにほかならない。いささか文章を叙してすなわち以て嗟歎《さたん》すと。

この後、全四八句の漢詩が続くが、関係する句を摘記してみよう。

豈図《あにはか》りきや　此の歳　豪雨なからむとは（第二七句）
何なる罪ありてか　当州且《まま》に旱天《ひでりぞら》なる（第二八句）
祝史《しゅくし》は幣《へい》を頒《わか》つ社に馳せむことに疲《つか》る（第三三句）
禅僧は経を読む筵《むしろ》に著《つ》かむことに倦《う》む（第三四句）
笑ふことな　芳修《ほうしゅう》偏《ひとへ》に力少きことを（第四一句）
慙《は》づべし　政の理《ことわり》毎《つね》に愆《あやま》ち多きことを（第四二句）

道真が旱魃の対応に苦慮し、自分の政策に過ちが多いことを恥じていることがわかる。実は、道真は自分の政策を恥じて鬱々と漢詩文を詠んでいるだけではなかった。同じく『菅家文草』巻第七には「祭㆓城山《キヤマノ》神㆒文為㆓讃岐守㆒祭之」という「記」が残されている（五二五）。これは、仁和四年五月六日に降雨を城山の神に祈願した時の祭文である。「八十九郷、二十万口の若《ごと》き、一郷損すること无《な》く、一口愁へ无からませば」と祈願している。文章博士としての道真の面目躍如たるところであろう。ちなみに、「八十九郷」とは讃岐国の郷数、「二十万口」とは同国の人口を指している。

さらにこの年の一二月下旬、道真は同僚を率い、国府に部内の名僧を屈請して仏名礼懺会《ぶつみようらいざんえ》を修している。その時の詩文が「懺悔会作」である（二七九）。仏名会とは、毎年一二月の定めた三夜に、過去・現在・未来の三千仏の名号を唱え、一年の罪障を懺悔・消滅するために催された行事である。道真にとってはこの一年間の旱魃による悲惨な被害を懺悔・消滅する目的があったのであろう。内容は長くなるので引用は避けるが、ただその一句に「帰依す　一万三千仏　経中の仏名なり／哀愍す　二十八万人　部内の戸口なり」とあることを記しておこう。

（3）古老との対話

道真の讃岐時代の漢詩に老人との対話が多いことは藤原の指摘するとおりである。さきに紹介した「路遇白頭翁」はその代表といえよう（二二一）。

もう少し詳しくみると、老人・古老は道真が讃岐国に赴任して間もなくの漢詩に登場する。その最初は「重陽日府衙小飲」で（一九七）、「菊は園を窺《うかが》はしめて村老送る」（重陽の宴のための菊は村の老人が庭先から覗いて送ってくれる）と記されている。仁和三年正月の「旅亭歳日招客同飲」でも「招いた郷老」と酒を飲んだことが記されているし（二一四）、前述した「行春詞」にも「年高けた祝」「臈老いたる僧」が出てきていた。

あとは名称と詩の番号だけを摘記すると、「漁りの叟」（二一五）、「霜白の老」（二二七）、「翁」（二二八～二三一）、「釣叟」（二三五）、「釣を垂る叟」（二四九）、「邑老」（二五一）、「長老」（二六二）、「漁叟」（二七九）、「翁」（三一四）などを挙げることができる。漁師の老人が多いのは瀬戸内海に面した讃岐国だからかもしれないが、多くの老人が詩文に詠まれていることは間違いない。

そして、「旅亭歳日招客同飲」や「四年三月廿六日作」のように、老人とともに酒を飲んでいる情景も多い。これは「国務条々事」の第一五条に「老者を粛んで風俗を申さしむる事」とあったように、古老との会話によって風俗を知るためであったのではないだろうか。このような日々の付き合いがあったからこそ「路遇白頭翁」や「国分寺蓮池の詞」に記されたような内容が道真に伝わったのであろう。

道真の国務とは関係ないが、道真が老人を詠んだ詩としては「問藺笥翁」から始まる四連詩（二二八～二三一）は秀逸であろう。藺《いぐさ》で笥《はこ》を造ることを職業としている老人の生活が活写されており、道真の老人に対する目線を実感できて興味深いが、これはやや長いので、同様の目線をもつ短い詩を一つ紹介したい（三一四）。

野村の火
燈《あぶらひ》にあらず　燭《ともしび》にあらず　さらに蛍にもあらず
驚きて見る　荒《あば》れたる村の一つの小き星
問ふこと得たり　家の翁の病ひの困《くるしび》に沈みて
夜深くして　松節《たいまつ》の　柴の扃《とぼそ》を照すなりと

注：柴の扃＝入り口の粗末な戸

荒れた村に住み、病気が重くなった貧しい老人を照らす松明の小さな灯。道真の目線は非常にやさしい。これは、儒教道徳に基づいた社会的弱者への視線だけでは評価できない、人間道真の視線ともいうべきものであろう。

ところで、道真が讃岐国の民衆を詠んだ詩として有名なのが、赴任して間もなくして詠んだ「寒早十首」であろう（二〇〇～二〇九）。「何れの人にか　寒気早き」に始まるこの漢詩には、「冬になってだれよりも寒さが身にしみる人々」として走還人・浪来人・鰥人・狐人・薬圃人・駅亭人・賃船人・魚釣人・塩売人・採樵人の一〇の職業人が詠み込まれている。そのことから、『菅家文草　菅家後集』の校訂者川口久雄をして「平安社会の職業尽くしであり、貧窮問答歌ともいうべき秀作である」といわしめた作品である。

漢詩文としての文学的な評価はできないが、先の「野村の火」の病の翁に対する視線と比べるならば、官僚的というか、漢詩文作者としての目線が強いように感じられてならない。赴任して間もなく讃岐国の民衆の多様な職業と生活を鋭く描写した道真の力量に疑いはないが、その後の老人たちとの対話や描写のきめ細やかさとは比較できないように思う。「寒早十首」から「問藺笥翁」・「野村火」への視線の変化こそ、現地に根ざした国守としての道長の成長を示しているのではないだろうか。

（4）小括

以上、『菅家文草』の漢詩文の内容に手がかりに、菅原道真の讃岐国守としての国務ぶりについて概観した。全体の漢詩文からみれば多いとはいえないが、国守としての仕事を的確に行っていたといえよう。とくに勧農に関する内容が結構詠まれていること、仁和四年の旱魃への対応においては「祈雨の願文」が残されていたことは注目してよい。文章博士としての能力を遺憾なく発揮している。

また、古老を中心とした社会的弱者を詠んだ詩文が多いことは、国守としての仕事という以上の評価を与えてもよいのではないだろうか。国務と関係しないし、紙幅の関係もあって紹介できなかったが、「問藺笥翁」から始まる四連詩（二二八～二三二）は当時の民衆の生活をビビッドに描いた秀逸の作品だと思う。このような民衆に対する視線が、帰京後の道真の政治、漢詩文にどのような影響を与えたかについては分析する能力がないが、菅原道真研究の重要な視点になるのではないだろうか。

四　紀貫之の帰京と『土左日記』

1　『土左日記』の構造

紀貫之が土佐守として赴任したのは、『古今和歌集目録[注18]』や『三十六歌仙伝[注19]』などに記された貫之の経歴のなかに、「延長八年正月任土佐守」とあることから、延長八年（九三〇）であったことはまちがいない。道真より約半世紀後のことである。彼がどのようにして土佐国に下向したかは不明であるが、彼が任を終えて帰京した時の様子は『土左日記』によって知ることができる。

ちなみに、貫之が帰京したのは、『貫之集』[注20]の七一四番和歌の詞書きに、「延長八年とさの国にくだりて、承平五年に京にのぼりて」とあることと、『土左日記』に「それの年の十二月の二十日あまり一日の戌の刻に、門出す」とあり、京の邸宅に着いたのが某年の二月一六日の夜半であったことから、土佐国を門出したのは承平四年（九三四）一二月二一日、邸宅にたどり着いたのは翌五年の二月一六日ということになる。その約二ヶ月の帰路（船旅）を題材に書き綴ったのが『土左日記』であった。

さて、私は前稿[注21]で『土左日記』の主題について分析を試みた際、『土左日記』が三段に区分できることを提唱した。第一段は出発した一二月二一日から翌年の正月九日頃までで、「藤原のときざね」や「八木のやすのり」ら在庁官人と思われる人々が入れ替わり登場し、帰路の餞をしてくれた部分である。正月九日を過ぎるとこれらの人々は一切出てこない。

次にこのような人々が現れるのは、紀淡海峡を渡って淀川を遡上する時期に入ってからである。摂津国と山城国との国境である山崎に逗留したころから饗応する人々が現れるのである。したがって、この第一段と第三段の間が第二段となり、主人公の「ある人」と乗船した専女や童・女童などが和歌を詠み合い、「ある人」の批評が書かれる部分である。

私は、これらの事実から、第一段を「馬の餞する人々」の段、第二段を「船上で女・子どもが和歌を詠み合う」段、そして第三段を「饗応する人々」の段に区分するとともに、第一段と第三段を在庁官人らが登場することから公的世界、第二段はそのような人々が登場しない私的世界と捉え、『土左日記』の構造を公的世界から私的世界へ、さらに公的世界へと移行すると評価し、『土左日記』の神髄は第二段の私的世界にあると評価した。

前稿は『土左日記』の主題を解明することに目的があったので、第二段を詳細に検討したが、本稿では前土佐国守貫之の帰路の様相を明らかにすることが目的なので、第一段と第三段に焦点をあてて検討したい。

2　馬の餞する人々

日記二日目の二二日条には次のように記されている。

廿二日に、和泉の国まで、と、平らかに願立つ。藤原のときざね、船路なれど、馬のはなむけす。上中下、酔ひ飽きて、いと怪しく、潮海のほとりにて、あざれあへり。

「馬で行く陸路ならかまわないが、船で行く海路なのに「馬のはなむけ＝餞」をした（のはおかしい）」という『土左日記』の諧謔性を示す有名な箇所であるが、出発の日、「藤原のときざね」が餞として酒などを持ってきたので、みんな酔いしれて海辺でふざけ合った、というのである。次の二三日、今度は「八木のやすのり」がやってきて、彼も「馬のはなむけ」をした、と記されている。

実はこのような出立に際して船旅の平安を祈願する「馬のはなむけ」は、二七日に大津を出帆した後も正月四日まで続いている。その途中の鹿児の崎という所では、「守の兄弟、また他人、かれこれ、酒など持ち追ひ来て、磯に下り居て、別れ難きことを言ふ」というありまさである。出発に際して馬の餞が延々と行われていることがわかる。これら馬の餞をしてくれた人々の名前と日にちを整理すると表2のようになる。

すでに紹介した「藤原のときざね」「八木のやすのり」「守の兄弟」以外にも多くの人名が記されていることが知れよう。守の兄弟がいたり、講師（国分寺の僧侶）や医師が含まれていること、さらに藤原や橘などという古代以来の氏名をもっている人物がいることを考え合わせるならば、彼らが土佐国府を構成する在庁官人たちで

表2　人物名と登場日

一二月二二日	藤原のときざね
一二月二三日	八木のやすのり
一二月二四日	（講師）
一二月二七日	（守の兄弟）、藤原のときざね、橘のすゑひら
一二月二八日	山口のちみね
一二月二九日	（医師）
正月二日	（講師）
正月四日	まさつら
正月九日	藤原のときざね、橘のすゑひら、長谷部のゆきまさ等

あったことは十分想定できる。先の「『土左日記』の構造」で第一段を在庁官人が登場する公的世界と評価したのはこのことに拠っている。

貫之の国守としての治績と人柄の所為なのか、歴代の国守もこのような待遇を受けたのかは知ることができないが、『土左日記』の記述から、国守が任を解かれて帰京するする際にはこのような「馬のはなむけ」が行われたことを知ることができる。第一節で紹介した国守の下向に際して行われた「三日厨」に対応する宴会が行われていたのである。

3　饗応する人々

任国を離れる際に馬の餞が行われたのに対して、入京が近くなると行われたのが「饗応」である。『土左日記』では、先述のように淀川を上った山崎に泊まった時に明瞭に記されている。

（二月）十二日。山崎に泊れり。（略）

十五日、今日、車率《ゐ》て来たり。船のむつかしさに、船より人の家に移る。この人の家、喜べるやうにて饗応《あるじ》したり。この主人の、また饗応のよきを見るに、うたて思ほゆ。いろ〳〵に返り事す。

土佐から帰ってきた貫之の一行を温かく迎えいろいろと饗応してくれる人がおり、その饗応のみごとさにかえって鬱陶しさを感じた、と記した後に、その饗応に対して返礼をしたとも記している。貫之の鬱陶しさはみごとな饗応が返礼を想定したものであったからに違いない。

実はこのような経験はこれが初めてではなかった。これより七日前の鳥飼の御牧の辺りに停泊した時も、「ある人が鮮魚を持ってきてくれたので、米で返礼をした」という記事が記されている。そして、これにつづいて、

男ども、ひそかに言ふなり。「「飯粒して、鯱《もつ》釣る」とや」。

と記している。これは今でいう「エビで鯛を釣る」と同意の当時のことわざと考えられるから、土佐から帰京した貫之を認めて、鮮魚を送ってよこし、その返礼として鮮魚の価値以上の米を手に入れた、という意味になろう。

このような状況をはっきりと記しているのが、一六日条である。

かくて、京へ行くに、島坂にて、人、饗応したり。必ずしもあるまじきわざなり。発《た》ちて行きし時よりは、来る時ぞ人はかくありける。これにも返り事す。

後段だけ訳すと、「任国へ下向する時よりは帰京する時のほうが、人はとかくいろいろと（饗応を）するものである。これにも返礼した」となろう。『今昔物語集』にある有名な説話「受領は倒れるところに土をもつかめ」で活写されているように、[注22]任期を終えて帰京する国守はそれ相応の蓄財をしているのが常識であったから、それを知っている下級官人らが手を換え品を換えて、その蓄財を目当てに近づいて来た状況がみごとに叙述されている。このような饗応こそ、貫之にとっては「うたて思ほゆ」の要因であったのである。

4 小括

以上、『土左日記』を素材に、紀貫之が国守の任を終えて土佐国から帰京する状況を見てきた。ここには「国務条々事」や『時範記』にはみられない生々しい情景が広がっていた。貫之の離任を惜しんで「馬のはなむけ」をして酔いしれてしまう人々がいる反面、京に近づくにしたがって、任国中の蓄財を目当てに「饗応《あるじ》する」人々

が現れてくるのである。

これも有名な話だが、『枕草子』[注23]の二二段「すさまじ物」の一節に、今年こそ国司に任ぜられると思われた人のもとへ、任官された時は従者などとして雇ってもらおうと人々が群がるようにやって来たが、任官から外れたことを知るとあっという間にいなくなった、という話があるが、国司の富に群がる人々の「期待」がどれほどであったかをシビアに叙述した話として興味深い。

注

1 「平安文学と隣接諸学」7（竹林舎、二〇〇九年）。
2 『朝野群載』巻二二、「諸国雑事 上」（「新訂増補 国史大系」吉川弘文館）。
3 早川庄八「時範記 承徳三年春」（『日本古代の文書と典籍』吉川弘文館、一九九六年）など参照。
4 『群書類従』和歌部。
5 吉川弘文館、二〇一六年。
6 「日記で読む日本史11」（臨川書店、二〇一六年）。
7 佐藤信監修・朝野群載研究会編『朝野群載巻二十二 校訂と註釈』（吉川弘文館、二〇〇五年）も参照されたい。
8 『菅家文草 菅家後集』（川口久雄校注、「日本古典文学大系」岩波書店、一九六六年）。
9 『土佐日記 蜻蛉日記 紫式部日記 更級日記』（『土佐日記』は長谷川政春校注、「新日本古典文学大系」岩波書店、一九八九年）。
10 『平安遺文』三三九号、阿部猛『尾張国解文の研究』（大原新生社、一九七一年）。
11 「将門記」（竹内理三校注、『古代政治社会思想』岩波書店、一九七九年）。
12 『中右記』同日条の裏書に「除目聞書 因幡守平時範兼右少弁中宮／大進任中一（略）」とある（「増補 史料大成」臨川書店）。
13 大村拓生「儀式路の変遷と都市空間」（『中世京都首都論』吉川弘文館、二〇〇六年）。
14 森注5著書九六頁〜一〇〇頁参照。

15 讃岐守時代の菅原道真については、坂本太郎『菅原道真』（人物叢書、吉川弘文館、一九六二年）、阿部猛『菅原道真――九世紀の政治と社会』（教育社、一九七九年）、平田耿二『消された政治家　菅原道真』（文春新書、二〇〇〇年）など多数で扱われているが、本稿では、藤原克己『菅原道真――詩人の運命』（ウェッジ、二〇〇二年）から多くを学んでいる。

16 注8『菅家文草　菅家後集』からの引用には、同書の漢詩の番号を付した。なお、訓読・現代語訳も本書に依拠している。

17 『律令』（井上光貞他校注、「日本思想大系」岩波書店、一九七六年）

18 『群書類従』和歌部。

19 『群書類従』伝部。

20 『群書類従』第一四輯。

21 「『土佐日記』の主題について」（木村編『歴史から読む『土佐日記』』（東京堂出版、二〇一〇年）。

22 巻二八―三八話（「新日本古典文学大系」、岩波書店）。

23 「新日本古典文学大系」、岩波書店。

荘園制の成立と都鄙間交通

鎌倉　佐保

はじめに

荘園制とは、都に集住する荘園領主が諸国の荘園を個別的・集団的に支配する体制である。荘園の形成は、八世紀段階から院宮王臣家が山川藪沢を占めて百姓の業を妨げることなどが問題となっていたように、絶え間ない都から地方への働きかけ、都鄙間の人とモノの移動のなかで展開してきたといってよい。そしてこうした院宮王臣家の在地社会への働きかけに対応して、十世紀末には国衙支配が再編成され、受領のもと新たな徴税・輸納体制、都鄙間の流通網が形成されていく。[注1] しかし十一世紀以降も、都の勢力による私領・荘園形成の動きは形を変えながら展開し、院政期には荘園・公領の大きな再編のなかで、都鄙間交通も複雑に展開していくことになる。

本稿の課題は、こうした荘園制形成過程における都鄙間の人・モノの移動を跡づけることである。都の勢力による開発、所領形成の動きと国衙支配がどのように関わりながら都鄙の交通が展開していくのか、まず院宮王臣家に注目してその活動と都鄙間の人・モノの移動についてみたい。そしてそれに対応して形成される受領の国衙支配のもとでの都鄙間交通のあり方、さらに院政期、荘園・公領支配の体系が成立していくなかで、受領のもとに構築された都鄙間交通がどのように展開していくのかをみていきたい。院政期においては特に十二世紀以降、武士勢力が社会の様々な場面で重要な役割を担うようになる。近年の武士研究は特に武士の「移動する」存在としての側面に注目して新たな武士像を提示しているが、一方で武士は十二世紀の荘園公領制成立のなかで在地支配を担い地域社会に定着する存在でもあり、院政期における都鄙間交通を捉えるうえで、武士の存在を改めて位置づけておく必要があろう。以下、本稿では荘園制の形成過程を軸としながら、都鄙間交通の様相を明らかにしていきたい。

一　院宮王臣家・諸司の活動と都鄙間交通

院宮王臣家とは、史料上では「諸院諸宮王臣家」「諸院諸宮五位以上」などと表され、王族も含めた貴族、その家政機関をいう。院宮王臣家はしばしば「諸司・諸家」として諸司とも並び称されてその地方での活動が問題視され、たびたび禁圧令が出された。院宮王臣家に対する禁圧令は九世紀以降顕著となり、特に九世紀末～十世紀初頭、寛平～延喜五年（九〇五）までの間に、知られるだけでも二六もの禁圧令が発せられている。

延喜二年（九〇二）三月のいわゆる延喜荘園整理令とよばれる一連の禁圧令では、天皇の臨時の御厨と院宮王臣家の厨を停止すること、院宮王臣家が山川藪沢を占定して百姓の生業を妨げること、院宮王臣家が民の私宅を借りて荘家として稲穀等を集積し官物徴収を妨げることが禁止され、また勅旨開田の停止と院宮王臣家・五位以上が百姓の田地舎宅を買い取り土地を集積することの停止などが命じられた。[注2]これらは院宮王臣家が富豪層と結びついて国衙支配に抵抗し土地集積を拡大していくのを規制するものであり、また天皇の臨時御厨、勅旨田の停止は、それを支配した内膳司・内蔵寮の不法な活動を規制するもので、かつ院宮王臣家に追従しその活動を容認している国司の処罰も規定するものであった。[注3]

　こうした院宮王臣家禁圧令にもしばしば登場し、諸家・諸司の在地での活動を支えていたのが、諸家・諸司から派遣された使者であった。院宮王臣家・諸司の使が、往還において車馬・人夫を「強雇」するという行為はすでに九世紀前半以来禁止されていたが、山崎・大津の両津で諸司・諸家の人が権勢を借りて強いて車馬を雇うこと、[注4]また寛平六年（八九四）七月十六日太政官符によれば、路頭や津辺で綱領・綱丁等の官米輸送の駄馬や運船を奪い取り強引に雇う行為が訴えられ、尾張・三河・遠江・駿河・近江・美濃・越前・加賀・能登・越中等の国々にその禁止が命じられた。[注5]また院宮王臣家の使者は、封戸の未進調庸を直接徴収するため国司の許可なく部内に乱入して百姓を凌礫し、田宅を略奪し、未進分調庸だけでなく数倍の賄賂も徴収したとして訴えられ、[注6]輸納に携わり都鄙を往還した院宮王臣家の使者は、「桃染衣《アラゾメノキヌ》」を着て太刀を佩いた「火長」と称する随身を三四人従えて国内に入り百姓を冤凌したという。[注7]「桃染衣《アラゾメノキヌ》」とは本来衛士の着る衣で、火長とは衛士を統括する長または検非違使の下級職員をいったが、院宮王臣家ではこうした武力を組織し、使者に伴わせて在地支配に臨んだのである。

　院宮王臣家の「狩使《かりのつかい》」として冬に春に到来した使者は、在地で夫馬を借り求め、それが民の辛苦となっただけでなく、その従者が民家に乱入して財物を略奪するなどの放縦な行動が問題とされ王臣家の狩使が禁止されることになったが、この禁令では同時に五位以上・六衛府官人に対してもこの制を適用することとされている。[注8]

　また院宮王臣家・諸司は、国郡にふれずに百姓に代わって田宅資財の訴訟をおこない、[注9]さらに私に使者を派遣して土浪人・道俗等の訴訟を弁定し、[注10]直接家符を発給して郡司雑色人等を召し捕らえて勘責したうえ、多くの従類を率いて凌礫を加えるなど、[注11]百姓訴訟や非違検断にも直接関与していった。

都では、諸司・諸家の徴物使が、綱領郡司・雑掌が入京するや、運京した官物・私粮を責め奪い凌礫を加えたといい、[注12]大宰府では唐人商船が来着すると官使がまだ到着する前に院宮王臣家から遣わされた使者が競って唐物を買い求めるなど、[注13]院宮王臣家の使者は都鄙に行き交い活動を展開していたのである。

そうした院宮王臣家・諸司に臣従していく人々も多く、官人推挙の権をもつ院宮王臣家には下級官人が多く臣従し、都では市人が王臣家の家人となり、[注14]近江国では内膳司進物所や諸院諸宮が正員の贄人以外の土浪人に贄人身分の証である「腰文幡」を発給して特権を与えその数を増し、[注15]在地では課役を遁れようとする百姓が王臣家家人と称したり、都にのぼって豪家に属し、田地を寄進したりするなど、[注16]王臣家の権威を借りて国郡支配を遁れようとした。

在地の富豪層のなかにも諸司の史生以下使部以上、諸衛府の舎人、院宮王臣家の雑色となるものがおり、また官職についていない散位・位子・留省《りゅうしょう》などで在地に居住する者もいた。国司は、それらが国司の差課に従わないため官物輸納に堪える人がいないとして、延喜二年（九〇二）任中に一度彼らを「進官・留国の雑役」に用いることを申請し認められている。[注17]ただしこれは本司本主の職務がない場合とし、またこのうち封家の人がいた場合には、本主の封物納入を優先させるとしており、国司は諸司・諸家と在地富豪層との関係を認めたうえで公役を課し使役する権限を得ていったのである。

度重なる規制にもかかわらずこうした院宮王臣家・諸司と富豪層との結びつきは絶たれることなく、院宮王臣家の家人や諸司の官人等の在地での活動はその後も進展していった。国衙支配において、院宮王臣家や諸司に属して都鄙に活動する下級官人や国郡支配を離脱する在地有力者層をいかに把握していくかが大きな課題であった。

二　国衙支配の改編と私領・荘園の形成

院宮王臣家・諸司の在地への浸透、在地社会の変質に対応して、十世紀末には、国衙支配の責任と権限を担った受領国司のもとで、国衙機構が再編成され、身分特権に関わらず田積に応じて官物を徴収する新たな徴税制度が成立していった。注18 受領は、院宮王臣家や諸司に属して活動した下級官人を積極的に編成して郎等とし、ともに下向した子弟等とともに彼らを国衙の「所」の目代に配置して国衙機構を掌握し、検田使・収納使などの国使に任じて国務を担わせた。受領の子弟・郎等を中心とする家政組織が国衙機構の中枢を担い、在庁官人・郡司等を統括する構造へと国衙機構が改編されていったのである。

永延二年（九八八）尾張守藤原元命を訴えた郡司・百姓等解によれば、守元命は子息・郎等のほか「有官・散位」を引き連れて任国に下り、子息・郎等は到着するとすぐに郡郷に佃を設定して百姓等を使役して経営をはじめて巨利を得、また守元命によって加徴された正税利稲・租穀・地子・交易雑物等を徴収する「徴使」「責使」として強制徴収を行い、多額の供給雑事を責め取った。「有官・散位」は検田使として子弟・郎等とともに郡郷に入って検田を行い、検田に日数を費やしてその間の供給雑事を要求し、また収納に際しても、正物以外の土産や供給雑物を多数徴収したという。このとき守元命とともに下向した「有官・散位」のなかには五位の天文権博士惟宗是邦という人物や、内舎人橘理信・藤原重規などの名もあった。受領が「有官・散位」「五位以上諸司官人」を引き連れて任国に下ることはたびたび禁止されていたが、新任国司の心得を記した「国務条々事」注19 においても、特に五位以上の郎等は「不治の根本」であり国司にも制止しがたいので用いないよう記されている。「有官・散位」「五位以上諸司官人」は院宮王臣家禁圧令にも見られたように在地で国衙支配に対抗する存在であったが、受領は彼らと積極的に私的関係を結んで国務を担わせることで国衙支配を強化していった。「有官・散位」等も受領に従い国務の一旦を担うことで私富蓄積を目指したのであろう。

さて受領郎等の典型的な姿は、『新猿楽記』の受領郎等「四郎君」に描き出されている。四郎君は、騎馬・弓箭・算筆の才をもち、国衙の所の目代、検田・収納等の諸使を勤め、公文・儀礼も熟知し、「民を弊《ついや》さずして公事を済し、君の損なくしておのずから利ある上手」の者であった。新任受領は除目の朝には親疎を問わずこうした郎等を求めたといい、諸国の国務を担った受領郎等の家は常に豊かでにぎわい、諸国の土産を集めて貯えも豊かであったという。

また受領郎等には「清廉の勇士」「堪能の武士」を用いるのが受領の心得とされ、闘乱し不法行為をする郎等・従類を制止することが求められた。[注20] しかし実際にはその武力は尾張国郡司百姓が訴えたように国務執行に際して百姓等に向けられた。受領は、私的従者を中心とする直属の武士のほか、『高山寺本古往来』に見える鹿岡なる武者のような代々国司に召し仕われる国衙所属の国侍を警固や京上官物護送を担う「運米押領使」などに徴発した。[注21] 国侍は在京中の受領の京宅でも宿衛と奉仕にあたっており、在地に基盤をもちながら都鄙を頻繁に行き来し受領の国務、家政、家領支配にも携わった。[注22]

さらに受領は都には弁済使・雑掌を置いて、運上物を貯蔵管理させ、調庸物・料物・封物の弁済を担わせた。弁済使の史料上の初見は、天暦元年（九四七）閏七月二三日官符[注23]で、すでに十世紀中葉には受領が私的に弁済使を設置していることが問題視されているが、その後十一世紀初頭頃までには在京目代ともいうべき存在として定着し、国司在国中に封物の進納や仁王会料物・行幸召物など朝廷から臨時に賦課される諸役の進納を担うようになった。[注24] 弁済使となった者には、右近衛府生や、左大史などの官人もいた。[注25] 寛仁二年（一〇一八）伊予新司となった源頼光が在京しながら伊予国に庁宣を下し右近衛府大粮米を検封したとして問題となったとき子細を問われた

「目代伍倫朝臣（小野五倫）」も在京目代というべき存在であろう。[注26] 小野五倫は明法得業生から外記となり、その後伊豆守ともなった人物で、伊豆守に任じられた時、有能な目代を駿河国から招いたところ、その目代は元傀儡師であったという説話の残る人物であった。[注27]

弁済使が史料上に見られるのと同じころ、天暦二年（九四八）には、京都近郊に置かれた受領の倉庫の存在が確認でき、伊予国の米が山崎宅、備中国の米が西寺に隠し収められていたといい、検非違使が検封に遣わされている。[注28] この段階では受領の私的倉庫は違法であったが、十世紀後半になると、尾張国郡司百姓等解のなかでも受領郎等が元命の京宅に盛んに稲穀や物資を運送していたように、国内の検田強化や徴税制度の再編によって受領の私富は増加し、[注29] 京やその周辺に設置された倉庫に蓄積され、受領は朝廷や諸司・諸家の催促に応じてそこから物資を支払った。十一世紀初頭には、受領の私富は朝廷の財政に組み込まれていったのである。[注30]

さて、受領により国内支配や、都鄙の流通・交通が再編成されていくなかで、院宮王臣家の領有した所領は、経営の実態を失ったり、売買されたりするものもあった。その一方で、国衙の荒廃公田再開発奨励策によって再開発による新たな私領形成も進み、国司による免除を得た新たな国免荘の形成もみられるようになった。特に十世紀末〜十一世紀以降、そうした再開発を担ったのは下級官人・受領層であった。受領は諸国の国司を歴任しながら、負物代として田地を獲得したり、買得したりして私領を獲得し、任後も現地に留まって私領・荘園の経営をおこなった。前任国司の御館は、在地経営の拠点となったと考えられるが、また任後も国内の社交の場、情報交換の場として国衙と併存する私的都鄙間交流の結節点の一つとなったことも指摘されている。[注31]

また永承五年（一〇五〇）和泉国に下された太政官符では、「五位以下諸司官人以上」が多く部内に来住して、その伴類眷属が悪事をなし、諸家荘園を立てて国務に対捍し、平民の田畠を奪って私領とすることが訴えられ、「暴悪不善の輩」の部内居住の停止が命じられており、[注32] 諸司官人の地方での所領形成の活動が活発化している。

受領の家に生まれた平惟仲は、右大弁であった正暦三年（九九二）には故左大臣藤原仲平遺領紀伊国在田荘を買得し、その後長保三年（一〇〇一）までに山城・大和・摂津・近江・紀伊・美濃・丹波・河内などの国々に十九箇所もの荘園を領有するまでになっている。[注33] 私財を蓄えた受領や下級官人は、退転した院宮王臣家領を買得し、開発資本を投下して再開発を担いながら新たな私領や荘園を形成していったのである。

受領や下級官人の形成した私領・荘園の一部は、上級貴族や寺社に寄進され不輸不入の荘園となっていった。天喜元年（一〇五三）の伊賀国では藤原教通・藤原能信・藤原信長等摂関家の人々や内大臣藤原頼家・大納言藤原資平・民部卿藤原長家等の諸家の荘園や、伊勢神宮領、東大寺領の免田により官物弁進がなされなくなっていることが問題となっており、[注34] 下級官人層を中心とした都鄙間交通と在地での所領形成の動きのなかで、上級貴族の荘園や寺社領免田もその数を増し、不輸不入特権を獲得して国衙支配から離脱する動きも進展しつつあった。

こうした動きは、受領が下級官人を組織して国衙支配を再編成していったことと表裏一体の現象であったといえるだろう。受領自身も都鄙を行き交い私領・荘園を形成して上級貴族や朝廷に経済的奉仕をしていく存在であった。しかし、荘園の増加は次第に受領の国内支配を圧迫するようになり、受領は荘園にも臨時課徴を行う一国平均役賦課の認可を朝廷に求めるようになり、また十一世紀中葉になると造内裏役の賦課をきっかけとして荘園整理令の発令を朝廷に求め、免田拡大の抑制、荘園の停廃をおこなうようになった。[注35] こうした新たに始まった対荘園政策のなかで、下級官人層の私領や荘園の領有・経営は動揺し、十一世紀末の白河院政の開始以降、荘園の領有体系は新たな権力構造のもとに大きく再編成されていくことになる。

三　院政期における地方支配と都鄙間交通

院政の開始は、中央の政治体制だけでなく、地方社会にも大きな影響を与え、社会の大きな変動をもたらした。国衙支配においては、知行国制が展開するなかで、受領は在京化し遙任となり、国衙支配は、知行国主・目代・在庁官人などにより担われるようになった。また荘園領有は、荘園整理令によって強い規制を受け、安定的な領有・経営が揺らぐなかで、荘園はより高次の権威を求めて、院や摂関家に寄進されていくようになる。また院・摂関家をはじめとする権門の側も、財政基盤確保のため積極的に荘園領有に乗り出し、院権力の確立とともに地方支配は、新たに立荘された荘園と公領へと大きく分割・再編成されていった。都鄙を媒介する受領層のもとに蓄積された富をもって国家財政を支える構造は、この後、院権力を中心とした諸権門の家政機構による荘園・公領支配を通じて富を吸収する構造へと転換していったのである。

荘園領有においては、院政開始とともに、受領・下級官人のもとから多くの私領・荘園の券契が院や上級貴族のもとに寄進されていった。寄進地系荘園の例として著名な肥後国鹿子木荘の場合も、そのもととなったのは長元二年（一〇二九）に中央官人中原氏の沙弥寿妙が形成した私領であり、応徳三年（一〇八六）に寿妙の孫中原高方が大宰大貳藤原実政に寄進して預所となり、その後鳥羽院政期の保延五年（一一三九）藤原隆通による鳥羽院皇女高陽院への寄進によって、四〇〇石の年貢を出す高陽院領荘園として立荘された。[注36] 受領、下級官人の形成した私領・荘園は、十一世紀末白河院政開始以降、院・摂関家をはじめとする権門に寄進されて再編成され、寄進をした受領層は預所として荘園管理を担い、あるいは下司として土着していくものも少なくなかった。

また知行国制が展開するなかで国衙支配は、目代が都鄙を媒介する重要な役割を担うようになった。鳥羽院近臣藤原家成が国守となった加賀国で目代を務めた「善大夫」は、大治二年（一一二七）に家成のもとで加賀目代となり、加賀国に赴任して国務にあたったが、その後大治四年には越中守藤原公能の目代となり、同年十二月越中国が相博されて国守が交替すると目代を辞して上洛したが、新国司のもとでそのまま目代に起用されることになった。[注37]また善大夫は近江国の目代も勤めていたとみられ、諸国の目代を歴任する国務のエキスパートであった。加賀守家成のもとでは、鳥羽院領額田荘の荘務も預けられていたとみられ、国衙支配とともに家領荘園の支配をも請け負う存在であった。

こうした諸国の目代を歴任した下級官人のもとに宛てられた文書群である『医心方』紙背文書からは、国守と目代との間で、任初に命じられた八九項目に及ぶ国務注進の指示にはじまり、[注38]勧農についての具体的指示、[注39]勧農使や御封請使など使者の上洛についての連絡、[注40]保司職等の補任、[注41]郷知行の庁宣の執行に関する指示、[注42]院の高野詣料等の運上、[注43]国侍・国雑色・国舎人等の交名の注進など、[注44]実に詳細なやりとりが国守と目代との間で交わされて、国務が執行されていたことがわかる。京と加賀国の間では、脚力や使者が頻繁に行き交って書状を運び、時に目代自身も上洛して緊密な連絡がとられ国務が執行されていった。守家成の意を奉じて目代宛に書状を発給した藤原親賢も、もとは大工允、佐渡守を勤め、その後目代を歴任して、京沙汰人となり家成に仕えるようになった人物で、[注45]目代の実績をもって家成家に仕え在京して国務執行を担う存在であった。知行国支配や院領・院近臣領支配を支えたのは、まさにこうした受領の経験者で、都鄙間交通、国務に通じた目代であった。

こうした目代を歴任する下級官人はまた、荘園や郷保の沙汰人としても活動した。散位平資孝は、天永二年（一一一一）下総国目代となって下向し、その後保安元年（一一二〇）頃鳥羽院近臣の下北面藤原盛重が相模守となったときその目代をつとめ、また盛重が預かった丹波国六人部荘の沙汰人となった。しかし六人部荘の未進六〇石、相模国の官物未進一五〇九石の負債を負い、そのまま死去してしまったため、その子資基は京の屋地と屋敷を盛重に売却してその値五六七石分をその返済に宛てている。[注46] 資孝の請け負った年貢・官物の未進がどうして生じたかは不明であるが、単に在地からの徴収不能ということではなく金融の失敗というようなこともあったのではないかと推測される。荘園の沙汰人は、『医心方』紙背文書のなかにも散見され、現地を行き来して荘園年貢・地子米・雑事等の進済などに関わり、また郷保の知行にも沙汰人が置かれていた。沙汰人は荘園・郷保の知行者に雇われ現地の荘官との連携をとりつつ年貢等の進済を請け負ったのであろう。[注47]

因幡国の公文の弁済使であった検非違使府生内蔵経則が因幡国の数代の弁済使を勤めたといわれているように、[注48] 目代、弁済使などの在京の目代、沙汰人は、その実務能力によって諸家の地方支配を契約的に請け負い、諸国の国務・諸家の家政を支えた存在であり、職に表される知行体系とは別の次元で、実際の都鄙のモノ・人の移動に携わりその知行を支える存在であった。

さて、こうした請負契約的な目代を通じて地方支配が成り立ったのは彼らの専業的な実務能力とともに、国衙在庁官人、荘園や郷村を基盤とする在地領主を中心とする自律的な地域社会が形成されつつあったからであろう。それを十分論じることはできないが、それと関連して院政期の都鄙間交通を考えるうえで重要なのが、目代・沙汰人等の媒介する地方支配と重なり関わりあいながらも、それとは独自に都鄙を媒介した武士の存在である。九・十世紀以来、軍事貴族は国司や押領使などに起用されて叛乱鎮圧や治安維持の任にあたって地方に下向し、留住・土着し、交通・流通を掌握して都鄙にわたる広域的な活動を展開させてきたが、院政期になると、貴族社会内での武士の地位の上昇と政治権力を支える武力の重要性の高まり、地方社会における土地領有をめぐる混乱のなかで、武士の社会的役割は急速に増大し、都鄙にわたる活動はいっそう活発化した。

そのなかで荘園においては、荘園整理をめぐる荘園領主と国衙の対立を契機として、荘官に多く武士が起用されるようになり、また私領寄進を通じて下司等の所職を獲得していく。また公領においても、武士は積極的に再開発を請け負い、下司・郡郷司等の所職を獲得していく。院政期社会において武士は、治安維持、追討の武力としてだけでなく、現地支配者としての役割を期待されるようになり、荘園・公領の枠組の再編成に伴って荘園・公領に定着し、武士の名字の地の形成、本拠の形成が進行していくのである。[注49]近年の武士研究が注目するように、武士が本来的に移動する存在であることは間違いないが、[注50]一方でそうした性格をもちつつも、武士は十二世紀の社会編成のなかで本拠を形成し所職を獲得して地域社会に定着していったことも捨象してはならないだろう。受領支配に編成されたり、貴族の侍として仕えたり、武門の家人として編成されたりして、都鄙を移動して活動した武士は、十二世紀には都鄙間交通を担いながら地域社会に根を下ろし在地支配を担う存在として荘園・公領の知行体系に組み込まれていった。

また都では、院や摂関家に仕え権門の爪牙として編成された京武者が、王権や権門を支える武力として活動するとともに、交通の要衝を押さえ都鄙を行き交い、地方に拠点を形成して家人を編成し、一族間で分業しながら都鄙での活動を展開させていった。京武者の活動は、受領・目代の都鄙間交通とも重なる側面があるが、それとは異なる独自の側面も存在した。

河内源氏の凋落期に家督をついだ源為義は、摂関家に仕え、摂関家領の荘官等と家人関係を結び都鄙を行き交い活動したが、また熊野山や高野山覚鑁、箱根山別当行実など宗教勢力とも関係をもちながら地方武士の編成を進め、流通拠点を掌握していた。[注51]永久元年（一一一三）頃、為義は、相模守藤原宗佐の目代内記行遠という人物を代官として、相模国内に熊野山領愛甲荘の立荘をはかったとみられる。[注52]行遠は、もとは朝廷で内記の職にあった大夫（五位）で、目代に起用され相模国に下向したが、その娘大炊は東山道の宿駅、美濃青墓宿の長者で源義朝の寵愛を受けた女性であり、また為義自身も行遠の娘を妾としその間に乙若・亀若・鶴若・天王の四人の子をもうけている。目代として都鄙往来するなかで行遠は青墓宿の長者と婚姻関係をもったのであろう。行遠は、相模の目代を勤めながら、一方で為義の代官として熊野社領愛甲荘の立荘・領有に関わったとみられるが、この行遠の愛甲荘立荘への関与は、相模に勢力を伸張しつつあった横山党との衝突を引き起こし、行遠は横山党に殺害された。横山党は追討宣旨を受けたが、横山隆兼は為義の許しを得て愛甲荘の現地支配を任されたようである。為義は、摂関家の家政機構に属して活動をしつつ、地方で目代と連携して荘園領有をはかり、また一方で様々な機会を捉えて地方武士を編成していった。所領所職を確保し、地域社会の担い手として定着しつつあった地方武士にとっても、武門との主従関係は都の権力と繋がる重要なチャンネルの一つであった。地方武士は荘園・公領の知行体系のなかで諸権門と繋がるだけでなく、武門に編成されて都鄙の流通・交通を掌握し、京に出仕し、広域的な武士社会のネットワークを形成していったのである。

そしてこれ以後、鳥羽・後白河院政期の政治的混乱により武士の存在意義が高まるなかで、中央の政治状況の影響を受けながら地域社会の武士団ネットワークが形成され、平家政権の成立のなかで、平家を中心とした地方武士の家人編成、武士勢力による交通・流通の掌握が進み、武士勢力が都鄙間交通の主要部分を担っていくようになる。

おわりに

以上見てきたように、荘園制形成過程における都鄙間交通は、荘園の形成という動きに繋がる院宮王臣家・諸司等の活動、そしてそれに対応して受領の国衙支配のもとで都鄙流通、輸納体制が構築され、院政期になると荘園・公領の再編成、諸権門の家政機構による国衙・荘園支配、さらに武士勢力の台頭のなかで、都鄙流通網は複雑な様相をみせる。

最後に、院政期の都鄙間交通について整理をしておこう。院政期の都鄙間交通は、都と地方を媒介する様々な勢力によって網の目のように存在していたが、第一に、基本的な知行体系としては、荘園・公領のなかに武士勢力が組み込まれ、在地支配者として諸権門の地方支配を支える構造が成立した。武士勢力は、荘園・公領の在地支配を担いながら、都鄙に活動を展開し、また在地に定着して地域社会を編成していった。しかし、第二に、実際の国衙・荘園支配の実務、都鄙の人・モノの移動は、知行体系とは異なる次元で、諸権門と在地を媒介する目代・沙汰人によって請負的に担われた。これは前代に受領のもとで構築された都鄙間交通の展開といえるが、京近郊の倉庫や納所、借上等の金融業者、運送業者など、多くの流通に関わる人々が関係し、現実の都鄙間流通が成り立っていたのである。戸田芳実氏が明らかにした、近江国愛智郡の住人で、愛智郡司、院の召次別当、日吉社大津神人などの肩書を持ち、借上を営んだ中原成行は、まさにそうした都鄙を媒介する存在であった[注53]。そして第三に、第一・第二と重なりあい、関わりあいながら、武門による家人編成、権門による武力編成が展開し、武士相互のネットワークが形成されていった[注54]。以上が荘園制の都鄙間交通の特徴であり、院政期に成立した荘園制の構造であった。

注

1 佐藤泰弘『日本中世の黎明』（京都大学学術出版会、二〇〇一年）。
2 延喜二年三月十三日太政官符（『類聚三代格』巻十六、巻十九）。
3 吉川真司「院宮王臣家」（吉川真司編『日本の時代史5平安京』吉川弘文館、二〇〇二）。
4 貞観九年十二月二十日太政官符（『類聚三代格』巻十九）。
5 寛平六年七月十六日太政官符（『類聚三代格』巻十九）。

6　寛平三年六月十七日太政官符（『類聚三代格』巻十九）。
7　延喜元年十二月二十一日太政官符（『類聚三代格』巻二〇）。
8　延喜五年十一月三日太政官符（『類聚三代格』巻十九）。
9　寛平八年四月二日太政官符（『類聚三代格』巻十九）。
10　延喜五年十一月三日太政官符（『類聚三代格』巻十九）。
11　延喜五年八月二十五日太政官符（『類聚三代格』巻十九）。
12　寛平三年五月二十九日太政官符（『類聚三代格』巻十九）。
13　延喜三年八月一日太政官符（『類聚三代格』巻十九）。
14　貞観六年九月四日太政官符（『類聚三代格』巻十九）。
15　元慶七年十月二十六日太政官符（『類聚三代格』巻十九）。
16　寛平六年十一月三十日太政官符（『類聚三代格』巻十九）、延喜二年三月十三日太政官符（『類聚三代格』巻十九）。
17　延喜二年四月十一日太政官符（『類聚三代格』巻二〇）。
18　佐藤泰弘「徴税制度の再編」（前掲注1所収。初出は一九九〇年）。
19　『朝野群載』巻二二。
20　「国務条々」（『朝野群載』巻二二）。
21　戸田芳実「国衙軍制の形成過程」（『初期中世社会史の研究』東京大学出版会、一九九一年所収、初出は一九七〇年）。
22　『春記』長暦三年十月一日～十二日条。
23　『朝野群載』巻五一。
24　勝山清次「弁済使の成立について」（『中世年貢制成立史の研究』塙書房、一九九五年。初出は一九七五年）。『小右記』長和三年十月十五日条、長和四年五月六日条、寛仁元年八月五日条など。
25　『権記』長保元年十月八日条にみえる「伯耆弁済使平奉良」は右近衛府生とみられる（『小右記』長和四年五月三日条）、『小右記』万寿二年十二月一日条「周防弁済使惟宗義賢」は左大史であった（『小右記』長元二年閏二月十一日条）。
26　『小右記』寛仁二年四月一日、二日、三日、五日、八日条。
27　長保三年（一〇〇一）少外記、寛弘元年（一〇〇四）大外記となった。『今昔物語集』巻二八「伊豆守小野五友目代語」。

28 『貞信公記抄』天暦二年六月四日条。
29 寺内浩「受領の私富と国家財政」（『受領制の研究』塙書房、二〇〇四年所収）。
30 佐藤泰弘「徴税制度の再編」（『日本中世の黎明』京都大学学術出版会、二〇〇一年所収。初出は一九九〇年）。
31 戸田芳実「王朝都市と荘園体制」（『初期中世社会史の研究』東京大学出版会、一九九一年所収、初出は一九七六年）。
32 永承五年七月二十二日太政官符案（田中穣氏旧蔵典籍古文書）。
33 正暦五年九月二十七日紀伊国在田郡司解案、長保三年六月二十六日平惟仲施入状案（高野山文書）。なお平惟仲の在田郡の荘園経営については手嶋大侑「平安中期の年官と庄園」（『日本歴史』八三〇号、二〇一七年）がある。
34 天喜元年三月二十七日官宣旨案（三国地志巻一〇五、『平安遺文』七〇一号）。
35 一国平均役申請と荘園整理令については拙稿「荘園制と中世年貢の成立」（『岩波講座日本歴史　第6巻中世1』岩波書店、二〇一三年）を参照。
36 安元二年三月二日肥後国鹿子木荘文書目録（東寺百合文書）、（年月日未詳）鹿子木荘条々事書案（東寺百合文書）。
37 大治二年八月二八日額田庄寄人等解『医心方』紙背文書　戸田芳実前掲注31論文、五味文彦「紙背文書の方法」（石井進編『中世をひろげる』吉川弘文館、一九九一年）、安原功「院政期加賀国における院勢力の展開と在地社会」（『ヒストリア』一三六号、一九九二年）。
38 （年月日未詳）雑事注文（『医心方』紙背文書巻二五）。
39 （年月日未詳）某定文覚（『医心方』紙背文書巻二五）。
40 （年未詳）三月十五日散位藤原某書状（『医心方』紙背文書巻二五）。
41 （年未詳）五月二十五日散位藤原某書状（『医心方』紙背文書巻二五）。
42 （年未詳）四月六日散位藤原某書状（『医心方』紙背文書巻二五）。
43 （大治二年）八月二十六日国宣（『医心方』紙背文書巻二五）。
44 （年月日未詳）親賢奉書礼紙書（『医心方』紙背文書巻二五）。
45 （年月日未詳）散位藤原親賢書状礼紙書（『医心方』紙背文書巻二五）、五味前掲注37論文。
46 永久三年四月二十六日平資孝文書紛失状（九条家文書、『平安遺文』一八二三号）、大治三年六月平資基屋地去渡状（九条家文書、『平安遺文』補三〇三号）、天承元年八月日藤原盛重処分状（九条家文書、『平安遺文』補五四号）。

47　在京沙汰人については高橋一樹「中世荘園の荘務請負と在京沙汰人」（『中世荘園制と鎌倉幕府』塙書房、二〇〇四年所収、初出は二〇〇三年）。
48　『中右記』元永二年十二月二十九日条。
49　拙稿「荘園制の成立と武門支配の統合」（『歴史学研究』八四六号、二〇〇八年）。
50　野口実『列島を翔ける平安武士』（吉川弘文館、二〇一七）。
51　野口実『源氏と坂東武士』（吉川弘文館、二〇〇七年）。
52　『長秋記』永久元年三月四日条、四月十二日条、『殿暦』同年四月四日条、『吾妻鏡』建久元年十月二十九日条、「小野系図」（『続群書類従』第七輯）。
53　戸田前掲注31論文。
54　川合康「中世武士の移動の諸相――院政期武士社会のネットワークをめぐって――」（『歴史のなかの移動とネットワーク』桜井書店、二〇〇七年）

室町期都鄙間交通と荘園制・在地領主

――地域経済圏の展開との関連で――

湯浅　治久

はじめに

本稿は、室町期を中心にした都鄙間交通の特質を、中世的な支配の動向との関連で検討することを目的としている。この場合、「中世的な支配」として念頭にあるのは、荘園制と在地領主（武家領主）支配である。そして「都鄙間交通」とは、京都と東国をつなぐ東海道筋の（水陸を兼ねた）交通・流通を意味している。都鄙間における室町期の様相を、地域経済の在り方――とりわけ地域的な都市・農村関係の発展を前提とした地域経済圏の展開――を念頭に置きつつ考察してゆくことにしたい。それは以下のような理由による。

言うまでもなく、中世社会を通じて京都の持つ列島規模の求心性は絶大なものがあり、人・モノ・情報が京都に集中することや、逆に京都を経由してこれらが全国に拡散することは周知の事実である。鎌倉幕府の創設以降、俄に活発化する都鄙間交通においてもこの点は顕著である。しかし、単に交通の活発化を指摘するのみでは不十分である。中世社会の基本的な構造である荘園制や在地領主支配は、交通や物流の展開と密接に絡み合いながら、実現されたり変化したりしてゆくものであり、室町期の都鄙間交通の特質も、これらとの関連で解明される必要があるからである。筆者はこの点に関連して、いくつかの論考を公表しており、[注1]今回はそれらを総合して、この問題を考えてみたい[注2]。

一　都鄙間における在地領主の動向——西遷御家人と在京直臣——

1　西遷御家人の動向

近年、鎌倉期における御家人＝東国在地領主の所領は、荘園制の展開や新たな所領の獲得により、列島全土に広域的に存在しており、その支配・経営形態は、一族、代官の派遣により分業的に維持され、所領間における財の運用や、京都における諸活動により維持されていたことが明らかになっている。当然そこでは、水陸の都鄙の交通や、財の流通が独自に存在していた。筆者は御家人レベルの在地領主が独自な金融業者を組織して為替の運用などにより、各地の所領の財を運用しつつ負担を果たしている様を、千葉氏を事例として指摘した。[注3]その背景には都鄙間のモノや人の独自な往来が想定しうる。ではこうしたシステムはその後、どう変化してゆくのかという点が問題となろう。

南北朝期以降、在地領主が所領のうちから本拠地を選び、散在する所領を地域的に集中させてゆく事実がある。そのなかで彼らの所領構成が大きく変化してゆくが、その画期として近年注目されているのが一四世紀半ばの観応戦乱期である。山田徹は、南北朝期の前期（建武三～貞和五〔一三三六～四九〕）に在京活動をする東国出身御家人の多くが、その後は京都に定着せず、後期（貞治～永徳期〔一三六二～八四〕）に在京活動をする者との大きな差があることを指摘している。山田は室町幕府の在京直臣集団の基本がこの後期に形成されたとするが、都鄙間の武士については、駿河以西の武士が多く、伊豆以東の東国武士は基本的に排除されたものとなっている。[注4] 一方こうした動向を、吉田賢二は室町幕府への軍役勤仕の方法の変化より指摘している。吉田によれば観応期における戦争の頻発により、現地の勢力による在地領主の散在所領の押領が顕著になり、それまでの散在所領を前提とした軍役奉仕のあり方が守護を中心としたものに変化してゆくことを指摘している。[注5] こうしたことにより、南北朝期以降、列島各地に広域的に散在する在地領主の所領は、そのままでは維持することが困難になっていったのである。以下、具体的にみてゆこう。

まず東国下総の千葉氏のその後の動向を取り上げてみよう。千葉氏は鎌倉末期に守護家の千葉貞胤系と有力な同族胤貞系に分裂するが、胤貞系の胤泰が肥前に西遷する。その画期は建武~貞治（正平）年間で、この間に胤泰は肥前で所領を安堵し、京都の屋敷を小早川氏と争い、結果的に喪失している。これは鎌倉期に千葉氏が維持していた都鄙間の交流が途絶する過程を示している。胤泰の弟である胤継は下総の所領を継承し、千葉氏の所領は東西で分割知行され、以降具体的な交渉の痕跡が見られなくなる。[注6] また貞胤は当初下総の守護と、鎌倉時代以来の伊賀の守護に補任されていたが、伊賀はその後子の氏胤の代に遠江に交替となった。しかも遠江の方も貞和二年（一三四六）に解任され、以後は他の守護職は保持できず、基本的に東国で活動してゆくことになる。[注7]

では伊豆・駿河についてみてゆきたい。すでに相良氏などこの地域から西遷する氏についての指摘はあるが、[注8] その所領の動向を知ることができる氏族は限られている。まず天野氏についてみたい。天野氏は鎌倉初期の天野遠景を祖とする武士で、南北朝期以降、遠江・能登・安芸にそれぞれ分流する家を形成し、発展してゆく。その史料と所領の動向を俯瞰した福田榮次郎の研究[注9]をもとに概観してみよう。遠景の段階での天野氏の所領の全貌は分からないが、建長八年（一二五六）の孫景経の段階では武蔵・遠江・美濃・安芸・肥前に所領を有し、永仁段階の庶子顕政の所領にもほぼ同様の所領がある。所領が武蔵から遠江・美濃に展開していることに留意したい。この系統が安芸に土着して安芸天野氏になってゆくが、南北朝期の史料をみると、延文・貞治・嘉慶の将軍家御教書により安堵されている所領もほぼ同様で、伊豆天野庄とともに「京都屋地」も見える。ただこの天野氏（顕氏）段階では、「本領安芸国志芳庄」とあり、すでに安芸に本拠を移したものと考えられる。その後一五世紀段階でもこれら散在所領を書き上げた将軍の安堵状や、譲状もあるが、武蔵の所領を遠江と誤記するなど、現実に支配をしているとは言い難い。安芸天野氏の場合も、東国から東海、京都と展開した所領がやはり一四世紀半ばの段階で維持し難くなり、安芸へ本拠を移したと考えられよう。一方、能登に展開した天野氏も、鎌倉末期の段階で武蔵・遠江・美濃に所領を持つが、観応二年（一三五一）の段階から能登の所領に関与し始め、応永一九年（一四一二）までに遠江の所領の記載がなくなる。これ以降は能登国を本拠としたものと思われる。

　また遠江に残った一族があり、建武二年（一三三五）に天野経顕が鎌倉警固に携わって以降、庶子を輩出しながら遠江守護今川氏の麾下、戦国期には国衆となる。[注10]興味深いのは、景隆の時代、至徳三年（一三八六）、所領（大峰・平山・犬居）を横地長連らに押領され料所とされたことを破棄する管領斯波義将の安堵が行われていることである。[注11]横地氏は室町幕府の在京直臣であり、[注12]地域勢力化した遠江天野氏にとって、在京直臣の存在が脅威となっていたのである。

　以上の天野氏の事例は、千葉氏の場合と基本的に一致する。なお、同様な伊豆の武士として伊東氏がいる。伊東氏は室町期には日向に西遷するが、明徳四年（一三九三）、伊東祐安が祖父以来の忠節により、同族祐藤による押領を排除し、本領伊豆国伊東庄の安堵を幕府に願い出ている。[注13]この史料によれば、祖父祐茂の都鄙之忠功により賜った日向国都於郡に父祐重が下向して以来、基本的には鎮西と在京奉公をしていた伊東氏の家が、同族に押領された本領の回復を幕府に訴えている。敵対する一族は、鎌倉殿（鎌倉公方）への奉公により伊東庄を所持せんとしており、幕府と鎌倉府の軋轢を呼び込むものであった。日向伊東氏の場合も、この後は伊豆の本領を放棄せざるをえなくなったのである。

最後に遠江内田庄の地頭内田氏についてみよう。内田氏も南北朝期、承久の乱の勲功地である石見長野庄豊田郷に西遷して以降、その地で活躍するが、内田致景が内田庄内下郷惣領職を嫡子致世に譲り渡した貞和五年（一三四九）以降、[注14]内田氏の遠江国の所領を支配していることを示す所見が得られないので、この時期以降、遠江への関与が漸次なくなっていった。[注15]以上のように、在来の御家人クラス武士の多くが、東国・東海所領を放棄することを余儀なくされていったのである。

2　室町幕府在京直臣の動向

ところがこうした動向とは対照的な事例として、室町幕府在京直臣（以下「在京直臣」と呼称する）の所領の動向があげられる。さきに指摘した遠江横地氏は在京直臣の一人であり、その所領は御料所として一定期間、安定化をみた。横地氏については所領のあり方が明らかにできないので、[注16]ここでは先行研究が豊富な室町幕府の重臣である摂津氏と佐々木京極氏を取りあげて、都鄙における所領のあり方をみてみよう。[注17]

摂津氏は、中原氏を出自とし、鎌倉時代に幕府評定衆を勤める吏僚系の有力武士で、暦応四年（一三四一）、当時は室町幕府引付頭人である摂津親秀が譲状を書いており、当該期の所領の全貌が明らかになる。この譲状について、細川重男の整理によれば、その総数は畿内（山城・和泉）・東海（伊賀・武蔵・相模・駿河）・東山（美濃・上野・近江）・北陸（加賀）・山陽（備中・備後）・南海（土佐・伊予）の五道・全一四国に二一箇所あり、親秀はこれを、養子を含む一族一六人と氏寺二ケ所に分割して譲与していることが判明する。[注18]さらに当該期（南北朝期〜一四世紀まで）に確認できる摂津氏の所領を整理すれば、近江・尾張・下総・常陸・美作の四国の八箇所の所領をこれに加えることができる。[注19]これが摂津氏が一四世紀の段階で確保している所領の全貌である。その広域的・散在的なひろがりが、改めて特筆される。

細川も述べるように、一五世紀段階に至ると摂津氏の所領の大部分は急速に不知行となってゆく傾向があるが[注20]、とくに応仁文明の乱以降それは顕著になってゆく。しかし、少なくとも宝徳四年（一四五二）の摂津之親の段階で、所領として、洛中所々の屋敷、近江柏木御厨（三分一）、加賀倉月庄、駿河益頭庄、武蔵小沢郷、同小机保内重富名が幕府により安堵されていることは注目できる。[注21]都鄙間にそくして言えば、武蔵の所領についてはその後退転してゆく模様だが[注22]、駿河の所領は、後述するように例外的に維持されてゆくのであり、その意味するところが問われるだろう。

一方、京極氏の場合をみよう。京極導誉は足利尊氏ときわめて親密で、以来足利氏に従い各地を転戦し勲功を積み重ねる。それは導誉の子高秀、孫の高詮、その子高光らにも継承され、義詮・義満らからも安堵を引き出し、一四世紀を通じて厖大な所領を形成する。細川が指摘するように、その特徴として近江に勲功の賞の所領が集中することは事実である（約四分一）。しかし逆にその他の散在所領が存在することも事実である。そこには少なからぬ都鄙間の所領があることに注意をむけたい。およそ一四世紀を通じて、尾張・伊勢・三河・遠江・伊豆・相模・武蔵・下総・上総・常陸、或いは美濃に多くの所領を形成しているのである。[注23]この点を見逃すことはできない。

さて、摂津氏、京極氏の所領の以上のような性格を理解するために、重要なことがある。南北朝期における「守護使不入特権」を付与されたものが、両氏の所領に多いという事実である。吉田賢司は、観応三年以降の「守護使不入特権」の付与一九例をあげ、特に永和・康暦以降、在京徴証のある摂津・曾我・本郷氏らにこの特権が付与されていること、その内実は段銭以下の諸役の免除・京済であり、室町殿権力に直結した彼らが当該地の守護権力から独立する根拠となっていたことを論じている。[注24]ここには、摂津氏の駿河益頭荘（内焼津郷）・加賀倉月荘・近江柏木荘という根本所領が該当しており、さらに京極氏においては三河下和田郷・同渥美郡内所々・美濃所々・丹波世木村・「東国知行分」[注25]が該当している。これらが在京直臣の所領維持のための有力な施策であったこと、および都鄙間の所領維持に有効に機能していたことは疑いない。当該地域から西遷を余儀なくされる御家人らの所領との違いが際だっていることが理解できるのである。

以上、都鄙間の御家人クラスの武士の多くの散在的所領群が分解され東西に分裂することで、従来からの組織的支配が不可能となってゆき、御家人の組織自体が担っていた鎌倉期的秩序が崩壊したこと、それに対して幕府・守護の政治的なバックアップを受けた在京直臣系の武士が、比較的おそくまで遠隔地の所領を維持していたことを指摘した。在京直臣系の所領を再編した室町幕府の政治的秩序が、当該期の都鄙間には存在していたことになる。この点を、さらに荘園制の問題をも視野に入れて論じてゆこう。

二　都鄙間における本所領・武家領の交通形態

1　本所領の動向と交通形態

ここでは荘園（本所領）・武家所領が依拠する当該期の交通形態の特質を問題とする。近年南北朝～室町期の荘園制について、再編され一定度存続する点を重視する室町期荘園制論が提起されている。それは室町幕府の在京守護制と連動して維持され、室町幕府の地域支配としても評価される一方、東国における荘園制をいかに評価するかといった課題を残している。[注26]この点、井原今朝男は、東国本所領荘園の再編過程を論じ、具体的な年貢送付の事実と、武家権力の強制力（「武家御沙汰」）による維持を論じ、およそ一五世紀の第一四半期（応永末年）まで維持されると論じた。しかし筆者は、東国本所領荘園の年貢京上が、一部の例外を除いてほぼ一四世紀に途絶することを確認した。[注27]したがって一五世紀の東国と東海地域の地域構造と荘園制の問題は、都鄙の交通・流通との関連で独自に追究せねばならない課題である。[注28]

まず本所の独自の支配が継続的に確認できるのは、遠江までである。東大寺領蒲御厨、東寺領原田庄がそれであり、新興の禅宗寺院南禅寺領初倉庄もこれに付け加えることができる。これらは応仁・文明の乱の直前まで支配＝年貢の収取が確認できる。これの実現要因としては、新田英治が提起したように、京都を中心とした信用経済をふくめた独自の流通圏の東限が遠江であることが大きい。加えて守護斯波氏による流通への関与もあり、幕府―守護体制によるバックアップが存在していることがあげられる。こうした本所領の独自な展開は、駿河と伊豆の間に設定されていた都鄙（室町幕府・鎌倉府）の政治的な断層とは明らかなズレをみせている。後述するように、駿河には幕府の強力な政治的な関与による武家領・寺社領は存在するが、遠江にみられるような本所の独自な組織的支配の展開は確認できないのである。

ここで、遠江における三つの本所の組織的な荘園支配を確認しておこう。蒲御厨は鎌倉期以来の伊勢神宮領だが、明徳二年（一三九一）、地頭職を足利義満が東大寺に寄進して以降、支配が開始される。東大寺は収納帳・結解状を作成して年貢を収取し、応仁三年（一四六九）に至るまで支配が継続された。その形態は基本的には守護斯波氏の被官らによる代官請負で、代官非法が繰り返されるが、実態は守護の京都―国方組織による守護請とみてよい。つぎに初倉庄は、鎌倉期には安嘉門院が領家職ほかを、鳥羽院御願寺宝荘厳院が本家職をもっていたが、南北朝期になると領家職を南禅寺が、本家職を宝荘厳院を取得した東寺が持つことになった。本家米は在京直臣の勝田氏が請け負うが、やがて南禅寺が東寺に送進するようになる。南禅寺は貞治～嘉慶年間に足利義詮・義満に同庄を安堵されて以降、庄主による年貢収取が行われ、代官支配も機能し、ともども守護の違乱の排除が目ざされた。嘉吉三年（一四四三）、在地百姓と守護勢力の合意により年貢納法の変更が請状により確定されている。

最後に原田庄だが、永仁三年（一二九五）までに御願寺最勝光院が細谷郷の本家・領家職を、醍醐寺金剛王院がその他の本郷・幡鎌郷・吉岡郷・寺田郷の本家・領家職を知行する体制が形成される。その後南北朝期には最勝光院が後醍醐天皇により東寺に寄進され、細谷郷は東寺の支配下となる。この荘園は南家藤原流の地頭原氏の本貫地でもあり、原氏は原田庄の年貢請負にも関与していた。同庄では代官請負制が顕著で、守護被官を含む現地代官と京都の土倉らの連携による債務請負契約の実態が明らかにされているが、現地の寺僧代官が、実態は原氏の所縁のもので、原氏の京―遠江のネットワークとも重なるものであること、それは原田庄四郷の全体の年貢請負である可能性が高いことが指摘できる。

遠江の本所領支配を概観したが、その特徴をまとめると以下のようになる。まず幕府・将軍権力に密着し、守護斯波氏や現地の有力領主原氏とも回路を保持しており、代官請負や年貢送付を有利に展開したこと、また蒲御厨の東大寺と伊勢神宮、初倉庄の東寺と南禅寺、原田庄の東寺と醍醐寺金剛王院など本所権門の相互扶助による所務実現が意図されていることがある。これを階層としての本所の一種の共同知行とみることが可能である。そしてこれらの荘園には、地下人・地頭・諸公文らなど、活発な在地組織が窺え、独自に在京活動を行うような存在であったことがあげられる。このことにより、彼らは、いわば選択的に本所支配を受け入れていたと評価することができるのである。

そこでこうした本所領支配と交通との関わりについて論じよう。まず蒲御厨では、応永二九年（一四二二）に室町幕府奉行人連署下知状により、過所が発給されている。[注29] これには下向と上洛の人馬の諸関通過を保証しており、明らかに東海道の陸路通行である。当時蒲御厨の年貢はほぼ全て銭納となっており、軽荷を運ぶための路次保証が幕府によりなされていることになる。[注30] これに対して初倉庄では、応永二〇年（一四一三）、在京守護代の甲斐祐徳が在国する守護被官大谷氏に、年貢米の津料を免除すること、また駿河の小河津へ出した米を狩野氏が違乱することを禁じている。また翌年には年貢である榛原米運送につき「国中馬留」を免除している。これは湊への陸路搬送の保証であろう。[注31]

　これらからは、初倉庄の年貢が米であること、領国内の陸路もあるが重荷の故、舟運で運ばれていたこと、その津出を守護勢力が保証していること、利用する津（湊）が遠江ではなく至近距離である駿河小河津であること、などがわかる。海上交通における運搬ルートが、守護により保証されていた。蒲御厨とあわせて、水陸両様の交通手段の確保が確認できることになる。

　こうした畿内の本所の支配と対比して興味深い動きが窺えるのが、鎌倉寺社領に関する交通である。観応二年（一三五一）、駿河守護今川範国は、葉梨庄上郷・中郷等の地頭職を円覚寺に寄進している。また永和三年（一三七七）には浅服庄東郷と下嶋郷が、応安三年（一三七〇）に八楠郷が円覚寺領として確認できる。一五世紀、応永一六年（一四〇九）には伊豆の多留郷国衙職を上杉憲定が円覚寺正続院に寄進している。また円覚寺領では応安八年（一三七五）に鎌倉府が寄進した佐野郷が興味深い。佐野郷は守護今川氏を介さず当初鎌倉府が遵行を行うような独自な所領で、永徳二年（一三八二）には鎌倉府奉公衆大高成氏が代官職を二〇〇貫で請負う大所領であった。

　伊豆・駿河における円覚寺領の形成は、この地域が東国と親密性を有していることを示しており、遠江までとは対照的である。また円覚寺領の年貢運上は、永和二年（一三七六）に江尻津から鎌倉へ舟運で搬送されていたことがわかる。これも遠江から畿内へと向かう舟運とは対照的である。また円覚寺領については、応永八年（一四〇一）における伊勢氏との所領相博の事実が注目される。著名な円覚寺領の尾張富田庄が、幕府吏僚伊勢氏領上総三ケ郷と相博される。これは円覚寺領が、駿河までの範囲で機能することを示唆している。一方、応永三年（一三九六）、鶴岡八幡宮領である駿河楠木・長崎では、山伏の二階堂民部僧都宗祐が代官に補任されている。彼は「駿河ノ案内ニテ候」という鶴岡の供僧であった。おそらく相模から駿河にかけての山道にも通じた人物で、交通との関わりも窺える人事である。このように、駿河以東では、鎌倉寺社の支配所領が一四～一五世紀にかけて確認できる。これは遠江以西とは異なる状況である。これらは、鎌倉を中心としたいわゆる東国経済圏の交通形態の範囲で可能となったものである。畿内の本所領、鎌倉寺社の所領とも、独自の交通・流通圏内によりその支配が実現できていることを確認すべきであろう。

では、こうした展開を、いわゆる室町期荘園制論との関連で如何に評価すべきだろうか。筆者は近年、上総畔蒜庄亀山郷を分析して、円覚寺が一四～一五世紀にかけ荘園制的な支配を再編することを論じた[注32]。伊豆・駿河の所領も、基本的には同じ動向であり、鎌倉府と鎌倉寺社による一種の荘園制の再編を認めるべきと考える。しかし、畿内の本所の支配も含め、それは限定された枠内のもので、中世社会の成立と同時に列島規模で形成・展開した平安・鎌倉期の荘園制とはやはり異質なものである。守護・武士の政治的支配と、室町期的な交通形態に規定された特殊なシステムと把握すべきであろう。

2　武家領の動向と交通形態

一方、本所領とならび、武家の支配領域も存在した。しかしさきにみたように、御家人クラスの伝統的な武士の多くは西遷していた。残った武士たちの多くは、幕府と政治的な結びつきの強い者たちで、本所領・鎌倉寺社領を押領し、また代官請負などを通じて所領の把握にのりだし、また守護と関係を結ぶ武士たちもいた。確かに彼らは本所領にとって脅威ではあったが、一方的に侵略するだけでなく、幕府―守護支配のなかで一定の秩序を保った存在であった。それが都鄙間の一四～一五世紀半ばの状況であろう。加えて、前章でみたように、特権的に散在（遠隔地）所領を維持する在京直臣らの所領が存在した。これを本所領との対比でここでは武家領と呼びたい。この武家領も、幕府―守護支配の強い後ろ盾を持つという意味では現地の武士たちと同じであるが、一定

の武家領が、システムとして本所領と同時に存在していたことが室町期の荘園制としては重要である。[注33]

彼らの所領の支配のあり方については史料が少ない。しかしわずかでも言及しておきたい。まず摂津氏所領だが、前章でみたように享徳元年（一四五二）の段階で、駿河益頭庄、武蔵国小沢郷、同国小杋保が幕府により安堵されている。武蔵の所領は退転してゆくが、益頭庄には寛正元年（一四六〇）、摂津之親の使者置塩尾張守が下向している。これは荘内で違乱を行う者を追出すためとある。[注34]つまりそうした「支配」がこの時期まで継続していたことを示す事実であると考える。[注35]その後も之親は文明五年（一四七三）にも連歌師を伴い駿河に下向しており、「在国」しているふしがある。[注36]遠江における本所・武家領支配はこの直後、麻痺状態に陥り、文明九年の有名な大乗院尋尊の嘆き（将軍の下知に従わず年貢が進上されない）を受ける国に数えられることになるが、逆に考えると、本所領の終焉に至るまで武家領としての意識を失っていないのであり、両者がセットであることを示唆している。

つぎに佐々木京極氏の所領だが、これも前述した三河・美濃・丹波らの「守護不入」の所領の動向は不明であるが、唯一「東国知行分」については、その後の展開が概観できる。応永一八年（一四一一）に足利義持により安堵された「東国知行分」中、動向が判明するのは上総畔蒜庄である。南北朝期、畔蒜庄は佐々木導誉の所領としてみえ、その後子の高秀が継承したが、康暦元年（一三七九）の際義満に背いた咎で一端没収される。しかし応永元年（一三九四）、孫の高詮に返付された。その際に年貢内から毎月三〇貫を禁裏に出す禁裏御服料所に指定されている。この禁裏御料の代官として京極氏の支配は再編されたが、応永二三年（一四一六）の段階でも、京極氏は在京しているが、現地には又代官＝物政所が設置され、荘園として支配の継続が認められるのである。[注37]この事実からは、幕府による「東国知行分」の安堵が機能していたことが確実であろう。禁裏を本所とする荘園支配と佐々木氏の支配は、まさに共同知行としての東国荘園を一定の期間、維持させたのである。その意味はけして小さくはない。

いわば室町期の政治的支配に編成された本所領と武家領の連動したすがたであったのである。こうした点にも、武家領の交通形態が本所領と同じ性格のものであったことが窺えるのである。

三　都鄙間における地域経済圏の展開と在地領主

1　都鄙間における地域経済圏の展開

以上のような都鄙間の環境で、地域経済は如何なる特質を帯び、また如何に変化してゆくのだろうか。またその変化に在地領主層は如何に対応してゆくのであろうか。その際に重要なのは、代銭納の発達と地域経済圏の成立である。代銭納は、一三世紀半ばに年貢納入システムとして完成したとされている。軽荷である銭を京都に運ぶのは主に陸上であり、また割符の運用など信用経済ともリンクするもので、当然都鄙間にもその影響がある。銭納の背景には地域での換金システムの成立が不可欠であるが、都鄙間でその具体像をさぐる必要がある。これらを一言でいえば、地域経済圏が都鄙間という地域に如何に形成されるか、ということになろう。

すでに井原今朝男は、南北朝期の建武二年（一三三五）、東山道筋である信濃国伴野庄で、百姓らにより納入された年貢銭が荘内の二日町屋の商人によって割符に仕立てられ、大徳寺に送進されている事実を指摘し、地域的市場が成立することで、銭貨の運用とあいまった信用経済による京都と地域社会の連結を論じている。[注38] 一四世紀前半におけるこうした地域経済がその後発展してゆき、室町期における荘園制的な収取を支えるに至ることは容易に推測できよう。都鄙間の陸路には多くの宿が鎌倉期より存在しているが、南北朝期をふくめ、それは宿泊や交通の便宜をはかる施設のある場であり、かつ軍事上の拠点となるものであった。そこに流通拠点としての性格が顕著にみられるようになるのは、およそ一四世紀後半からであると考える。[注39]

具体的な事例として、まず三河額田郡山中郷の事例を検討する。山中郷は中心を東西に東海道が通過するところで、本来は公領であったものが、南北朝期には室町幕府の御料所となっていた郷である。その後、康暦二年（一三八〇）に、東寺西院造営料所として東寺に付された。この山中郷については、東寺の造営料所となる以前の永和三年（一三七七）九月の年号を持つ、「南方」「北方」二通の帳簿が残されている。「北方」帳簿が東寺に伝来していることからして、東寺造営料所となるにあたって手にいれられた幕府御料所時代の年貢の算用帳であると考えられる。[注40]ここには、おそらく東海道を軸にして南北に分割された山中郷の年貢の名寄部分とその算用が記載されており、当該期の年貢品目と算用の実態を窺える。その主な区分は、「銭分」と「米分」で、ともに名編成の耕地から基本的に銭納である。控除分を引いて合計で五七二貫余の収納がある。その他、「御料田分」（直営田）以下、いく種類かの地子が徴収されているが、注目されるのは、「宿地子」の存在である。つまり山中郷には山中宿が包摂されているのであり、これはおそらく近世東海道の宿駅である岡崎市本宿地区に相当する。

山中宿は、建久元年（一一九〇）の源頼朝上洛時に、比定が可能な「宿」であり、[注41]また永享四年（一四三二）の足利義教の富士山下向時には宿泊地として確認できる。[注42]この山中宿からの地子としてそれぞれ二二筆計四四筆（軒）計三〇貫程が徴収されている。これらを合わせて南北郷からの収取は、総計六三〇貫を超える収納が計上されている。当然、代銭納であるから、地域で農作物が換金されているのであり、それは山中宿か、あるいは近隣の主要都市である東海道矢作宿における銭貨流通を前提とすると推測される。[注43]いずれにせよ、この段階で三河国山中郷（宿）周辺には換金機能を有した地域市場・経済圏が成立していたことになる。

また至徳二年（一三八五）、東寺領山中郷の代官をしていた嶋田兼将の書状によると、山中郷の東寺分年貢は三百貫請切で、年貢を「割符」五つにして送進していたことが確認でき、まさに信用経済とリンクした年貢運上がなされていたことがわかる。[注44]すなわち地域経済圏が都鄙間交通とリンクして、京都の権門寺院である東寺の年貢納入が実現されていたのである。

つぎに一五世紀の事例として、遠江蒲御厨における代銭納をとりあげる。さきにみたように、明徳二年（一三九一）に東大寺の支配が開始された際に年貢公事注文が作成されるが、すでに定役銭が収取されており、主要な作物である麦・大豆も銭換算されている形跡が認められ、応永末年には荘内の郷ごとに「代」が設定され、年貢品目がすべて銭納となっていることが確認される。[注45] この蒲御厨の代銭納を支える換金の場は、近隣の浜松庄引間宿（市）である。引馬宿も鎌倉期からみえる宿で、建武や観応の内乱で戦闘が行われ、観応の擾乱以降は、浜松庄を領する三河吉良氏の支配下におかれていた。[注46]

蒲の年貢との関連がみえるのは、宝徳三年（一四五一）の斯波氏被官応島氏の非法を弾劾する蒲の諸公文百姓らの申状である。[注47] これには蒲の年貢についての「納法」が往古より「浜松庄引間市之売かい」によって成り立っており、それは「引馬市二升さかり」であったものを、応島が恣意的に運用し、納入過剰を逆に未進と称して未進分に八文字もの高利を懸けたという。この「納法」により、蒲の年貢は引間市に搬入され、ここで銭に換算されていたのである。大山喬平は、これを「引間経済圏」と呼び、「納法」を明徳年間以降に形成されたものとしている。[注48] しかし三河山中郷の事例を参照すれば、「引馬市二升さかり」という時々に変動する和市自体の形成とは別に、代銭納が東海道沿いの宿（市場）の機能によりなされていたことはさらにさかのぼるであろう[注49]（「往古」という認識もそれを物語る）。しかも、蒲御厨の年貢搬送においても、「商人」が納入に関与し、また割符が用いられており、[注50] 年貢運上の構造も山中郷の場合とほぼ同じである。このように、一四・五世紀の都鄙間における本所の年貢運上が、一定の地域経済圏の機能を前提としていたことはほぼ確実である。

応島氏による「納法」の恣意的な運用は諸公文らにより排除されたが、康正二年（一四五六）正月、引間宿では、蒲御厨西方の百姓数人が帳本となり、「引間倉」の焼き討ちする「徳政」が惹起した。[注51] この理由を百姓らは「御百姓種食共ニ彼倉ニ質ニ置」いた、つまり収納物のほとんどを質に取られたという事態によると主張し、これを悉く焼失したという。もっとも蒲御厨の側は、守護の法廷において「徳政」の焼き討ちを否定しているが、ここに引間市に倉が存在していること、その倉を運用する「倉本」＝高利貸し資本が存在していたことがわかる。従来からこの倉本のもとに収穫物が集積され、銭に換算されていたのであろう。

では、応島氏を排除し、倉本のもとで機能していた代銭納システムが今回も「破綻」し、蒲の住民らの誅求を受ける程の「暴利」による不当な質取りが行われた理由は何か。それは前年からの「国中忩劇」・「当年之事ハ国もいまたふつそう《物騒》」と呼ばれる事態と関わりがある。[注52] この年、鎌倉公方足利成氏と室町幕府との不和が決定的になり、駿河・遠江の本所領にも関東調略のための関東夫・兵糧米が賦課された。この過重な賦課が地下の負債を生んだのである。これが直接の原因と言ってよい。同時にこの事態は、「海道ふさかり候て商人罷不上候」・「一円ニ通路止候」という事態を生んだ。[注53] 戦乱と路次の「物騒」が、年貢の運上を阻害することにも留意しておきたい。それはつぎのような事態を伴うからである。寛正三年（一四六二）、天龍寺領村櫛庄では、「年中乱国」により米価が下落し銭が獲得できずに年貢が運上できず、[注54] 応仁二年（一四六八）の最終的な荘園の放棄にいたる。東大寺の蒲御厨支配も、ほぼ同時期に終息しており、戦乱による代銭納と年貢運上のシステムの破綻が、当該地域の荘園制を廃絶に追い込んだ主要な要因であったことになるのである。

2　地域経済圏と在地領主――興津氏・大森氏・葛山氏――

つぎにこうした地域経済圏と在地領主・地域権力の関連について検討しよう。当該期に都鄙間の地域社会に存在した在地領主たちは、地域経済圏に対して如何なる関与をしていたのだろうか。

まず興津氏について検討したい。[注55] 興津氏は藤原南家流の一族で駿河・遠江に土着した入江氏に連なる一族であり、鎌倉期から存在した武士である。本貫地は駿河興津郷、内部に東海道興津宿を包摂したまさに都鄙間交通上に存在した武士で、入江氏の他の同族も、駿河の港湾江尻湊周辺に拠点を持ち、当初より水陸交通に深く関与した武士として知られるが、南北朝期以降、他の氏族の動向が不明確になるのとは裏腹に、興津氏は、独自の位置をもって駿河に存在し続け、やがて今川氏の家臣となる武士である。

注目されるのは、興津氏は南北朝期、興津宿を拠点とする「宿長者」としての相貌をもつ点である。[注56] 近年、佐藤博信はその族的性格を詳細に検討し、興津郷を土台に遠江・駿河両国を中心にした諸活動を指摘する。なかでも、興津氏が一四世紀から一五世紀にかけて、「興津河内関所」を預置かれ、また「佐田（薩埵）山関壱ケ所・甲州塩関弐ケ所」「薩埵山警固関」を安堵されていることに注目したい。[注57] 流通に対する在地領主の対応として、こうした関への関与が認められることは特筆されよう。[注58] 興津氏のような在地領主は、こうした活動を通じて地域経済への関与を深めることで、他の氏族のような没落を免れたものと推測できる。

つぎに同様な存在として、駿河の大森氏についてみてみよう。駿河駿東郡の在地領主である大森氏は、やがて西相模に進出し小田原に拠点を築くことになるが、[注59] 大森氏の一族は、応永五年（一三九八）に円覚寺領駿河佐野郷の代官職を請負っていることが知られる。佐野郷についてはさきに指摘したように東国の経済圏で成り立つ所領だが、その代官職を確保していることは注目される。さらに大森氏は関の管理人として現れる。康暦二年（一三八〇）には「大森・葛山関務」が円覚寺再建費用を負担する関としてみえており、その代わりに箱根山葦河宿の関所が充てられている。[注60] この関の所在は不明だが、大森氏とその同族である葛山氏が関との関連で一四世紀後半に確認できるのは興味深い。さらに応永一三年（一四〇六）には伊豆府中関所を大森頼春が一五〇貫で請け負い、円覚寺に関銭を納入している。[注61] さらに大森氏は箱根山水飲関所・同葦河関所を確保している可能性もあり、交通の要衝である駿河駿東郡から相模箱根道に至る交通網の拠点をおさえる実力をこの時点で有していたことになる。佐藤博信はこれらの動向にふれて、大森氏が関を押さえる「宿の長者」的な人々を組織化するような存在で、同時に関に体現される公権を分有する存在であったと指摘する。[注62]

佐野郷の代官請負を含めて考えると、大森氏はこうしたかたちで流通機能に対応することで一四～一五世紀を生き延びる在地領主であったことになる。同時にこうした存在が、地域経済圏に依拠し、鎌倉を中心にした東国の流通構造を再生産していたことになる。興津氏・大森氏のような在地領主こそが、都鄙間の流通構造の変化に対応できた存在であったのである。また大森氏の離脱とあいまって駿東郡を拠点として活動を始める葛山氏も、同様な存在であった。[注63]交通への関与を不可欠とする在地領主として、彼らは地域社会に対応していったのである。

おわりにかえて――地域権力と交通――

文明年間、長尾景春の乱を一つの契機として、大森氏頼は小田原に入部する。大森氏の拠点の形成は、同時に小田原を中心とし、周囲の関機能を統合して、一個の地域経済圏の形成を意味していた。地域権力が都鄙の交通路を押さえる存在として浮上してきたのである。周知のように駿東郡の葛山氏も、室町幕府奉公衆から地域権力化してゆく。

また吉良氏家臣として引馬宿の代官となっていた大河内氏は、駆逐され、飯尾氏が引馬を拠点に城郭を設置し、やがて地域権力として成長してゆく。[注64]彼らの動向は、都鄙間に形成された地域経済圏に介在し、やがてこれを包摂して自立化してゆく権力の姿を示している。こうした都鄙間に現れた「境目の領主」の動向が、戦国期の都鄙間の交通を左右するものとなってゆくのである。それは室町期的な政治的秩序とは別の論理のもとでの都鄙間の交通のあり方であろう。この点については、別の考察が必要であり、後日を期したい。

注

1 湯浅治久「「御家人経済」の展開と地域経済圏の成立」(『中世都市研究』一一、二〇〇五年―拙稿①)、同「中世的「宿」の研究視角」(佐藤和彦編『中世の内乱と社会』東京堂出版、二〇〇七年―拙稿②)、同「室町期駿河・遠江の政治的位置と荘園制」(阿部猛編『中世政治史の研究』日本史史料研究会、二〇一〇年―拙稿③)。

2 これらについては厖大な研究蓄積が当然存在するが、その逐一に言及する余裕がない。ここでは現在の到達点の一つである井原今朝男『中世日本の信用経済と徳政令』(吉川弘文館、二〇一五年)の諸論考に、事実の抽出も含め多大な恩恵を被っていることを指摘しておく。ただ、桜井英治も述べるように(「書評　井原今朝男著『中世日本の信用経済と徳政令』」『日本史研究』六五一、二〇一六年)、井原には代銭納による交換経済の発展を基礎に時代状況を把握する視点がないことはやはり問題で、本稿でも述べるように、信用経済は銭の流通と密接に関連するものであることは事実である。本稿では代銭納と地域経済圏の成立を一つの分析視角にしている、ここではこの点を指摘しておきたい。

3 拙稿①。

4 山田徹「室町領主社会の形成と武家勢力」(『ヒストリア』二二三、二〇一〇年)。

5 吉田賢司「武家編成の展開と南北朝内乱」(『日本史研究』六〇六、二〇一三年)。

6 湯浅治久「肥前千葉氏に関する基礎的考察」(同『中世東国の地域社会史』岩田書院、二〇〇五年。初出一九九五年)。

7 佐藤進一『室町幕府守護制度の研究』(東京大学出版会、一九六七年)「伊賀」「遠江」の項を参照。

8 『静岡県史通史編2中世』(静岡県、一九九七年)一一〇頁など。

9 福田「御家人天野氏の領主制をめぐって」(『明治大学人文科学研究所紀要』第四一冊、一九九七年)。天野氏の伝来史料は複雑で、『尊経閣文庫所蔵文書』や『譜録』などに伝来する文書や写など多岐に渉り、また遠江にも伝来する史料がある(後述)。福田論考はこれらを勘案し、疑義の有るものも含め検討している。福田論文を除いて各系統の天野氏を検討したものは皆無であり、所掲史料も豊富で基礎的な考察として貴重である。本稿では福田の研究によりつつ天野氏の変遷について概観したい。なお遠江天野氏については、鈴木将典編『遠江天野氏・奥山氏』(岩田書院、二〇一二年)の各論考も参照。

10 鈴木将典「総論　戦国期の北遠地域と遠江天野氏・奥山氏」(前掲『遠江天野氏・奥山氏』所収)参照。

11 管領斯波義将奉書(「富田仙助氏所蔵文書」『静岡県史資料編6中世二』。以下『静史6』と略称する。№一〇四四)。

12 山田前掲論文。

13 伊東祐安申状写（「日向記所収伊東文書」『静史6』№一一六三）。
14 内田致景譲状写（「永田秘録64・内田家文書」『中世益田・益田氏関係史料集』№一七一）。
15 大山喬平「遠州御家人内田氏の史的考察」（『菊川町埋蔵文化財調査報告書第25集　高田大屋敷遺跡　第8次発掘調査報告書（排水路北部）』（菊川町教育委員会、一九九三年）にこの前後の情勢が整理されている。
16 横地氏の基本的な動向については、前掲『静岡県史通史編2中世』、齋藤慎一「御家人と拠点」（同『中世東国の道と城館』東京大学出版会、二〇〇一年。初出一九九九年）がある。
17 南北朝期の両氏の所領の全貌については、細川重男の詳細な研究がある（細川「摂津と京極」阿部猛編『中世政治史の研究』日本史史料研究会、二〇一〇年所収）。以下主に細川論考に依拠しつつ、その所領について筆者なりの視点から論じたい。その他摂津氏所領については、大塚勲「駿河国益頭庄地頭摂津氏」（同『今川氏と縁江・駿河の中世』岩田書院、二〇〇八年。初出二〇〇一年）、京極氏については森茂暁『佐々木導誉』（吉川弘文館、一九九四年）も参照。
18 摂津親秀譲状（「美吉文書」『加能史料南北朝Ⅰ』所収）。細川論考表1（六六一頁）に整理されている。
19 細川論考の表3（六八〇頁）を参照。
20 康正元年（一四五五）足利義政御判御教書（「美吉文書」『加能史料室町Ⅳ』所収）。
21 宝徳四年室町幕府下知状（「美吉文書」『加能史料室町Ⅲ』所収）。
22 応永二四年（一四一七）摂津満親寄進状写（「南禅寺文書」『多摩市史資料編一　考古古代中世』所収）によれば、小机・小沢両所はすでにこの時期に知行が困難になり、代わりに倉月庄内の所領が南禅寺に寄進されていることが判明する。
23 細川論文の表4（六八二頁）・表5（六八八頁）を参照。『佐々木文書』の分析による。詳細は細川論文に譲る。
24 吉田前掲論考。とくに表3（六〇～六一頁）を参照。
25 「東国知行分」の具体的な中身については後述することとしたい。
26 伊藤俊一『室町期荘園制の研究』（塙書房、二〇一〇年）、同「室町期荘園制論の課題と展望」（『歴史評論』七六七、二〇一四年）。拙稿③。
27 井原の論点と筆者の見解については、拙稿③を参照。
28 以下、本章では拙稿③他で検討した歴史的事実には注を省略し、新たに付け加えた点のみ実証的根拠を示すこととしたい。
29 東京大学文学部所蔵東大寺文書（『静史6』№一六四六）。

30　蒲御厨の年貢については後述する。なお室町幕府過所については小林保夫「南北朝・室町期の過所発給について」(『日本古文書学論集8中世Ⅳ』吉川弘文館、一九八七年。初出一九七五年)、有馬香織「室町幕府奉行人発給過書についての一考察」(『古文書研究』四八、一九九八年)などがあるが、当該史料については関説がない。

31　甲斐裕徳書下(「南禅寺文書」『静史6』№一五〇五)、甲斐裕徳書状(『静史6』№一五〇九)、同右(『静史6』№二五二八)。

32　湯浅「円覚寺領上総国畔蒜庄亀山郷と地域社会」(『鎌倉』一二〇、二〇一六年)。

33　筆者は拙稿③で武家領の動向も一体のものとして分析しており、本稿でも認識は同じである。伊藤俊一は拙稿③を批判して武家領を室町期荘園制の外においている、と指摘するが誤解である(伊藤「室町期荘園制論の課題と展望」『歴史評論』七六七、八頁)。

34　「長禄四年記」寛正元年八月二四日条(内閣文庫所蔵『静史6』№二三七四)。

35　なお同右九月二日条(『静史6』№二三七六)には、「東海道関破却」のために同日下向した治部河内守・飯尾新左衛門尉の両人が上洛したという記事がある。日程からしてこの件と関わりがあるのではなかろうか。交通の問題として留意して、検討は後日を期したい。

36　「正広日記」(『静史6』№二六〇五)、「大館伊予守尚氏入道常興筆記」(「大和家蔵書」『静史6』№二六〇六)。この一件は文化史的にも検討に値する。同じく後日を期す。

37　湯浅前掲「円覚寺領上総国畔蒜庄亀山郷と地域社会」。

38　井原「中世の為替と借用証文」(同『日本中世債務史の研究』東京大学出版会、二〇一一年。初出一九八八年)。

39　拙稿②。なお田中大喜は井原の研究をうけ、町屋の定義からこれを一三世紀末のことと遡らせ、鎌倉期在地領主の信用経済と一体化して論じている(田中「中世前期の在地領主と町場の城館」齋藤慎一編『城館と中世史料』高志書院、二〇一五年)。町場の成立とともに代銭納と信用経済が鎌倉期に存在していたことを否定はしないが、この動向が全面的に展開するのは、やはり一四世紀半ば以降であろう。この点はなお後考を期したい。

40　三河国山中郷南方公田等名寄帳案(「宮内庁書陵部所蔵文書」『新編岡崎市史史料古代中世6』岡崎市)、三河国山中郷北方公田等名寄帳案(「東寺百合文書」『同右』)。なお内容については『新編岡崎市史中世2』(岡崎市、一九八九年)の第二章第一節「四　東寺領山中郷」を参照。

41　『吾妻鏡』建久元年十二月十九日条。

42　前掲『新編岡崎市史中世2』三〇二頁、新城常三『鎌倉時代の交通』(吉川弘文館、一九六七年)参照。

43　前掲『新編岡崎市史中世2』「四　東寺領山中郷」参照。

44　嶋田兼将書状（四通あり。「東寺百合文書」『新編岡崎市史史料編古代中世』一二三七〜一二三九頁）。

45　蒲御厨年貢公事銭注文写（「東大寺文書」『静史6』№一一三二）、蒲御厨収納帳（『静史6』№一六五一）。以下蒲御厨に関する東大寺文書は「『静史6』の№のみで根拠を示す。

46　谷口雄太「室町期在京領主吉良氏と遠江国浜松庄」（『国際日本文化センター日本研究』五四、二〇一七年）など。

47　『静史6』№二一二八・二一二九。

48　大山「十五世紀における遠州蒲御厨地域の在地構造」（有光友学編『今川氏の研究』吉川弘文館、一九八四年。初出一九六六年）。

49　大山も当初から言及しているが、嘉吉二年（一四四二）の遠江の在地寺院大福寺の関係売券には本年貢は「そのとしのうりかいニよりて料足にてさたあるへし」（「大福寺文書」『静史6』№二〇一八）とあり、年貢の納入がなされていることがわかる。これは和市以外の何者でもなく当然変動するものである。まただからこそ応島の非法が成り立つのである。なお、そう考えると、石井進「一の谷中世墳墓群の背景としての遠江国府」（『国立歴史民俗博物館研究報告』五〇、一九九三年）が想定するように、遠江国府の後身である見付町に、かつて公領の年貢を換算する「見付市舛」があり、また見付町には「舛座」（計量業者）がみられることも、これに関連しよう。つまり東海道の各宿には換金と換算機能の蓄積があったのである。この点も同時に考えるべき点である。

50　商人は№二二〇一など、割符は№二二四五。

51　№二二五一。

52　それぞれ№二二〇一、№二二三一。

53　それぞれ№二二三五、№二二三六。

54　天龍寺都聞朝高書状（「東寺百合文書」『静史6』№二四二四）。

55　興津氏については、大石泰史「興津氏に関する基礎的考察」（所理喜夫編『戦国大名から将軍権力へ』吉川弘文館、二〇〇〇年）、網野善彦『都市と職能民の活動』（中央公論新社、二〇〇三年）、大塚勲『駿河国中の中世史』（羽衣出版、二〇一三年）、佐藤博信「駿河興津氏と大石寺東坊地相論に関する一考察」（『興風』二八、二〇一六年）を参照。

56　網野前掲書参照。建武三年平盛平書下写・康永二年実祐・平盛平連署奉書写（「諸家文書纂所収興津文書」『静史6』№一六五・三〇三）。

57 某書状（「同右」『静史6』No.二二四八）・大永四年今川氏親朱印状（「同右」『静史7』No.八四九）。

58 湯浅「中世後期における在地領主経済の構造と消費」（『国立歴史民俗博物館研究報告』九二、二〇〇二年）。朽木氏の事例を検討した。

59 大森氏については、福田以久生『駿河相模の武家社会』（清文堂、一九七六年）、佐藤博信「大森氏とその時代」（『小田原市史通史編原始古代中世』小田原市、一九九八年）を参照。

60 足利氏満御教書（「円覚寺文書」『静史6』No.九五九）。

61 大森頼春押書（「雲頂庵文書」『静史6』No.一三七九）。

62 佐藤前掲「大森氏とその時代」参照。

63 葛山氏については、有光友學『戦国大名今川氏と葛山氏』（吉川弘文館、二〇一三年）を参照。

64 糟谷幸裕「「境目」の地域権力と戦国大名――遠州引間飯尾氏と今川氏――」（渡辺尚志編『移行期の東海地域史』勉誠出版、二〇一六年所収）。

和泉国日根荘における根来寺の動向と荘園制
――『政基公旅引付』の分析を通じて――

熱田　順

はじめに

日本の中世社会を論じるにあたって重要な問題の一つに荘園制がある。研究史上ひときわ膨大な議論が蓄積されてきたテーマであり、今それらを整理することは控えるが、批判を恐れずに単純化するならば、現状において荘園制は、中世的な土地所有体制とみなされていると言えよう。この方向性を決定づけた研究が、網野善彦氏によって提起された、荘園制に国家的側面を見出す、いわゆる「荘園公領制」概念である。[注1]これ以降、荘園制を中世的なものとして捉える視角が一般的なものとして定着した。しかし、社会秩序が大きく動揺した南北朝内乱期以降における荘園制のあり様や変質過程に関しては、いまだ議論を深める余地が残っている。[注2]

そのような研究状況にあって、近年提起された「室町期荘園制論」は注目される。その代表論者の1人である伊藤俊一氏は、足利義満政権期に土地所有秩序の再建が達成され、前代の荘園制の基本的構造を継承しつつも、当該期において進んだ「職」の一円化などにも対応しうる新たな段階の荘園制、すなわち室町期荘園制が確立す

るとした。[注3]

右の指摘は、従来は「解体期」という漠然とした理解のもと看過されがちであった南北朝～室町期の荘園制的支配秩序の存在を明らかにし、ひいては荘園制という視角から中世社会を通観する方法論を再構築したものであり、有効性は極めて高い。

ただし、伊藤氏は同時に室町期荘園制も一五世紀に入ると衰退し始め、一六世紀初頭には基本的に解体すると述べている。その根拠について氏は、嘉吉の乱における将軍義教の横死によって室町期荘園制が依拠していた「室町幕府―守護体制」[注4]が崩壊したためと説明するが、この点については再検討の余地があると考える。

たしかに、全国的な支配体制の動揺は在地社会にも大きな影響を及ぼしたと思われ、当該期において荘園の経営に大きな変化が生じたことは疑いのないところである。しかし、それらは決して一律に進んだのではなく、荘園ごとに様々な様相を呈していたと思われる。つまり、いま必要とされるべきは、より実態に即して当時の荘園経営の状況を復元する作業なのである。

かような課題認識のもと、本稿では、和泉国日根荘[注5]をフィールドにとり、その経営について検討を加える。日根荘は、天福二年（一二三四）に前関白九条道家の要請によって立荘された九条家領荘園であり、[注6]立荘当時は日根野・入山田・井原・鶴原・上郷[注7]の五ヶ村によって構成されていたが、和泉両守護細川氏[注8]の押領により、戦国期には入山田・日根野両村を残すのみとなっていた。そのような中、文亀元年（一五〇一）から永正元年（一五〇四）にかけて荘園領主九条政基が現地に赴いて直務支配を展開する。この当時としては稀な行動におよんだ背景について、これまでの研究では、家司唐橋在数を誅殺したこと[注9]に対する謹慎の意思表明であったと見做されていたが、[注10]近年、逼迫していた九条家財政回復のための荘園経営立て直し政策であったとする理解が提起されている。[注11]

こうした視点に立った時、重要になってくるのが、日根荘における根来寺僧[注12]の動向である。同荘では文明年間

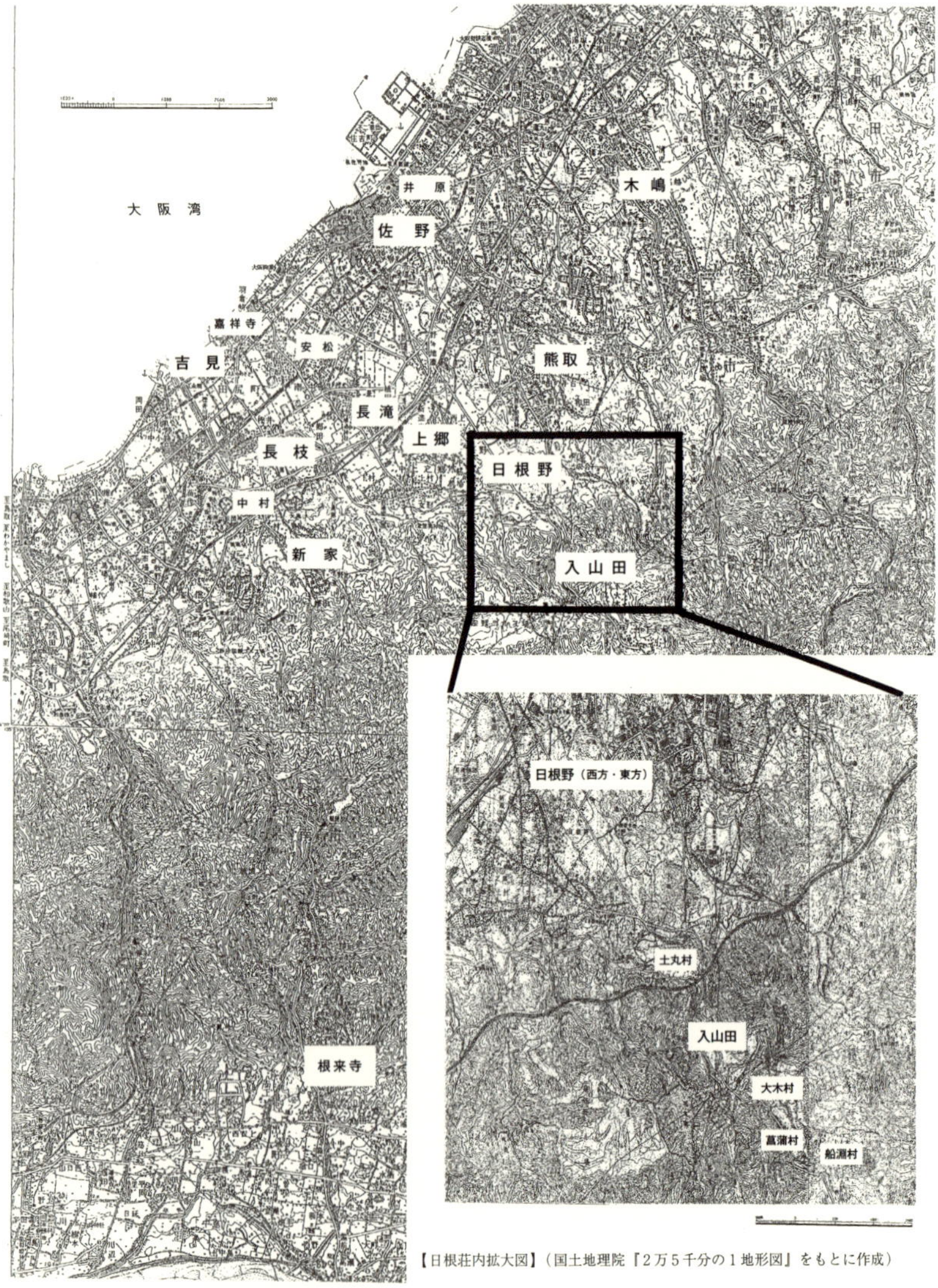

【日根荘内拡大図】（国土地理院『２万５千分の１地形図』をもとに作成）

挿図１　日根荘周辺地図（国土地理院『５万分の１地形図』をもとに作成）

から天文年間にかけて断続的に同寺の僧が代官に登用され、荘園経営に深く関わっていたが、とりわけ注目を集めてきた事例の一つに、永正元年の根来寺僧による代官職補任要求がある。

これは、永正元年四月に寺内の有力僧である筒井坊勢秀と遍知院慶算の両僧が、そして同年七月には閼伽井坊明尊が、代官職獲得に向けて動き始め、当時在荘中であった政基との約半年にわたる交渉を経て、勢秀・慶算は俊通奉行分の代官に、明尊は領家分の代官にそれぞれ補任されたというものである。この事例をめぐっては、先述した政基の直務支配の評価との関わりから、根来寺の荘園侵略であったとする見解[注13]や、九条家による守護細川氏への牽制策[注14]とする見方が提示されているが、いずれについても、いまだ定説の位置を占めるには至っていないと思われる。

なお、かかる代官職をめぐる寺僧と本所のやり取りは、政基が直務支配中に書き記した在荘記録である『政基公旅引付[注15]』（以下『旅引付』）に極めて詳細に書かれているが、意外なことに、それら記述を網羅的に検討した研究は管見の限りにおいて確認されない。

そこで、以下、『旅引付』の精緻な分析を行うことで、寺僧らが代官職に補任されるまでの経緯を、細川氏や紀伊国守護畠山尚順[注16]との関係も視野に入れつつ考察していくことにしたい。かような作業を試みることで、いまだ定まっていない根来寺僧の代官登用の意義、および当該期の荘園経営の実態を一定度解明することができよう。

なお、本稿では、紙幅の都合上、右に挙げた三僧のうち、より長期間にわたって本所との交渉を行った筒井坊勢秀・遍知院慶算の事例を取り上げることとし、もう一方の閼伽井坊明尊については、別稿にて論じることにしたい。

一　日根荘における根来寺の軍事活動

本章では、勢秀・慶算両僧の代官職補任の前提となる守護細川氏と根来寺との対立関係について、根来寺の軍事活動に焦点を当てて検討を行っていく。

『旅引付』には根来寺の動向に関する記述が散見しており、細川氏を相手取った同寺の戦闘行為の様相を詳細に知ることができる。試みにそれらの情報を抽出してまとめると、表1のようになるが、一瞥して明らかなように、永正元年の一年間に全体の約半数の事例が集中している。ここから、根来寺の軍事活動が同年において活発化しているということが確認される。

それでは次に、表1で挙げた事例のうち、実際の戦闘行為に及んだものをいくつか分析することで、戦局の推移を具体的に検証していくことにしたい。まず取り上げるのは、永正元年同様に多くの戦闘が行われた文亀二年の事例である。

【史料1】『旅引付』文亀二年八月六日条（※傍線等は筆者による。以下同。）

今日佐藤惣兵衛尉出張、焼二払佐野市場并日根野西方之内辻鼻等一、又神尾労人等根来之下法師等相加、熊取之内小々放火、仍国衆出向、於二所々一有二合戦一、及二酉剋計一熊取ヘ所レ出之神尾衆等被二追散一、皆退散云々、先以神妙也、

この日、佐藤惣兵衛が出陣して守護方の拠点がある佐野や日根野村西方に位置する辻鼻などを焼き払ったほか、呼応して参戦した神於寺衆や根来寺の下法師等が、日根荘に隣接する熊取荘内の所々に放火するという事件が発生した。ちなみに惣兵衛はもともと守護方に属していたが、これよりひと月ほど前に守護方から離反して根

表1　一五世紀後半～一六世紀初頭における根来寺の軍事活動一覧

年	月日	行動主体	内容	出典史料
文明一八年（一四八六）	九月一六日	根来寺	佐竹氏の所領である鶴原荘に根来寺衆が打ち入る。	『新市史史料Ⅰ』戦国時代前期六五号
	一一月八日	根来寺	「泉州」に攻撃を加える。詳細は不明だが、この頃から和泉守護細川氏との対立関係が表面化する。	『新市史史料Ⅰ』戦国時代前期六六号
文明一九年	六月二八日	根来寺	根来寺による違乱。※この直前、畠山義就と結んだ和泉両守護が長瀧荘を押領している。	『新市史史料Ⅰ』戦国時代前期六九号
延徳二年（一四九〇）	閏八月一八日	根来寺衆徒	根来寺衆徒が和泉国に出陣し、井原を占拠する。そして、九条家に対して代官職を要求する。	『新市史史料Ⅰ』戦国時代前期七四号
明応六年（一四九七）	七月一一日	根来寺	日根野・入山田両村付近を戦場とした。	『新市史史料Ⅰ』戦国時代前期一〇六号
	八月二三日	根来寺	根来寺が長瀧荘を押領する	『新市史史料Ⅰ』戦国時代前期一〇九号
文亀元年（一五〇一）	閏六月二〇日	根来寺	根来寺が「打廻」ることを決定したらしいとの報告が届く。	『旅引付』
	九月八日	根来寺	長瀧庄に出陣し、守護方の政所を焼き払う。	『旅引付』
文亀二年	七月七日	佐藤惣兵衛	佐藤惣兵衛が守護方から根来寺方に寝返る。	『旅引付』
	八月六日	佐藤惣兵衛、神尾労人、根来之下法師	佐藤惣兵衛が守護所がある佐野と日根野西方内の辻鼻を焼き払う。その後、神尾労人や根来下法師等も参戦して熊取を放火。守護方が出陣して神尾労人等を撃退する。	『旅引付』
	八月七日	佐藤惣兵衛	守護方のイ子井と松浦某を討ち取り勝利を得る。	『旅引付』
	八月一六日	佐藤惣兵衛	佐藤惣兵衛の出陣。	『旅引付』
	八月二〇日	佐藤惣兵衛衆、根来衆	佐野や安松などを放火するも、守護方の反撃に遭い被害を受ける。	『旅引付』
	八月二一、二二日	佐藤惣兵衛、根来寺之小法師、神尾衆、金台寺	総勢二〇〇人が出陣し、入山田村内土丸に陣を張ったため、入山田村民が根来寺惣分に懸けあう。	『旅引付』

	八月二七日	根来衆惣分、佐藤惣兵衛	根来衆が守護方在所である海生寺を攻め落とすのに乗じて佐藤惣兵衛も出陣。	『旅引付』
	八月二八日	根来衆、神尾衆、佐藤惣兵衛	入山田村の山中に陣を張る。翌日に惣分の出陣が決定したとの知らせが入る。	『旅引付』
	九月一日	佐藤惣兵衛衆、根来衆	佐藤惣兵衛衆が守護所である吉見・海生寺・新家・佐野などで地下を生け捕る。根来衆が守護方の妻子を捕える。	『旅引付』
	九月二日	佐藤惣兵衛衆、根来之金蔵院、神尾寺、根来寺	佐藤惣兵衛衆と金蔵院の足軽らが佐野周辺で威嚇行為を行なう。神尾と根来寺が上郷の山中に仮屋を一二、三棟造営する。	『旅引付』
	九月三、五日～	佐藤惣兵衛衆、根来寺、神尾寺金台寺	土丸に陣を張り、荘民に兵糧と人夫を出すように要求する。これに対し、入山田村番頭衆が惣分に賄賂をもって問答を加え禁制を獲得するが、しばらくの間要求は繰り返される。	『旅引付』
	九月一九日	佐藤惣兵衛	守護方によって「山上之陣屋」が焼き払われる。	『旅引付』
	一〇月六日	――	根来寺が買得した加地子が守護により勘落される。	『旅引付』
文亀三年	九月二日	根来之足軽	入山田村に陣を張ろうとするが、前年の禁制に則り根来寺が足軽の乱妨狼藉を停止させる。	『旅引付』
永正元年（一五〇四）	四月二日	根来衆、粉河寺之衆	根来寺・粉河寺の連合軍が近日中に出陣するという知らせが犬鳴山七宝瀧寺の別当から本所に届く。	『旅引付』
	四月五日	根来衆、粉河衆	根来・粉河連合軍が守護方への大規模な軍事行為を仕掛ける。	『旅引付』
	四月六日	根来衆、粉河勢、足軽、神尾寺、金台寺	根来衆が吉見・佐野に放火し、海生寺の苗を掘る。足軽・神尾寺・金台寺は信達荘内岡田に陣を張る。粉河勢は夜まで瀧宮に陣を張っていたが、守護方が攻めてこないので翌朝退散する。	『旅引付』
	四月一〇日	信達之陣衆	六日に岡田に陣を張っていた者達が佐野の守護方と交戦し、両方に同程度の被害が出る。	『旅引付』
	七月七日	根来之小笹衆	上郷・仲村・安松などを放火し、日根野村西方において乱妨を働く。	『旅引付』
	七月一三日	筒井坊・遍知院	日根野村西方およびその周辺における乱妨狼藉に対して、守護方は沈黙する。	『旅引付』

九月九日	根来寺之足軽、材木屋与五郎、佐藤惣兵衛・尾張守浪人衆	守護所を多数焼き払うが、守護方は事前に城を捨てて堺まで退いていたため合戦にはならない。これにより畠山尚順が河内に出陣する。	『旅引付』
九月一四日	尾張守	畠山尚順の出陣に際し、根来寺有力行人の閼伽井坊が酒宴を催す。	『旅引付』
九月一五日	尾張守、由佐之勢	畠山氏被官の遊佐氏の軍勢も土生城（もとは守護方の居城であったが、九月九日に根来衆によって放火されている）に着陣する。	『旅引付』
九月一六日	粉河勢、根来衆	粉河勢が出陣し、神於寺に着陣する。根来衆も出陣する。	『旅引付』
九月一九日	根来之衆、閼伽井、泉識	和泉国に所領を有する根来衆が出陣する。閼伽井坊も出陣。泉識坊は和泉国に所領を有していないが、尚順から紀伊国の給分を与えられていたため出陣する。	『旅引付』
九月二三・二五日	根来勢	佐野に着陣し、横山に籠る守護方を攻撃する。	『旅引付』

来寺方に寝返っており[注17]、これ以降も幾度となく同寺方の将として軍勢を率いて守護方を攻めている。

　このような根来寺勢の攻撃に対して守護方も当然のごとく応戦し、ここでは神於寺衆らを退けることに成功している。根来寺方はこれ以降も度々出陣しては守護方を攻撃しており、この翌日には守護方のイ子井と松浦某が惣兵衛によって討たれている[注18]。しかし、同年八月二〇日の戦闘では再び守護方が迎撃に成功し、惣兵衛と根来衆が被害を被っている[注19]。

　これらの事例から明らかなように、文亀二年の段階においては根来寺と守護方の間に歴然たる戦力差は認められず、むしろ両者の関係は拮抗状態にあったものと考えられる。

　しかし、永正元年にいたると、右のような関係に変化が生じてくる。その状況を端的に示すものとして以下の史料に着目したい。

【史料2】永正元年九月九日・一〇日条

抑今日根来寺之足軽材木屋与五郎為二先陣一宗兵衛以下出張、土生城以下放火了、後日聞、阿加陀・信田以下之城皆開レ之、両守護ハ堺へ引退云々、言語道断之次第、併寺社本所領令二没収一冥罰也、件足軽等五百・六百人風情打出之故、一国平均ニ打開之事非二尋常之沙汰一、

件足軽等昨日之儀不レ〇及二合戦一、一国平均ニ依レ無二敵人一、阿伽太・信太以下近日両守護催二国中一拵之城共幷守護所大津也以下悉焼払云々、慮外〱、依レ之尾張守之群勢小々出張、責二入河内国一云々、

この日、根来寺足軽の材木屋与五郎や、惣兵衛をはじめとする根来寺勢が出陣し、守護方の居城である土生城等[注20]に火を放ったうえに、守護所がある阿加陀や信田にも攻め込んでいるが、ここで注目されるのが、この一連の攻撃に対する守護方の対応である。傍線部から明らかなように、守護方は応戦の構えすら見せず、早々に詰めている城や守護所を捨て、本拠地である堺へと逃げ出しているのである。ここから、先に検討した文亀二年段階における戦闘の時とは打って変わったように守護方が劣勢にまわっていることが理解される。

ここまでの分析から明白なように、根来寺は文亀年間においても守護細川氏とほぼ同等の軍事力を備えていたが、永正年間に入ると突如として根来寺方が戦闘を優位に運ぶようになってくるのである。以上から、根来寺の軍事権力としての性格の強さ、そして永正元年における急激な成長を見て取ることができよう。

そうなると、右のような永正元年における戦局の大きな変化の背景について検討しておかなければならない。この点に関しては、先述した佐藤惣兵衛の寝返りなど、様々な原因が考えられるが、主だったものとして、まず当該期における細川家の内部紛争が挙げられる。本論から外れるので詳細な説明は省略するが、この時期は細川京兆家内で家督問題に淵源する内紛が惹起しており、それが庶流守護家である和泉国両細川氏にも少なからぬ影

響を与えていたであろうことは想像に難くない。そして、このような状況の中で決定的な要因になったと考えられるのが、永正元年における畠山尚順の泉南への進出である。尚順と根来寺が共闘関係にあったことはすでに指摘されているが、[注21] そうした両者の関係が、日根荘における根来寺と細川氏の戦況の急激な変化と密接に関わっていたことは疑いのないことであろう。もとより細川氏に比肩しうるほどの軍事力を備えていた根来寺は、内紛勃発による細川家の動揺と、それに伴う尚順の和泉侵攻に乗じる形で一気呵成に細川氏を追い詰めていったのである。

なお、右の見解を補足するものとして、以下の史料が注目される。

【史料3】『旅引付』永正元年九月一九日条

根来之衆泉州ニ所領知行之分ハ今日出陣、閼伽井も今日出陣也、泉識ハ泉州ニハ雖レ無ニ知行之在所一、尾張守給分ヲ於ニ紀州一遣也、仍泉識も今日出陣云々

この日、和泉国に所領を有する根来寺衆が一斉に出陣しているが、その中には閼伽井坊のように、これ以前の根来寺の軍事活動の記事からは一切確認されなかった寺内の有力僧も含まれていた。さらに、史料の後半部分からは、「泉州ニ所領知行」という条件に当てはまらない泉識坊までもが、尚順から紀伊国内の土地を「給分」として宛てがわれていたために出陣することになったということが確認される。泉識坊は根来寺の意思決定機関である惣分の構成員であり、[注22] 彼もまた閼伽井坊同様に寺内の有力者に数えられる人物である。

つまり、この史料からは、閼伽井坊や泉識坊といった有力僧を含む多くの根来寺衆が尚順に呼応して出陣していること、そして、尚順が戦闘行為に及ぶ際に根来寺の有力僧を呼応させうるだけの政治的権威を有した存在であったことが読み取れるのである。

以上、文亀年間から永正元年にかけての根来寺の軍事活動の実態について分析を加えてきた。ここまでの考察

から、根来寺の細川氏に対する優位性が、尚順の泉南進出を直接的な契機として確立したものであったことが確認された。両者間に共闘関係が存したことは前述の通りだが、根来寺にとってこの関係は和泉国における権力基盤確立のために必要不可欠な要素でもあったのである。

このように戦局が根来寺側に傾くのとほぼ時を同じくして、根来寺の有力僧らによる日根荘代官職の要求が始まる。以下、筒井坊勢秀・遍知院慶算の事例を取り上げ、両僧が補任されるまでの経緯を詳細に検討していくことにしたい。

二　筒井坊・遍知院による代官職補任要求

永正元年四月一三日、九条家の家僕である富小路俊通が奉行を務める日根荘入山田村[注23]の御百姓中に対して、根来寺惣分の構成員である筒井坊勢秀と遍知院慶算から折紙が発給されていたことが本所側に露見する。以下に掲げる史料はその状況を示すものである。

【史料4】『旅引付』永正元年四月一三日条

霽、黄昏雷一声、雨脚潤レ地、今日俊通卿奉行方之番頭等参云、自二筒井坊・遍知院等一如レ此地下江入二折紙一畢、可二如何申一哉之由申来、其折紙云、

急度以二折紙一申遣候、仍此間者国之儀一所も寺家之手に不レ被レ入候、然間其方之儀迄可レ有二知行一段如何と存候て、于今如レ此候、左候処、就二今度打廻一少々寺家之手に入候、然上者当庄之事代官を下可二知行一候、御本所之御事者為二此方一如二前々一取沙汰可レ申候、為二心得一如レ此申下候、恐々謹言、

卯月十三日　　慶算《遍知院》判

勢秀《筒井坊》判

入山田庄御百性中

傍線部から、両僧より送られてきた折紙の大意が、入山田村に代官を派遣して知行を行うことの意思表明であったことがわかる。

なお、この後段部分には、右の要求を受けての本所と地下のやり取りが記されており、勢秀・慶算への対応を政基から委ねられた地下が、惣分の決定でもない要求に応じるつもりはないという旨を返答し、それに対して政基も「神妙也」との評価を与えている。

ここから、両僧による代官職要求は政基にとっても地下にとっても是認し難い話であって、両者ともそれ受け容れるつもりのなかったことがわかる。こうして勢秀・慶算の代官職要求は退けられたかに見えたが、彼らは諦めるどころか、次第に強硬な姿勢で要求を押し通そうとするようになるのである。

この二ヶ月後、今度は本所の奉行所宛てに両僧からの書状が届いている。[注24] 書状の大意は、「於㆓代官職㆒者不㆑可㆑有㆓相違㆒之間近日可㆑入㆑人候、為㆓御案内㆒令㆑申候」という文言に端的に示されている通り、かねてから代官職への補任を要求している下地へ使者を派遣することを本所方に対して予告したものであった。この書状を受け取った九条家の家司竹原定雄は、奉行である信濃小路長盛が京上しているうえ、両僧が代官職を要求している下地の給人である富小路俊通にも話を通す必要があるとして、返事を留保している。[注25]

しかし、これ以降も、両僧からの要求は複数回にわたって行われる。[注26] 本所側はこれらの要請に対して基本的に拒否の姿勢を貫いているが、七月に入ると、ついに根来寺方の勢力が日根野西方に強制入部するという事件が発生する[注27]ほか、同じく七月の中旬には、両僧の介入によって日根野西方の段銭納入が滞るという事態が生じるようになる。次の史料は、その様子を示すものである。

【史料5】『旅引付』永正元年七月一三日条

抑西方春段銭之事、蔵付ハ乍レ令二沙汰一不レ及二手付一、仍今日本間加賀罷下、（中略）入レ夜帰来云、無沙汰之儀更云二番頭一云二地下一非二緩怠之儀一、自二先代官一堅押置了、若不二承引一本所ヘ令二沙汰申一者可二放火一之由及二数度一入二申状一了、隣郷傍庄ハ悉放火或生取或切棄、濫吹凡難二過法一、守護猶不レ叶歟、不レ能レ塞レ之郷民等只不便之為躰計也

この日、段銭納入が滞っていた日根野村西方に派遣された政基配下の本間加賀からの報せによって、西方段銭納入の遅滞は番頭や地下の怠慢ではなく、「先代官」＝勢秀・慶算[注28]の差し押さえに起因するものであったことが判明している。両僧は、段銭を本所方に納入したら放火するという内容の書状を繰り返し西方に下していたうえ、西方周辺では実際に「放火」や「切棄」を行っており、かなり強硬な脅しをかけていたことがわかる。傍線後半の、「守護猶不レ叶」という記述からも、事態の苛烈さを窺い知ることができよう。

以上の点から、永正元年四月に始まった勢秀・慶算による代官職要求が、数ヶ月にわたる本所方との交渉を経て在地への強制入部へと発展しており、それが相当な強制力を帯びるものであったことが理解される。そして、かかる両僧の態度の硬化は、地下だけでなく、本所方に対しても表れるようになる。それについて以下二点の史料が注目される。

【史料6】『旅引付』永正元年七月二五日条

同自二此方一遣奉書案

両村御代官職事、本奉行人江度々御申状共悉令二注進一候処今之折節不レ可レ然由被二申下一候、其次第伺候処国之競望も未レ休候、仍旁今者御難レ叶之子細等可二申達一（後通）之由被二仰出一候、冨小路三位方よりの書状慥進候、御返事あるへく候哉、恐々謹言

七月廿五日　　長盛判

扁知院
筒井坊
長□〔法〕寺遣㆓龍生院㆒状云
先度者其方へ御越之時委細承候、然而本奉行之方より御申状共到来候、旁今之折節者御堪忍可㆑然之由御申とて候、然者八朔御礼にハ可㆑有㆓御参㆒之旨一日承候つる、其も今ハ御無用と存候間、一筆令㆑申候也、
恐々謹言、
七月廿五日　照判
龍生院御坊

まず一点目の史料であるが、ここには九条家の家司である信濃小路長盛が両僧に宛てた奉書案と、長盛の下で働く長法寺が両僧の使者である龍生院に宛てて出した書状の内容が記されている。概意については両状ともに大差なく、勢秀・慶算の代官職補任を認めないとする富小路俊通の意向を伝えたものとなっている。ここでも、代官職要求に対する本所側の拒否の姿勢は変わらず貫かれていることがわかる。

また、後日の八朔行事には龍生院も出仕する予定となっていたようであるが、そちらについても来訪の必要はないとの旨が通達されている。しかし、この後両僧は本所方の意向に明らかに反する行動に出る。二点目の史料には、その様子が鮮明に記されている。

【史料7】『旅引付』永正元年七月二八日条
晴、龍生院等来、進㆓八朔之樽㆒、去廿五日以㆓折紙㆒〇〔無益之由〕長法寺申遣之処、押而持参了、一往者雖㆑仰㆓其趣㆒、彼寺家之儀非常之作法也、仍請㆓取之㆒、一荷両種也、長盛令㆓対顔㆒仰㆓条々㆒、雖㆑然於㆓西方㆒□押而入部訖、
入山田村之事ハ来月廿日彼尾張守出陣之有無㆓可㆑随之由申㆑之云々、慮外〳〵、

こちらの史料は、上述のやり取りから三日後のものであるが、前半部分から、この日、龍生院が政基の意に反

して八朔行事の挨拶に押して参上していることがわかる。政基は結果的に持参品を受け取っているが、「彼寺家之儀非常之作法方也」の文言から、かかる龍生院の行動が、根来寺からの正式な礼式ではなく、彼の個人的な意思に基づくものであったことが理解される。極論は避けなければならないが、ここから、龍生院を使者とする勢秀・慶算と本所の関係における後者の優位性が揺らぎ始めている状況を指摘することは許されるであろう。[注29]

続いて史料の後半部分には、長盛と龍生院の対談の内容が記されている。それによれば、①根来寺方が日根野村西方に強制入部していたこと②入山田村への入部については、来月二〇日の尾張守（＝畠山尚順）の出陣の有無によって決定すること、の二点が龍生院によって伝えられていたことがわかる。

「来月二〇日」にあたる永正元年八月二〇日に、尚順の出陣、及び根来寺方の入山田村への入部が行われたか否かについては不明であるが、少なくとも両僧による在地への強制入部がこの段階でも継続していたこと、さらにそのような動向の背景に畠山尚順の存在があったことが、これら二つの史料から読み取れるのである。

以上、八朔行事への出仕をめぐる本所方と龍生院のやり取りを見てきたが、掲げた両史料の解釈から、当該期における勢秀・慶算の本所方に対する態度の強硬化と、それに尚順の存在が何がしかの影響を与えていたことの二点が明らかになったと言えよう。

以下からは、かかる両僧の要求が、これ以降どのような経過をたどっていくのか、分析を深めていくことにする。結論から述べると、両僧によるものと思われる代官職請文[注30]が確認されることから、最終的に彼らは希望通り富小路俊通奉行分の代官職を獲得したものと推測される。しかし、両僧の実質的な代官としての活動はそれ以前からすでに行われていた。それを示す史料を以下に掲げる。

【史料8】『旅引付』永正元年八月二三日条

晴、従㆓西方㆒以㆓折紙㆒注進云

①急度注進申候、仍寺家先代官御下候て、在所之儀御知行之様に承候、前々ハ御上使御同導候て御入可レ有由承候つるか、上使も御座なく御下候て、在所儀知行之由承候、於二百姓等一不審ニ存候、為レ其ニ折紙ニて申上候、委御返事ニ可レ被二仰下一候、恐々謹言、

八月廿三日　　　西方御番頭衆

加賀殿参

則令二返事一、其趣、

折紙之旨一見候、②先御代官ハよも〳〵さ様に無理に御本所領を押領なとの様にハせられ候ハし、其故ハ御代官被二仰付一者、上使を申請相共ニ収納申て分一をハ給り候て取渡申候へき由、御奉行様へ直に被レ申候、慥に我々も承候了、又以二紙面一も度々被レ申候処今ハさ様ニ一向此方を見所候哉、雖二一粒之儀一、上使被二申渡一候ハぬ以前に被二沙汰一候てハ、地下一大事ニて御入候へく候、可レ有二其心得一候也、恐々謹言、

八月廿三日　　　（本）間加賀祐舜判

西方日根野村御番頭中返報

袖書　尚々まへ〳〵の儀、先代官申のはすち（筋）か（ち脱カ）ゐ候、曲事候

この日、本所に日根野村西方の番頭衆から折紙（傍線部①）が届いており、その内容から、両僧が西方に赴いて所務を執り行っていたことがわかる。この行為については地下も承諾しており[注31]、これ以前に実質的な知行権を両僧が獲得していたことが推察される。もっとも、その権利には条件が付けられており、両僧が現地に入る際には「上使」を伴わなければならなかったようである。だが、同日の両僧の入部には「上使」が同行しておらず、それを不審に思った番頭衆によってこのような折紙が認められたのである。

史料の後半部分には、右の折紙に対する本所側の返書の内容が記されており、傍線部②の部分において、両僧

は「上使」を伴って所務にあたることを本所側の奉行と約しており、そのような押領行為は本来行われるはずのないことであると述べている。

つまり、ここでの両僧の行為は明らかな契約違反だったのである。しかし、契約に違反し、西方において独自の所務を展開している両僧に対して、停止命令等の処置を行おうとしている様子は、少なくともこの返書からは読み取ることができない。すなわち、ここからも、両僧の態度の硬化と、それに対する本所側の姿勢が軟化している様子が読み取れるのである。さらに、この直後、両僧に対して、一年間という期限付きではあるが、長盛のもとで西方の所務にあたる権利が本所によって認められていることから、その段階で、西方の実質的な知行権は両僧が掌握しつつあったものと考えられる。

このように両僧は、その武力を背景に自身の優位性を高めていくのだが、彼らはこの後も九条家の手による正式な補任を要求し続ける。以下、実際の補任に至るまでの経緯をもう少し掘り下げて見ていくことにしたい。そこで注目されるのが以下に掲げる史料である。

【史料9】『旅引付』永正元年九月一一日条

彼扁・筒両人進㆓申状㆒、其趣、

畏令㆓言上㆒候、

抑就㆓当庄御代官職之儀㆒、毎度以㆓使者㆒申上候処、于今一途之儀不㆑被㆓仰付㆒候、令㆓迷惑㆒候、特日根野村之事被㆑成㆓心得㆒候、彼両庄之儀者、更不㆑可㆑有㆓相違㆒候、然上者早速同前被㆓仰付㆒候者忝可㆓畏入㆒存候、次尾州御入国候間、当寺之事も可㆑致㆓出陣㆒分候、就㆑其在所江可㆓申付㆒候、可㆑然様御披露奉㆑憑候、恐惶謹言、

九月十一日　慶算判

勢秀判
進上　御奉行所

文面から、日根野村の実質的な所務権が承認されたにも関わらず、両僧が正式な形での補任に固執している様子が確認される。また、「両庄」とあって、入山田村の代官職についても要求していることや、尚順の出陣が特記されている点も注目に値しよう。

このうち特に後者に関しては、同日付で遍知院から長法寺に宛てて出された別の折紙の中に「尾州御入国に付当寺之事も可レ有二出陣一候由相定候、然者百性に被二仰付一候て人夫之事可レ被レ懸二御意一候、」と記されており、尚順の出陣を背景とした人夫の徴発を本所に要請していることがわかる。ここから、根来寺有力僧である勢秀・慶算が、尚順の軍事行動に従軍していたこと、そして、尚順の影響力が人夫徴発という形で日根荘にも及び始めていたことが理解される。

如上の事態の中で本所側の対応も変化しはじめる。例えば、右の書状に対する返書に「就二其日根野入山田両村御代官職之事一度々承候、富小路方御返事以前取進候ツ、雖レ然難レ去承候間、先日根野村之儀我々申合候、御使龍生院候間委細之段定而被レ申候哉、当村之事者御在庄之事候条、先一村之儀計申合事候」や、「人夫事承候、只今之事者日根野村へ可レ被二申付一候哉と存候」とあることからわかるように、奉行方代官である俊通の意向を曲げてまで、日根野村の代官職を両僧に宛てがおうとするようになるのである。この変化の背景には尚順の同荘への勢力浸透という事態に直面した政基の危惧があったのであろう。

そして、その直後より、両僧の代官である龍生院が、九条家による段銭賦課のおりに「子細」[注32]を申し入れて日根野村東方のみの実施にとどまらせたり、龍生院本人による西方の内検が行われるようになることから、この段階をもって、実質的な代官としての権利が両僧に委任されたものと考えられる。こうした経緯を鑑みたとき、先述した両僧への正式な代官職付与が、ほとんど追認に近いものであったということが理解されよう。

ここまで、勢秀・慶算による代官職補任要求から正式な補任に至るまでの過程を、時間の経過とともに見てきた。以上の考察から、永正元年四月に端を発した両僧による要求は、はじめのうちこそ、荘園領主九条政基との間で微妙なせめぎ合いが続けられていたが、畠山尚順の泉南進出を契機としてその状況が一変する。すなわち、尚順の威勢を背後に得た両僧は、在地への強制入部を始めるなど、本所に対する態度を次第に硬化させ、最終的には追認とも言いうる形で代官職に補任されるという結果に落ち着くのである。

そして、ここで重要なのが、両僧が代官職に補任された時期と、前章で見た根来寺勢が細川氏を圧倒するようになる時期とが、ほぼ一致していることである。この点に関連して、勢秀・慶算とは別に単独で日根荘領家分の代官職を要求していた閼伽井坊明尊が永正元年七月に本所に宛てた書状に「日根野・入山田代官職之事被二仰付一候者可二畏入一候、此際申上度心中候を、国之儀不レ得二安堵一候、侄（至）二于今一延引候[注33]」とあることに注目したい。ここから、代官職への補任が守護勢力の排除と密接な関係にあったことが理解されよう。

こうした点から、根来寺僧の代官職への補任は、九条家と敵対する細川氏を退けることへの対価としての意味合いを備えていたと考えられるのであり、その意味で、寺僧らの存在は九条家が日根荘経営を維持するうえで極めて重要なものであったと評価しうる。

おわりに

本稿では、戦国期の日根荘における荘園経営について、根来寺と和泉両守護細川氏の対立関係や紀伊国守護畠山尚順の動向等に焦点を当てつつ検討を行ってきた。以下、要旨のとりまとめを行いたい。

第一の論点は、細川氏と根来寺の対立関係についてである。政基が日根荘に下向していた文亀元年から永正元年の間は、同荘の権益をめぐる両者の軍事衝突が頻発する緊張状態にあった。両勢力は長く拮抗状態にあったが、永正元年に畠山尚順が河内・泉南方面への侵攻を再開したことで、尚順と結ぶ根来寺が次第に細川氏を圧倒するようになる。

第二の論点は、右のような状況下で根来寺僧が日根荘代官に登用されたことの背景と意義についてである。根来寺勢が細川氏との抗争を優位に進め始めた永正元年四月以降、寺内の有力僧である筒井坊勢秀・遍知院慶算が日根荘富小路俊通奉行分の代官職を要求するようになる。本所側は、はじめのうちは拒否の姿勢を貫いていたが、同年七月下旬以降、尚順の支援を得た根来寺勢が細川氏を圧倒するようになると、その姿勢も徐々に軟化し、両僧の代官としての活動を許容するようになり、結果的に彼らは正式に補任される。

このような経緯から、根来寺は九条家より細川氏の押領行為停止者として期待されていたことは明らかであり、代官職への補任はその対価としての側面を有していたと考えられる。寺僧らが代官職を要求する際、守護方との和与や「安堵」の成立を主張していたことは[注34]、この推測を裏付けるものであろう。

以上の分析から、根来寺を荘園制の侵略者とする従来の見解を相対化するという本稿の目的は一定度果たされたと思われるが、稿を閉じるにあたって、若干の展望を試みることにしたい。筆者は、寺僧の代官職への登用には、細川氏牽制の他にもう一点、尚順の押領を危惧しての防衛対策という重要な意義があったと考えている。詳細は別稿において論じることとするが、細川氏を排除した後、尚順は入山田村に対して独自に代官を派遣する旨を通達しており[注35]、さらに、閼伽井坊明尊が領家分の代官に補任された直後には、明尊に対して日根荘の半済化を強要し、これに明尊が説得を試みている[注36]。もっとも、結果的には、この数年後に勢力を盛り返した細川氏によって半済が強行されたようであるが[注37]、重要なのは、その後、少なくとも天文期にいたるまで、根来寺僧の代官としての活動、および九条家への年貢進上が実現している点[注38]である。ここから、政基の政策が細川氏・尚順という両守護勢力から日根荘の権益を守るためのものであった可能性を認めることは十分に可能であろう。そして、極論は避けなければならないが、かような動きを見せる尚順に対し根来寺僧も慎重になっていたであろうことは想像に難くない。強力な武力や経済力を有しつつも、それに依拠した押領ではなく、あくまでも政基による正式な補任に固執していたことは、そのような理由によるものであったのではないだろうか。そうであるならば、当該期の荘園領主の存在意義は、大いに再評価される必要があろう。

この点の解明をはじめ多くの難題が山積しているが、それらについては今後の課題とし擱筆することとしたい。

注

1　網野善彦「荘園公領制の形成と構造」（同著『日本中世土地制度史の研究』塙書房、一九九一年、初出一九七三年）。

2　南北朝期以降の荘園制について論じた代表的研究として、永原慶二「荘園制解体過程における南北朝内乱期の位置」（同著『日本中世社会構造の研究』〔永原慶二著作選集　第三巻〕吉川弘文館、二〇〇七年、初出一九六二年）・網野「「職」の特質をめぐって」（同著『荘園公領制の構造』〔網野善彦著作集　第三巻〕岩波書店、二〇〇八年、初出一九六七年）・網野「荘園制の転換と領国制の形成」（同上、初出一九七四年）。

3　同論をめぐる仕事は多数あるが、ここでは、伊藤俊一『室町期荘園制の研究』（塙書房、二〇一〇年）を挙げるにとどめる。

4　川岡勉氏によって提起された、主に南北朝内乱期以降の政治体制を表す概念。「天下成敗権」を持つ将軍が「国成敗権」を持つ守護を媒介として、自立化を進めた地域社会を中央国家に接合させていたとするもの。嘉吉の乱によって、体制の前提となっていた「守護在京制」が崩壊したことで解体に向かうとされている（川岡『室町幕府と守護権力』吉川弘文館、二〇〇二年）。

5　日根荘については膨大な研究蓄積があるが、ここでは、勝俣鎮夫「戦国時代の村落——和泉国入山田村・日根野村を中心に——」（同著『戦国時代論』岩波書店、一九九六年、初出一九八五年）・田沼睦「荘園領主による直務支配」（阿部猛・佐藤和彦編

『人物でたどる日本荘園史』広済堂、一九九〇年）・小山靖憲・平雅行編『荘園に生きる人々』（和泉書院、一九九五年）を挙げるにとどめる。なお、入山田は土丸・大木・船淵・菖蒲という四つの小村落、日根野は西方・東方という二つの区分から構成されており、当該期の知行実態としては、文明一四年（一四八二）以降、土丸村三分の一・船淵村半分・日根野東方が「領家分」、それ以外が「富小路俊通奉行分」として区別されていた（『九条家文書』〔以下『九』〕一五五・一五六・一七七号・橋本浩「和泉国日根荘「俊通朝臣奉行分」をめぐって」〔『専修史学』三一号、二〇〇〇年〕等）。

6 『九』四七号。

7 室町期以降、上郷も含めて「日根荘五ヶ村」と呼称されるようになる。

8 和泉国守護は、応永一五年（一四〇八）に三管領細川家の庶家である頼長と基之が着任して以降、頼長の系統が上守護、基之の系統が下守護を務める両守護支配体制が採用されるようになる。なお、この体制については、今谷明「和泉半国守護考」（同著『守護両国支配機構の研究』法政大学出版局、一九八六年、初出一九七八年）や、末柄豊「細川氏の同族連合体制の解体と畿内領国化」（石井進編『中世の法と政治』吉川弘文館、一九九二年）等に詳しい。

9 『新修泉佐野市史 史料編 中世Ⅰ』（以下『新市史料Ⅰ』）戦国時代前期九八号。

10 関口恒雄「中世末期の階級闘争とその歴史的条件――九条政基『旅引付』をめぐって――」（『史学雑誌』七九―一号、一九七〇年）等。

11 安西欣治『崩壊期荘園史の研究』（岩田書院、一九九四年）・畠山亮「中世後期村落に於ける領主についての一考察」（『法制史研究』五一号、二〇〇一年）等。なお、注5田沼論文は、両側面があったとする立場をとっている。

12 一二世紀に覚鑁が高野山上に建立した伝法院を起源とする紀北の寺社勢力。戦国期にはその強力な軍事力や経済力をもって泉南へと勢力を拡大していた。なお、当該期の根来寺と日根荘の関連に注目した研究として、熱田公「根来寺と日根荘」（『日本史研究』三一〇号、一九八八年）・小山靖憲「中世根来寺の組織と経営」（同著『中世寺社と荘園制』塙書房、一九九八年、初出一九九一年）・廣田浩治「地域の公権力としての中世根来寺」（『根来寺文化研究所紀要』二号、二〇〇五年）等が挙げられる。

13 峰岸純夫「崩れゆく荘園」（佐々木潤之介編『日本民衆の歴史 3』三省堂、一九七四年）・井田寿邦「村落の日常生活――戦国初期の日根野庄入山田村を中心に――」（網野善彦・石井進編『信仰と自由に生きる』新人物往来社、一九九五年）・黒田基樹「九条政基にみる荘園領主の機能」（同著『戦国期領域権力と地域社会』岩田書院、二〇〇九年、初出二〇〇七年）等。

14 注11安西著書・廣田「「政基公旅引付」と日根荘」（『新修泉佐野市史 通史編』二〇〇八年）・廣田「公家の在荘直務と戦国社会」

（元木泰雄・松薗斉編『日記で読む日本中世史』ミネルヴァ書房、二〇一一年）等。

15 政基が直務支配中に執筆した在荘記録。本稿では、中世公家日記研究会編『政基公旅引付』（和泉書院、一九九六年）を参照したが、引用に際しては、同編の影印篇を用いて翻刻を適宜確認した。

16 畠山政長息。父政長が細川政元に攻められて自害して以降、政元とは対立関係にあった。明応九年（一五〇〇）、和泉国を攻めて、当時の和泉守護であった細川元有・基経を滅ぼした後、同年政元の軍勢に敗れて紀伊国に退いていた（「後慈眼院殿御記」明応九年九月二日条・「後法興院記」明応九年九月一七日・二四日条等）が、永正期には体制を調えて河内国への進出を再開しており（例えば『旅引付』では、永正元年七月二八日条に「尾張守出陣」とあるのに端を発し、以降尚順に関する記述が頻出するようになる）、和泉国では、尚順にとっての敵対勢力でもあった細川氏と抗争を繰り広げる根来寺を支援するなど、日根荘に対しても無視しえぬ影響力を及ぼしていた。なお、両者の間に共闘体制が築かれていたことについては、小谷利明『畿内戦国期守護と地域社会』（清文堂、二〇〇三年）・注12廣田論文等で論じられている。

17 『旅引付』文亀二年七月七日条。なお、佐藤惣兵衛に関する詳しい研究としては、矢田俊文「戦国期の村と政治――和泉国・紀伊国――」（同著『日本中世戦国期の地域と民衆』清文堂出版、二〇〇二年、初出一九八五年）・永松圭子「文亀二年佐藤久信の反乱と和泉国日根荘」（『ヒストリア』一九四号、二〇〇五年）等が挙げられる。

18 『旅引付』文亀二年八月七日条。

19 『旅引付』文亀二年八月二〇日条。

20 大阪府岸和田市内に土生村という地名があるが、城跡等については不詳。

21 注16参照。

22 『旅引付』文亀二年九月一二日条に、惣分の構成員として泉識坊の名が見える。なお、『旅引付』文亀三年八月三〇日条に「満寺集会」の文言が見られ、こちらが寺内の　最高意思決定機関であったともとれるが、実際には惣分による合議で決定が下されることが多く、実質的な決定権は惣分が握っていたと思われる。

23 入山田・日根野両村の「半分」がこれ以前より富小路俊通に給恩地として宛がわれていたことが、文明一一年（一四七九）一二月二一日付の「足利義政御判御教書案」（『九』一〇八号）に記されている。

24 『旅引付』永正元年六月六日条。

25 『旅引付』永正元年六月六日条。

26 『旅引付』永正元年六月一四・一八日条等。
27 『旅引付』永正元年七月七日条。
28 慶算は以前富小路俊通奉行方の代官職に補任されていたが、明応六年に代官職を喪失している（『新市史史料Ⅰ』戦国時代前期一一一号・『九』一三三・一三五号）。なお、この事例については、永松圭子「明応六年日根荘代官職辞退問題と惣国半済」（『史敏』四号、二〇〇七年）が詳しく論じている。
29 『旅引付』文亀元年四月三日条には、政基が、面会に来た長福寺住持に対し、彼の服装が乱れていたことを理由に追い返している様子が記されている。ここから、龍生院の出仕を容認した政基の姿勢に一定度の軟化を読み取ることは許されるであろう。
30 「日根野・入山田両村代官職請文案」（『九』二八三号）。なお、本史料は差出書・年月日を欠いているが、「九条殿様御領泉州日根野西方・入山田四分三両村御代官職就レ被二仰付一」とあって、両僧が要求し続けていた富小路俊通奉行分の代官職が対象となっていることから、両僧によるものと考えるべきであろう。
31 これ以前に両僧の代官が入山田に強制入部した際、地下は篠を引いて逃散している（『旅引付』永正元年七月一九〜二一日条）。
32 『旅引付』永正元年八月二五・二六日条。
33 『旅引付』永正元年七月二七日条。
34 『旅引付』永正元年六月六日条・永正元年七月一九日条。
35 『旅引付』永正元年一一月二日条。
36 『旅引付』永正元年一二月二日条。
37 永正三・四年の算用状（『九』二一〇・二一一）に「半済　国へ」の文言が見える。
38 『新市史史料Ⅰ』戦国時代中期六〇・七四・七五・八〇・八七号等。また、安西「代官請負の諸様相」（注11安西著書）等も、この点について言及している。

東北地方の物資と移動
―考古学の視点から―

飯村　均

はじめに

近年、調査・研究が進展している北海道の擦文・アイヌ文化期の流通・交易の状況について、奥羽や都市・鎌倉との関係から概観したい。次に、奥羽の十二～十四世紀を中心とした支配拠点・流通拠点の遺跡の存在形態とその出土遺物の組成から、一定の価値観があることを改めて指摘したい。そして、八重樫忠郎が提唱した「平泉セット」から「鎌倉セット」への変遷を奥羽の発掘事例から示し、同時に、鎌倉時代の奥大道に面した流通拠点の遺跡の特徴についても触れたい。そして、奥羽における流通の原理の一端を明らかにしたい。

奥羽・鎌倉と蝦夷が島

昭和三四年（一九五九）二月二日に北海道勇払郡厚真町宇隆《うりゅう》1遺跡で器高約三八センチメートルの壺が一点発見さ

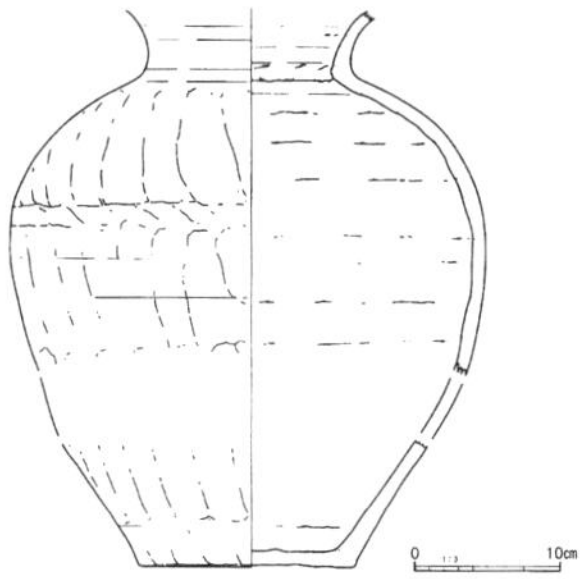

挿図1　宇隆Ⅰ遺跡出土常滑壺
（八重樫 2015）

れていた（挿図1）。それが、八重樫忠郎らに再評価され、常滑の2型式（一一五〇～七五年）の大壺であることが明らかにされ、八重樫氏は経塚の可能性を指摘し、一躍注目を浴びた。それは、アイヌ文化と本州島の中世の密接な関係を示しているからである。平成二六年（二〇一四）秋に発掘調査も実施され、平成二七年（二〇一五）十月に「厚真シンポジウム　遺跡が語るアイヌ文化の成立――11～14世紀の北海道と本州島――」（厚真シンポ実行委員会ほか二〇一五）が開催された。

八重樫氏は中尊寺『供養願文』には「羽毛歯革の贄」が納められ、『吾妻鏡』には「鷲羽」「アザラシの皮」が平泉から京都へもたらされ、「砂金八〇〇両」「鷲羽二櫃」「馬百頭」が源頼朝により後白河院へ平泉藤原氏の戦勝報告として献上されていることを指摘し、平泉の富が北方の物産に成り立つとした。そして、厚真は平泉と関連の深い流通のターミナルであると評価した（八重樫二〇一五）。従来、考古学的には十四世紀後半以降の上ノ国町勝山館や函館市志海苔《しのり》館などの道南の和人の館に多くの中国・本州産の陶磁器が流通してきたことは認識され、十三世紀に成立する余市町大川《おおかわ》遺跡は和人の港町として考えられてきた。しかし、それをさらに遡る十二世紀の常滑大壺が、太平洋側から出土したことは衝撃であった。従来の認識を見直すべきであろう。

前述のシンポジウムで鈴木琢也は「擦文～アイヌ文化期の物流」（鈴木二〇一五）を報告し、八～一四世紀の鉄製品や須恵器・陶磁器・漆器等の本州産の搬入品を検討した。それによると、八～九世紀は石狩低地帯の石狩川水系河川下流域が物流の中心的・拠点的地域として優位性があり、律令国家（秋田城等）との間で「日本ルート」による物流・交易が展開し、十～一二世紀は石狩川水系河川下流域が優位性を保つが、同時に物流網が北海道全域の河川河口・下流域に拡がり、東北地方北部地域との「日本海・太平洋ルート」を通じた物流が発展するとし、その背景に東北地方北部の鉄・須恵器、米・塩等の生産の活発化があり、安倍・清原氏等の在地有力勢力の関与があったと示唆した。十二世紀後半から十四世紀には石狩川水系河川下流域の優位性は失われ、北海道南西部（渡島半島）から西部の日本海沿岸河川河口域、南部の太平洋沿岸河川河口から中流域に流通拠点が成立する萌芽があるとし、背景に平泉藤原氏や鎌倉幕府の勢力圏に東北地方北部を経由して日本列島の広域物流網に組み込まれ、「日本海・太平洋ルート」を通じた物流の展開があると指摘している。

また鈴木（鈴木二〇一〇）は北海道から本州への交易品として、八～九世紀は『続日本紀』『日本後紀』『延喜式』によると羆（ヒグマ）皮・葦鹿（アシカ）皮・独犴（ラッコ）皮・索昆布・細昆布とされ、陸奥・出羽の交易雑物であり、王臣家の私的交易の対象であったとされている。十～十二世紀は羆皮・水豹皮・索昆布・細昆布が消えて、水豹（アザラシ）皮・鷲羽・粛慎羽・鷲尾・奥州貂裘（クロテン）が新たに現れ、それは貴族社会の身分標識であり、陸奥・出羽守や鎮守府省軍や安倍・清原氏などの軍事貴族から摂関家への献上品とされたとしている。

さらに厚真町厚幌ダム建設予定地の調査では、オチャラセナイチャシ跡の対岸、正面に位置するオニキシベ2遺跡1号土坑墓（天方・小野・乾二〇一一）で、小刀・刀子・鉤状製品・環状装飾品・ニンカリ・鍔状銅製品・錫製金属板・ガラス玉・古銭が出土し、黒色漆の上に赤色漆で「向い鶴丸文」が印判（スタンプ）技法で入組みが施文されている漆器の塗膜も出土し、十四世紀の年代が推定されている。印判技法の漆器は、「都市的」「鎌倉的」な遺物であり、必ずしも高級品とは言えないが、「都市・鎌倉」との密接な関係が想定され、「向い鶴丸文」の印判技法の漆器は鎌倉市佐助《さつけ》ヶ谷《やつ》・米町《こめまち》遺跡から出土している事実を鑑みると、アイヌ文化期の北海道と都市・鎌倉の直接的な交流・交易を考えざるを得ない。

オニキシベ2遺跡3号土坑墓（天方・小野・乾二〇一一）では、鉄鍋と刀、小刀、刀子、針、矢筒装飾部片などが出土した。鉄鍋の形態などから、十四世紀後半頃の年代が推定されている。上幌内《かみほろない》モイ遺跡2号平地式住居址（乾・小野・奈良二〇〇七）は、住居跡内から大型礫・礫石器・金属器が出土しているほか住居跡西コーナーの外側から内耳鉄鍋が出土し、南側からは台石等の遺物群が出土している。一方、都市・鎌倉では全形がわかる内耳鉄鍋の出土例は二例のみで、一点は御成町《おなりまち》228番―2他地点遺跡（斎木・宗臺一九八八）で出土した。調査区はJR鎌倉駅西側に位置し、河川の氾濫原上に方形竪穴建築址があり、常滑小壺・内耳鉄鍋・瀬戸卸皿・常滑捏鉢・瓦質手焙りなどが出土した。十四世紀中頃の年代が推定されている。内耳鉄鍋は木製角柄杓と一緒に出土し、銅製の弦も一緒に出土してたと推定されている。もう一点は鎌倉・若宮大路《わかみやおおじ》周辺遺跡群（宮田眞ほか一九九九）で出土し、JR鎌倉駅の南、若宮大路とJR横須賀線ガードと下馬四ッ角交差点の中間に位置する。十三世紀初頭から中頃とされる2a面の土壙31底面から内耳鉄鍋が伏せた状態で出土し、傍らから牛の頭蓋骨が正位で出土した。ほかに手づくねかわらけ小皿・劃花文青磁碗・刀子・木製品などが出土し、十三世紀前半の内耳鉄鍋と推定できる。都市・鎌倉の内耳鉄鍋の出土例は例外的ではあるが、形態や法量は前述の厚真町例と共通する部分が多い、何よりも一文字湯口であることが共通であり、やはり本州島――東日本――との交易の結果と評価するべきであろう。鎌倉政権は平泉政権の擦文・アイヌ社会との流通・交易関係を引き継いだと考えられ、証明する史資料は皆無であるが、厚幌ダムの遺跡群の調査成果からその一端を窺うことができたと考えている（飯村二〇一五）。

以上のような八重樫・鈴木や筆者の研究を見渡すと、律令国家期は秋田城を窓口として北方の物産を入手し、律令国家の衰退とともにその担い手は安倍・清原氏等の在庁官人の系譜を引く在地有力軍事貴族が担い、さらに十二世紀は平泉藤原氏、十三～十四世紀は鎌倉幕府が担った可能性が指摘できる。その文脈で宇隆1遺跡出土の常滑大壺は良く理解でき、太平洋流通圏に組み込まれたという指摘も理解できる。しかし今後は、陸上交通も含めてより具体的な流通ルートの解明は必要となろう。

平泉藤原氏の価値観——東国武家政権の価値観の成立——

八重樫忠郎は平泉の特徴的な遺物として、手づくねかわらけ・常滑・渥美・須恵器系陶器、白磁四耳壺・水注などを挙げて、その中でも「手づくねかわらけ、白磁四耳壺、渥美刻画文壺、常滑三筋壺」を平泉セット（挿図2）として、「平泉セットを有しているということは、平泉同様の宴会儀礼、すなわち同様の政治形態を持っていたということとなる」と明快に指摘して、その分布を明らかにした。青森県は津軽地方に多く、岩手県では志波町日爪館跡などがあり、宮城県は陸奥国府・多賀城跡、山王《さんのう》遺跡、新田《にいだ》遺跡を始めとして栗原郡・亘理郡に分布があり、秋田県では矢立廃寺《やたてはいじ》・観音寺廃寺《かんのんじはいじ》などで出土例があり、矢立廃寺は奥大道沿いであることに注目している。山形県・福島県では際立った遺跡はなく、いわき市白水《しらみず》阿弥陀堂《あみだどう》でも浄土庭園はあるが、手づくねかわらけの出土はない。この傾向及び経塚の分布から「津軽地方と岩手県央から多賀城跡付近を含んだ宮城県北までが、平泉と密接な関係にある」と指摘し、平泉藤原氏の直轄支配地は奥六郡から宮城県北とし、さらに秋田県北と津軽外ヶ浜《そとがはま》に分布が多く、津軽外ヶ浜は奥大道に関連して重要であり、福島県域は外様的である（八重樫二〇〇二）。この見解は、現在でも基本的には変わらず有効である。

平泉セットに見られる陶磁器の「袋物指向」は既に、矢部良明や小野正敏により的確に指摘されている。矢部は柳之御所遺跡出土の白磁四耳壺が日本で最も集中し、武家文化の価値体系として十二世紀の段階で確立したと指摘した。小野は京都・博多・大宰府などとの組成を比較し、白磁四耳壺の比率の高さを指摘し、平泉の独特の「好み」があることを明らかにしている。同時に、国産陶器での甕の比率の高さも指摘している。八重樫は平泉出土の常滑・渥美を分析し、大甕、常滑三筋壺、渥美刻画文壺が多いことを指摘し、最大消費地が平泉であるこ

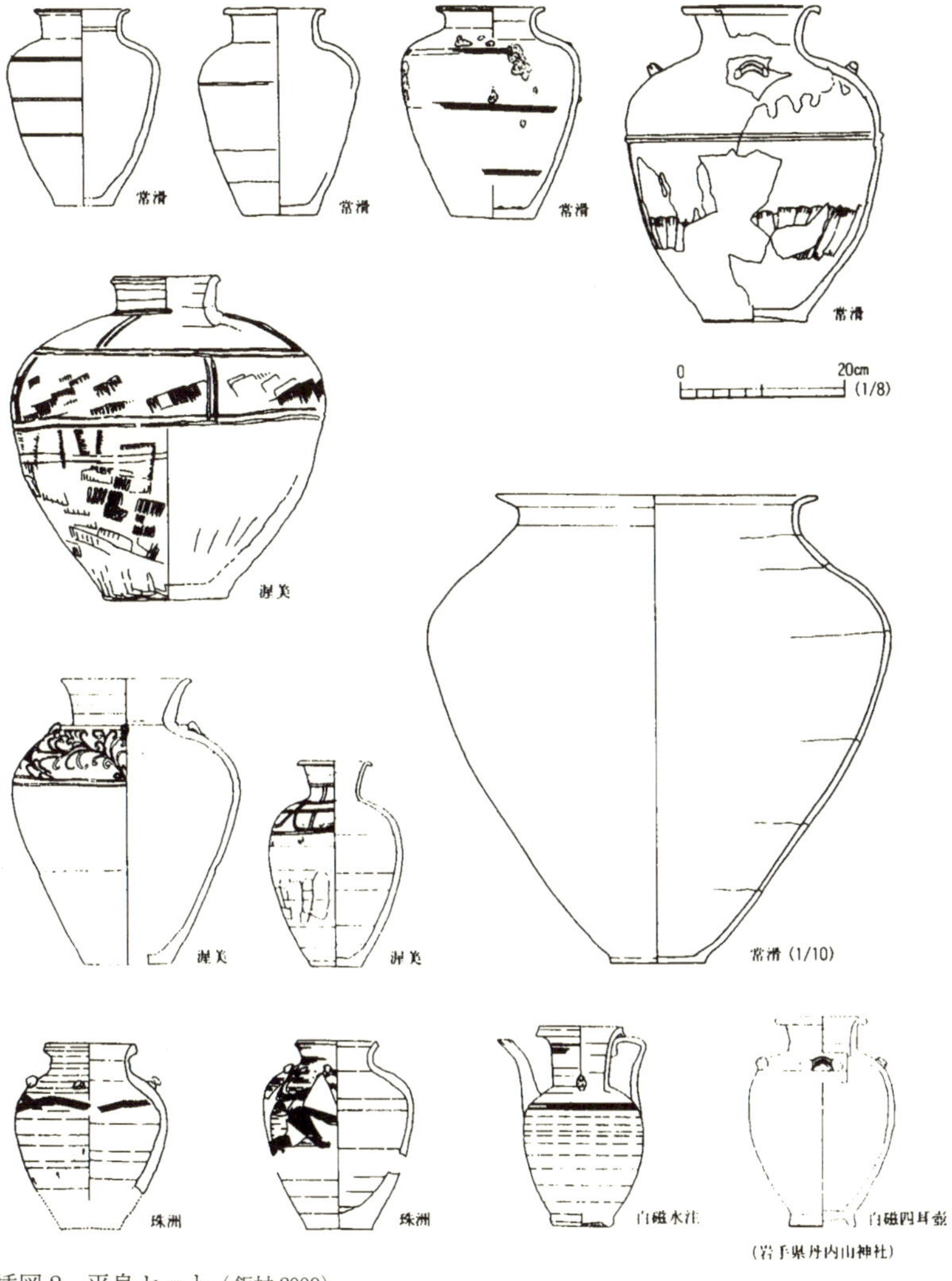

挿図２　平泉セット（飯村 2009）

とを明確に指摘した。そして、壺の用途について宴会儀礼での権力の象徴と指摘する一方、経筒外容器などとして利用される三筋壺は当初は宗教色の濃いものとした。以上の見解を受けて、筆者は中世前期の陶器「袋物」を政治的・宗教的な産物としか考えられないとし、東国における「袋物指向」を明らかにした（飯村二〇〇九）。

近年、陸奥国閉伊郡で平泉セットを持つ居館が発見された。岩手県宮古市田鎖車堂前《たぐさりくるまどうまえ》遺跡（福嶋正和二〇一七、岩手県文化振興事業団埋蔵文化財センター二〇一六　挿図３）である。宮古湾から北西に約五キロ内陸に位置し、閉伊川とその支流に挟まれた微高地にある。調査では平面形が丸い「コ」字形で、断面形が逆台形の堀が、東西一二三メートルとなる。西半分には土塁が堀内側を巡り、堀南東隅で木橋が架かり、南西隅で土橋がある。堀跡内部には掘立柱建物・竪穴建物・井戸があり、居住区間と推定できる。堀跡外側の溝跡からは意図的の壊された白磁碗や大鎧小札が出土したほか、道跡も見つかっている。出土遺物はかわらけ、中国陶磁器、渥美・常滑・水沼窯の製品が出土しているほか、馬具の銜が出土している。居館の平面形態は丸く、堀の形状も平泉藤原氏関連の遺跡に類似し、出土遺物も平泉セットと言ってよい。居館の西方丘陵の尾根上には経塚が確認でき、まさに遺構・遺物とも平泉藤原氏の価値観で営まれた居館であることは疑いなく、平泉藤原氏が宮古湾に向かう内水面交通の拠点を押さえ、ひいては閉伊郡支配のために造営した楔ともいうべき居館である。平泉藤原氏が三陸沿岸まで流通・交通を含めて直接支配を及ぼそうとした痕跡と評価でき、注目できる。

挿図３　田鎖車堂前遺跡　現地説明会資料（岩手県事業団 2016）

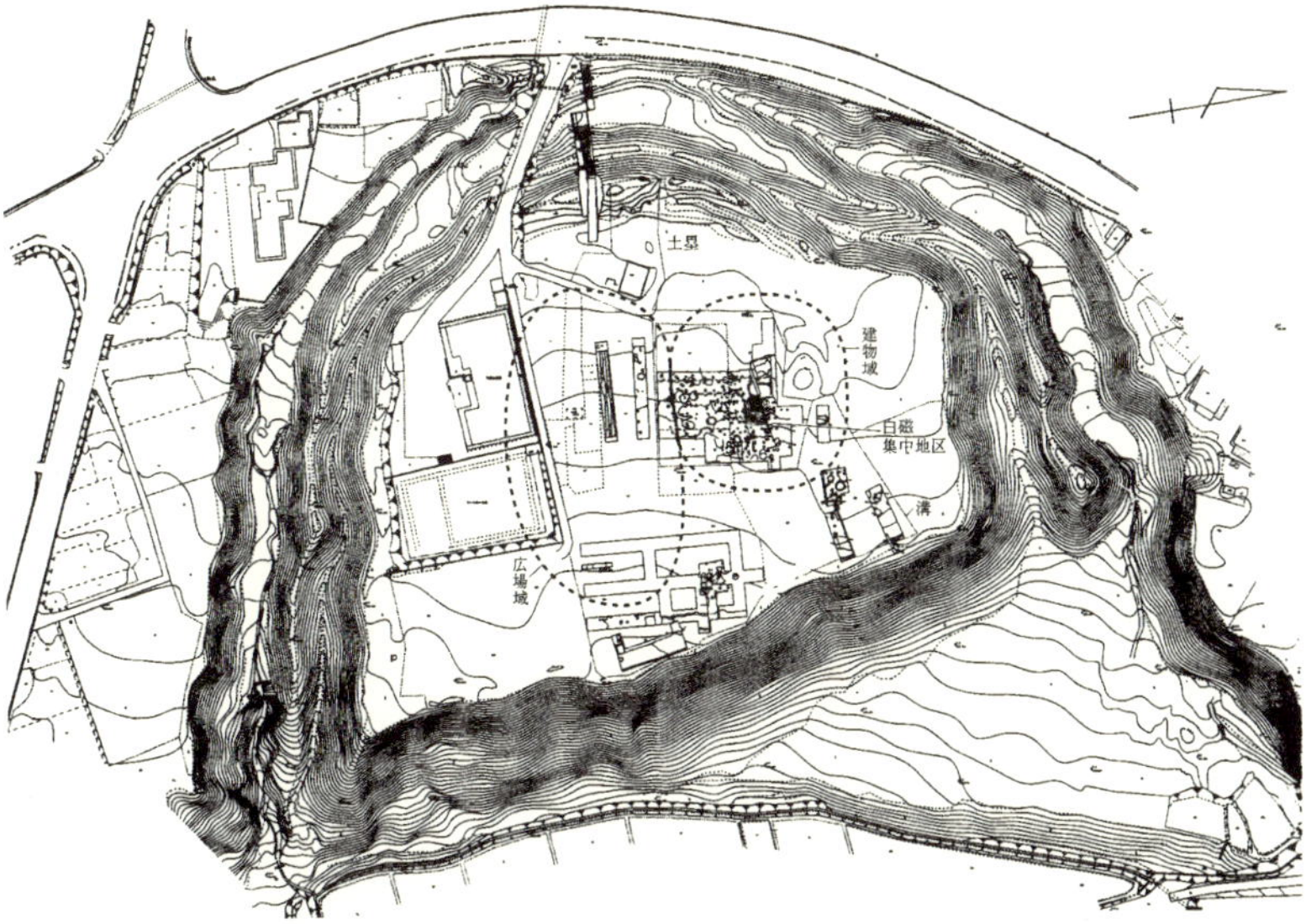

挿図4　陣が峯城遺構配置概念図（吉田・五十嵐他 2005）

一方外様的と言われた、福島県会津地方ではやはり不整形の丸い居館が調査されている。会津坂下町陣《じん》が峯《みね》城跡《じょうあと》（吉田・五十嵐ほか二〇〇五　挿図4）は南側に旧越後街道に隣接してあり、勝負沢で形成された扇状地に立地し、東側は阿賀川の支流・旧宮川で形成された比高差約二十メートルの段丘崖である。南北約二五〇メートル、東西約一八〇メートルの丸い扇形を呈し、南・西・東側を二重の堀と内土塁で区画されている。この西方の丘陵上には雷神山経塚があり、経筒外容器とされる十二世紀後半の渥美施釉壺が出土している。出土遺物は貿易陶磁器二八%、須恵器系陶器七%、瓷器系陶器四%、かわらけ一七%、漆器一二%、炭化包飯七%、銅製品一%、鉄製品二〇%、石製品四%である。貿易陶磁器では白磁四耳壺・水注は五個体ほどであるが、椀・皿が六〇個体を超えるほか、初期高麗青磁の出土は注目される。瓷器系より須恵器系の比率が高く、珠洲系でも、確実に珠洲産と思われるものは少ない。常滑は鉢・甕・大甕・小型壺が五個体出土し、渥美は無釉と施釉の壺各一個体が出土し、尾張・渥美の山茶碗が出土している。かわらけは二三八片出土し、五〇個体が復元できたが、すべてロクロ整形の大小の皿・坏で、柱状高台皿もある。

主な遺構は掘立柱建物五棟、溝状遺構六条、土坑三七基、鍛冶炉などである。平場中央から北側が生活・政務域、東側が厨跡、南側が広場と推定されている。館全体に火災の痕跡が明瞭で、炭化した挽物・曲物や椀形飯・包飯・加工豆類（納豆?）・穀物の出土が注目できるほか、和鏡、完形の権衡の出土は希少である。多数の鉄鏃や飛礫石の出土は戦闘の痕跡を示しており、鉄斧・鉄鋌・槍鉋・鋸の出土は職人の存在を示している。平面形や二重の堀や内土塁等は前九年・後三年合戦の柵等に共通し、柳之御所遺跡にに代表される平泉藤原氏の居館に類似する。また、経塚が併存することも共通する。しかし出土遺物は八重樫が提唱した平泉セットとは言えない。かわらけは手づくねかわらが皆無で、白磁四耳壺・水注は出土はしているが、碗・皿が卓越し、常滑の三筋文壺や渥美の刻画文壺が出土していない。その観点からすると、十二世紀前半に成立した居館で、居館の形態は共通性があるが、出土遺物の価値観は平泉とは異なり、平泉藤原氏に比肩しうる勢力が会津盆地北部にあったことを示してる。それで想起されるのが『玉葉』の養和元年（一一八一）七月一日の記事で、「本国在庁官人已下　為レ遂二宿意一　欲レ凌二礫助元一之間　欲レ引二籠藍津之城一之処　秀平遣二郎従一　欲二横領一」とあり、『延慶本平家物語』の記述を併せて見ると、「城助職、信濃国横田河原で木曽義仲軍と合戦し敗北。会津・慧日寺の乗湛坊らも加わる。その後、助職は『藍津之城』に引き籠もり、藤原秀衡が遣わした郎従に追われ、「本城」に籠るという」（柳原二〇〇六）と読むことができ、中村五郎（中村二〇〇〇）らが指摘するように「藍津之城」が陣が峯城の可能性は否定できない。その意味ではやはり陣が峯城には越後城氏のような、同時代で平泉藤原氏に比肩できる外様的な勢力の関与が推測できる。

以上のように、八重樫が提唱した「平泉セット」は、平泉藤原氏の支配領域を考える上で有効であることが改めて確認できた。平泉藤原氏が創出した価値観とは、不整形の堀・土塁で区画された丸い館、その西方に望むことができる丘陵上にある経塚、そして内水面交通と陸上交通の要衝に立地している。北上川に面して、平泉に関係する、十二世紀から十四世紀前半の川湊と目される白鳥舘遺跡では、かわらけ窯や鍛冶炉などの手工業生産の存在も明らかになり、平泉に関わる十二世紀の流通拠点である川湊の実態が明らかになっている（及川二〇一七）。遺物では手づくねかわらけ、貿易陶磁器では白磁が国内で大量に出土する時代ではあるが、その中でも白磁四耳壺・水注といった「袋物」が多く、また必ず出土する。国産陶器では国内で本格的に生産が始まると、平泉に向けて常滑・渥美が大量にもたらされ、その中でも常滑三筋壺　渥美刻画文壺といった「袋物」や、刻画文様といった付加価値の高い陶器は、宗教性も強く、平泉を中心に特徴的に流通する。この平泉で創出された価値観は、平泉の支配領域の新興権力者層に受け入れられ、博多から日本海・太平洋を介して、さらに陸路や北上川等の河川交通を介して、流通するシステムが確立し、特に常滑・渥美・珠洲等の「装いの新たな焼物」は新興権力者層である平泉藤原氏の需要に応えるものであり、まさに流通の時代である中世の幕開けに相応しい権力とも言える。

都市・鎌倉の価値観の波及——東国武家政権の価値観の確立——

いわゆる「文治の奥羽合戦」を経て、平泉藤原氏などの奥羽武士団の旧領は、源頼朝により東国御家人に恩賞として給与され　東国武士団の奥羽への移住という現象が起こった可能性が指摘されている。いわゆる東国武士団の東遷（あるいは北遷）と呼ぶべき現象である（岡田二〇一四）。筆者も十二世紀と十三世紀以降のかわらけの分布の変化から、鎌倉御家人が奥羽で所領を広げる過程と重なることを指摘した（飯村二〇一五）。

その状況の中で、奥羽の中世遺跡を見ると、平泉藤原氏の価値観を引き継いだような都市鎌倉の価値観あるいは「鎌倉セット」とでも言うべき状況が指摘できる。仙台市王ノ檀《おうのだん》遺跡（小川他二〇〇〇）は中世では名取郡と呼ばれた地域で鎌倉時代には和田義盛が地頭であり、和田合戦の後、三浦氏が入り、宝治合戦の後に北条得宗領になったと言われている。名取郡では名取熊野三山が著名であり、本宮・新宮・那智社があり、天台宗本山派修験、熊野先達が勧請したと言われ、奥州藤原氏と密接な関係を持って、勢力をもっていたといわれている。「奥大道」はこの熊野三山の南から、名取川の「相い瀬のわたし」という渡川点を渡って王ノ檀遺跡に至り、その東には「宿在家」などの字名も確認できる。

王ノ檀遺跡は三万平方メートル以上の調査により、Ⅲ期の中世遺構の変遷が確認できる。Ⅰ期が十二世紀後半、Ⅱ期は十二世紀末～十三世紀中頃、Ⅲ期が十三世紀後半～十四世紀前半となる。Ⅰ期は奥州藤原氏に関わる在地領主の屋敷であり、Ⅱ期は和田・三浦氏時代の現地支配のための代官屋敷的な性格とされている。Ⅰ期には屋敷墓が成立し、Ⅱ期の屋敷をみると、中門廊のつく主屋に厩、持仏堂、倉、鋳造工房、鍛冶工房などがみつかっており、鎌倉初期の典型的な武士の屋敷と考えられる。

北条得宗領となるⅢ期は十三世紀後半～十四世紀前半だが、全体構造がわかる（挿図5）。調査では区画A・B・C・Dが発見され、それをとり囲むように溝が見つかり、南には運河に面して区画が確認され、さらに東側は名取川の支流荒川で区画され、全体で四二〇メートル×二〇〇メートルの規模となる。屋敷群の東側にある幹線道路も発掘され、奥大道と考えられ、幹線道路と全体区画溝の間を枝道が通っており、区画Aの北西コーナー部分で橋脚が見つかっている。この場所から直線でたどっていけば「春日社」があり、その直線上に「鳥居塚」などの地名が残り、おそらく聖なる基準線として機能していた可能性がある。

内部構造を見ると、Ⅲ期の区画A（挿図6）は中心の屋敷で、八〇メートル×一〇〇メートルの規模で掘も比較的深く、防御的な機能が強いとみられる。中心建物は中門廊の付く大型の掘立柱建物で、南面している。その

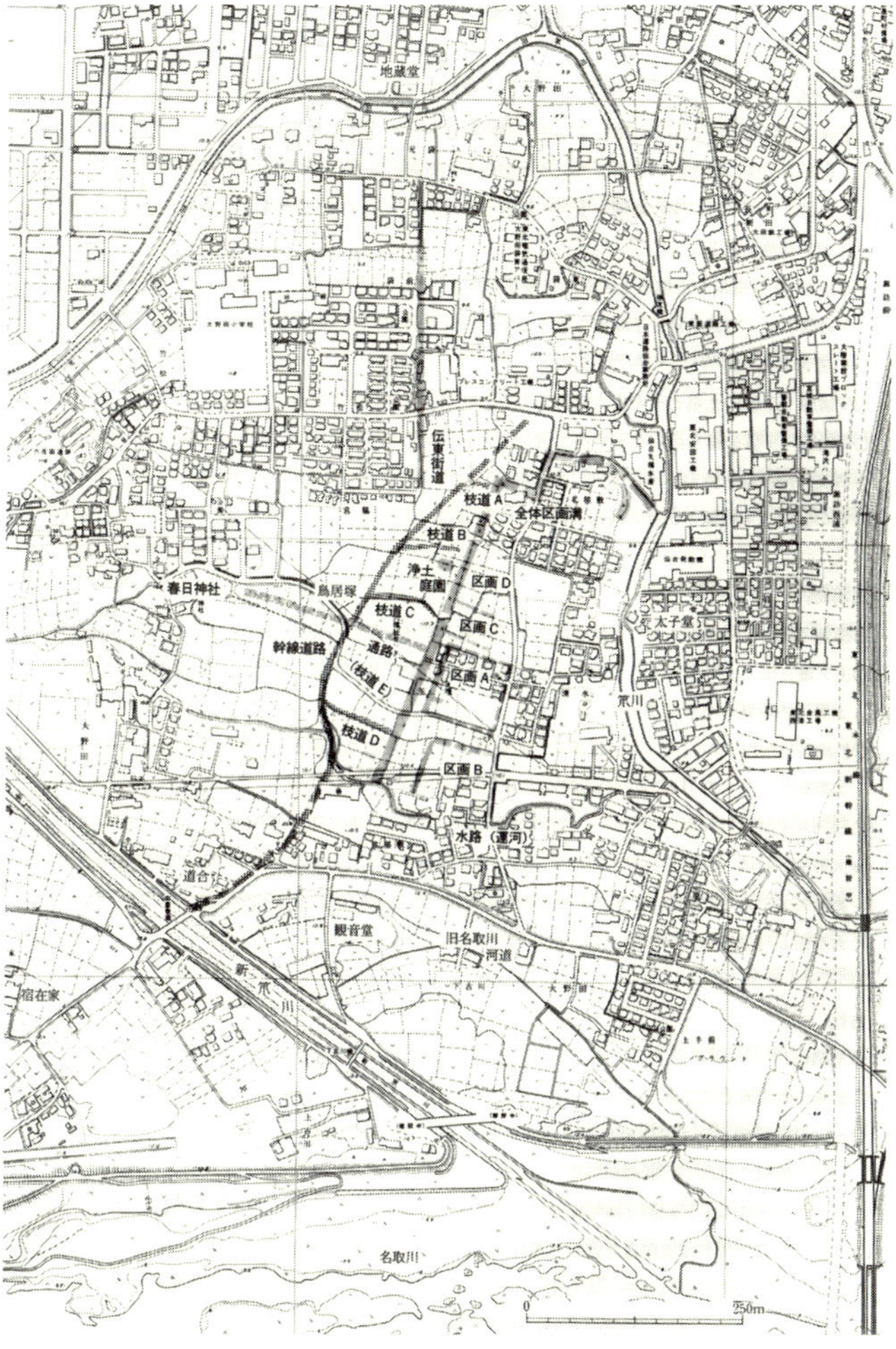

挿図5　王ノ壇遺跡全体構造（小川他 2000）

西側には床張りの厩、持仏堂なども発見されている。広場を挟んで北側には井戸や倉庫、広場の南には石敷きの竪穴建物（倉）がある。主屋の北側の空間は馬場とされ、屋敷の北西隅には櫓、橋が架かっている。区画Bは、七五メートル四方で区画され、運河に面して、市場空間と推定している。物資の収納や管理を行う施設や、市神的な施設も定されている。区画Aに連続する区画Cは土坑墓などのほか、宝篋印塔・数珠などが出土し、寺院と推定され、禅律寺院の可能性が指摘されている。そして、推定奥大道に近接していることから、辻堂的な、あるいは接待所的な寺院という見方もされている。

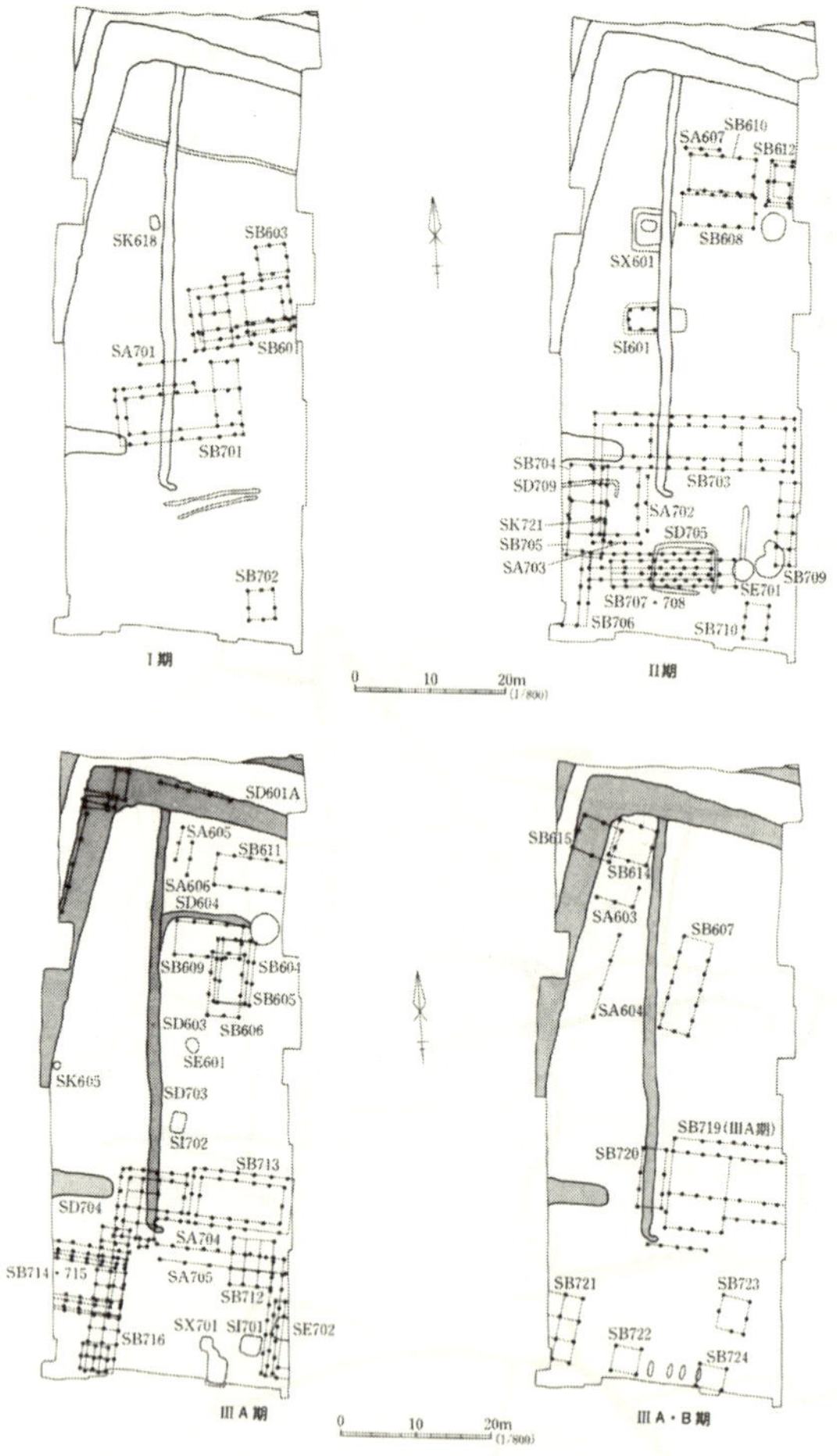

挿図6　王ノ壇遺跡区画Ａ遺構変遷（小川他 2000）

もう一つ注目されるのは、浄土庭園エリアとされ、塀で囲まれた区画である。方形の中島をもつ池の西側に阿弥陀堂とされる御堂が建っている。この周辺に火葬骨が多く出土し、骨堂的な性格をもっていた可能性がある。調査区の西側には古墳があり、古墳の西のほうを望むと、太白山が見え、聖なるラインを形成している。両側側溝の奥大道の両側には計画的に掘立柱建物が配置され、その周囲には方形竪穴建物が分布し、物流に関わる管理施設とされている。溝で囲まれた掘立柱建物は、宗教施設――辻堂――のイメージが考えられている。

区画Ａは北条得宗領である名取郡北方の政所的な施設、道との関連を考えれば「宿直屋」、あるいは「警固屋」などの性格を考える必要もある。区画Ｂは館・市的な性格、区画ＣＤは寺院であり、道に関わった勧進が行われたことも考える必要がある。さらに、浄土庭園エリアという「ミニ霊場」も備えていることは注目できる。このように鎌倉時代の地域支配拠点の一例ではあるが、館が単独で存在しているのではなく、館と寺院の連合体であり、さらに市、厩などの流通に関わる場、あるいは「ミニ霊場」のような場が存在して、初めて一つの地域拠点を形成していることが理解できる。まさに、鎌倉時代の地域支配拠点の典型である。

基本的に鎌倉時代の陸奥南部の遺跡では出土遺物が少ないが、王の壇遺跡での出土遺物は一二〇〇点を越え、その八〇%が区画Aに集中している。平米当たり〇・三二点となり、小数点二桁以下が陸奥南部の中世遺跡の通例であるので、およそ一〇倍の出土量となる。その組成を見ると、かわらけが四・九%、瓦質土器が〇・八%、陶器は在地産が四三・一%、常滑三〇・六%、渥美七・九%、須恵器系二・一%、東美濃〇・一%、古瀬戸一・八%、中国陶磁器では青磁六・七%、白磁〇・八%、青白磁〇・六%、陶器〇・六%である。かわらけには手づくね・ロクロの両者があり、瓦質土器は輪花になる奈良火鉢があり、陶器では白石窯産などの在地産の瓷器《しき》系陶器が卓越するほか、常滑・渥美・東濃の山茶碗《やまじゃわん》、古瀬戸《こせと》では四耳壺・水注・梅瓶《めいびん》などの出土が注目できる。中国陶磁器では緑釉陶器盤、青磁盤、白磁四耳壺、青白磁梅瓶などの出土が注目できる。既に指摘されているが平泉藤原氏から都市・鎌倉に引き継がれた、東国武家政権の「袋物指向」の価値観を見ることができる（小野二〇〇六 飯村二〇〇九）。いわゆる「鎌倉セット」（挿図7）と言うべきものには、手づくね・ロクロかわらけ、奈良火鉢、山茶碗、古瀬戸四耳壺・水注・梅瓶、緑釉陶器盤、青磁盤、白磁四耳壺、青白磁梅瓶などが挙げられ、その中でも特に「かわらけ・古瀬戸袋物・緑釉陶器盤・白磁四耳壺・青白磁梅瓶」を挙げることができる。「平泉セット」の要素を残しながら、古瀬戸や青磁・青白磁・緑釉陶器といった新たな焼物に価値観を見い出している。

また、高橋学は秋田県雄勝町館堀城跡《たてぼりじょうあと》出土の滑石製石鍋と山茶碗を再検討して、陸奥・出羽では流通拠点から出土することを明らかにしている。館堀城跡はかわらけが約六〇〇点出土し、須恵器系より瓷器系陶器が卓越

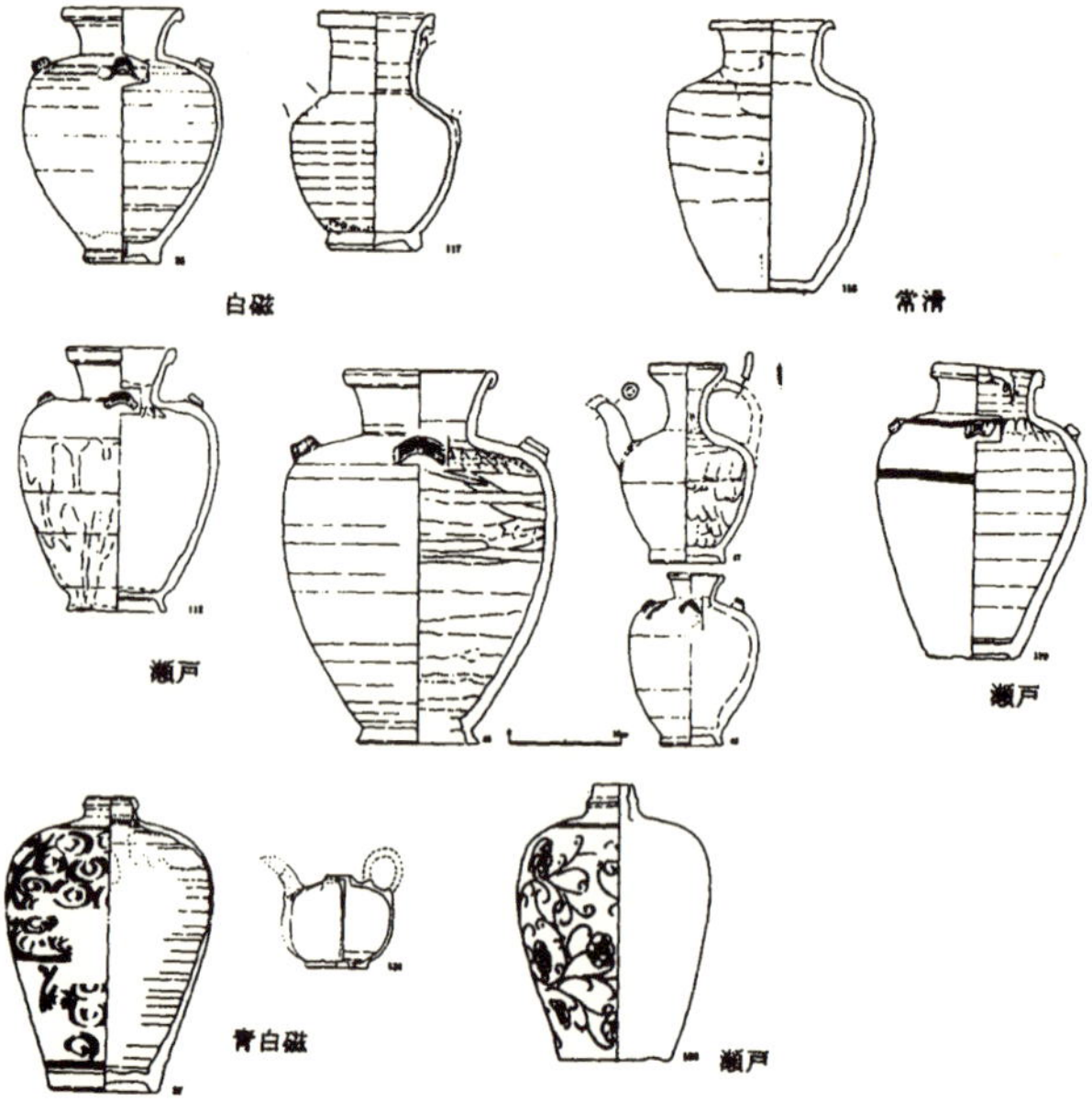

挿図７　鎌倉セット（飯村 2009）

し、古瀬戸前期様式の瓶子が出土し、青磁・青白磁が約三百点出土している。いずれも鎌倉時代の出羽北半の出土量としては稀有であり、古代に開設された遊佐荘《ゆさのしょう》と雄勝郡を結ぶ交通路に面し、中世には南部氏から貢馬進上についても雄勝郡を経由したことが指摘され、物流の中継地・拠点と指摘されている（高橋二〇〇三）。つまり、山茶碗の出土は流通拠点であることを表現している可能性があり、奥大道に面している王ノ壇遺跡でも、本来付加価値が少ない山茶碗が出土していることは、流通拠点であることの重要な要素となる。

小野正敏は武家社会における唐物威信財の創出と変容を検討して、平泉モデル（宴会セット）→鎌倉モデル（宴会セット＋室禮セット）→一乗谷モデル（室禮セット）と模式的に提示した。そして鎌倉モデルを示し、源氏三代の前期鎌倉では、平泉モデルの威信財を引き継ぎ、京都系かわらけと白磁四耳壺・青白磁梅瓶・華南《かなん》三彩洗《せん》・高麗青磁瓶子《へいし》などで、十三世紀中葉以降、執権北条氏が実権を握って以降、その典型は鎌倉市今小路西《いまこうじにし》遺跡北谷三面の資料であり、白磁四耳壺・青白磁梅瓶・華南三彩洗・青磁盤・青磁酒海壺《しゅかいこ》・天目茶碗などが威信財として挙げられている。そして、東国各地の発掘事例で御家人層やそれに準ずる館・屋敷で鎌倉モデルの威信財セットが確認できると指摘している（小野二〇〇六）。その意味で、まさに前述の王ノ壇遺跡は、平泉藤原氏滅亡以降に、奥羽にも急速に「鎌倉の価値観」が波及したことを明快に示しており、東国での武家政権の価値観が確立したと評価することができる。

鎌倉時代の流通拠点――道と宿

奥大道に面した宿と目される遺跡には福島県郡山市荒井猫田《あらいねこた》遺跡がある。約七万二千平方メートルに及ぶ広大な面積が調査された。荒井猫田遺跡（藤原・飯村二〇〇七、高橋他一九九八、高田他二〇〇六、飯村二〇一二、飯村二〇一五　挿図8）は阿武隈川の西側、支流である笹原川と南川に挟まれた河岸段丘上に立地し、遺跡の中ほどに埋没河川（作内川）が東流し、阿武隈川に注いでいる。この埋没河川の南側に鎌倉時代の「マチ」があり、北側に室町〜戦国時代の館・屋敷群が展開する。遺跡のある阿武隈川西側の中世の安積郡は、奥羽合戦で工藤祐経の所領となり、二男祐長が下向して伊東氏を名乗り、伊東氏一族が開発したと考えられている。

遺跡では両側側溝の道跡が七条調査され、路面幅は本来四〜六メートルとあったとされるが、三回以上の改修により調査時のものは一・五〜三メートルの路面幅となっている。「奥大道」と目される、遺跡を南北に貫く道跡は約三〇〇メートル調査し、これと交差する東西道跡もある。南北道跡には木戸跡が二か所確認され、中央付近の木戸跡は少なくとも三時期の作り替えがあり、木戸跡の柱穴はやや大きく、礎板や根石を伴う特徴がある。木戸と木戸の間隔は一二〇〜一三〇メートルとなる。南北道跡が直線となる約二八〇メートルの範囲に町屋が展開し、二万五〇〇〇基以上の柱穴が確認され、道に面して間口二〇〜三〇メートル、奥行約二五メートルの規模の町屋が並ぶことが明らかとなり、町屋奥側に帯状に井戸跡は並び、「平入り」の町屋が推定できる。町屋から

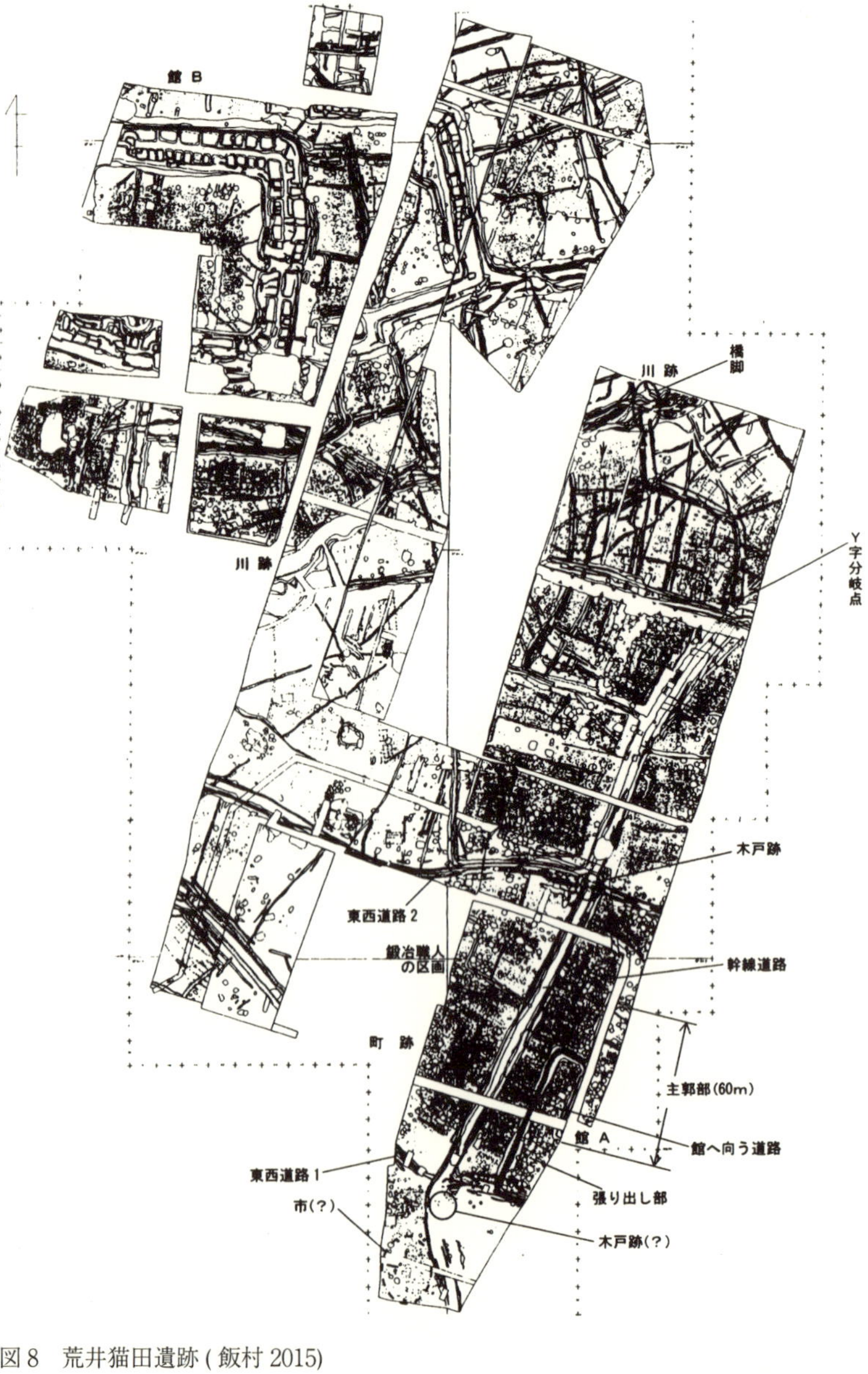

挿図 8　荒井猫田遺跡 (飯村 2015)

は曲物・下駄の未製品や漆容器が出土し、曲物・下駄の職人や塗師の存在が推定される。

北側木戸跡付近で交差する東西道跡の北と南に溝で画された区画があり、南側区画には鉄滓・羽口・「鍮の様（ためし）」等が出土し、鍛冶職人の存在が推定された。北側区画は一辺八〇メートルの矩形の門がある屋敷地であり、小型の方形竪穴遺構が多く検出され、井戸跡から茶臼や折敷がまとまって出土し、板碑等の石造物も出土している。南側木戸跡の北東の「館Ａ」は、一辺六〇メートルの主郭部と南北道跡に向かって張り出す区画があり、そこから南北道跡に接続する「引き込み道」がある。南北の道跡成立前後に、「館Ａ」が成立していた可能性が高い。町屋は北側・南側木戸跡のそれぞれ北・南にも展開し、遺跡北側の埋没河川と南端の低地が地形的にマチ全体を区画している。マチ北側の埋没河川には「板橋」が架かり、呪符・笹塔婆・古銭等が橋脚付近からまとまって出土し、マチを画する結界施設と考えられた。

遺跡は鎌倉幕府の成立とともに十二世紀後半には成立し、十三〜十四世紀前半に盛期があり、鎌倉幕府の滅亡とともに廃絶・移転したと考えられる。十二世紀後半には南北幹線道跡と「館Ａ」の主郭部とその西側のマチや木戸がまず成立し、十三世紀に「館Ａ」の西側の張り出し部や引き込み道が作られ、木戸が北にも作られ、マチが北に向かって発展した。十三世紀後半〜十四世紀前半には木戸の作り替えを行われるが、十四世紀中頃にはマチは廃絶・移転し、政権交代に伴う流通拠点や流通経路の変化が想定される。

荒井猫田遺跡Ⅲ区の出土遺物はかわらけ三九点、中国陶磁器は青磁三三点、白磁一点、青白磁一点であり、国産陶器は渥美八点、常滑一二一点、在地産一三九点、古瀬戸一八点、瓦質土器二九点ある。一平方メートル当たり約〇・一点であり、前述の王ノ壇遺跡に比して三分一程度であるが、陸奥南部の鎌倉時代の遺跡からの出土遺物としては多い。かわらけの出土比率は約一五％と王ノ壇遺跡やほかの館跡に比すると少ない。王ノ壇遺跡にあった「鎌倉セット」と言うべき要素はかわらけや古瀬戸袋物と少なく、流通拠点と支配拠点の違いがあるように思う。また瀬戸産の山茶碗が出土しており、既述のように流通拠点としての要素と言える。出土遺物は十二〜十四世紀前半の鎌倉時代を主とするが、曲物、折敷、箸、漆器椀・皿、砥石、古銭なども出土し、生活感が強い遺跡と言える。

おわりに

流通は基本的に消費者が需要を決定すると考えている。したがって、需要なきところに生産・流通は喚起されない。初期の常滑・渥美は平泉藤原氏に需要に応えたと考えることができ、古瀬戸前期様式は都市・鎌倉の需要に応えたと考えることができる。前者は三筋壺や刻画文壺などの宗教的な製品を供給し、後者は中国陶磁器を模倣した瓶・水注や洗・盤を供給している。いずれも「威信財」として価値観が創出され、それぞれの新興権力者層に広く流通している。そればかりか、平泉藤原氏は平泉町花立窯《はなだてよう》や宮城県石巻市水沼窯《みずぬまよう》などの渥美の陶器生産を導入している。鎌倉時代になると、奥羽では関東御家人の北遷に伴うように、須恵器系・瓷器系の陶器生産が喚起される。

以上のように、新興権力層が地域支配のアイテムとして価値観を規定した中国陶磁器や国産陶器は、その生産と流通を強く喚起し、東アジア広域流通圏や日本海・太平洋流通圏と呼ばれるような、消費地までの流通システムを構築した。そして、それは湊・津・泊などの海上・内水面交通を始めとして、道や宿・市といった内陸交通の整備を前提としたことは言うまでもない（藤原他二〇〇四、木村二〇一六）。

［引用文献］

厚真シンポ実行委員会・科学研究費・研究基盤（Ｂ）「平泉研究の資料学的再構築」二〇一五『厚真シンポジウム　遺跡が語るアイヌ文化の成立——11～14世紀の北海道と本州島——』

天方博章・乾哲也二〇一三『ヲチャラセナイチャシ跡・ヲチャラセナイ遺跡』厚真町教育委員会

天方博章・小野哲也・乾哲也二〇一一『オニキシベ２遺跡』厚真町教育委員会

飯村均二〇一五「東日本の集落・館・漆器・鉄」『厚真シンポジウム　遺跡が語るアイヌ文化の成立——11～14世紀の北海道と本州島——』厚真シンポ実行委員会・科学研究費・研究基盤（Ｂ）「平泉研究の資料学的再構築」

飯村均二〇〇九『中世奥羽のムラとマチ』東京大学出版会

飯村均二〇一三「中世東国の道とマチ　考古学からみた『都市的な場』」『中世都市研究　17　都市的な場』

飯村均二〇一四「中世のムラ——北から——」藤原良章編『中世人の軌跡を歩く』高志書院

飯村均二〇一五『中世奥羽の考古学』高志書院

飯村均二〇一五「遺跡からみる中世前期東北の社会」七海雅人編『東北の中世史　2　鎌倉幕府と東北』吉川弘文館

飯村均二〇一五「コラム　荒井猫田遺跡」七海雅人編『東北の中世史　2　鎌倉幕府と東北』吉川弘文館

乾哲也・小野哲也・奈良智法二〇〇七『上幌内モイ遺跡（２）』厚真町教育委員会

（公財）岩手県文化振興事業団埋蔵文化財センター二〇一六『田鎖車堂前遺跡現地説明会資料』

及川真紀二〇一七『国指定史跡　白鳥舘遺跡第９次～第15次発掘調査報告書——遺構・遺物編——』岩手県奥州市教育委員会

岡田清一二〇一四「Ⅲ東遷武士団のその後　第２章東遷した武士団」関幸彦編『武蔵武士団』吉川弘文館

小川淳一他二〇〇〇『仙台市王ノ壇遺跡——都市計画道路「川内・柳生線」関連遺跡発掘調査報告書Ⅰ——』仙台市教育委員会

小野正敏二〇〇六「武家にみる唐物威信財の創出と変容についての素描」『前近代の東アジア海域における唐物と南蛮物の交易とその意義　平成一四年度～平成一七年度科学研究費補助金（基盤研究（Ａ）（２））研究成果報告書』国立歴史民俗博物館

木村茂光二〇一六『頼朝と街道　鎌倉政権の東国支配』吉川弘文館

斎木秀雄・宗臺秀明一九八八『御成町228番—2他地点遺跡』千葉地東遺跡発掘調査団

斎木秀雄ほか二〇〇五『米町遺跡発掘調査報告書——第10地点——』（有）鎌倉遺跡調査会

斎木秀雄ほか一九九三『神奈川県・鎌倉市　佐助ヶ谷遺跡』佐助ヶ谷遺跡発掘調査団

鈴木琢也二〇一五「擦文～アイヌ文化期の物流」『厚真シンポジウム　遺跡が語るアイヌ文化の成立――11～14世紀の北海道と本州島――』厚真シンポ実行委員会・科学研究費・研究基盤（B）「平泉研究の資料学的再構築」

鈴木琢也二〇一〇「古代北海道と東北地方の物流」小松正夫編著『北方世界の考古学』すいれん舎

高田勝他二〇〇六『郡山南拠点土地区画整理事業関連　荒井猫田（Ⅱ区）遺跡――第一七次発掘調査報告――』郡山市都市開発部・郡山市教育委員会・㈶郡山市文化・学び振興公社

高橋博志他一九九八『郡山南拠点土地区画整理事業関連　荒井猫田（Ⅲ・Ⅳ・Ⅴ区）遺跡――第一次～第六次発掘調査報告――』郡山市都市開発部・郡山市教育委員会・㈶郡山市埋蔵文化財発掘調査事業団』

高橋学二〇〇三「滑石製石鍋と山茶碗――雄勝町館堀城跡出土の事例から――」『秋田県埋蔵文化財センター　研究紀要』第一七号秋田県埋蔵文化財センター

中村五郎二〇〇〇「藍津之城考」『福島史学研究』第七一号福島史学会

福嶋正和二〇一七「田鎖車堂前遺跡（宮古市）」『平成二八年度遺跡報告会』（公財）岩手県文化振興事業団埋蔵文化財センター

藤原良章他二〇〇四『中世のみちを探る』高志書院

藤原良章・飯村均二〇〇七『中世の宿と町』高志書院

宮田眞ほか一九九九『若宮大路周辺遺跡群発掘調査報告書』若宮大路周辺遺跡群発掘調査団

八重樫忠郎二〇〇二「第五章　平泉藤原氏の支配領域」『平泉の世界』高志書院

八重樫忠郎二〇一五「宇隆1遺跡の意味」『厚真シンポジウム　遺跡が語るアイヌ文化の成立――11～14世紀の北海道と本州島――』厚真シンポ実行委員会・科学研究費・研究基盤（B）「平泉研究の資料学的再構築」

柳原敏昭二〇〇六「十二世紀の日本国と奥羽越」『平成一七年度歴史ふれあいの里づくり事業　文化財シンポジウム『十二世紀の奥羽越』報告書』福島県河沼郡会津坂下町教育委員会

吉田博行・五十嵐和博ほか二〇〇五『陣が峯城跡　町内遺跡（陣が峯城跡）範囲確認調査報告書Ⅰ』福島県河沼郡会津坂下町教育委員会

中世鎌倉の物資と流通
――考古学の視点から――

鈴木　弘太

はじめに

中世鎌倉の物資と流通について、考古学方面からは特に土器陶磁器に係わる研究が主流であった。特に鎌倉時代の後期になると、鎌倉は都市として肥大し、鎌倉内で暮らす人々の需要は大部分が搬入品で賄われていたと推察される（河野一九九五）。そこには地方と鎌倉、あるいは中国大陸や朝鮮半島と鎌倉といった、活発な物資の流通があったことは間違いない。筆者はその物流の受け皿であったのが、鎌倉で数多く発見される半地下式の倉庫である竪穴建物であったと考えている。後に述べるように、鎌倉では中世の竪穴建物は一〇〇〇棟に迫る数が検出されており、列島の他地域と比べると群を抜いている。また鎌倉時代の鎌倉は列島の中で政治・経済の中心として機能していたと考えられ、物資と流通といった面でも、重要な位置を占めていたことが予想される。

中世の竪穴建物とは半地下式の建物で、全国的に発見される中世に通有の建物遺構である。ただし古代以前の竪穴住居との系譜関係については、いまだ議論の余地がある。竪穴建物は、方形を基調としたものが圧倒的であ

挿図１　調査地点位置図
①若宮大路周辺遺跡群（御成町 783 番 1 他 4 筆地点）
②若宮大路周辺遺跡群（小町一丁目 422 番 2 外地点）
③若宮大路周辺遺跡群（小町一丁目 276-18、22、38 地点）
④若宮大路周辺遺跡群（小町一丁目 333 番 2 地点）
⑤由比ヶ浜中世集団墓地遺跡（由比ガ浜二丁目 1015 番 23 地点）
⑥若宮大路周辺遺跡群（小町一丁目 325 番イ外地点）
⑦下馬周辺遺跡（由比ヶ浜二丁目 1075 番外地点）
⑧若宮大路周辺遺跡群（由比ガ浜一丁目 117 番 14 他 1 筆地点）

る。規模は一辺四メートルから六メートルで、大規模なものでは一〇メートルを超えるものもある。床面は地表から四〇センチから一メートルを超える深度のものもある。上屋構造は未詳な部分が多いものの、これまで確実に二階建てと判断できる発見例はなく、地面近くに屋根裾を葺き下ろす、単層の建物であったと予想される。中世の竪穴建物は、人為的に地下空間を造り、その地下空間を利用する独立した建物であるといえる。

筆者は、鎌倉で発見される竪穴建物について、いくつかの論考を発表し、それらをまとめた『中世鎌倉の都市構造と竪穴建物』を発表している（鈴木二〇一三）。ただし、その際の論拠となっている竪穴建物の例数や発見地点の分布などの基礎情報は、一〇年以上前の資料集成に基づいたものである。そこで本稿では、それ以降に刊行された発掘調査報告書を改めて検討し、前稿までの筆者の主張に関する基本的なデータを再検証してみたい。

そして、中世鎌倉における物流の基盤となった竪穴建物群について見ていきたい。なお、本稿で個別に取り扱う発掘調査地点の位置は挿図1に示した。[注1]

一　中世鎌倉における竪穴建物研究の現在——二〇〇四年集成と二〇一七年集成の対比

筆者の一連の竪穴建物研究について、直接的な批判は寄せられていない。というより、鎌倉の竪穴建物を対象とした考古学研究自体が停滞気味である。しかし、筆者の主張が全面的に受け入れられているかというと、そうとも言えない。例えばその遺構名称である「竪穴建物」についても、鎌倉の発掘調査報告書では「方形竪穴建物」や「方形竪穴建築址」等と記名されている。さらに言えば一冊の報告書中で、異なる遺構名称が付されていることもあり、今後、研究成果の平準化が求められるだろう。[注2]

さて、竪穴建物の研究は進展していないと述べたが、日々の発掘調査は進められ、この一〇年にも多くの発掘調査報告書が刊行されている。以下、二〇〇四年以降に刊行された、管見の限りの発掘調査報告書について検討を加えていきたい。

筆者が竪穴建物の集成を行った二〇〇四年時点では、八一地点六四三棟が報告されていた（以下、二〇〇四年集成という）。この一地域において六四三棟という報告例は、列島の中でも群を抜いているが、より事例が増加していることは間違いない。そこで二〇〇四年以降の管見の限りの発掘調査報告書について、改めて竪穴建物を抽出した。対象とした調査地点は一八二地点であった。そのうち竪穴建物が発見されていたのは二一地点で、その発見棟数は三四三棟である（以下二〇一七年集成という）。二〇〇四年集成と二〇一七年集成とを合わせると一〇二地点九八六棟となる。[注3] 以下、構造分類の比率と、竪穴建物の分布について再検証してみよう。

1　竪穴建物の発見例数と構造分類

筆者が提示した建物構造からみる竪穴建物の分類は以下である（鈴木二〇〇四、二〇〇六、二〇一三）。

第Ⅰ類　木組み構造により建物空間を確保するもの。木組みのみのものをⅠ-1類、鎌倉石を用いるものをⅠ-2類としている。

第Ⅱ類　掘立柱構造により建物空間を確保するもの。竪穴底面に柱穴が確認でき、掘立柱建物を半分地下に埋め込んだと想定すれば理解しやすい。

第Ⅲ類　杭のみにより地下空間を確保するもの。これは掘立柱建物等の地上建物の部分的な地下（床下）構造と考えられ、本来的には竪穴建物の範疇に含まれない。

第Ⅳ類　掘立柱構造を用いながら、柱穴配置に規則性が認められないもの。Ⅱ類と類似するが、軸組み構造を想定できないため、現時点で上屋の推定は困難である。

表1は二〇一七年集成の竪穴建物の構造分類による統計である。以下これと二〇〇四年集成とを合わせて鎌倉で発見される竪穴建物の傾向を検証していく。

グラフ1は二〇〇四年集成の分類グラフである。調査深度の規制等により構造を推し量ることが困難なものを除いたグラフで、四四六棟を対象とした。それを見ると第Ⅰ類が圧倒的であり、その他は二～五％といずれも少数である。また鎌倉石を用いたⅠ-2類が一六％を占める。建物廃絶に際して鎌倉石が抜かれたと推定されるものもあるため、実際にはさらに増加するだろう。

表1　竪穴建物分類別一覧（2017年集成）

№.	遺跡名	地点名	Ⅰ-1類	Ⅰ-2類	Ⅱ類	Ⅲ類	Ⅳ類	計
1	今小路西遺跡	由比ガ浜一丁目197番2外地点	1	1				2
2	大倉幕府周辺遺跡	雪ノ下四丁目581番5地点		1				1
3	感応寺跡	材木座六丁目722番1地点	5					5
4	下馬周辺遺跡	材木座一丁目1002番1外地点	3	2				5
5	下馬周辺遺跡	由比ガ浜二丁目1075番外	56	5			3	64
6	米町遺跡	大町二丁目993番1外地点	1		1			2
7	佐助ヶ谷遺跡	佐助一丁目615番1他地点	2					2
8	長谷小路周辺遺跡	長谷一丁目265番19地点	4					4
9	長谷小路周辺遺跡	長谷二丁目171番4地点	7	1				8
10	長谷小路周辺遺跡	由比ガ浜三丁目1256番4、5、1260番1、3、4、5地点	25	11	2		2	40
11	由比ヶ浜中世集団墓地遺跡	由比ガ浜1015番23地点	92	2	2	2	2	99
12	若宮大路周辺遺跡群	御成町763番5地点	6	1			2	9
13	若宮大路周辺遺跡群	御成町783番1他4筆地点	63	2	1			66
14	若宮大路周辺遺跡群	小町一丁目276-18、22、38地点	9		1			10
15	若宮大路周辺遺跡群	小町三丁目422番2外地点		2				2
16	若宮大路周辺遺跡群	由比ガ浜一丁目126番1、11地点	4					4
17	長谷小路周辺遺跡	由比ガ浜三丁目206番6外地点	15				1	16
18	若宮大路周辺遺跡群	小町一丁目333番15地点	1					1
19	若宮大路周辺遺跡群	大町一丁目1034番9地点	3					3
		計	297	28	7	1	10	343

1　鎌倉遺跡調査会2007『鎌倉遺跡調査会調査報告書第49集　神奈川県・鎌倉市　今小路西遺跡発掘調査報告書 ── 由比ガ浜1丁目197-2外地点 ── 』
2　鎌倉遺跡調査会2007『鎌倉遺跡調査会調査報告書第47集　神奈川県・鎌倉市　大倉幕府周辺遺跡発掘調査報告書 ── 雪ノ下4丁目581番5地点 ── 』
3　鎌倉市教育委員会2005『鎌倉市埋蔵文化財緊急調査報告書21』（第2分冊）
4　鎌倉市教育委員会2008『鎌倉市埋蔵文化財緊急調査報告書24』
5　かながわ考古学財団2014『かながわ考古学財団調査報告301　下馬周辺遺跡　鎌倉警察署建設工事に伴う発掘調査』
6　鎌倉市教育委員会2013『鎌倉市埋蔵文化財緊急調査報告書29』（第2分冊）
7　鎌倉遺跡調査会2007『鎌倉遺跡調査会調査報告書第46集　神奈川県・鎌倉市　佐助ヶ谷遺跡発掘調査報告書』
8　鎌倉市教育委員会2010『鎌倉市埋蔵文化財緊急調査報告書26』（第2分冊）
9　鎌倉遺跡調査会2012『鎌倉遺跡調査会調査報告書第77集　神奈川県・鎌倉市　長谷小路周辺遺跡発掘調査報告書 ── 長谷二丁目171番4地点 ── 』
10　博通2005『神奈川県・鎌倉市　長谷小路周辺遺跡発掘調査報告書（鎌倉市由比ガ浜三丁目1256番4・5、1260番1・3・4・5地点）』
11　玉川文化財研究所2005『神奈川県鎌倉市　由比ヶ浜中世集団墓地遺跡』
12　鎌倉遺跡調査会2011『鎌倉遺跡調査会調査報告書第68集　神奈川県・鎌倉市　若宮大路周辺遺跡群発掘調査報告書 ── 御成町763番5地点 ── 』
13　鎌倉遺跡調査会2009『鎌倉遺跡調査会調査報告書第59集　神奈川県・鎌倉市　若宮大路周辺遺跡群発掘調査報告書 ── 御成町783番1他4筆地点 ── 』
14　博通2006『神奈川県・鎌倉市　若宮大路周辺遺跡群発掘調査報告書（鎌倉市小町一丁目276番18・22・38地点）』
15　鎌倉市教育委員会2013『鎌倉市埋蔵文化財緊急調査報告書29（第1分冊）』
16　鎌倉市教育委員会2009『鎌倉市埋蔵文化財緊急調査報告書25』
17　鎌倉市教育委員会2015『鎌倉市埋蔵文化財緊急調査報告書31』（第1分冊）
18　鎌倉市教育委員会2015『鎌倉市埋蔵文化財緊急調査報告書31』（第2分冊）
19　鎌倉市教育委員会2016『鎌倉市埋蔵文化財緊急調査報告書32』（第2分冊）

グラフ１　2014 年集成分類比率

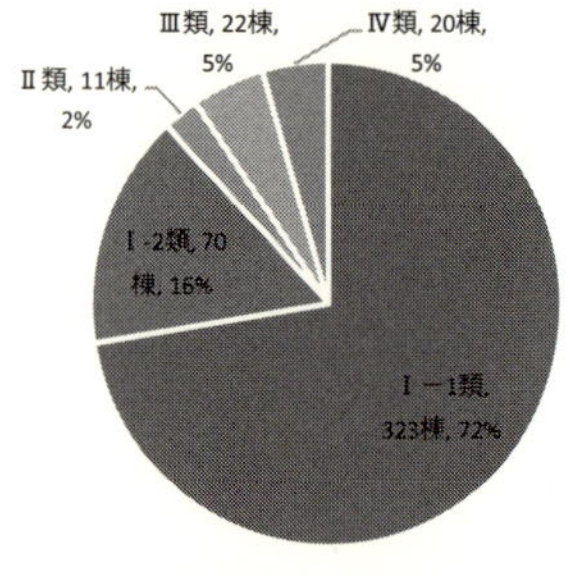

グラフ２　2017 年集成分類比率

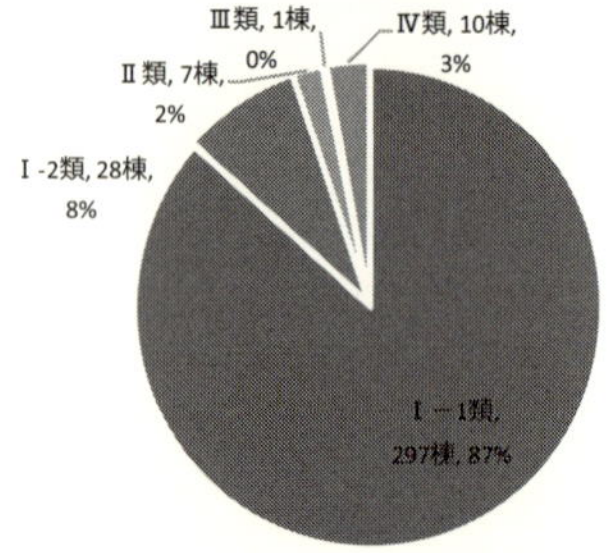

グラフ３　2014+2017 年集成分類比率

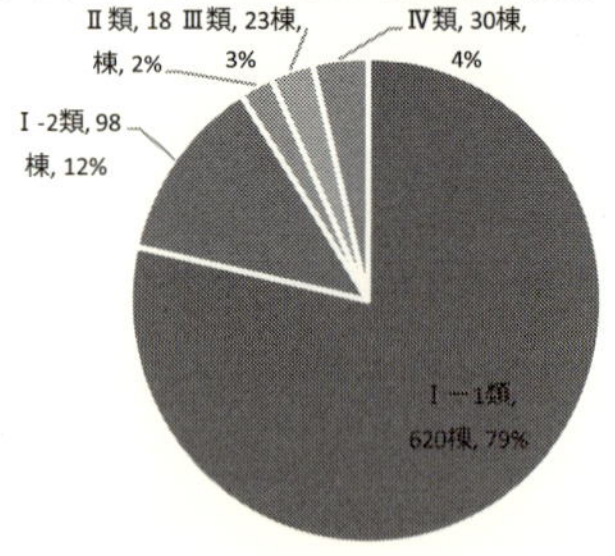

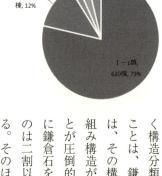

二〇〇四年集成に基づく構造分類から判明することは、鎌倉の竪穴建物は、その構造において木組み構造が採用されることが圧倒的である。さらに鎌倉石を用いられるものは二割以上が予想される。そのほかの類型はいずれも少数である。これは日本各地で発見される竪穴建物が、圧倒的に掘立柱構造が採用されていることと、対照的である。

グラフ２は二〇一七年集成の三四三棟を対象にした。木組み構造を用いた第Ⅰ類（Ⅰ-2類含む）が九五％を占め、圧倒的である。鎌倉石を用いたものⅠ-2類は八％程度あることがわかる。上述したように抜かれたものも想定すべきであり、さらに実数は増加するだろう。このように、新たに集成を行っても、基本的な傾向に変わりはない。

二〇〇四年集成と二〇一七年集成を合わせたものがグラフ３である。第Ⅰ類が七一八棟で九一％を占め、第Ⅱ類以下は二~四％といずれも少数である。

二〇〇四年集成で指摘した傾向に大きな変化はなく、鎌倉の竪穴建物で採用された構造は圧倒的に木組み構造が優位である。他地域では掘立柱構造の竪穴建物が卓越することを考えれば、鎌倉の竪穴建物の特質が指摘できる。

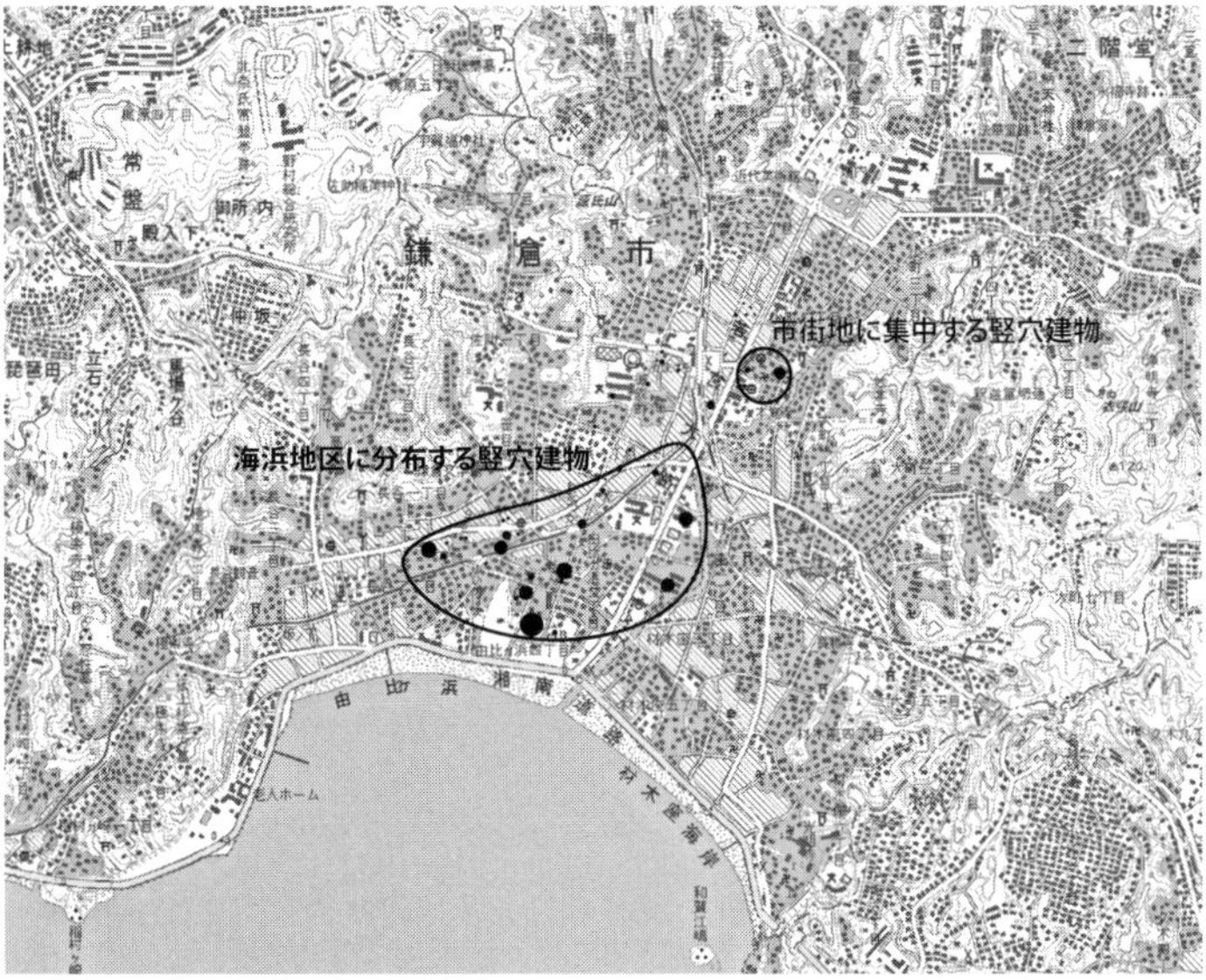

挿図２　竪穴建物検出地点（2014年集成）

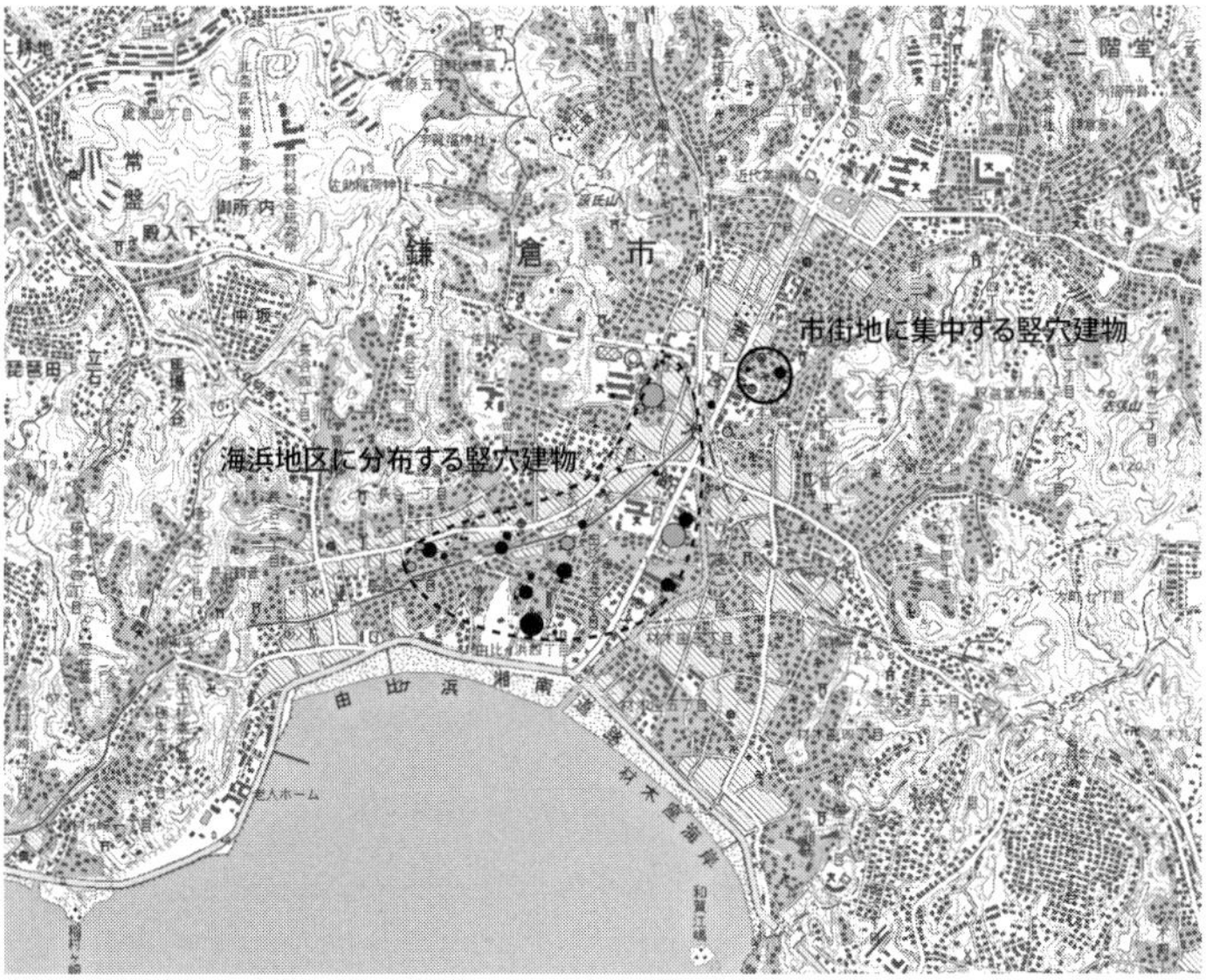

挿図３　竪穴建物分布範囲（2014+2017年集成）

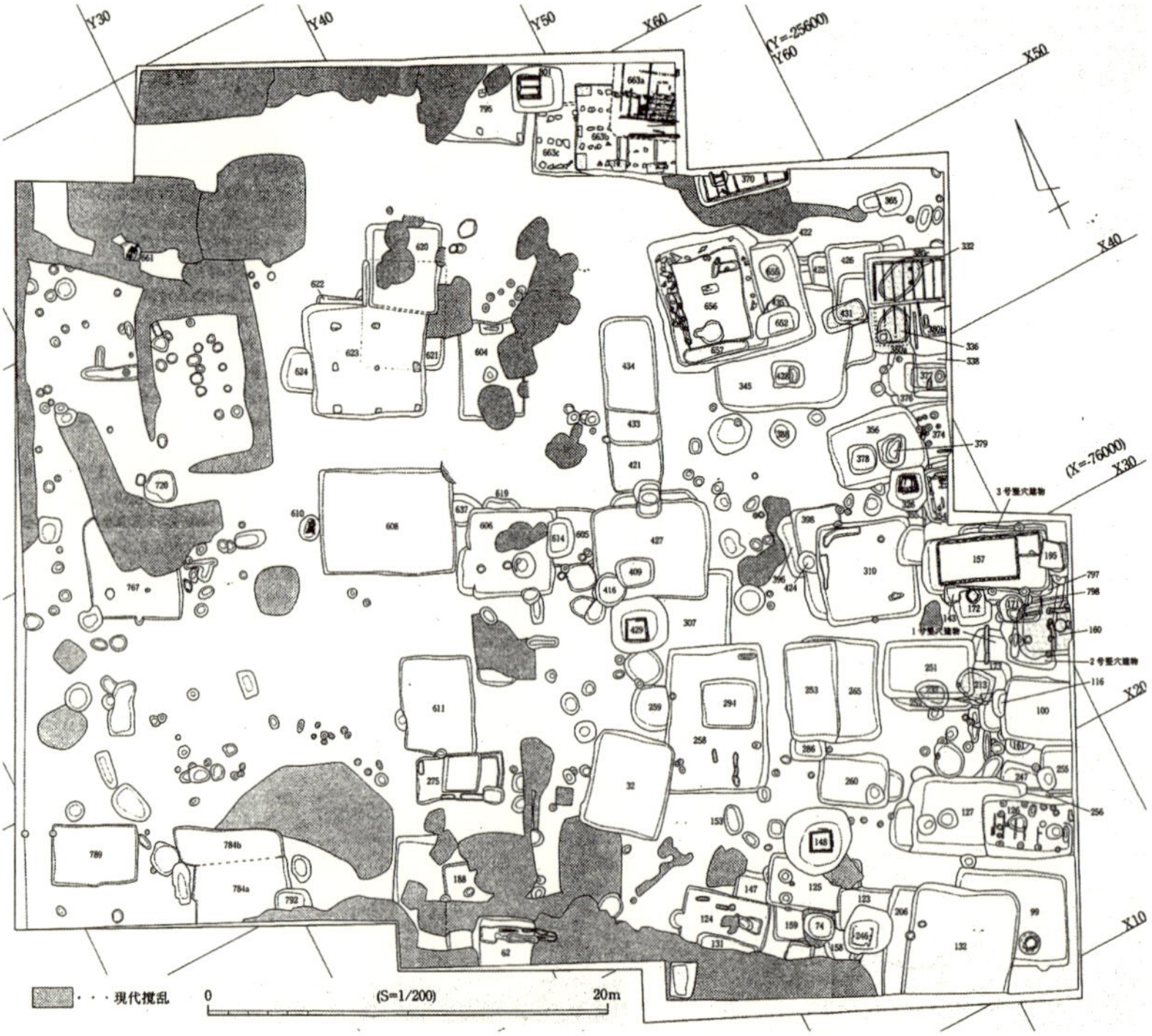

挿図4　若宮大路周辺遺跡群（御成町783番1他4筆地点）全測図

2　分布と傾向

挿図2は二〇一四年集成に基づく竪穴建物発見地点の分布図である。この時点で、海浜地区に多く分布することがわかる。一方で市街地には竪穴建物が集中的に発見される地域があり、筆者はこれを幕府あるいは北条氏が直接関与した「倉町」であると推定した（鈴木二〇一〇、二〇一一、二〇一三）。これについては後に述べる。

挿図3は二〇〇四年集成と二〇一七年集成を合わせた分布図である。二〇〇四年分布図と同様の傾向で、海浜地区に広く分布する。また市街地で集中して発見される地域では、新たな調査例は目立たないため、これも同様である。新たに判明した点は、今小路西遺跡周辺で竪穴建物の発見例が増加したことである。これまで当該地区では、散発的に少数の発見例はあったものの、調査面積が狭小であったため不鮮明な状況であった。しかし、御成町七八三番一他四筆地点で、一八〇〇平方メートルが調査され、六八棟もの竪穴建物が発見されたことにより、竪穴建物を主体とする地域であったことが判明した（挿図1―①、挿図4、表1鎌倉遺跡調査会二〇〇九）。

今小路西遺跡（御成小学校地点）では、鎌倉時代中後期の大規模武家屋敷が二区画発見されたことで著名であるが、その東側にはいわゆる町屋的な庶民の居住区が発見されており（河野一九九五）、そのさらに東側では竪穴建物が林立する倉庫街的な様相が明らかとなった。この新たな分布域は、市街地で集中的に発見される「倉町」とは異なり、海浜地区での様相に類似する。これまで漠然と現在の長谷小路周辺が、海浜地区における竪穴建物の分布の、おおよその北限と考えられてきたが、今小路西遺跡付近まで海浜地区と同種の様相を持つ倉庫街が広がっていたことが判明した。

3　建物構造と年代について

中世鎌倉における竪穴建物は、十三世紀第二四半期に市街地（倉町）で発生し、その後十三世紀後葉になると海浜地区へ広く展開する。その終末は市街地では十四世紀前半、海浜地区では十五世紀代であると論じた（鈴木二〇〇六）。さらに構造分類でⅡ類とした掘立柱構造の竪穴建物については、第Ⅰ類とした木組み構造のものより年代的に先行する可能性を指摘している（鈴木二〇一三）。

二〇一七年集成でも、上に示した年代の範疇を超えるものは見当たらなかった。現時点で年代についての見通しを変更する必要はないと考えられる。ただし、第Ⅰ類に先行するとした第Ⅱ類の竪穴建物について、前稿までは未刊であった報告書が二〇一三年に刊行された（鎌倉市教育委員会二〇一三）。これまでは調査者からの教示や筆者実見の所見に基づくものであったため、改めて検討したい。

遺跡名称は若宮大路周辺遺跡群（№242）小町三丁目四二二番二外地点である。当該地は、嘉禎二年（一二三六）に幕府が若宮大路東側に移転した際には、そのすぐ東側となる地点である（挿図1―②）。秋山哲雄によると鎌倉時代中期以降、北条氏関連の屋敷地が立ち並び、竪穴建物の推定年代である十三世紀第二四半期頃は、北条時房等の屋敷地であったと推定されている（秋山二〇〇六）。

遺跡地では第一面から四面が確認されたが、竪穴建物（報告書では「方形竪穴建築址」と表記）が発見された第四面は、三面との層位的な分別が困難なため、遺構の重複関係により新旧が判断されている。第四面では多数の土坑や柱穴が確認されているが、調査範囲が狭小のため竪穴建物以外の建物規模等は推定できていない（挿図5）。

さて、調査区の東西で遺構の状況に差異が認められる。西側では柱穴や土坑が数多く重複した状況で発見されており、掘立柱建物が頻繁に作り替えられている状況が看取できる。また、建物規模は未詳ながら柱穴配置をみると、おおむね小町大路と軸線を共にしており、小町大路を軸として建物が造り替えられている様子が示唆される。他方、調査区の東側では、竪穴建物が大部分を占め、また西側の掘立柱建物群と竪穴建物の間には一・五メートル幅の通路上の空閑地が認められる。

その竪穴建物は、報告書では造り替えによる新旧二時期が想定されている。しかし、旧遺構からは、建物構造を推し量る遺構が全く検出されず、新旧遺構から出土する遺物に年代的な差異が認められない。また旧遺構を埋め戻す際に大型の泥岩を中途まで投げ込み、その上面を新建物の底面として利用すると想定されているが、これは建物に係わる構造材及び裏込めをすべて取り除いてから、その掘り方のみを再利用するという、きわめて特殊な事例と考えざるを得ない。これらによって、これは建物の造り替えとは考え難い。報告書で指摘された新旧関係は、おそらくは建物の掘り方と裏込めの差異であろう。報告書でも指摘されている通り、竪穴底面の四周に廻る柱穴はすべて新遺構の底面から掘り込まれているものであり、張り出し部も新遺構にとりつくものである。建

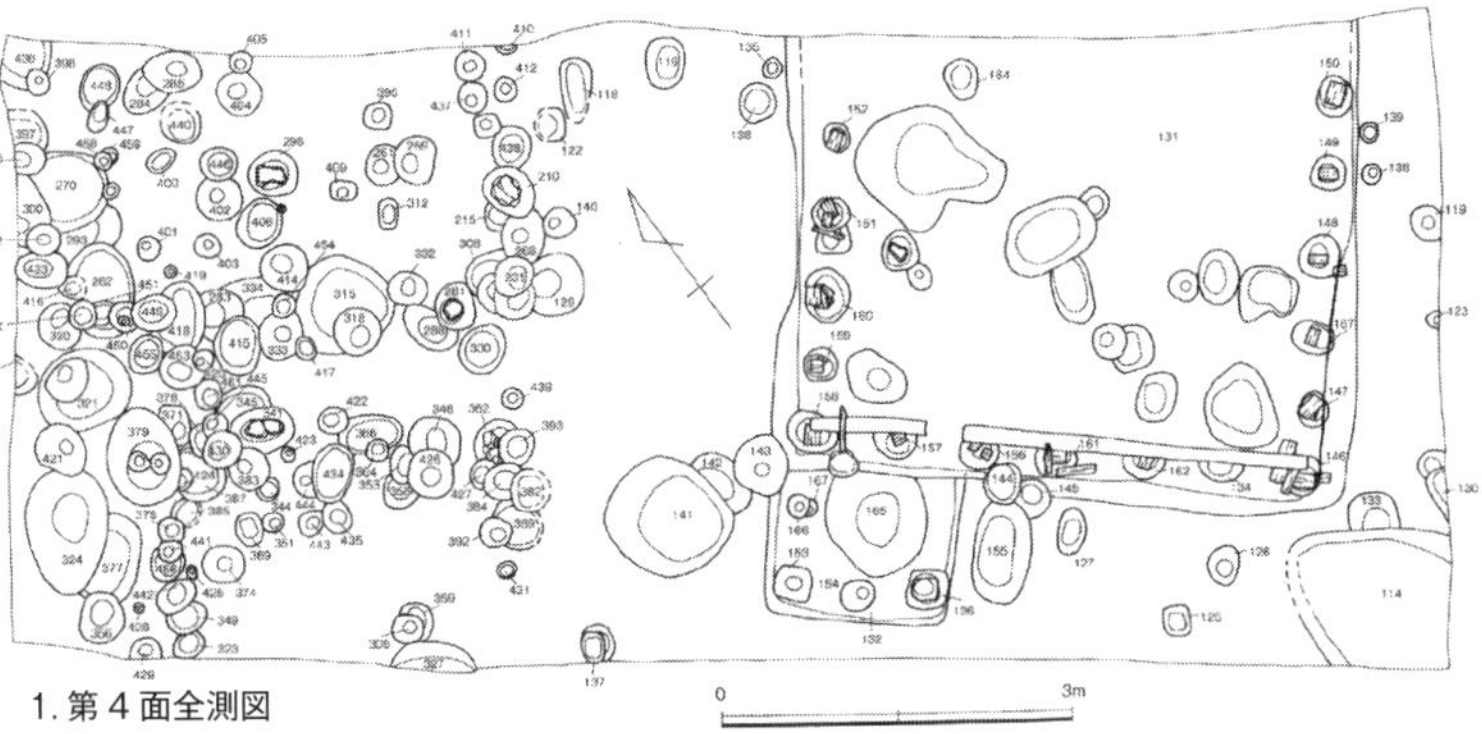

1. 第 4 面全測図

3. 同調査状況写真

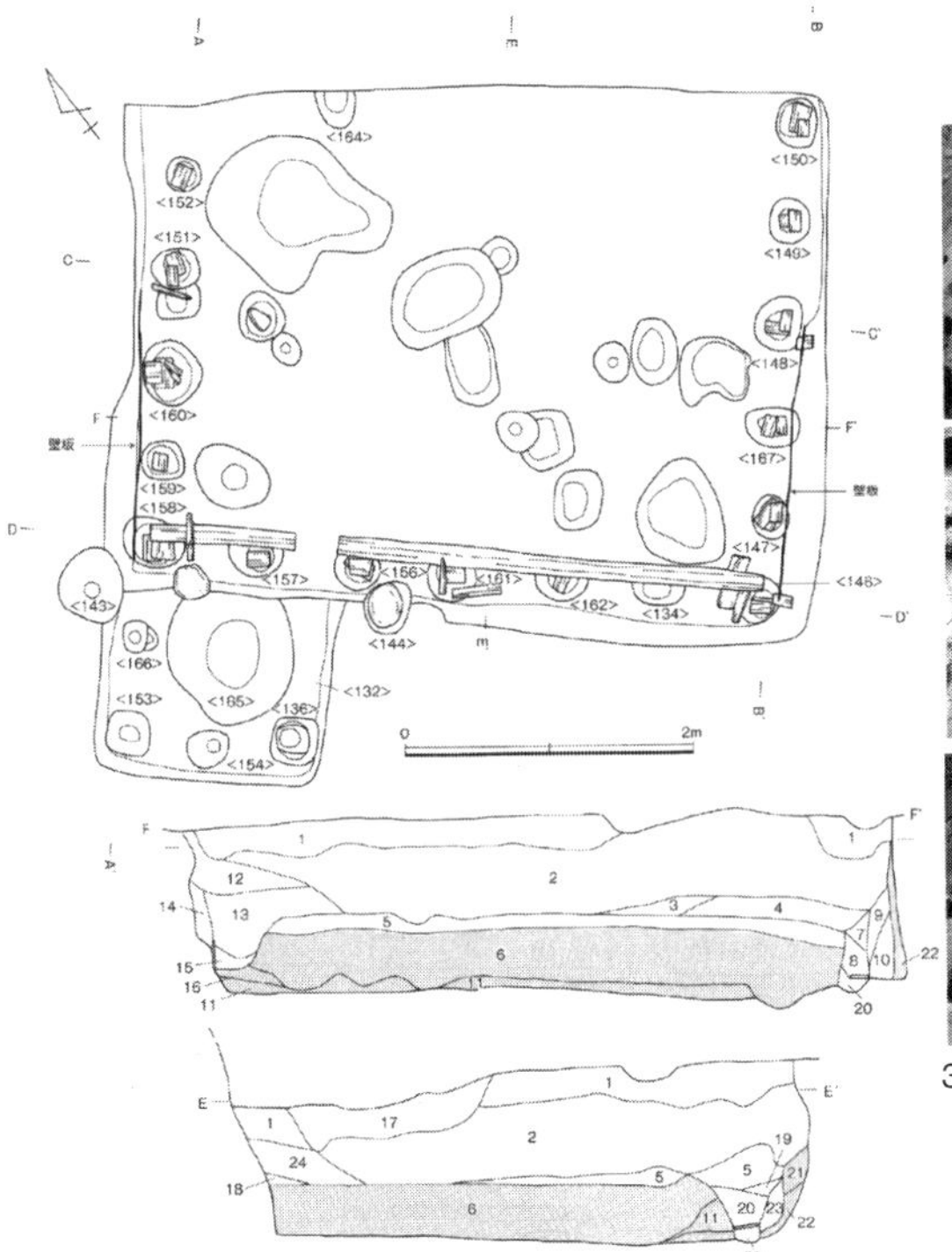

2. 竪穴建物（遺構 131）実測図及び土層断面図

挿図 5　若宮大路周辺遺跡群（小町三丁目 422 番 2 他地点）

物構造に係る遺構は新遺構からしか発見されていないのである。つまりこれらの新旧関係は、一連の建物構築の経過である可能性が高い。

建物規模は、遺構が調査区外へ延びるため全容は未詳であるが、最大辺で約五メートル。建物深度は床面までが約八〇センチ、堀方底面までが一・二メートルである。床面から掘り込まれる柱穴は約七〇センチ間隔で一六基が発見され、四×五寸の柱跡が確認されている。

さて、この建物の年代であるが、報告書では十三世紀第二四半期とされている。これについて異論はない。また竪穴下層の床面裏込め土（報告書の旧建物）、と遺構埋め土（報告書の新建物）から出土する遺物に年代的な差異は認められないことから、構築と廃絶が十三世紀第二四半期中にあったことが予想される。なお裏込めに砂質凝灰岩（鎌倉石）を使った構造は筆者Ｉ-2類としたものであるが、若宮大路周辺遺跡群小町一丁目二七六―一八、二二、三八地点では、泥岩を用いて裏込めを強化している事例もあるため（挿図1-③、博通二〇〇六）、裏込めに対する所作は鎌倉石だけに限ったものではないだろう。

このように、十三世紀第二四半期に、幕府の東隣接地の屋敷の裏手に竪穴建物が配されている。それは大規模な建物であり、裏込めに大型の泥岩を多量に投げ込み、また柱材も立派な材をふんだんに使った強固な建物であったと考えられる。その内容物は未詳であるものの、本事例は北条時房亭とも推測される武家屋敷の、裏手の一角に配された倉庫であったと考えることができるだろう。

4　小括――中世鎌倉における竪穴建物の基礎情報――

二〇〇四年集成から確実に事例は増加しており、二〇一七年集成と合わせるとおよそ一・五倍の九八六棟が確認された。一地域で一〇〇〇棟に迫る発見例は、全国的にも群を抜いている。その構造は第Ｉ類とした木組み構造が約九割を占め、列島各地で発見される掘立柱構造の竪穴建物とは様相を異にする。

竪穴建物の分布については、海浜地区に広く分布することが再確認され、また一部は今小路西遺跡（御成小学校地点）付近まで、海浜地区と同種の状況が広がることが新たに判明した。後に述べるように鎌倉の竪穴建物群は、地方や海外からの搬入される物資を納めたと考えられ、その倉庫街がより都市中枢域付近まで広がっていたことが示唆される。

竪穴建物の年代について、以前筆者が示した年代観を超越するような事例は見当たらない。ただし十三世紀第二四半期頃、幕府の東隣接地の屋敷地に第Ⅱ類の竪穴建物が、すでに確認できることを示した。これは屋敷地の裏手に設けられた倉庫ととらえることができる。この武家屋敷地内の倉庫といった状況は、鎌倉時代中後期に海浜地区で爆発的に増加する物流の倉庫としての竪穴建物とは異なる点は留意しなければならない。

二　都市の物流基盤としての竪穴建物

前章では、中世鎌倉の竪穴建物の基礎情報である例数、構造、分布、年代について再検証してきた。その結果、事例は増加したことは間違いないが、傾向に大きな変化は見られない。本章では、中世都市であった鎌倉における竪穴建物の機能について述べる。

1　倉庫としての竪穴建物

これまで竪穴建物の機能については、様々な議論が繰り返されてきたが、近年では倉庫説が支配的である。まずその決定的となった事例を見ていきたい。一九八〇年代からこの種の遺構は発見されていたが、一九九三年に

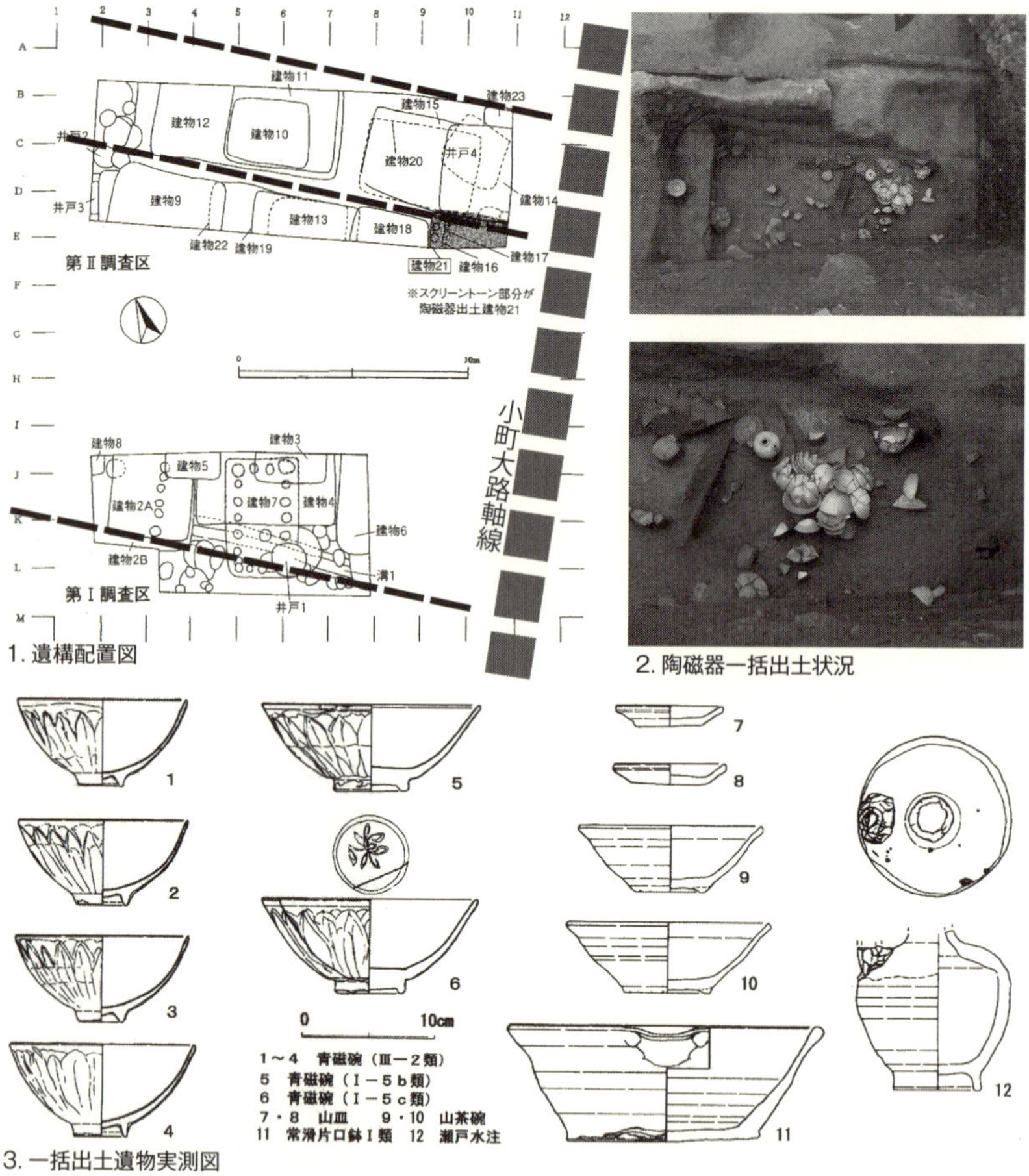

挿図6　若宮大路周辺遺跡群（小町一丁目333番2地点）

若宮大路周辺遺跡群小町一丁目三二五番イ外地点で、遺存状態の良い竪穴建物が発見されたことによって、建物構造の検討が飛躍的に進んだ。その後、二〇〇七年、若宮大路周辺遺跡群小町一丁目三三三番二地点で未使用の龍泉窯系青磁碗の一括出土が発見され、竪穴建物が物流に係わる倉庫であった可能性が決定的となった（挿図1―④、挿図6）。

若宮大路周辺遺跡群小町一丁目三三三番二地点では、小町大路に直交した竪穴建物を主体とした区画が発見された。そのうちの建物21からは、建物の廃絶後、竪穴を埋め戻す際に、未使用の龍泉窯系青磁碗二〇個体以上を含む陶磁器が一括して廃棄されていた。これらの陶磁器は接合しても完全な完形にはならず、打ち捨てられる以前にすでに破損していたと判断される。つまり、未使用の破損品が、竪穴建物廃棄の際に、一緒に投棄されていたことが判明する。龍泉窯系青磁碗以外では、尾張型山茶碗、山皿、常滑窯片口鉢Ⅰ類、瀬戸窯前期様式水注などが出土している（原二〇〇八）。

この小町大路に軸線を持つ竪穴建物を主体とした区画には、未使用の貿易陶磁器が持ち込まれる物流の空間であったのである。そして、その区画の主体は竪穴建物であるため、物流の倉庫であった可能性が指摘できるのである（鈴木二〇一〇）。

同様の視点で、由比ヶ浜中世集団墓地遺跡由比ガ浜一〇一五番一三地点での出土状況が注目される（挿図1－⑤、玉川文化財研究所二〇〇五）。この調査地点は共同住宅建設に伴い約一〇〇〇平方メートルが調査され、九二棟もの竪穴建物が発見されている。その中の96号方形竪穴建築址（竪穴建物）では、青白磁の梅瓶の蓋、八個体がまとまって出土した。また中国産陶器の無釉耳壺が出土している（挿図7）。梅瓶の蓋は当然、身（壺）とセットで使用されるものであるが、本事例では蓋のみがまとまって出土しており、何らかの理由で蓋のみが廃棄されたのだろう。中国産陶器耳壺は肩部に漆喰で封印した痕跡が確認されており、内容物を取り出したのちに、容器であった耳壺が廃棄されたと推測できる。両者の出土状況について詳らかではないものの、建物廃棄と同時に廃棄されていたと推測できる。

竪穴建物の周辺では、破損品が分別されて廃棄されたり、本来セットで用いられるべき蓋のみが廃棄されたり、また内容部が取り出された後の容器としての中国産陶器が廃棄されたりしている。これらの状況から、竪穴建物を倉庫と位置付けることが可能であり、中世鎌倉と大陸との貿易の過程で、物流のターミナルとして機能し

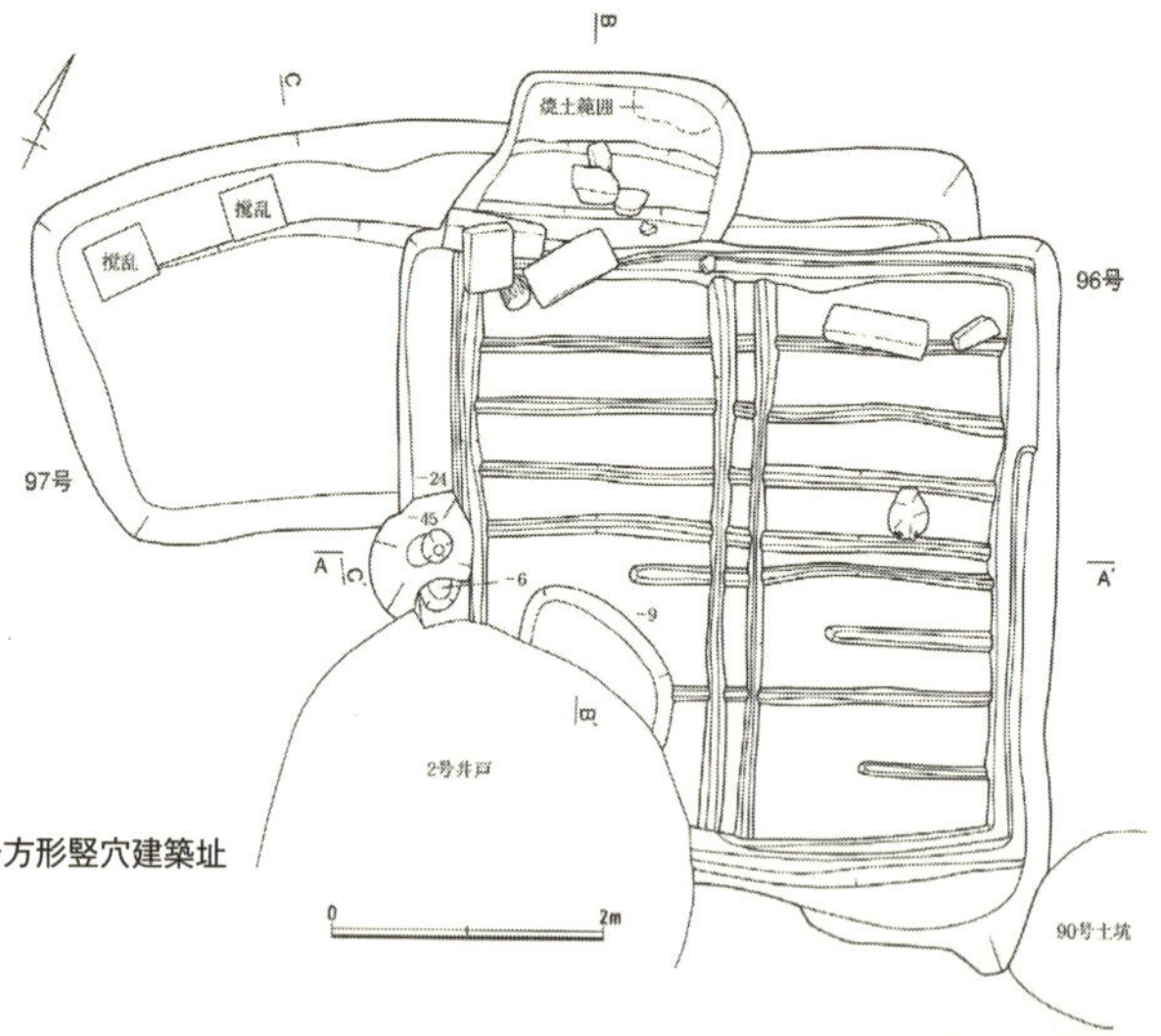

1.96・97 号方形竪穴建築址
実測図

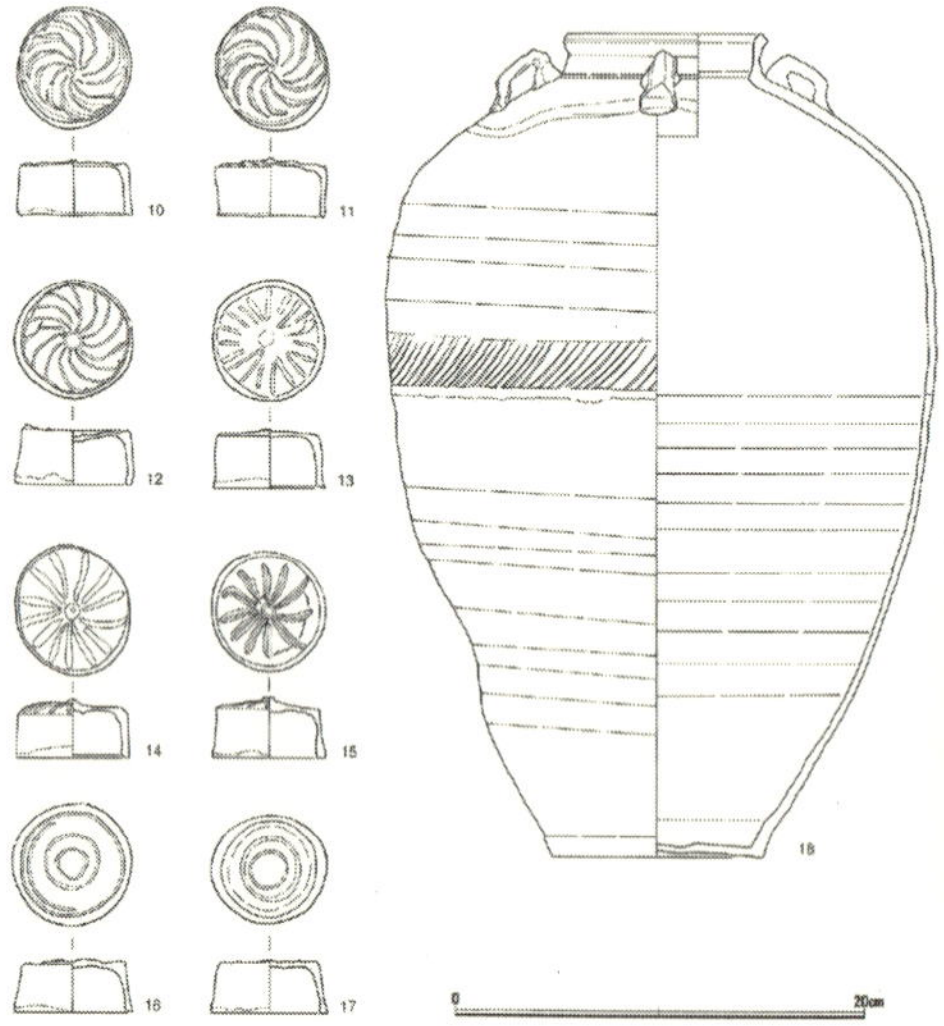

2.96 号方形竪穴建築址出土の梅瓶蓋と中国産陶器壷

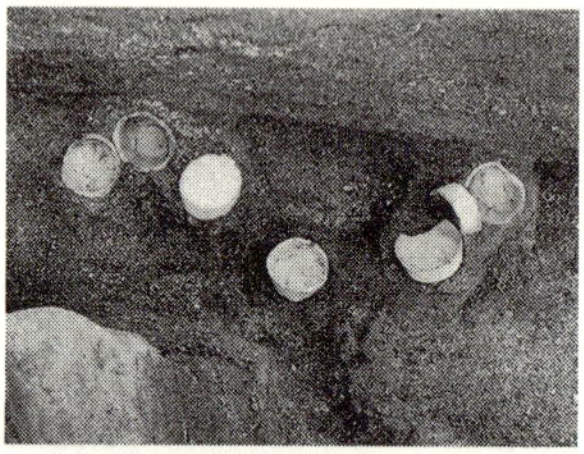

96 号方形竪穴建築址青磁梅瓶蓋

96 号方形竪穴建築址双耳壷

3. 同出土状況写真

挿図 7　由比ヶ浜中世集団墓地遺跡（由比ガ浜二丁目 1015 番 23 地点）

ていた可能性は極めて高いといえるだろう。

2　浜の倉

それでは、竪穴建物が数多く発見される鎌倉の海浜地区について、どのように竪穴建物が展開するか、見ていきたい。結論から言うと、鎌倉時代後期になるとあたり一面に竪穴建物が造られるようになる。それまで小規模な屋敷や墓地、馬場と推定されるような土地も一面竪穴建物群となるのである（挿図8）。そしてその竪穴建物は、明確な土地境を示す施設はないものの、ほぼ同様の位置で建て替えを続けるのである。この建て替えは、屋地の規制の下に、竪穴建物の構築者の土地に対する権利と係るものであろう（鈴木二〇〇七）。

つまり鎌倉の海浜地区では屋地規制が認められ、構築者は物流の倉庫である竪穴建物を管理していたものと考えられる。なお、竪穴建物の構築者は必ずしも土地所有者ではないことは、「行日（二階堂行久）譲状」の内容から知られる（『鎌倉遺文』九五二四号）。この譲状では、浜の倉の半分を女房に譲る内容であるが、その倉が所在する土地は借地であり、地主と相談しながら地子を懈怠なく払え、と但し書きが添えられている。この状況は発掘調査成果でも、個別の屋地と竪穴建物の管理が想定されることと矛盾しない。

3　町の倉

他方、市街地では溝や塀等の明瞭な土地区画施設に囲まれる屋地の中に、竪穴建物が造られる「倉町」と表現すべき事例もある。若宮大路周辺遺跡群小町一丁目三二五番イ外地点がそれである（挿図1-⑥、挿図9）。

この調査地点では、十三世紀第二四半期頃から十四世紀前半まで、竪穴建物が造り続けられる。またその建物は筆者第Ⅰ-2類であり、立派な柱材による木組み構造が採用され、多量の鎌倉石が用いられることが多い。そ

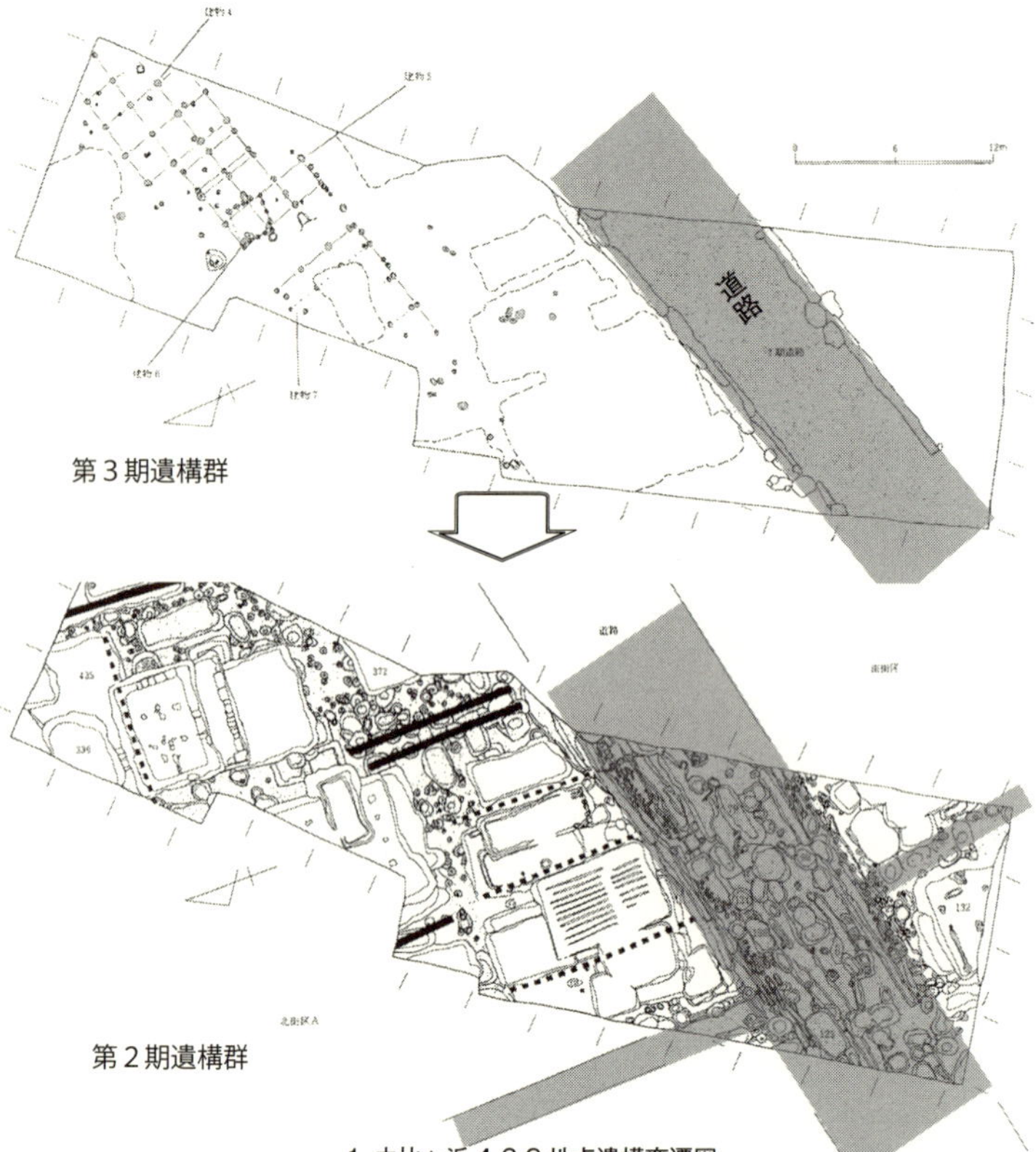

1. 由比ヶ浜 4-6-9 地点遺構変遷図

2. 由比ヶ浜一丁目 1015 番 23 地点遺構変遷図

挿図８　鎌倉海浜地区における遺構の変遷（1）

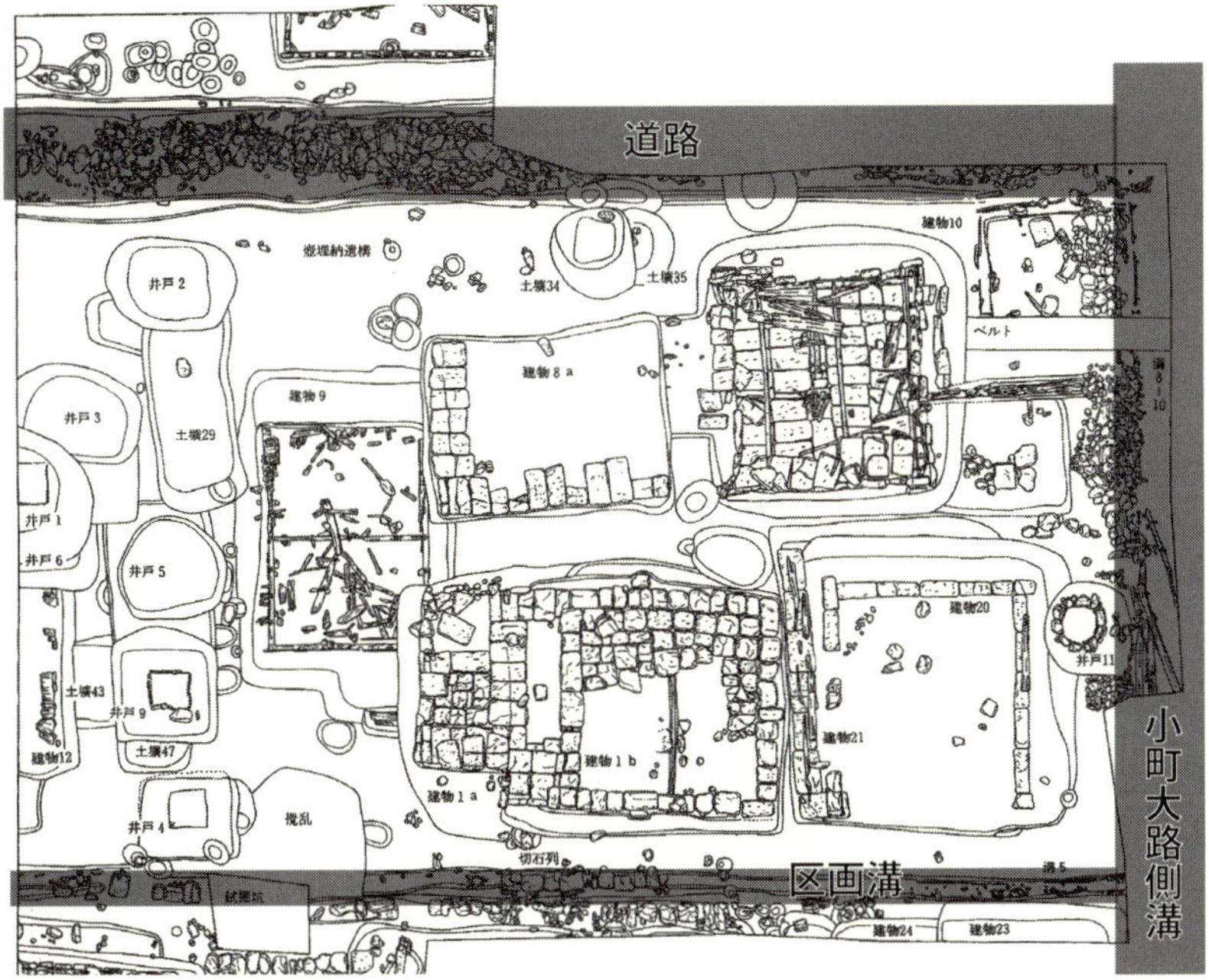

挿図９　若宮大路周辺遺跡群（小町一丁目325番イ外地点）

して、その建て替えに際しても、それらを再利用されることがない。つまり多量の建築資材が使い捨てにされる状況が看取できる。

鎌倉市街地の発掘調査では、規模に関わらず明瞭な土地区画施設を持つ屋地は、武士が関わる土地であることが圧倒的である（鈴木二〇一一）。本地点の状況からは、屋地区画は武家屋敷のそれと共通し、膨大な建築資材が消費されるという資本の投下、またその立地は、宇津宮辻子幕府の南隣接地であるという土地の貴重性も指摘できる。また建物構造は第Ⅰ類であり、これは若宮大路側溝に用いられる木組み技術と共通する。さらに竪穴建物が主体となる屋地の年代は、十三世紀第二四半期から十四世紀前半と、まさに幕府が大倉の地から移転し、そして滅亡の時期と重複している。これらの事から、この倉町は幕府あるいは北条氏直轄の物流ターミナルであったことが推定されるのである（鈴木二〇一三）。

四　中世鎌倉における竪穴建物の管理と機能の実際

　このように鎌倉の竪穴建物は、列島の中で突出した数が発見され、それは中国大陸や朝鮮半島を含めた国際的な物資流通の倉庫群として機能していたことを指摘してきた。それは海浜地区ではあたり一面を埋め尽くすほどの倉庫群であり、市街地では幕府隣接地という一等地に莫大な資本を投下して維持された倉町の存在が指摘できる。この倉町の主体者はおそらくは幕府あるいは北条氏といった政治権力の中枢にいたものであろう。対して海浜地区は群集しながらも、建て替えに際しては一定の範囲に規制されながら建て替えられていることに気づく。決して無計画に建て替えは行われていないのである。これは敷地境に明瞭な施設を持たなくとも、そこに屋地が存在していた徴証であると考えている。先に挙げた「行日譲状」で個人の土地所有が認められたことと矛盾しない。また倉町が幕府動向と連動するように十四世紀前半で機能を停止するのに対して、海浜地区の竪穴建物が十五世紀代まで造り続けられることを勘案すると、その主体者は幕府滅亡の動乱を生き抜いた武士や社寺であったと考えられる。

　鎌倉の竪穴建物は、床板が張られており、また廃絶後も埋め戻しされ、土地の再利用が行われることから、その内容部について直接的な資料は得られにくい。本稿では陶磁器に関するわずかな資料しか挙げることができなかったが、当然現代まで遺存しない有機物が多数納められていたことは想像に難くない。湯浅治久によれば千葉氏の本拠から鎌倉の屋敷に年貢が納められ、その年貢が将軍御所の役人の俸禄として、切符により切米や切銭として支出されるという事態があるという（湯浅二〇〇五）。この千葉氏の年貢が納められた倉が竪穴建物かどうかを証する材料は手元にない。ただ、竪穴建物の考古学的検討を踏まえれば、「御家人経済」の中の、鎌倉での物流基盤ととらえることは十分に可能である。

五　竪穴建物に付随する埋納物

ここで少し視点を変えて、竪穴建物に付随する埋納物を見ていきたい。

下馬周辺遺跡由比ガ浜二丁目一〇七五番外地点では竪穴建物の底面に鎧と銭貨が埋納されていた状況が明らかとなった（挿図1-⑦、挿図10、かながわ考古学財団二〇一四、二〇一六）。埋納されていたのは28号竪穴建物で、一部調査区外へ延びるため全景は未詳であるが、東西約一四・五メートル、南北約五・三メートル、深度一・八メートルと大型の竪穴建物である。年代は十四世紀前葉から中頃と推定されている。

鎧は土坑中に、天地逆にして入れられていた。また栴檀板、鳩尾板、障子板、鐶及び座などは二領分存在することが明らかになっている。鎧はすべての部位がそろうものではなく、眉立や篭手などは発見されていない。また竪穴の隅に近い場所で、やはり床下の土坑に銭貨が二〇緡、一八九六枚が出土した。最新銭は咸淳元寶（初鋳一二六五年）である。

これらは竪穴建物の底面（床下）に埋められたものであり、やや特殊な事例といえるが、竪穴建物の利用状況を考える上では貴重である。

銭に関連して興味深いのは、同地点の7号竪穴建物である。この竪穴建物内には竪穴底面に土坑を掘り込み、そこに常滑甕を正位で埋め込んでいる。甕の中から銭が五枚出土しているが、口縁部周辺から二四枚の銭が散乱した状態で出土している。報告書中では銭が出し入れされた状況が想定されている。建物の年代は十四世紀前半が想定される。

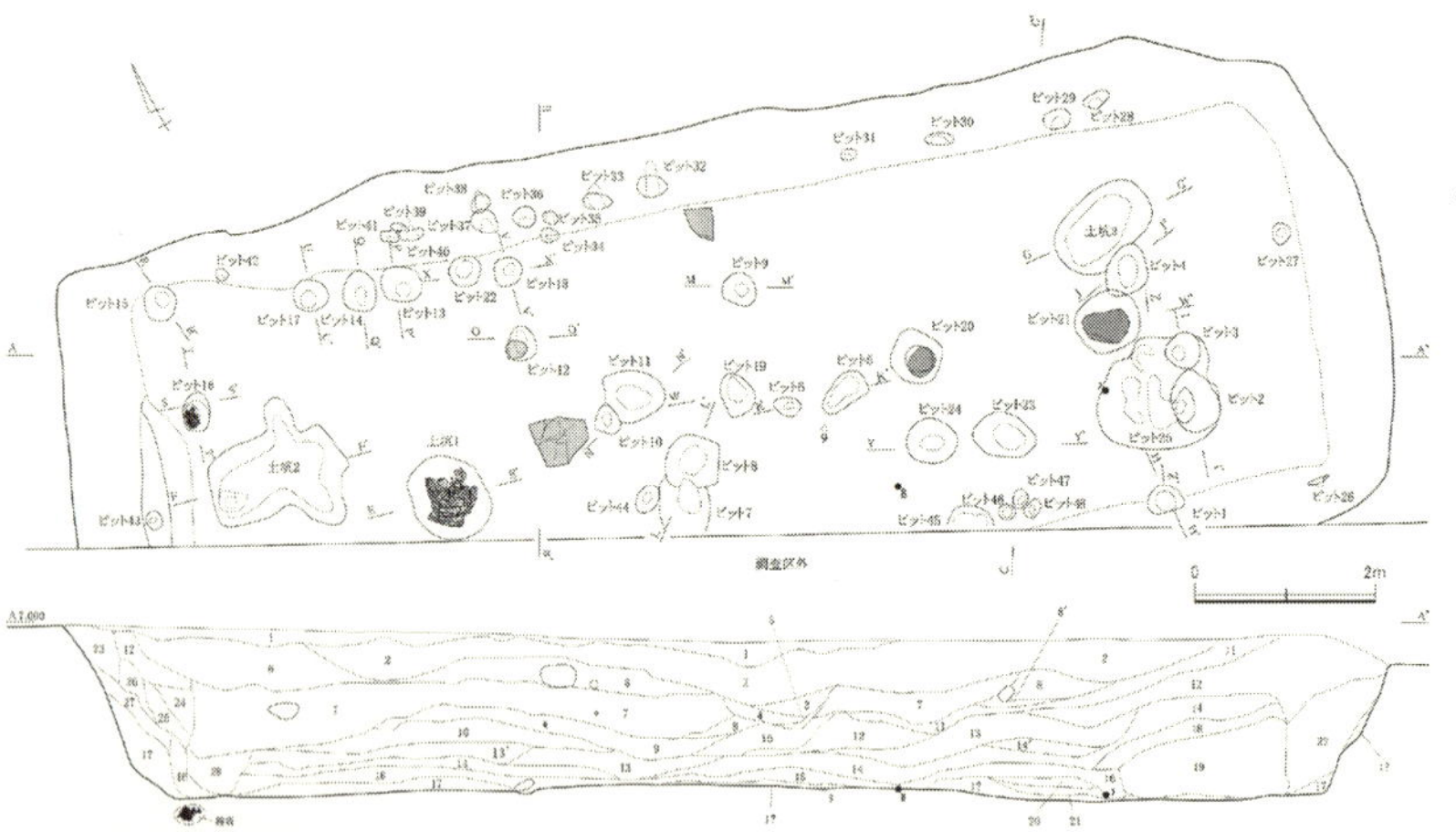

1.28 号竪穴建物実測図

2.28 号竪穴建物鎧出土状況写真

挿図 10　下馬周辺遺跡
（由比ガ浜二丁目 1075 番外地点）

本事例を参考にすると竪穴建物内に銭の保管用施設の存在が示唆される。竪穴建物の床面に甕が埋め込まれている例は、市内遺跡でも散見され、大雨などで竪穴内に雨水が流入してしまった際の水抜き用の甕と想定されている。しかし、銭は取り出され、甕だけが遺構として残されていた事例であった可能性を否定できない。

近年、竪穴建物内から銭が出土した例として、若宮大路周辺遺跡群由比ガ浜一丁目一一七番一四他一地点からは、竪穴建物の張り出し部から推定五万枚程度の銭が一括出土した（挿図1―⑧、挿図11、滝澤二〇一三）。銭は直径五四センチ、厚約三〇センチの蓋付きの曲物に、緡銭が目一杯収められていた。曲物ごと固定し、取り上げたため、正確な枚数等は未詳である。発見状況からは、キリの良い額が収められたのではなく、「入るだけ入れた」と印象を持つ。なお調査範囲が狭小のため、遺構の状況は不鮮明であるが、調査区内はほぼ竪穴建物で埋め尽くされ、海浜地区の多

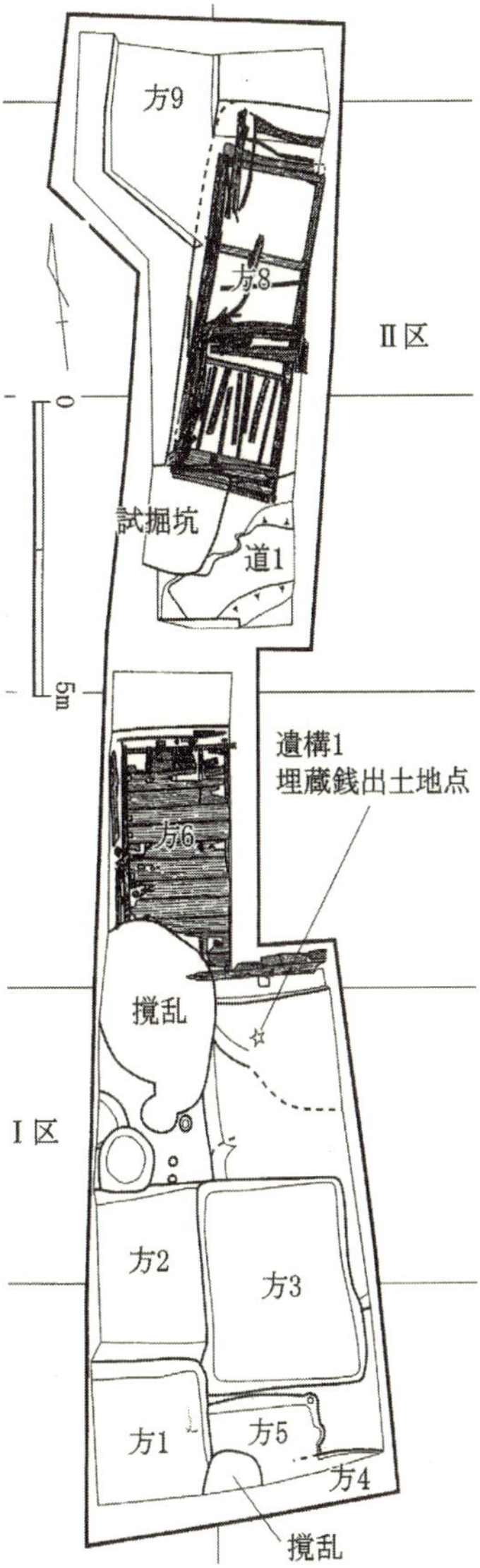

1. 全測図

2. 埋蔵銭出土状況写真

図11　若宮大路周辺遺跡群
（由比ガ浜一丁目117番14他1筆地点）

地点と同種の状況であることが示唆される。

おわりに

本稿では、これまで主張してきた点を再検証してきた。最後に、近年の調査事例から想定すべきことを自戒を込めて挙げておきたい。

先に竪穴建物底面から出土した鎧の例を挙げた。竪穴建物の底面の土坑の中に、部品が揃わない二領の鎧が天地逆で埋められていた。鎌倉市街地を調査すると小札等の武具が少量出土することがあるが、纏まった量が出土することはない。これは、武具は基本的には再利用されるものであり、また金属製品も鋳直され、再利用される

ことに由来する（浅野二〇〇二）。さらに鎌倉には武具馬具（に限らないが）職人が多数いたと考えられる（河野一九九五、鈴木絵美二〇〇八）、本来、武具馬具は、鎌倉において、積極的な廃棄の対象とは想定しづらい。

出土状況からは、神仏に捧げるような埋納物であったとは考えづらく、しかしながら、わざわざ竪穴建物の底面に、武具を二領も廃棄したとも考えられない。想像をたくましくするならば、この不完全な武具でさえも取引材料であったのではあるまいか。さらに物流の倉庫であった竪穴建物の床下に埋められたところをみると、正当な取引品ではないだろう。竪穴建物の管理を請け負った代官等が、細々と私的な取引を行っていたとは、想像が過ぎるだろうか。

また竪穴建物中から出土した銭についても触れた。一例は推定五万枚もの一括銭であり、もう一例は甕の周囲に散乱する銭である。一括銭は相当大きな取引があったものを、竪穴建物の床面に備蓄したものであろう。再度、商品が竪穴建物に搬入され、取引がなされる際には当然活用されるものであったのに違いない。もう一方の銭の出し入れが想定された甕であるが、これは竪穴建物の底面に据えられたまさに「銭甕」であろう。出土状況をみると、銭を取り出す際にこぼれ落ちたと推定されることから、これは緡銭ではなく、バラされた銭が利用されていたのだろう。つまり竪穴建物を介した取引においても、少額の取引を想定すべきである。

先の千葉氏の状況のように、中世鎌倉では切符による決済が行われていたことが知られるが、当然、銭での決済もあった。それは五万枚もの銭を要する取引もあれば、数枚の取引もあった。さらには、倉の代官が私的な少額の取引を行っていたとは考えすぎであろうか。

「中世鎌倉の物資と流通」と題すると、中国大陸や列島各地からの貿易船が鎌倉へ入港し、膨大な物資を膨大な額で取引されていた様相を想像しがちで、筆者もそのイメージでこれまでの論を進めてきた感を否めない。実際、鎌倉時代中期から末期にかけて多くの竪穴建物が造り続けられ、その維持管理には莫大な資本が投下されていることから、この種の大規模な取引がなされていたことは間違いない。しかし、竪穴建物を介する商品取引を想像させる資料は多くないものの、上に挙げたわずかな事例が、中世鎌倉の物資と流通の多様性を示していると考えるのである。

本稿の執筆にあたり、宇都洋平、松葉崇、松尾宣方、松吉大樹の各氏にご教示を賜った。記して感謝申し上げる。

注

1　竪穴建物の分布図に使用した調査地点は割愛した。

2　例えば鎌倉市教育委員会発行の『鎌倉市埋蔵文化財緊急調査報告書』の各巻では、複数の調査者により執筆されているため、（竪穴建物に限ったことではないが）遺構や遺物の名称や取り扱いにかなりの差異が見て取れる。今後は調査者の共通理解が必要とされる。

3　本稿での集成は、二〇一七年四月現在である。また鎌倉の遺跡に係る調査報告書の刊行総数は未詳である。竪穴建物が発見されていない調査地点の発掘調査報告書は割愛した。なお、二〇一三年三月時点の、かながわ考古学財団による集成では、一〇八地点一三二三棟が報告されているという。ただし、この集成は報告書の記述を優先し、竪穴建物の範疇に含まれない可能性があるものも、実数として取り上げている（かながわ考古学財団二〇一四）。

参考文献

秋山哲雄二〇〇六『北条氏権力と都市鎌倉』吉川弘文館
浅野晴樹二〇〇一「武器と武具」『図解・日本の中世遺跡』東京大学出版会
株式会社博通二〇〇六『神奈川県・鎌倉市　若宮大路周辺遺跡群発掘調査報告書（鎌倉市小町一丁目276―18・22・38地点）』
鎌倉市教育委員会二〇一二「若宮大路周辺遺跡群（No.242）小町三丁目422番2外地点」『鎌倉市埋蔵文化財緊急調査報告書29、平成24年度発掘調査報告（第一分冊）』
河野眞知郎一九九五『中世都市鎌倉――遺跡が語る武士の都――』講談社選書メチエ（二〇〇四年に講談社学術文庫として再版）
鈴木絵美二〇〇八「中世鎌倉の職能活動――分布図と出土点数、個別事例から探る職能民の存在形態――」『考古論叢神奈河』第一六集、神奈川県考古学会
鈴木弘太二〇〇四「日本中世の竪穴建物の研究――分類と構造を中心として――」『鶴見考古』第四号、鶴見大学文学部文化財学科・河野ゼミ
鈴木弘太二〇〇六「中世『竪穴建物』の検討――都市鎌倉を中心として――」『日本考古学』第二一号、日本考古学協会
鈴木弘太二〇〇七「中世鎌倉における『浜地』と『町屋』――土地利用法から探る都市の変容――」『考古論叢神奈川』第一五集、神奈川県考古学会
鈴木弘太二〇一〇「中世の竪穴建物は倉庫か??――鎌倉遺跡群の検討を中心に――」『唐沢考古』第二九号、唐沢考古学会
鈴木弘太二〇一一「中世鎌倉の倉庫――竪穴建物を中心として――」『考古学と中世史研究8　中世人のたからもの――蔵があらわす権力と富――』高志書院
鈴木弘太二〇一三『中世鎌倉の都市構造と竪穴建物』同成社
公益財団法人かながわ考古学財団二〇一四『下馬周辺遺跡　鎌倉警察署建設工事に伴う発掘調査』
公益財団法人かながわ考古学財団二〇一六『「考古学から見る中世都市鎌倉の海浜地域」記録集』
滝澤晶子二〇一三「若宮大路周辺遺跡群（No.242）の調査　鎌倉市由比ガ浜一丁目117番14他1地点」『第23回　鎌倉市遺跡調査・研究発表会発表要旨』特定非営利活動法人鎌倉考古学研究所
玉川文化財研究所二〇〇五『神奈川県鎌倉市由比ヶ浜中世集団墓地遺跡』
原廣志二〇〇八「若宮大路周辺遺跡群竪穴建物出土の陶磁器」『貿易陶磁研究』No.二八、日本貿易陶磁研究会
湯浅治久二〇〇五「「御家人経済」の展開と地域経済圏の成立――千葉氏を事例として――」『交流・物流・越境――中世都市研究11』新人物往来社
有限会社鎌倉遺跡調査会二〇〇九『若宮大路周辺遺跡群発掘調査報告書――御成町783番1他4地点――』

な

は

た

さ

用　語　索　引

執筆者一覧

青柳　周一	日本近世史	滋賀大学教授
熱田　　順	日本中世史	中央大学
飯村　　均	日本考古学	(公財)福島県文化振興財団
伊藤　哲平	日本中世史	川崎市公文書館非常勤嘱託職員
宇佐見隆之	日本中世史	滋賀大学教授
大河内勇介	日本中世史	福井県立歴史博物館学芸員
大村　拓生	日本中世史	ひょうご歴史研究室歴史研究推進員
鎌倉　佐保	日本中世史	首都大学東京教授
菅野　洋介	日本近世史	市川歴史博物館学芸員
木村　茂光	日本中世史・農業史	東京学芸大学名誉教授
小山　貴子	日本中世史	すみだ郷土文化資料館学芸員
鈴木　弘太	考古学	一関市博物館主任学芸員
関　　周一	日本中世史	宮崎大学教授
則竹　雄一	戦国史	獨協中学高等学校教諭
林　　文理	日本中世史	元福岡市博物館学芸員
原　淳一郎	日本近世史	山形県立米沢女子短期大学准教授
廣田　浩治	日本中世史	泉佐野市教育委員会
藤本　頼人	日本中世史	青山学院大学他非常勤講師
山﨑　雅稔	日本古代史	國學院大學准教授
湯浅　治久	日本中世史	専修大学教授

旅と移動—人流と物流の諸相—　〈生活と文化の歴史学 10〉

2018年3月10日　発行
編　者　木村　茂光
　　　　湯浅　治久

発行者　黒澤　廣

発行所　竹林舎
112-0013
東京都文京区音羽1-15-12-411
電話 03(5977)8871　FAX03(5977)8879

印刷　シナノ書籍印刷株式会社

ISBN 978-4-902084-30-6

生活と文化の歴史学〈全10巻〉

監修　上杉 和彦

第１巻	経世の信仰・呪術	編集　上杉 和彦
第２巻	年中行事・神事・仏事	編集　遠藤 基郎
第３巻	富裕と貧困	編集　井原 今朝男
第４巻	婚姻と教育	編集　高橋 秀樹
第５巻	戦争と平和	編集　高橋 典幸
第６巻	契約・誓約・盟約	編集　酒井 紀美
第７巻	生・成長・老い・死	編集　細川 涼一
第８巻	自然災害と疾病	編集　安田 政彦
第９巻	学芸と文芸	編集　福島 金治
第10巻	旅と移動──人流と物流の諸相──	編集　木村 茂光 湯浅 治久